PESSOA HUMANA
E
DIREITO

DIOGO LEITE DE CAMPOS
SILMARA JUNY DE ABREU CHINELLATO

COORDENADORES

PESSOA HUMANA E DIREITO

COLABORADORES:

ÁLVARO VILLAÇA AZEVEDO
DALMO DE ABREU DALLARI
DIOGO LEITE DE CAMPOS
EDUARDO DE OLIVEIRA LEITE
FRANCISCO AMARAL
FRANCISCO CARPINTERO
IVETTE SENISE FERREIRA
MANUEL A. CARNEIRO DA FRADA
MARIA JOÃO ROMÃO CARREIRO VAZ TOMÉ
PAULO OTERO
PEDRO PAIS DE VASCONCELOS
SILMARA JUNY DE ABREU CHINELLATO

PESSOA HUMANA E DIREITO

COORDENADORES
DIOGO LEITE DE CAMPOS
SILMARA JUNY DE ABREU CHINELLATO

EDITOR
EDIÇÕES ALMEDINA, SA
Av. Fernão Magalhães, n.º 584, 5.º Andar
3000-174 Coimbra
Tel.: 239 851 904
Fax: 239 851 901
www.almedina.net
editora@almedina.net

PRÉ-IMPRESSÃO I IMPRESSÃO I ACABAMENTO
G.-C. GRÁFICA DE COIMBRA, LDA.
Palheira – Assafarge
3001-453 Coimbra
producao@graficadecoimbra.pt

Fevereiro, 2009

DEPÓSITO LEGAL
289283/09

Os dados e as opiniões inseridos na presente publicação
são da exclusiva responsabilidade do(s) seu(s) autor(es).

Toda a reprodução desta obra, por fotocópia ou outro qualquer
processo, sem prévia autorização escrita do Editor, é ilícita
e passível de procedimento judicial contra o infractor.

Biblioteca Nacional de Portugal – Catalogação na Publicação

Pessoa humana e direito / coord. Diogo Leite
de Campos

ISBN 978-972-40-3537-6

I – CAMPOS, Diogo Leite, 1944-

CDU 342

DIREITOS E DEVERES DOS AVÓS
(alimentos e visitação)

ÁLVARO VILLAÇA AZEVEDO*

SUMÁRIO: I – Noções Gerais. II – Direitos da Personalidade. III – Dever alimentar dos avós. IV – Direito dos avós a alimentos. V – Prisão civil dos avós, na prestação alimentar. E a prisão civil dos netos? *a*) Conceito e natureza jurídica da prisão por débito alimentar; *b*) Prisão reiterada; *c*) Prazo da prisão; *d*) Lugar da prisão; *e*) Prisão civil dos avós; *f*) Prisão civil dos netos? *g*) Minha posição. VI – Direito e dever dos avós a alimentos, no Código Civil italiano. VII – Direito e dever de visitas entre avós e netos. VIII – Direito de visitas dos avós, no Código Civil português e francês.

---

* Doutor em Direito, Professor Titular de Direito Civil, Regente de Pós-Graduação e ex-Diretor da Faculdade de Direito da Universidade de São Paulo – USP; Professor Titular de Direito Romano, de Direito Civil e ex-Diretor da Faculdade de Direito da Universidade Presbiteriana Mackenzie, em São Paulo; Professor Titular de Direito Romano e Diretor da Faculdade de Direito da Fundação Armando Alvares Penteado – FAAP, em São Paulo; Advogado e ex-Conselheiro Federal e Estadual da Ordem dos Advogados do Brasil, Parecerista e Consultor Jurídico.

I – NOÇÕES GERAIS

A instituição da família, sólida e afetivamente constituída, é o sustentáculo existencial do Estado.

Mostra-nos a História das Civilizações que o desgaste dessa instituição familiar levou à ruína Impérios e Governos, por falta de apoio social e pela decadência dos costumes.

A família é o fundamento da sociedade, devendo ter especial proteção do Estado, reza o texto constitucional (*caput* do art. 226).

Como tudo na vida, a sociedade nasce, cresce e morre, num círculo vicioso que mostra o ser humano como o protagonista central de emoções que o empolgam a ponto de esquecer-se do próximo, em busca de um poder ilusório e relativo, querendo aproximar-se do criador e até pretendendo substituí-lo em operações genéticas.

O ser humano precisa depurar-se, aperfeiçoando as virtudes, ainda que por demoradas vidas, pelo poder do amor e da sensibilidade de preservar as obras da Natureza, que vivem a seu redor, principalmente a vida e o meio ambiente.

A família repete-se por gerações, estabelecendo-se regras de convivência entre seus membros, que são verdadeiramente, por isso, de Direito Natural, escrito pelo tempo no ser humano e, muitas vezes, ratificado pelas regras jurídicas.

Desse modo, quer ande bem, socialmente, a família, ou não, é preciso que existam regras de comportamento entre seus membros, que preservem a instituição familiar, principalmente em seu tronco ancestral. Neste, necessariamente, encontram-se os ascendentes e os descendentes, que formam a linha reta do parentesco.

Seres que se sucedem por gerações, garantindo a continuidade existencial.

Cuidarei, nesta oportunidade, de parte do complexo de direitos e deveres existentes entre os avós e os netos.

II – DIREITOS DA PERSONALIDADE

Os direitos e os deveres dos avós são da personalidade, com todas as características a eles inerentes.

No mais das vezes, o direito da personalidade de um avô é, também, dever da personalidade, e vice-versa, havendo uma reciprocidade de prestação, como no dever alimentar devido por um ao outro com o escopo fundamental da proteção do direito à vida.

O direito da personalidade, assim, pode vestir-se de forma singular, como o pedido de proteção à vida junto a um órgão de saúde do Estado; ou apresentar-se sob forma recíproca em que o direito de um implica o dever do outro, como é o caso do dever alimentar dos avós e dos netos, imperando o direito à perpetuação da família pela ordem consangüínea ou jurídica.

Doutrinando sobre os direitos da personalidade e alinhando duas grandes teorias sobre a natureza desses direitos (poder que o homem exerce sobre sua própria pessoa ou direito sem sujeito), José Castan Tobeñas[1] chega a concluir que "o objeto dos direitos da personalidade não se encontra nem na pessoa mesma de seu titular, nem nas demais pessoas vinculadas a uma obrigação passiva universal (idéia esta que significaria uma confusão entre os direitos absolutos e os relativos), senão nos bens constituídos por determinados atributos ou qualidades, físicas ou morais, do ser humano, individualizados pelo ordenamento jurídico", referindo, em análogo sentido, o pensamento dos juristas lusos Pires de Lima e Antunes Varela.

Pondere-se, nesse ponto, com Calogero Gangi[2], que, quanto a esses direitos da personalidade, podem eles ser bem chamados de direitos essenciais ou fundamentais da pessoa, quando a esta se ligam intimamente, que esta não se pode quase conceber sem a existência deles. Aduz que, conforme a antiga doutrina da escola do Direito Natural, esses mesmos direitos se consideravam naturais ou inatos, como direitos atinentes ao ser humano, por sua própria natureza, e por essa razão não já a ele atribuído pelo Estado, mas somente, reconhecido por este.

No tocante aos caracteres dos direitos da personalidade, os doutrinadores[3] têm-nos declinado, concluindo que os direitos da personalidade

---

[1] Los Derechos de la Personalidad, Instituto Editorial Réus, Madrid, 1952, pp.16 a 18.

[2] Persone Fisiche e Persone Giuridiche, Ed. Dott. A. Giuffrè, Milano, 2ª edição, 1948, p. 167.

[3] Adriano De Cupis, I Diritti dela Personalità, Ed. Dott. A Giuffrè, Milano, do Trattato di Diritto Civile e Commerciale,dirigido pelos Professores Antonio Cicu e Francesco Messineo, 1959, vol. IV, tomo I, pp. 44 a 48; José Castan Tobeñas, o.c., pp. 22

são, em princípio, "direitos subjetivos privados", porque, respeitando as pessoas, como simples seres humanos, se propõem a assegurar-lhes a satisfação do próprio ser, físico e espiritual; são "direitos não patrimoniais, extrapatrimoniais, tipicamente pessoais, porque não visam uma utilidade de ordem econômica e financeira; são "direitos originários ou inatos", porque se adquirem, naturalmente, sem o concurso de formalidades externas; são "direitos absolutos ou de exclusão", visto que são oponíveis "erga omnes"; são "direitos intransmissíveis, pois que inerentes à pessoa de seu titular, que deles, assim, não pode dispor; são "direitos irrenunciáveis", porque não podem ser desprezados ou destruídos, sendo, dessa forma, insuscetíveis de rejeição; e são "direitos imprescritíveis", porque podem ser exercidos a qualquer tempo.

Destaca Joaquim Diez Diaz[4] que, sendo os direitos da personalidade subjetivos privados, ao lado de poderem ser classificados como públicos, assim admitindo pela forte tendência publicista dos direitos de liberdade civil, podem, ainda, conservando, fundamentalmente, seu aspecto privado, apresentar pontos de contato de tipo público, citando, neste caso, como exemplo, os direitos-deveres de família.

Melhor seria que entendêssemos essa classificação normativa dos direitos e deveres, nascentes do casamento e da união estável, como de ordem pública. É o que demonstram os autores, em especial destaque o Professor Antônio Chaves[5], que, apoiando-se nos ensinamentos de Henri de Page, faz empenho em dizer que os deveres, referidos na generalidade dos Códigos Civis, são "obrigações legais de ordem pública", porque toda convenção que lhes seja contrária "é fulminada de nulidade absoluta e não pode receber qualquer execução".

Essas normas de ordem pública, cogentes, não podem ser modificadas pela vontade das partes. Assim como o direito público, o direito cogente é um direito de intervenção do Estado, na ordem privada. Os romanos já referiam que *ius publicum* ou *ius cogens privatorum pactis mutari non potest* ("o direito público ou direito cogente não pode ser modificado pelos pactos dos particulares").

---

a 24; Joaquim Diez Diaz, Los Derechos Físicos de la Personalidad, Derecho Somatico, Ed. Santillana, 1963, p. 57.

[4] O.c., p.57 e nota de rodapé 144 e 145.

[5] Lições de Direito Civil, Direito de Família, II, Ed. Revista dos Tribunais, São Paulo, 1975, p. 9.

Como pode perceber-se, os direitos e deveres dos avós, nas relações de alimentos e de visitação, são recíprocos, a justificar o brocardo "ius et officium sunt correlata" ("o direito e o dever são correlatos").

Registre-se, nesse passo, que o Código Civil de 1916 não previa, em capítulo próprio, essa espécie de direitos fundamentais da pessoa.

O tratamento dessa matéria veio, assim, a ser cuidado em capítulo próprio, com bastante atraso, pelo Código Civil de 2002, do art. 11 a 21[6] a exemplo do que fizeram os Códigos Civis da Alemanha, da Itália e de Portugal.

III – DEVER ALIMENTAR DOS AVÓS

O Código Civil de 1916 já reconhecia, em seu art. 397, o direito à prestação de alimentos como "recíproco entre pais e filhos", e extensivo a todos os ascendentes, recaindo a obrigação nos mais próximos em grau, uns em falta de outros. Esse texto é reproduzido, integralmente idêntico ao do art. 1.696 do atual Código Civil de 2002.

Na falta dos pais, a obrigação deve ser cumprida pelos avós, bisavós, trisavôs etc., recaindo a obrigação nos mais próximos em graus, uns em falta de outros. Desse modo, se existirem vários ascendentes do mesmo grau, são obrigados todos em conjunto, em razão do que "a ação de alimentos deve ser exercida contra todos, e a quota alimentar é fixada de acordo com os recursos dos alimentantes e as necessidades do alimentário: Assim, intentada a ação, o ascendente (avô, bisavô etc.) pode opor que não foram chamados a prestar alimentos os outros ascendentes do mesmo grau. Se algum dos ascendentes não tem meios com que alimente o descendente, o outro dos ascendentes do mesmo grau os presta". Ante qualquer recebimento alimentar precário ou insuficiente, pode ser pedida complementação[7].

---

[6] Ver a respeito, Álvaro Villaça Azevedo e Gustavo René Nicolau, Código Civil Comentado, Coord. de Álvaro Villaça Azevedo, Ed. Atlas, São Paulo, 2007, vol. 1, pp. 46 a 77.

[7] Pontes de Miranda, Tratado de Direito Privado, Ed. Borsoi, Rio de Janeiro, 2ª edição, torno IX, § 1002, n. 9, p. 231.

Pondera, assim, Yussef Said Cahali[8] que "duas circunstâncias abrem oportunidade para a convocação do ascendente mais remoto à prestação alimentícia: a falta de ascendente em grau mais próximo ou a falta de condição econômica deste para fazê-lo; o grau mais próximo exclui aquele mais remoto, sendo o primeiro lugar na escala dos obrigados ocupado pelos genitores; apenas se faltam os genitores, ou se estes se encontram impossibilitados financeiramente de fazê-lo, estende-se a obrigação de alimentos aos ulteriores ascendentes, respeitada a ordem de proximidade."

Destaque-se, nessa oportunidade, acórdão da Sétima Câmara Cível do Tribunal de Justiça do Estado do Rio Grande do Sul[9], sendo Relatora a Desembargadora Walda Maria Melo Pierro, em que se reconheceu que "A responsabilidade alimentar dos avós, por excepcional e subsidiária, só tem lugar mediante prova da impossibilidade financeira absoluta do genitor. Atrasos e relutância no pagamento não autorizam a transferência da obrigação, mormente quando esta se mostra em dia. Para fixação da obrigação, na forma de complementação, há de vir prova escorreita de que o valor alcançado pelo pai, somado ao valor propiciado pela mãe, é insuficiente, o que não ocorre no presente caso. Não se pode confundir dificuldades oriundas das modestas condições econômicas dos genitores, a que devem se adaptar os filhos, com incapacidade de sobrevivência. O padrão de vida dos avós não serve de parâmetro para tal fim."

Nesse decisório, foram citados outros julgados[10] do mesmo Tribunal, que demonstram o caráter subsidiário e excepcional da obrigação avoenga, salientando-se que o sustento dos filhos é primordialmente dos genitores, pai e mãe, somente sendo chamados os avós, quando demonstrada a incapacidade econômica dos pais (absoluta impossibilidade), não tendo o neto direito ao padrão de vida dos avós.

---

[8] Dos Alimentos, Ed. Revista dos Tribunais, São Paulo, 2ª edição, 1993, p. 517.

[9] Apel. Civ. n.º 7 000 932 1951 – Santa Maria, j. em 23.02.2005, provido por maioria.

[10] Agravo de Instrumento n.º 7 000 60 90 385, 7ª Câmara do TJERS, Relator Desembargador Sérgio Fernando de Vasconcellos Chaves, j. em 28.05.2003; e Embargos Infringentes n.º 7 000 390 9363, 4.º Grupo de Câmaras Cíveis do TJERS, Relator Desembargador Luiz Felipe Brasil Santos, j. em 12.04.2002.

Outro julgado deve ser referido, da Oitava Câmara Cível do Tribunal da Justiça do Estado do Rio Grande do Sul[11], sendo Relator o Desembargador Claudir Fidélis Faccenda, que admitiu que, "Comprovado que o genitor não tem condições de suportar o encargo alimentar do filho menor, é cabível demandar o avô paterno para complementar os alimentos. A responsabilidade dos avós, por ser subsidiária e complementar, não é igual à dos pais, limitando-se a atender as necessidades básicas da criança."

Corroboram esses julgados o teor do art. 1698 do Código Civil, que assenta: "Se o parente, que deve alimentos em primeiro lugar, não estiver em condições de suportar totalmente o encargo, serão chamados a concorrer o de grau imediato; sendo várias as pessoas obrigadas a prestar alimentos, todas devem concorrer na proporção dos respectivos recursos, e, intentada ação contra uma delas, poderão as demais ser chamadas a integrar a lide" (artigo sem correspondência no Código Civil de 1916).

Com fundamento em decisão do Tribunal de Justiça de São Paulo[12], Maria Berenice Dias[13] acentua que "é necessário, primeiro, buscar a obrigação alimentar do parente mais próximo. Nada impede, no entanto, intentar ação concomitante contra o pai e o avô. Constitui-se um litisconsórcio passivo facultativo sucessivo. Ainda que não disponha o autor de prova da impossibilidade do pai, o uso da mesma demanda atende ao princípio da economia processual. Na instrução é que, comprovada a ausência de condições do genitor, evidenciada a impossibilidade de ele adimplir a obrigação, será reconhecida a responsabilidade dos avós. A cumulação da ação contra pais e avós tem a vantagem de assegurar a obrigação desde a data da citação".

---

[11] Apel. Cív. n.º 7 001 650 8889 – Sarandi, j. em 21.09.2006, provido parcialmente.

[12] TJSP, 6ª Câmara de Dir. Priv., AC 345.070-4/0, Relator Desembargador Sebastião Carlos Garcia, j. em 02.12.2004 – "Pleito contra genitor e o avô paterno – Admissibilidade. Demonstração da necessidade de suplementação dos alimentos pelo avô paterno, ante a impossibilidade de suprimento da totalidade das necessidades da alimentanda pelos próprios pais. Inocorrência da sustentada ilegitimidade passiva *ad causam*. Apelo improvido".

[13] Manual de Direito das Famílias, Ed. Revista dos Tribunais, São Paulo, 4ª edição, 2007, pp.472 e 473, n.º 27.12.

Pessoa Humana e Direito

Reforça seu raciocínio essa jurista, em seqüência, apoiando-se em julgado do Tribunal de Justiça do Distrito Federal[14], que assenta que "o fato de a lei fazer uso da palavra *pais*, no plural, ao lhes atribuir os deveres decorrentes do poder familiar, não quer dizer que está a se referir a ambos os pais, e sim a qualquer dos pais. A denominada paternidade responsável estendeu seus efeitos, alcançando os avós, que tendo condições, podem ser chamados a completar o pensionamento prestado pelo pai que não supre de modo satisfatório a necessidade do alimentando" (com fundamento em Fátima Nancy Andrighi). "O STJ[15] vem manifestando o entendimento de que a responsabilidade dos avós não é apenas sucessiva, mas complementar, podendo ser chamados a subsidiar a pensão prestada pelo pai, que não supre de modo satisfatório a necessidade dos alimentandos."

Relativamente aos precedentes do Superior Tribunal de Justiça, tem este admitido a responsabilidade dos avós de suplementarem (completarem) a pensão insuficientemente prestada aos netos, na medida das possibilidades desses ascendentes próximos (avós)[16].

---

[14] TJDF, 2ª T.Civ., AC 200 50 11 0342045 – Relator Desembargador J.J. Costa Carvalho, j. em 11.10.2006 – "Ação de alimentos – Avós – Responsabilidade subsidiária. 1. A responsabilidade de os avós suportarem o pagamento de pensão alimentícia dos netos tem natureza subsidiária, decorrendo da incapacidade de o pai cumprir com a sua obrigação. 2. Para que seja acolhida pretensão exposta em ação de alimentos ajuizada diretamente contra os avós paternos, mister se faz comprovação de que o genitor, devedor originário, não tem condições de arcar com seu dever."

[15] STJ, 4ª T., REsp 119.336-SP, Relator Ministro Ruy Rosado de Aguiar, DJ 10.03.2003, baseado em Precedentes; REsp 81.838-SP, 4ªT., Rel. Min. Aldir Passarinho Júnior, j. em 06.06.2000; REsp 366.837-RJ, 4ªT., Rel. p/ Acórdão Min. Cesar Asfor Rocha, j. em 19.12.2002 (obrigação "própria, complementar e/ou sucessiva, mas não solidária"); REsp 401.484-PB, 4ªT, Rel. Min. Fernando Gonçalves, j. em 07.10.2003 (responsabilidade complementar diluída entre avós paternos e maternos); REsp 658.139-RS, 4ªT., Rel Min. Fernando Gonçalves, j. em 11.10.2005 (avós concorrem na proporção de seus recursos); também TJ-SP, Ap. 256.719, Rel. Des. Azevedo Franceschini, *in* RT 509/78; TJ-SP, MS 281.431, Rel. Des. Toledo Piza, *in* RT 531/67 (prestação insuficiente).

[16] STJ-REsp 268.212-MG, 3ª T, Rel. Min. Ari Pargendler, DJ de 27.11.2000 (ainda sob a vigência do CC de 1916); REsp 50 153-9-RJ, 4ªT, Rel. Min. Barros Monteiro, j. em 12.09.1994 ("o credor não está impedido de ajuizar a ação apenas contra um dos coobrigados...").

IV – DIREITO DOS AVÓS A ALIMENTOS

Até este ponto, venho referindo a existência do direito da personalidade dos netos, relativamente a seus ascendentes. Aqui, também, está presente o dever destes nessa prestação alimentar.

Como já acentuei, existe reciprocidade desse direito, que, por isso, é direito – dever da personalidade. Os ascendentes também, pelo *ius sanguinis*, têm direito a alimentos junto a seus descendentes. Desse modo, o avô que tiver necessidade, quanto à sua subsistência, pode pedir alimentos a seus netos, que deverão prestá-los na medida de suas condições econômico-financeiras.

É o direito que nasce no tronco ancestral de preservação e de continuidade das famílias em sentido geral.

Destaca Pontes de Miranda[17], nesse passo, que "A obrigação à prestação de alimentos é recíproca no direito brasileiro, uma vez que se estende em toda a linha reta entre ascendentes e descendentes, e na colateral entre os irmãos, que são parentes recíprocos por sua natureza. E é razoável que assim seja. Se o pai, o avô e o bisavô têm o dever de sustentar aquele a quem deram vida, injusto seria que o filho, neto ou bisneto, abastado, não fosse obrigado a alimentar o seu ascendente incapaz de manter-*se Iniquissum enim quis merito dixerit patrem egere, cum filius sit in facultatibus* (L.5, § 13, D., *de agnoscendis et alendis liberis, 25,3*)".

Desse modo, "ao direito de exigir alimentos corresponde o dever de prestá-los", lembra Sílvio Rodrigues[18], afirmando: "se por causa de idade ou moléstia a pessoa não pode prover a sua subsistência, deve reclamar alimentos de seu pai, avô etc. (art. 1.696), ou de seus filhos (art. 1.697). A estes, desde que o possam, incumbe fornecer os alimentos, ainda que haja netos, ou bisnetos, com recursos muito mais amplos. Não havendo filhos, são chamados os netos a prestar alimentos, e assim por diante, porque a existência de parentes mais próximos exclui os mais remotos da obrigação alimentícia".

---

[17] O.c., § 1006, n.° 1, p. 236.

[18] Direito Civil, Direito de Família, Ed. Saraiva, São Paulo, 2004, 28ª edição, rev. e atual. por Francisco José Cahali, vol. 6, p. 380, n.° 168 e rodapé 325. No mesmo sentido, Maria Helena Diniz, Curso de Direito Civil Brasileiro, Direito de Família, Ed. Saraiva, São Paulo, 5.° volume, 17ª edição, 2002, pp. 469 a 474, letra F.

A lei distribui em categorias os sujeitos de obrigação alimentar, sendo certo que, "Na primeira, encontram-se os ascendentes de primeiro grau, isto é, o pai e a mãe. Quem careça de alimentos deve reclamá-los, em primeiro lugar, dos pais. Na falta destes, a obrigação passa aos outros ascendentes, paternos ou maternos, recaindo nos mais próximos em graus, uns em falta de outros. Assim, ocupam o primeiro plano na segunda categoria os avós; em seguida os bisavós, e assim sucessivamente. Na falta de ascendentes, cabe a obrigação aos descendentes, guardada a ordem da sucessão. Em primeiro lugar os filhos; em segundo os netos, e assim sucessivamente. Faltando os descendentes, a obrigação incumbe aos irmãos, germanos ou unilaterais."[19]

V – PRISÃO CIVIL
DOS AVÓS, NA PRESTAÇÃO ALIMENTAR.
E A PRISÃO CIVIL DOS NETOS?

a) Conceito e natureza jurídica da prisão por débito alimentar

Tenha-se presente, inicialmente, que a prisão civil é meio coativo para um parente forçar o recebimento do crédito alimentar do outro parente, nos limites estabelecidos na lei.

Se o art. 396 do Código Civil de 1916 autorizava que os parentes se cobrassem de alimentos, reciprocamente, os arts. 397 e 398, seguintes, mencionavam os graus dessa responsabilidade alimentar, quando não houvesse cumprimento espontâneo.

Ao seu turno, o atual Código Civil, por seu art. 1.694, alargou, bastante, a abrangência desse antigo art. 396, reconhecendo o direito recíproco a alimentos entre os parentes ou cônjuges ou conviventes. Assim, o direito a alimentos é recíproco entre pais e filhos e extensivo a todos os ascendentes, recaindo o dever nos mais próximos em grau, uns em falta de outros; não havendo ascendentes, o dever alimentar caberá aos descen-

---

[19] Orlando Gomes, Direito de Família, Ed. Forense, Rio de Janeiro, 2002, 14ª edição, rev. e atual. por Humberto Theodoro Júnior, p. 436, n.º263.

dentes, guardada a ordem sucessória; na falta destes, aos irmãos, bilaterais ou unilaterais (arts. 1.696 e 1.697 do atual Código).

Resta evidente que só as aludidas pessoas, e do mesmo tronco ancestral, podiam, pelo Código de 1916, pedir alimentos, umas das outras. Pelo atual Código, incluem-se, também, os cônjuges e os conviventes que não são parentes.[20]

O parente necessitado de alimentos poderá reclamá-los, portanto, em primeiro lugar, de seus pais; na falta destes, de seus avós paternos ou maternos; na falta destes, dos bisavós até esgotar a linha; na falta de ascendentes, dos colaterais de segundo grau, irmãos germanos (bilaterais) e unilaterais. Assim, tios não devem alimentos a sobrinhos, nem primos se devem, reciprocamente, alimentos.

Por outro lado, os afins, não sendo parentes, também, não podem pedir, reciprocamente, alimentos.[21]

Sempre entendi que os cônjuges e os conviventes, não sendo parentes, entre si, não tinham direitos e deveres recíprocos de alimentos, a não ser direitos e deveres em razão do contrato de casamento ou de união estável, enquanto durasse a sociedade familiar. Todavia, no tocante ao casamento, esse dever de provisão do lar, que era do marido, atualmente é de ambos os cônjuges, ante o § 5.º do art. 226 da Constituição de 1988. Após a separação judicial e o divórcio, amigáveis ou litigiosos, bem como a separação dos conviventes, sempre entendi, nascem outros direitos e deveres, decorrentes de acordo ou de sentença, podendo estar incluída pensão alimentícia.

Nesses casos, não há que se falar em prisão, pois ela foi criada para coagir um parente para pagar alimentos ao outro.

Em face de sua Súmula 379, que equipara os alimentos oriundos da separação aos devidos entre parentes, proibindo a renúncia do direito aos alimentos, no acordo dessa separação, com o que eu não concordava, o STF chega a admitir sua "dispensa", desistência tácita, quando, por muito tempo, deles não se utilizou a "desquitanda" (em quatorze ou em vinte anos)[22]

---

[20] Assim, não há que decretar-se, por exemplo, prisão civil por descumprimento de dever alimentar decorrentes de responsabilidade civil por ato ilícito, conforme julgado, nesse sentido, RT 646/124.

[21] RT 468/175, 418/180.

[22] RTJ 108/1351 (com dois outros julgados no mesmo sentido).

Ante o atual Código, não resta dúvidas de que admitiu ele esse entendimento sumular, pois assenta, em seu art. 1.707:

> "Pode o credor não exercer, porém lhe é vedado renunciar o direito a alimentos, sendo o respectivo crédito insuscetível de cessão, compensação ou penhora".

Mesmo tendo esse Código Civil admitido o direito recíproco a alimentos entre cônjuges e conviventes, para "viver de modo compatível com a sua condição social, inclusive para atender às necessidades de sua educação" (art. 1.694, *caput*), não foram eles considerados parentes. Sim, porque os direitos e deveres dos cônjuges e dos conviventes nascem de seu casamento ou de sua união estável, conforme o caso, e não *ex iure sanguinis*. Os parentes consangüíneos adquirem seus direitos e deveres com seu nascimento biológico, já que esses direitos e deveres ligam-se à sua personalidade, com todas as características desses direitos da personalidade, sendo, portanto, imprescritíveis. O direito a alimentos, ao seu turno, quando entre cônjuges ou conviventes, podem ser perdidos em razão de decreto judicial na separação do casal; não são inatos.

Só o descumprimento do dever alimentar entre consangüíneos é que pode levar ao decreto da prisão civil, no meu entender, ainda com o advento do atual Código.

Uma coisa é ser devida e irrenunciável a pensão alimentícia, outra é possibilitar a prisão por seu descumprimento.

Principalmente, ante o atual Código, que possibilita o pensionamento alimentício a credor culpado, caso em que os alimentos devem ser, apenas, "os indispensáveis à subsistência" (§2.º do art. 1.694).

Com essa conceituação, por mim justificada, pela qual a prisão do devedor de alimentos só se admite com o pressuposto de relação entre parentes, analisarei a natureza desse modo de constrangimento pessoal.

Embora a 1ª T. do STF, por unanimidade de votos, em 11.12.1981, sendo Relator o Min. Clóvis Ramalhete,[23] tenha entendido que a prisão por dívida de alimentos não tem finalidade coativa de execução e deve existir por prazo fixado em lei, com proibição de que se reitere, sendo, assim "repressão punitiva", prefiro acompanhar o entendimento pelo qual

---

[23] RT 564/235.

essa medida extrema foi concebida não com caráter penal, de punição, mas para forçar o cumprimento obrigacional; embora lute para que esse meio odioso e violento desapareça de nosso texto legal.

Aliás, a 1ª Câm. Civ. do TJSP, por votação unânime, em 26.12.1978, sendo Relator o Des. José Cardinale[24] admitiu que: "À prisão civil imposta ao devedor de alimentos não se aplicam dispositivos do Código Penal", já que "não é pena, mas simples meio de coerção com que se busca o cumprimento de obrigação".

O próprio Min. Cordeiro Guerra, "principal colaborador da Lei de Alimentos, defendendo a legitimidade dessa prisão, em voto proferido no RHC 54.796-RJ, assentou: "A prisão do devedor de alimentos é meio coercitivo adequado, previsto em todas as legislações cultas, para obrigar o devedor rebelde aos seus deveres morais e legais a pagar aquilo que, injusticadamente, se nega." Essa orientação guarda consonância com esta observação de *Pisapia*: "Todas as legislações modernas reconhecem, hoje e para o futuro, a necessidade de recorrer à sanção penal para assegurar o respeito e o cumprimento das obrigações que encontram sua fonte numa relação de família"[25]

Ao meu ver, a tendência é a de que se humanizem e que se racionalizem os sistemas jurídicos modernos, para que se apaguem, definitivamente, em breve futuro, essa lamentável prisão por dívida, por substituição do regime selvagem de hoje pelo civilizado e profícuo do amanhã.

O citado entendimento de Pisapia encontra eco em nossa posição doutrinária, pois não se refere ele à prisão civil, mas às sanções penais, que devem, mesmo, existir nos crimes e nas contravenções contra a família; não, simplesmente, como meio de cumprimento de dever alimentar.

Ao seu turno, ensina Pontes de Miranda[26] que nosso direito processual civil concebeu a prisão civil por débito alimentar, não como medida penal, nem como ato de *execução pessoal*, e sim como *meio de coerção*".

---

[24] RT 527/91. Ver, também, no mesmo sentido, julgamento das Câmaras Criminais Conjuntas do mesmo Tribunal. RJTJSP 49/286.

[25] Luiz Flávio Gomes. Prisão civil por dívida alimentar (alguns aspectos controvertidos). RT 582/9 a 14, especialmente, cit., p. 9. Ver, ainda, Giandomenico Pisapia. Les obligations familiales alimentaires et leurs sanctions pénales, *in* Journées. Juridiques, v. 1, p. 316.

[26] Pontes de Miranda. Comentários ao Código de Processo Civil. Rio de Janeiro: Forense, 1976, t. X., p. 483.

A prisão sob estudo, com meio coativo de cumprimento obrigacional, está ligada à natureza da prestação alimentar, entre parentes, para cumprir um dos eventuais efeitos desta.

A prisão é, assim, de natureza constritiva, agredindo a liberdade do devedor, sendo, portanto, indiscutível modo de execução pessoal por dívida.

Tanto é verdade que, desnaturando-se a dívida alimentar entre parentes, torna-se impossível aplicar a prisão, em meu entender.

Em abono do exposto, decidiu o STF, por sua 1ª Turma, em julgado já anteriormente referido,[27] sob outro aspecto, que, não tendo sido pagos os alimentos devidos aos filhos, mesmo ocorrendo acordo, em que ficou assumido, pelo devedor, pai, por confissão, o débito vencido, não lhe retira a natureza de dívida alimentar, mormente tendo se tornado quantia líquida, não se transformando em dívida de dinheiro.

O devedor, pai, procurou defender-se, alegando que o que era alimentos, com o acordo, transformou-se em "mera obrigação de pagar, quanto a prestações vencidas", uma vez que as filhas passaram da guarda da mãe a dele, pai.

Aponta, nesse mesmo caso, em seu voto, o Min. Clóvis Ramalhete, que as prestações alimentícias vencidas, assumidas no acordo, não perderam a natureza de alimentos pelo ato do acordo, sendo certo que a mãe, que vão recebeu os alimentos dos filhos, é credora deles. A dívida, portanto não é em dinheiro, mas de valor. Assim, o saldo do debito tem origem e natureza alimentar.

Viu-se, nesse passo, que o débito alimentar, entre parentes, como direito-dever da personalidade, é intransacionável. É certo que pode haver transação (acordo) para fixação do *quantum debeatur*, todavia, a transação tem por objeto direitos patrimoniais privados, consoante resultava do art. 1.035 do CC, de 1916, e resulta, com idêntica redação, do art. 841 do

---

[27] RT 564/235-236. No mesmo sentido e do mesmo Tribunal, julgado *in* RT 574/282-283; RTJ 101/179. Em sentido contrário, julgado do Tribunal de Justiça do Estado do Paraná, em que se entendeu que a prisão decretada, no processo executório de prestação alimentícia pretérita, é "crédito patrimonial, que perdeu sua função de garantia de sobrevivência", RT670/132, sendo Relator o Des. Troiano Netto. Destaque-se, na linha desse mesmo julgado, o do STF, que considerou, também, ao conceder *habeas corpus*, que a dívida de alimentos, pretérita, não se apresenta com a virtude de assegurar a subsistência presente dos alimentandos. Foi Relator o Min. Francisco Rezek. RT 645/201.

atual Código Civil, não sendo possível que recaia sobre direitos imateriais, sobre o direito à vida, sobre alimentos entre parentes.[28]

Entretanto, sendo dívida de alimentos resultante de acordo, em processo de separação judicial amigável, entre os cônjuges, em que o ex-marido obrigou-se, a título de alimentos, a pagar prestações de um carnê, devido a uma financeira, tendo sua ex-mulher desistido de seu crédito alimentar, por declarar-se em condições de custear sua própria sobrevivência, resta evidente que ocorreu novação objetiva, com a extinção do débito alimentar, a partir da referida desistência. Nesse caso, julgado pela 1ª Câm. Civ. do TJSP, por votação unânime, em 25.05.1982, sendo Relator o Des. Mendes Pereira,[29] entendeu-se desse modo: "Alterada a natureza alimentar da pensão, em decorrência de novação havida entre as partes, é incabível a decretação da prisão civil do inadimplente".

b) Prisão reiterada

Muito se discutiu sobre a possibilidade de ser reiterado, ou não, o decreto de prisão do devedor de alimentos.

Em breve retrospecto histórico, a proibição de reiterar-se o decreto de prisão continha-se no art. 921 do CPC, de 1939, que determinava essa vedação, se o devedor de alimentos houvesse cumprido, integralmente, pena de prisão, objeto de decisão anterior. Terminava o texto desse art. 921 mencionando: "mas excluirá a imposição de nova pena de prisão".

Ao seu turno, o § 1.º do art. 19 da Lei de Alimentos, 5.478, de 25.07.1968, deu nova redação ao referido art. 921, eliminando essa frase final.

Comentando o fato, João Claudino de Oliveira e Cruz[30] reporta-se a sua manifestação, sob o texto antigo, afirmando que ele era injusto, "pois, em contrário, o cumprimento da prisão conferiria ao devedor uma verdadeira carta de imunidade para o não cumprimento da obrigação alimentar para o resto de sua vida", concluindo que, eliminada a parte final do

---

[28] Álvaro Villaça Azevedo. Curso de direito civil, teoria geral das obrigações. 9. ed. São Paulo: RT, 2001, p. 194.

[29] RT 562/66.

[30] A nova ação de alimentos, Forense, Rio de Janeiro/ São Paulo, 1969, 2ª edição, p. 76.

art. 921, pela Lei de Alimentos, não havia dúvida de que era, então, possível o decreto de nova prisão, pelo não pagamento de novo débito alimentar. No mesmo sentido, Yussef Said Cahali,[31] entendendo que esse aludido dispositivo da Lei de Alimentos "não proíba a reiteração" da pena de prisão.

De recordar-se que, depois, o § 2.° do art. 733 do CPC apresentava a seguinte redação: "O cumprimento da pena não exime o devedor do pagamento das prestações vencidas e vincendas; mas o juiz não lhe imporá segunda pena, ainda que haja inadimplemento posterior". Lembre-se, todavia, de que desse § 2.° retirou-se a última frase, com a redação determinada pela Lei 6.515, de 1977 (Lei do Divórcio).

Entretanto, reconheceu o STF, por sua 2ª T. em 28.09.1976, por unanimidade, sendo Relator o Min. Cordeiro Guerra,[32] que o impedimento do mencionado art. 733 "foi revogado" pelo art. 4.° da Lei 6.014, de 27.12.1973, que "restabeleceu" o § 1.° do art. 19 da Lei 5.478, de 25.07.1968.

Na redação do § 2.° do citado art. 733, determinada pelo art.52 da Lei do Divórcio, 6.515 de 1977, foi excluída a parte final daquele dispositivo citado, modificando-o. Desapareceu, portanto, a proibição de que se reitere o decreto de prisão. Agora, indene de dúvidas.

Assim, não mais existe na legislação o caráter proibitivo de nova prisão do alimentante faltoso, o que foi reconhecido pela jurisprudência.[33]

c) Prazo da prisão

Pelo *caput* do art. 19 da Lei de Alimentos, 5.478/68, a prisão do devedor de alimentos pode ser decretada até 60 dias; e pelo § 1.° do art. 733 do CPC, o prazo máximo para a eficácia da pena de prisão é de um a três meses, quando se cuidar de alimentos provisionais.

Com relação aos alimentos definitivamente fixados por sentença ou por acordo, é de 60 dias o prazo máximo da prisão do devedor ina-

---

[31] Dos alimentos..., cit., p. 663.

[32] RTJ 79/448. Em sentido contrário, três acórdãos do TJSP, respectivamente, em 27.12.1974, em 06.05.1975 e em 04.11.1975, RT 473/291, 479/291 e 489/305 (este último só admitindo a nova prisão quando não cumprida integralmente a anterior).

[33] RTJ 115/1150 o mesmo em RT 602/240; RT 577/65.

dimplente, vem decidindo o STF.[34] E, também, os Tribunais dos Estados.[35]

Pondera, e com muita justiça, Adroaldo Furtado Fabrício,[36] que "A prisão do alimentante, quanto à sua duração, segue regulada pela lei especial, podendo ser decretada até 60 dias. Impõe essa conclusão o fato de tratar-se"... "de lei *posterior*, à parte a circunstância de conter regra mais favorável ao paciente de medida excepcional – *odiosa restringenda*". Conclui, ainda, que, em qualquer das hipóteses, legalmente consideradas, "a duração da prisão não poderá exceder de 60 dias". Essa posição é acolhida como a *mais acertada* por Yussef Said Cahali.[37]

Aliás, decidiu a 2ª Câm. do TJSP, por votação unânime, em 04.02.1980, sendo Relator o Des. Prestes Barra,[38] que a decretação de prisão contra devedor de alimentos não pode ultrapassar 60 dias; daí porque reduziram para esse prazo, o que condenava o mesmo devedor a 90 dias. Tudo sob fundamento de que essa é a inteligência das Leis 5.478/68 e 6.014/73 e do art. 733, § 1.°, do CPC.

Por outro lado, é inadmissível que o devedor seja condenado, "por tempo indeterminado, isto é, até que seja paga a dívida".[39]

Embora Francisco Fernandes de Araújo[40] não vislumbre exagero em fixar o tempo da prisão em 90 dias, no caso de alimentos provisórios ou provisionais, "porque o devedor será imediatamente colocado em liberdade, tão logo pague o seu débito", pondera que tem adotado, na prática, como Magistrado, também nesses casos, o prazo máximo de 60 dias de prisão, "mesmo porque se mostra difícil perceber o fundamento que teria levado o legislador a adotar critério diverso entre as referidas espécies de alimentos, quanto à prisão do devedor". Todas as espécies de alimentos são, igualmente, necessárias.

---

[34] JSTF-Lex 51/363, 61/379 (o mesmo julgado em RTJ 104/137), 18/310, 41/344; RTJ 115/1151 (o mesmo julgado em RT 602/240), 87/67, 108/171; RT 585/261.

[35] RT 545/347, 556/358, 559/71, 560/220, 601/107.

[36] A legislação processual extravagante em face do novo Código de Processo Civil. *Ajuris*, Porto Alegre, v.3, n. 5.1 e 5.4, p. 85.

[37] Dos alimentos..., cit., p. 640.

[38] RT 541/367. No mesmo sentido os julgados em RF 269/50 e RT 576/219.

[39] RT 490/373.

[40] Algumas questões sobre alimentos provisionais, provisórios e definitivos, RT 634, pp. 21 a 35, especialmente pp. 30 e 31.

E aduz, explicando:

"A Lei 5.478/68 é mais antiga do que o CPC, e a inovação dos três meses de prisão ocorreu neste, e é possível que tal se tenha verificado por ter o legislador sentido a necessidade de um maior rigor a respeito da matéria, elevando, destarte, os limites da prisão. É possível, ainda, que se tenha adotado critério um pouco mais rigoroso para o caso de alimentos provisórios ou provisionais, em relação aos alimentos definitivos, porque nestes já existe um título definido para a imediata execução. São hipóteses aventadas para a busca de fundamentos que justifiquem a diferença de tratamento, e que o juiz poderá levar em conta, no estudo de cada caso específico, sem desconsiderar os princípios norteadores do art. 5.° da LICC e também do art. 5.° do Código de Menores, se for o caso, aplicáveis por extensão mesmo em matéria de alimentos".

O Código de Menores, Lei 6.697, de 10.10.1979, foi revogado pelo Estatuto da Criança e do Adolescente, Lei 8.069, de 13.07.1990.

d) Lugar da prisão

Revestindo-se a prisão do alimentante de caráter coercitivo ao cumprimento do dever alimentar, têm a doutrina e a jurisprudência demonstrado que essa "pena" deve ser executada na forma regular.

Assim, julgou a 1ª Câm. Civ. do TJSP, em 17.02.1987, por unanimidade, sendo Relator o Des. Roque Komatsu,[41] ressaltando a inadmissibilidade de conversão dessa prisão para regime-albergue.

Nesse mesmo julgado, alinha-se o entendimento de vários doutrinadores,[42] acentuando essa inadmissibilidade. Do mesmo modo, são ali citados vários acórdãos, reafirmando essa posição.[43]

---

[41] *RJTSP-Lex* 108/333.

[42] Yussef Said Cahali, *Dos alimentos*..., cit., p. 660; João Claudino de Oliveira e Cruz. *Dos alimentos no direito de família*. Rio de Janeiro: Forense, 1956, p. 343; Luiz Flávio Gomes. Prisão civil..., cit., p. 10; Athos Gusmão Carneiro. Ação de alimentos e prisão civil, RT 516/14, especialmente, p. 16.

[43] RT 538/316, 552/413; *RJTJSP-Lex* 92/411.

O alimentante, inadimplente, poderá ser mantido em prisão especial ou em quartéis, se o devedor for diplomado por Escola superior da República, conforme permite o art. 295, inc, VII, do CPP, não em prisão domiciliar ou em liberdade vigiada. Assim, decidiu a 1ª T. do STF, por unanimidade, em 30.10.1984, sendo Relator o Min. Soares Muñoz.[44]

Em decisão elogiável o STJ, por sua 3ª T., sendo Relator o Min. Humberto Gomes de Barros, garantiu prisão domiciliar a idoso devedor de pensão. Nesse caso, o devedor idoso, com 73 anos, era portador de vários problemas graves de saúde.[45]

e) Prisão civil dos avós

O mesmo acontece com a prisão civil dos avós, que são pessoas idosas e, geralmente, com problemas de saúde e que precisam ser preservados.

Cite-se, nessa feita, acórdão do Tribunal de Justiça do Rio Grande do Sul, sendo Relator o Des. Antonio Carlos Stangler Pereira[46], em que se decidiu, em ação de execução de alimentos, contra avós paternos, que, sendo, "a obrigação dos avós de natureza subsidiária, além do que demonstrada nos autos a precariedade de suas situações financeiras, tratando-se, portanto, de impagamento involuntário e escusável", não se justificaria o decreto de sua prisão.

Esse acórdão preservou a dignidade da pessoa dos avós e sua vida, honrando a proteção destes estampada na Lei Complementar ao art. 230[47] da Constituição de nossa República Federativa, e presente na Lei n.º 10.741, de 1.º10.2003 (Estatuto do Idoso)[48].

---

[44] RTJ 112/234 (o mesmo julgado em JSTF-Lex 76/428). No mesmo sentido, acórdão em RTJ 79/448, 98/685; RJTJSP 92/407, 43/328; RT 538/316. Em sentido contrário, decisão em RJTJSP 48/274.

[45] Habeas Corpus 35.171.

[46] 8ª Câm. Cív. – Santo Augusto, Agravo de Instrumento n.º 700104200 57, publ. Em 27.04.2005..

[47] "A família, a sociedade e o Estado têm o dever de amparar as pessoas idosas, assegurando sua participação na comunidade, defendendo sua dignidade e bem-estar e garantindo-lhes o direito à vida".

[48] Art. 10 "É obrigação do Estado e da sociedade assegurar à pessoa idosa a liberdade, o respeito, e a dignidade, como pessoa humana e sujeito de direitos civis, políticos, individuais e sociais, garantidos na Constituição e nas Leis".

Outra decisão do Tribunal de Justiça do Rio Grande do Sul, por sua 7ª Câmara Civil, sendo Relator o Des. Luiz Felipe Brasil Santos[49], em um caso em que foi decretada a prisão civil da mãe (poderia ter sido da avó), por não prestar a obrigação alimentar a filho menor, julgou que a pena deveria ser cumprida em regime aberto para tornar possível o exercício do trabalho. Nesse caso, não havia possibilidade de recolhimento em albergue, no mesmo município da residência das partes. Aplicou-se, analogicamente, o art. 117, inciso III, da Lei n.° 7.210, de 1984 (Lei de Execução Penal), dado que, não sendo desse modo, o maior prejudicado seria o menor, com o afastamento da mãe, para cumprimento da medida em outra comarca. Nessa situação era inevitável a proteção do menor pelo Estado.

A prisão civil, assim, não pode ser meio de aniquilamento do ser humano, principalmente tratando-se de decreto contra avós.

Tenha-se, ainda, presente que o Tribunal de Justiça de São Paulo[50] entendeu de não decretar a prisão em ação proposta contra os avós paternos, ante interrupção dos pagamentos das pensões, quando o pai perdeu o emprego. Nesse caso, o devedor efetuara o pagamento "das três últimas prestações da prisão". Entendeu que "a execução de pensões em atraso" deveria ser feita por rito diferente, em separado e "sem necessidade de distribuição". E, mais, que "A pensão obtida na ação que moveram aos avós paternos não é substitutiva e sim complementar àquela devida pelo pai".

Em outra decisão, desse mesmo Tribunal[51], foi afastada ameaça de prisão ilegal contra avós paternos, sem ter sido reconhecida judicialmente a impossibilidade de os pais alimentarem a exeqüente, sua filha. Esta havia desistido da ação promovida contra seus pais por não ter sido encontrado o mesmo pelo oficial de justiça.

---

[49] Agravo de Instrumento n.° 700 146 15 637, j. em 03.05.2006, v.u..

[50] Agravo de Instrumento n.° 493.849-4/0-00 – Santos-SP, Relator Des. Morato de Andrade, 2ª Câm. de Direito Privado.

[51] Habeas corpus n.° 449.789-4-9-00 – Limeira-SP, Rel. Des. Ary Bauer. Inteligência do art. 1.698 do Cód. Civ.: "Se o parente, que deve alimentos em primeiro lugar, não estiver em condições de suportar totalmente o encargo, serão chamados a concorrer os de grau imediato...". No mesmo sentido, do mesmo Relator, Apelação n.° 452.615.4/3-00 – Piracicaba, "A má vontade do pai dos menores em assisti-los convenientemente não pode ser equiparada à sua falta, em termos de devolver a obrigação ao avô". Ver, ainda, TJSP, Apel. n.° 2.390-1, citada nesse julgamento.

Outra situação é a de que os avós "só podem ser obrigados a alimentar o neto se a situação econômica deles permitir que garantam a subsistência do neto sem prejuízo de seu próprio sustento[52]."

A tendência dos Tribunais é a de continuar condenando os avós, quando for o caso, decretando-lhes a prisão civil, embora com alguma relutância, quando as circunstâncias do caso assim o permitirem. Mas também tende a Jurisprudência ao decreto de prisão civil pelo sistema aberto, domiciliar, para preservar a dignidade dos idosos.

Lembre-se, nesse caso, de que o Superior Tribunal de Justiça[53] garantiu prisão domiciliar a idoso devedor de pensão, pela primeira vez, levando em consideração, nesse caso, o preenchimento de dois requisitos, para cumprimento de pena em regime domiciliar: o devedor tinha 73 anos (mais de 70) e era portador de doença grave.

Embora esse caso não seja de prisão domiciliar por prisão de avô, o certo é que, geralmente, este tem problemas de idade e de saúde.

Como situação agravante, nesse caso, todas as noites, o aposentado deveria recolher-se à cadeia da cidade vizinha (mais de 70 quilômetros) da sua cidade, que não tinha unidade carcerária. Daí, a acertada decisão.

f) Prisão civil dos netos?

Sendo a obrigação alimentar entre avôs e netos, direito-dever da personalidade, porque é recíproco entre eles e nas categorias ligadas pelo *ius sanguinis*, seria de indagar-se, nessa feita, que, assim como existe ação alimentar dos avôs em face de seus netos, seriam estes, também, obrigados a esse pagamento sob pena de prisão?

Deve causar preocupação uma tal ordem generalizada de prisões desse tipo, pois o direito à prestação alimentar entre consangüíneos, nos moldes dos arts. 1.696 ("recíproco entre pais e filhos, e extensivo a todos os ascendentes"...) e 1.697 (na falta destes "cabe a obrigação aos descendentes guardada a ordem de sucessão"... até os "irmãos, assim germanos como unilaterais"), traz uma gama enorme de credores e de devedores que devem preservar a continuidade da família. Assim, tudo bem; mas com risco de prisão civil?

No caso dos netos, por exemplo, não podem eles furtar-se ao amparo de seus avós, se tiverem condições econômicas de sustentá-los, em sua velhice, se necessitados.

26 *Pessoa Humana e Direito*

O Código de Processo Civil, cuidando da execução de prestação alimentícia, não distingue, em seu art. 733, entre categorias de consangüíneos, refere-se a "devedor" dos alimentos. Se este não pagar, estará sujeito a prisão civil (§ 1.°).

g) Minha posição

Quanto à prisão em razão de débito alimentar, sou, em princípio, contrário a ela.[54]

Veja-se, inicialmente, que os Tribunais[55] admitem que devem ser exauridos todos os meios compulsivos, antes do decreto de prisão.

Destaque-se, ainda, a decisão da 2ª Câm. Civ. do TJSP, em 26.04.1988, por maioria de votos, sendo Relator o então Des. Cézar Peluso[56], que reconheceu que "não se justifica a modalidade extrema da prisão civil do devedor de alimentos que possui disponibilidades suscetíveis de arresto e penhora cuja efetivação garante a satisfação imediata do credor. Tal modalidade coercitiva só é cabível em caso de frustração de execução pelo devedor". No mesmo sentido, quando o alimentante age com má-fé e recalcitrância, sendo solvente.[57]

Ao seu turno, o art. 5.°, inciso LXVII, da Constituição de nossa República Federativa, de 5 de outubro de 1988, ao admitir a exceção ao princípio de que "não haverá prisão civil por dívida", ressalva a "do responsável pelo inadimplemento voluntário e inescusável de obrigação alimentícia.".

---

[52] TJ-SP, Apel. cív. n.° 421.583.4/4-00-Jales-SP, Rel. Des. Ary Bauer.

[53] Habeas corpus n.° 35.171 – Capão da Canoa – RG, Rel. Min. Humberto Gomes de Barros (*in* Revista Consultor Jurídico, de 04.08.2004). O paciente foi condenado a pagar pensão à sua ex-mulher (três salários-mínimos).

[54] Álvaro Villaça Azevedo, Prisão Civil por Dívida, Ed. Revista dos Tribunais, São Paulo, 2ª ed., 2000, em especial pp. 134 a 171.

[55] RT 452/332, 454/325 e 337, 456/368, 468/297, 471/305, 473/295,474/284, 477/114, 485/277, 489/295, 508/322, 516/285, 529/301, 534/307, 535/275, 544/348, 554/66, 562/67, 563/68, 576/219, 590/94; RJTJSP 11/405, 25/418 e 422, 32/221 e 240, 33/215, 36/245, 48/277, 56/291 e 305, 59/337, 60/323 e 318, 97/389, 114/467; RSTJ 24/166, entre muitos outros.

[56] RT 631/115. Em sentido contrário, acórdão *in* RT 670/132.

[57] RT 535/275.

Assim, é necessário comprovar-se que o devedor de alimentos não quer pagar, não fazendo qualquer empenho, nesse sentido, depois, deve somar-se a essa situação a inescusabilidade desse cumprimento obrigacional. Essas ressalvas não existiam anteriormente, bastando confrontar o texto atual com o do § 17 do art. 153 da Constituição de 24 de janeiro de 1967, após a Emenda Constitucional n.º 1, de 17 de outubro de 1969.

Ninguém nega que os pais devam, em primeiro lugar, cumprir sua obrigação alimentar junto a seus filhos; quando esse descumprimento assume caráter grave, é possível a instauração de procedimento criminal por abandono material de filho, conforme o *caput* do art. 244 do Código Penal (com a redação determinada pela Lei 10.741, de 2003 – Estatuto do idoso: "Deixar, sem justa causa, de prover a subsistência do cônjuge, ou de filho menor de 18 (dezoito) anos ou inapto para o trabalho, ou de ascendente inválido ou maior de 60 (sessenta) anos, não lhes proporcionando os recursos necessários ou faltando ao pagamento de pensão alimentícia judicialmente acordada, fixada ou majorada; deixar, sem justa causa, de socorrer descendente ou ascendente, gravemente enfermo: Pena-detenção, de 1(um) a 4(quatro) anos, e multa, de uma a dez vezes o maior salário mínimo vigente no País."

A prisão em decorrência desse ilícito penal é indiscutível e deveria ser a regra de atuação dos lesados em prestação alimentar. Aí, sim, a prisão é cabível.

O inadmissível é considerar o simples não pagamento de pensão alimentar como ilícito civil capaz de causar a prisão do devedor. A não ser que este aja com dolo, opondo obstáculos, para frustrar o pagamento alimentício, tendo condições de fazê-lo.

Poder-se-ia, por outro lado, admitir a prisão administrativa, não civil, quando o devedor de alimentos declarasse falsamente, perante o Poder Judiciário, não ter patrimônio suficiente ao pagamento da pensão, enganando o juiz. Essa falsa declaração perante o juiz poderia acarretar a prisão do declarante, por crime contra a administração da justiça, e que nada tem a ver com a prisão civil por dívida.

Nos Estados Unidos da América do Norte, essa matéria é passível de prisão por crime inafiançável contra a administração da justiça. Aqui, estaria presente a omissão dolosa de ocultação de recursos ao seu parente, colocando-o, até, em risco de vida.

VI – DIREITO E DEVER DOS AVÓS A ALIMENTOS NO CÓDIGO CIVIL ITALIANO

O Código Civil italiano de 1942 estabelece, em seu art. 433, uma ordem sucessiva entre as várias categorias de pessoas que devem alimentos, em razão das relações familiares. O princípio é de que, faltando recursos a uma categoria, impossibilitada de cumprir com os encargos alimentares, se passa-se à categoria seguinte.

Assenta o art. 148 (2ª parte) do mesmo Código Civil, que, "Quando os genitores não dispõem de meios suficientes, os outros ascendentes legítimos ou naturais, pela ordem de proximidade, são levados a fornecer aos mesmos genitores os meios necessários para que possam adimplir seus deveres relativos aos filhos".

Explica Massimo Dogliotti[58] que, conforme a orientação prevalente (escudado em Trabucchi, Finocchiaro A. e M., Santosuosso e em Jurisprudência), "a obrigação dos ascendentes, atuando somente quando os genitores não tiverem meios suficientes, é subsidiária ou de integração e não uma obrigação com pluralidade de obrigações por cota". Acentua, ainda que "O dever dos ascendentes não constitui uma verdadeira e própria obrigação de manter os netos, e não tem como beneficiários diretos estes últimos; quanto aos netos, os avós têm somente a obrigação alimentar prevista no art. 433 do Código Civil" (art. 433-3 "À obrigação de prestar os alimentos são chamados na ordem os genitores e, em sua falta, os ascendentes próximos, inclusive naturais; os adotantes").

Ao seu turno, leciona Alberto Trabucchi[59] que, "Quando os genitores não têm meios suficientes, os ascendentes são chamados a financiar os cumprimentos, fornecendo os meios suficientes: a obrigação assim é de caráter só subsidiário (148) e de conteúdo indireto para financiar aqueles que sobram, os obrigados principais, e que são os genitores".

---

[58] Códice della Famiglia, Ed. Ipsoa Scuola D´Impresa, Corso Ferrero, Farigliano, 1996, sob a coordenação de Massimo Dogliotti, vol. I, pp. 212 e 213; e Massimo Dogliotti, Separazione e divorzio, Torino, 1995, pp. 59 e 60.

[59] Istituzioni di Diritto Civile, Ed. Cedam, Padova, 39ª edição, 1999, p. 263, n.° 105.

Melhor explica Fernando Santosuosso[60] que a reforma de 1975 inovou nesse aspecto do dever alimentar dos ascendentes. Realmente, "Na disciplina precedente à reforma, de fato, os ascendentes eram chamados para intervir de modo substitutivo para prover diretamente e satisfazer as exigências dos netos, no caso em que os genitores não tivessem cumprido sua obrigação com a prole. Com a nova formulação da norma, não se configura mais uma passagem da obrigação dos genitores aos outros ascendentes, mas estes últimos devem colocar os genitores em condições de cumprir com seus deveres em relação aos filhos".

"Essa novidade", continua o mesmo autor, "é indubitavelmente positiva, em quanto, de um lado, tende a utilizar ao menos a atividade pessoal dos genitores no trabalho de manutenção, educação e instrução da prole, mas sobretudo tende a não desnaturar a ordem natural dos afetos e da eficácia pedagógica das diversas gerações. Em outros termos, a norma evita uma retirada dos filhos do âmbito natural familiar, exigindo que sejam sempre os genitores a proverem diretamente ao desenvolvimento da personalidade dos menores".

Dada a natureza do direito a alimentos, entendo que ele é sempre recíproco, porque é direito-dever da personalidade, também no direito italiano.

VII – DIREITO E DEVER
DE VISITAS ENTRE AVÓS E NETOS

Vivemos época de valorização e reconhecimento dos vínculos afetivos, que, às vezes, superam os criados pela consangüinidade, pela própria Natureza.

Se é verdade que existe afeição dos avós pelos netos, certo é, também, que, em muitas oportunidades, os direitos e deveres entre eles necessitam efetivar-se judicialmente.

Analisando, primeiramente, o direito de visitas do avô ao neto, sentimos nele a continuidade que existe entre gerações que se vão seguindo em cuidados recíprocos.

---

[60] Il matrimonio, *in* Giurisprudenza Sistematica di Diritto Civile e Commerciale, de Walter Bigiavi, Ed. Utet, Torino, 3ª edição, 1989, pp. 274 e 275, n.º 5.

Assim, esse direito-dever da personalidade dos avós, inerente à consangüinidade é a aptidão de cuidar dos netos e de entrevistar-se com eles.

No cuidar, existe todo o empenho carinhoso de orientá-los na vida, como segundo pai e segunda mãe. No entrevistar, está presente a comunhão de afeto que propicia o relacionamento amoroso.

Assim, ao lado do direito-dever de visitas dos pais, está o dos avós, bisavós etc., mostrando-se em toda a linha reta do tronco da família.

O direito-dever de visitas dos avós aos seus netos não encontra regulamentação na legislação pátria; é matéria que apresenta fundamento no Direito Natural.

Analogicamente, assim como os pais, que não estão com a guarda dos seus filhos, podem visitá-los e tê-los em sua companhia, conforme acordo ou fixação judicial (art. 15 da Lei do Divórcio, n.º 6.515, de 1977), também os avós o podem.

O direito-dever de visita entre os consangüíneos, embora não necessite de regulamentação legal, para ser admitido, deveria constar na legislação, expressamente, por norma de ordem pública, para melhor assegurar, assim, como na situação ora tratada, esse direito-dever dos avós.

A Doutrina e a Jurisprudência "confirmam ou aplaudem" "o direito dos avós de se avistarem com os netos em visita". Essa visitação e cuidados resultam da "solidariedade familiar", acentua Washington de Barros Monteiro[61].

E conclui o mesmo autor: "Sem dúvida alguma, o direito dos avós se compreende hoje como decorrência do direito outorgado à criança e ao adolescente de gozarem de convivência familiar, não sendo demais entender que nesse relacionamento podem ser encontrados os elementos que caracterizam a família natural, formada por aquela comunidade familiar constituída de um dos pais e seus descendentes, inserida na Constituição Federal e no Estatuto da Criança e do Adolescente".

A regulamentação de visitas não se exaure, portanto, nas ações de separação judicial e divórcio, só em favor do pai ou da mãe, que não detém a guarda dos filhos. Em certos casos, a guarda fica com avós, paternos ou maternos, o que mostra que tudo deve guiar-se no interesse do menor.

---

[61] Curso de Direito Civil, Direito de Família, Ed. Saraiva, São Paulo, 2.º volume, 36ª edição, atual por Ana Cristina de Barros Monteiro França Pinto, 2001, pp. 238 e 239.

Na verdade, essa regulamentação faz-se de caso para caso, exigindo o juiz e o membro do Ministério Público a maior especificação possível, para que se evitem novos litígios.

O acordo ou estipulação judicial, em matéria de visitação, principalmente dos filhos e dos netos, merece especial atenção. Regulam-se o tempo de visita e da eventual permanência dos filhos e dos netos, fora do lar do guardião, prevendo períodos de presença, como o das férias escolares, dias festivos, de Natal, Ano Novo e aniversário dos visitantes, também conforme legislação específica[62]. Tudo assegurando-se o interesse e o bem estar do menor[63].

Pondera Euclides de Oliveira[64] que o direito de visitas dos avós subsiste em qualquer situação, ainda mesmo quando regular a convivência conjugal dos pais dos menores, muito embora tenda a se agravar e sofrer questionamentos nas hipóteses de deterioração do casamento, com a separação judicial ou o divórcio dos genitores, por força dos desentendimentos pessoais que muitas vezes se estendem aos próprios pais ou sogros. Convém lembrar, em favor dos avós, que é exatamente nessas situações de conflito familiar, quando o filho mais sofre com a separação dos pais, que se revela útil a presença dos ascendentes mais longínquos, servindo como exemplo de subsistência da organização familiar e também contribuindo como precioso apoio ao filho que sofre as nocivas conseqüências da discórdia paterna."

Acentua, ainda, Arnaldo Rizzardo[65] que "Apenas em circunstâncias especiais deve ser negado o pedido dirigido a alcançar o direito de visita, como nos graves conflitos entre a educação e formação dirigida pelos pais, e aquela pretendida incutir pelos avós, ou se advém influência negativa do contato com os avós, ou, ainda, se, com estes, ficam sujeitos a perigos os netos. Não se justificam, para impedir o direito, as questões pessoais ou as

---

[62] Art. 15 da Lei n.º 6.515, de 26 de dezembro de 1977 (direito de visita dos filhos e de estar em sua companhia, e de fiscalizar sua manutenção e educação); art. 1.121, inciso II, § 2.º, do CPC, alterado pela Lei n.º 11.112, de 13 de maio de 2005 (acordo deve compreender encontros periódicos e repartição de férias escolares e dias festivos); e art., 1.589 do Código Civil (nos moldes do art. 15 da Lei do Divórcio – fala-se em acordo ou fixação judicial relativos ao direito de visita).

[63] Lei 8.069, de 13 de julho de 1990 (Estatuto da Criança e do Adolescente).

[64] Direito de visitas dos Avós aos Netos, *in* Família Notadez, Direito de Família e Sucessões, Ed. Notadez, Sapucaia do Sul – RS, 1ª edição, 2007, pp. 163 a 170, especialmente pp. 165 e 166.

[65] Direito de Família, Ed. Forense, Rio de Janeiro, 2004, 2ª edição, p. 269.

divergências que, mais freqüentemente, nutre a mãe relativamente à avó paterna de seus filhos, e muito menos a alegação de métodos antiquados pelos avós no trato e na educação dos netos".

Como visto, os avós também têm o dever de visitar seus netos, de vigiá-los e de buscá-los nos momentos difíceis e de perigos. Esse dever de cuidar dos netos coloca os avós na posição de segundos pais.

Os avôs têm direito e dever de fiscalizar a educação de seus netos, não podendo conflitar, entretanto, com a orientação primeira dos pais. São atividades que devem completar-se e se harmonizar, em busca do interesse e bem-estar da família. O amor e o afeto vêm em primeiro lugar.

Nesse intercâmbio familiar, os netos têm também o direito e o dever de cuidar de seus avós, de procurá-los e de assisti-los, em todos os momentos, bons e difíceis.

VIII – DIREITO DE VISITAS DOS AVÓS, NO CÓDIGO CIVIL PORTUGUÊS E FRANCÊS

O direito de visitas no Código Civil português estampa-se em seu art. 1.887-A, com aditamento ocorrido pela Lei 84 de 31.08.1995, onde estão presentes os avós.

Assenta esse artigo que "Os pais não podem injustificadamente privar os filhos do convívio com os irmãos e ascendentes".

É certo que nem sempre é conveniente esse relacionamento, o que terá de ser comprovado pelos pais, justificando suas razões perante o juiz.

Desse modo, a regra geral é de que os netos têm direito de conviver com seus avós, que, por sua vez, têm o mesmo direito de conviver com seus netos.

Vê, assim, o legislador português, em princípio, necessário esse relacionamento, acentuando sua natureza de direito natural. Objetiva esse intuito, também relativamente aos irmãos em relação a seus sobrinhos, a integração da família, entendendo-a, assim, fortalecida.

Nessa área da consangüinidade, certamente está presente a reciprocidade de direito e de dever. Nasce, desse modo, um direito-dever desses parentes de se cuidarem uns aos outros, em verdadeira solidariedade familiar, que deve existir.

Nem sempre as famílias entendem a necessidade dessa convivência, colocando empecilhos e interesses particulares, que prejudicam a formação espiritual dos netos, em detrimento de um interesse coletivo da família.

Embora o direito-dever de visitas entre avós e netos tenha fundamento no Direito Natural, é muito importante que o direito positivo escrito reconheça essa situação, fortalecendo a crença de um melhor e aprimorado relacionamento entre avós e netos, no futuro.

Muito semelhante a essa posição do Direito português, é a do Código Civil francês, que, em seu art. 371-4, estabelece: "Os pai e mãe não podem, salvo motivos graves, criar obstáculo às relações pessoais do filho com seus avós. Na falta de acordo entre as partes, os modos dessas relações são regulamentados pelo "juiz de assuntos familiares", nos moldes da Lei n.º 93-22, de 8 de janeiro de 1993. Ver, a propósito, o Novo Código de Processo Civil, art. 1180.

"Em consideração a situações excepcionais", esse "juiz de assuntos familiares" pode estabelecer "um direito de correspondência ou de visita a outras pessoas, parentes ou não".

Nesse ponto, sentimos uma certa independência desse juizado familiar, em estabelecer o que for melhor ao interesse do neto.

Segundo a Jurisprudência francesa[66], todos os avós sem distinção estão beneficiados por esse texto (TGI Paris, 03.06.1976, D. 1977, 303, nota Cazals); em caso de urgência, pode o juiz conceder, a título provisório, um direito de visita aos avós (Civ. 1re, 01.02.1983, Bull. civ. I, n.º 46); o juiz aprecia soberanamente, para conceder direito de visita aos avós (Civ. 1re, 13.12.1989, Bull. civ.I, n.º 389), em uma situação excepcional (Civ. 1re 17.05.1972, Bull. civ. I, n.º 131); constitui situação excepcional a que nasce entre os avós de sangue e os netos adotados em forma plena (Civ. 1re, 21.07.1987, Gaz. Pal. 1988. 1.326, note Massip.); a concessão do direito de visita aos avós constitui uma simples faculdade do juiz, pois mesmo em presença de uma situação excepcional, o direito de visita pode ser negado se esse for o interesse da criança (Civ. 1re, 10.05.1977, Bull. civ. I, n.º 213), em face dos arts. 425, al. 3, e 1.180 do novo Código de Processo Civil, o ministério público deve atuar, ante a regra de ordem pública do art. 371-4

---

[66] Citada nas notas desse art. 371-4, no Code Civil, Ed. Dalloz, Paris, 1994-95, 94ª ed., com o concurso de Gilles Goubeaux e Philippe Bihr, pp. 338 e 339, notas 1 a 9.

do Código Civil (Civ. 1ᵣₑ, 17.06.1986, Bull. civ. I, n.° 171 e outros julgados); mesmo que a ação objetive somente a obtenção de um direito de visita (Civ. 1ᵣₑ, 17.06.1986, Bull. civ. I, n.° 172 e outro decisório).

Entre outras legislações adiantadas, o direito de visita dos avós aos netos é reconhecido, em princípio, salvo situações prejudicais a esses descendentes, sempre no interesse do menor.

BIBLIOGRAFIA

Doutrina

ADRIANO DE CUPIS – I Diritti dela Personalità, Ed. Dott. A Giuffrè, Milano, do Trattato di Diritto Civile e Commerciale,dirigido pelos Professores Antonio Cicu e Francesco Messineo, 1959, vol. IV, tomo I.

ADROALDO FURTADO – A legislação processual extravagante em face do novo Código de Processo Civil. *Ajuris*, Porto Alegre, v.3.

ÁLVARO VILLAÇA AZEVEDO – Curso de direito civil, teoria geral das obrigações. 9. ed. São Paulo: RT, 2001, p. 194.

Álvaro Villaça Azevedo – Prisão Civil por Dívida, Ed. Revista dos Tribunais, São Paulo, 2ª ed., 2000.

ÁLVARO VILLAÇA AZEVEDO e GUSTAVO RENÉ NICOLAU – Código Civil Comentado, Coord. de Álvaro Villaça Azevedo, Ed. Atlas, São Paulo, 2007, vol. 1.

ALBERTO TRABUCCHI – Istituzioni di Diritto Civile, Ed. Cedam, Padova, 39ª edição, 1999.

ANTÔNIO CHAVES – Lições de Direito Civil, Direito de Família, II, Ed. Revista dos Tribunais, São Paulo, 1975.

ARNALDO RIZZARDO – Direito de Família, Ed. Forense, Rio de Janeiro, 2004, 2ª edição.

ATHOS GUSMÃO CARNEIRO – Ação de alimentos e prisão civil, RT 516/14.

CALOGERO GANGI – Persone Fisiche e Persone Giuridiche, Ed. Dott. A. Giuffrè, Milano, 2ª edição, 1948.

CÓDICE DELLA FAMIGLIA – Ed. Ipsoa Scuola D'Impresa, Corso Ferrero, Farigliano, 1996, sob a coordenação de Massimo Dogliotti, vol. I.

EUCLIDES DE OLIVEIRA – Direito de visitas dos Avós aos Netos, *in* Família Notadez, Direito de Família e Sucessões, Ed. Notadez, Sapucaia do Sul – RS, 1ª edição, 2007.

FERNANDO SANTOSUOSSO – Il matrimonio, *in* Giurisprudenza Sistematica di Diritto Civile e Commerciale, de Walter Bigiavi, Ed. Utet, Torino, 3ª edição, 1989.

FRANCISCO FERNANDES DE ARAÚJO – Algumas questões sobre alimentos provisionais, provisórios e definitivos, RT 634.

GIANDOMENICO PISAPIA – Les obligations familiales alimentaires et leurs sanctions pénales, *in* Journées. Juridiques, v. 1.

GILLES GOUBEAUX e PHILIPPE BIHR, notas 1 a 9 ao art. 371 – 4, do Código Civil francês, Ed. Dalloz, Paris, 1994-95, 94ª edição.

JOÃO CLAUDINO DE OLIVEIRA E CRUZ – A nova ação de alimentos, Forense, Rio de Janeiro/ São Paulo, 1969, 2ª edição.

JOÃO CLAUDINO DE OLIVEIRA E CRUZ – *Dos alimentos no direito de família*. Rio de Janeiro: Forense, 1956.

Joaquim Diez Diaz – Los Derechos Físicos de la Personalidad, Derecho Somatico, Ed. Santillana, 1963.

JOSÉ CASTAN TOBEÑAS – Los Derechos de la Personalidad, Instituto Editorial Réus, Madrid, 1952.

LUIZ FLÁVIO GOMES – Prisão civil por dívida alimentar (alguns aspectos controvertidos). RT 582/9 a 14.

MARIA BERENICE DIAS – Manual de Direito das Famílias, Ed. Revista dos Tribunais, São Paulo, 4ª edição, 2007.

MARIA HELENA DINIZ – Curso de Direito Civil Brasileiro, Direito de Família, Ed. Saraiva, São Paulo, 5.º volume, 17ª edição, 2002.

MASSIMO DOGLIOTTI, Separazione e divorzio, Ed. Utet, Torino, 1995.

ORLANDO GOMES – Direito de Família, Ed. Forense, Rio de Janeiro, 2002, 14ª edição, rev. e atual. por Humberto Theodoro Júnior.

PONTES DE MIRANDA – Comentários ao Código de Processo Civil. Rio de Janeiro: Forense, 1976, t. X.

PONTES DE MIRANDA – Tratado de Direito Privado, Ed. Borsoi, Rio de Janeiro, 2ª edição, torno IX.

SÍLVIO RODRIGUES – Direito Civil, Direito de Família, Ed. Saraiva, São Paulo, 2004, 28ª edição, rev. e atual. por Francisco José Cahali, vol. 6.

YUSSEF SAID CAHALI – Dos Alimentos, Ed. Revista dos Tribunais, São Paulo, 2ª edição, 1993.

WASHINGTON DE BARROS MONTEIRO – Curso de Direito Civil, Direito de Família, Ed. Saraiva, São Paulo, 2.º volume, 36ª edição, atual. por Ana Cristina de Barros Monteiro França Pinto, 2001.

Jurisprudência

Acórdão da Sétima Câmara Cível do Tribunal de Justiça do Estado do Rio Grande do Sul – Apel. Civ. n.º 7 000 932 1951 – Santa Maria, j. em 23.02.2005, provido por maioria.

Agravo de Instrumento n.º 7 000 60 90 385, 7ª Câmara do TJERS, Relator Desembargador Sérgio Fernando de Vasconcellos Chaves, j. em 28.05.2003; e Embargos Infringentes n.º 7 000 390 9363, 4.º Grupo de Câmaras Cíveis do TJERS, Relator Desembargador Luiz Felipe Brasil Santos, j. em 12.04.2002.

Agravo de Instrumento n.º 700 146 15 637, j. em 03.05.2006,v.u., Desembargador Luis Felipe Brasil Santos.

Apel. Cív. n.º 7 001 650 8889 – Sarandi, j. em 21.09.2006, provido parcialmente.

RT 452/332, 454/325 e 337, 456/368, 468/297, 471/305, 473/295,474/284, 477/114, 485/277, 489/295, 508/322, 516/285, 529/301, 534/307, 535/275, 544/348, 554/66, 562/67, 563/68, 576/219, 590/94; RJTJSP 11/405, 25/418 e 422, 32/221 e 240, 33/215, 36/245, 48/277, 56/291 e 305, 59/337, 60/323 e 318, 97/389, 114/467; RSTJ 24/166, entre muitos outros.

RT 468/175, 418/180.

RT 490/373.

RT 527/91. Ver, também, no mesmo sentido, julgamento das Câmaras Criminais Conjuntas do mesmo Tribunal. RJTJSP 49/286.

RT 535/275.

RT 538/316, 552/413; RJTJSP-Lex 92/411.

RT 541/367. No mesmo sentido os julgados em RF 269/50 e RT 576/219.

RT 545/347, 556/358, 559/71, 560/220, 601/107.

RT 562/66.

RT 564/235.

RT 631/115. Em sentido contrário, acórdão in RT 670/132.

RT 646/124.

RTJ 108/1351. Súmula 379 do STF.

RJTSP-Lex 108/333.

RTJ 79/448. Em sentido contrário, três acórdãos do TJSP, respectivamente, em 27.12.1974, em 06.05.1975 e em 04.11.1975, RT 473/291, 479/291 e 489/305 (este último só admitindo a nova prisão quando não cumprida integralmente a anterior).

RTJ 112/234 (o mesmo julgado em JSTF-Lex 76/428). No mesmo sentido, acórdão em RTJ 79/448, 98/685; RJTJSP 92/407, 43/328; RT 538/316. Em sentido contrário, decisão em RJTJSP 48/274.

RTJ 115/1150 o mesmo em RT 602/240; RT 577/65.

STF – JSTF-Lex 51/363, 61/379 (o mesmo julgado em RTJ 104/137), 18/310, 41/344; RTJ 115/1151 (o mesmo julgado em RT 602/240), 87/67, 108/171; RT 585/261.

STF 1ª Turma, em julgado já anteriormente referido - RT 564/235-236. No mesmo sentido e do mesmo Tribunal, julgado in RT 574/282-283; RTJ 101/179. Em sentido contrário, julgado do Tribunal de Justiça do Estado do Paraná, em que se entendeu que a prisão decretada, no processo executório de prestação alimentícia pretérita, é "crédito patrimonial, que perdeu sua função de garantia de sobrevivência"; RT670/132, Relator o Des. Troiano Netto. Destaque-se, na linha desse mesmo julgado, o do STF, que considerou, também, ao conceder *habeas corpus*, que a dívida de alimentos, pretérita, não se apresenta com a virtude de assegurar a subsistência presente dos alimentandos. Foi Relator o Min. Francisco Rezek. RT 645/201.

STJ, 4ª T., REsp 119.336-SP, Relator Ministro Ruy Rosado de Aguiar, DJ 10.03.2003, baseado em Precedentes; REsp 81.838-SP, 4ªT., Rel. Min. Aldir Passarinho Júnior, j. em 06.06.2000; REsp 366.837-RJ, 4ªT., Rel. p/ Acórdão Min. Cesar Asfor Rocha, j. em 19.12.2002; REsp 401.484-PB, Min. Fernando Gonçalves, j. em 07.10.2003; REsp 658.139-RS, 4ªT., Rel Min. Fernando Gonçalves, j. em 11.10.2005; TJ-SP, Ap. 256.719, Rel. Des. Azevedo Franceschini, *in* RT 509/78; TJ-SP, MS 281.431, Rel. Des. Toledo Piza, *in* RT 531/67.

STJ-REsp 268.212-MG, 3ª T, Rel. Min. Ari Pargendler, DJ de 27.11.2000 (ainda sob a vigência do CC de 1916); REsp 50 153-9-RJ, 4ªT, Rel. Min. Barros Monteiro, j. em 12.09.1994.

STJ – Habeas corpus n.º 35.171 – Capão da Canoa – RG, Rel. Min. Humberto Gomes de Barros (*in* Revista Consultor Jurídico, de 04.08.2004).

TJDF – 2ª T.Civ., AC 200 50 11 0342045 – Relator Desembargador J.J. Costa Carvalho, j. em 11.10.2006.

TJRS – 8ª Câm. Cív. – Santo Augusto, Agravo de Instrumento n.º 700104200 57, publ. Em 27.04.2005..

TJSP – 6ª Câmara de Dir. Priv., AC 345.070-4/0, Relator Desembargador Sebastião Carlos Garcia, j. em 02.12.2004.

TJSP – Agravo de Instrumento n.º 493.849-4/0-00 – Santos-SP, Relator Des. Morato de Andrade, 2ª Câm. de Direito Privado.

TJSP – Apel. Civ. N.º 421.583.4/4-00 – Jales-SP, Rel. Des. Ary Bauer.

TJSP – Habeas corpus n.º 449.789-4-9-00 – Limeira-SP, Rel. Des. Ary Bauer. Inteligência do art. 1.698 do Cód. Civ.: "Se o parente, que deve alimentos em primeiro lugar, não estiver em condições de suportar totalmente o encargo, serão chamados a concorrer os de grau imediato...". No mesmo sentido, do mesmo Relator, Apelação n.º 452.615.4/3-00 - Piracicaba, "A má vontade do pai dos menores em assisti-los convenientemente não pode ser equiparada à sua falta, em termos de devolver a obrigação ao avô". Ver, ainda, TJSP, Apel. n.º 2.390-1, citada nesse julgamento.

Legislação

Lei Complementar ao art. 230 da Constituição da República, de 1988. "A família, a sociedade e o Estado têm o dever de amparar as pessoas idosas, assegurando sua participação na comunidade, defendendo sua dignidade e bem-estar e garantindo-lhes o direito à vida".

Lei 8.069, de 13 de Julho de 1990 (Estatuto da Criança e do Adolescente).

Lei 10.741 de 1.10.2003) Estatuto do Idoso – Art. 10 "É obrigação do Estado e da sociedade assegurar à pessoa idosa a liberdade, o respeito, e a dignidade, como pessoa humana e sujeito de direitos civis, políticos, individuais e sociais, garantidos na Constituição e nas Leis".

novembro/2007

C:\Documents and Settings\AVA SECRETARIA\Secretaria 10ago\Artigos Professor Álvaro Villaça Azevedo\DIREITOS E DEVERES DOS AVÓS\DIREITOS E DEVERES DOS AVOS novembro 2007.doc

DIREITO À VIDA E LIBERDADE PARA MORRER

Prof. Emérito DALMO DE ABREU DALLARI

1. Os medicos e o direito à vida

A medicina está entre as profissões mais diretamente ligadas aos Direitos Humanos.Para muitos autores que escreveram sobre o assunto, o primeiro dos Direitos Humanos é o direito à vida, pois sem a vida a própria pessoa humana termina sua existência e todos os demais direitos perdem sua razão de ser. A universalidade desse direito está expressa na Declaração Universal de Direitos Humanos, aprovada pela ONU em 1948, cujo artigo 3.° proclama que "todo indivíduo tem direito à vida", afirmação que não comporta exceções, discriminações ou condicionamentos.

O médico, mais do que qualquer outro profissional, tem um compromisso com a busca de proteção e preservação da vida, o que está implícito na simples escolha da medicina como profissão. Exatamente por isso o dever de se colocar sempre "a favor da vida" figura nos Códigos de Ética Médica e deve ser o parâmetro fundamental para todas as dúvidas que o médico possa ter no exercício de sua profissão.

Muitas vezes, nas mais diversas situações e em circunstâncias que podem ser inesperadas e imprevisíveis, o médico é forçado a tomar uma decisão em relação a determinado paciente. Insistir ou não insistir num tratamento; aceitar ou não a recusa de um cuidado, quando o paciente em estado grave ou seus familiares alegam motivos religiosos para a recusa; dar ou não assistência a uma pessoa gravemente ferida que lhe confessa ter cometido um crime monstruoso e estar fugindo da polícia; praticar ou não um aborto, com ou sem cobertura legal; realizar ou não uma cirurgia delicada num inimigo, quando não há outro médico preparado e disponível;

são situações que já se apresentaram aos médicos e podem repetir-se de um momento para outro. A opção do médico é pela vida, pela proteção e preservação desse direito humano fundamental e é a partir desse compromisso que ele deve tomar sua decisão.

Mas a inserção do médico no mundo dos Direitos Humanos é ainda mais ampla e mais profunda. O Pacto dos Direitos Econômicos, Sociais e Culturais, que é um dos chamados "Pactos de Direitos Humanos" aprovados pela ONU em 1966 e que vigora no Brasil com força de lei desde abril de 1992, contém um dispositivo que enfatiza o direito à saúde, que todos os Estados signatários, como o Brasil, estão obrigados a colocar como uma de suas prioridades. Eis o que diz o artigo 12 desse Pacto:

> "1. Os Estados Partes no presente Pacto reconhecem o direito de toda pessoa ao desfrute do mais alto nível possível de saúde física e mental.
> 2. Entre as medidas que deverão adotar os Estados Partes no Pacto, a fim de assegurar a plena efetividade desse direito, figurarão as necessárias para:
> *a*) A redução da mortinatalidade e da mortalidade infantil e o desenvolvimento saudável das crianças;
> *b*) A melhoria, em todos os aspectos, da higiene do trabalho e do meio ambiente;
> *c*) A prevenção e o tratamento das enfermidades epidêmicas, endêmicas, profissionais e de outra índole e a luta contra elas;
> *d*) A criação de condições que assegurem a todos assistência médica e serviços médicos em caso de enfermidade.

Como é evidente, nenhum desses objetivos poderá ser alcançado sem a intensa participação dos médicos, sem que os governos proporcionem a estes os meios indispensáveis para o desempenho eficaz de suas atividades. E os médicos, mais do que ninguém, dispõem dos elementos necessários para avaliação dos governos, em termos de fidelidade ao compromisso jurídico e político internacional de dar efetividade aos Direitos Humanos à vida e à saúde física e mental.

Esse dever dos governos e esse papel humano e social do médico são reforçados com grande ênfase pela atual Constituição brasileira, de 1988, que foi a primeira das Constituições do Brasil a incluir expressamente o direito à vida como um dos direitos fundamentais da pessoa humana e a proclamar a saúde como um direito.

É importante assinalar o aumento da responsabilidade do médico nos últimos tempos, em conseqüência de avanços científicos e tecnológicos relacionados com o começo e o fim da vida. O conceito de "morte cerebral" já foi uma inovação significativa, com graves conseqüências no campo dos direitos, mas a par disso foram consideravelmente ampliadas as possibilidades de interferência da medicina no momento do nascimento e da morte de uma pessoa.

A reprodução assistida, o armazenamento de embriões por tempo prolongado, com a possibilidade de inseminação post-mortem, as técnicas de engenharia genética, tudo isso é fascinante e pode ser muito rendoso, mas, inevitavelmente, cria o risco de esquecimento ou desprezo das barreiras éticas. O mesmo se pode dizer do extraordinário desenvolvimento da técnica dos transplantes e dos recursos que podem ser utilizados para retardamento da morte. Ao lado disso, vêm ocorrendo mudanças significativas nas relações sociais, podendo afetar seriamente o comportamento do médico. Nessa área podem-se enumerar novas modalidades de relacionamento entre o médico e o paciente em função da medicina de grupo, com ou sem interferência de seguradoras, bem como as decorrências da vertiginosa ampliação dos mercados para medicamentos, com o risco paralelo do aumento das tentações para realizar pesquisas em pessoas vivas.

Todas essas inovações criam sérios riscos para os Direitos Humanos e significam um aumento das possibilidades do médico, mas também de sua responsabilidade, ética e jurídica. Para o médico, a problemática dos Direitos Humanos faz parte de sua prática diária, sendo muito mais do que um conjunto de questões teóricas ou abstratas.

Assim, portanto, medicina e Direitos Humanos são parceiros inseparáveis. É indispensável que os médicos estejam sempre conscientes desse compromisso, que é tanto ético quanto jurídico, e que reflitam esse comprometimento em sua prática. É também indispensável proclamar e repetir a proclamação dos deveres dos governantes em relação aos Direitos Humanos à vida e à saúde, denunciando e responsabilizando os omissos, para que todas as pessoas tenham assegurada a possibilidade de viver com o mínimo de qualidade de vida exigida por sua dignidade.

2. Atitudes perante a morte iminente: distinções fundamentais

Como se classifica a atitude do medico ou de quem está ao lado de uma pessoa na iminência da morte por algum motivo de grave disfunção do organismo, de tal modo que se pode considerar extremamente duvidosa a possibilidade de manter aquela pessoa viva e no pleno uso de suas faculdades mentais ou de suas funções orgânicas ? E se a pessoa com grave problema de saúde, ou algum de seus familiares, manifesta o desejo de que não se façam tentativas para prolongar a vida ? É muito comum que situações como essas, que apresentam peculiaridades extremamente diferenciadas, sejam todas enquadradas na expressão "eutanasia", havendo farta literatura, nas areas juridical e médica, além de outras, dedicada ao exame dos aspectos éticos e jurídicos da euthanasia. Para que se dê um tratamento mais preciso a essa temática, que é de extrema importância por estar ligada ao direito à vida, é necessário e oportuno estabelecer uma classificação precisa das diferentes situações. Isso pode ser feito com base nas peculiaridades de cada situação e utilizando denominação que, direta ou indiretamente, vem sendo utilizada desde a Grécia antiga que, em parte, já tem sido objeto de análisc por estudiosos de nossa época. A partir de estudos já publicados e valendo-me também da etimologia, proponho a seguinte classificação:

Eutanásia: Significa "matar uma pessoa", praticando algum ato que provoque a morte. O direito brasileiro não admite a eutanásia e matar uma pessoa é sempre um homicídio, seja qual for o motivo alegado. A eutanásia é freqüentemente qualificada como "morte piedosa", alegando-se que é uma forma de abreviar sofrimentos ou dar uma "morte digna" à pessoa. Contra a eutanásia, costuma-se lembrar que não é preciso matar para que a morte seja digna, podendo-se usar medicamentos para aliviar a dor, além de se poder cercar o doente terminal de cuidados diversos, inclusive resguardando sua intimidade, para que a morte seja digna. Praticar eutanásia é crime, é homicídio, punido pela lei brasileira. Uma das razões dessa orientação é a consideração da vida como um bem do indivíduo mas também da humanidade, além de se considerar o risco de se praticar a eutanásia sob pretexto pieodoso mas para encobrir outros interesses.

Distanásia: Significa "deixar de continuar usando qualquer meio artificial para prolongar a vida de uma pessoa", como "desligar" aparelhos, suspender intervençoes cirúrgicas ou deixar de ministrar medicamentos, quando a pessoa já teve morte cerebral irreversível. Essa questão é importante em relação a doentes considerados "terminais" e o pedido de não interferência pode ser feito pelo próprio doente, se estiver ainda lúcido, ou por parente que seja responsável pelo doente, devendo ser ouvidos pelo menos dois médicos.

Ortotanásia: Significa não interferir de qualquer modo para prolongar a vida ou para apressar a morte, deixando a natureza agir.

Cacotanásia: Essa expressão ainda não tem uso corrente. Ela foi proposta pelo italiano Giovani Berlinguer e significa "provocar a morte de pessoas ou deixar que elas morram por falta de atendimento das necessidades essenciais à vida, como alimentos e condições sanitárias e ambientais". O caso mais típico de cacotanásia é o índice elevado de mortalidade infantil, ou seja, de crianças que morrem antes de completar um ano de idade, em conseqüência da subnitrição, da falta de cuidados médicos e de moradia com um mínimo de conforto e dignidade.

3. Liberdade para morrer

Se um paciente decidir que não quer continuar recebendo um tratamento que o mantém vivo, pode o médico suspender o tratamento sem correr o risco de ser responsabilizado? A concordância do médico, nesse caso, não pode caracterizar o crime de omisão de socorro?

Uma situação dessas aconteceu há poucos anos nos Estados Unidos, dando oportunidade a uma reflexão que continua muito oportuna, pois são freqüentes as situações de envolvimento do médico com diferentes circunstâncias de terminação da vida, de tal modo que entram em conflito a liberdade do paciente com a responsabilidade jurídica do médico. O fato que inspirou estes comentários foi a morte de um grande escritor norteamericano, James Michener, que morreu no momento em que decidiu que não queria continuar vivendo. É importante conhecer alguns pormenores dessa ocorrência, que ajuda a fazer a diferenciação entre várias hipóteses que podem implicar responsabilidade.

James Michener, que há muitas décadas havia adotado a profissão de escritor e foi autor de grande número de obras de sucesso, estava com mais de 90 anos de idade e tinha séria deficiencia renal, sobrevivendo graças à realização freqüente de diálise. Vivendo com muitas limitações, não podendo mais escrever e sem nenhuma perspectiva de recuperação, cansado do sofrimento físico e moral que tal situação lhe acarretava, o velho escritor decidiu solicitar aos médicos que suspendessem a diálise. É importante assinalar que Michener estava internado em hospital mas se mantinha absolutamente lúcido e tinha pleno conhecimento de que sem a diálise teria muito pouco tempo de vida. Desse modo, perante testemunhas, ele comunicou aos médicos sua decisão. Foi atendido e, como ele e os médicos previam, morreu poucos dias depois.

Antes de mais nada, é necessário deixar claro que as circunstâncias da morte de James Michener nada têm a ver com eutanásia ou suicídio assistido. Nestes dois casos o médico pratica algum ato que provoca a morte de alguém. O médico mata uma pessoa, tendo a intenção de matar, agindo sozinho ou praticando voluntariamente, e consciente dos objetivos, uma parte dos atos que produzirão a morte. No caso da eutanásia, mesmo que se alegue que o médico agiu por piedade, querendo aliviar os sofrimentos da pessoa, o crime de homicídio está caracterizado, pois o médico matou uma pessoa, cabendo apenas a redução da pena se for comprovado o objetivo piedoso.

No suicídio assistido também se tem a prática de atos pelo médico, visando produzir a morte de alguém. Não tem qualquer relevância o fato de que somente os atos praticados pelo médico, sem a complementação pelo próprio suicida, seriam insuficientes para provocar a morte. Desde que o suicida faça a sua parte e morra ou tente morrer e sofra lesão corporal grave o crime do médico que o ajudou está caracterizado. No caso da assistência ao suicídio a pena para quem ajudou pode ainda ser agravada, se o suicida tinha diminuída sua capacidade de resistência, como, por exemplo, no caso de alguém que esteja num momento de depressão ou sofrendo dor intensa.

Não se enquadra em qualquer dessas hipóteses o caso do escritor James Michener, pois aqui o médico não praticou ato que tenha produzido a morte ou contribuído para esse resultado, não se configurando, portanto, o homicídio. Também não se configura o suicídio assistido, pois, conforme esclarece Celso Delmanto, em seu *Código Penal Comentado*, não existe "auxílio por omissão". Além disso, o próprio Michener não praticou qualquer ato visando provocar ou apressar sua morte, pois simplesmente recusou a continuação do tratamento, deixando que a natureza seguisse o seu curso.

Qual seria o enquadramento do caso Michener no direito brasileiro ? De acordo com o que dispõe o artigo 135 do Código Penal Brasileiro, assim se define o crime de omissão: **"Deixar de prestar assistência, quando possível fazê-lo sem risco pessoal**, à criança abandonada ou extraviada, ou **à pessoa** inválida ou ferida, ao desamparo ou **em grave e iminente perigo, ou não pedir nesses casos a intervenção da autoridade pública"**. Pelas características do caso, os médicos sabiam que o estado de James Michener era grave, com iminente perigo de vida, o que se confirmou pelo fato de sua morte ter ocorrido poucos dias após a suspensão da diálise. E os médicos tinham todas as condições para prestar assistência sem correrem qualquer risco. Assim, do ponto de vista da legislação penal brasileira, o pedido de suspensão da assistência médica não poderia ter sido aceito. E se o paciente insistisse na recusa os médicos deveriam solicitar a intervenção da autoridade pública, que no caso seria o Poder Judiciário, para impor o tratamento.

Vem a propósito lembrar o que dispõe o Código de Ética Médica brasileiro, quando trata da relação do médico com os pacientes e seus familiares. Segundo o artigo 56, é vedado ao médico: "Desrespeitar o direito do paciente de decidir livremente sobre a execução de práticas diagnósticas ou terapêuticas, salvo em caso de iminente perigo de vida". Analisando esse dispositivo, em seus bem elaborados *Comentários ao Código de Ética Médica*, Genival Veloso de França observa que, pelo princípio da autonomia, "o paciente, salvo nos casos de comprovada iminência de morte, pode decidir não aceitar certas práticas propedêuticas ou terapêuticas, e o médico terá de respeitar essa decisão". Ora, no caso Michener havia comprovada iminência de morte e por isso não cabia ao paciente decidir, não tendo aplicação, nesse caso, o *princípio da autonomia*.

Prosseguindo nos comentários a esse artigo do Código de Ética Médica, Genival França lembra a hipótese de recusa do tratamento e sugere que nesse caso "o ideal será um acordo eticamente defensável entre ele (médico), o paciente e/ou a família, até chegar-se a uma solução em que o paciente seja o mais favorecido", de acordo com o chamado *princípio da beneficência*. Mas o próprio autor lembra que a recusa pode ocorrer porque o paciente ou seus familiares consideram o tratamento fútil ou imprestável, por se tratar de caso incurável. E diz que, nessa hipótese o médico deve esgotar todos os meios para superar a resistência, só podendo intervir "quando a lei e o seu código permitirem: diante do iminente perigo de vida".

Por tudo isso, em face do que dispõem o Código Penal e o Código de Ética Médica, a conclusão, com a qual está de acordo Genival França, é que o comportamento do médico em caso de recusa do tratamento não admite alternativas: "diante do iminente perigo de vida o médico deve tratar, mesmo com a recusa do paciente ou de seus familiares". Seria esse, de acordo com o direito brasileiro, o comportamento juridicamente correto, no caso James Michener.

Entretanto, como se tem admitido -e nesse ponto o próprio França está de acordo- há situações em que a situação é tal que, embora não plenamente caracterizada a cessação da vida, o médico não está obrigado a insistir no tratamento. Para que isso ocorra e não haja o risco de se caracterizar a omissão, é necessário que vários médicos examinem o paciente e concluam que houve perda irreversível de funções fundamentais, resultando inútil ou ineficaz qualquer tratamento, porque não há mais como assegurar ao paciente um mínimo de qualidade de vida. A decisão em tais casos é extremamente grave e por isso deve ser tomada com grande cuidado, não só pela responsabilidade do médico mas, sobretudo, pelo respeito à vida do paciente.

Em conclusão, a vida é o primeiro dos direitos da pessoa humana, pois extinta a vida a pessoa não tem a possibilidade de gozar de qualquer outro dos direitos fundamentais. Por esse motivo, é dever do medico empreender todos os esforços, usar ao máximo seus conhecimentos e os meios disponíveis para salvar uma vida humana. No caso de uma pessoa que já tenha perdido definitvamente a possibilidade de vida consciente, com a constatação dessa perda por mais de um médico e de modo a não subsitir qualquer dúvida, é admissível que se deixe de interferir para o prolongamento da vida apenas vegetative. Mas em nenhuma hipótese, mesmo que haja solicitação da pessoa ou de seus familiares, o medico poderá fazer qualquer intervenção objetivando o apressamento da morte. Finalmente, é absolutamente contrário aos direitos humanos e à ética ética a assistência para o suicídio. Do ponto de vista jurídico, tal assistência caracteriza prática de homicídio, pois o dever fundamental de todas as pessoas, e do medico de modo especial, tendo em vista sua possibilidade de interferência para proteger a vida ou causar a morte, é a busca da preservação e proteção da vida, que é o primeiro dos direitos de todos os seres humanos.

A CAPACIDADE SUCESSÓRIA DO NASCITURO
(OU A CRISE DO POSITIVISMO LEGALISTA)

DIOGO LEITE DE CAMPOS*

1. Pessoa e Direitos da Personalidade.

O estatuto jurídico da pessoa depende, nos seus traços fundamentais, da personalidade, do "ser pessoa". Assim, os direitos humanos (da personalidade, de ser humano) decorrem do valor moral da pessoa e da dignidade de "ser pessoa".

De entre os direitos da pessoa encontramos certos direitos naturais ou fundamentais, como o direito à vida e o direito à igualdade.[1]

A estes direitos correspondem deveres correlativos, obrigações gerais de abstenção.

Os direitos humanos exigem e determinam uma correspondente protecção jurídica.

Como direitos humanos (fundamentais) servem de fundamento legitimador dos sistemas jurídicos,[2] situando-se portanto no nível superior da hierarquia normativa.[3]

---

* Professor Catedrático da Faculdade de Direito de Coimbra.

[1] Para uma crítica à noção de direitos humanos enquanto instrumento (historicamente situado) de relevância jurídica da pessoa humana, que não vou aqui fazer, embora profunda para uma visão "radicalmente" objectiva, vd., por todos , Michel Villey, le Droit et les droits de l'homme, Paris 1983; e Giovanni Ambrosetti, Diritto naturale , 2ª ed., Milano, 1985. Tb. Diogo Leite de Campos, Os direitos da personalidade. Categoria em reapreciação, Direito, Revista Xuridica, Universidade de Compostela, II, 2 e Nós – Estudos sobre o Direito das pessoas, Almedina, Coimbra, 2005.

[2] António E. Perez – Luño, Derechos humanos, Madrid, 1984, pág. 31.

[3] Gregorio Peces – Barba, Derechos fundamentales, Latina, Madrid, 1980, pág. 19.

Decorrendo esses direitos da autonomia da pessoa perante o mundo externo, Direito positivo incluído, em relação ao qual são anteriores e superiores. Justificando os direitos fundamentais a existência, origem e conteúdo do sistema jurídico.[4]

Sendo assim, é a pessoa humana (as pessoas humanas) que cria o Direito que é feito para ela; nesta medida, em matéria de pessoas, a antropologia, a ética, a biologia, etc., são Direito e direitos (ou, pelo menos, o seu fundamento e conteúdo). Contrariando o positivismo para o qual o Direito – reduzido à força de aplicação da norma – é independente da antropologia, da ética, da biologia, etc.; confundindo-se com o Estado. Sendo o legal igual ao justo. Afirmo, pelo contrário, que a pessoa humana é superior às normas legais que devem ser assentes sobre ela e justificadas por ela.

Concluo, pois, que toda e qualquer pessoa humana determina o reconhecimento da sua personalidade e capacidade jurídicas plenas. Não me refiro à capacidade de exercício que depende da "circunstância" de cada um.

Sendo tais personalidade e capacidade reconhecidas pelo Direito a todas as pessoas em termos de igualdade.

2. Começo da Personalidade Humana e da Personalidade Jurídica

A concepção tradicional sobre o começo da personalidade humana – pessoa é todo o ser (humano) nascido vivo e viável – está dominada pela concepção aristotélica da alma vegetativa ou nutritiva, faculdade de crescimento e de reprodução; da alma animal ou sensitiva, faculdade de sentir, de desejar e de se mover; e da alma razoável ou pensante, faculdade de humanidade – esta sendo adquirida no momento do nascimento.

Esta concepção sobre o começo da personalidade humana veio influenciar legislações que fazem depender a personalidade jurídica do nascimento (com vida – artigo 66.º, 1 do Código Civil português e 2.ª do C.C. brasileiro), ou, mesmo, da viabilidade do nascido.

---

[4] Liborio Hierro, El núcleo duro de los derechos humanos desde la perspectiva de la filosofia de Derecho, in António Marzal, Coord, El núcleo duro de los derechos humanos, J. M. Bosch Editor, s. d., pág. 25.

Contudo, tal concepção é pré-científica – ou, pelo menos, "pré-ecográfica" – fundando-se na ignorância da vida pré-natal (o ser que nascia era precedido de um mistério que fazia recear os monstros e os lobisomens), em termos de o nascimento ser uma descoberta – um «dar à luz» das trevas do ventre.[5] Este ponto de visto é insustentável pela ciência contemporânea que sabe que a criança concebida é um ser humano (capaz de sensações, de sentimentos, de resposta a estímulos sensoriais externos, de reconhecimento da voz dos pais, etc.) e que o nascimento não é um começo mas é um passo (como «passar de uma sala para a outra», se quiséssemos parafrasear a imperatriz Maria Teresa de Áustria, a propósito da morte). É, pois, necessário «acabar» com o nascimento.

As «normas» contidas na maioria das legislações que vinculam o início da personalidade ao nascimento, estão, portanto, naturalmente gastas e ultrapassadas.[6]

O discurso para se atingir o conhecimento do início da personalidade jurídica tem, pois, de ser diverso.

Todas as grandes normas de ordenação social assentam no facto de cada ser humano, ao reconhecer em si uma vida humana com valor infinito – que é a sua essência – reconhecer em todos os outros «humanos» a mesma dignidade, reflectindo-se esse reconhecimento em si mesmo com o consequente reforço da sua própria dignidade humana.

O problema que se põe é, pois, o de saber quando o ser humano reconhece o início da sua vida (e dos outros), logo o início da sua personalidade humana.

Hoje, é difícil negar que esse reconhecimento da vida se opera a partir da concepção.[7]

Como ser histórico, o homem reconhece-se um início, com a concepção, momento a partir do qual ele é referido, e se refere, como alguém já existente: é «ele» que está (estava) no ventre de sua mãe.

Reconhece, consequentemente, o mesmo início da «história» de qualquer outro ser humano, da sua personalidade humana (biológica).

---

[5] Passo a seguir o que escrevi em Lições de Direito de Família e das Sucessões, Coimbra, Almedina, págs. 510 e segs.

[6] Sobre este fenómeno ver F. Terré, La crise de loi, A. Ph. Droit, 1963, páginas 67 e seguintes; e G. Burdeau, Le Dépassement de la loi, A. Ph. Droit, 1963, págs. 35 e segs.

[7] Diogo Leite de Campos, "O estatuto jurídico do nascituro", in "Nós – Estudos de Direito das pessoas", cit.

A partir daqui, é só dar um passo para determinar o início da personalidade jurídica.

Hoje, com as modernas técnicas de reconhecimento da vida intra-uterina, é possível acompanhar a par e passo a vida do nascituro, conhecer os seus movimentos; as suas reacções a estímulos sonoros; ver a sua cabeça mover-se no sentido da voz do pai; "fotografar" ecograficamente o seu rosto e dizer com quem é parecido. E os psicólogos afirmam-nos que a fase da vida intra-uterina é fundamental para o desenvolvimento psicológico do ser humano e descrevem-nos o inter-relacionamento do filho com a mãe. É possível ver o nascituro a defender-se da morte que lhe vão dar e sentir o seu sofrimento como o de qualquer outro ser humano.[8]

Pretender que o nascituro é algo de diferente de um ser humano, é recuar para uma época em que os conhecimentos de biologia eram inexistentes ou quase. Uma época pré-ecográfica, em que a gestação estava rodeada de um mistério de onde poderiam resultar lobisomens ou animais monstruosos.

Mas não haverá, antes do nascimento, fases de transformação, fracturas entre o "não-ser humano" e o ser humano?

Todos os movimentos de transição apontados são arbitrários: a fase de desenvolvimento anterior não apresenta diferenças que permitam concluir que, antes, não há um ser humano e que um segundo, um minuto ou uma hora depois, já há.

Suponha-se que a transição para a humanidade só se dá com o nascimento pois só com este se entra na vida de relação; e só com o nascimento o "ser humano" viverá autonomamente.

Contudo, um recém-nascido nada mais é que um "morituro", um "nascituro" que mudou de lugar e se adaptou a este, passando a respirar ar.

A vida de relação já existia no ventre da mãe, com mais intensidade do que nos primeiros dias de vida.

Quanto à autonomia, um recém-nascido com uma gestação de vinte e cinco semanas é menos autónomo do que um nascituro, no útero materno, com trinta e sete semanas.

Que razão, pois, para recusar a personalidade humana ao segundo, e afirmá-la quanto ao primeiro?

---

[8] Vd. Diogo Leite de Campos, "A criança – sujeito: a vida intra-uterina", in "Nós – Estudos de Direito das pessoas", cit.

Suponhamos que se marca o início da humanidade no momento do nascimento com viabilidade.

Mas o certo é que a viabilidade depende muito do estado da ciência e da técnica. Mais: das condições técnicas que rodeiam o nascimento.

E, seguramente, a personalidade humana não pode depender da autonomia do ser. De outro modo, deixaria de haver pessoa humana quando alguém estivesse atingido por uma doença capaz de provocar a morte, a não ser mediante assistência médica. E não seriam pessoas humanas todos aqueles, muito jovens, muito idosos ou muito doentes, incapazes de angariar os meios necessários para a sua sobrevivência. Ora, é seguro que todos estes "seres humanos o são", são pessoas. E que todos os cuidados e meios devem ser postos ao seu serviço.

Novamente interrogados sobre os seus fundamentos, os que consideram legítimo dar-se a morte ao nascituro negam o "contínuo" entre a pessoa em sentido biológico, a pessoa humana e a pessoa jurídica. Para haver uma vida humana, não bastaria haver uma vida biologicamente "humana": seria necessário que interviessem considerações humanas, sociais e económicas que permitissem que se considerasse tal vida uma vida humana. Ou, em outra perspectiva, que não retirassem humanidade a essa vida.

Na verdade, faz-se intervir aqui uma ponderação de interesses.

Apontam-se interesses superiores à desta vida: esta pode ser eliminada em nome destes interesses. Seriam estes, sobretudo: a vida, a saúde física ou psicológica da mãe; malformações do nascituro, fazendo surgir o interesse deste em não nascer ("não existir") e o interesse dos pais em não terem de o criar "para nada"; a insuficiência de meios económicos da sua família para o criar; etc.

Quando se desloca o problema para o plano de interesses, da força, da vontade dos mais poderosos, o debate não pode continuar. Pois não há interesses ou valores superiores à vida humana. E o Direito sobreleva a força.

Qualquer norma que se refira à personalidade jurídica não é constitutiva: não é mais do que o reconhecimento de uma realidade, de um "direito". «A personalidade jurídica... é um direito inato, um facto originário... pertence a todo o indivíduo vivo. Advém-lhe com a vida. Fundado sobre a natureza, sobre a biologia, o direito civil responde aqui às exigências da vida: é a vida que reclama – que exige desde que existe e quando dura – ser reconhecida. Forte com a sua conformidade à natureza (ao direito natural) este princípio positivo governa a aquisição e a perda da personalidade jurídica».[9]

Vamos dar também a palavra a Alfred Sauvy:[10] "Desde a concepção que o ser humano está formado com o seu genótipo; os seus caracteres físicos, intelectuais, morais estão em génese nos cromossomas."... Separar vida e biologia representa uma perturbação do espírito: estando a supressão de uma vida humana carregada do seu velho Tabu, é mais tranquilizador contestar a própria vida."

Nesta matéria há que ter um discurso realista. Realista por se tratar, não de um problema de consciência, de uma noção, de uma palavra, mas de um ser, de uma vida. A vida e o ser humano não mudam conforme as épocas, as vontades e os interesses. O ser humano é a referência da nossa civilização.

Assente na biologia, na essência do homem que é a vida, o Direito reconhece o início da personalidade jurídica no começo da personalidade humana – na concepção.

Mas suponhamos que assim não era; que se afirmava que a vida intra-uterina era uma vida mais frágil, mais incerta que a vida extra-uterina, menos perceptível no seu início e no seu termo. Menos digna de protecção – pelo menos a nível de atribuições patrimoniais. Não haveria interesses dignos de tutela jurídica do menor não nascido que levassem a que se lhe atribuíssem bens. Esperar-se-ia que nascesse, sem prejuízo para ele.

Mesmo restrita ao campo das atribuições patrimoniais (capacidade jurídica), tal posição não me parece aceitável.

Desde logo, por a distinção, para efeitos jurídicos, entre "nascituro" (pessoa humana ainda não nascida) e pessoa humana já nascida ("morituro"?) violar o direito à igualdade. O nascimento, já o afirmámos, nada significa. Só a substituição de um sistema de apoio à vida (o corpo da mãe) por outro (o meio ambiente e os pais). Nada de essencial para a pessoa é determinado pelo nascimento. Mesmo sob o ponto de vista da vida de relação, o relacionamento com a mãe mantém-se preponderante durante os primeiros meses (quando não durante a vida inteira).

---

[9] G. Cornu, Droit civil, Introduction, les personnes, les biens, Paris, Dalloz, parágrafos 458 e 459.

[10] Coût et valeur de la vie humaine, Paris, 1977, p. 198

Depois, porque a vida intra-uterina não é menos conhecida ou mais incerta do que a vida extra-uterina. Hoje é bem conhecida, e cada vez mais bem conhecida, no seu início, no seu termo, na sua duração.

Estabeleçamos que aceitávamos que a capacidade em geral, e a capacidade sucessória em especial, do nascituro sujeitas à condição do seu nascimento com vida. Por razões inerentes ao seu próprio estado de "diminuição" intelectual e física. Então teríamos de retirar essa capacidade ao menor já nascido, em virtude do princípio da igualdade, e sujeitá-la a condição análoga à imposta "nascituro" (o que nasceu e vai morrer) durante os primeiros meses, senão anos, de vida; retirá-la ao deficiente mental; ao que está em coma; etc.

O que parece inaceitável (pelo menos na actual conjuntura....).

3. As Normas do Código Civil – a Crise da Lei

Sucede que o Código Civil no seu artigo 2033ª- 4, reconhece capacidade sucessória (podendo adquirir por sucessão testamentária ou legal) a todas as pessoas concebidas ao tempo da abertura da sucessão.

Porque motivo Autores há que entendem que tal capacidade sucessória está sujeita à condição do nascimento com vida? Ou que há direitos sem sujeitos? Porque o mesmo Código Civil (art. 66.°; 2) dispõe que a personalidade jurídica se adquire só com o nascimento com vida; se esta condição não se verificar, então a personalidade e a capacidade jurídica (ou, pelo menos, esta última) apagar-se-iam do mundo do Direito.[11]

Para "entender" o artigo 66.°, 2 do Código Civil, já dissemos o suficiente. Tal norma é, em si mesma, "gasta", "caduca". Assenta num nível de conhecimentos (pré-jurídicos mas que determinam o Direito) que já eram ultrapassados no momento em que o Código foi publicado. E que hoje estão "definitivamente" postos de lado. O Direito neste domínio são os direitos humanos objectivados. Afastando-se a lei – o que não reflecte

---

[11] Sobre o problema vd., por todos, Luís A. Carvalho Fernandes, Lições de Direito das Sucessões, Quid Júris, Lisboa, 1999, págs. 142 e segs; Rabindranath Capelo de Sousa, Lições de Direito das Sucessões, I, 4ª ed., Coimbra Editora, 2000, págs. 284 e segs.

mais do que um dos momentos da crise do absolutismo legalista, do normativismo positivista, ou seja, da lei.[12]

Assim, a vida humana do nascituro, cria Direito, o direito à personalidade e à capacidade jurídica em termos de igualdade com qualquer outro ser humano (também "nascituro").

4. A Capacidade Sucessória do Nascituro

O nascituro tem plena capacidade sucessória, como qualquer ser humano. Ao ser chamado a suceder, o nascituro é-o como pessoa já existente (plenamente) com todas as consequências que daqui derivam.

Se falecer antes do nascimento, os bens adquiridos transmitem-se aos seus herdeiros.[13]

A prova da existência do nascituro pode fazer-se por todos os meios. Presumir-se-á concebido no momento da abertura da sucessão, o ser humano que nasça nos trezentos dias seguintes (artigo 1796.º).

Trata-se de uma presunção relativa.

Note-se que o artigo 1798.º admite acção destinada a provar que o período de gestação do filho foi superior a trezentos dias. Sendo a acção julgada procedente, o tribunal fixará a data provável da concepção que valerá também para efeitos sucessórios.

Por outro lado, não se admite prova contrária à presunção do artigo 1796.º, se com tal prova se levar à impugnação da legitimidade do nascituro. A não ser nos casos enunciados nos artigos 1815.º e seguintes, em que a lei admite a impugnação da legitimidade dos filhos.

A administração dos bens deixados aos nascituros é regulada pelo artigo 2240.º, 2.

---

[12] Álvaro D'Ors, Los romancistas ante la actual crisis de la ley, Madrid, 1952, págs. 7 e segs.

[13] Diogo Leite de Campos, Lições cits.

O ESTATUTO JURÍDICO DA PESSOA DEPOIS DA MORTE

Diogo Leite de Campos*
Ao Professor Doutor Ricardo Malheiros Fiuza

1. Introdução

Tenho dado, como jurista, voz aos mais desprotegidos, aos mais ignorados de todos, aos que não têm voz. Sobretudo a estes últimos, aos nascituros[1]. Também aos moribundos, aos deficientes profundos muitas vezes desprezados como aqueles; aos que já morreram e que se querem calados definitivamente – mas a quem nos referimos como estando vivos (Leibniz) e que aparecem a reclamar os seus direitos, um estatuto jurídico que se projecta para trás, para a vida que foi. Estatuto que garanta a pessoa na sua totalidade já que esta, pretendidamente, não se extinguiu totalmente com a morte.[2]

Vou determinar as primeiras linhas do estatuto jurídico do que morreu.

Primeiro, tentar situar o inapreensível, a morte; e enquadrar, depois desse momento, o estatuto jurídico do falecido.

---

* Professor Catedrático da Faculdade de Direito de Coimbra.

[1] "A criança-sujeito: a vida intra-uterina", in "Nós, Estudos de Direito das pessoas", Coimbra, Almedina, 2005, pág. 57 e segs.; "O estatuto jurídico do nascituro", ibid., págs. 75 e segs.

[2] "A indemnização do dano da morte", "Boletim da Faculdade de Direito de Coimbra", Coimbra, 1974. Também in "Nós, Estudos de Direito das pessoas", Coimbra, Almedina, 2005; "A vida, a morte e a sua indemnização", Boletim do Ministério da Justiça", Lisboa, 1987; "Plaidoyer pour la vie: l'indemnisation du dommage de la mort," "Archives de Philosophie du droit", Paris.

2. A morte

Nem a vida nem a morte são "naturais"[3]. São completamente "problemas" cuja solução sempre incompleta e transitória só se adquire por experiência e reflexão, de onde decorre a impossibilidade de normas para si mesmo e para os outros. A morte nunca foi um fenómeno meramente biológico, mas sim um fenómeno cultural do âmbito da existência moral.

É certo que para uma cultura fatigada, como a nossa, refugiada na técnica e na causalidade mecânica (por muito que esta seja desmentida pelas ciências quânticas), a "questão" da morte parece desprovida de sentido.

Vistas as pessoas na perspectiva das funções sociais, o morto (ou o doente, o inválido, o velho) é uma máquina que deixou de funcionar e que se deita para a sucata.

Mas em outras culturas – e nas raízes profundas da nossa cultura – não foi e não é assim.

Sócrates, no momento em que aceitava a morte, afirmava que cria nos deuses atenienses, como não acreditava nenhum dos seus acusadores; e, já que deus existia, não podia acontecer nada de mal ao homem justo, nem durante a sua vida nem depois da morte (Platão, *Apologia de Sócrates*, 35d). Para Séneca (e os estóicos), tal como o ventre materno que nos traz nove meses não nos forma para o habitar para sempre, mas antes para este mundo onde nos deposita suficientemente fortes para respirar ar e sofrer as impressões do lá de fora, também o tempo que decorre da infância até à velhice amadurece-nos para um segundo nascimento; a morte nada mais é do que a passagem à eternidade (vd. M. Hadas, The stoic philosophy of Séneca, carta 102).

É certo que a morte é impossível de se defrontar, por ser o "total vazio", a ausência definitiva, a irreversibilidade de um tempo que não voltará, a iminência de uma finitude sem recurso; o sentimento do "nada" de Heidegger – que, porém, como entendia Bergson, não se deixa substantivar. Como pode o não-ser deixar-se apreender pelo "ser"? O que morre afasta-se progressivamente do que está vivo, continuando a morrer cada vez mais.

---

[3] Neste número utilizei notas de leitura tiradas há mais de vinte e cinco anos, mas sem referência de origem. Limito-me, assim, a enviar para autores indeterminados.

Mas é aqui que faremos apelo à concepção de morte do primitivo. Este não vê a morte sequer como morte da vida. Tal como não concebe uma vida unitária, mas certos estados de vida, entre os quais o estado da vida do morto.

Por representar o tempo e a existência como circulares, indo da vida à morte e da morte à vida sem rupturas. Qualquer mudança é passagem, sendo a morte uma (outra) maneira de ser/viver, vista como provisória.

Assim, a personalidade jurídica do morto – adaptada ao seu "estado de vida" – seria facilmente explicável.

Para o cristianismo (por falta de conhecimentos não me referirei ao islamismo, judaísmo, etc.), o ser humano é uma unidade, espírito incarnado e corpo espiritual, sendo a pessoa um nódulo ontológico na base de todas as actividades do ser humano. Pessoa humana enquanto "super--existência" – chamada a ser deus com Deus, já "nesta" vida – manifestada ao longo da vida neste mundo e prometida "ipso facto" a uma vitória sobre a morte. Descobrindo-se "a Presença absoluta no fundo do quotidiano" tudo se funde na unidade[4], continuando depois da morte a fazer-se o que se fazia antes. Não rejeitando a morte corporal, aceitando-a antes, o que significará unificá-la com a vida, deixando de ser uma ameaça, mas antes um "êxodo de ressureição"[5]. Imortalidade que se inicia com a concepção (biológica) – ou melhor, já antes dela, na concepção divina, antes de todos os tempos.

3. Cont. – O morto afastado pela omnipotência dos vivos

O afastamento do morto pelos vivos é facilitado pela concepção dominante dos direitos das pessoas[6].

A concepção dos direitos da personalidade ainda hoje dominante, vê-os basicamente como liberdades ou direitos contra os outros.

---

[4] Julian Masiá, A sabedoria do Oriente – Do sofrimento à felicidade, trad. port., Lisboa, Editorial Notícias, 2003, pág. 49.

[5] Aut. ob. cits., pág. 201.

[6] Vd., sobre este ponto, Massimo Paradiso, "*Famiglia e nuovi diritti della personalità: norma, desiderio e rifiuto del Diritto*", Quadrimestre, Rivista di diritto privato, n.º 2, 1989, Milano, Giuffrè Editore, págs. 302 e segs.; Sérgio Cotta, "*L'attuale ambiguità dei diritti fondamentali*", Rivista di Diritto Civile, 1977, I, Cedam, Padova, págs. 225 e segs.

Temos de notar, antes de mais, que no Direito contemporâneo há uma ideia de não modelo, de relações sociais abandonadas à vontade das pessoas, eticamente neutra, onde nem sequer se aceita, em homenagem ao direito subjectivo absoluto, que a ética, a antropologia, a biologia, se determinem em normas, se positivem em Direito. Direito destruído pela liberdade absoluta do sujeito, ao serviço da sua vontade.

O dogma da vontade, extraído do domínio do comércio das coisas, foi transferido para o domínio das pessoas. Excluindo-se qualquer interesse que não seja o interesse subjectivo. Excluindo-se o *nós* realista e objectivo, o inter-relacionamento, em favor do *eu* em oposição ao *tu*.

Em termos de qualquer norma (externa à vontade das partes) se considerar como tolhendo a liberdade, criando limites externos, intoleráveis à liberdade do sujeito. A vontade de cada um está legitimada em si mesma, sem precisar de qualquer outra referência. Ou, se quisermos, a vontade positiva-se em direito da situação concreta. Em termos de um verdadeiro jusnaturalismo da liberdade[7].

Em que os sujeitos libertando-se dos constrangimentos da ética, da biologia ou da genética, acabam por ser submetidos ao constrangimento das vontades dos outros sujeitos, em prejuízo dos mais fracos que estejam presentes na relação. O outro acaba por ser negado como limite. Transformando-se num meio para a satisfação dos interesses de outrem, numa verdadeira negação da solidariedade do *viver com os outros e para os outros*.

Esquecendo-se o principal protagonista que é, em geral, o mais fraco. Mais fraco para o qual é construído o Direito que visa precisamente obter uma relação de igualdade entre forças diferentes.

Negando-se o projecto comum, a normalidade, o interesse geral, a favor da vontade de cada um. Transformando-se tudo o que é público em privado e o ser humano no elemento de um comércio jurídico que o ultrapassa.

A vontade/desejo enquanto nova categoria fundamentante absoluta acaba por suprimir o próprio titular do desejo, ao corporizar-se num novo ser, predador externo perante qualquer uma das partes. Depois de (pretensamente) terem "morrido" Deus, a ética, a biologia, a genética, a sociologia e a família, assiste-se à morte do próprio sujeito desiderante.

O Direito deixa de suportar a pergunta do seu fundamento, para se identificar com a prática do desejo. Enquanto que antes era a forma lei que

---

[7] Lombardi Valauri, "Manipolazioni genetiche e diritto", "Riv. Diritto Civile", 1985, 1, págs. 11 e segs.

não permitia qualquer interrogação sobre os seus fundamentos, hoje é a vontade/direito/liberdade do sujeito que não permite qualquer limite ou qualquer interrogação que seria naturalmente violadora desse direito e portanto ilegítima.

Assim, os direitos das pessoas – e a própria pessoa – situados na esfera da legitimidade absoluta do individuo, caem no anarquismo.

Para conhecerem um exercício predador dos mais fracos.

O Direito visava uma igualação de posições entre o mais forte e o mais fraco. Hoje os direitos permitem a predação do mais fraco (criança, velho, falecido, etc.) pelo mais forte. Este exclui o outro, submetendo-o ao seu desejo.

Daqui a expulsão – mais rápida do que era uso – do falecido do mundo dos vivos. A sua eliminação da vida jurídica.

Quando, tradicionalmente e ainda hoje, o fenómeno sucessório, a constituição de fundações e de "trusts", etc., reflectem a projecção da pessoa que já morreu; da pessoa (jurídica) no estado (de vida) de morto.

4. A lei

O Código Civil português dispõe no seu artigo 71.°, 1 que os direitos da personalidade gozam igualmente de protecção depois da morte do seu titular. Dispondo o C.C. brasileiro (art. 12.° § único) que a protecção, "post-mortem" e assegurada pelo cônjuge sobrevivente, ou qualquer parente em linha recta ou colateral até ao quarto grau.

A norma parece-me inquestionável e existiria com a mesma força jurídica mesmo na ausência de lei escrita. Com efeito, a pessoa positiva-se em Direito, não sendo o Direito que a cria.

Contudo, tal disposição não nos esclarece completamente – nem tinha de o fazer – sobre a tutela jurídica "post-mortem".

5. Estatuto jurídico "post-mortem". Ponto de partida: Kayser

Primeiro, entendeu-se que os direitos da pessoa, em virtude do seu carácter pessoal, terminavam com a morte do seu titular[8]. Contudo, outros

---

[8] Vd. Pierre Kayser,"*Les droits de la personnalité – Aspects théoriques et pratiques*", "*Rev. Trim. Dr. Civil*", Sirey, Paris, 1971, p. 497.

propenderam no sentido de que, sendo interesses morais, sobrevivem ao seu titular enquanto interesses juridicamente protegidos[9]. Haveria um fenómeno de "herança moral", ao lado da herança patrimonial, com os herdeiros a continuarem a pessoa do titular dos direitos[10]. A sucessão nos bens assentaria no dever do "de cuius", perante os membros da sua família, de lhes assegurar a continuação da fruição do património familiar. A sucessão nos direitos da personalidade decorreria da assunção dos deveres dos sucessores perante o "de cuius"[11]. Seria o caso do direito moral de autor[12] e do direito à reserva da vida privada[13].

Tais direitos seriam adquiridos pelos seus herdeiros, em termos de o *interesse* continuar a pertencer ao "de cuius" e o *poder* respectivo se transmitir aos herdeiros para lhes permitir a protecção dos interesses juridicamente protegidos do falecido[14].

Outros direitos extinguir-se-iam com a morte do seu titular, como o direito ao nome e o direito de se opor à realização da sua imagem[15]; ou o direito de se arrepender da publicação de uma obra, ou o direito de resposta[16].

Outros direitos são adquiridos pelos herdeiros originariamente, nunca tendo pertencido ao "de cuius". Tratar-se-ia do direito de se opor à realização e publicação da imagem do falecido, ou o direito de resposta perante as difamações e injúrias veiculadas através da imprensa contra a memória do falecido[17].

Acrescenta-se que os direitos da personalidade transmitidos "mortis causa" não se adicionaram simplesmente aos direitos patrimoniais transmitidos. Com base na ideia, referida supra[18], de que, enquanto os direitos patrimoniais se transmitem no interesse dos adquirentes, os direitos pessoais se transmitem no interesse do falecido. Daqui que o interesse pertença a este último, e o poder aos herdeiros.

---

[9] Aut. ob. loc. cits.

[10] Aut. ob. loc. cits., referindo S. Zarka, L'héritage moral, tese dact., Paris, 1954.

[11] Neste sentido, Aut. ob. cits., pág. 497 e 500.

[12] Sobre este direito vd. José de Oliveira Ascenção, O futuro do "Direito Moral" in "Direito e Justiça", XVIII, 2004, T.1, págs. 41 e segs.

[13] Aut. ob. cits., págs. 497/8.

[14] Aut. ob. cits., pág. 499.

[15] Aut. ob. cits. pág. 497.

[16] Aut. ob. cits., págs. 497-8.

[17] Aut. ob. cits., pág. 498.

[18] Vd. Aut. ob. cits., p. 499.

De onde decorreria que o "de cuius" poderia indicar livremente quem assumiria a defesa dos seus interesses, com eventual preferência da sucessão testamentária. Enquanto que, por seu lado, o herdeiro legitimário que renunciar à herança continuará a ter o poder de defender os interesses pessoais do falecido.

6. Estatuto jurídico "post-mortem" – cont.

Estou de acordo com Kayser em que a transmissão dos direitos da personalidade, quando seja possível, não pode ser tratada como a transmissão de um direito de carácter patrimonial. Os direitos são transmitidos no interesse do "de cuius"; enquanto que, nos direitos patrimoniais, a transmissão é no interesse dos herdeiros.

Convém aqui desenvolver este ponto de partida, embora na minha perspectiva.

Há que distinguir, desde logo, duas categorias de direitos da personalidade: os que pertenciam ao "de cuius"; os que pertenciam ou passam a pertencer aos seus herdeiros.

Os parentes mais próximos "do cuius" têm – e tinham – direitos da personalidade e interesses muito "próximos" daquele. O bom nome e reputação dos pais ou avós, sobretudo, interessa directamente aos filhos e netos.

Depois do falecimento do pai, os filhos aparecem a defender, no interesse dele, mas também no interesse (em termos de poder funcional) próprio, o seu bom nome e reputação.

E o seu interesse deixa de estar consumido juridicamente pelo interesse do pai enquanto vivo; podendo autonomizar-se daquele. Depois do falecimento, passa a funcionar directamente o juízo dos seus herdeiros sobre o interesse do "de cuius", que também é um interesse seu sem se confundir com aquele.

Os direitos do falecido mantêm-se na medida em que ele tenha interesse nisso. Sendo exercidos no seu interesse pelas pessoas que tenham legitimidade para tal.

Não enquanto direitos dos parentes, mas enquanto direitos do falecido. Será este o seu titular; continuam a ser direitos da (sua) personalidade, mas também direitos dos seus familiares por os interesses destes se terem autonomizado depois da morte do titular dos direitos. Passando a coexistir estes com aqueles.

7. Titulares da capacidade de exercício de direitos.

Se a personalidade jurídica (e a capacidade jurídica associada[19]) se mantem em homenagem ao que era, a capacidade de exercício tem de ser dos parentes próximos. São estes que, na terminologia de Kayser, passam a ter o poder de tutelar tais interesses.

Neste sentido dispõe o n.° 2 do artigo 71.° do Código Civil e o (artigo 12.° § único do C.C. brasileiro) têm legitimidade para requerer as providências de protecção dos direitos da personalidade depois da morte do respectivo titular, o cônjuge sobrevivo ou qualquer descendente, ascendente, irmão, sobrinho ou herdeiro do falecido.

Sugere a letra da lei – de acordo com o que tenho sustentado – que os parentes próximos só têm capacidade de exercício dos direitos ("legitimidade"). Continuando os direitos a pertencer ao falecido.

O "de cuius" pode indicar, para além daquelas, outras pessoas que deverão proceder à tutela dos seus direitos. Podendo também excluir, em meu entender, por ex., um sucessível deserdado ou indigno.

Depois da morte, os direitos de carácter patrimonial extinguem-se ou transmitem-se. Assim como todas as relações de carácter pessoal que pressupõem um estado de vida (antes da morte) – como o casamento. Mas alguns direitos da personalidade sobrevivem à morte. Em termos de estes ocuparem todo o "espaço" desta fase da vida, ao lado da ideia de perpetuação de patrimónios assinalada tradicionalmente ao Direito das Sucessões[20].

O que está aqui em causa é a continuidade da pessoa, pelo menos para efeitos de protecção da pessoa no passado[21].

---

[19] Vd. Sobre estes conceitos, Carlos Alberto Mota Pinto, Teoria geral do Direito Civil, 4ª ed. por António Pinto Monteiro e Paulo Mota Pinto, Coimbra, Coimbra Editora, n.os 46 e 47.

[20] Vd. Diogo Leite de Campos, "A indemnização do dano da morte", in "Nós", cit., pág. 348.

[21] Sobre algumas das posições tomadas nesta matéria, vd. Pedro Pais de Vasconcelos, Teoria geral do Direito Civil, Coimbra, Almedina, 3ª ed., 2005, págs. 49 e segs.; R. Capelo de Sousa, O Direito geral da personalidade, Coimbra, págs. 192 e segs; J. Oliveira Ascensão, Direito Civil – Teoria geral, Coimbra, Coimbra Editora, Vol. I, 2ª ed., págs. 100 e segs.; A. Menezes Cordeiro, Tratado de Direito Civil português, I, III, Coimbra, Livraria Almedina, 2004, págs. 451 e segs.

Tem vindo a descobrir-se a pessoa (jurídica) depois da morte, e a descrever cada vez mais interesses juridicamente protegidos "post-mortem". Entre eles, o direito moral de autor, o direito à indemnização pelo dano da morte, o direito ao corpo, à sepultura, ao bom nome e reputação (da pessoa que era), etc.

Tais direitos só podem ser exercidos pelos parentes próximos, sucessores testamentários ou entidades encarregadas de tutelar os interesses dos ausentes.

Mas, repete-se: fá-lo-ão em nome e interesse próprios, ou por conta do falecido? Será sempre por conta do falecido, defendendo interesses do falecido na "fase da vida" em que se encontra – ou, se quisermos, em atenção, por conta da pessoa que foi. Não se trata de interesse próprio que pode ser até contrário ao do falecido – suponha-se a oferta de uma elevada quantia em dinheiro por alguém que pretende atribuir, falsamente, a um antepassado, a autoria de parte ou da titularidade de uma obra célebre. Mas também o fazem em nome e interesse próprios, pela sua proximidade do falecido.

A pessoa humana cria "ipso facto" o seu estatuto jurídico, os seus direitos fundamentais, objectivando-se em normas. Antes e acima do Direito legislado; servindo de fundamento primeiro e necessário deste. Em termos de a personalidade jurídica não terminar com a morte, mantendo-se em outro estado – o estado (da vida) do falecido. Extinguindo-se, sim, a capacidade jurídica de exercício de direitos.

Lisboa, 17 de Junho de 2006

ADOÇÃO POR HOMOSSEXUAIS:
ADULTOCENTRISMO x INTERESSE DAS CRIANÇAS[*]

EDUARDO DE OLIVEIRA LEITE[1]

SUMÁRIO: 1. À guisa de introdução; 2. A triangularização da adoção; 3. O interesse do menor; 4. A ordem jurídica nacional e a impossibilidade de adoção por homossexuais; 5. A contribuição do direito comparado; 6. A consideração dos aspectos psicológicos; 7. Os trabalhos científicos sobre a adoção por homossexuais; 8. Primeiras conclusões.

1. À guisa de introdução.

O tema difícil, controvertido e complexo da adoção por homossexuais ainda não foi enfrentado, no Brasil, com a profundidade científica e o rigor metodológico que a problemática exige. A menos, de forma central como se espera de uma matéria de transcendental importância, envolvendo interesses nem sempre convergentes, a saber das crianças, de um lado, e dos adultos, de outro.

---

[*] O presente artigo foi originariamente divulgado no volume 5 (Adoção: Aspectos jurídicos e metajurídicos), da Coleção *Grandes Temas da Atualidade,* publicada pela Editora Forense, tendo sido a versão atual acrescida de uma nova seção.

[1] Doutor em Direito Privado – Paris/França; Pós-Doutor em Direito de Família – Lyon/França; Professor Titular na Faculdade de Direito da UFPr., Professor Titular de Direito Civil na UEM/PR. e Advogado familiarista no Paraná.

Se o tema geral da adoção já mereceu estudos pontuais de notáveis juristas nacionais (estamos a pensar nos trabalhos, hoje clássicos, de Antonio Chaves, Coelho da Rocha, Duarte Azevedo, Gonçalves Chaves, Hermenegildo de Barros, José Monjardim, José Soares de Arruda, Lafayette Rodrigues Pereira, Oswaldo Leite de Moraes e Walter Moraes, para citar os mais conhecidos), a questão da adoção por homossexuais não apresenta a mesma intensidade de publicação, em parte justificável pela novidade do tema e, igualmente, pela atualidade jurídica que passou a considerar a homossexualidade, não mais como assunto periférico ao Direito, mas ao contrário, central, desmistificando e despenalizando o que, até recentemente, vinha imantado de pesada carga preconceituosa e discri-minatória.

O tema, tem sim, sido tangenciado de forma secundária, acessória, quase sempre lateral à temática principal, que continua sendo o da inserção dos homossexuais no mundo jurídico, com uma pretendida igualdade de direitos e deveres assimilável à sociedade conjugal, de modelo heterossexual, na mais pura tradição jurídico-cristã do direito europeu continental, de origem romanista. Ou seja, procura-se tratar a questão principal, do direito dos homossexuais[2] e, lateralmente, invocam-se outros assuntos "menores", como o da adoção.

---

[2] A expressão será, sempre, aqui, empregada no seu sentido mais amplo e geral, isto é, envolvendo tanto as relações entre dois homens (homossexualismo, propriamente dito), quanto a relação entre duas mulheres (lesbianismo).Por isso, há quem prefira a expressão mais ampla de "união de pessoas do mesmo sexo". Sobre a definição do homossexualismo, Jean-Claude Féray. *Une histoire critique du mot homosexualité*, In: Arcadie, 1981, n.º 325, p. 11-21; n.º 326, p. 115-124; n.º 327, p. 171-181; n.º 328, p. 246-258; Claude Courouve, *Vocabularie de l'homosexualité masculine*. Paris, Payot, 1985; para uma análise psicológica ou sociológica: D. F. Greenberg. *Construction of Homosexuality*. Chicago, The University of Chicago Press, 1988; Gert Hekma. *Sociologie de l'homossexualité et de l'homosocialité*, In: Rommel Mendès-Leite (rééd.) *Un sujet inclassable? Approches sociologiques, littéraires et juridiques des homossexualités*. Lille, Cahiers Gai-Kitsch-Camp, 1995, p. 15-18; Noretta Koertge. *Philosophy of Homosexuality*. New York, Harrington Park Press, 1985; John Money. *Gay, Straight and In-Between*. New York, Oxford University Press, 1988; Richard D. Mohr. *Gays/Justice: A study of Ethics, Society and Law*. New York. Columbia University Press, 1988; Laurence J. Rosán. *Philosophies of Homophobia and Homophilia*, In: L. Crew (ed.) *The Gay Academic*. Palm Springs, CA, ETC Publications, 1978, p. 255-281; M.S. Weinberg and A. P. Bell. *Homosexualities*. New York, Simon & Schuster, 1978.

Para respeitar uma coerência conceitual, como precisaram Leroy-Forgeot e Mécary[3], nós devemos falar "de uma união de pessoas do mesmo sexo" e não de união homossexual. Com efeito, "a noção de mesmo sexo é um critério neutro (as características fisiológicas de vinculação a um ou outro sexo são, geralmente, identificáveis, mesmo sabendo que a definição do sexo biológico pode também se analisar como uma construção cultural)".

Além destas razões, preliminarmente invocadas (não há dúvida que o tema é novo e, por isso, suscita debates quase sempre inflamados e radicais) constata-se na produção jurídica nacional uma certa vacilação em enfrentar o complexo tema, atribuível, talvez, ao temor de contrariar a tendência acientífica (mas dominante) da mídia (francamente favorável ao reconhecimento integral de todos os direitos aos homossexuais) ou, o que é bem mais grave, à falta de conhecimento técnico suficiente concretizado em posturas acientíficas, dominadas pelo "eu acho" ou "eu penso" e que não redundam em nada, no mundo científico.

No primeiro grupo se inserem, por vezes, excelentes estudiosos (e mesmo juristas competentes) mas, sem coragem de contrariar a gritaria dominante, ou temendo serem considerados extemporâneos, preferem silenciar, ou fazer coro à maioria, em nítida postura diversa ao verdadeiro escopo da investigação científica que, certamente, não é a de endossar a pretensão da maioria, apaixonada, desencadeada e dominada pela perigosa pessoalidade, mas sim, apresentar argumentos plausíveis e cientificamente comprovados, capazes de formar e orientar a opinião pública.

No segundo grupo, se alinham pessoas totalmente inadequadas a emitir qualquer opinião, quer porque lhes falta conhecimento e preparo intelectual, quer, porque alheias aos estudos e pesquisas pontuais sobre determinado tema preferem se posicionar, sem vacilar, tão-somente contribuindo a gerar maiores confusões e interpretações errôneas; com efeito em nada contribuem, mas espalham meias verdades, ou meras convicções de ordem pessoal que, à força da repetição, ganham foro de validade e acabam se impondo nos segmentos mais populares, como se fosse verdade.

---

[3] LEROY-FORGEOT, Flora e MÉCARY, Caroline. *Le couple homosexuel el le droit*. Paris, Editions Odile Jacob, 2001, p. 10.

Ora, quando se discute uma questão de tamanha importância, ou melhor, quando se toma a ciência a sério, cabe questionar se nós estabelecemos nossas posições sobre mitos (o que, lamentavelmente, tem dominado o cenário brasileiro da discussão sobre o homossexualismo) ou se, diversamente, a estabelecemos sobre idéias cientificamente válidas.

Para que um argumento seja verdadeiramente válido (cientificamente falando) é fundamental "que ele traga provas fáticas que ultrapassem nossas presunções (ou nossas opiniões pré concebidas) e nossas preferências ideológicas sobre qual seria a política mais desejável. A ciência deve poder determinar quais são as melhores estratégias para atingir os objetivos fixados pelas políticas públicas. Ela é suscetível de contribuir aos debates públicos, esclarecendo as causas, os mecanismos e os efeitos dos meios de ação que se podem explorar com maior eficácia. Se o discurso mantido pela ciência é equivocado, dissimulado, ou mal interpretado, nossa política de ação passa a ser dirigida por meios inadequados, ineficazes ou inexistentes. Perdemos nosso tempo e nosso potencial tentando modificar a situação, apoiando-nos sobre causas, mecanismos ou efeitos que não existem".[4]

Ora, a questão da adoção por homossexuais, além de complexa é gravíssima, na medida que, da sua aceitação (ou não) está se decidindo o destino, o futuro, o bem-estar e a felicidade de crianças e de adultos, de seres humanos. É assunto ainda aberto, que está a exigir uma postura nitidamente científica capaz de resgatar, as causas, os mecanismos e os efeitos dos meios de ação, geradores de uma efetiva opinião pública compatível com as políticas públicas fixadas.

Fora disso, o debate é estéril, inútil, desnecessário e tendenciosamente perigoso, na medida em que forma uma opinião, que não é pública, mas própria de certos segmentos sociais, dirigidos e dominados por posturas ideológicas, quando não, meramente políticas.

Claro está que tal conduta também se deve à tradicional tendência da ciência jurídica de centrar tudo (ou quase todos) interesses na solução dos conflitos familiares na ótica (ou a partir da ótica) dos adultos e que conduziu Sullerot[5] a visualizar no Direito de Família atual um verdadeiro

---

[4] BRUER, John T. *The Myth of the First Three Years*. (s.l.), The Free Press, 1999, p. 39.

[5] SULLEROT, Evelyne. *Quels pères? Quels fils?*. Paris: Editions Fayard, 1992.

"adultocentrismo" que passa a dominar soberano o terreno jurídico, sem margem para a apreciação de outras perspectivas, fundamentais quando se fala da relação pais e filhos.

Em recente artigo veiculado em importante jornal da Alemanha[6], a Ministra da Justiça bávara, Beate Merk, informou ao jornal, referindo-se ao projeto que dispõe sobre a melhoria dos direitos dos homossexuais (questão em debate na Alemanha e outros países da Comunidade Européia) que o projeto deixa claro que a coalizão *"somente tem em mente o bem-estar dos adultos e não se importa com a situação da criança"*.[7]

Ou seja, a questão da adoção por homossexuais, em nítida (e perigosa) tendência reducionista, examina a temática do ângulo dos adultos: um homossexual pode ou não pode adotar? Os homossexuais são ou não são assimiláveis aos casais heterossexuais? Os homossexuais têm ou não têm direito a adotar? Os homossexuais são ou não são capazes de dar amor à uma criança? São ou não capazes de educá-las e inserí-las no ambiente social sem risco de qualquer prejuízo (de ordem moral, afetiva, psicológica, ou sociológica)? Tudo gira em torno dos adultos. Apresentadas as respostas (na ótica adulta, evidentemente) conclui-se (sempre na ótica dos adultos) que a medida é favorável às crianças. E daí, às ilações: que a adoção por homossexuais é válida (na ótica adulta); que a criança vai ganhar um lar e segurança (na ótica adulta); que é melhor viver num lar homossexual que "rolar" na Febem (na ótica adulta); que a adoção por homossexuais corresponde a um direito fundamental (leia-se, direito de personalidade) que precisa ser resgatado, custe o que custar (ainda que comprometendo a noção de interesse do menor, do ECA, e o direito constitucional da "convivência familiar", garantido no *caput* do art. 227 da CF de 1988).

Enfim, todo um processo de pseudo argumentação é desencadeado para garantir o interesse evidente (embora, por vezes, mascarado) dos adultos, da ética adulta, das suas perspectivas, naturalmente excludentes e egoísticas, uma vez que a oitiva das crianças nos processos familiares, no Brasil, ainda é uma utopia.[8]

---

[6] Die Welt, 02 de julho de 2004, p. 01.

[7] "... nur das Wohlbefinden der Erwachsenen in Sinn hat und sich nicht um die Situation des Kindes kümmert".

[8] Ver, nesse sentido, nosso trabalho, *"A oitiva das crianças nos processos de família"*, In: Revista Jurídica, ano 48, dezembro de 2000, n.° 278, Porto Alegre, Notadez, 2000, p. 22-38.

Assim, a título de exemplo, para citar uma situação fática veemente e inquestionável do que se está afirmando, é comum, no Brasil, se publicarem artigos em revistas de grande circulação nacional, afirmando – sem qualquer suporte científico – que, os filhos do divórcio são pessoas iguais a todas as demais crianças, que não sofrem qualquer desvantagem, quer de ordem emocional ou psicológica, em relação às crianças oriundas de lares bem estruturados, que, enfim e resumindo, não são fragilizadas em relação as demais crianças.

Ou seja, procura-se, através de um discurso vazio, oco e sem valor, justificar e legitimar a banalização dos sentimentos e das rupturas das sociedades conjugais, apresentando-se, por meio deste discurso acientífico e vulgar, um recurso "legitimador" dos fracassos conjugais e do risco evidente que correm estas crianças, tentando-se minorar os efeitos do divórcio e da conseqüente fragilização das crianças daí oriundas. Em outras palavras, a tragédia da ruptura (hoje há estudos comprovando que o divórcio é mais grave que a morte)[9] é edulcorada, abrandada e minimizada. A grande população ouve, lê, apreende e assimila este discurso vazio e sem sentido, convencendo-se, satisfeita e, de certa forma, aliviada, que a questão não é tao grave assim. Um processo "anestésico", manipulado pela mídia ganha foro de veracidade e todos continuam alheios à real dimensão da problemática.

Ora, é sabido que a afirmação – que o divórcio não produz efeitos nefastos nos filhos – fica veementemente negada pelos estudos pontuais levados a efeitos por pesquisadores particulares e organizações e institutos de pesquisa públicos que comprovam exatamente o contrário.

Assim, só para citar um exemplo, na Grã Bretanha, país com alta taxa de divórcios e que desde a década de 90 tem investido maciçamente na investigação dos efeitos pró-ruptura nos filhos do divórcio, apenas um estudo, levado a efeito por M. Wadswort, M. Maclean, D. Kuh e B. Rodgers[10], mapeou os efeitos da ruptura dos pais no desenvolvimento dos filhos, na primeira infância chegando as seguintes conclusões:

---

[9] Segundo pesquisas realizadas por psicólogos, psiquiatras e neurologistas, a morte é menos traumática que o divórcio, porque a morte é, clinicamente falando, limpa e definitiva, enquanto o divórcio é traumático e se estende infinitamente na existência do indivíduo, relembrando-lhe constantemente a ocorrência de um fracasso irreversível.

[10] Michael Waldsworth, Mavis Maclean, Diana Kuh e Bryan Rodgers. *Children of Divorced and Separeted Families: Summary and Review of Finding from a Long-Term*

De 0 a 5 anos: Medo, confusão, auto acusação, pobreza na expressão dos sentimentos. A criança acredita que é sua culpa se os pais se divorciaram.

Depois dos 6 anos: Constrangimento, vergonha, sentimentos de solidão, até mesmo de abandono.

Depois: Estes sentimentos são alimentados, com o tempo, de ressentimento e são exacerbados a cada mudança que intervêm na vida social da criança. Dificuldade de enfrentar os obstáculos emocionais, manifestações somáticas e comportamentais diversas.

"Para todos as crianças separadas de seus pais" continua o relatório, "a adolescência revelou um período de riscos e as provas falam por si só na pesquisa feita. Assim, quando o universo pesquisado atingiu a idade de 21 anos, a proporção dos jovens (de ambos os sexos) que já tinha cometido delitos, era muito mais elevada do que a dos jovens oriundos de famílias bem estruturadas. Além disso, a pesquisa revelou outro dado até então desconhecido, que os filhos de pais separados que não estudavam eram muito mais numerosos (42,9 contra 16,9% de crianças oriundas de lares bem estruturados) e o nível de educação dos filhos de pais divorciados permanecia muito inferior àquele de crianças que desfrutavam a presença de ambos os genitores.

Isto não quer dizer, como bem apreciou Sullerot, que todos os filhos de pais divorciados estão fadados ao fracasso, mas, como ressaltou o estudo, são crianças mais fragilizadas pela ruptura e que, certamente, exigirão um maior investimento, quer dos particulares, quer do poder público.

Resultados similares, aos apresentados pela pesquisa inglesa, foram obtidos nos diversos estudos norte-americanos.

Assim, dentre os estudos sérios desenvolvidos nos Estados Unidos, desponta o de Judith S. Wallerstein e Joan B. Kelly, intitulado *Surviving the breakup: children and parents cope with divorce*[11], publicado em 1980 e que relatou os resultados do Projeto *California Children of Divorce*, com base em entrevistas de casais separados, realizadas no perído de 1975 e 1976. Impressionadas com os resultados da pesquisa (as crianças não se recuperavam do trauma, nem tampouco os adultos, que não conseguiam

---

Follow-Up Study in the UK, Family Practice, vol. 7, n.º 1, p. 104-109, Oxford University Press, 1990.

[11] WALLERSTEIN, Judith S. e KELLY, Joan B. *Survivivng the breakup*. New York: Basic Books, 1980.

72   *Pessoa Humana e Direito*

resolver seus problemas mais elementares, desde os de ordem econômica até os de ordem psico-afetiva) Wallerstein fundou, em 1980, o *Center for the Family in Transition* (Centro para famílias em transição), destinado a oferecer ajuda a pessoas em processo de separação, ou divorciadas, tendo trabalhado com mais de 2.000 famílias desajustadas.

O resultado final da pesquisa, objeto de outro trabalho, desta vez com o apoio de Sandra Blakeslee, foi publicado em nova obra, *Men, women and children: a decade after divorce*[12], na qual as duas autoras norte-americanas concluem, em apertada síntese, "que as coisas não estão melhorando e que o divórcio não está ficando mais fácil. Quando muito, está ficando pior (...) Quase um terço das crianças estavam envolvidas no intenso conflito existente entre os pais. Embora alguns casais não ficassem mais na cozinha gritando um com o outro, eles agora gritavam pelo telefone, ou discutiam quando buscavam ou traziam os filhos. A ilusão que havíamos mantido – de que o divórcio põe um fim no conflito conjugal – estava despedaçada".[13]

O que as duas pesquisadoras revelaram, e de forma científica[14] e inquestionável, é que o divórcio não é uma situação "normal", nem banal, como a mídia tem procurado, de todas as formas, veicular nos meios de comunicação (em especial a TV), mas uma situação traumática, que exige anos (em alguns casos) e, por vezes, toda uma existência, para ser elaborada e vencida.

Ou seja, não existe final feliz, "o descasamento ... representa em todo e qualquer circunstância um final infeliz. Senão por inúmeras razões circunstâncias, no mínimo, pelo simples fato de que todo e qualquer *final* reaviva no ser humano a ameaça da extinção".[15]

---

[12] No Brasil, a obra foi traduzida por Elizabeth Larrabure Costa Correa, sob o título, *Sonhos e realidade no divórcio. Marido, mulher e filhos , dez anos depois*, publicado em São Paulo, pela Editora Saraiva, em 1991.

[13] WALLERSTEIN, J. S e BLAKESLEE, S. *Sonhos e realidades no divórcio,* p. 21.

[14] Judith S. Wallerstein é médica-psiquiatra e a primeira cientista comportamental a fazer um estudo no prazo de dez anos sobre os efeitos do divórcio em homens, mulheres e crianças. Sandra Blakeslee é uma escritora especializada em assuntos médicos e científicos que contribui regularmente com artigos para o *New York Times*, entre outras revistas científicas norte-americanas.

[15] MUSZKAT, Malvina E. *Descasamento: a falência de um ideal*. In: Ieda Porchat (Coord.) *Amor, casamento, separação* – A falência de um mito, p. 101.

A quase totalidade dos trabalhos posteriores, sobre o complexo tema da pós ruptura e dos efeitos sobre os filhos, praticamente reafirmou as conclusões de Wallerstein e Blakeslee.[16]

Os exemplos são infinitos, as pesquisas levadas a efeito em diversos países e durante anos são demais veementes para que se negue a veracidade dos dados e se procure neglicenciar o rigor dos resultados. Não há como tergiversar ou vacilar sobre a eloqüência das conclusões: tudo indica que o divórcio, além de não resolver os conflitos entre os ex-cônjuges é determinador de desajustes, de toda a ordem, junto aos filhos dos divorciados.

Pergunta-se: Como é possível que, no atual estágio de evolução da ciência, da investigação mais pontual e detalhada, sustentada pela perícia estatística mais afinada e atualizada, ainda haja quem afirme o contrário dos dados provados e comprovados pelas leis científicas? Como é factível que a imprensa veicule, irresponsável e tendenciosamente, informações que ficam notoriamente desmentidas pela realidade de dados fáticos estatísticos comprovados através de premissas e conclusões seguras?

Tal estado de coisas só é compreensível (mas não justificável) se atentarmos ao desencontro (desejado ou involuntário) de uma mídia que, dominada por motivos excusos (de ordem econômica, na maioria das

---

[16] Ver, nesse sentido, os trabalhos de: M. Wadsworth e M. Maclean, *Parents divorce and children's life chances*. In: Children's and Health Services Review, 1986, n.° 8, p. 145-159; M. Wadsworth. *Roots of Delinquency*. Oxford, Martins Robertson, 1979; D. Greenberg e D.W. Wolfe. *The economic consequences of experincing parental marital disruption*. In: Children and Health Services Review, n.° 4, p. 141-182, 1982; S. McLanahan. *Family structure and the reproduction of poverty*. In: American Journal of Sociology, n.° 90, p. 873-901, 1985; Susan Newcomer e J. Richard Udry. *Parental marital status effects on adolescent sexual behavior*. In: Journal ou Marriage and the Family, n.° 49, p. 235-240, 1987; Bruce Fischer: *Rebuilding: when your relationship ends;* T. Parish. *The Impact of divorce on the Family*. In: Adolescence, v. XVI, p. 577-580; D. Fergusson, P. Horwood e M. Lynskey. *Parental separation, adolescent psychopatology and problem behaviors*. In: Journal of American Academy of Adolescent Psychiatry, n.° 33 (8); R. Duelli Klein. *Doing it yourself, Test-tube women*. Londres: R. Arditti Ed., 1985; Evelyne Sullerot. *Problèmes posées par la toxicomanie*. CES, 1988; Nelly Leselbaum, Charles Coridian, Jacques Defrance. *Tabac, alcool, drogues: des lycéens parisiens répondent*. INRP, 1985; Edward Teyber. *Ajudando as crianças a conviver com o divórcio*. São Paulo: Nobel, 1995; Dolto, F. *Quando os pais se separam*. Rio de Janeiro: Zehar, 1996; Mayrink, José Maria. *filhos do Divórcio*. São Paulo: EMW Wditores, 1984, entre outros autores que se debruçaram sobre a complexa questão.

vezes, mas igualmente ideológica) procura, de todas as formas, manipular a opinião pública com vistas à manutenção de um *status quo* nem sempre correspondente às mais elementares aspirações da sociedade humana.

Por isso – e só por isso – a discussão da tormentosa questão da adoção por homossexuais merece toda nossa atenção e cuidado, toda nossa rigorosa investigação e acuidade, para evitar eventuais situações de injustiça, ou de comprometimento do futuro das novas gerações, pelo qual somos, quer queiramos ou não, responsáveis.

Calar, implica em aceitar. Silenciar, é forma de omissão passível de sanção. Cabe a todos nós, a toda sociedade e, evidentemente, aos pesquisadores e estudiosos da matéria, refletir para, ainda que não ocorra unanimidade (e, talvez, ela nem seja desejável) se trazer luzes ao debate, capazes de elucidar dúvidas, preencher lacunas e apresentar soluções que não comprometam o que há de melhor na humanidade: as crianças.

2. A triangularização da adoção:

Quando se fala em adoção de uma criança, a figura que nos vem, de imediato ao espírito é a de uma relação triangular, envolvendo três personagens, pai, mãe e a criança; ou, ainda que nos reportemos à relação dos pais (pai e mãe) com os filhos, a triangularização está sempre presente.

É neste sentido que surgiu o instituto na Antiguidade e, com todas as vicissitudes próprias da evolução da sociedade, resistiu ao passar do tempo: dar filhos, artificialmente, a quem a natureza os negou. Um casal que não pode ter filhos adota; *ipso facto* e *ipso iure* deixa de ser casal e adentra em um novo estado jurídico, o familiar.

São os filhos que garantem a um projeto comum, do casal, o acesso à família.

Daí a importância da adoção desde a Antiguidade até os tempos modernos: através dela e por ela, o casal que não tem filhos acede ao núcleo familiar. Por isso, mesmo que a Igreja, durante toda a Idade Média, tenha se esforçado para nulificar a adoção, ou reduzí-la a nada, o instituto sempre resistiu a todos os assaltos, dos homens e das instituições, que tentavam rebaixá-la ou desconsiderá-la como prerrogativa humana; porque faz parte da natureza humana e do projeto parental a expectativa dos filhos.

A vida familiar, como hoje nós a consideramos, e igualmente na Antiguidade (o que prova a permanência das instituições e esperanças humanas) sempre levou em consideração as relações existentes entre um pai, uma mãe (casados ou não) e seu filho.[17] Ou, como frisou Guy Corneau, em profunda análise sobre os efeitos da ausência paterna, "para evoluir, um homem precisa ser capaz de identificar-se com a mãe e com o pai. O triângulo, 'pai-mãe-filho' deve poder formar-se e substituir a díade 'mãe-filho".[18]

Se deslocarmos o foco de observação, da família de adotantes para a família da criança adotada, a triangularização ressurge, ainda, veemente, isto é, novamente se impõem três categorais principais de atores: o adotado, os pais biológicos e os pais adotantes. Resgatada, inicialmente por Meulders-Klein[19] a noção jurídica de relação triangular passou a ser considerada, com a mesma intensidade pela literatura psicológica anglo saxã[20], que jamais se afastou da idéia fundamental, da importância do pai e da mãe no destino da criança. Noção relativamente nova no Direito, em razão da consideração simultânea do interesse do adotado, dos pais adotantes e da família de origem (pais biológicos), a maioria das legislações atuais reafirma, sem vacilações, a triangularização da adoção a partir do interesse do menor (como se verá em seguida).

O direito brasileiro da adoção, desde o Código Civil de 1916, até a manifestação codificada atual, materializada no Código Civil de 2002, passando, certamente, pelo ECA, igualmente sempre realçou esta noção.

Assim, no Código Civil de 1916, o art. 370, ao dispor que *"Ninguém pode ser adotado por duas pessoas, salvo se forem marido e mulher"*, assumia posição nitidamente favorável à triangularização, já que, segundo Bevilaqua: "seria realmente contrário à natureza e aos fins da adoção divi-

---

[17] Ver, nesse sentido, G. Douglas. *The Family and the State under the European Convention of Human Rights*. In: International Journal of Law and the Family, 1988, n.° 1, p. 76-105 (especialmente a página 84); J. Velu e R. Ergec. *La Convention Européenne des droits de l'homme*. Bruxelles: Bruylant, 1990, n.° 670-671.

[18] CORNEAU, Guy. *Pai ausente, Filho carente*. O que aconteceu com os homens? São Paulo, Editora Brasiliense, 1997, p. 23-26. (Autor de referência de diversos best--sellers, muito conhecido no Québec, Guy Corneau é um psico-sociólogo especializado na análise dos laços familiares e de suas conseqüências nos comportamentos adultos.

[19] MEULDERS-KLEIN, Marie-Thérèse. (Direction) *Adoption et formes alternatives d'accueil*. (Droit belge et droit comparé), Bruxelles: Story Scientia, 1990.

[20] Ver, especialmente, o trabalho de A. D.Sorosky, A. Baran e R. Pannor. *The Adoption Triangle, Sealed or opened Record: how they affect Adoptees, Birth Parents and adoptive Parentes*. New York: Anchor Books, 1984.

dir o vínculo do parentesco civil. Assim como ninguém pode ter mais de uma pai pela natureza, também não o poderá ter pela lei, que pretende, com o instituto da adoção, imitar a natureza e suprir-lhe uma deficiência".[21]

Ou, como pretende Antonio Chaves, se a adoção é o reconhecimento jurídico de vínculos filiais psicológicos criados pela convivência, que se assimilam aos legítimos, a proibição de pluralidade de adotantes se impõe por duas razões: a) pela falta de fundamento de um ou de ambos os vínculos; b) pelo conflito possível entre os efeitos decorrentes de um com os idênticos emergentes do outro.[22]

O advento de nova legislação (Lei 3.133), em 1957 não alterou o invocado quadro da triangularização. Com efeito, embora o legislador tenha voluntariamente "arejado" o instituto da adoção, tornando-o mais maleável e de acordo com a função social que a realidade brasileira exigia, a permanência do triângulo pai, mãe e filho não foi abandonada pelo direito nacional.

Talvez a mais importante alteração da adoção tenha atingido o conceito mesmo do instituto que passou de uma visão personalista, individualista e egoísta, traduzível na premissa (até então dominante) do escopo de atender ao justo interesse dos adotantes, trazendo para sua família e na condição de filho, uma pessoa estranha, a nova proposta, de caráter acentuadamente assistencial, visualiza na adoção um meio de melhorar a condição do adotado.

Permitindo a adoção aos maiores de 30 anos (antes, 50 anos) e admitindo a adoção por solteiros (art. 368) o legislador ampliava o universo de candidatos, mas mantinha-se fiel à noção de que a adoção por duas pessoas só era possível por marido e mulher (art. 370).

Em 1965 a "Legitimação adotiva" (Lei 4.655) misturou as noções de adoção (estabelecendo um parentesco de primeiro grau, em linha reta) e da

---

[21] BEVILAQUA, Clovis. *Código Civil dos Estados Unidos do Brasil*. vol. I. Rio de Janeiro: Editora Rio, 1973, p. 824-825. No mesmo sentido, a posição doutrinária de Carvalho Santos, Eduardo Espínola, Orlando Gomes, Pontes de Miranda e Tito Preda que mantém o mesmo corolário de Bevilaqua: assim como é inadmissível que a mesma pessoa tenha dois pais naturais, da mesma forma seria contraditório admitir dois pais adotivos.

[22] CHAVES, Antonio. *Adoção e legitimação adotiva*. São Paulo: Revista dos Tribunais, 1966.

legitimação (artigos 352-354[23]), parentesco igual ao que vincula o pai ao filho consangüíneo. "Mesmo com as modificações trazidas pela Lei 3.133/57", doutrina Mazzilli, "ainda se ficou a meio caminho para uma real simplificação".[24] É que o Estado brasileiro se debatia em dilema de difícil (ou impossível) solução: de um lado pretendia resolver o problema do menor abandonado, criando um mecanismo "facilitador" da adoção e repassando ao particular obrigação de sua exclusiva responsabilidade, mas de outro, não pretendia abrir mão do monopólio de decisão sobre a matéria que sempre se revestiu da mais transcedental importância para a mantença da soberania nacional.

A diminuta alternativa do legislador é plenamente visível nas disposições normativas de caráter vacilante, aleatório, distanciado da realidade e mesmo, por vezes, contraditório.

Com o advento do "Código de Menores" (Lei 6.697/79) revogavam-se os dispositivos da legitimação adotiva e, criando dois tipos de adoção, o legislador nacional assumia, agora sem vacilações, nítida postura protetiva aos menores em situação irregular. Demonstrando que tinha em vista o atendimento do menor carente "e não mais a imitação da natureza, dando filhos a casais e pessoas solitárias, como era a tônica anterior, permitiu (a nova Lei) a adoção plena ao viúvo, ou à viúva, desde que o menor estivesse integrado em seu lar *quando o outro cônjuge ainda vivia* (...) a mesma coisa ocorria em relação a cônjuges separados judicialmente, desde, também, que o menor tivesse iniciado o estágio, (...) *ainda na constância da sociedade conjugal dos adotantes*"[25] (grifamos)

As ressalvas, apontadas pelo mestre paulista, da vida em comum com o outro cônjuge (no caso de viuvez) e do estágio de convivência iniciado na constância da sociedade conjugal dos adotantes (no caso de separação) falam por si só e reafirmam, ainda uma vez, a preocupação do legislador com a triangularização acima apontada.

---

[23] Legitimação era o meio jurídico de, por meio de casamento posterior dos pais, tornar legítimos os filhos, que não o eram, por não terem sido gerados em justas núpcias. Era um efeito que a lei atribuída ao casamento e que, com o advento do texto constitucional de 1988 (art. 227, § 6.°) perdeu totalmente sua razão de ser na legislação infra-constitucional.

[24] MAZZILLI, Hugo. *Notas sobre a adoção*. In: RT, 662: 31-40.

[25] BORGHI, Hélio. *A nova adoção no Direito Civil brasileiro*. In: RT, 661: 242-246. Ver, ainda, o trabalho de Sérgio Gischkow Pereira. *Algumas considerações sobre a nova adoção*. RT, 682: 62-70.

O advento da Lei 8.069, de 13.07.90, que dispõe sobre o Estatuto da Criança e do Adolescente, extinguiu a distinção entre a adoção simples e a adoção plena. Hoje, só há, para os menores de 18 anos, uma adoção: a adoção plena que, através de uma ficção jurídica, vincula o filho adotado aos pais adotantes, como se se tratasse de filho biológico "em perfeita imitação da natureza", como disse Kaus: "o mandado judicial cancelará o registro de nascimento original do menor apagando as origens de sua vida (...) o menor ingressa na família do adotante na perfeita imitação da natureza".[26]

Mesmo reconhecendo que o legislador não mais hesita em reconhecer o caráter nitidamente filantrópico e assistencial da adoção no ECA, o texto legal reafirma a necessidade da família (família substituta) na triangularização do instituto. "Agora", diz Hélio Borghi, "os destinatários da nova lei são os menores em geral, dos quais será permitida a colocação em *família substituta,* outorgada da guarda e da tutela".[27] (grifamos)

Nesse sentido – e garantidor da intenção do legislador – os artigos 28 (*"a colocação em família substituta far-se-á mediante guarda, tutela ou adoção, independentemente da situação jurídica da criança ou do adolescente, nos termos desta lei"*) e 29 (*"Não se deferirá colocação em família substituta a pessoa que revele, por qualquer modo, incompatibildade com a natureza da medida ou não ofereça ambiente familiar adequado"*) ambos reafirmando a necessidade da família e, ainda, de ambiente familiar adequado.

Ou seja, mesmo priorizando o nítido caráter assistencial da nova adoção[28], a atual Lei não vacila em manter a idéia fundamental, verdadeira linha mestra de postura do pensamento brasileiro, da necessidade da família e do ambiente familiar para o adotado.

---

[26] KAUSS, Omar Gama Ben. *A adoção – no Código Civil e no Estatuto da Criança e do Adolescente* (Lei n.º 8.069/90). Rio de Janeiro: Lumen Juris, 1991, p. 58.

[27] BORGHI, Hélio. Obra citada, p. 244.

[28] O caráter assistencial da adoção plena do ECA ainda não foi estudado com a profundidade que o tema está a exigir. Examina-se o aspecto exterior sem adentrar no âmago da questão que é, sem dúvida, a estratégia empregada pelo Estado brasileiro de repassar, ainda uma vez, para o particular, obrigação que, naturalmente, compete ao poder público. A questão do menor abandonado, no Brasil, está longe de ter sido resolvida. Diante da impotência do Estado para resolvê-la, o legislador em nítida manobra política e impecável estratégia (disfarçada em proposta legislativa) jogou, mais uma vez, sobre os ombros do particular, problema que é de sua exclusiva competência.

Por isso, e apesar da guinada abrupta em favor do assistencial e mesmo que em detrimento do pessoal, o art. 370, continuou mantendo a idéia da só possibilidade da adoção por duas pessoas, quando forem marido e mulher.

O advento do novo sistema codificado – Código Civil de 2002 – manteve a idéia da triangularização no art. 1.622[29] que dispõe taxativamente: *"Ninguém pode ser adotado por duas pessoas, salvo se forem marido e mulher, ou se viverem em união estável"*.

A novidade do atual dispositivo é o acréscimo, no *in fine* do artigo, que se refere à vida em união estável, mas que, em nada altera a idéia triangular, do pai, mãe e filho, já que a união estável, na atual (e na anterior) legislação brasileira só é reconhecida entre o homem e a mulher.[30]

Portanto, não procede qualquer afirmação no sentido de que, "o sistema jurídico como um todo permite a adoção por homossexuais".[31]

O que o nosso sistema jurídico sempre afirmou – e a evolução da legislação da adoção é veemente nesse sentido – é que o legislador não abre mão da família (constituída por homem e mulher) como forma a garantir ao adotado a fundamental identificação da criança com a figura masculina e feminina.

É que a ótica do ECA, em coerente eco com a legislação ordinária anterior à Constituição Federal de 1988, sempre foi a de garantir, primacialmente, o interesse do menor. Sem essa consideração, não há que se falar em direito da criança e do adolescente, mas, incidiremos no equívoco de perspectiva que prioriza o interesse dos adultos (o 'adultocentrismo' ante-

---

[29] Sobre a adoção em geral e o artigo 1.622, ver os trabalhos de: Ana Lucia Mutti de Oliveira Sanseverino. *O Estatuto da Criança e do Adolescente: a adoção na nova lei*. In: Just. 153/61; Ana Maria Moreira Marchesa. *Colocação em família substituta: aspectos controvertidos*. In: RT 689/297; Antonio Augusto Guimarães de Souza. *Adoções independentes*. In: RT 691/252; Fábio Maria de Mattia. *Adoção*. In: RDC 18/44; Jorge L. Celidonio. *O Estatuto e a adoção de menores*. In: RT 665/228); Lázaro Guimarães. *Adoção: interesse da criança prevalece sempre*. In: RJ 160/30; Mario Aguiar Moura. *Adoções no direito brasileiro*. In: RDC 34/29.

[30] *"Art. 1.723. É reconhecida como entidade familiar a união estável entre o homem e a mulher, configurada na convivência pública, contínua e duradoura e estabelecida com o objetivo de constituição de família"*.

[31] A afirmação foi feita por Rui Portanova, no 9.° Encontro Nacional de Associações e Grupos de Apoio à Adoção (Enapa), em Belo Horizonte (12 a 15 de maio de 2004). Apud: *Família possível*. In: Consultor Jurídico (http://conjur.uol.com.br.textos/27435).

riormente criticado) em manifesto abandono do escopo permanentemente perseguido pela sistemática brasileira: o superior interesse do menor.

3. O interesse do menor

Ressalte-se que essa perspectiva não é apanágio do sistema civil brasileiro mas é tendência manifestamente seguida pelo direito europeu e, igualmente, pelo direito civil sul-americano. Ou seja, a postura brasileira, na matéria, está em perfeita consonância com a construção jurídica (doutrinária, legislativa e jurisprudencial) mundial.

O dado é revelador na medida em que, uma eventual fissura no sistema poderia nos conduzir ao questionamento da validade da conduta unânime. Não é o caso; quer examinemos o direito europeu continental, quer o não continental (os países componentes da Grã-Bretanha), quer o bloco jurídico do novo mundo (Estados Unidos e sistema sul-americanos) a postura é uníssona, monolítica, implacavelmente coerente, em não admitir a adoção por homossexuais.

Assim, todas as legislações européias fazem depender a adoção de menores do interesse do adotado, que pode assumir as mais diversas variações terminológicas, reveladoras sempre do soberano interesse do menor: "reais vantagens para o adoptando (Portugal), "justos motivos" e "vantagens para o adotado" (Bélgica e Luxembourg), "interesse do adotado" (Espanha, França, Grécia, Noruega e Suécia), "bem-estar" ou "bem" da criança" (Alemanha. Inglaterra, Austria, Dinamarca, Finlândia, Irlanda, Suiça), "superior interesse da criança" (Espanha e Itália), "interesse manifesto da criança" (Países Baixos).

Na América Latina[32], "vantagens para o adotado" (Chile e República Dominicana), "justos motivos que ofereçam vantagens para o adotado" (República Dominicana); "conveniente para o adotado" (Peru), "benefício do menor adotado" (Argentina: Ley 19.134, com as modificações das Leis 23.264 e 23.515 e Uruguai), "reais vantagens para o adotando" (Brasil: Estatuto da Criança e do Adolescente).

Em sede internacional, sob motivação do Conselho da Europa, promulgou-se, em 24 de abril de 1967, em Strasbourg (França), a *Convenção*

---

[32] Para maiores detalhes ver a pesquisa detalhada de Ana Valderez A. N. de Alencar. *Adoção*. In: Rev. de Inf. Legislativa, n.° 32, out./dez. 1971, p. 159-246.

Européia em matéria de adoção de crianças que, entrando em vigor em 1968, teve a adesão de dezesseis países[33] em 2000. A *Convenção de Strasbourg* (assim passou a ser conhecida) unificou os princípios e as práticas européias em matéria de adoção e, no seu artigo 8.° dispõe que *"a autoridade competente só pronunciará a adoção a partir da convicção que a mesma assegurará o bem-estar da criança"*.

Em 03 de dezembro de 1986, a Assembléia Geral das Nações Unidas adotou uma *"Declaração sobre os princípios sociais e jurídicos"* aplicáveis à proteção e ao bem-estar das crianças, especialmente em matéria de adoção e de substituição familiar, no plano nacional e internacional. No seu art. 5.° a *Declaração* afirma com todas as letras que: *"o interesse superior da criança ... deve ser a consideração primordial"* em matéria de adoção.

A *Convenção das Nações Unidas relativa aos direitos das crianças*, assinada em 20 de novembro de 1989, e em vigor desde 02 de setembro de 1990 estipula no seu art. 21 que *"o interesse superior da criança é a consideração primordial"*, em matéria de adoção.

Em 29 de maio de 1993, a décima sétima sessão da Conferência de Haia, de Direito Internacional privado adotou a *Convenção sobre a proteção das crianças e a cooperação em matéria de adoção internacional que entrou em vigor em 1.° de maio de 1995*. Em 30 de julho de 2000, 29 países tinham ratificado a *Convenção* e 11 países tinham aderido; mais 11 países a tinham assinado[34], entre os quais o Brasil.

O rol dos países citados reafirma, pois, o interesse da criança presente, tanto no direito interno, quanto no direito internacional, como um fundamento da adoção. O corolário repousa tranqüilo sobre o postulado implícito segundo o qual a adoção só se justifica quando ressalva, preliminarmente, o interesse maior das crianças adotadas.

---

[33] São eles: Alemanha, Inglaterra (Reino Unido), Austria, Dinamarca, Grécia, Irlanda, Itália, Noruega, Portugal, Suécia, Suiça, Letônia, Liechtenstein, Malta, Polônia e Romênia.

[34] Entre os países membros, além do Brasil, assinaram a *Convenção:* Andorra, Austrália, Austria, Burkina, Faso, Burundi, Canadá, Chile, Chipre, Colombia, Costa Rica, Dinamarca, El Salvador, Equador, Espanha, Finlândia, França, Géorgia, Islândia, Israel, Itália, Lituânia, Maurícia, México, Moldávia, Mônaco, Mongólia, Noruega, Nova Zelândia, Panamá, Países Baixos, Paraguai, Peru, Filipinas, Polônia, República Tcheca, Romênia, SriLanka, Suécia e Venezuela.

É que a contribuição trazida pelos estudos dos psicólogos sempre salientou o poder importante de reestruturação da criança, através da adoção que agiria como uma verdadeira "terapia natural" do abandono.[35] O fato de ser desejado e amado contribuiria a restaurar a ausência narcísica da criança, valorizaria sua existência e lhe permitiria superar o abandono: o desejo dos adotantes agiria como um "antídoto do abandono".[36]

De uma ou de outra forma, e por vezes, mesmo vacilando sobre o seu exato contéudo, os sistemas jurídicos tentaram precisar o conceito de interesse da criança. Inicialmente vinculando-se à noção de "necessidades da criança", a maioria dos países entendeu o "interesse da criança" como a melhoria de suas condições de vida em relação à sua situação anterior, à sua segurança, à sua proteção, aos seus cuidados, educação, afeição, integração em uma família com a qual a criança adotada desenvolva laços afetivos, o respeito de sua origem étnica, religiosa, cultural, enfim todas as condições de desenvolvimento de sua personalidade, as vantagens de ordem moral sendo unanimamente privilegiadas em relação às vantagens de ordem econômica.[37]

Qualquer que seja o aspecto considerado, a adoção, mesmo a simples, não tem por escopo manter ou reforçar os laços de afeição ou de amizade entre duas pessoas, mas sim, consagrar entre os adotantes e o adotado uma relação paternal (do pai e da mãe) com a criança (adotada) que supõe um vínculo triangular: paterno-materno-filial.

Por isso, a legislação brasileira, em nenhum momento de sua longa evolução, vacilou em se referir à família dos adotantes (ou família substituta) como elemento decisivo na adoção por duas pessoas. Só homem e mulher podem adotar uma criança o que exclui, sem qualquer vacilação exegética, a possibilidade de adoção por homossexuais.

"Com base na legislação em vigor" no Brasil, doutrina Galdino Augusto Coelho Bordallo[38], "responder-se-á negativamente à pergunta

---

[35] Ver, nesse sentido, G. Mirentchu. *L'adoption, voyage au bout d'un désir*. Paris: La Découverte, 1989.

[36] Ver, nesse sentido: P. Verdier. *L'adoption aujourd'hui. Après les réformes administratives et les progrès de la science*. Paris: Paidos/Le Centurion, 1985.

[37] Ver, nesse sentido: H. Bevan. *Child Law*. London: Butterworths, 1989; S. Cretney. *Principles of Familiy Law*. London: Sweet and Maxwell, 1984; Marie-Thérèse Meulders-Klein. *Famille et Justice: à la recherche d'un modèle de justice*. Rapport de synthèse et conclusions générales. In: *Familles et Justice.Justice civile et évolution du contentieux familial en droit comparé*. Bruxelles/Paris: Bruylant/L.G.D.J, 1997.

sobre a possibilidade atual de realização de adoção por parte de casal de pessoas do mesmo sexo. Tal tipo de união não é casamento e não caracteriza a união estável no sentido atual que lhe empresta a Lei, pois a forma de convivência entre pessoas heterossexuais pode ser transformada em casamento, o que não ocorrerá com a união homossexual. Tal interpretação se faz a contrário senso do comando contido no art. 1.622, NCC, bem como diante da norma constitucional prevista no parágrafo 3.º do art. 226".

Há como fugir da evidência legislativa? Certamente que não. Repitase à exaustão: tanto o texto constitucional, quanto o infra-constitucional são suficientemente claros a afastar qualquer tentativa de interpretação extensiva: no Brasil (e na quase totalidade das demais legislações estrangeiras, como veremos, em seguida) inexiste a possibilidade de adoção por homossexuais.

De nada adianta invocar a questão da preferência sexual como pressuposto flagrantemente violador da igualdade constitucional. Tal argumento só desloca o foco de observação da real perspectiva do problema. A questão não é a igualdade constitucional que, em momento algum, está sendo comprometida: qualquer pessoa pode se unir a outra do mesmo sexo. Não há qualquer proibição (de ordem legislativa) nesse sentido. O que o legislador não quer e proíbe, sem vacilar, é que da união decorram direitos equiparáveis ao casamento, tais como, o direito de adotar. Porque, entre o direito das crianças, de terem pai e mãe, e a eventual pretensão do casal homossexual, em adotar, o legislador não vacilou e priorizou aquele direito, em detrimento deste.

É a idéia do interesse maior do menor que se resgata, em detrimento de qualquer outra consideração, eventualmente invocável. Claro está – ao contrário do que se tem erroneamente afirmado – que a vedação não atinge nenhum direito da personalidade do casal. A liberdade da união homos-

---

[38] BORDALLO, Galdino Augusto Coelho. *Da Adoção*. In: Heloisa Maria Dalto Leite (Coord.) O novo Código Civil do Direito de Família. Rio de Janeiro: Freitas Bastos Editora, 2004, p. 259. Embora reconhecendo que *"não deveria haver óbice legal na adoção por parte de homossexual"*, o doutrinador reconhece que *"qualquer discussão, no momento, sobre a possibilidade de adoção por casal homossexual irá de encontro a óbices legais"*. Idem, ibidem. No mesmo sentido, a doutrina, impecavelmente objetiva e precisa da sensível jurista carioca, Maria Celina Bodin de Moraes, em palestra proferida no III Congresso Brasileiro de Direito de Família, afirmando, sem vacilar, que inexiste regulamentação da união de pessoas entre pessoas do mesmo sexo e, portanto, impossibilidade material de concretização desta adoção.

84   *Pessoa Humana e Direito*

sexual não está vedada quer pelo texto constitucional, quer pelo legislação infra-constitucional.

O que o legislador veda, e com absoluta razão e coerência (especialmente ao ECA) é que do reconhecimento daquela união se façam ilações de ordem jurídica comprometedoras do bem-estar do menor que – como veremos (e não há como negar) continua sendo o direito a ter pais, a usufruir da benéfica identificação feminina e masculina.

4. A ordem jurídica nacional e a impossibilidade de adoção por homossexuais

Após a revolução sexual (de 1968) e, mais especificamente, a partir da década de 70, grupos politicamente organizados reivindicaram uma melhoria do estatuto jurídico e social dos grupos homossexuais. A clareza e transparência da realidade fática era demais evidente a admitir o silêncio (ou desconhecimento) de uma certeza que se impunha em todos os segmentos sociais.

Passou-se, então, da realidade escondida à visibilidade da realidade fática.

Acompanhados de uma importante visibilidade individual e coletiva, como nos informa Flora Leroy-Forgeot[39], os movimentos de liberação (ou, movimentos em favor de direitos), suscitaram profundas modificações jurídicas, do direito constitucional ao direito civil, passando pelo direito previdenciário e securitário (matérias que se impunham com mais veemência, quando da morte, ou abandono, do parceiro, gerador da ruptura da união homossexual).[40]

Inicialmente vinculada à noção de vida privada (*privacy*)[41] , a questão homossexual passou a ser reconhecida como direito individual e daí,

---

[39] LEROY-FORGEOT, Flora. *Histoire juridique de l'homossexualité en Europe.* Paris: PUF, 1997.

[40] Sobre a evolução destes movimentos, ver, especialmente, a International Lesbian and Gay Association, Second ILGA Pink Book, 1985: *A Global View of Lesbian and Gay Liberation and Oppression,* Utretcht, Interfacultaire Werkgroep Homostudies, 1988; John Lauritesen e David Thorstad, The Early Homosexual Rights Movement (1864--1935) – *Les débuts du mouvement pour les droits des homosexuels* – New York, Times Change Press, 1974; Steakley. *The Homosexual Emancipation Mouvement in Germany,*

passou-se a reconhecer a liberdade de expressão (não necessariamente desvinculada da ausência de sanções penais), com integral reconhecimento do casal homossexual, noções, hoje, praticamente, assumidas por todas as legislações.

Daí não se conclui, porém, que tenha havido qualquer equiparação da realidade homossexual à realidade heterossexual, naturalmente distintas. Ou seja, não se estabeleceu um "direito" aplicável à homossexualidade, "já que não existem disposições específicas a esta realidade, mas tão-somente, "direitos" que os homossexuais podem reivindicar, que a sociedade lhes contesta, quer em razão de sua orientação sexual, quer porque eles tem – em razão desta orientação – um interesse particular a invocá-los"[42]

Isto não quer dizer – nem há interesse por parte dos homossexuais – que haja equiparação dos direitos da realidade heterossexual às expectativas dos homossexuais.[43]

O Direito Civil foi organizado, estruturado e determinado a partir do modelo heterossexual e é este paradigma que está impresso, há mais de vinte séculos, na evolução doutrinária e legislativa, nas Constituições e nos Códigos Civis, o que explica (em parte) a dificuldade da passagem deste modelo para uma proposta diametralmente oposta e – reconheça-se – negada pelas regras da natureza, fundamentalmente determinantes em assunto familiar que envolve interesse de crianças (examinaremos, em seguida, os aspectos psicológicos da relação paterno-materno-filial).

Ora, se a exigência vivencial das crianças (de ordem biológico-psicológica) quer a presença paterna e materna, este requisito não pode ser nulificado pela mera alteração legislativa. Tal proposta fica negada pelas noções mais elementares da coerência, do bom senso e da razoabili-

---

New York, Amo, 1975. Na França, ver Guy Hocquenghem. *La dérive homosexuelle*. Paris, J.-P. Delarge, 1977 e, do mesmo autor, *Race d'Ep! Un siècle d'images de l'homosexualité*. Paris, Libres-Hallier, 1979.

[41] Ver, nesse sentido: P. Kaiser. *La protection de la vie privée*. Paris: Economica, 1995; J. Robert. *Droits de l'homme et libertés fondamentales*. Paris: Montchréstien, 1996.

[42] MÉCARY, Caroline e LA PRADELLE, Géraud de. *Les droits des homosexuels*. Paris: PUF, 1997.

[43] Ver, nesse sentido, os trabalhos de: Daniel Borrillo. *Homosexualités et droit*. Paris: PUF (Les voies du droit), 1998 e de Louis-Georges Tin (Dir.) (Avec la collaboration de Geneviève Pastre) *Homo – expression/répression – sexualités*. Paris: Stock, 2000.

dade. Como afirmaram, agudamente, Mécary e La Pradelle[44], "numerosos homossexuais desejam estabelecer laços de filiação fora do casamento, o que nem sempre é evidente".[45] Em outras palavras: a pergunta que ressurge sempre com intensidade é se os homossexuais podem ser pai e mãe de crianças? Ou ainda, se, fora de qualquer relação heterossexual eles podem pretender ter um filho e em que condições?

Em recente pesquisa de opinião pública levada a efeito na França,: "A maioria dos franceses se diz favorável ao casamento entre casais homossexuais, (mas) segundo as duas pesquisas (uma feita pela empresa IPSOS e outra pela empresa CSA) 56% e 65% dos franceses se opõem categoricamente à adoção de crianças por casais homossexuais".[46]

O direito brasileiro consagra, atualmente, (fora da relação biológica) duas possibilidades de satisfazer o "desejo de ter filhos", via adoção e através das procriações artificiais.

As procriações artificiais não são objeto do presente trabalho e, por isso, não serão, aqui, comentadas[47]. Quanto à adoção, o direito brasileiro admite duas formas: adoção simples e plena. Na adoção plena, como é sabido, confere-se ao adotado uma filiação que se substitui à filiação de origem (biológica), enquanto na simples, não se opera esta substituição; a criança fica dividida entre duas filiações: a filiação de origem (biológica) e a filiação afetiva.

Nos dois casos, a adoção pode ser pedida por pessoas que tenham mais de 18 anos, independente do estado civil (ou seja, solteiros, casados, separados, divorciados e companheiros). No caso, porém, da adoção por duas pessoas (art. 1.622)[48] o legislador fez a ressalva de que só é possível se forem marido e mulher, ou se viverem em união estável.

---

[44] MÉCARY, Caroline e La Pradelle, Géraud de. Obra citada, p. 38.

[45] Ver, nesse sentido, os trabalhos de J.-M. Florand. *Les conséquences de l'homosexualité en matière de divorce et d'attribution de l'autorité parentale*. In: Les Petites Affiches, 1994, p. 17 e ss.; J.-P. Branlard. *Le sexe et l'état des personnes*. Paris, LGDJ, 1993; Caroline Mécary. *Droit et homosexualité*. Paris: Dalloz, 2000; L. Bersani. *Homos: repenser l'indentité*. Paris: Odile Jacob, 1998; J. Boswell. *Les unions de même sexe*. Paris: Fayard, 1996; E. Dubreuil. *Les parents de même sexe*. Paris: Odile Jacob, 1998, F. Héritier. *Masculin/Féminin, la pensée de la différence*. Paris: Odile Jacob, 1996, entre outros.

[46] Apud, "Gazeta do Povo", de 19 de maio de 2004, Comportamento, p. 31.

[47] Para maiores esclarecimentos sobre o tema ver nosso *Procriações artificiais e o Direito*. São Paulo: Revista dos Tribunais, 1995.

A ressalva é importante e vem imantada de significação: em se tratando de duas pessoas, devem ser marido e mulher (a diversidade de gêneros é plenamente resgatada pelo legislador), embora o legislador admita (pelas razões de política governamental, anteriormente citadas) a adoção por solteiro. Logo, é bom que se diga, a adoção não é proibida aos homossexuais que vivem sós. Esta é uma licença legal, comprometedora da coerência legislativa nacional, só justificável pela irresistível intenção do legislador em favorecer ao máximo o aumento das adoções no Brasil, com vistas a contornar o problema do menor abandonado, que o Estado brasileiro não conseguiu resolver.

Resgate-se, porém, que por ocasião dos trabalhos preparatórios, a intenção do legislador de abrir a possibilidade de adotar aos solteiros não se referia aos solteiros homossexuais e, portanto, não cabe nem aos juízes (provavelmente confrontados com a hipótese) nem a eventuais associações ou grupos organizados de defesa de interesses particulares) fazer exegese contrária à vontade do povo. A intenção do legislador brasileiro – repita-se à exaustão – era de melhorar e favorecer a sorte de crianças abandonadas, ou sem lar, e que encontravam no interesse celibatário, um meio de abrandar o sofrimento decorrente da solidão ou do abandono.

Nunca houve, porém, qualquer intenção de favorecer a adoção por homossexuais e qualquer interpretação nesse sentido é uma violência ao texto legal. Não se trata, pois, de homofobia, como pretendem os segmentos mais radicais (acientíficos, como já vimos) mas de uma questão política. O solteiro homossexual não pode adotar porque a lei assim dispõe.

Dúvida não há, entretanto, que esta licença do legislador (como veremos em seguida) comprometeu e muito, o melhor interesse da criança, que continua sendo o direito à identificação masculina e feminina.

Em se tratando de adoção por duas pessoas, a exigência da diversidade de gêneros, no atual estágio de evolução legislativa, se impõe sem contestação. Atualmente, o casal homossexual não se insere em nenhuma das categorias jurídicas existentes que poderiam lhe favorecer alguma pretensão no sentido do invocado direito à filiação.

O acesso ao casamento está naturalmente bloqueado, assim como a união estável, cuja consagração, timidamente esboçada no atual Código Civil, só reconhece e privilegia o casal heterossexual.

---

[48] *Art. 1.622. Ninguém pode ser adotado por duas pessoas, salvo se forem marido e mulher, ou se viverem em união estável".* (Redação do Código Civil brasileiro de 2002).

O casamento, no direito civil brasileiro antigo e no atual, está rigorosamente proibido às uniões de pessoas do mesmo sexo. Proibição, reconheça-se, que se apoia tanto nos textos brasileiros quanto nos estrangeiros.

Assim, o art. 1.514 do CC/2002 dispõe que o *"casamento se realiza no momento em que o homem e a mulher manifestam, perante o juiz, a sua vontade de estabelecer o vínculo conjugal e o juiz os declara casados"*.

Ou seja, o casamento é instituto jurídico reservado ao homem e à mulher.

Não satisfeito em realçar a diversidade de gêneros como caracterizadora do casamento, o legislador dispõe (redundantemente) no art. 1.517 que: *"O homem e a mulher com 16 (dezesseis) anos podem casar..."*

Dúvida nenhuma, pois, paira sobre a exclusão de pessoas do mesmo sexo, como inseridas no terreno jurídico da matrimonialidade. No mesmo sentido, os textos internacionais que, sem qualquer vacilação se posicionam no mesmo sentido. Assim, a *Declaração Universal dos Direitos do Homem* (art. 16), o *Pacto Internacional relativo aos direitos civis da família,* de 1966 (art. 23, al. 2), e a Comissão Européia dos Direitos do Homem (art. 12) retomam, em termos quase idênticos, o critério da diferença dos sexos, como elemento fundamental do casamento.[49]

A Constituição brasileira de 1988, seguindo a orientação universal, de reconhecer o casamento onde há diversidade de sexos, dispões taxativamente no seu art. 226, § 5.° que: *"Os direitos e deveres referentes à*

---

[49] A *Declaração Universal dos Direitos do Homem* dispõe no seu art. 16: *"Os homens e mulheres de maior idade, sem qualquer restrição de raça, nacionalidade ou religião, têm o direito de contrair matrimônio e fundar uma família";* e a Comissão Européia dos Direitos do Homem, art. 12: *"A partir da idade núbil, o homem e a mulher têm o direito de se casar e fundar uma família conforme as leis nacionais que regem o exercício deste direito".* No mesmo sentido a Convenção Européia dos Direitos do Homem. Ali, segundo doutrina de F. Dekeuwer-Défossez, a noção de família está estruturada em torno da idéia de casamento. *"A promoção dos Direitos do Homem"na ordem jurídica",* doutrina Dekeuwer-Défossez, *"... não deveria representar um perigo para os modelos familiares, bem ao contrário, já que o artigo 8 desta convenção garante expressamente a cada um o direito ao respeito da vida privada e familiar. Quando ela foi redigida, não havia nenhuma dúvida que a 'vida familiar' fosse estabelecida sobre o casamento: o artigo 12 associa o direito de se casar e aquele de fundar uma família".* (F. Dekeuwer-Défossez. *Modèles et normes em droit contemporain de la famille.* In: Mélanges offertes à Christian Mouly. Paris: Litec, 1998, p. 287-288)

sociedade conjugal são exercidos igualmente pelo homem e pela mulher". Isto é, apenas há casamento, quando há diversidade de sexos.

E para evitar eventuais dúvidas quanto à postura do constituinte, em matéria de união estável, fez questão de estabelecer, no mesmo art. 226, § 3.° que: *"Para efeito da proteção do Estado, é reconhecida a união estável entre o homem e a mulher, como entidade familiar, ..."* Logo, tanto o casamento, quanto a união estável dependem, para sua caracterização, da diversidade de sexos o que, de resto, vem reafirmado, com todas as letras, no atual art. 1.723 do Código Civil que dispõe: *"É reconhecida como entidade familiar a união estável entre o homem e a mulher..."*.

Ou seja, independente do documento legislativo examinado (constitucional ou infra constitucional) a intenção declarada do legislador pátrio é no sentido de favorecer e reconhecer a união heterossexual. Logo, inexiste possibilidade de interpretar a "união estável" do atual art. 1.622, como permissiva das uniões de pessoas do mesmo sexo. Eventuais interpretações em sentido contrário podem até ser feitas, mas carecem de qualquer suporte jurídico ou cientificidade.

Não é este o espírito da lei e nunca foi o da doutrina brasileira, mesmo a mais atual.

Na ordem interna, a doutrina praticamente unânime dos juristas considera, de acordo com a opinião pública, que a diferença de sexos é da essência mesma do casamento.

Desde a proposta doutrinária clássica, representada por Pontes de Miranda, até a posição contemporânea de Alvaro Villaça Azevedo, a diversidade de sexos permeia imperturbável a noção de casamento (e de união estável).

Assim, doutrina Pontes de Miranda: *"... a união, ainda quando solenemente feita, entre duas pessoas do mesmo sexo, não constitui matrimônio, porque ele é, por definição, contrato do homem e da mulher,* viri et mulieris coniunctio, *com o fim de satisfação sexual e de procriação"*.[50]

A doutrina de Oliveira e Muniz reafirma aquela postura ao dispor: *"A plena comunhão de vida, que é a finalidade do matrimônio, pressupõe a diversidade de sexos. Quer do ponto de vista fisiológico, quer do ponto*

---

[50] PONTES DE MIRANDA, Francisco Cavalcanti. *Tratado de Direito Privado.*, v. 7. Rio de Janeiro: Borsoi, 1969, p. 366.

de vista psicológico, as peculiaridades naturais do homem e da mulher são complementares".[51]

E, relativamente à união estável: *"As uniões estáveis de natureza homossexual podem ter relevância jurídica em outros planos e sob outras formas – não como modalidade de casamento".*[52]

Na ótica de Azevedo, *"... ainda que se cogite de mera convivência, no plano fático, entre pessoas do mesmo sexo, não se configura a união estável. Realmente, desde que foram conferidos efeitos ao concubinato, até o advento da Súmula 380 do Supremo Tribunal Federal, sempre a Jurisprudência brasileira teve em mira o par andrógino, o homem e a mulher. Com a Constituição Federal, de 5 de outubro de 1988, ficou bem claro esse posicionamento, de só reconhecer, como entidade familiar, a união estável entre o homem e a mulher, conforme o claríssimo enunciado do § 3.º do seu art. 226".*[53]

E a doutrina de Zeno Veloso: *"A diversidade de sexos é um requisito essencial da união estável, até porque esta entidade familiar é concebida à imagem e semelhança do casamento. As uniões homossexuais não estão, de forma alguma, sob a égide da legislação especial que regula o § 3.º do art. 226, da Constituição Federal".*[54]

Registre-se, ainda, como doutrinou Miguel Reale, com a serenidade própria dos doutos, que: *"Essa matéria não é de Direito Civil, mas sim de Direito Constitucional, porque a Constituição criou a união estável entre um homem e uma mulher. De maneira que, para cunhar-se aquilo que estão querendo, a união estável dos homossexuais, em primeiro lugar seria preciso mudar a Constituição".*[55]

Como não se mudou a Constituição (nem há perspectiva nesse sentido) não há que se invocar propostas de projeto de lei – ainda limitadas ao terreno das suposições, ou das convicções pessoais – e, muito menos, posi-

---

[51] OLIVEIRA, José Lamartine Correa de e MUNIZ, Francisco José Ferreira. *Curso de Direito de Família.* 3. ed., Curitiba: Juruá, 2000, p. 215.

[52] OLIVEIRA, J.L.C. de e MUNIZ, F.J.F. Idem, ibidem.

[53] AZEVEDO, Alvaro Villaça. *Estatuto da família de fato.* São Paulo: Jurídica Brasileira, 2001, p. 473.

[54] VELOSO, Zeno. *União Estável.* Belém: Editora Cejup, 1997, p. 78-79. Estranhamente – e em manifesta contradição – o autor mudou sua posição nos textos mais atuais, sem qualquer argumento justificador da mudança.

[55] REALE, Miguel. *O Projeto do novo Código Civil.* São Paulo: Saraiva, 1999, p. 14.

ções a favor ou contra à adoção[56], vez que nos encontramos diante de uma situação concreta, precisa e objetiva: a da proibição legal da adoção por casal homossexual.

Não se trata de discriminar, como tem afirmado uma doutrina (?) mais superficial, mas de respeitar a coerência e objetividade do sistema civil brasileiro. Face ao direito positivo brasileiro, a homossexualidade de um indivíduo nunca foi considerada como obstáculo para exercer suas prerrogativas e seus direitos, enquanto pai oriundo de uma união heterossexual. Nem o legislador (nem os juízes) negam as capacidades parentais de um genitor homossexual. O que ambas as categorias não aceitam (e com absoluta razão) é o impacto negativo da adoção por um homossexual sobre a educação de uma criança privada da referência materna (feminina) e paterna (masculina).[57]

Não se trata, pois, de discriminação ou preconceito social, nem tampouco de temor irracional, mas de uma questão científica, que, além de dividir as opiniões, ainda não encontrou nenhuma unanimidade. A posição brasileira é meramente cautelosa; ela não afirma que a adoção de uma criança por um solteiro homossexual seria necessariamente prejudicial ou que ela não seria. Ela apenas constata que, no atual estágio das pesquisas, a comunidade científica está dividida.[58] A questão é saber como o legislador pode e deve agir quando a ciência ainda não trouxe respostas definitivas e incontestáveis ao problema. A resposta do legislador, nesse contexto, é a aplicação do princípio de cautela sobrer o qual os

---

[56] Ver, nesse sentido, os trabalhos de, Taísa Ribeiro Fernandes. *Uniões homossexuais (Efeitos jurídicos)*. São Paulo: Método, 2004; Roger Raupp Rios. *A homossexualidade no direito*. Porto Alegre: Livraria do Advogado, 2001; Luiz Carlos de Barros Figueirêdo. *Adoção para homossexuais*. Curitiba: Juruá, 2001; Rainer Czajkowski. *União livre – à luz da Lei 8.971 e da Lei 9.278/96*. Curitiba: Juruá, 2001.

[57] O texto do art. 1.622 é por demais claro para conduzir à exegeses extensivas. O que o legislador persegue é a imagem paterna e materna e não, certamente, a imagem masculina ou feminina.

[58] Sem esgotar a lista de todos os psicólogos que afirmam que a situação homoparental não é um ambiente tão propício à educação das crianças quanto o contexto heterossexual, pode-se indicar a lista de experts que Martine Gross relacionou em sua obra *L'Homoparentalité* (Paris: Editions PUF, 2007 – Collection Que sais-je?) especialmente nas páginas 76-91). Assim: C. Eliacheff, J-P. Winter, P. Lévy-Soussan, T. Anatrella, D. Siboy, C. Melman, A. Roussel, C, Flavigny, S. Korf-Sause, para citar os mais expressivos. No mesmo sentido, os estudos de A. Auschitzka, *L'adoption au risque de l'homo-*

espíritos razoáveis não tergiversam. Esta solução prudente é também a dos juízes.[59]

Desnecessário se afirmar que a expressão *"direito... à convivência familiar"*, empregada no *caput* do art. 227 está a se referir à família heterossexual, e não, obviamente, à relação homossexual (embora ainda há quem insista em ali visualizar qualquer agrupamento humano, inclusive as uniões homossexuais).

Na doutrina estrangeira a posição é praticamente a mesma do direito brasileiro.

Assim para citar alguns dos mais importantes familiaristas franceses da atualidade: entende Catherine Labrusse-Riou que: "A adoção é, na maioria dos casos, a situação de um casal casado; cada um, marido e mulher, assumindo conjuntamente a qualidade de adotante.

Pode-se pensar que o interesse da criança é de ingressar no seio de um lar unido".[60] No mesmo sentido, a postura de Philippe Malaurie: "... ela (a adoção) tentou os concubinos que querem ao mesmo tempo se vincular e não podem ou não querem se casar, ou os homossexuais: não se pode conceber então a adoção, que implica uma filiação, isto é, relações de pais e filhos"[61]; ou de Jean Hauser e Danièle Huet-Weiller criticando uma decisão da Cour de Paris, "... a pretensão de um casal homossexual em se tornar um 'casal adotante' (corresponde) a esquecer que a adoção não existe para os casais, mas para as crianças (...) ela não deve servir de técnica para atingir qualquer resultado"[62], entre outros juristas franceses.[63]

É a idéia da triangularização que, ainda uma vez, subjaz à noção da adoção, legitimando-a e justificando-a. O que se constata é que, no atual

---

sexualité, In: "Etudes", septembre 199, p. 171, de R. Lerner et A. Nagai. *No basis: what the studies don't tell us abaout same sex-parenting,* disponível no site http://marriage-law.cua.edu/indexx.cfm assim como o de L. Wardle. *The potential impact of homo-sexuality on children,* University of Illinois Law Review, 1997, p. 833-917, de P. Cameron e K. Cameron. *Homosexual parents,* In: Adolescence, vol. 31, n.º 14, p. 757-776, 1996.

[59] Ver, nesse sentido, os comentários de P. Murat. *Vers la famille homosexuelle par adoption,* In: Dr. Famille, 2000, chron., n.º 8, de R. Piastra, Dalloz 2001, p. 1579, de mme. Heers, Dalloz 2000, p. 175 e de M. Fombeur, AJDA, 2002, p. 621.

[60] LABRUSSE-RIOU, Catherine. *Droit de la famille. 1. Les personnes.* Paris: Masson, 1994, p. 178.

[61] MALAURIE, Philippe e AYNÈS, Laurent. *Droit Civil. La famille.* Paris: Editions Cujas, 1996, p. 407.

estágio de nosso direito, os casais homossexuais vivem uma situação de puro fato: à diferença do casamento, esta situação se caracteriza pela ausência de efeitos jurídicos específicos.

5. A contribuição do direito comparado

O conjunto das legislações européias, nos informa Lammerant[64], assim como a Convenção européia em matéria de adoção de crianças e a Convenção de Haia sobre a proteção das crianças e a cooperação em matéria de adoção internacional "recusam a possibilidade de adotar aos co-habitantes (ou concubinos) ou homossexuais agindo em conjunto".[65] Informa ainda a especialista belga que, as leis, dinamarquesa (de 7 de junho de 1989, art. 4.º), norueguesa (de 30 de abril de 1993, art. 4.º) e sueca (de 1995) permitindo aos homossexuais uma parceria registrada, "afastaram expressamente a possibilidade de uma adoção conjunta pelos casais assim formados. Da mesma forma, se a lei neerlandesa de 24 de dezembro de 1997 criou uma "parceria registrada" para homossexuais e heterossexuais (art. 80ª-8-e do CC) e autorizou a adoção para co-habitantes heterossexuais, ela não estendeu a autorização aos co-habitantes homossexuais.

Logo, não há que se falar, como se tem lido freqüentemente, na doutrina brasileira, que "na Europa (...) há grande tendência em tratar os casais homossexuais em pé de igualdade com os casais hetero..."[66] Ao contrário, o que se constata é um imenso cuidado e inquestionável cautela no tratamento destas matérias, especialmente quando se trata de estender os direitos decorrente do Direito de Família, à pretendida adoção por casais homossexuais. Não há nenhuma intenção de estender tais direitos à pretensão homossexual.

---

[62] HAUSER, Jena e HUET-WEILLER, Danièle. *Traité de Droit Civil. La famille*. Paris: L.G.D.J., 1989, p. 634.

[63] Ver, nesse sentido, e ainda, os trabalhos de Jean-Luc Aubert, Bernard Beigner, Rémy Cabrillac, Clothilde Brunetti-Pons, Marcel Dowling-Carter, François Gaudu, Jean-François Kriegk, Laurent Leveneur, Alain Sériaux e de Béatrice Vial Pedroletti.

[64] LAMMERANT, Isabelle. *L'adoption et les droits de l'homme en droit comparé*. Bruxelles: Bruylant/Paris: L.G.D.J, 2001, p. 177-186.

[65] LAMMERANT, I. Obra citada, p. 177.

[66] FERNANDES, T.R. Obra citada, p. 115.

94   *Pessoa Humana e Direito*

Apenas nos países da Common Law, leia-se, alguns Estados norte-americanos (New Jersey, Vermont e Connecticut) e a Inglaterra[67], quebram a tendência unitária do direito europeu continental.[68]

Em diversos países, nos informa o notável estudo realizado por Lammerant, nos meios parlamentares se ouvem vozes pretendendo estender os direitos reconhecidos pela lei neerlandesa, com vistas a inserção no direito positivo de disposições favoráveis aos homossexuais. Estas sugestões remetem ao debate global da sociedade, relativo ao espaço do casamento na organização legal da família. Entretanto, a matéria, devido a especificidade da adoção e à responsabilidade da sociedade na designação de uma família a uma criança que já sofreu os efeitos da ruptura familiar, tem sido examinadas com intensa cautela levando a "quase unanimidade dos legisladores europeus a valorizar na apreciação da determinação de integrar uma criança a uma família, a vontade explícita de compromisso presente no casamento".[69]

Ou seja, ao invés de se admitir a adoção questionável por homossexuais, a maioria dos legisladores prefere e prioriza o esquema da adoção heterossexual, no qual o acesso garantido à identificação paterna e materna, apresenta menor risco e, proporcionalmente, maior chance de integração.

Ainda que o argumento psicológico tenha sido rechaçado pela doutrina brasileira favorável à adoção por homossexuais, o argumento tem peso considerável que não pode ser subestimado, sob risco de se desconsiderar a própria natureza humana.

---

[67] No Reino Unido, o *Children Act* criado sobre a idéia de responsabilidade parental, reconhece ao padrasto que se ocupa cotidianamente de uma criança, desde dois anos, direitos e deveres sem nulificar os direitos dos dois pais legais. Tal tipo de adoção é igualmente possível em Québec (Canadá) desde o ano de 2002.

[68] Assim, uma parte pouco significativa da jurisprudência norte-americana autoriza a adoção por casal homossexual, bem como a adoção por um parceiro homossexual do filho biológico ou adotivo do outro, sem que esse perca seus direitos parentais sobre a criança. Nesse sentido: *Unmarried Couples may jointly adopt Children,* 21 F.L.R., p. 1415-1416; *Same-Sex Couple has standing to file joint Adoption Petition,* 21 F.L.R., p. 1439-1440 e *Lesbian Partners may adopt each other's Child as 'co-Parentes",* 22 F.L.R, p. 1488-1489. Na Inglaterra ver a discussão levada a efeito por G. Douglas. *Family Law Developments in England and Wales: Function not Form?,* In: The International Survey of Family Law, 1997, p. 137-152.

[69] LAMMERANT, I. Idem, p. 176.

Os motivos psicológicos e jurídicos de recusa da adoção aos homossexuais derivam essencialmente do temor de perturbações que provocaria na criança, um modelo familiar unisexuado.[70] Igualmente invoca-se o argumento que a adoção cria um vínculo de parentesco, a consagração, pela primeira vez, nas ordens jurídicas européias, de uma dupla maternidade e de uma dupla paternidade, noção jamais aceita pelo sistema civil de origem romanista, como é o caso do direito europeu continental.

Além disso, como muito bem lembrado por Meulders-Klein, o fato de despenalizar a homossexualidade não implica, necessariamente, na sua instituição ou na sua aceitação no mundo jurídico. Conforme a sensível civilista belga, "O Estado assume em relação aos homossexuais uma obrigação negativa de não sancionar (estas relações), mas não uma obrigação positiva de instituir entre pessoas do mesmo sexo, um direito ao casamento e, de acréscimo, um direito à criança, que, por definição, seria contrário à prerrogativa fundamental da criança usufruir uma vida familiar normal e de ter, igualmente, pai e mãe".[71]

No plano jurídico, o princípio da adoção por uma só pessoa não cria possibilidade de contestação teórica. Quando a regra era a discriminação entre filhos legítimos e ilegítimos (antes da CF/1988), a filiação plena, biológica ou adotiva, devia, necessariamente, estar vinculada ao casamento; na medida, porém, que este vínculo fosse rompido (pela separação, ou pelo divórcio, ou mesmo pela morte) ele também o era, sob a ótica da igualdade, em matéria da adoção plena.

---

[70] Nesse sentido: T. Anatrella. *Des vraies souffrances pour les enfants*. In: Le Figaro, 3 de junho de 2000; L. Cassiers. *Le vécu de l'adoption*, In: Marie-Thérèse Meulders-Klein (Coord.) *Adoption et formes alternatives d'accueil*. Bruxelles: 8Storia Scientia, 1990, p. 13-23, especialmente a p. 22, C. Flavigny. *On n'adopte impunément*. In: Libération, 8 de junho de 2000; C. Halmos. *L'adoption par des couples homosexuels: et l'enfant*. In: Psychologie, maio de 1999, p. 26-31. A Assembléia Parlamentar do Conselho de Europa intitulada "Por um respeito dos direitos da criança na adoção internacional"(26 de janeiro de 2000) e o Serviço Social Internacional (*Os direitos da criança na adoção nacional e internacional,. Fundamentos éticos. Orientações para a prática*) Genebra, novembro de 1999, p. 11, se pronunciaram igualmente contra o princípio da adoção por um casal homossexual.

[71] MEULDERS-KLEIN, M.T. *Internationalisation des droits de l'homme et évolution du droit de la famille*. Paris: L.G.D.J, 1996, p. 179-213 (especialmente p. 207-208).

Já no plano psicológico, "a maioria dos estudiosos sustentam que a ocorrência de uma dupla referência, materna e paterna é, em princípio, mais favorável ao desenvolvimento de uma criança; além disso, as motivações de certos candidatos solteiros – notadamente quando ocorre recusa da vida comum (de casal) e da sexualidade – são consideradas como nefastas ao bom desenvolvimento da criança".[72]

Ou seja, a regra, continua sendo a adoção por um casal casado, a adoção por uma pessoa sozinha só se admitindo em situações excepcionais. A adoção por um homossexual, homem ou mulher, vivendo só ou com outro parceiro, gera questões mais delicadas, ainda não satisfatoriamente resolvidas pela ciência.

Psicologicamente falando, e na procura do melhor interesse da criança, a questão é essencial, em razão da importância da dupla referência materna e paterna, para o desenvolvimento da criança. A adoção por uma pessoa só não poderia substituir a dupla filiação de origem, o que redunda em afirmar, na medida em que as duas filiações pelo sangue se estabeleceram, o direito a um pai e a uma mãe. Em outras palavras: se, antes da adoção a criança tinha pai e mãe, após a adoção, este mesmo direito permanece. Ou ainda: se antes da adoção a criança tinha direito a uma vida familiar afetiva e não o direito abstrato a um pai e a uma mãe, o mesmo direito permanece no pós ruptura, devendo a adoção preencher o vazio da ruptura.

Se, como afirma a esmagadora doutrina sobre o assunto, "a adoção é encarada como um instrumento de proteção do adotado"[73], a perspectiva da dupla referência não pode ser omitida, sob risco de se comprometer toda a estrutura do instituto.

Ou seja, o aspecto psicológico não pode ser omitido na apreciação da adoção porque o instituto depende, para sua perfeita apreciação, de uma análise interdisciplinar. E também porque a letra fria da lei não tem condições de avaliar a subjetividade que subjaz nas relações paterno-materno--filiais.

É que, "a aplicação mecânica da norma jurídica e a solução dos problemas objetivos com referência exclusiva ao estrito âmbito legal faz com que os aspectos emotivos ou sejam desconsiderados e reprimidos, ou então

---

[72] LAMMERANT, I. Idem, p. 180.
[73] LAMMERANT, I. Idem, p. 187.

se expressem de forma desordenada em ações judiciais que muitas vezes representam não exatamente um meio de solucionar controvérsias, mas antes a canalização de uma agressividade ou mal-estar..."[74]

6. A consideração dos aspectos psicológicos

O que é essencial compreender é que a criança, para não ser uma criança de risco psíquico, precisa, para o seu desenvolvimento, de duas pessoas – pai e mãe - que possam se constituir como pais. A identidade, o "eu" da criança, se forma no cadinho da vida psíquica e relacional de seus pais. Assim como ela tem necessidade de transparência e da verdade sobre sua história[75], também tem necessidade de estabilidade e de coerência, isto é, ela tem necessidade de saber, de maneira clara, quem são seus pai e mãe.

Quer assumamos a teoria psicanalista de Freud, quer a tese determinista de John Bowlby[76] e Erik Erikson, a importância das figuras materna e paterna é sempre sublinhada e realçada pelos estudiosos que se debruçaram sobre o complexo e difícil tema da identidade da criança, garantida pelo triângulo pai-mãe-filho, e que Corneau chamou, sugestivamente de "mini sociedade": "... na realidade, a criança não se situa no eixo pai-filho ou mãe-filho. Ela vive, primeiramente e antes de tudo em um triângulo pai-mãe-filho e participa com toda a intensidade de seu ser, da relação conjugal. É fundamental que assim seja porque a aceitação do 'terceiro' significa a aceitação do 'outro' verdadeiro. A três, já existe uma mini sociedade".[77]

---

[74] REMIDDI, Laura. In: Eliane Michelini Marracini e Maria Antonieta Pisano Motta. *Guarda dos filhos: algumas diretrizes psicanalíticas*. RT, 716: 346-363.

[75] Ver, nesse sentido, os trabalhos de Marie-Pierre Marmier Champenois. *L'Adoption – Etude de sociologie juridique*. Paris: La Documentation Française, [s/d].

[76] Segundo Bowlby, analisando a literatura e contatando os especialistas da infância mais eminentes, da Europa e da América, há entre todos um verdadeiro consenso sobre a importância do vínculo que se estabelece entre a mãe e a criança. Dele decorre a célebre doutrina das três espécies de mãe: presente fisicamente (mas insensível às necessidades de seu filho), ausente (ora, temporariamente, ora definitvamente) e mãe proferindo ameaças de rejeição (abandono e deserção da família por suicídio).

[77] CORNEAU, Guy. *N'y-a't-il pas d'amour heureux?* (Comment les liens parents-enfants conditionnent nos amours). Paris, Editions Robert Laffont (Collection J'ai Lu),

98   *Pessoa Humana e Direito*

A teoria psicanalítica se inscreve na corrente que sublinha a importância, ao longo da vida, das interelações ligando a mãe à criança. Para Freud, a relação mãe-filho é "unica, inalterável e sem paralelo; ela constitui o primeiro e o mais poderoso dos objetos de amor e forma o protótipo de todas as relações amorosas posteriores".[78]

Na seqüência, a tese determinista assume uma linha mais científica, ou médica, na medida em que a psiquiatria infantil ganha aspecto de nobreza intelectual e os pesquisadores se preocupam com a questão do desenvolvimento da personalidade. Assim, para John Bowlby e Erik Erikson, as primeiras horas, as primeiras semanas e os primeiros meses da vida marcam com profundidade o desenvolvimento posterior da criança.[79]

Bowlby concebe sua teoria no início dos anos 50. Contestado nos anos 60 por Mary Ainsworth, a teoria de Bowlby exerce, ainda hoje, uma grande influência sobre os pesquisadores, especialmente na forma como eles concebem as relações pais-filhos. No mesmo período Harry Harlow, pesquisador da Universidade de Wisconsin estudando os efeitos do isolamento social de filhotes de macacos concluiu que os mesmos, privados de laços sociais e maternos permanecem eternamente perturbados. Iniciava-se uma nova dimensão nos estudos das relações mãe-filhos que nunca mais seria vencida nas ciências do comportamento.

Em 1965, psicólogos como Benjamin S. Bloom e Joseph McVicker Hunt contribuíram a tornar popular o conceito de período crítico no desenvolvimento da criança. Em 1964 Bloom comprovou[80] a existência de um período crítico no curso do qual é possível aumentar consideravelmente a inteligência de uma criança expondo-a a ricas experiências exteriores.

A consideração destes estudos é determinante para se entender que, a partir de um dado momento, é a criança que se torna objeto de estudo deslocando o alegado "adultocentrismo" para um foco até então negligenciado, a criança.

1997, p. 75. É do autor a célebre afirmação que "a criança participa da unidade do casal parental porque ele simboliza para ela a complementariedade dos opostos que garante a manutenção do mundo" (Idem, ibidem)

[78] Freud, Sigmund. *An Outline of Psychoanalysis.* New Yor: Norton, 1940, p. 45.

[79] Bowlby, John. *Apego, Separação e Perda* (e vols.) São Paulo, Martins Fonte, 1990 e Erik Erikson. *Enfance et Société.* Neuchâtel: Delachaux et Niestle, 1976.

[80] Bloom, Benjamin S. *Stability and Change in Human Characteristics.* New York: Wiley, 1964.

No livro intitulado "Beyond the best Interests of the Child"[81], estudo interdisciplinar de um jurista e de psicólogos tratando da adoção e da proteção da criança, J. Goldstein, A. Solnit e Anna Freud colocaram em evidência a noção de tempo vivida pela criança, assim como sua necessidade de continuidade e de permanência. De acordo com esta escola comportamentalista, a apreensão do tempo, por uma criança depende da urgência de suas necessidades instintivas e emocionais, urgência tanto maior quanto a criança é jovem e geradora de intensa sensibilidade ao longo de uma separação. O importante para a criança residiria na troca cotidiana com os pais que se ocupam dela e que se tornam pela força da vida cotidiana, (se ela é realmente segura e estável) suas verdadeiras figuras parentais.

Em oposição, depois de Françoise Dolto e o desenvolvimento da psicanálise da infância[82], a importância da situação simbólica da criança no sistema de filiação é realçado, da mesma forma que a legitimidade das posições parentais. O abandono e a modificação da filiação são traumatizantes para a criança especialmente pela trangressão da lei simbólica que os pais representam e a fragilização desta lei para a criança.

Ambas as posturas – quer a concepção comportamentalista, quer a psicanalítica – realçam a que ponto o interesse da criança é inseparável da família. Ele não pode ser arbitrariamente isolado. Ao contrário, ambos realçam um dado, que os articulistas mais apressados não conseguem visualizar: "ignorar a família é amputar a criança"[83], ou, ainda, como afirma o artigo 2 da Declaração da Assembléia Geral das Nações Unidas, de 3 de dezembro de 1996 "child welfare depends upon good family welfare".[84]

O que a psicologia (e a psicanálise) vieram avivar é o papel decisivo, da família de origem e da família adotiva na pessoa do adotado, reafirmando a idéia bastante esquecida de que a adoção consiste em dar uma família a uma criança, e não uma criança a um pretendente à filiação.

---

[81] Utilizamos a versão francesa da obra: Joseph Goldstein, Anna Freud e Albert J. Solnit. *Dans l'intérêt de l'enfant* (Vers un nouveau statut de l'enfance). Paris, Les Editions ESF, 1973.

[82] Ver, nesse sentido, especialmente suas obras: *La cause des enfants*. Paris: Laffont, 1985 e de F. Dolto, D. Rapoport e B. This, *Enfants en souffrance*. Paris: Stock, 1981, onde os autores descrevem notadamente sua prática terapêutica aplicada às crianças.

[83] VERDIER, P. *L'enfant en miettes*. Toulouse: Privat, 1978.

[84] "O bem-estar da criança está vinculado ao bem-estar da família"

M. Manoni assim se expressou sobre a situação: "A criança, ser inacabado e em evolução, não é um sujeito ordinário de direito. Ele é ambivalente. Desde então, a noção de interesse da criança não pode ser apreendida enquanto tal, porque ela não é uma categoria jurídica autônoma: ela é dependente e subordinada. Ela só é visualizável quer na relação da criança com seus pais biológicos, quer na relação com seus pais adotivos. E é a natureza da relação que determina o conteúdo do interesse da criança".[85]

Em alentado estudo sobre algumas diretrizes psicanalíticas em matéria de guarda, as psicólogas Eliane Marracini e Maria Antonieta discorrem sobre a necessidade dos operadores do Direito em possuir "algum conhecimento a respeito da existência de forças psicológicas poderosas que tanto unem como podem ter a força de desunir os membros de uma família".[86] O argumento é decisivo e deve ser avaliado na sua real dimensão, especialmente em sistemática judiciária como a nossa, que ainda encara a interdisciplinariedade como algo distante e utópico, senão, inalcançável.

A partir dessa premissa as duas sensíveis psicólogas fazem um inventário da evolução da vida da criança, desde os primeiros dias até os 18 anos, chamando atenção sempre, à necessidade das figuras paterna e materna, determinadora da "triangularidade" a que nos referíramos no início deste trabalho.

Ressaltando a dependência das criança aos pais "o recém-nascido tem uma condição de total dependência dos sistemas em que se insere para sobreviver tanto física quanto psicologicamente"[87], as autoras afirmam que "é através do contato afetivo com os pais ... que ocorrerá a introjeção das figuras dos pais, estabelecendo-se internamente aquilo que chamamos

---

[85] M. Manoni citado por P. Verdier. *L'adoption aujourd'hui*. Paris: Paidos/Le Centurion, 1985. Ver também, F.Tulkens. *Le placement des mineurs et le droit au respect de la vie familiale*. (Observations sur l'affaire Anderson, Cour Europ., dr. h., 25 de fevereiro de 1992, In: Rev. Trim. dr. h., 1993, p. 557-573, especialmente a p. 564.

[86] MARRACINI, Eliane Michelini e MOTTA, Maria Antonieta Pisano. *Guarda dos filhos: algumas diretrizes psicanalíticas*. In: RT, 716: 346-363. Ver, ainda, de lavra de Maria Antonieta Pisano Motta. *Mães abandonadas: a entrega de um filho em adoção*. São Paulo: Editora Cortez, 2001. Ver, ainda, no mesmo sentido, os trbalhos de Arnold GESELL. *A criança ods 0 aos 5 anos*. 4. ed., São Paulo: Martins Fontes, 1996 e Maurício KNOBEL. *Orientação familiar*. Campinas: Papirus, 1992.

[87] MARRACINI, E.M. e MOTTA, M.A.P. Obra citada, p. 348.

de 'imagos' ou imagens parentais internas. Desde o início da vida, as crianças estabelecem relações com ambos os progenitores".[88]

Mesmo que ocorram variações de importância destas relações, "sempre persistem simultaneamente os vínculos básicos de uma criança *com ambos os pais,* formando uma tríade"[89] (Grifamos) Embora o pai e a mãe exerçam funções distintas, com atuações caracteristicamente diferentes, é da diversidade que se estabelece a fundamental identificação com a figura paterna e a materna, tão necessárias ao desenvolvimento psicológico da criança.

Por isso, afirmam, as autoras citadas, "é desejável que haja convívio afetivo próximo da criança com adultos de ambos os sexos (...) Desenvolver-se na total ausência de um representante de cada sexo, produz uma espécie de 'hemiplegia simbólica' na criança, pois ela será privada de toda uma relação que tem papel fundamental na sua constituição psicológica normal".[90]

A partir daí, ambas as psicólogas concluem pela triangularidade anteriormente invocada: "A triangularidade se apresenta para a criança desde cedo, através da presença concreta da figura de ambos os pais, havendo a partir dela uma 'introjeção' psíquica gradativa desta configuração triangular. Com o passar do tempo, *o pai e a mãe*, são 'absorvidos' e a triangularidade fica melhor estabelecida internamente, fazendo parte da própria personalidade".[91] (Grifamos)

Só com a presença de ambos, pai e mãe, é que a criança introjetará as figuras masculina e feminina, o que explica o acerto do legislador, quando, no art. 1.622, se refere à só possibilidade da adoção por duas pessoas, se forem marido e mulher. Nada há de excessivo na exigência legislativa, como confirma a doutrina citada: a criança precisa do pai e da mãe; melhor ainda se marido e mulher, na medida em que se garante a 'convivência familiar' desejada pelo texto constitucional (art. 227, *caput*)

"Pai e mãe, necessitam sempre se apresentar devidamente diferenciados frente ao filho, porque somente assim a criança introjetará as figuras masculina e feminina de maneira bem discriminada. Ainda que a presença conjunta de ambos sob o mesmo teto não seja possível (as autoras

---

[88] MARRACINI, E.M. e MOTTA, M.A.P. Idem, ibidem.

[89] MARRACINI, E.M. e MOTTA, M.A.P. Idem, ibidem.

[90] MARRACINI, E.M. e MOTTA, M.A.P. Idem, ibidem.

[91] MARRACINI, E.M. e MOTTA, M.A.P. Idem, ibidem.

estão se referindo à separação do casal) é fundamental que seja garantida a figura de ambos os sexos, pois é nessa convivência que se encontra o gérmen da identidade sexual e do relacionamento com o sexo oposto.

A presença de ambos os genitores é decisiva mesmo que não seja contínua, pois será muito difícil que uma só pessoa possa desempenhar plenamente funções materna e paterna, que, em certos momentos, podem se configurar em tomada de posições diamentralmente opostas".[92]

A afirmação, de caráter psicológico, reveste-se, igualmente, de fundamental importância, na medida em que um dos argumentos invocados pelos defensores da adoção por homossexuais insiste (equivocadamente, como se acabou de constatar) em repetir que "é melhor para uma criança ter pais ou mães homossexuais, que a protegem, educam e amam (do que) ficar essa criança em estado de perigo, de abandono, condenada a viver sem uma família..."[93]

O argumento é duplamente questionável. Primeiro, porque como se viu, a criança precisa da figura paterna e materna para garantia de sua identidade sexual e do relacionamento com o sexo oposto; segundo, porque não se justifica um mal com outro: o problema do menor abandonado é de ordem pública e pelo Estado deve ser resolvido, sem que se descarte a problemática sobre os casais homossexuais. Resta ainda invocar um terceiro argumento: o direito – constitucionalmente garantido – da criança usufruir da 'convivência familiar' inexistente nas uniões de pessoas do mesmo sexo.

No mesmo sentido se direcionam as conclusões de Guy Corneau (psico-sociólogo especializado na análise dos laços familiares e de suas consequências nos comportamentos adultos): "O genitor de sexo oposto servirá a nos diferenciar sexualmente. Através de seus olhos, nós aprenderemos que somos homem ou mulher.

A criança se reconhece de imediato no genitor do mesmo sexo que o seu. É o genitor ao qual ela é parecida, igual, idêntica. É este genitor que ela vai imitar. Ela o tomará por modelo. A pedra angular da identidade sexual se situa na sua relação com o pai, para um menino e se encontra na relação com a mãe, para uma menina. Pode-se daí deduzir as complicações que pode provocar uma tal lei psicológica.

---

[92] MARRACINI, E.M. e MOTTA, M.A.P. Idem, ibidem.
[93] FERNANDES, T.R. Obra citada, p. 113.

Se o genitor do mesmo sexo está ausente ou se ele rejeita a criança, se ele não reflete um espelho positivo de seu próprio sexo, o menino ou a menina não conseguem admitir o fato de ser homem ou mulher. Quando uma criança não é 'confirmada' pelo genitor do mesmo sexo e esta falta não é compensada por uma outra presença materna ou paterna, existem fortes possibilidades que ela acabe mesmo se detestando e tendo vergonha dela mesma e de seu próprio sexo (...) *As crianças têm necessidade da presença de homens e de mulheres que os tratam paternalmente e maternalmente para modelar sua identidade*. É fundamental que a necessidade de estar em relação com o feminino e com o masculino possa ser satisfeita".[94] (Grifamos)

E o genitor do sexo oposto? Responde Corneau, é ele que nos "faz tomar consciência da realidade sexual reconstruindo pela sua simples presença nossa diferença fundamental.

No caso de pessoas oriundas de famílias tradicionais, onde a mãe está presente e o pai está relativamente ausente, os meninos sofrem uma crise de identidade devida a ausência do modelo masculino, mas suas relações com as mulheres minoram dada a presença atenciosa da mãe.

Para as meninas é o inverso. A crise criada pelo pai é uma crise relacional, afetiva. Elas não estão convictas que existe realmente um homem para elas no universo e sua procura torna-se primordial. Esta convicção as conduz, por vezes, a tolerar situações inaceitáveis na intimidade, tanto elas estão convencidas que não encontrarão um outro parceiro (...) A cumplicidade aberta abre, porém, a relação com outras mulheres".[95]

E, mais adiante: "... a criança vive uma unidade profunda com o universo que a cerca, alegremente, dolorosamente e, sobretudo, inconscientemente. Para sair dessa inconsciência, uma diferenciação entre ela e o mundo deve ocorrer. Uma das diferenças inegáveis que ela deverá enfrentar, porque ela é de uma evidência gritante, é a que existe entre o macho e a fêmea. Esta experiência das diferenças permitirá, em seguida, um retorno ao mundo da unidade, mas conscientemente, desta vez.(...) É a partir daí que a criança se inventa como homem ou mulher. Uma boa diferença sexual serve de base ao reconhecimento posterior das profundas similitudes entre os sexos. Quanto mais um ser humano se sente seguro no

---

[94] CORNEAU, Guy. *N'y a-t-il pas d'amour heureux?*, p. 61-62.
[95] CORNEAU, Guy. Obra citada, p. 63.

104   *Pessoa Humana e Direito*

sentimento de pertencer a seu próprio sexo, mais ele pode enfrentar as diferenças sem se sentir ameaçado. Um homem confiando em sua virilidade pode aceitar a idéia que ele possui qualidades ditas femininas e uma mulher pode conceber que ela carrega o masculino em si própria. Se a diferenciação não foi estabelecida, o indivíduo corre o risco de passar sua vida a provar que ele é diferente do sexo oposto realçando, através de um comportamento ultra feminino ou ultra masculino, sua diferença.[96] E finalizando a importância dos papéis masculino e feminino na evolução da criança: "Sabe-se que as crianças têm necessidade do cuidado materno e paterno. Faz-se o masculino com o masculino, e o feminino com o feminino. É fundamental, pois, termos a certeza que as crianças tem suficientes interações com pessoas significativas dos dois sexos".[97]

O texto do celebrado psico-sociólogo é suficientemente claro para demandar maiores esclarecimentos. Hoje, no atual estágio de evolução das ciências do Homem, nenhuma dúvida parece existir sobre a real necessidade da identificação masculina e feminina no desenvolvimento de uma criança, sem a qual ocorrerão limitações de todas as ordens, desde a emocional-afetiva até à identificação sexual e o reconhecimento no grupo social.

Por isso, porque o desenvolvimento psicológico da criança exige a presença do pai e da mãe, é que o legislador atual substituiu a guarda unilateral, pela conjunta e, evidentemente, só pode admitir a adoção por duas pessoas, quando são marido e mulher; leia-se, homem e mulher, porque da diversidade – retomando Corneau – é que nasce e surge a unidade.

Assim, finalizando, Marraccini e Motta retomam a evolução da criança nas suas diversas fases:

Do nascimento aos dois anos, dizem as autoras citadas, "o bebê apresenta forte ligação afetiva com a mãe. O pai, embora presente psicologicamente desde o início, atinge intensidade afetiva equivalente à da ligação com a mãe, só gradualmente. (...) O bebê não pode assim, dela ser separado ou por ela ser abandonado sem o risco de graves perturbações psicoemocionais futuras".[98]

Ou seja, até os dois anos, faixa etária em que ocorre grande número de adoções, a presença materna é fundamental ao desenvolvimento da criança.

---

[96] CORNEAU, Guy. Idem, p. 64-65.
[97] CORNEAU, Guy. Idem, p. 239.
[98] MARRACCINI, E.M. e MOTTA, M.A.P. Idem, p. 349.

Dos dois aos seis anos, período de maior procura de crianças para a adoção, "gradualmente, a ligação da criança com sua mãe vai se ampliando ao mesmo tempo em que o relacionamento com seu pai vai se estreitando, tanto em termos de contato real como no sentido de uma formação da imagem paterna dentro do seu psiquismo".[99]

Ou seja, na chamada fase da socialização (ingresso da criança na vida escolar e no mundo exterior) é a presença do pai que se impõe como decisiva no desenvolvimento psicológico infantil. O pai ganha, "aos poucos importância maior na vida concreta e mental da criança. Sua presença como homem, companheiro da mãe e pai da criança adquire uma representação mental primordial na estruturação da sua personalidade, seja ela menino ou menina.

Em função disso é que se torna _fundamental conviver com ambos os pais_, dando lugar a que possa ocorrer um processo de identificação completo, o qual tem participação na construção da saúde mental da criança.

Por volta dos três anos a criança começa a libertar-se mais flagrantemente de seus pais. Começa a fazer suas incursões pelo mundo, porém o centro do mesmo ainda é a família, a quem recorre com veemência sempre que se sente ameaçada".[100]

Isto é, a presença da mãe, num primeiro momento, e do pai, posteriormente, são fundamentais à saúde mental da criança e da estruturação de sua personalidade.

"Nesta faixa etária aparecem os conhecidos desejos de ter a mãe para si, no caso do menino (o mesmo se dá com a menina em relação ao pai). Esses desejos são universais e se referem a uma situação triangular que envolve sentimentos de amor, ciúme, rivalidade e ódio".[101]

Ou seja, nesta fase da vida, além da presença materna, a paternidade revela-se fundamental ao desenvolvimento da criança.[102]

Dos sete aos doze anos, denominado período de latência, "a vida impulsiva da criança está como que submersa (...) este é o período de consolidação dos relacionamentos sociais, assim como do incremento da

---

[99] MARRACCINI, E.M. e MOTTA, M.A.P. Idem, ibidem.

[100] MARRACCINI, E.M. e MOTTA, M.A.P. Idem, p. 350.

[101] MARRACCINI, E.M. e MOTTA, M.A.P. Idem, ibidem.

[102] Ver, nesse sentido, Henry B. Biller. _Fatherhood: Implications for child and adult development_. In: Handvook of Developmental Psychology, publicado sob a direção de Benjamin B. Wolman. Englewood Cliffs, N.J., Prentice-Hall, 1982.

aprendizagem escolar. (...) circunstância relevante neste período, diz respeito a participação dos pais na vida escolar da criança".[103]

Embora nesta faixa etária ocorra um natural desinteresse pela adoção (no caso brasileiro, sempre privilegiada nos segmentos de crianças de baixa idade) o trabalho das psicólogas realça a ainda importância dos pais no destino dos filhos.

Finalmente, no período dos treze aos dezoito anos (baixa, ou quase nula procura de adolescentes para adoção), ainda aqui, a presença dos pais revela-se decisiva no futuro das crianças, levando as autoras a afirmar que sua ausência, ou disputa irracional, "pode conduzir o adolescente quer para uma patologia deliqüencial, quer para uma reação oposta, onde uma auto-exigência extrema levaria a uma situação de paralisação interna atormentadora".[104]

A importância do trabalho de Marraccini e Motta é altamente reveladora, na medida em que comprova a necessidade dos genitores (pai e mãe) em todas as fases de desenvolvimento psicológico da criança e do adolescente. O que a psicologia comprova, e de forma irrefutável, são dados colhidos no mundo fático, do comportamento humano, de suas ações e reações, que não podem ser negados pela mera alegação de argumentos decorrentes de pura ideologia, ou das meras convicções de ordem pessoal, nulas diante dos dados científicos.

De nada adianta afirmar que a presença de homossexuais não interfere no comportamento da criança, quando todos os estudos comprovam exatamente o contrário, a saber, que a ausência da identificação paterna e materna vai produzir efeitos nefastos no desenvolvimento psicológico infantil.

O que a adoção por homossexuais colocou a nu é a contestação de uma idéia largamente difundida pela mídia dominante, que levava os adultos a acreditar que aquilo que lhes convinha era igualmente válido às crianças.[105] Não é verdade, e uma adoção estruturada em tais bases não tem valor jurídico e, muito menos, humano.

---

[103] MARRACCII, E.M. e MOTTA, M.A.P. Idem, p. 351.

[104] MARRACCINI, E.M. e MOTTA, M.A.P. Idem, p. 352.

[105] Ver, nesse sentido, a obra de Louis Roussel. *La famille incertaine*. Paris: Odile Jacob, 1989 e, ainda, J. Triseliotis et J. Shireman. *Adoption: Theory, Policy and Practice*. London: Cassell, 1998.

7. Os trabalhos científicos sobre a adoção por homossexuais

Os primeiros estudos empíricos sobre as crianças educadas por pais gays ou lésbicas datam dos ano 70 e são praticamente norte-americanos. Segundo Martine Gross[106], entre 1972 e 2006 foram publicados cerca de 440 artigos sobre a questão.[107]

Charlotte Patterson, da *American Psychological Association,* realizou uma primeira síntese em 1996 reatualizada em 2005. Os trabalhos de pesquisa se referiram, de um lado, sobre gays e lésbicas que são pais e, de outro lado, sobre as crianças por eles educadas. Os assuntos abordados nestes estudos estão diretamente ligados às inquietudes manifestadas pelos magistrados, ou trabalhadores sociais, quando se trata de confiar uma criança à um pai homossexual.

As preocupações dos estudiosos se dirigiam, em breve síntese, a quatro aspectos nitidamente visíveis, a saber: 1) a identidade sexual das crianças criadas por homossexuais, 2) o desenvolvimento emocional, 3) as relações sociais das crianças com seus pares e com os adultos e 4) o risco de abuso sexual.

A primeira inquietude dizia respeito a eventuais perturbações da identidade sexual destas crianças: sua diferenciação sexual ou seu comportamento sexuado estariam comprometidos? elas se tornariam com mais freqüência homossexuais?

A segunda preocupação dos estudos se direcionava aos aspectos do desenvolvimento pessoal deste grupo de crianças: elas estariam, por exemplo, mais sujeitas a perturbações psicopatológicas? ou mostrariam maior dificuldade de adaptação ou problemas de comportamento? ou apresentariam uma saúde mental mais vulnerável que as crianças criadas em um lar heterossexual?

A terceira ordem de indagação se referia às dificuldades que elas poderiam enfrentar nas suas relações sociais, com seus pares ou com os adultos, em decorrência da discriminação social face à homossexualidade de seus pais.

---

[106] Todos os dados aqui inseridos foram retirados da obra de Martine Gross, *L'Homoparentelité,* (p. 76-102) com as críticas e aportes de nossa lavra.

[107] O. VECHO, B. SCHNEIDER. *Homoparentalité et développement de l'enfant: Bilan de trente ans de publications.* In: La Psychiatrie de l'enfant, vol. 48 (1), p. 271-328.

O último questionamento decorria do temor, largamente difundido pela mídia, que estas crianças corriam o risco, mais acentuado que dentre outros grupos de crianças, de serem vítimas de abuso sexual da parte de seus pais ou de amigos de seus pais.

Segundo Gross, "as centenas de estudos realizados concluíram que não existe nenhuma diferença fundamental – no que diz respeito aos quatro temas acima descritos – entre as crianças criadas em um lar heterossexual e aquelas criadas por pais do mesmo sexo", reconhecendo, entretanto, a pesquisadora francesa, que " isto, porém, não parece suprimir as inquietudes quando elas decorrem mais da convicção íntima do que do elemento puramente racional."[108]

A primeira ordem de investigação levada a efeito (identidade sexual) agasalha, na sua generalidade, três outras ordens de questões, a saber, a identidade sexual ou identidade de gênero, o comportamento sexuado ou de gênero e, enfim, a orientação sexual. Segundo conclusões de Patterson (1992) nenhuma das crianças criadas em uma família homoparental e tendo participado do estudo (mais de 300 crianças) manifestou perturbações de identidade sexual.

Quanto à orientação sexual, segundo pesquisa pontual levada a efeito por Golombok e Tasker (2002) concluiu refutando a influência negativa do modelo homossexual sobre a conduta das crianças. Segundo os autores citados "nenhuma diferença significativa existe entre as crianças criadas por mães lésbicas e mães heterossexuais, tanto no que diz respeito à identidades sexual quanto ao comportamento ou orientação sexual."[109]

Quanto ao desenvolvimento emocional das crianças, os estudos de Kirkpatric[110] e Golombok[111] demonstraram que as crianças criadas em famílias homoparentais não apresentavam mais problemas psiquiátricos,

---

[108] GROSS, Martine. Obra citada, p. 78.

[109] F. TASKER e S. GOLOMBOK. *Grandir dans une famille lesbienne. Quels effets sur le développement de L'enfant?* Paris: ESF, 2002 (tradução de *Growing u in a Lesbian Family*. New Yor, Guuilford Press, 1997).

[110] M. KIRKPATRICK, C. SMITH e R. ROY. *Lesbian mothers and their children: A comparative survey*. In: Amercian Journal of Orthopsychiatry, 51, 545-551.

[111] S. GOLOMBOCK, A. SPENCER e M. RUTTER. *Children in lesbian and single-parent household: Psychosexual and Psychiatric appraisal*. In: Journal of Child Psychology and Psychiatry, 24, 551-572.

nem dificuldades de ordem emocional ou comportamental, do que as crianças educadas em lares heterossexuais.

Quanto ao desenvolvimento social das crianças, as pesquisas, sempre segundo conclusões de Gross, mostram que "as crianças oriundas de lares homossexuais são geralmente aceitas pelos seus pares, formam amizades sólidas, mesmo quando são alvo de zombarias e provocações de seus camaradas", reconhecendo, porém, a autora, que, estas crianças, "selecionam cuidadosamente as pessoas às quais elas revelam a composição de sua famílias".[112]

Finalmente, no que diz respeito ao risco de abuso sexual, por parte dos pais adotantes, ou em decorrência de amigos ou conhecidos dos pais homossexuais, a idéia ainda dominante na mídia é a de que a homossexualidade a e pedofilia andam sempre juntas. Segundo estudo pontual de Jenny[113], "as crianças abusadas por pessoas adultas eram, na sua maioria, meninas (81,5%). As agressões sobre meninas foram cometidas por homens, na ordem de 77%. As outras agressões decorrem ou de mulheres ou de casais heterossexuais. A maioria dos abusos foi perpetrada por pessoas próximas às vítimas e nenhum dos agressores era homossexual."[114] Ou seja, na ótica de Gross, "o temor que as crianças sejam estatisticamente abusadas com maior freqüência por pais homossexuais é desprovida de qualquer fundamento."[115]

Como se vê, a tese da pesquisadora (considerada, hoje, a maior defensora dos direitos homossexuais, na França) afirma que o lar homoparental não cria nenhum risco ao desenvolvimento da criança, quer no terreno sexual, quer no emocional, quer no social. E para concluir que nenhuma diferença existe entre um lar homoparental e outro heterossexual, a pesquisadora se vale dos estudos levados a efeito por estudiosos e especialistas da complexa matéria.[116]

Segundo Gross, o desenvolvimento junto as crianças, de sua sexualidade, de sua consciência de pertencer a um gênero, de suas emoções e de

---

[112] GROSS, Martine. Obra citada, p. 83.

[113] C. JENNY; T. A. ROESLER e K.L. POYER. *Are children at risk for sexual abuse by homosexual?* In: Pediatric, n.º 94, p. 41-44.

[114] GROSS, Martine. Idem, p. 85.

[115] GROSS, Martine. Idem, ibidem.

[116] R. LERNER e A. NAGAI. *No basis: what the studies don't tell us about same-sex parenting.* (disponível no site citado na nota n.º 57).

110 *Pessoa Humana e Direito*

sua sociabilidade não são nem ameaçados, nem tampouco, estão comprometidos.

No entanto, estas conclusões que, a primeira vista, parecem convencer, são atualmente vivamente criticadas em razão de suas tendências metodológicos e de suas ambições ideológicas.[117]

Nesse sentido, a impecável tese de Sébastien de Benalcázar[118] que não só desmistificou a pretensa "naturalidade" como ocorrem as ditas relações, mas ainda provou que os resultados apresentados não resistem a uma rigorosa e criteriosa análise científica. Partindo dos estudos de R. Lerner e A. Nagai, dois pesquisadores norte-americanos, 49 das pesquisas mais freqüentemente citadas em apoio das reivindicações homoparentais, após um exame escrupuloso das hipóteses e dos resultados dos estudos, mostram que elas se encontram comprometidas por graves defeitos metodológicos que as invalidam. Da mesma forma, um estudo dirigido por simpatizantes e militantes gays, revela também problemas metodológicos que mascaram estas diversas pesquisas.

Assim, como bem precisou Benalcázar, e só atentando aos defeitos mais grosseiros destes estudos, na sua quase totalidade, as premissas das hipóteses estão viciadas e os métodos não são fiáveis.

Primeiramente, diz Benalcázar, "toda pesquisa científica deve ser estabelecida sobre uma hipótese que leve em consideração uma relação causal entre duas variáveis, sendo que uma é causa da outra. Dito de outra forma, em nosso caso específico, a hipótese sob análise seria determinar a relação entre a orientação sexual dos pais (homossexual contra heterossexual) e o desenvolvimento ou o bem estar das crianças. Conforme Lerner e Nagai, todos os estudos foram feitos com base em dois tipos de hipóteses pouco ortodoxos. A primeira destas hipóteses é a hipótese dita *nula*, ou seja, os pesquisadores montam sua pesquisa a partir da hipótese (errada)

---

[117] A própria Martine Gross, na obra citada, abre um capítulo (*Critiques*, p. 89-91) no qual arrola os principais argumentos invocados contra a validade das conclusões. Assim, para citar os mais expressivos: a) tamanho restrito do universo trabalhado na pesquisa; b) recrutamente dos indídvuos estudados oriundos de associações militantes; c) parcialidade em favor dos direitos dos gays (especialmente a crítica de Wardle – *The potentil impacto f homosexuality on children*. University of Illinois Law Review, 1997, p. 833-917); d) a ausência de teorização quanto ao argumento da "ausência de diferença" nos grupos estudados.

[118] BENALCÁZAR, Sébastien. *Pacs, mariage et filiation: étude de la politique familiale*. Paris: Défrenois, 2007.

de que não há nenhuma diferença entre pais homossexuais e pais heterossexuais, quanto à educação de uma criança."[119]

Ora, se a premissa assumida já parte da hipótese de que não existe diferença entre as duas categorias de lares, certamente o resultado final da pesquisa ficará comprometido. Em outras palavras, a relação causal entre as duas variáveis já foi, *ab initio,* nulificada.

Assim continua o autor citado, "o pesquisador invoca o seguinte discurso: '*Eu faço pesquisas para saber se existiria diferenças entre os casais heterossexuais e os casais homossexuais relativas à educação das crianças, mas, neste momento e até prova em contrário, eu não encontrei nada.*' Este tipo de discurso ... não afirma que não existe diferença entre os dois tipos de casais, ele apenas enuncia que o pesquisador, nos limites de sua pesquisa, não estava habilitado a encontrar diferenças. Entretanto, este pesquisador passa, geralmente, a partir das conclusões de seus estudos baseados nesta hipótese, à conclusão de que não há diferença entre os casais. Como precisam Lerner e Nagai, quando o objetivo do pesquisador é mostrar que não existe diferença entre as variáveis, ele atinge esta conclusão facilmente e quanto mais a pesquisa for imprecisa ou pobre, mais ele tem chances de chegar a uma conclusão que ele valoriza e que ele persegue a título pessoal."[120]

Ou seja, o científico, que deveria ser a medida da objetividade perseguida pela verdadeira ciência, é negligenciado por um *a priori* estabelecido, desde o início, pelo pesquisador, que se recusa a enxergar o que ele, efetivamente, não quer ver.

Um exemplo concreto de erro de ótica na apreciação da realidade fática é dado por Lerner e Nagai no seguinte caso: "Consideremos uma taxa de fracasso escolar de 29% para os jovens criados em um contexto monoparental[121] enquanto esta taxa é de 13% em uma família (do tipo normal, com a presença de ambos os genitores). Em si, o fracasso escolar não é característico de uma criança educada em um ambiente familiar e, portanto, existe certamente uma relação causal entre estas duas variáveis

---

[119] BENALCÁZAR, Sébastien de. Obra citada, p. 233.

[120] LERNER, R. e NAGAI, A. Obra citada, p. 21, Apud. Sébastien de Banalcázar. Idem, ibidem.

[121] Ver, nesse sentido, nossa obra, *Famílias Monoparentais*, 2. ed. São Paulo: Revista dos Tribunais, 2005.

que este tipo de estudo não revela. Estas pesquisas, embora sendo exatas, são insuficientes e não trazem informações suficientes."[122]

Em segundo lugar, os estudos levados a efeito são igualmente criticáveis, na medida em que se nota "uma ausência de controle das variáveis ou ausência de grupo- controle. Esquematicamente, se o objetivo de uma ciência social empírica é demonstrar que A é a causa de B, então é necessário afastar todos os outros fatores. Para fazer isso, os estatísticos podem utilizar diversos métodos, entre eles o do grupo-controle. No caso sob análise, parece elementar que se uma pesquisa procura examinar as possíveis diferenças entre os pais homossexuais e os pais heterossexuais no que diz respeito à educação dos filhos, é necessário realizar pesquisas entre os dois grupos comparáveis em relação à idade das crianças e dos pais, à educação, às rendas dos grupos, etc. Ora, dos 21 estudos examinados, em um universo de 49, nenhum estabelecia qualquer comparação com um grupo de pais heterossexuais. Assim, Green (freqüentemente citado na França) examinou 37 crianças educadas por transexuais ou pais homossexuais (como se se tratasse do mesmo fenômeno) sem examinar nenhuma criança criada por pais heterossexuais."[123]

Como, então, pergunta o autor citado, poder-se-ia concluir com o emprego de tal metodologia, que não há nenhuma diferença entre os pais homossexuais e os pais heterossexuais?

A crítica é válida também para as pesquisas e as conclusões de Golombock.

A pesquisadora comparou um grupo de crianças educadas por mães lésbicas com um nível mais elevado de educação do que as mães heterossexuais, de um segundo grupo. Além disso, no grupo das mães lésbicas, as crianças tinham mais contato com o seu pai biológico que o segundo grupo de crianças criadas por mães solteiras. Quanto à seleção das mães no grupo heterossexual, ela foi manipulada tomando mães tendo pouca instrução e vivendo em um estado financeiramente precário. A propósito, poder-se-ia questionar se uma pesquisa não despida de preconceitos não deveria conduzir o pesquisador a tomar como grupo-controle não mães solteiras heterossexuais, mas casais heterossexuais que constituem o padrão normal da educação de uma criança."[124]

---

[122] BENALCÁZAR, Sébastien de. Idem, ibidem.
[123] BENALCÁZAR, Sébastien de. Idem, p. 234.
[124] BENALCÁZAR, Sébastien de. Idem, ibidem.

Em terceiro lugar, o autor questiona se o universo das pessoas entrevistadas é representativo. "Dos 49 estudos examinados por Lerner e Nagai, 48 não são representativos ou ainda o universo é tão fraco que é estritamente impossível tirar daí conclusões. Assim, há pouquíssimos estudos sobre a adoção de uma criança por dois gays ou, ainda, alguns estudos se referem a menos de 25 adotantes (universo demais restrito). Em outros casos, é o próprio pesquisador que determinou a lista dos entrevistados ou então as pessoas entrevistadas provêm de associações militantes e engajados em favor da homoparentalidade. Na ausência de um universo representativo, é impossível se resgatar a menor generalidade e o menor resultado científico."[125] Por isso, em decorrência da fraca qualidade científica das pesquisas feitas, algumas jurisdições as aceitam e outras, simplesmente as rejeitam.

Resta considerar, como também atentou a investigação pontual de Benalcázar, que os estudos realizados sobre o impacto da conduta homossexual sobre as crianças são demais recentes para se revestirem de valor científico, Ou seja, eles carecem, de um lapso temporal suficiente capaz de revesti-los de cientificidade a validá-los no ambiente científico. A propósito, e a título de exemplo, somente agora se começa a medir os impactos negativos, no plano psicológico, das crianças educadas por pais divorciados. Há trinta anos atrás, o argumento largamente invocado e difundido era de que o divórcio acalmava as relações tensas do casal e este efeito recaia positivamente sobre as crianças. Na realidade, como já se afirmou diversas vezes, o argumento manipulado pela mídia pretendia banalizar o divórcio inserindo-o em um patamar de "normalidade".

Os estudos iniciados em 1970 (período inicial do aumento considerável dos divórcios) procuraram demonstrar que as crianças educadas sem a presença do pai biológico, eram crianças de risco. Ou seja, as propostas científicas sempre procuraram provar que toda criança precisa da presença de ambos os genitores para se desenvolver sadiamente. Todos os trabalhos científicos provaram que uma criança criada por um só dos genitores apresentava resultados menos favoráveis tanto no terreno da socialização quanto no da escolarização.

Apesar dos resultados inquestionáveis apresentados pelos estudos feitos, a mídia sempre procurou banalizar os efeitos da ruptura, desdra-

---

[125] BENALCÁZAR, Sébastien de. Idem, ibidem.

matizando o divórcio e os riscos que ele produzia sobre os filhos do divórcio.

Hoje, passados 40 anos, a opinião de numerosos pesquisadores que defendiam o divórcio como solução válida para os problemas conjugais mudaram de idéia sobre os efeitos da liberalização do divórcio e das conseqüências pretensamente boas ou neutras em relação às crianças. Isto é, o tempo, o melhor escultor de posturas e opiniões, demonstrou que a questão não é tão simples como se imaginava inicialmente.

Hoje, há quase unanimidade nos meios científicos quanto a idéia de que "as crianças têm necessidade de seu pai biológico e não de qualquer pai que endossaria, por bem ou por mal, este papel. Estudos norte-americanos (inicialmente favoráveis ao divórcio) demonstraram que, no caso de uma família recomposta, o padrasto é, geralmente, menos afetuoso que o pai biológico, que ele passa menos tempo com o enteado, do que passaria o pai biológico com seu filho. Enfim, o risco de abuso da parte do padrasto é multiplicado por 8 e a taxa de infanticídios é 6.000% maior no caso de uma família recomposta."[126]

O fator temporal, como sabemos no ambiente científico, não é negligenciável e deve ser levado em consideração sob risco de se apresentar soluções aparentemente válidas mas que se anulam face à inequívoca realidade fática das estatísticas.

8. Primeiras conclusões

Conforme se ressaltara no início deste artigo, nosso objetivo não foi, em nenhum momento fechar o discurso de tema tão complexo e difícil mas sim, de resgatar a verdade dos fatos com base em princípios cientificamente válidos, já que a matéria, no Brasil, tem sido objeto de posturas meramente apaixonadas, calcadas em mitos e ideologias de caráter individual, e por isso mesmo, insuficientes a esclarecer a opinião pública e os meios científicos.

---

[126] V.S. RHOADS. *Taking sex differences seriously,* p. 83., Apud, Sébastien de Banalcázar, obra citada, p. 235; ainda, I. THÉRY. *Différence de sexes et differences de generations. L'institution familiale en déshérence.* In: Esprit, Décembre 1996, vol. 12, p. 65.

Se o presente estudo servir para clarear noções, desmistificar meias verdades, rever posições e conduzir os leitores a aprofundar posturas tendentes a resgatar, primacialmente, o soberano interesse da criança, mesmo que em detrimento das conveniências ditadas pelo mundo adulto, já nos sentimos plenamente gratificados pelo esforço empreendido.

Como avaliou com impecável precisão e rara felicidade o psicanalista René Diatkine, "toda a criança vivendo em um contexto familiar muito diferente dos demais encontra dificuldades psíquicas importantes cujo resultado não é previsível. Não é nada razoável criar voluntariamente tais atipicidades (de concepção) por razões estranhas ao bem estar da criança".[127]

Fica a pergunta: por que fomentar tais situações atípicas se podemos encontrar no ambiente familiar natural elementos suficientes à garantia da fundamental segurança e equilíbrio que todas as crianças do mundo precisam? Por que favorecer situações de resultado imprevisível se a ciência mais abalizada nos demonstra o risco de tais opções? Por que, em nome das crianças (que quase nunca são ouvidas) impor situações que ficam negadas pelas noções mais elementares da razoabilidade e do bom senso? por que o ônus de nossa constante curiosidade irresponsável deve recair sobre o mundo infantil, naturalmente passivo e alheio as mais estranhas manobras e maquinações? Por que?

A questão lancinante se põe e se repõe, "quer se trate de novas formas de procriação, de adoção ou das recomposições familiares. É necessário escolher? É necessário adicionar ou subtrair os pedaços de uma paternidade esparsa? Como garantir à criança a segurança e a confiança das quais ela tem necessidade para acreditar na vida e na palavra dos outros?"[128]

A indagação de Meulders-Klein merece aqui ser retomada, já que esta é a questão central provocada pela existência das uniões homoparentais. Ela se articula em torno da noção, tantas vezes contestada, rebatida e questionada, do interesse da criança: o questionamento da justiça ou da injustiça que corre o risco de ser infligida a uma criança em vias de nascer ou de ser educada neste tipo de união.

---

[127] DIATKINE, René. *Fécondation in vitro, congélation d'embryons et mères de substitution*. Actes du Colloque "Génétique, Procréation et Droit".

[128] MEULDERS-KLEIN, Marie-Thérèse. *Les recompositions familiales aujourd'hui*. Paris: Nathan, 1993, p. 332.

Quem milita no tormentoso terreno do Direito de Família sabe a que estamos nos referindo. Pode avaliar a angústia de nosso questionamento e o dilema que as novas formas de relacionamento inevitavelmente geram para os adultos e, especialmente, para as crianças que, atônitas, são jogadas como objeto, de um para outro lado, ao sabor insensato das paixões e dos interesses nem sempre justificados ou legitimados pela ordem jurídica reinante.

Por isso nossa postura recuperadora de um triangularidade que vem perdendo paulatinamente valor e voz entre os operadores do Direito. A família – pai, mãe e filho – constitui o lugar por excelência da relação a três. É aí que a criança se desenvolve e torna-se livre porque recebe sua identidade de dois adultos, que ela invoca no interior da relação existente entre seu pai e sua mãe, ou seja, no seio de um intercâmbio de personalidades, de forças e fraquezas, assim como de uma divisão de autoridade. Mesmo se um dos genitores está ausente, a criança tem o direito absoluto de saber que esta figura existe ou existiu, "sem isso ela cresce de modo simbolicamente hemiplégico".[129]

A dimensão triangular – pai, mãe, filho – é, aliás um momento de verdade para a relação dos adultos. A noção de triangularização não supõe apenas uma simples adição de três componentes, como poder-se-ia imaginar singelamente, mas a tomada em consideração de suas interações e de suas relações.

Quando uma família é fragilizada, por qualquer razão que não cabe aqui invocar, e se uma outra família se oferece a acolher a criança, um triplo fenômeno de triangularização se produz. A criança é originária de um pai e de uma mãe biológicos que sempre existirão simbolicamente para ela, mesmo que sua identidade permaneça desconhecida, ou mesmo que a filiação de origem não tenha sido juridicamente estabelecida. Adotada, esta mesma criança tem direito a um pai e uma mãe adotivos. O papel da família adotiva é exatamente este, de transmitir ao recém chegado, a segurança de sua identidade, de suas raízes, de suas origens, de um passado, que fundam as possibilidades de desenvolvimento da criança, ao mesmo tempo que sua integração na família adotiva.

Assim como a filiação consangüínea supõe idealmente um equilíbrio entre o pai e a mãe e uma aceitação por cada um, do papel do outro, da

---

[129] DOLTO, Françoise. *Tout est langage*. Paris: Le Livre de Poche, 1987, p. 80.

mesma forma a adoção postula um equilíbrio entre a família de origem e a família adotiva em torno da criança.

Com efeito, "a criança não é uma *res nullius,* ela não vem do nada e o respeito de sua alternância pela família adotiva constitui uma condição essencial da criação de uma vida familiar sólida, bem como uma fonte de enriquecimento mútuo".[130]

O reconhecimento pela ordem jurídica nacional, da adoção plena, só encontra justificativa na manifesta intenção do legislador brasileiro de 'imitar a natureza' e de elevar a adoção ao nível da filiação consangüínea. Se esta premissa é verdadeira, se o corolário fundamental é este, é a família triangular que o legislador sempre teve em mira e não outras formas de união desvinculadas da figura paterna e materna.

Retomando a fórmula empregada por Thomas, a filiação consangüínea se aproxima da adoção na medida em que "a passagem do imaginário ao real transforma todo nascimento em adoção".[131] Assim como os pais devem 'adotar' psicologicamente seus próprios filhos[132], isto é, ao mesmo tempo, reconhecê-los como objeto de seus desejos e os aceitar como fundamentalmente diferentes, sujeitos livres de direitos e deveres, da mesma forma, na adoção, os pais adotantes 'adotam' a criança em dimensão não somente biológica (ainda que simbolicamente) mas igualmente afetiva, relacional, social e institucional.

Só nesta dimensão é possível falar em adoção, em dimensão que insere a criança em uma família para fundar sua identidade, desenvolver sua personalidade e aprender a arte de viver. E é "na interação entre o respeito da alteridade e o necessário pertencer que se estabelece a responsabilidade livremente consentida da família e, primeiramente, do pai e da mãe".[133]

A informação e a formação do público são mais que necessárias neste assunto, bem como uma reflexão fundamental de toda a sociedade sobre o lugar da criança, particularmente sobre o paradoxo que faz proclamar, nos textos internacionais, a criança como sujeito de direito, enquanto, na prática, ela é examinada prioritariamente como objeto do desejo dos adultos.

---

[130] LAMMERANT, I. Obra citada, p. 661.

[131] THOMAS, J.P. *Misère de la bioéthique.* Paris: Albin Michel, 1990, p. 190.

[132] A expressão foi empregada por Françoise Dolto na obra *Quando os pais se separam* (São Paulo: Jorge Zahar Editor, 1988)

[133] LAMMERANT, I. Idem, p. 663.

Assim como psicólogos e sociólogos reconhecem a complexidade da adoção, a diversidade das situações e a árdua missão de apreensão de uma realidade, quase sempre abstrata e inacessível, também devem os juristas, com a humildade exigível pela verdadeira ciência, examinar a realidade por vezes inatingível do instituto, procurando por todos os meios, em esforço hercúleo, posicionar-se na ótica da criança para então, e só então, estabelecer princípios que resgatem sempre o interesse maior da criança.

Só assim a pesquisa sairia agigantada e válida, porque integraria o critério do superior interesse da criança adotada assim como as conquistas do desenvolvimento contemporâneo dos direitos do homem e da criança.

É fundamental conhecer a realidade para melhor entendê-la.

Este papel deve ser afirmado e explicado, não como uma tentativa de ingerência arbitrária na vida privada e familiar, como agudamente reconheceu Lammerant, mas como indispensável proteção de interesses necessariamente diferentes, das crianças e dos adultos.

É aquele e não este que dever ser priorizado. A procura de um equilíbrio do triângulo adotivo nas situações radicais e conflitantes só pode ser encontrado em sociedades que consideram o interesse da criança ao ser adotada por uma família. Apesar dos limites que se possam creditar à noção, ela ainda é indispensável para evitar que os direitos de uma parte sejam sistematicamente negados pela outra.

O DANO À PESSOA NO DIREITO CIVIL BRASILEIRO

FRANCISCO AMARAL*

SUMÁRIO: Introdução. A pessoa humana como valor fundamental da ordem jurídica brasileira. A personalização do direito. O personalismo ético; 1. Os desafios da sociedade tecnológica; 2. A tutela da personalidade humana na ordem jurídica brasileira; 3. A tutela jurídica do nascituro. O embrião; 4. O dano à pessoa; 5. O dano à *saúde*. O dano à vida; 6. O dano à *integridade física*. O corpo humano; 7. O dano *à integridade moral;* 8. O dano *à integridade intelectual;* 9. A reparação do dano. A valoração do dano à pessoa humana.

INTRODUÇÃO
A pessoa humana como valor fundamental da ordem jurídica brasileira. A personalização do direito. O personalismo ético.

Dois diplomas jurídicos fundamentais enriquecem hoje a ordem jurídica brasileira e podem constituir-se em novos rumos para a sua evolução. Refiro-me à Constituição da República Federativa do Brasil[1], que protege

---

* Doutor *honoris causa* das Universidades de Coimbra e Católica Portuguesa. Professor Titular de Direito Civil e Romano da Universidade Federal do Rio de Janeiro.

[1] Constituição da República Federativa do Brasil, de 5 de outubro de 1988.

os direitos fundamentais e preside à organização da sociedade política, e ao Código Civil[2], que tem por objeto a vida de relação na sociedade civil, protegendo os direitos particulares da pessoa, considerada em si mesmo, na sua dimensão familiar e nas suas relações patrimoniais.

A importância desses diplomas reside não só na matéria que disciplinam como também no papel de renovação que podem ter no pensamento jurídico brasileiro, tanto no campo do direito positivo como no da teoria, no da filosofia e no da metodologia jurídica. Constituição e Código dispõem de novas estruturas jurídicas, de que são exemplo os direitos fundamentais e os direitos da personalidade. Dão uma função social a institutos consagrados, como a propriedade e o contrato, e estabelecem novos deveres de comportamento, como a boa-fé, condição essencial da atividade ética e jurídica[3], principalmente no campo contratual. O Código Civil revela, ainda, e principalmente, entre outras inovações, o reconhecimento da pessoa humana como seu fundamento prioritário, a que agrega outros princípios fundamentais, entre os quais a operabilidade e a equidade[4]. A operabilidade como princípio metodológico de realização do direito que orienta a concretização da norma adequada ao caso concreto, assente que o raciocínio jurídico parte hoje de problemas para a invenção e crítica das respectivas soluções, e a eqüidade como princípio que visa, no direito civil, a igualdade material.

A realização dos objetivos desses diplomas, como pretende o legislador, exige, porém, do estamento jurídico nacional, principalmente dos civilistas, a consciência de ser necessário um esforço de criação que, supe-

---

[2] Lei n.º 10.406, de 10 de janeiro de 2002.

[3] Miguel Reale. *História do novo Código Civil*, São Paulo, Revista dos Tribunais, 2005, p. 241.

[4] Ressaltam-se esses princípios pela pertinência que têm com a matéria deste trabalho. O *princípio da operabilidade, concretitude ou concretude* orienta a interpretação jurídica no sentido da criação da norma jurídica adequada ao caso concreto, tendo em consideração o ser humano *in concreto*, circunstanciado, não o sujeito de direito *in abstracto*. O princípio da equidade visa a realização da igualdade material. Tem função corretiva, no sentido de temperar o direito positivo, principalmente em matéria contratual, e função quantificadora, como ocorre, por exemplo, no caso de ser critério de fixação do valor de uma indenização. Recorre-se à eqüidade, entre outros casos, em matéria de responsabilidade civil na fixação do valor da indenização (Código Civil, art. 944, parágrafo único, e art. 953, parágrafo único.

[5] Antonio Castanheira Neves. *Metodologia Jurídica. Problemas Fundamentais*, Coimbra, Coimbra Editora, 1993, p. 25.

rando o dogmatismo conceitual do positivismo legalista do século XIX[5], ainda dominante, promova significativa mudança em nossa cultura jurídica, no sentido de um pensamento prático-jurisprudencial, que contribua para uma nova racionalidade no direito brasileiro do século XXI.

Mantendo-se fiel à idéia de sistema, paradigma científico do direito ocidental moderno[6], de que resultaram as constituições e os códigos civis liberais do século XIX, o legislador brasileiro conservou a estrutura do Código Civil anterior, de 1916, enriquecendo-a com novos princípios, cláusulas gerais e conceitos indeterminados, do que resultou um sistema aberto e flexível na sua estrutura, socializado na sua função, e claramente personalista no seu fundamento. Deve registrar-se, porém, que esses novos elementos, se por um lado permitem superar a sistematicidade axiomática-dedutiva do positivismo jurídico, por outro lado afetam características que lhe são intrínsecas, como a unidade, a completude e a coerência de suas regras, predicados tão louvados pelo normativismo. Essa abertura tem sido apontada, por isso mesmo, como fator de insegurança e incerteza jurídica, mas sem razão, por que um novo Código exige um novo pensamento, uma nova atividade interpretativa-criativa do direito, capaz de superar a exegese legal da modernidade.

Inovou, também, o legislador, sob o ponto de vista axiológico, ao considerar claramente a pessoa humana como valor prioritário e fundamental da nova ordem jurídica brasileira, diversamente da anterior, (séc. XIX), que tinha na liberdade, na vontade individual e na propriedade privada, enfim, no patrimônio, seus principais interesses e referenciais axiológicos. A posição central que hoje se atribui à pessoa humana na ordem jurídica brasileira justifica, portanto, a importância do dano que se lhe causar, como razão determinante de dever de indenizar.

A pessoa é o sujeito de direito, titular de direitos e deveres, como expressão da sua personalidade jurídica.

Todo ser humano é pessoa, mesmo que não disponha da plena consciência de si e da sua autonomia[7], e é pessoa em relação com outras, o que

---

6 Michel van de Kerchove e François Ost. *Le système juridique entre ordre et désordre*, Paris, Presses Universitaires de France, 1988, p. 19. Jaime M. Mans Puigarnau. *Lógica para Juristas*, Barcelona, Bosch, Casa Editorial, 1978, p. 154.

7 Marie-Thérèse Meulders-Klein. *La personne. La famille. Le droit*. Bruxelles, Bruylant, 1999, p. 1.

dá, ao direito, o seu caráter humano e social, uma das suas históricas características[8]. O conceito de pessoa é, por isso, o mais importante e fundamental do direito. Não é uma categoria inata da razão, mas uma idéia que representa "o resultado de uma longa conquista ligada à aventura ocidental do Homem"[9], um produto histórico que o direito contemporâneo recebe e consagra como fundamento legitimador. É, assim, natural que se considere a pessoa humana como um *prius* ,relativamente à ordem jurídica privada (o Código Civil) e à ordem jurídica pública (a Constituição da República)[10].

Assente que o direito é um produto histórico e social, uma brevíssima retrospectiva histórica, mostra como surgiu e se desenvolveu o conceito, processo em que se conjugaram perspectivas teológicas, filosóficas e jurídicas. Na cultura antiga, o termo *prósopon*, (Grécia), e *persona*, (Roma), designavam a mesma coisa, a máscara que se usava para individualizar os diversos personagens da vida social. A pessoa representava um papel no "cenário do mundo", desempenhando determinada função, que não se confundia com a individualidade de cada um[11]. Foi precisamente com referência ao papel ou função exercida no meio social, que o termo pessoa incorporou-se ao léxico jurídico para designar, em Roma, o sujeito de direito, desde que este fosse também livre (*status libertatis*), cidadão romano (*status civitatis*) e chefe de família (*status familiae*). Santo Agostinho (*De Trinitate*), baseado em Aritóteles (*Ética a Nicômaco),* considerava a pessoa como "substância", o que permanece na definição de Boécio, segundo a qual "Pessoa é a substância individual de natureza racional" (*Persona est naturae rationalis individua substantia)*, definição clássica por toda a idade média e integralmente adotada por São Tomás de Aquino (*Suma Teológica*), para quem a pessoa é substância individual e racional em relação consigo mesmo. No mesmo sentido, Kant e Max Scheler reafirmam que "as pessoas são entes racionais marcados por sua própria natureza como fins em si mesmos, e em relação com outros." A pessoa é, assim, um ser em relação com o mundo. Define-se por suas

---

[8] Digesto, 1.5.2. "... *hominum causa omne ius constitutum sit*,".

[9] Marie-Thérèse, p. 2.

[10] Carlos Lasarte. *Principios de Derecho Civil. Parte General y Derecho de la Persona,* Madrid, Marcial Pons, 2006, p. 176.

[11] Fábio Konder Comparato. *Ética. Direito, moral e religião no mundo moderno*, São Paulo, Companhia das Letras, 2006, p. 455.

relações com os outros[12]. "Do tipo de subsistência própria do ser pessoa retira São Tomás a sua dignidade: a pessoa humana é o ente mais digno em toda a natureza por ser precisamente natureza intelectual e existir por si"[13]. E a dignidade, de difícil conceituação, passa a considerar-se como "uma qualidade ligada à pessoa humana, oponível por ela a terceiros[14], portanto, um valor absoluto e objetivo."

O ser humano é pessoa, valor fundamental do direito. E ser pessoa é ser titular de direitos e de deveres. "Fundado na natureza, na biologia, o direito civil responde aqui às exigências da vida: é a vida que exige ser reconhecida[15]. Como decorrência do seu relacionamento social, sobressai, no âmbito do direito civil, o sentido ético da pessoa, o que leva ao personalismo ético, concepção jurídico-filosófica segunda a qual o ser humano, porque é pessoa em relação, é um valor em si mesmo e tem, por isso, uma dignidade que lhe é inerente.

Esse valor exprime-se como *princípio ético* segundo o qual a pessoa não é um meio mas um fim em si mesmo, e positiva-se como *princípio jurídico*, o princípio da dignidade da pessoa humana[16], em virtude da qual a pessoa deve ser respeitada por todos, na sua vida de relação. O princípio da dignidade da pessoa humana é, por isso, a expressão normativa da idéia de que a pessoa humana é um valor fundamental do direito e da cultura de um povo. Disso resulta que a dignidade é um atributo que todo o ser humano tem, e do qual decorre o direito de não ser prejudicado em sua existência, isto é, na sua vida, no seu corpo, na sua saúde, direito esse reconhecido em nível positivo e supra-positivo. A dignidade é também, e por isso, um limite à disposição, pela pessoa, do seu próprio corpo[17].

---

[12] Nicola Abbagnano. *Dicionário de Filosofia*, São Paulo, Mestre Jou, 1982, p. 733.

[13] Joaquim de Souza Teixeira. *Pessoa* in Logos. Enciclopedia Luso-Brasileira de Filosofia, 4, Lisboa/São Paulo, Editorial Verbo, 1992, p. 102

[14] Charlotte Girard et Stéphanie Hennette-Vauchez. *La dignité de la personne humaine*. *Recherches sur un processus de juridicisation*, Paris, Presses Universitaires de France, 2005, p. 25/26.

[15] Gérard Cornu. *Droit civil, Introduction. Les persones. Les biens*, 11e. édition, Paris, Montchrestien, 2003, p. 200.

[16] Constituição da República Federativa do Brasil, art. 1.°, III.

[17] Charlotte Girard et Stéphanie Hennette-Vauchez, p. 90. Antonio Junqueira de Azevedo, "Caracterização Jurídica da Dignidade da Pessoa Humana", in *Estudos e Pareceres de Direito Privado*, São Paulo, Editora Saraiva, 2004, p. 22.

124   *Pessoa Humana e Direito*

O princípio da dignidade da pessoa humana configura-se, assim, como supremo modelo ético[18], um dos princípios fundamentais da República[19], e fundamento dos direitos e garantias fundamentais expressos no art. 5.° do mesmo diploma legal[20]. Esse princípio positiva o valor que a pessoa humana, por sua qualidade intrínseca, é hoje para a ética e o direito, constituindo-se em fonte de outros valores e direitos. Fundamenta e legitima, por isso mesmo, o surgimento de uma tríplice categoria jurídica, a dos Direitos Humanos, assim reconhecidos no âmbito das Declarações Internacionais, a dos Direitos Fundamentais, assim designados nas cartas constitucionais[21], e ainda a dos Direitos da Personalidade no âmbito do Código Civil. Essas espécies não são, porém, idênticas. Os direitos fundamentais pressupõem relações de poder, enquanto que os direitos da personalidade integram relações de igualdade. Os direitos fundamentais pertencem ao domínio do direito constitucional, os direitos da personalidade ao do direito civil[22], em cujo Código se disciplinam, no respectivo livro I da Parte Geral.

Pode, assim, afirmar-se que o reconhecimento da dignidade da pessoa humana e dos direitos que nela se fundamentam é conseqüência jurídica de uma evolução histórica e de uma reflexão ética que elevou a pessoa à condição de valor fundamental da ordem jurídica, positivado no direito brasileiro, nos diplomas legais inicialmente referidos. Significa isso também que a "patrimonialidade" do direito privado substituiu-se pelo primado e pela cultura do imaterial, no sentido de verificar-se hoje "um

---

[18] Fábio Konder Comparato, p. 479.

[19] Constituição da República Federativa do Brasil, art 1.°. A República Federativa do Brasil, formada pela união indissolúvel dos Estados e Municípios e do Distrito Federal, constitui-se em Estado Democrático de Direito e tem como fundamentos: III – a dignidade da pessoa humana.

[20] Constituição da República Federativa do Brasil, art. 5.°. Todos são iguais perante a lei, sem distinção de qualquer natureza, garantindo-se aos brasileiros e aos estrangeiros residentes no País a inviolabilidade do direito à vida, à liberdade, à igualdade, à segurança e à propriedade.

[21] Fábio Konder Comparato, p. 48.

[22] Jorge Miranda. *Manual de Direito Constitucional*, IV, Coimbra, Coimbra Editora, 2.ª ed., 1993, p. 58; João de Castro Mendes. *Direito Civil. Teoria Geral*, Lisboa, Associação Acadêmica da Faculdade de Direito, 1979, p. 685; J.J. Gomes Canotilho. *Direito Constitucional e Teoria da Constituição*, 7ª Edição, Coimbra, Almedina, 2003, p. 396.

desmaterialização da riqueza, do patrimônio, do jurídico, dos documentos, o que se acompanha de uma desterritorialização do Estado, da soberania etc."

É nesse contexto, o da crença na personalização do direito contemporâneo e na importância e efetividade do valor da pessoa humana, que se enfrenta aqui o problema da responsabilidade civil pelo dano à pessoa, particularmente o dano extra-patrimonial, na perspectiva da pessoa como vítima da ilicitude e não de titular do direito à indenização, que lhe é inerente, mas que pode nascer também de danos de outra natureza. Abstração se faz, também, aqui, da pessoa jurídica, embora a ela se estenda a tutela jurídica dos direitos da personalidade, no que couber[23].

1. Os desafios da sociedade tecnológica

A tutela jurídica da pessoa é hoje tema relevante no direito vigente, como efeito do notável desenvolvimento da ciência e da tecnologia que caracteriza a sociedade contemporânea, levantando problemas que exigem novas estruturas jurídicas de resposta.

A tecnologia é o conjunto de instrumentos e processos desenvolvidos pelo ser humano para atender a finalidades práticas e cognitivas. Na indústria moderna, tecnologia e ciência são parceiros, cada qual com seu atributo específico para o êxito da tarefa que buscam realizar[24]. A tecnologia é útil e até indispensável, para a solução de muitos problemas, mas cria, também, riscos. Pode sair do controle humano, tornando-se onipotente. Pode deixar de ser meio e transformar-se em um fim. Pode afetar o ser humano na sua liberdade, dominano as pessoas e não sendo, apenas, instrumento de sua realização.

O notável progresso tecnológico faz com que se viva hoje sob o paradigma do conhecimento e da informação, como decorrência das grandes revoluções científicas da segunda metade do século passado. No campo da medicina, experiências com novos fármacos, medicamentos e vacinas, transplantes de órgãos e enxertos, modalidades de tratamento e novos estu-

---

[23] Código Civil, art.52.
[24] George Basalla. *The Evolution of Technology*, tradução de Sérgio Duarte Silva, Porto, Porto Editora, 2003, p. 29.

dos sobre a morte, com o progresso na prática da reanimação, suscitam as principais questões. Na biologia adquire-se o controle da reprodução humana, com a prevenção da gravidez, a inseminação artificial, nas suas diversas espécies (inseminação artificial, e fecundação *in vitro*), o controle da hereditariedade por meio da engenharia genética, com a possibilidade de sanar enfermidades genéticas, mas também de manipular a espécie humana, e o controle do sistema nervoso, com a utilização dos recursos da psicofarmacologia, da neurobiologia e das pesquisas psicossociológicas e psicológicas[25]. No campo da informática cresce aceleradamente o domínio da eletrônica, o que leva a novos problemas causados pela utilização crescente dos meios virtuais na sociedade de massa[26].

O elevado nível científico e tecnológico alcançado levanta porém, a questão preliminar de saber-se se tudo que é tecnicamente possível também o será ética e juridicamente, o que faz surgir novos campos de reflexão como a *bioética*, o *biodireito, o direito da informática*. A bioética examina e discute os aspectos éticos relacionados com o desenvolvimento e as aplicações da biologia e da medicina, estabelecendo limites morais para o agir científico no campo da vida e indicando os caminhos e o modo de se respeitar o valor da pessoa humana, como unidade e como um todo. O biodireito apresenta-se como conjunto de princípios e normas que disciplinam a prática social no campo das inovações tecnológicas, tendo sempre como paradigma o valor da pessoa humana[27]. *O direito da informática* enfrenta a questão da disciplina jurídica do uso do computador, com a necessidade de tutelar aspectos da personalidade humana, como a privacidade, a imagem, a dignidade e a honra das pessoas. Todos esses campos interagem com o direito civil na solução dos problemas relacionados com

---

[25] Jean Bernard. *A Bioética*, São Paulo, Editora Ática, 1998, p. 57.

[26] Vittorio Frosini. *Il diritto nella società tecnologica*, Milano, Giuffrè Editore, 1981, p. 205.

[27] Cfr. Do Autor, *Direito Civil. Introdução*, 6ª edição, Rio de Janeiro, Editora Renovar, 2006, p. 261, nota 35, "Carlos Maia Romeo Casabona. *El derecho Y la bioética ante lo límites de la vida humana*, p. 29. A respeito dessa matéria surgem dois novos campos temáticos. A bioética, como a "disciplina que examina e discute os aspectos éticos relacionados com o desenvolvimento e as aplicações da biologia e da medicina, indicando os caminhos e os modos de se respeitar a pessoa humana". E o biodireito, como processo de concretização normativa dos princípios e valores fixados pela ética, tomando também como paradigma o valor da pessoa humana. Cfr. Vicente Barreto, *Problemas e perspectivas da Bioética*, in Bioética no Brasil, p. 53 e segs."

o dano à pessoa, tendo como critério decisivo o respeito ao princípio da dignidade da pessoa humana e o reconhecimento dos direitos fundamentais da pessoa e dos direitos da personalidade.

Essa matéria não tem ainda, como é natural, a necessária sedimentação jurídica, o que justifica a ausência de normas específicas no novo Código Civil, além das referentes aos direitos da personalidade (artigos 11 a 21), e as regras gerais sobre responsabilidade civil, contratual e extracontratual, subjetiva e objetiva, que protegem a pessoa humana, nos seus aspectos físico, moral e intelectual.

2. A tutela da personalidade humana na ordem jurídica brasileira

Pode agora dizer-se que a tutela jurídica da personalidade humana no direito brasileiro encontra-se em nível constitucional, civil e penal, embora a *sedes materiae* seja o Código Civil.

A tutela da personalidade é de natureza constitucional no que diz respeito aos princípios fundamentais que regem a matéria e que estão na Constituição, e é de natureza civil, penal e administrativa, quando integrante da respectiva legislação infraconstitucional. A Constituição da República Federativa do Brasil reconhece como princípio fundamental[28], a dignidade da pessoa humana. Este princípio, por sua vez, é fundamento dos direitos e deveres individuais e coletivos expressos no art. 5.º do mesmo diploma, a saber, os direitos à vida, à liberdade, à igualdade, à segurança, e à propriedade. É também direito fundamental, se bem que de natureza social, o direito à saúde[29], entendendo-se esta como sendo "o estado da pessoa cujas funções orgânicas, físicas e mentais funcionam bem", segundo a Organização Mundial da Saúde. Esse direito compreende, no âmbito do direito civil, o direito à vida e à integridade física e psíquica.

O respeito à pessoa humana é, assim, o marco jurídico , o suporte inicial que justifica a existência e admite a especificação dos demais direitos, garantida a igualdade de todos perante a lei, como expresso no preâmbulo da Constituição.

---

[28] Constituição da República Federativa do Brasil, art. 1.º.
[29] Constituição da República Federativa do Brasil, art. 6.º.

128   *Pessoa Humana e Direito*

Outros direitos subjetivos invioláveis, previstos no texto constitucional[30] são os direitos à vida, à liberdade, à igualdade, o direito de resposta, o direito à inviolabilidade da intimidade, da vida privada, da honra e da imagem das pessoas, o direito de autor, a proteção à participação individual em obras coletivas e à reprodução da imagem e da voz humanas o direito de inventor[31].

O Código Civil, por sua vez, reconhece os direitos especiais da personalidade, aqueles que têm por objeto atributos ou qualidades essenciais da pessoa, no seu aspecto físico, moral e intelectual[32].

Apresentam-se, assim, os direitos da personalidade não só como poder de agir do ser humano, no campo da sua autonomia pessoal, mas também como poder de exigir de terceiros e do próprio Estado, o respeito à sua integridade física, moral e intelectual, baseados no princípio superior da dignidade da pessoa humana. O direito à integridade física compreende a proteção jurídica da vida e do corpo humano; o direito à integridade intelectual compreende a proteção aos direito de autor; o direito à integridade a moral consiste na proteção à honra, liberdade, intimidade, imagem e nome.

---

[30] Constituição da República Federativa do Brasil, art. 5.º, *caput*.

[31] Constituição da República Federativa do Brasil, art. 5.º. Nesse mesmo artigo, estabelece-se que é assegurado o direito de resposta, proporcional ao agravo, além da indenização por dano material, moral ou à imagem (V); são invioláveis a intimidade, a vida privada, a honra e a imagem das pessoas, assegurado o direito à indenização pelo dano material ou moral decorrente de sua violação (X); é inviolável o sigilo da correspondência e das comunicações telegráficas, de dados e das comunicações telefônicas, salvo, no último caso, por ordem judicial, nas hipóteses e na forma que a lei estabelecer para fins de investigação criminal ou instrução processual penal (XII); aos autores pertence o direito exclusivo de utilização, publicação ou reprodução de suas obras, transmissível aos herdeiros pelo tempo que a lei fixar (XXVII); são assegurados, nos termos da lei a) a proteção às participações individuais em obras coletivas e à reprodução da imagem e voz humanas, inclusive nas atividades desportivas; b) o direito de fiscalização do aproveitamento econômico das obras que criarem ou de que participarem aos criadores, aos intérpretes e às respectivas representações sindicais e associativas (XXVIII); o direito de inventor (XXIX).

[32] Diogo Leite de Campos. *Lições de Direito da Personalidade*, Coimbra, Boletim da Faculdade de Direito, LXVI, 1992, p. 52 e segs. Rubens Limongi França. *Manual de Direito Civil*, vol. I, São Paulo, Editora Revista dos Tribunais, 1971, p. 321; Rabindranath V.A. Capelo de Souza. *O Direito Geral de Personalidade*, Coimbra, Coimbra Editora, 1995, p. 106; Adriano de Cupis. *Os direitos da personalidade*, tradução de Vera Jardim e Antonio Miguel Caeiro, Lisboa, Livraria Morais Editora, 1961, p. 17 e segs.

Deve recordar-se que a construção doutrinária dos direitos da personalidade é posterior ao movimento codificador da modernidade, século XIX, devendo-se o seu aparecimento tardio ao "avanço acelerado da técnica e das novas possibilidades que oferece para lesar os aspectos mais inerente da pessoa"[33], isto é, ao advento da sociedade tecnológica, com os problemas e desafios que levanta relativamente à dignidade do ser humano.

A tutela que o Código Civil dispensa à pessoa humana compreende a possibilidade de exigir que cesse a ameaça ou a lesão a direitos da personalidade e reclamar perdas e danos, sem prejuízo de outras sanções previstas em lei (art. 12); a proteção ao corpo humano, admitindo-se porém a possibilidade de sua disposição gratuita e proibindo-se o constrangimento a tratamento médico ou a intervenção cirúrgica (arts. 13 a 15), a proteção do direito ao nome, à identidade pessoal, familiar e social (arts. 16 a 19), a proteção do direito à integridade intelectual, nela se compreendendo a liberdade de pensamento e os direitos de autor e de inventor (art. 20), e finalmente, no art. 21, o direito à integridade moral, como o direito ao recato e à proteção da vida privada[34]. Os direitos da personalidade encontram ainda proteção em leis especiais, designadamente o Estatuto da Criança e do Adolescente[35], a do transplante de órgãos[36], a relativa à coleta, o processamento, a estocagem, distribuição e aplicação do sangue, seus componentes e derivados[37], a referente à reprodução assistida[38], à proteção à propriedade intelectual[39], à proteção de propriedade intelectual sobre programas de computação[40], à proteção aos direitos relativos à propriedade industrial[41], o Código Brasileiro de Teleco-

---

[33] Rodrigo Bercovitz y Rodriguez–Cano *"Derecho de la persona"*, Madrid, Editorial Montecorvo, 1976, p. 201.

[34] No Código Civil de 1916 inexistiam disposições específicas sobre os direitos da personalidade. Havia apenas referências à imagem (art. 666, X), ao sigilo da correspondência (art. 671, par. único), ao direito moral do autor (arts. 649, 650, par. único, 651, par. único e 658), à cessão do direito de ligar o nome do autor à sua obra (art. 667), hoje deslocadas para a Lei n.º 9.610, de 19 de fevereiro de 1998, que regula os direitos autorais

[35] Lei 8.069, de 13 de julho de 1990, Título II, arts. 7 a 69.

[36] Lei 9.434, de 04 de fevereiro de 1997, e Decreto 2.268, de 30 de junho de 1997. A Lei n.º 7.649, de 25 de janeiro de 1988.

[37] Lei n.º 10.205, de 21.03.2001.

[38] Resolução 1.358/92, do Conselho Federal de Medicina.

[39] Lei 9.610, de 19 de fevereiro de 1998.

[40] Lei 9.609, de 19 de fevereiro de 1998.

[41] Lei 9.279, de 14 de maio de 1996.

municações[42], a Lei de Imprensa[43] a Política Nacional de Informática[44], a dos Organismos Geneticamente Modificados[45], que estabelece normas para o uso das técnicas de engenharia genética, visando a proteção do patrimônio genético do país, da qualidade de vida e do meio ambiente, tendo como diretriz essa proteção à vida e à saúde humana, a obrigatoriedade do cadastramento dos doadores de sangue bem como a realização de exames laboratoriais no sangue coletado[46].

Na ordem processual civil, o titular do direito da personalidade dispõe, ainda, de medidas judiciais e extrajudiciais, de natureza preventiva e ressarcitória[47]. As preventivas compreendem a tutela antecipada[48], e os procedimentos cautelares específicos dos arts. 813 a 889 do Código de Processo Civil. Pode ainda o juiz recorrer às medidas cautelares inominadas[49], quando inexistente providência específica para atender á necessidade cautelar. No Código Civil prevê-se ainda a tutela ressarcitória, já no campo da responsabilidade civil, com a finalidade de reparar-se o dano, material ou moral, causado pelo comportamento ilícito do agente ofensor[50].

No Código Penal a tutela jurídica reside na condenação do homicídio (art. 121), da provocação ou auxílio ao suicídio (art. 122), do infanticídio (art. 123), do aborto (art. 124) dos crimes de perigo para a vida e a saúde (art. 130 a 136), do crime de lesão corporal (art. 129) nos crimes contra a honra (art. 138), da difamação (art. 139), a injúria (art. 146) do seqüestro e do cárcere privado (art. 148) da violação do domicílio (art. 150) dos crimes contra a inviolabilidade de correspondência (arts. 151 e 152) e dos segredos (arts. 153 e 154). No direito administrativo regula-se a responsabilidade do Estado pelos danos causados a terceiros por seus agentes, conforme preceito constitucional[51].

---

[42] Lei 4.117, de 27 de agosto de 1962, arts. 53 e 56.

[43] Lei 5.250, de 09 de fevereiro de 1967, arts. 16, 18 e 49.

[44] Lei 7.232, de 19 de outubro de 1984, art. 2.°, VIII e IX.

[45] Lei n.° 11.105, de 24 de março de 2.005.

[46] Lei 7.649, de 25 de janeiro de 1988.

[47] Carlos Alberto Bittar. *Os Direitos da Personalidade*, 6ª edição revista, atualizada e ampliada por Eduardo C.B. Bittar, Rio de Janeiro, Forense Universitária, 2003, p. 53.

[48] Código de Processo Civil, arts. 273 e 461, § 3.°.

[49] Código de Processo Civil, art. 798.

[50] Código Civil, arts. 186, 187 e 927.

[51] Constituição da República Federativa do Brasil, art. 37, § 6.°.

3. A tutela jurídica do nascituro. O embrião

A tutela jurídica da pessoa humana estende-se ao nascituro e ao embrião. Esta assertiva levanta, porém, o problema do início da personalidade jurídica.

O Código Civil brasileiro, que é a expressão do direito pertinente à matéria, dispõe que *"A personalidade civil da pessoa começa do nascimento com vida; mas a lei põe a salvo, desde a concepção, os direitos do nascituro"*[52]. A interpretação desse enunciado jurídico não é, porém, unânime. Confrontam-se a teoria *natalista*, aparentemente a do Código Civil brasileiro, segundo a qual a personalidade começa do nascimento com vida, com a teoria *concepcionista*, que defende começar a personalidade da concepção, e ainda a teoria da *personalidade condicional*, pela qual a personalidade inicia-se com a concepção, sob condição do nascimento com vida[53]. Considero esta uma variante da segunda, tendo em vista que o direito brasileiro estabelece ser a expectativa de direito um direito subjetivo adquirido, o que implica reconhecer seu direito à vida e a legitimidade de eventual pretensão à sua proteção jurídica[54].

A doutrina dominante no Brasil segue, porém, a teoria *natalista*, e nega personalidade jurídica ao nascituro, tendo por base o art. 2.º do Código Civil que, repetindo a fórmula do Código Civil de 1916, dispõe no seu Art. 2.º como supramencionado. Uma interpretação sistemática leva, porém, a conclusão diversa à que a teoria natalista defende.

O ponto de partida é Constituição da República que reconhece o direito à vida como direito fundamental[55], em uma concretização do princípio da dignidade da pessoa humana. Esse direito subjetivo à vida configura-se, obviamente, quando a vida começa, isto é, da concepção, que fixa o início da personalidade e da titularidade jurídica do ser

---

52 Código Civil, art. 2.º

53 Rubens Limongi França, p. 127. Silmara Chinelato e Almeida. *Tutela Civil do nascituro*, São Paulo, Editora Saraiva, 2000, p. 161 e segs.. Eduardo de Oliveira Leite. *O direito do embrião humano: mito ou realidade*, Revista de Direito Civil Imobiliário, Agrário e Empresarial, n.º 78, p. 22 e segs. William Artur Pussi. *Personalidade jurídica do Nascituro*, Curitiba, Juruá Editora,2005, p. 8 e 9.

54 Lei de Introdução ao Código Civil, Decreto-Lei n.º 4.657, de 4 de setembro de 1942, art. 6.º, § 2.º.

55 Constituição da República Federativa do Brasil, art. 5.º.

132 *Pessoa Humana e Direito*

humano, já que não mais tem propósito a idéia de um direito sem o seu titular.

O nascimento não é condição para que a personalidade se inicie, mas sim para que se consolide. Para aquisição da personalidade basta a *individualidade*, que decorre do código genético, do genoma, surgido com a concepção, não sendo necessária a *autonomia*, ou *independência*, que significa auto-suficiência[56], o que nem todos os nascidos têm, por exemplo, os irmãos siameses, as pessoas em estado de coma, os já nascidos mas ligados a aparelhos que lhes garantem a manutenção da vida.

Em favor da teoria da concepção deve-se levar em conta as diversas situações jurídicas de que o nascituro pode ser titular, no direito civil brasileiro. Ele tem direito subjetivo à vida[57], à titularidade da propriedade dos bens doados[58] ou herdados[59], a ser protegido pela curatela do nascituro[60], a ser reconhecido como filho[61], pode ser beneficiário de um contrato a favor de terceiro[62] e de um seguro de vida[63] tem direito a receber alimentos[64], direito de indenização por morte de seus genitores[65], direito a participar de relações processuais civis. A titularidade dessas situações contribui decisivamente para o reconhecimento da sua personalidade jurídica, pois só pode ser titular de direitos quem tem personalidade, e ter personalidade é ser pessoa.

No direito processual, reconhece-se ao nascituro é reconhecida capacidade para ser parte. A jurisprudência brasileira tem reconhecido a capacidade processual ativa do nascituro[66] e também capacidade processual passiva[67]. Tudo isso demonstra a titularidade de situações jurídicas de

---

[56] Silverio Grassi, *I nascituri concepiti e i concepiti artificiali*, Torino, G. Giappichelli Editori, 1995, p. 32

[57] Constituição da República Federativa do Brasil, art. 5.°.

[58] Código Civil, art. 542.

[59] Código Civil, art. 1.798.

[60] Código Civil, art. 1779.

[61] Código Civil, art. 1.609, par. único.

[62] Código Civil, art. 436.

[63] Código Civil, art. 792.

[64] Código Civil, art. 1694.

[65] Código Civil, art. 948, II.

[66] Ação de alimentos em seu favor, Revista dos Tribunais 625/177 e 587/182, e ação cautelar de reserva de bens.

[67] Ação anulatória de testamento que contempla nascituro, ação anulatória de doação em que o nascituro é donatário.

direito material e de direito processual do nascituro, a comprovar a sua subjetividade jurídica, o que inviabiliza a contestação à sua personalidade de direito. Conclui-se portanto que, se em termos imediatos, o enunciado formal do art. 2.º do Código Civil brasileiro permite afirmar ser o nascituro destituído de personalidade jurídica, uma interpretação sistemática leva a conclusão diversa pois, sendo o nascituro sujeito de vários direitos, é, também, e por isso mesmo, pessoa.

No que diz respeito ao embrião, que é o produto da concepção até à nona semana de vida, constitui ele o início do processo vital, que se inicia com a fecundação do óvulo. Tem vida, pelo que deve-se considerá-lo também um ser humano, se bem que em potência, já intrinsecamente dotado da dignidade própria da pessoa humana. Não é simples conjunto de células, é o começo da vida, o início de uma pessoa, um sujeito de direito, reconhecendo-se que "é a vida, fato biológico, que governa a personalidade, do começo até o fim"[68]. "Fundado na natureza, na biologia, o direito civil responde aqui às exigências da vida, ele a confirma: é a vida que exige seja ela reconhecida"[69]. Considerar-se o embrião, ou o feto, que é o organismo humano a partir de nove semanas, como ser humano, implica reconhecer-se-lhe subjetividade jurídica e, como tal, titularidade de direitos, como acima evidenciado. A subjetividade jurídica, em matéria de ser humano, é expressão da personalidade jurídica. O embrião é, conseqüentemente, titular de alguns direitos da personalidade e, como tal, agente passivo de eventual dano. Pode ser vítima de negligência, imprudência ou imperícia nos processos de sua conservação ou eventual implantação. Embora contrariando preceitos éticos e jurídicos, pode ser, eventualmente, utilizado como objeto de pesquisa ou experiência científica, com fins comerciais ou industriais. O seu patrimônio genético pode ser manipulado, sem finalidades terapêuticas, em clara violação do princípio do respeito à dignidade da pessoa humana. De tudo isso decorre um dano à pessoa e conseqüente responsabilidade civil, patrimonial ou extra-patrimonial dos autores do ato ilícito.

---

[68] Cornu, p. 201.
[69] Cornu, p. 200.

4. O dano à pessoa

Dano é o prejuízo decorrente de uma lesão a um bem jurídico, do que nasce uma obrigação de indenizar. Resulta de uma ofensa feita por terceiro a um direito, patrimonial ou não, que faz nascer, para o ofendido, o direito a uma indenização[70]. Bem jurídico é, em sentido amplo, tudo aquilo que pode satisfazer uma necessidade humana. Em sentido restrito, é o objeto de um direito. Como tal, objeto de tutela jurídica.

Os bens externos, fora do sujeito, portanto, e que têm um valor economicamente apreciável, constituem o seu patrimônio. Chamam-se, por isso, bens patrimoniais. De outra parte, os bens inerentes ao sujeito, que integram a sua pessoa, confundindo-se com ela e, por isso mesmo, sem utilidade econômica direta, são insuscetíveis de avaliação pecuniária. Chamam-se bens não patrimoniais ou extra-patrimoniais. Compreendem, basicamente, a vida e a integridade física, a liberdade, a honra, a privacidade, a fama, constituindo-se em objeto dos chamados direitos da personalidade. Desfrutam hoje de proteção jurídica constitucional[71] e infraconstitucional[72]. São também bens extra-patrimoniais os direitos políticos e sociais, assim como as situações jurídicas de família. Pode assim dizer-se que "o patrimônio determina o que a pessoa *tem*, e o seu âmbito pessoal de atividades, o que a pessoa *é*"[73].

Considerando-se o objeto sobre que recai o dano, distingue-se este em patrimonial e não patrimonial ou extra-patrimonial, podendo configurar-se ambos como efeito do mesmo fato jurídico. Por exemplo, quando um motorista profissional sofre uma lesão na sua integridade física, um dano extra-patrimonial portanto, e fica temporariamente impossibilitado de trabalhar na profissão, isto implica dano patrimonial. Este é suscetível de avaliação pecuniária, o que não ocorre com o dano extra-patrimonial, que diz respeito a" valores de ordem espiritual, ideal ou moral", É dano patrimonial o estrago feito numa coisa ou a privação do seu uso, a incapacitação para o trabalho em resultado de ofensas corporais. "É dano não

---

[70] João Casilo. *Dano à pessoa e sua indenização*, 2ª edição, São Paulo, Revista dos Tribunais, 1994, p. 50.

[71] Constituição da República Federativa do Brasil, art. 5.°.

[72] Código Civil, arts. 11 a 21, e Código Penal, arts. 121 a 154 .

[73] Rafael García López. *Responsabilidad civil por daño moral*. Doctrina y jurisprudencia", Barcelona, Jose Maria Bosch Editor, S.A, 1990, p. 78.

patrimonial, por exemplo, o sofrimento ocasionado pela morte de uma pessoa, o desgosto derivado de uma injúria, as dores físicas produzidas por uma agressão"[74].

O direito alemão prefere a expressão dano não patrimonial[75], no que é seguido pelo direito italiano[76] e pelo direito português[77]. Por influência da doutrina francesa, que usa a expressão *"dommage moral"*, no sentido de prejuízo não econômico[78] o dano extra-patrimonial é chamado, no direito brasileiro, de dano moral, com previsão expressa, hoje, na Constituição da República[79] e no Código Civil[80]. Dano extra-patrimonial e dano moral não são, porém coincidentes. O dano moral consiste em dor e sofrimento, aflição, desânimo, sofrimento espiritual, enquanto o extra-patrimonial diz respeito ao dano sem valoração pecuniária, em um conceito mais amplo e genérico, que abrange, evidentemente, o sofrimento psicológico da pessoa. Não fazendo essa distinção o direito brasileiro considera dano moral o que decorre da lesão de bem jurídico não patrimonial, compreendendo os bens objeto dos direitos da personalidade, os direitos políticos e sociais, e os direitos ou situações jurídicas de família, como as de cônjuge, a de parente, as de poder familiar etc. Dano moral é, portanto, a lesão de bem jurídico sem valor exclusivamente patrimonial[81]. É a lesão a direito personalíssimo produzida ilicitamente por

---

[74] Mário Júlio de Almeida Costa. *Direito das Obrigações*, 10ª edição reelaborada, Coimbra, Almedina, 2006, p. 592. Pontes de Miranda, na esteira do direito alemão, faz essa distinção, ao dizer que "dano patrimonial é o dano que atinge o patrimônio de ofendido; dano não patrimonial é o que, só atingindo o devedor como ser humano, não lhe atinge o patrimônio", *Tratado de Direito Privado*, Rio de Janeiro, Borsoi, 3.ª ed., 1971, p. 30.

[75] *"der nicht Vermögensschaden ist"*, BGB § 253, 847, 1300.

[76] Codice civile, art. 2059.

[77] Código Civil, art. 496.º.

[78] Henri et Léon Mazeaud / André Tunc. *Traité théorique et pratique de la responsabilité,* sixième édition, I, Paris, Éditions Montchrestien, 1965, p. 394.

[79] Constituição da República Federativa do Brasil, art. 5.º, V.

[80] Código Civil, art. 186. "Aquele que, por ação ou omissão voluntária, negligência ou imprudência, violar direito e causar dano a outrem, ainda que exclusivamente moral, comete ato ilícito".

[81] Clóvis do Couto e Silva. *O Conceito de dano no Direito brasileiro e comparado*, São Paulo, Revista dos Tribunais, vol. 667, maio/1991, agora também in *O direito privado na visão de Clóvis do Couto e Silva*, Vera Maria Jacob de Fradera, Organizadora, Porto Alegre, Livraria do Advogado Editora, 1997, p. 230.

outrem[82]. Para alguns juristas o dano moral identifica-se mais com a esfera dos bens ou direitos da personalidade[83]. Com a mesmo concepção, o Código das Obrigações suíço[84].

O dano extra-patrimonial ou dano moral, compreende assim o dano resultante da lesão de direitos extra-patrimoniais da pessoa, como são os direitos subjetivos à vida, à liberdade, à igualdade, à segurança[85] e também direito à saúde, este um direito social[86], e ainda os direitos políticos, sociais e de família como acima referido. Não afeta, *a priori*, o patrimônio do lesado, embora nele possa vir a repercutir.

O dano pode ser direto, quando resultante imediatamente do fato lesivo, e indireto, quando representa uma repercussão ou efeito da causa em outros bens que não os diretamente atingidos pelo fato[87]. Decorre de circunstâncias ulteriores, que aumentam o prejuízo, ou o que repercute na esfera de outros sujeitos, vinculados por laços afetivos à vítima[88]. Verifica-se dano moral indireto, por exemplo, em caso de morte da vítima, afetando a família ou terceiros não familiares. Distingue-se ainda o dano contratual, quando resultante do descumprimento de obrigação, do extra-contratual, se decorrente da infração de dever legal.

O dano à pessoa, particularmente o de natureza extra-patrimonial, desperta hoje crescente interesse pelos riscos que o desenvolvimento científico e tecnológico pode criar para os direitos da personalidade, o que se demonstra por sua previsão nos textos constitucional e civil.

---

[82] Orlando Gomes. *Obrigações*, Rio de Janeiro, Editora Forense, 16ª edição, revista, atualizada e aumentada por Edvaldo Brito, 2004, p. 330. Cf. Ainda Wilson Melo da Silva. *Dano moral*, in *Enciclopédia Saraiva do Direito*, vol. 22, p. 266.

[83] Paulo Luiz Netto Lobo. *Danos Morais e Direitos da* Personalidade, Revista Juridica, v. 49 , n. 284, Sao Paulo, p. 5-17; Rafael Garcia Lopez, p. 97. Com opinião diversa, Maria Celina Bodim de Moraes. *Danos à Pessoa Humana*, Rio de Janeiro, Editora Renovar, 2003, p. 183.

[84] "Art. 49 Quem é ofendido ilicitamente na sua personalidade tem direito à prestação de uma soma, a título de reparação moral, desde que a gravidade da ofensa o justifique e que o autor não a tenha reparado de outro modo"

[85] Constituição da República Federativa do Brasil, art. 5.°.

[86] Constituição da República Federativa do Brasil, arts. 6.° e 196.

[87] Antunes Varela, "Dano indireto", in *Enciclopédia Saraiva do Direito*, vol. 22, p. 261.

[88] Rafael Garcia Lopez, p. 247.

5. O dano à *saúde*. O dano à vida

A saúde é "um estado de completo bem estar físico, mental e social" (Organização Mundial da Saúde), a que todos têm direito. Compete ao Estado o dever de garantir a eficácia desse direito, que é fundamental, individual e social. Faz parte, simultaneamente, dos chamados direitos humanos, fundamentais e da personalidade.

A lesão a esse direito causa o chamado dano à saúde ou biológico, que é um dano não-patrimonial, em senso estrito, e moral, pelo objeto ou interesse que afeta[89]. Compreende o dano à vida e ao corpo (integridade física), e também o dano psíquico, que é a lesão às funções psíquicas do ser humano.

A vida é o bem jurídico fundamental, protegido por vários diplomas da ordem jurídica brasileira, a Constituição da República[90], o Código Civil[91] e o Código Penal[92]. A sua defesa suscita hoje importantes questões que os juristas são convocados a resolver. Essas questões dizem respeito ao início da vida (nascituro, embrião), à sua criação por meios técnicos (reprodução assistida), à sua interrupção (aborto), à sua extinção (morte), ao seu prolongamento artificial, ou até mesmo à sua prevenção, fases em que progresso da sociedade tecnológica pode criar risco de dano.

Quanto ao início, o direito subjetivo à vida e à sua proteção jurídica surge, como já acima mencionado quando a vida começa. Este fato é natural, verifica-se com a concepção, a fusão dos gametas, células reprodutivas, e é jurídico, por sua eficácia legal.

A vida pode também iniciar-se por efeito de meios técnicos, a chamada reprodução assistida, processo que torna possível "a fecundação sem existência de relação sexual, ou seja a união entre o espermatozóide e o óvulo fora do coito"[93]. Esses meios compreendem a inseminação artificial, a fecundação *in vitro* e a maternidade de aluguel. A primeira é uma

---

[89] Francesco Donato Busnelli. *Bioetica e diritto privato. Frammenti di un dizionario,* Torino, Giapichelli Editore, 2001, p. 101.

[90] Constituição da República Federativa do Brasil, arts. 1.°, III, e 5.°, III.

[91] Código Civil, arts. 13 e 15.

[92] Código Penal art. 121 (homicídio), art. 122 (induzimento, instigação ou auxílio a suicídio), art. 123 (infanticídio), e art. 124 (aborto).

[93] María Carcaba Fernandez. *Los problemas jurídicos planteados por las nuevas técnicas de procreación humana.* Barcelona, Bosch Editor, 1995, p. 15.

138 *Pessoa Humana e Direito*

técnica que possibilita a fecundação no útero, após injeção do gameta masculino. Quando impossível esta técnica, promove-se o encontro dos gametas em uma proveta. É a chamada fecundação *in vitro* (FIVET). Ambas podem fazer-se com a utilização de semen do cônjuge, é a chamada fecundação homóloga, ou de semen de doador que não seja o marido, a chamada fecundação heteróloga. Outra espécie de procriação assistida é a chamada maternidade substituta ou de aluguel, que se realiza quando determinada mulher leva adiante uma gravidez, substituindo a que, por diversos motivos, não pode ser feita. Desse processo não decorre para a mãe substituta qualquer direito sobre a criança que nasce.

A reprodução assistida pode contrariar princípios e lesar direitos fundamentais e civis, como a dignidade da pessoa humana, o direito à vida, o direito à intimidade pessoal e familiar, o princípio da igualdade, o direito de propriedade, a proteção da família, o direito à saúde etc, levando à configuração de responsabilidade civil contratual e extracontratual, subjetiva e objetiva[94]. Levantam-se, assim, questões morais de que se ocupa a bioética, e causam-se eventuais danos que interessam ao direito. Por exemplo, a reprodução assistida heteróloga não tem aval ético e constitui-se em causa de responsabilidade civil[95].

O nascimento é o processo pelo qual vem ao mundo uma nova pessoa. Pode ser eventualmente danoso para o nascido, em caso de negligência, imprudência ou imperícia médica, criando uma situação de responsabilidade civil, em desfavor do médico que atua. Esta responsabilidade também ocorre no caso do chamado dano da procriação, dano pré-natal ou dano do nascimento, que é o decorrente de nascimento não desejado. Verifica-se quando a pessoa nasce com graves lesões e deformações, imputando-se ao médico a responsabilidade por não ter informado o hospital da possibilidade desse dano. O nascituro tem expectativa de nascer como pessoa sadia. Uma avaliação inexata do quadro clínico que precede ao parto pode comprometer a integridade psico-física do nascido gerando para ele uma pretensão ressarcitória. Hipótese idêntica é a do nascimento de uma criança com sífilis, transmitida pelo pai[96].

---

[94] Maria Carcaba, p. 44.

[95] Wanderby Lacerda Panasco. *A Responsabilidade Civil, Penal e Ética dos Médicos*, Rio de Janeiro, Forense, 1979, p. 283.

[96] Pietro Rescigno. *Dano da procreazione*, Milano, Giuffrè Editore, 2006, p. 126. Em matéria de direito comparado, é de citar-se o *affaire Perruche*, no qual a Corte de Cas-

Ainda em matéria de nascimento, cabe uma referência ao aborto, que é a interrupção espontânea ou voluntária da gravidez. O que importa para o direito é o voluntário, o aborto provocado, a interrupção dolosa, tipificada como ilícito civil[97] e como ilícito penal[98].

Quanto ao fim da vida, esta extingue-se esta com a morte, prevalecendo hoje a opinião segundo a qual ela se caracteriza pela cessação da atividade cerebral.

A extinção da vida por terceiro tipifica o crime de homicídio, doloso ou culposo. Conseqüência desse ilícito, é o dano da morte, assim chamado por ser conseqüência imediata do evento morte. É direto e extra-patrimonial, no sentido de que afeta a pessoa vítima no bem supremo que ela tem, a sua vida, e indireto, patrimonial ou extra-patrimonial, no sentido de que pode afetar terceiros interessados "O dano da morte é o prejuízo supremo, é a lesão de um bem superior a todos os outros". É um dano único que absorve todos os outros prejuízos não-patrimoniais. O montante de sua indenização deve ser, pois, superior à soma dos montantes de todos os outros danos imagináveis[99].

"Em caso de morte, entre os indenizáveis danos não patrimoniais sofridos pelo defunto, figura, para além das dores e sofrimentos físicos e espirituais sofridos pela vítima entre o momento da agressão e o da morte,o dano da perda da vida em si mesmo, mesmo no caso de morte instantânea"[100].

Outro exemplo de um dano à saúde, atual, é o que decorre do contágio pelo vírus da Aids, com culpa do companheiro. Também são hoje relevantes o dano estético, (aleijões, deformidades), assim como o dano causado pela cirurgia plástica, pela tortura.

---

sação francesa, em 17 de novembro de 2000, decidiu que "a culpa imputável ao médico e ao laboratório na execução dos contratos realizados com a gestante, a tinha induzido a confiar na sua exatidão e, assim, impedido de exercer o seu direito de interromper a gravidez, para evitar dar à luz um filho portador de deficiência", e que "o filho é legitimado a obter o ressarcimento do dano resultante da deficiência e causado pela culpa comprovada". Guido Alpa. *Che cos´è il diritto privato*, Bari, Latenza, 20077, p. 138

[97] Código Civil, art. 186.

[98] Código Penal, art. 124.

[99] Diogo Leite de Campos. *A Vida, a Morte e sua Indenização*, Revista de Direito Comparado Luso-Brasileiro, n.º 7, Rio de Janeiro, Forense, 1988, p. 90 e 91.

[100] Rabindranath Capelo de Souza, p. 460.

140 *Pessoa Humana e Direito*

O grande problema do dano biológico são os critérios de avaliação desse dano para fins de responsabilidade civil, seja ele o dano direto ou indireto.

6. O dano à *integridade física*. O corpo humano

A integridade física diz respeito ao estado ou característica do que está inteiro, é a incolumidade do corpo humano, o estado ou a qualidade de intacto, ileso, que não sofreu dano.

O corpo humano é a própria pessoa, É bem jurídico também protegido pela Constituição da República arts. 1.°, III, e 5.°, III, pelo Código Civil (arts. 13 e 15), e pelo Código Penal (art. 129). Este tipifica as hipóteses mais freqüentes de lesão à integridade física, designadamente o crime de lesões corporais[101], os crimes de perigo para a vida ou a saúde[102], compreendendo o perigo para a vida ou a saúde de outrem, o abandono de incapaz, a exposição ou abandono de recém-nascido, a omissão de socorro e os maus tratos.

O corpo humano é o conjunto de órgãos e tecidos que, formando uma unidade, constituem a parte material do ser humano. É um bem jurídico, objeto de tutela jurídica cível e penal, que se traduz nos dispositivos penais condenatórios das e dos crimes de perigo para a vida e ainda no poder de decisão pessoal sobre tratamento médico-cirúrgico, exame médico e perícia médica, seja o corpo humano nascido, seja apenas o concebido.

O corpo humano sem vida é cadáver, coisa fora do comércio, insuscetível de apropriação, mas de possível disposição, na forma da lei. A tutela jurídica sobre o cadáver tanto se manifesta na proibição de destruir, subtrair, ocultar ou vilipendiar cadáver[103], como na possibilidade de disposição gratuita de próprio corpo, ou parte dele, com objetivo altruístico ou científico para depois da morte[104].

Projeção do princípio da dignidade humana[105] e do direito à integridade física, o direito ao corpo refere-se tanto a este, na sua totalidade,

---

[101] Código Penal, art. 129.
[102] Código Penal, art. 130.
[103] Código Penal, arts. 211 e 212.
[104] Código Civil, art. 14.
[105] Constituição da República Federativa do Brasil, art. 1.°, III.

quanto aos seus tecidos, órgãos e partes que dele se possam destacar e de se individualizar, e sobre as quais a pessoa exerce o direito de disposição, desde que gratuita e com fins altruísticos ou científicos. Essa disposição realiza-se por meio de transplante, que consiste na retirada de um órgão, tecido ou parte do corpo humano, vivo ou morto, e sua utilização, com fins terapêuticos, num ser humano[106].

A retirada e disposição de elementos orgânicos para fins de transplante é possível tanto em vida como em cadáver[107]. Quando em vida, só se permite a pessoa juridicamente capaz, e quando se tratar de órgãos duplos ou de elementos cuja retirada não impeça o organismo do doador de continuar vivendo sem risco para a sua integridade e não represente grave comprometimento de suas aptidões vitais e saúde mental e não cause mutilação ou deformação inaceitável, e corresponda a uma necessidade terapêutica comprovadamente indispensável à pessoa receptora[108]. A doação, revogável pelo doador ou seus responsáveis legais, deverá ser autorizada preferencialmente por escrito, diante de testemunhas.

No caso de doação *post-mortem*, a retirada de tecidos, órgãos ou partes do corpo humano deverá preceder-se de diagnóstico de morte encefálica, constatada e registrada por dois médicos não participantes das equipes de remoção e transplante, utilizando-se critérios clínicos e tecnológicos definidos pelo Conselho Nacional de Medicina.

Disso se deduz que, para a utilização de tecidos, órgãos ou partes do cadáver humano, são imprescindíveis o consentimento para a prática do ato e a incontestabilidade da morte, assim como a finalidade terapêutica e a gratuidade da disposição.[109] No caso da retirada *post-mortem* de tecidos, órgãos ou partes do corpo humano, a pessoa legitimada para concordar ou discordar é o cônjuge sobrevivo ou o parente consangüíneo mais próximo, titular dos direitos de personalidade do *de cujus* sobre o seu corpo, agora cadáver.

Além do corpo humano, o sangue, como produto extraído do organismo, é bem jurídico alienável, tem sua doação estimulada por meio de uma política que disciplina a atividade homoterápica no Brasil[110], e orga-

---

[106] Lei n.º 9.434, de 4 de fevereiro de 1997, regulamentada pelo Decreto n.º 2.286, de 30 de junho de 1997.

[107] Código Civil, arts. 13 e 14.

[108] Lei n.º 9.434, art. 9.º, par. 3.º.

[109] Lei n.º 9.434, art. 9.º, de 4 de fevereiro de 1997.

[110] Lei n.º 7.649, de 25 de janeiro de 1988.

niza um sistema de coleta, processamento, armazenamento e transfusão[111], sendo vedada a sua comercialização[112]. A transfusão de sangue pode ser causa de dano extra-patrimonial, como tem ocorrido no caso de transmissão do vírus da aids.

Outro produto de organismo humano é o esperma, que pode ser objeto de cessão para fins de reprodução assistida, nos casais com problemas de esterilidade, podendo, da mesma forma que a transfusão de sangue, ser causa de transmissão de doenças. É legítima a doação de gametas, células destinadas à reprodução, quando não existe ânimo de lucro e se realiza sob supervisão médica e em cessão restrita. A sua disposição exige consentimento expresso, livre, e responsável. No que diz respeito aos óvulos, a moderna tecnologia permite o seu aproveitamento para fins de implante, mediante doação[113].

7. O dano *à integridade moral*

Caracteriza dano à pessoa a violação do direito à sua *integridade moral*, no sentido da plenitude do seu patrimônio espiritual, que compreende a honra, a liberdade, a intimidade, a imagem e o nome[114], causando à pessoa dor e sofrimento.

Honra é a dignidade pessoal e a consideração que a pessoa desfruta no meio em que vive. É o conjunto de predicados que lhe conferem consideração social, estima própria e boa reputação.

Como expressão do reconhecimento dos direitos da personalidade, a ordem jurídica brasileira protege a honra da pessoa por meio de dois diplomas fundamentais, o Código Penal e o Código Civil. O primeiro tipifica como crimes os atos de calúnia, injúria e difamação (arts. 138, 139 e 140). Esses atos, além do dano moral, podem produzir danos patrimoniais (desprestígio professional ou empresarial, por exemplo), pelo que o segundo reconhece a obrigação de ressarcir o dano causado ao ofendido pela injúria, difamação ou calúnia (art. 953).

---

[111] Constituição da República Federativa do Brasil, art. 199, p. 4.

[112] As técnicas de coleta, processamento e transfusão de sangue estão hoje disciplinadas pela Portaria 1.376, de 19.11.93 do Ministério da Saúde.

[113] Antonio Chaves. *Direito à vida e ao próprio corpo*, 2ª edição, São Paulo, Revista dos Tribunais, 1994, p. 191.

[114] Código Civil, arts. 17 a 20.

A lei de Imprensa,[115] por sua vez, considera crime os abusos cometidos pelos meios de informação e divulgação, que possam caracterizar a prática de calúnia, difamação e injúria, inclusive contra a memória dos mortos (art. 24). Essa lei assegura o direito de resposta às pessoas atacadas em sua honra, pelo mesmo jornal, emissora ou agência de notícias, publicando-se a resposta, ou retificação, da mesma forma por que foi divulgada a publicação ofensiva.

A liberdade é um estado pessoal que se caracteriza pela ausência de impedimentos e como poder de ação sem interferência do Estado ou de outras pessoas. É, assim, um dos direitos de personalidade, complexo, que se manifesta e realiza sob vários aspectos. Tem-se a liberdade física, a liberdade de pensamento, a liberdade de atividade intelectual, artística, científica e de comunicação, a liberdade profissional, a liberdade de locomoção, a liberdade de reunião, a liberdade de associação, a liberdade de iniciativa econômica, a liberdade de disposição do próprio corpo, espécies que o direito protege em preceitos constitucionais[116] e penais[117]. Acrescente-se a liberdade de disposição do próprio corpo, a disposição gratuita de tecidos, órgãos e partes do corpo humano, em vida ou post mortem, para fins de transplante e tratamento, na forma da lei[118].

A intimidade é o recato da vida privada. Consiste no direito de cada um de estar só, e de ter preservada a intimidade de sua vida familiar e doméstica da intromissão alheia. Traduz-se no direito à imagem, no direito ao sigilo da correspondência, das comunicações telegráficas, de dados e das comunicações telefônicas salvo, neste último caso, por ordem judicial[119]. A defesa da intimidade relaciona-se com o sigilo bancário e com segredo profissional, de especial relevância no exercício de profissões liberais, como a de advogado, de médico, de jornalista.

O direito à imagem é o direito que a pessoa tem de não ver publicada, exposta ou utilizada a sua imagem, sendo proibida a exposição ou reprodução nos casos atentatórios à honra, boa fama e respeitabilidade da pes-

---

[115] Lei n.º 5.250, de 9 de fevereiro de 1967.

[116] Constituição da República Federativa do Brasil, art. 5.º, IV,IX,XIII, XV, XVI, e LXVIII, art. 170.

[117] Código Penal, art. 148.

[118] Lei n.º 9474, de 4 de fevereiro de 1997, art. 1.º.

[119] Constituição da República Federativa do Brasil, art. 5.º, XII; Código Civil, art. 21; Código Penal, art.151.

soa retratada, admitindo-se indenização por danos sofridos[120]. É lícita, porém, a caricatura, desde que não ofensiva. O direito à imagem pertence à pessoa; só ela pode publicá-la ou comerciá-la. Proibem-se também a divulgação de escritos. É a transmissão da palavra, salvo se autorizadas, ou se necessárias à administração da justiça ou à manutenção da ordem pública, se lhe atingirem a honra, a boa fama ou a respeitabilidade, ou se destinarem a fins comerciais.

O direito ao nome[121], é manifestação do direito à integridade moral, no sentido de que a pessoa deve ser reconhecida em sociedade por denominação própria, que a identifica e diferencia. Nome é a expressão que distingue a pessoa. Sua importância está no fato de que as relações jurídicas estabelecem-se entre pessoas, naturais e jurídicas, cujo exercício dos respectivos direitos exige que se saiba quem são os titulares.

A tutela do ao nome é absoluto, pois todos têm o dever de respeitá-lo. É como os demais direitos da personalidade, intransmissível, imprescritível, irrenunciável.

O uso indevido de nome alheio pode causar dano. Para conservar e defender o seu direito de uso de seu nome, a ordem jurídica põe à disposição do titular diversas medidas, diversos procedimentos, de natureza pública e privada.. Na *ação de reclamação* o autor exige que terceiros respeitem o direito que ele tem de usar seu nome. Na *ação de usurpação*, o titular do direito ao nome pretende que cesse o uso indevido e prejudicial que terceiro, sem legitimidade, faz desse nome, pessoalmente. Na *ação de proibição de nome*, o respectivo titular pede que cesse o uso ilícito que terceiro faz desse nome, de modo não pessoal. Quanto à *ação de responsabilidade civil*, cabe sempre que se verifique dano, causado por ofensa ou usurpação ao nome de alguém[122].

8. O dano *à integridade intelectual*

O direito à integridade intelectual é o que tem por objeto a propriedade dos bens imateriais, especificamente as obras literárias, artísticas e científicas, que constituem a chamada propriedade intelectual, e as cria-

---

[120] Código Civil, art. 20.
[121] Código Civil, art. 16.
[122] Código Civil, arts. 186 e 927.

ções técnicas voltadas para a atividade industrial, objeto da chamada propriedade industrial. Esses direitos gozam de proteção constitucional[123] e infra constitucional, pela lei de Direitos Autorais[124] e pela Lei da Propriedade Industrial[125] respectivamente, além do Código Penal[126] e de Convenções Internacionais pertinentes.

Consagra-se assim a liberdade de pensamento e de criação, que se realiza pelo direito autoral de personalidade, isto é, o poder que o autor tem de ligar seu nome à obra que produziu ou às invenções que criou, de utilidade para a indústria. É a proteção jurídica às obras da inteligência, garantindo-se ao autor o poder de publicar, reproduzir ou explorar a produção de seu espírito, punindo os que se apropriarem das concepções da inteligência de outrem.

Esses direitos compreendem o direito *moral* do autor, isto é, o direito de reivindicar a paternidade da obra, e o direito *patrimonial* que é o direito de explorá-la e dela dispor[127], e são objeto da tutela jurídica que reconhece à pessoa o seu direito à *integridade intelectual*[128].

As sanções pela violação dos direitos autorais e de propriedade industrial, são objeto de ações cíveis e penais, sem prejuízo das indenizações por perdas e danos decorrentes dos atos de violação.

9. A reparação do dano. A valoração do dano à pessoa humana

A existência do dano dá ao lesado o direito de exigir a respectiva indenização, que deve ser a mais ampla possível, sendo indiferente haver dolo ou culpa. Consiste essa indenização no pagamento em dinheiro (prestação pecuniária), cujo valor deve ser fixado, por acordo entre as partes, pela lei ou pelo juiz.

---

[123] Constituição da República Federativa do Brasil, art. 5.º, XXVII e XXIX

[124] Lei n.º 9.610, de 19 de fevereiro de 1998.

[125] Lei n.º 9.279, de 14 de maio de 1996.

[126] Código Penal, arts. 184 a 186.

[127] Lei n.º 9.610, de 19 de fevereiro de 1998.

[128] Este item reproduz, com algumas modificações o item 11 do capítulo VII do livro do Autor *Direito Civil. Introdução*, 6ª edição, Rio de Janeiro, Editora Renovar, 2006, p. 270.

Tratando-se de dano patrimonial, a indenização mede-se pela extensão do dano[129], que é avaliado pelo cálculo da diferença entre o patrimônio atual e o que seria sem o ato ilícito. Se houver excessiva desproporção entre a gravidade da culpa e o dano, poderá o juiz reduzir, eqüitativamente, a indenização.

O problema surge quanto à valoração do dano extra-patrimonial, hoje sinônimo, no direito brasileiro, de dano moral. Sua ressarcibilidade é hoje pacífica como atestam a Súmula 491 do Supremo Tribunal Federal segundo a qual "é indenizável o acidente que causa morte do filho menor, ainda que não exerça trabalho remunerado" e a Súmula 37 do Superior Tribunal de Justiça que dispõe "são cumuláveis as indenizações por dano material e dano moral oriundos do mesmo fato".

Discute-se se é indenização ou satisfação ao ofendido, se é pena ou compensação, e qual o fundamento da indenização[130]. A tese contrária à reparação alega a heterogeneidade de valores, referentes à dor e à estimativa pecuniária: é impossível a fixação do *pretium doloris,* pelo que a dor não se indeniza.Aceitando-se, porém, a responsabilidade civil como sanção, não há por que recusar-se o ressarcimento do dano moral, misto de pena e de compensação.

No direito anterior, o Código Civil de 1916 não previa a indenização do dano moral, embora alguns dispositivos permitissem a sua dedução (*verbi gratia* os artigos 1.537 e 1.538). Embora favorável a doutrina dominante, a jurisprudência era contrária, até meados do século XX, à reparabilidade do dano moral[131].

Hoje o panorama é diverso, encontrando-se no sistema legal brasileiro dispositivos que reconhecem o dano moral e permitem a sua indenização, a saber, art. 5.º V e X da Constituição da República Federativa do Brasil; os arts. 186, 950, 951, 953 e par. único, e 954 do Código Civil; o art. 244, § 1.º, do Código Eleitoral[132], o art. 24 e segs. da Lei dos Direitos Autorais[133], e os arts. 49 e 53 da Lei de Imprensa[134]. Além de admitido e

---

[129] Código Civil, art. 944.

[130] Jaime Santos Briz. *La Responsabilidad Civil*, Madrid, Editorial Montecorvo, 1977, p. 155.

[131] Roberto Rosas.*Direito Sumular*. Comentários às Súmulas do Supremo Tribunal Federal e do Superior Tribunal de Justiça, 13ª edição, São Paulo, Malheiros Editores, p. 225.

[132] Lei n.º 4.737, de 15 de julho de 1965.

[133] Lei n.º 9.610, de 19 de fevereiro de 1998.

[134] Lei n.º 5.250, de 9 de fevereiro de1967.

garantida sua reparação, a Constituição da República Federativa do Brasil não estabelece nem a admite limites quanto à fixação do seu valor[135]. O sistema brasileiro é também, nesse aspecto, aberto e flexível, estabelecendo a eqüidade como critério básico de valoração do dano à pessoa de natureza não patrimonial.

A jurisprudência brasileira, por muito tempo contrária à reparabilidade do dano moral, mudou sua posição, como demonstram a Súmula n.° 491 do Supremo Tribunal Federal e a Súmula n.° 37 do Superior Tribunal de Justiça, supracitadas. No campo matrimonial, defende-se a indenização por dano moral decorrente da violação de direitos personalíssimos do cônjuge, diversos dos que decorrem do casamento[136], designadamente a fidelidade recíproca, a vida em comum no domicílio conjugal, o sustento, guarda e educação dos filhos, e o respeito e consideração mútuos.

Qualquer que seja a espécie de dano, patrimonial ou moral, a fixação do *quantum* devido faz-se pela liquidação, que é legal, quando determinada em lei, convencional, quando feita por acordo (transação), e judicial quando estabelecida em sentença, por meio de arbitramento, que é a liquidação feita por meio de perito nomeado pelo juiz[137].

No caso de dano não patrimonial, a liquidação é mais complexa. A forma de liquidação legal está expressa no Código Civil, arts. 948 a 954, compreendendo os casos de homicídio (art. 948), lesões corporais (arts. 949 e 950), usurpação ou esbulho (art. 952), obrigação de diligência (art. 951), e de dano moral (arts. 952, par. único e 954, par. único).

A liquidação judicial, incluindo as hipóteses legais mencionadas, faz-se por arbitramento, meio com que os técnicos (peritos) calculam o *quantum* a ser pago à vítima. Não se aplica, assim, no direito brasileiro, o sistema da tarifação, isto é, a pré-fixação legal dos valores a serem pagos como indenização, previstos em leis especiais como a Lei de Imprensa[138], ou o Código de Telecomunicações.

O Código Civil estabelece critérios gerais de orientação para casos de dano extra-patrimonial. Dispõe assim que, no caso de homicídio, a

---

[135] Tribunal de Justiça do Rio de Janeiro, Primeira Câmara Cível, Apelação Cível 5.260/41, Relator Desembargador Carlos Alberto Direito.

[136] Código Civil, art. 1.566.

[137] Código de Processo Civil, art. 607.

[138] Lei n.° 5.250, de de 9 de fevereiro de1967.

indenização consiste, *sem excluir outras reparações*, no pagamento das despesas com o tratamento da vítima, seu funeral e o luto da família, e na prestação de alimentos às pessoas a quem o morto os devia, levando-se em conta a duração provável da vida da vítima[139]. Trata-se aqui de uma hipótese de dano indireto, porque o fato jurídico da morte afetou interesses de terceiros, os credores da prestação alimentar devida pelo falecido. E no caso de dano da morte, que é direto, sobre a vítima? A esse respeito, embora sem referência expressa a esse tipo de dano, os tribunais têm criado *outras reparações*, sendo paradigmáticos os valores fixados pelo Superior Tribunal de Justiça, a mais alta corte competente, em grau de recurso, para a matéria. Para o dano da morte de pai de família, esse Tribunal já fixou o valor de 600 salários mínimos[140] e o de 100 salários mínimos[141]. Para o dano da morte de filho 300 salários mínimos[142], 250 salários mínimos[143], 200 salários mínimos[144], e R$ 65.000,00[145].

Em caso de morte ocasionada por erro médico, independente da posição familiar ocupada pelo falecido: 300 salários mínimos[146].

No caso de lesão à saúde, dispõe o Código Civil que o ofensor indenizará o ofendido das despesas do tratamento e dos lucros cessantes até ao fim da convalescença, além de algum outro prejuízo que o ofendido prove haver sofrido[147]. Independentemente desse preceito, o Superior Tribunal de Justiça fixou, para o caso de "lesões físicas de pequena monta, que não deixam seqüelas e ocasionam incapacidade temporária para o trabalho", a

---

[139] Código Civil, art. 948.

[140] Superior Tribunal de Justiça, Quarta Turma, Recurso Especial n.º 468.934 – SP, de 20 de maio de 2004, Relator Ministro Fernando Gonçalves.

[141] Superior Tribunal de Justiça, Terceira Turma, Recurso Especial n.º 435.719 – MG, de 19 de setembro de 2002, Relatora Ministra Nancy Andrighi

[142] Superior Tribunal de Justiça, Quarta Turma, Recurso Especial n.º 514.384–CE, de 18 de março de 2004, Relator Ministro Aldir Passarinho Junior

[143] Superior Tribunal de Justiça, Quarta Turma, Recurso Especial n.º 565.290–SP, de 10 de fevereiro de 2004, Relator Ministro Cesar Asfor Rocha.

[144] Superior Tribunal de Justiça, Primeira Turma, Recurso Especial n.º 419.206–SP, de 22 de agosto de 2002, Relator Ministro Garcia Vieira.

[145] Superior Tribunal de Justiça, Terceira Turma, Recurso Especial n.º 506.099–RS, de 16 de dezembro de 2003, Relator Ministro Catro Filho.

[146] Superior Tribunal de Justiça, Quarta Turma, Recurso Especial n.º 493.423–MT, de 24 de junho de 2003, Relator Ministro Ruy Rosado de Aguiar.

[147] Código Civil, art. 949.

indenização no valor de R$ 6.000,00[148] e outra indenização no valor de 20 salários mínimos[149].

Se da ofensa resultar defeito pelo qual o ofendido não possa exercer o seu ofício ou profissão, ou se lhe diminua a capacidade de trabalho, a indenização, além das despesas do tratamento e lucros cessantes até ao fim da convalescença, incluirá pensão correspondente à importância do trabalho para que se inabilitou, ou da depreciação que ele sofreu[150].

Essas mesmas disposições aplicam-se no caso de indenização devida por culpa em atividade profissional, que se verifica quando o agente, no exercício dessa atividade, por negligência, imprudência ou imperícia, causar a morte do paciente, agravar-lhe o mal, causar-lhe lesão, ou inabilitá-lo para o trabalho[151].

Para um caso de lesões físicas graves, que causaram incapacidade total e permanente para o trabalho, o Tribunal fixou a condenação em 570 salários mínimos[152], R$ 200.000,00 para um autor e R$ 250.000,00 para o outro[153].

Para um caso de lesões físicas razoáveis, de incapacidade parcial para o trabalho, R$ 54.000,00[154], e para outro, que ocasionou apenas cegueira de um olho, 100 salários mínimos[155]. Para um caso de amputação de dois terços da mão esquerda, 200 salários mínimos[156].

---

[148] Superior Tribunal de Justiça, Terceira Turma, Recurso Especial n.° 453.874–RJ, de 4 de novembro de 2003, Relator Ministro Antônio de Pádua Ribeiro.

[149] Superior Tribunal de Justiça, Terceira Turma, Recurso Especial n.° 488.024–RJ, de 22 de maio de 2003, Relator Ministro Antônio de Pádua Ribeiro.

[150] Código Civil, art. 950.

[151] Código Civil, art. 951.

[152] Superior Tribunal de Justiça, Terceira Turma, Agravo Regimental no Agravo de Instrumento n.° 469.137–RS, de 8 de maio de 2003, Relator Ministro Carlos Alberto Menezes Direito.

[153] Superior Tribunal de Justiça, Primeira Turma, Recurso Especial n.° 505.080–DF, de 14 de outubro de 2003, Relator Ministro Luiz Fux.

[154] Superior Tribunal de Justiça, Terceira Turma, Agravo Regimental no Agravo de Instrumento n.° 480.836–SP, de 9 de setembro de 2003, Relator Ministro Castro Filho.

[155] Superior Tribunal de Justiça, Segunda Turma, Recurso Especial n.° 509.362–PR, de 26 de junho de 2003, Relator Ministro Franciulli Netto.

[156] Superior Tribunal de Justiça, Terceira Turma, Agravo Regimental no Agravo de Instrumento n.° n.° 479.935–SP, de 22 de maio de 2003, Relator Ministro Carlos Alberto Menezes Direito.

150   *Pessoa Humana e Direito*

Havendo usurpação ou esbulho do alheio, além da restituição da coisa, a indenização consistirá em pagar o valor das suas deteriorações e o devido a título de lucros cessantes. Faltando a coisa, dever-se-á reembolsar o seu equivalente ao prejudicado. Para se restituir o equivalente, quando não exista a própria coisa, estimar-se-á ela pelo seu preço ordinário e pelo de afeição, contanto que este não se avantaje àquele[157].

Na hipótese de comprovada injúria, difamação ou calúnia, a indenização consistirá na reparação do dano que delas resulte ao ofendido. Se este não puder provar prejuízo material, caberá ao juiz fixar, eqüitativamente, o valor da indenização, na conformidade das circunstâncias do caso[158]. Trata-se aqui de lesão à integridade moral da pessoa, a respeito do que são inúmeras as decisões do Superior Tribunal de Justiça, como se exemplifica:

Erro da instituição bancária na devolução de cheque e conseqüente encerramento da conta corrente, sem a inscrição do nome do autor nos cadastros de restrição de crédito indenização de R$ 5.000,00[159].

Apresentação de cheque pré-datado pela empresa credora antes do prazo ajustado, acarretando a sua devolução, 50 salários mínimos[160].

Transferência indevida de valores de conta corrente para a conta de terceiros, por negligência na conferência das assinaturas, R$ 5.000,00[161].

Cobrança equivocada de cheques que, em verdade, haviam sido emitidos pelo homônimo do autor, 30 salários mínimos[162].

Protesto indevido de título de crédito, 50 salários mínimos[163].

---

[157] Código Civil, art. 952.

[158] Código Civil, art. 953, parágrafo único.

[159] Superior Tribunal de Justiça, Quarta Turma, Recurso Especial n.º 577.898–SC, de 4 de dezembro de 2003, Relator Ministro Cesar Asfor Rocha.

[160] REsp. 213.94090, José Roberto Ferreira Gouvêa e Vanderlei Arcanjo da Silva. *A Quantificação dos danos morais pelo Superior Tribunal de Justiça*, in Revista Jurídica, n.º 323, Setembro de 2004, p. 31 e segs.

[161] Superior Tribunal de Justiça, Quarta Turma, Recurso Especial n.º 623.441–RJ, de 18 de março de 2004, Relator Ministro Cesar Asfor Rocha.

[162] Superior Tribunal de Justiça, Terceira Turma, Agravo Regimental no Recurso Especial n.º 550.912–SC, de 16 de março de 2004, Relator Ministro Carlos Alberto Menezes Direito.

[163] Superior Tribunal de Justiça, Quarta Turma, Recurso Especial n.º 503.892–PB, de 5 de fevereiro de 2004, Relator Ministro Aldir Passarinho Junior e Superior Tribunal de Justiça, Quarta Turma, Recurso Especial n.º 435.228–RJ, de 26 de maio de 2003 e

Inscrição indevida do nome do autor em cadastros restritivos de créditos. Os valores indenizatórios variam 50 salários mínimos[164], R$ 5.000,00[165], R$ 6.000,00[166] e R$ 7.500,00[167].

Manutenção do nome do autor em cadastros de restrição do crédito, mesmo após a quitação da dívida, R$ 3.000,00[168] e R$ 6.000,00[169]. Ou seja, varia aproximadamente entre 15 e 25 salários mínimos.

Divulgação de mensagem ofensiva à honra do autor, mas não por meio da imprensa, R$ 20.000,00[170], caso em que "a mensagem denominando-o de 'mau caráter' e de 'péssima formação profissional' passou a ser de conhecimento de todas as empresas de viagens, ramo no qual trabalhava o ofendido, tendo, até mesmo, que se explicar perante o gerente da firma na qual trabalhava para que não fosse demitido".

Divulgação, pela imprensa, de notícias e matérias caluniosas e ofensivas à honra da vítima a indenização varia entre 200 e 500 salários mínimos.

Imputação temerária ao autor, em notícia-crime perante autoridade policial, de delito que ele não praticou, R$ 40.000,00[171] e R$ 60.000,00[172].

EDcl no Recurso Especial n.º 435.228–RJ, de 7 de outubro de 2003, Relator Ministro Aldir Passarinho Junior

[164] Superior Tribunal de Justiça, Quarta Turma, Recurso Especial n.º 432.177–SC, de 23 de setembro de 2003, Relator Ministro Aldir Passarinho Junior.

[165] Superior Tribunal de Justiça, Terceira Turma, Recurso Especial n.º 303.888–RS, de 21 de novembro de 2003, Relator Ministro Castro Filho e Superior Tribunal de Justiça, Terceira Turma, EDcl no Recurso Especial n.º 303.888–RS, 26 de outubro de 2006, Relator Ministro Castro Filho.

[166] Superior Tribunal de Justiça, Quarta Turma, Recurso Especial n.º 564.552–RS, de 25 de novembro de 2003, Relator Ministro Barros Monteiro.

[167] Superior Tribunal de Justiça, Quarta Turma, Recurso Especial n.º 577.898–SC, de 04 de dezembro de 2003, Relator Ministro Cesar Asfor Rocha.

[168] Superior Tribunal de Justiça, Quarta Turma, Recurso Especial n.º 299.456–SE, de 19 de dezembro de 2002, Relator Ministro Aldir Passarinho Junior.

[169] Superior Tribunal de Justiça, Quarta Turma, Recurso Especial n.º 511.921–MT, de 9 de março de 2004, Relator Ministro Aldir Passarinho Junior.

[170] Superior Tribunal de Justiça, Terceira Turma, Agravo Regimental no Agravo de Instrumento n.º 463.946–DF, de 17 de junho de 2003, Relator Ministro Carlos Castro Filho

[171] Superior Tribunal de Justiça, Terceira Turma, Recurso Especial n.º 470.365–RS, de 18 de março de 2003, Relatora Ministra Nancy Andrighi.

[172] Superior Tribunal de Justiça, Terceira Turma, Recurso Especial n.º 494.867–AM, de 05 de junho de 2003, Relator Ministro Castro Filho.

Acusação infundada de furto em interior de supermercado, seguida de atitudes humilhantes do preposto do réu, R$ 25.000,00[173]. Acusação indevida de furto em loja de roupas, havendo condução do acusado à delegacia de polícia, R$ 20.000,00[174].

Falsa imputação ao autor (empregado) de crime de apropriação indébita e conseqüente despedimento por justa causa, R$ 54.000,00[175].

Prisão indevida do autor, "por erro judiciário ou permanência do preso por tempo superior ao determinado na sentença", R$ 30.000,00[176].

Divulgação equivocada de imagem do autor, R$ 36.000,00[177].

Utilização de imagem do autor sem sua autorização, R$ 50.000,00[178].

Constrangimento a que foi exposto o autor ao ser barrado em porta giratória de estabelecimento bancário, além de disparo de alarme sonoro, R$ 10.000,00[179].

Realização de exame preventivo em gestante para constatação de vírus HIV, cujo resultado foi erroneamente positivo, recusando-se o Posto de Saúde a fornecer-lhe o resultado do segundo exame, 100 salários mínimos[180].

Recusa na aceitação de cartão de crédito do autor perante um estabelecimento comercial de cidade onde não residia: redução de R$ 75.000,00 para R$ 2.400,00[181].

---

[173] Superior Tribunal de Justiça, Terceira Turma, Agravo Regimental de Recurso Especial n.° 512.881–CE, de 10 de fevereiro de 2004, Relator Ministro Ari Pargendler.

[174] Superior Tribunal de Justiça, Quarta Turma, Agravo Regimental no Agravo de Instrumento n.° 566.114–RS, de 4 de maio de 2004, Relator Ministro Barros Monteiro.

[175] Superior Tribunal de Justiça, Terceira Turma, Agravo Regimental no Agravo de Instrumento n.° 510.336–MG, de 29 de outubro de 2003, Relatora Ministra Nancy Andrighi.

[176] Superior Tribunal de Justiça, Primeira Turma, Recurso Especial n.° 434.970–AM, de 26 de novembrode 2002, Relator Ministro Luiz Fux.

[177] Superior Tribunal de Justiça, Quarta Turma, Recurso Especial n.° 480.625–DF, de 9 de março de 2004, Relator Ministro Barros Monteiro.

[178] Superior Tribunal de Justiça, Segunda Seção, Embargos de Divergência em Recurso Especial n.° 230.268–SP, de 11 de fevereiro de 2002, Relator Ministro Sálvio De Figueiredo Teixeira.

[179] Superior Tribunal de Justiça, Terceira Turma, Recurso Especial n.° 504.144–SP, de 6 de junho de 2003, Relatora Ministra Nancy Andrighi.

[180] Superior Tribunal de Justiça, Segunda Turma, Recurso Especial n.° 546270–PR, de 9 de março de 2004, Relator Ministro Franciulli Netto.

[181] Superior Tribunal de Justiça, Quarta Turma, Recurso Especial n.° 488.159–ES, de 6 de maio de 2003, Relator Ministro Aldir Passarinho Junior.

Cobrança indevida em operação com cartão de crédito, redução para 50 salários mínimos[182].

Falsificação e comercialização indevida de produtos do autor (titular da marca): R$ 25.000,00 para cada autor[183].

Em caso de indenização por ofensa à liberdade pessoal, ela consistirá no pagamento das perdas e danos que sobrevierem ao ofendido, e se este não puder provar prejuízo, caberá ao juiz fixar eqüitativamente, o valor da indenização, na conformidade das circunstâncias do caso. Consideram-se ofensivos da liberdade pessoal o cárcere privado, a prisão por queixa ou denúncia falsa e de má-fé, e a prisão ilegal[184].

Pelo que facilmente se deduz das decisões acima relacionadas, que demonstram os valores que o Superior Tribunal de Justiça tem fixado para hipóteses mais comuns e emblemáticas, os preceitos estabelecidos pelo Código Civil, a *sedes materiae*, são meramente indicativos, deferindo-se ao prudente arbítrio do juiz, baseado na eqüidade, a valoração do dano moral e a fixação do montante indenizatório, observados os seguintes critérios que a doutrina e a jurisprudência têm estabelecido: "o grau de culpa do ofensor, suas condições econômicas, as conseqüências e circunstâncias do evento danoso, o comportamento, idade e sexo da vítima, a gravidade da lesão, localização das seqüelas, a permanência do sofrimento e, sobretudo, seus reflexos na readaptação do acidentado na vida social"[185] e ainda, acrescente-se a posição social, política, profissional e familiar do ofendido, a necessidade de desestímulo ao enriquecimento ilícito ou sem causa, e o nível de propagação da ofensa.

Em conclusão, a valoração do dano não patrimonial causado à pessoa humana, no direito brasileiro contemporâneo, é deixado ao livre arbitramento judicial, tendo como critérios decisórios, além das regras do Código Civil, em matéria de ato ilícito e de obrigação de indenizar, o princípio da eqüidade e a jurisprudência já existente, elementos de um sistema aberto e flexível, que exigem do intérprete grande saber e prudência na arte de decidir e criar.

---

[182] Superior Tribunal de Justiça, Quarta Turma, Recurso Especial n.° 467.213–MT, de 3 de fevereiro de 2004, Relator Ministro Fernando Gonçalves.

[183] Superior Tribunal de Justiça, Terceira Turma, Recurso Especial n.° 466.761–RJ, de 3 de abril de 2003, Relatora Ministra Nancy Andrighi.

[184] Código Civil, art. 954.

[185] Superior Tribunal de Justiça, Terceira Turma, Recurso Especial n.° 318.379, Relatora Ministra Nancy Andrighi, de 20 de setembro de 2001.

REFERÊNCIAS BIBLIOGRÁFICAS

ABBAGNANO, Nicola. *Dicionário de Filosofia*, São Paulo, Mestre Jou, 1982.

ALMEIDA COSTA, Mário Júlio de. *Direito das Obrigações*, 10.ª edição reelaborada, Coimbra, Almedina, 2006.

ALMEIDA, Silmara Chinelato e. *Tutela Civil do nascituro*, São Paulo, Editora Saraiva, 2000.

ALPA, Guido. *Che cos´è il diritto privato*, Bari, Latenza, 20077

AMARAL, Francisco. *Direito Civil. Introdução*, 6.ª edição, Rio de Janeiro, Editora Renovar, 2006.

ANTUNES VARELA, João de Matos. *Dano indireto*, in Enciclopédia Saraiva do Direito, vol. 22.

AZEVEDO, Antonio Junqueira de. Caracterização Jurídica da Dignidade da Pessoa Humana, in *Estudos e Pareceres de Direito Privado*, São Paulo, Editora Saraiva, 2004.

BASALLA, George. *The Evolution of Technology* , tradução de Sérgio Duarte Silva, Porto, Porto Editora, 2003.

BERNARD, Jean. *A Bioética*, S. Paulo, Editora Ática, 1998.

BITTAR, Carlos Alberto. *Os Direitos da Personalidade*, 6.ª edição revista, atualizada e ampliada por Eduardo C.B. Bittar, Rio de Janeiro, Forense Universitária, 2003.

BRIZ, Jaime Santos. *La Responsabilidad Civil*. Madrid, Editorial Montecorvo, 1977.

BUSNELLI, Francesco Donato. *Bioetica e diritto privato. Frammenti di un dizionario*,Torino, Giapichelli Editore, 2001.

CANOTILHO, J.J.Gomes. *Direito Constitucional e Teoria da Constituição*, 7.ª Edição, Coimbra, Almedina, 2003.

CAPELO DE SOUZA, Rabindranath V.A. *O Direito Geral de Personalidad*, Coimbra, Coimbra Editora, 1995.

CASILO, João. *Dano à pessoa e sua indenização*, 2.ª edição, São Paulo, Revista dos Tribunais, 1994.

CASTANHEIRA NEVES, Antonio. *Metodologia Jurídica. Problemas Fundamentais*, Coimbra, Coimbra Editora, 1993.

CHAVES, Antonio. *Direito à vida e ao próprio corpo*, 2.ª edição, São Paulo, Revista dos Tribunais, 1994.

COMPARATO, Fábio Konder. *Ética. Direito, moral e religião no mundo moderno*, São Paulo, Companhia das Letras, 2006.

CORNU, Gérard. *Droit civil, Introduction. Les persones. Les biens*, 11e. édition, Paris, Montchrestien, 2003.

COUTO E SILVA, Clóvis do. *O Conceito de dano no Direito brasileiro e comparado*, São Paulo, Revista dos Tribunais, vol. 667, maio/1991.

CUPIS, Adriano de. *Os direitos da personalidade*, tradução de Vera Jardim e Antonio Miguel Caeiro, Lisboa, Livraria Morais Editora, 1961.

FERNANDEZ, María Carcaba. *Los problemas jurídicos planteados por las nuevas técnicas de procreación humana*. Barcelona, Bosch Editor, 1995.

FRADERA, Vera Maria Jacob de. Organizadora *O direito privado na visão de Clóvis do Couto e Silva*, Porto Alegre, Livraria do Advogado Editora, 1997.

FROSINI, Vittorio. *Il diritto nella società tecnologica*, Milano, Giuffrè Editore, 1981.

GIRARD, Charlotte et HENNETTE-VAUCHEZ, Stéphanie. *La dignité de la personne humaine. Recherches sur un processus de juridicisation,* Paris, Presses Universitaires de France, 2005.

GOMES, Orlando. *Obrigações,* Rio de Janeiro, Editora Forense, 16ª edição, revista, atualizada e aumentada por Edvaldo Brito, 2004.

GOUVÊA, José Roberto Ferreira / SILVA, Vanderlei Arcanjo da. *A Quantificação dos danos morais pelo Superior Tribunal de Justiça, in* Revista Jurídica, n.º 323, Setembro de 2004.

GRASSI, Silverio. *I nascituri concepiti e i concepiti artificiali*, Torino, G. Giappichelli Editori, 1995.

KERCHOVE, Michel van de e OST, François. *Le système juridique entre ordre et désordre*, Paris, Presses Universitaires de France, 1988.

LASARTE, Carlos. *Principios de Derecho Civil.Parte General y Derecho de la Persona,* Madrid, Marcial Pons, 2006.

LEITE DE CAMPOS, Diogo. *Lições de Direito da Personalidade*, Coimbra, Boletim da Faculdade de Direito, LXVI, 1992.

_____.*A Vida, a Morte e sua Indenização*, Revista de Direito Comparado Luso--Brasileiro, n.º 7, Rio de Janeiro, Forense, 1988.

LEITE, Eduardo de Oliveira. *O direito do embrião humano: mito ou realidade*, Revista de Direito Civil Imobiliário, Agrário e Empresarial, n.º 78.

LIMONGI FRANÇA, Rubens. *Manual de Direito Civil*, vol. I. São Paulo, Editora Revista dos Tribunais, 1971.

LÓPEZ, Rafael García. *Responsabilidad civil por daño moral*. Doctrina y jurisprudencia", Barcelona, Jose Maria Bosch Editor, S.A, 1990.

MAZEAUD, Henri et Léon/ TUNC, André. *Traité théorique et pratique de la responsabilité,* sixième édition, I, Paris, Éditions Montchrestien, 1965.

MENDES, João de Castro. *Direito Civil. Teoria Geral*, Lisboa, Associação Acadêmica da Faculdade de Direito, 1979.

MEULDERS-KLEIN, Marie-Thérèse. *La personne. La famille. Le droit*. Bruxelles, Bruylant, 1999.

MIRANDA, Jorge. *Manual de Direito Constitucional*, IV, Coimbra, Coimbra Editora, 2.ª ed., 1993.

MORAES, Maria Celina Bodim de. *Danos à Pessoa Humana*, Rio de Janeiro, Editora Renovar, 2003.

NETTO LOBO, Paulo Luiz. *Danos Morais e Direitos da* Personalidade, Revista Juridica, v. 49 , n. 284, Sao Paulo.

PANASCO, Wanderby Lacerda. *A Responsabilidade Civil, Penal e Ética dos Médicos*, Rio de Janeiro, Forense, 1979.

PONTES DE MIRANDA. *Tratado de Direito Privado*, 3.ª ed., Rio de Janeiro, Borsoi, 1971.

PUIGARNAU, Jaime M. Mans. *Lógica para Juristas*, Barcelona, Bosch, Casa Editorial, 1978;

PUSSI, William Artur. P*ersonalidade jurídica do Nascituro*, Curitiba, Juruá Editora, 2005.

REALE, Miguel. *História do novo Código Civil*, São Paulo, Revista dos Tribunais, 2005.

RESCIGNO, Pietro. *Dano da procreazione*, Milano, Giuffrè Editore, 2006.

RODRIGUEZ, Rodrigo Bercovitz y – Cano *"Derecho de la persona"*, Madrid, Editorial Montecorvo, 1976.

ROSAS, Roberto.*Direito Sumular. Comentários às Súmulas do Supremo Tribunal Federal e do Superior Tribunal de Justiça*, 13.ª edição, São Paulo, Malheiros Editores.

SILVA, Wilson Melo da. *Dano moral*, in *Enciclopédia Saraiva do Direito*, vol. 22.

TEIXEIRA, Joaquim de Souza. *Pessoa* in Logos. Enciclopedia Luso-Brasileira de Filosofia, 4, Lisboa/São Paulo, Editorial Verbo, 1992.

LAS PERSONAS COMO SÍNTESE:
LA AUTONOMÍA EN EL DERECHO

Francisco Carpintero
Universidade de Cádiz

En los círculos de izquierdas pesa una interdicción sobre el uso de la palabra persona; no así sobre la realidad de la persona, pues todos los universitarios, sin distinción de posiciones políticas o filosóficas, entienden y afirman que ellos son personas; o por lo menos se comportan y exigen a los demás como si realmente lo fueran. Para proscribir este término, lo normal es que bastantes tratados sobre los derechos humanos comiencen indicando que tras la crítica kantiana a la cosa en sí, no podemos usar la noción de persona. Al investigador no le queda claro el porqué de esta imposibilidad para alegar la personalidad; si se sitúa en el lugar de los intelectuales que prohíben su uso, podría pensar que ellos entienden que la persona sería una simple categoría a priori del Entendimiento, falta de existencia al margen de las leyes del psiquismo humano; o podría pensar también que la persona –según estos universitarios– quedaría diluida en la síntesis entre los fenómenos de la sensibilidad y las categorías del Entendimiento; la persona sería esa cosa en sí que está detrás o por debajo de los fenómenos, pero que nos resulta incognoscible. En cualquiera de estos casos, el investigador piensa que no es cuestión de romperse la cabeza, porque sospecha que los que se remiten a la crítica kantiana a la cosa en sí para negar la realidad personal del ser humano, o para ponerla entre paréntesis, tampoco saben bien de lo que hablan[1].

---

[1] Me sumo a las ironías de Hegel cuando escribía que la misma noción de la "Ding--an-sich" kantiana es altamente problemática, no solamente desde el punto de vista de la

La pretendida negación kantiana de la 'cosa en sí'. Si nos preguntamos si Kant tuvo algo que ver con esta relativización del conocimiento sobre las personas y sus derechos, vemos que este filósofo distinguió cuidadosamente, en su *Crítica de la razón pura*, entre la "Doctrina de los Elementos" –que compone la primera parte de esta obra, dominada por las funciones del Entendimiento o *Verstand-*, y las dos partes siguientes del tratado, a las que llamó "Dialéctica trascendental y "Doctrina trascendental del método", en la que actuaba la Razón o *Vernunft*, excluido o superado ya el Entendimiento. En modo alguno propuso que el tratado de la Razón asumiera las limitaciones propias del Entendimiento, de modo que la Razón comenzara a construir allí donde nos habían dejado desamparados las limitaciones de la síntesis trascendental establecidas en el primer momento. Más bien, el tratado de la razón busca demostrar, mediante la sola racionalidad a priori[2], la existencia de Dios, la de la inmortalidad del alma y la existencia de un orden moral universal; no desconfía en este momento de los fenómenos de los sentidos: Sucede únicamente que él entiende que estas realidades necesariamente universales –el adjetivo favorito de Kant fue el de 'necesario', y su adverbio 'necesariamente'– no pueden ser dilucidadas desde lo que es simplemente contingente, por lo que buscó establecer la existencia objetiva y necesaria de estos tres 'intereses de la razón'. Se ocupó del argumento ontológico sobre la existencia

---

coherencia interna de la filosofía crítica de Kant, sino también desde la perspectiva de cualquier explicación racional. Hegel interpreta esta tesis de Kant escribiendo que "Das *Ding-an-sich* (und unter dem Ding wird auch der Geist, Gott befaßt) drückt den Gegenstand aus, insofern von allem, was er für das Bewußtsein ist, vom allen Gefühlbestimmungen wie von allen bestimmten Gedanken desselben abstrahiert wird". Una noción así es sencillamente imposible, y concluye irónicamente que "Man muß sich hiernach nur wundern, so oft wiederholt gelesen zu haben, man wisse nicht, was das *Ding-an-sich* sei; und es ist nichts leichter, als dies zu wissen". Cfr. *Enzyklopädie der philosophischen Wissenschaft im Grundrisse* (1830). Werke, Suhrkamp, vol. 8, § 44.

[2] Esta racionalidad pura no es más que la lógica clásica entonces que él tomó de Leibniz y Wolff que, en definitiva, no parece ser sino la suareziana. Kant rechazó la síntesis meramente lógica de estos filósofos (a la que llamó Retórica trascendental), pero quedó preso en esas estructuras apodícticas y a priori a las que Suárez caracterizó así.

Si el lector tiene reparos en aceptar esta hipótesis de trabajo, ha de tener en cuenta que la edad moderna se desinteresó del estudio de la lógica, y que por esto mismo dependió de este saber petrificado tal como lo había dejado Suárez. Desgraciadamente, no conozco ningún ensayo que estudie monográficamente este sector de las relaciones 'científicas' entre Suárez, Leibniz, Wolff y Kant.

de Dios en dos momentos: En el primero lo desdeña, y en el segundo lo admite como el único posible[3]. El único autor al que cita admirativamente es a Platón.

El Entendimiento ocupa y explica el lugar que había negado Hume al negar que pudiera existir alguna correspondencia a priori entre los datos de los sentidos y las categorías del psiquismo humano, y Kant se mostró interesado, en este momento de su obra, únicamente por la relativa objetividad de las figuras geométricas y de la matemática, esto es, por la intuición de los cuerpos en el espacio y por la sucesión de la cantidad discreta. Respecto de los primeros estableció que "Los cuerpos son simples fenómenos de nuestro sentido externo, no cosas en sí mismas"[4]. En este tipo de declaraciones él se refiere exclusivamente a la intuición de los cuerpos en el espacio, tal como los trata la geometría. Se ocupó de expulsar al derecho de estas limitaciones en A 43-44, al escribir que "El concepto de *derecho*, del que el entendimiento sano hace uso, contiene indudablemente todo lo que la especulación más sutil es capaz de desarrollar a partir de él, pero en el uso común y práctico no se tiene conciencia de las diversas representaciones incluidas en este pensamiento. Por ello no puede decirse que el concepto común sea sensible ni que contenga un mero fenómeno, ya que el derecho no puede manifestarse, sino que tenemos su concepto en el entendimiento y representa una propiedad (la propiedad moral) de las acciones, una propiedad *que pertenece a éstas en sí mismas*. Por el contrario, la representación de un *cuerpo* en la intuición no contiene absolutamente nada que pueda pertenecer a un objeto en sí mismo, sino simplemente el fenómeno de algo y el modo según el cual ese algo nos afecta". Se ocupó de aclarar expresamente este problema, porque él recaba el sentido de la realidad, ese sentido que afirma que los seres humanos somos personas, más allá de los teoremas que sean puestos en virtud de algún método.

Un tema que le atraía porque, entre otros textos de su obra más teórica, en A 831, nos indicó que "Pero ¿exigís acaso que un conocimiento

---

[3] En A 592 y ss. explica que tal argumento no es válido porque no se puede definir al sujeto por algún predicado. Algo después, en A 625-630, explica que es el único argumento posible para demostrar la existencia de Dios. Cito por la edición de P. Ribas, Alfaguara, Barcelona, 1988.

[4] Vid., *Crítica de la razón pura*, cit., A 357, entre otros muchos lugares.

que afecta a todos los hombres rebasa el entendimiento común y os es revelado únicamente a los filósofos? Eso que censuráis es precisamente la mejor afirmación de que lo hasta aquí explicado es correcto, ya que revela lo que antes no podía preverse, a saber, que en relación con lo que interesa a todos los hombres por igual, no puede acusarse a la naturaleza de parcialidad en la distribución de sus dones. La más elevada filosofía no puede llegar más lejos, en lo que se refiere a los fines más esenciales de la naturaleza humana, que la guía que esa misma naturaleza ha otorgado igualmente incluso al entendimiento más común". Fue lógico que explicara que la noción de persona es una noción última, sin explicación ulterior[5].

Interdicciones impuestas por la moda académica. Algunos universitarios, animados por las negaciones de las 'cosas' que operan en sus cerebros, ya que no en los textos que alegan, se han sumado sin reparos a las epistemologías empiristas del tipo de las de Hume, tan reiteradas en el siglo XX por los integrantes del Círculo de Viena, y en el lugar de las personas sitúan los universales implícitos en el lenguaje o la intersubjetividad del consenso ya prácticamente universal sobre los derechos humanos. Incluso la expresión antigua de derechos del hombre ha sido reemplazada por la de derechos humanos; parece que la inclusión de este simple adjetivo libera de las cargas metafísicas que implica el sustantivo hombre[6].

---

[5] "En consecuencia, no se puede preguntar: ¿por qué la razón no se ha determinado de otro modo? Lo que hay que preguntar es: ¿por qué la razón no ha determinado los fenómenos de otro modo? Pero no hay posibilidad de responder a tal pregunta ... sólo podemos llegar, pues, a la causa inteligible, pero no ir más allá de ella ... es algo que sobrepasa la capacidad de nuestra razón, e incluso todo el ámbito en el que ésta tiene competencia para preguntar". *Crítica de la razón pura*, cit., A 556-557.

[6] Kant únicamente estableció, entre otros muchos lugares, que "Los cuerpos son simples fenómenos de nuestro sentido externo, no cosas en sí mismas". *Crítica de la razón pura*, cit., A 357. En este tipo de declaraciones se refiere exclusivamente a la intuición de los cuerpos en el espacio, tal como los trata la geometría. Se ocupó de expulsar al derecho de estas limitaciones en A 43-44, al escribir que "El concepto de *derecho*, del que el entendimiento sano hace uso, contiene indudablemente todo lo que la especulación más sutil es capaz de desarrollar a partir de él, pero en el uso común y práctico no se tiene conciencia de las diversas representaciones incluidas en este pensamiento. Por ello no `puede decirse que el concepto común sea sensible ni que contenga un mero fenómeno, ya que el derecho no puede manifestarse, sino que tenemos su concepto en el entendimiento y representa

Tenemos así dos estratos del lenguaje que usamos cotidianamente. Uno es el académico, en el que no se pueden mencionar varios términos, como son el de persona, o el del castigo que merece la persona que ha realizado un delito[7]. El otro estrato del lenguaje es el efectivamente empleado en la vida cotidiana, en el que los universitarios y políticos hablan de castigos y de los derechos de las personas. No es extraño que sea así: Los presidentes del gobierno y los políticos de alto nivel van vestidos en sus tareas habituales con chaquetas y corbatas; pero en tiempo de mítines electorales sustituyen las corbatas y chaquetas por prendas más informales. Vivimos un tiempo algo mágico, basado en buena medida sobre ficciones. No faltan quienes dicen que es la época de la simulación. En cualquier caso, ya hablemos de simulaciones o ficciones, lo que parece cierto es que bastantes universitarios parecen no ser fieles ni al espíritu de la Constitución ni al derecho positivo.

Hic!

Desapareció la persona en el derecho

La noción de persona humana es –por así decir– máximamente metafísica, plagada de implicaciones teológicas: Fue desarrollada ante todo por la teología cristiana ante las dificultades para explicar que Dios es Uno y Trino. Salió pronto de los ámbitos teológicos, como observamos por Boecio, que definió a la persona como todo ser individual de naturaleza racional. Fue un mérito innegable de los teólogos extender la naturaleza personal a todo hombre, fuera cristiano o gentil, esclavo o libre, de modo

---

una propiedad (la propiedad moral) de las acciones, una propiedad que pertenece a éstas en sí mismas. Por el contrario, la representación de un *cuerpo* en la intuición no contiene absolutamente nada que pueda pertenecer a un objeto en sí mismo, sino simplemente el fenómeno de algo y el modo según el cual ese algo nos afecta".

[7] Esta realidad de los dos estratos del lenguaje llega a ser algo asfixiante. En el derecho penal no se puede aludir a la culpa moral, o al castigo, porque al afirmarse que no ha existir alguna objetividad en la vida práctica, estas nociones carecen de sentido. Basta leer a Radin, Yntema, Llewellyn y otros realistas norteamericanos, que son autores que presentan la ventaja de que, al expresarse según la tradición anglosajona –el *englisch style* del que se gloriaba John Austin–, suelen ser más claros que los autores continentales. Pero estas mismas personas, en su actividad cotidiana de jueces o abogados, explican, y han de explicar necesariamente, que la capacidad personal para la imputabilidad se basa en la facultad para distinguir el bien del mal.

que los seres humanos quedaron caracterizados ante todo por su incomunicabilidad, soledad y dignidad. La afirmación del ser humano como persona alcanzó su expresión mayor en la baja edad media, cuando los Franciscanos y los teólogos que los siguieron hubieron de mantener, para hacer posible teóricamente las exigencias de la pobreza que querían vivir, que la persona disponía de un derecho anterior y superior a cualquier derecho de origen humano, e incluso anterior y mayor al mismo derecho natural. Ellos explicaron que un cristiano puede conocer realidades que les estaban vedadas a los juristas paganos, y atendiendo al libro del Génesis creyeron reconocer un *dominium* de nuestros primeros padres sobre la creación, al que llamaron con diversos nombres, fundamentalmente con el de dominio original. La manifestación primaria de la vida jurídica era un *dominium*, *potestas*, o *facultas ad libitum* que correspondía a cada hombre antes de intervenir el derecho natural o el derecho de origen humano. Lógicamente, el requerimiento de obediencia a las leyes civiles sólo podía justificarse por el propio consentimiento de cada individuo: un consentimiento que Juan Duns suponía ya incluido en el hecho de vivir en sociedad[8].

La rama del derecho natural moderno que podríamos llamar moderada –pues pocas realidades históricas han sido más complejas que el movimiento en pro de la emancipación del individuo que solemos llamar escuela del derecho natural moderno– hizo uso abundante de la noción de persona, como reconocemos ante todo en Luis de Molina o Francisco Suárez. Alfred Dufour no duda en llamar a Molina el apóstol de la libertad individual[9], y Suárez fue el primero que presentó a la libertad personal como una *quasi qualitas moralis*. Hugo Grocio no dudó tanto, y definió la libertad como una cualidad moral que compete a la persona: *Qualitas moralis personae competens*. Cincuenta años después de Grocio, Samuel Pufendorf redujo el derecho a la libertad de las personas, y desechó deli-

---

[8] Vid. mi estudio *El desarrollo de la idea de libertad personal en el pensamiento medieval*. Universidad Panamericana-Porrúa, México D.F., 2006, págs. 21 y ss.

[9] «Dans cette perspective rénovatrice du Droit naturel, ouvert tant à l'historicité qu'à l'especifité du Droit en un monde changeant, les premiers jalons d'une doctrine de l'autonomie de l'ordre moral par rapport à la volonté divine seront posées de manière significative par le grand apologète de la liberté humaine, célèbre dans l'histoire de la théologie par son doctrine sur la Grâce fustigée par Pascal, mais dont l'oeuvre juridique présente en fait un intérêt autrement capital pour l'histoire de la science du droit: Luis Molina». *Le mariage dans l'école allemande du droit naturel moderne au XVIII siècle*. LGDJ, Paris, 1972, págs. 54-55.

beradamente los criterios para hacer justicia que habían proporcionado los juristas y teólogos anteriores. Él creó la expresión *sphaera moralis* para designar la libertad individual, una libertad que había de ser *ad analogiam spatii*, es decir, máximamente difusiva por sí misma[10].

Pero la realidad de la persona molestaba a los reformadores de la vida política, porque las cualidades de soledad e incomunicabilidad, unidas a la de la dignidad, imponían demasiadas restricciones a los diseñadores de las sociedades futuras. Además, y éste parece ser el factor decisivo, no es posible explicar la dimensión personal del ser humano desde una perspectiva materialista. Hobbes –condicionado por su materialismo– hubo de emprender dos empresas: Transformar el derecho en leyes políticas, y negar la noción de persona. La actitud de este inglés fue paradójica: Cuando él habla de la vida *poor, short and nasty* que llevaríamos los hombres si no existiera un poder político único, se refiere a las vidas de los seres humanos, que son el punto final de referencia de sus explicaciones. Pero una vez que él ha sentado el hecho decisivo de la existencia de los seres humanos (a los que merece la pena vivir *mejor*[11]), prescinde de los hombres para atenerse únicamente a sus actos y a las legalidades que han de gobernar esos actos. Para él, la persona era únicamente aquello que está detrás de un acto o acción[12]. Obviamente Hobbes pretendía negar la existencia de las personas en el sentido que este término había tenido en la tradición escolástica, a la que designaba como *Kingdom of darkness*, porque la existencia de un ser incomunicable y libre hubiera negado en sus propios términos la legalidad necesaria que él reclamaba.

El materialismo no solamente negó la noción usual de persona, sino que –quizá a su pesar– contribuyó a reorientarla en un nuevo sentido inexistente hasta entonces. Sucedió que como las explicaciones radicales

---

10 Vid. mi estudio *Historia del derecho natural*. UNAM., México D.F., 1999, págs. 232 y ss.

11 Massini hace notar esta paradoja de los relativistas que, sin embargo, sí afirman los derechos humanos. Es la actitud paradójica de los que mantienen que los derechos son indemostrables, etc., pero dan por supuesto, sin embargo, que son *deseables*. Vid. *Los derechos humanos en el pensamiento actual*. Abeledo-Perrot, Buenos Aires, 1994, pág. 137. Ya ha explicado en la página 104 que habría que entender, de acuerdo con estos relativistas, que sólo podríamos defender a los derechos casualmente.

12 Vid. *Leviathan, or the matter, form and power of a Commonwealth ecclesiastical and civil*. Londres, 1839, Capítulo XV, titulado "Of persons, authors, and things personated".

sobre un tema nunca quedan aisladas en su pureza negativa, porque la radicalidad que se otorga a la solución propia se desplaza igualmente a la orientación opuesta, la persona pasó a ser entendida, entre las filas conservadoras de la edad moderna, como un ser que es libre sin más. Las explicaciones de los escolásticos tomistas sobre los condicionantes sociales de la personalidad, condensadas en el 'cum alio scientia'[13], desaparecieron en estas polémicas modernas, y los adversarios de los materialistas opusieron a la necesidad observable en el mundo físico, la libertad absoluta que sería propia de las personas humanas. La idea de la persona adquirió un nuevo tono porque rebotó, en mayor medida de lo deseable, contra las tesis del todo necesario y universal y resultó por oposición la noción de una persona radicalmente libre. Estos jusnaturalistas moderados hubieron de esforzarse dialécticamente para compaginar esta libertad inicial de los individuos con las limitaciones que le imponen las determinaciones sociales posteriores. Los escolásticos más tardíos, los de los siglos XVIII y XIX, hablaron del estado natural del hombre y de sus 'estados adventicios' posteriores, o bien escalonaron la vida humana en cuatro estados: El natural, el civil, el político y el religioso[14]. Hoy no admitimos los estamentos, pero ha cobrado tal fuerza este entendimiento de la libertad de la persona, que parece que el investigador que señale los condicionantes, afirmativos y negativos, de las personalidades, entra necesariamente por un camino sociologista.

Hubo un enfrentamiento en el que no cabían las matizaciones, que determinó la aparición de actitudes intelectuales irreconciliables: La de los progresistas, y la de los conservadores. Pero éstos tenían perdida la batalla académica porque no estaban en condiciones intelectuales de corregir la imagen científica y materialista del mundo. Es preciso reconocer que la situación de los universitarios creyentes, desde la extensión del método científico newtoniano hasta su relativización en manos de Max Planck y Heisenberg, ha sido penosa. De hecho, los conservadores se acogieron a la

---

[13] Vid. *Sum. Theol.*, I, q. 79, art. 13, o *In IV Sententiarum*, L. II, distinctio 24, quaestio 2, art. 4. Desde luego, Tomás de Aquino se negó a considerar que la conciencia o consciencia era la representación propia del hombre a solas consigo mismo. Vid. *Sum. Theo.*, I, q. 31, art. 2. Los textos tomistas están tomados de la edición electrónica de la *editio leonina* que hizo Enrique Alarcón, Universidad de Navarra.

[14] .Vid. Leticia Cabrera, *Modernidad y Neoescolástica: Anselmo Desing*. Servicio de Publicaciones de la Universidad de Cádiz, 2001, págs. 85 y ss.

bandera que Hugo Grocio había levantado en 1625 con el "Derecho de la guerra y de la paz", y clamaron por la realidad de los tres puntos básicos que Grocio había situado en la creación del derecho: La ley natural como una participación de la razón humana en la ley eterna de Dios, la *qualitas moralis libertatis* que era propia de toda persona, y las naturalezas inmutables de las cosas. Como el movimiento científico entonces dominante les presentaba el mundo como un todo completo con movimiento perpetuo, y ellos no estaban en condiciones de proponer un paradigma científico alternativo, aceptaron esta imagen del mundo y, al mismo tiempo, afirmaron la existencia de Dios y de las personas humanas con sus derechos: Ya indiqué que les resultó una *persona ex machinam*.

Estos filósofos necesitaron crear las categorías jurídicas necesarias para hacer viable su imagen del hombre. Quizá la primera a la que hay que aludir es a la de imputación o *Zurechnnung*.

a. Eliminaron la pluralidad de los espacios humanos. Buceando en lo subliminalmente presente a la conciencia, que en definitiva es el factor que determina la aproximación a la ciencia y, por tanto, decide lo que deberá ser considerado científico, vemos que la modernidad estuvo bajo la tiranía del espacio cartesiano polarizado y uniforme, en el que no había lugar para las formas plurales; la imaginación fue llevada, también en las humanidades, a la búsqueda de un único principio que ordenara lo que es siempre igual en sus formas aparentes y movimiento único. Se trataba de una sola máquina, con un único movimiento igual para todas sus piezas y momentos; una máquina que se había formado por razones que escapan al hombre, y que tiende únicamente hacia su permanencia.

La situación de cualquier punto en este espacio fue vivenciada como simplemente casual, cuando no fruto del forzamiento, porque es el agente el que decide situar arbitrariamente tal punto en tal lugar; de hecho, los tratados de derecho natural de la edad moderna y del siglo XIX sustituyeron el término libertad por el de arbitrio, que parecía acomodarse mejor a la falta de fundamentos ontológicos de las instituciones. No había libertad, sino solamente forzamientos, físicos o morales. Un sentimiento que se reforzó porque la modernidad únicamente consideró causas eficientes que moverían a sus objetos a través de impulsiones violentas, fueran físicas o morales; en la máquina universal no hay lugar para los movimientos intencionales que tiendan hacia un fin. Lógicamente, las concreciones aparecieron casuales, violentas y amorales.

La doctrina metafísica usual desde los tiempos de Suárez no ha contribuido precisamente a mejorar este estado de cosas. La vivacidad práctica de la metafísica aristotélica fue sustituida por un mundo de esencias inmutables, vinculantes para Dios mismo. El abigarramiento tomista de los seres, tendiendo cada uno según 'su' propia naturaleza hacia su plenitud[15], fue sustituido por jerarquías nouménicas eternas. Unas jerarquías y unos noúmenos que chocaban abiertamente con lo que mostraba el desarrollo de la ciencia moderna. La metafísica fue sustituida por la lógica[16], y los teólogos católicos entendieron que existía un fin último hacia el que todos los seres se habían de encaminar armoniosamente. Un modo de pensar que era tan ajeno a Newton como a Tomás de Aquino. El rechazo final de este tipo de cosmovisiones metafísicas fue entendido como el abandono definitivo de cualquier ontología.

b. Cambia la ciencia, pero persisten las limitaciones intrametódicas. Estaban abiertas las puertas más teóricas para el relativismo práctico y para la falta de compromiso ante las determinaciones. Ha sido lógico que la representación de la universalidad de cada persona –que es el fundamento ineludible del deber– haya cedido, asustada, ante la proclamada vaciedad y uniformidad del espacio humano. El hombre pasó de autoentenderse como una *persona extra machinam* a declarar, más simplemente, que él no se entendía. La crisis de la física de Newton, lejos de hacer volver a la cultura hacia una consideración no mecánica y más adherida a los modos como el ser humano se manifiesta, lanzó a la antropología hacia un pensamiento fragmentado privado expresamente de base ontológica, o biológica, que se caracterizó más por las negaciones expresas de los órdenes de las conductas humanas, que no por recomponer inteligentemente lo que había quedado tras el naufragio de la mecánica clásica.

El hecho que el investigador percibe más claramente, es la persistencia de limitaciones intrametódicas puestas únicamente en virtud del método. La época de Newton mostró el sinsentido de cualquier ontología teleológica, porque este método nos mostró que existe la ley de la gravita-

---

[15] Éste es un tema muy amplio en el de Aquino. Algunas orientaciones generales en *Sum Theol.*, I, q. 29, art. 1. Desde luego, se opone a considerar la naturaleza en abstracto: Vid. *Sum.Gent.*, § 1261, o *In Phy.*, § 145.

[16] Así lo explicaba convincentemente Eisenhart en su estudio *De usu principiorum moralis philosophiae in jure civili condendo et interpretando*. Helmstadt, 1776.

ción universal, pero no sabemos para qué ni por qué existe. La destrucción de la representación de la máquina por la física del siglo XX ha supuesto solo y exclusivamente la aniquilación de esta imagen ya clásica del mundo, porque el pensamiento humano ha seguido rechazando la posibilidad de cualquier ontología: Antes no la admitía por unos condicionantes teóricos subliminalmente operativos; ahora operan otros condicionantes, y lo único cierto es que, cambie como cambie la perspectiva de lo científico, el hombre moderno y postmoderno no acepta la realidad propia, sea la suya como persona, sea la que le proporciona la interacción de su persona con su entorno. Reconocemos este hecho en que este yo actual, que declara que ya no existe pensamiento universal (Vattimo) o que ha decretado el fin del deber (Lipovetski), no sabe resistir los embates de la cotidianidad, y afirma la derrota del pensamiento humanista.

Si bajo el dominio de Newton la universalidad de la persona quedó abrumada bajo el alud de limitaciones que negaban su libertad[17] de una forma aparentemente empirista, positivista y científica, ahora ha vuelto a resurgir un estilo de pensamiento que, al margen de las exigencias empiristas, solicita ser creído en base a los residuos materialistas que ha dejado tras de sí la mecánica clásica. Laplace ha sido sustituido por Luhmann, y las universidades siguen hablando del hombre y del mundo al filo de un pensamiento de estructura pretendidamente binómica, que sigue haciendo de la casualidad y de la violencia el quicio de su interpretación de lo que hace al caso en el conocimiento del hombre. Rawls, en una actitud contractualista más propia del siglo XVII que no del XVIII, propone un programa de procesamiento de los datos sociales humanos en el que no cuenten las personas como tales. Habermas reclamó la existencia de un noúmeno que estaría siempre ya operativo en la comunicación humana; pero, desde su base empirista, solamente puede afirmar tal entidad nouménica reconociendo una petición de principio –inevitable, según él– en el inicio de sus explicaciones. Si Ockham reclamó que los seres no deben ser multiplicados sin necesidad, cualquiera puede argumentarle a Habermas que las contradicciones no deben ser afirmadas sin estricta necesidad.

Los tiempos actuales, los de Apel, Habermas o Rawls, podrían ser llamados como "A la búsqueda de la universalidad perdida". Como los condicionantes empiristas, que son afirmados como absolutamente obvios

---

[17] Vid., por ejemplo, *Sum. Gent.*, § 1242.

y no necesitados de ninguna justificación en particular, impiden tener en cuenta la universalidad de las personas, unos como Habermas han buscado contradictoriamente un campo para el deber, y Rawls y los utilitarismos han buscado un sucedáneo del deber. Este tipo de investigadores se han cerrado ellos a sí mismos el paso hacia el reconocimiento teórico –otra cosa es su praxis cotidiana– de la universalidad del ser humano, y no están en condiciones de entender que las personas han de alcanzar 'sus' fuerzas desde una universalidad que se arraiga en determinaciones inevitablemente finitas. Kierkegaard –desde otro contexto– llamaba a este yo que ha renunciado a la universalidad, un yo negativo e hipotético[18], pues es un yo que quiere afirmarse como el amo, pero realmente no es amo de nada, porque es mera negatividad que engendra solamente una sensación de infinitud. No duda en decir que es un monarca sin reino[19].

c. La doctrina de la 'imputatio'. Los autores materialistas desdeñaron a Grocio y a la teoría de las naturalezas inmutables de las cosas. Hobbes apenas fue citado expresamente, porque había sido demasiado explícito y radical; pero su método ejerció la influencia más visible en este período. Se les planteaba el problema de cómo articular la falta de libertad de los seres humanos con la voluntariedad o libertad, o con el conocimiento del bien y del mal, que es imprescindible exigir en quien será condenado con una pena o premiado por una acción meritoria. Hobbes había mantenido que el hombre no es libre porque queda determinado por su última deliberación, que es la que siempre vence en el juicio; pero esta explicación resultaba demasiado provocativa.

Como el problema así planteado era insoluble, presentaron el tema de forma oblicua. Fue Christian Thomasius, a comienzos del siglo XVIII, quien mostró el camino a seguir. Él explicó que el *meritum* del que hablaban los escolásticos era una noción demasiado complicada, porque los escolásticos distinguían el mérito de condigno, de congruo, etc. En el lugar de esta noción debía entrar la de *imputatio*, que él dijo tomar de los libros de los comerciantes; pues en estos libros consta que a alguien se le debe dinero, sin indicar la causa, y esta simple anotación es suficiente para que alguien quede obligado a pagar. Esto es, a unas personas se les imputaba un

---

[18] Vid. *Tratado de la desesperación*. Trad. de J.E. Holstein, Barcelona, 1994, pág. 84.

[19] Vid. *ibidem*.

crédito o una deuda porque se les "ponía en cuenta": *Auf Rechnnung schrei-ben*. Él hizo sinónimas las palabras imputación y *Aufrechnnung*[20]. El esquema legal sería sencillo: Como la ley prevé una sanción para quien realice un acto determinado, el proceso jurídico queda reducido a tres momentos: El del conocimiento de la norma, el de la indicación de quien ha realizado ese acto, y la imputación de la sanción prevista en la norma a quien haya efectuado tal acción. Las nociones de libertad personal y deber jurídico no son necesarias en este planteamiento, y la explicación del mundo jurídico es estrictamente intranormativa, porque todo él queda suficiente-mente explicado –así opinaba Thomasius– desde las normas jurídicas[21].

d. Las personas, funciones de las normas jurídicas. El éxito del estilo de Thomasius echó a andar la doctrina de la *imputatio*, y la práctica totalidad de los jusnaturalistas importantes del Iluminismo mantuvo, como realidad evidente por sí misma, el triple esquema de la vida jurídica: La norma, el sujeto y la imputación de la sanción. Había comenzado el momento de la disciplina que llamamos teoría del derecho, porque la *commentatio juris* había dejado de ser una *commentatio personarum* para devenir un comentario sobre las normas jurídicas. La persona humana había quedado reducida a una simple función de las normas, y fue lógico que Kelsen explicara que la noción de persona era un simple concepto auxiliar creado por la ciencia jurídica (Hilfsbegriff), que no era necesario para explicar el derecho[22]. Sólo reconocieron la existencia de la volunta-riedad personal, para hacer posible la imputación. Por lo general tendieron a usar el término *subjectum* en vez del de persona, porque el sujeto es más impersonal, ya que designaba indistintamente el tema sobre el que trata la explicación y la persona a la que se imputaba lo establecido en la norma[23].

---

[20] Vid mi estudio *Imputatio*, en "Rivista Internazionale di Filosofia del Diritto", LXXXI (2004) págs. 25-78.

[21] Como los autores conservadores objetaban que las sanciones habían de tener una razón de ser, y que era preciso requerir verdadera voluntariedad en la persona a la que se imputaban las sanciones legales, Thomasius respondió que la doctrina de la libertad de la voluntad era una doctrina papista, porque los católicos estaban empeñados en reclamar la salvación eterna por las buenas obras.

[22] Vid. *Reine Rechtslehre*. 2ª ed., Frank Deuticke, Wien, 1960, § 33, f).

[23] Vid. 20. A. Guzmán Brito, *Para la historia del derecho subjetivo*, en "Revista Chilena de Derecho" 2 (Santiago 1975), págs. 55-68. Reproducido en "Anuario de Dere-cho Administrativo" 1 (Santiago 1975-1976), págs. 51-65.

Los siglos XVII y XVIII derrocharon energía analítica y descriptiva examinando las condiciones que los hombres debían reunir para que se les pudiera imputar la sanción contenida en la norma: Siempre llegaron, monótonamente, al mismo punto: La conducta sancionada había de ser una conducta libre, y los tratados del derecho natural de esta época solían comenzar con el tratamiento "De voluntario", en lugar del estudio "De bonis hominum". Nuestros abuelos entendieron que una vez creado el derecho gracias a las facultades que obtenía el cuerpo político al concluir el pacto social, los seres humanos éramos átomos de *voluntad libre*, y que cada hombre sería responsable por sus actos en la medida en que actuara sin coacciones. El poder establecía las leyes, y tal como Kelsen explicó de forma especialmente clara, las normas contenidas en estas leyes se componían de un supuesto de hecho, de una sanción, y de un 'deber ser' que conectaba estas sanciones a aquel supuesto de hecho. Indicó explícitamente que él afirmaba la voluntariedad individual para hacer posible la imputación.

Disolvió a los individuos en el nosotros de las normas. ¿Qué es la persona en este contexto? Si sigo una idea de Cotta, diría que es un finito absolutizado, que ni acaba de ser absoluto ni deja de ser finito: Por este camino llegaron algunos a un humanismo singular, que sería verdadero humanismo (gracias al nosotros) y libertario (por la infinitud). Quedaría como problema ulterior determinar qué quiere decir que un sector del ordenamiento jurídico es atribuido a una persona: Kelsen usó los términos alemanes *zuschreiben* y *Zuschreibung*[24], que significan algo así como el castellano atribuir. El motivo de naturaleza moral por el que han de ser atribuidos los contenidos de unas normas a unas personas concretas, es algo que él ni se plantea[25]. De este modo, resultaba que los judíos en el III Reich eran los individuos a los que se atribuía un sector de las normas del ordenamiento jurídico local.

e. Fue necesaria la 'teoría del derecho'. Al quedar autonomizadas las normas jurídicas, la mentalidad dominante fue afirmando progresiva-

---

[24] Vid. *Reine Rechtslehre,* cit., § 37, pág. 192, por ejemplo.

[25] Allen explicaba claramente: "Nevertheless, the basic principle remains, or the whole edifice falls to the ground. However tenuously one may cling to the 'catalogue' view of torts, sooner or later one will be forced to ask: *What is the fundamental rule of liability to be applied to this case?*" *Legal duties and other Essays on Jurisprudence.* Clarendon Press, Oxford, 1931, pág. 113.

mente un cosmos autónomo de normas que habían de ser conocidas cognitivamente. La filosofía práctica desapareció ante el conocimiento teórico del mundo de las normas. Estas normas eran el dato primero, y en el terreno propiamente jurídico eran el dato único, de modo que la norma jurídica era la expresión de una funcionalidad social, o ella misma constituía tal funcionalidad, sin que explicara la razón de su comparecencia en la vida humana. Las personas habían quedado como un residuo inexplicable desde las nuevas categorías. Desde la consideración exclusiva de este cosmos con vida propia, surgió una nueva asignatura en nuestras Facultades: La de Teoría del Derecho, que estaba libre de las hipotecas valorativas anteriores y que solamente estudiaba los elementos formales que supuestamente habían de estar necesariamente presentes en las estructuras del mundo de las normas jurídicas.

Este estilo de proceder tenía entonces asegurado de antemano el éxito porque él situaba de antemano los términos de su propia dialéctica: Las normas ya operativas, las sanciones, y las acciones voluntarias a las que serán imputadas y aplicadas esas sanciones. Como realmente existen normas, existen sanciones, y actos libres, parece que no hay nada más que explicar. Los hombres y sus necesidades diversas, que dan origen a regulaciones diferentes porque tratan de satisfacer teleológicamente a necesidades distintas, no encontraban acogida en la explicación de la vida jurídica. Fue eliminado el colorido variopinto de las necesidades humanas, que suelen moverse en un plano intermedio entre las abstracciones y los intereses perceptibles empíricamente.

Por este camino, el estudio sobre el derecho, llamado Teoría del Derecho, devino especialmente abstracto y desencarnado, porque no buscaba traducir en términos generales las categorías que podrían representar a las diversas necesidades de las personas, sino sólo aquellas nociones lógico-formales que reflejaran la estática y la dinámica del ordenamiento legal; aunque, cabalmente, aunque Kelsen distinguió entre estática y dinámica del derecho, poco tenía que decir la teoría del derecho sobre el momento dinámico de las normas jurídicas. El estudio de las necesidades reales fue marginado, reducido en todo caso al ámbito del estudio sociológico. La función del jurista y de la ciencia jurídica quedó reducida a la reproducción ordenada de los contenidos de las normas generales.

La lógica del discurso de este ensayo nos ha llevado a una tesis con su antítesis. La tesis sería que desde el siglo XVI a hoy, los estudios de filosofía jurídica y política han comenzado estudiando al poder o a las normas jurídicas; no han comenzado estudiando las necesidades de las personas, necesidades a veces sublimes, a veces más pedestres; la pauta la marcó Bodin, que hizo arrancar sus consideraciones directamente desde el estudio del poder. La antítesis se expresa afirmando que las normas jurídicas y las decisiones políticas solamente pueden ser entendidas como funciones de las necesidades de las personas. Es cierto que los jusnaturalistas de la Modernidad arrancaban sus explicaciones aludiendo a unos individuos aislados en el estado de naturaleza que, para llevar una vida mejor, decidían constituir una sociedad; pero estas explicaciones seguían un camino no siempre basado en el sentido común, porque ellos suponían que si esos hombres aislados decidían libremente, la sociedad creada por ellos gobernaría de formas necesariamente benéficas. Rousseau mostró lo peligroso de estos consensos que se han elevado a un plano universal. Parece que quien realmente ha ganado la partida, porque ha impuesto las reglas del juego, no porque concretamente se le haya seguido, ha sido precisamente Rousseau.

El investigador piensa si la teoría jurídica no incurrió en una suerte de fanatismo. Ciertamente, se impuso ampliamente el relativismo moral, y por tanto jurídico, desde los inicios del siglo XVIII. Pero ¿tan difícil resultaba reconocer que los hombres existimos objetivamente y que damos origen a necesidades igualmente objetivas?

Aquí!

Distintas épocas de las teorías político-jurídicas

Sin ánimo de parafrasear la ley contiana de los tres estadios, parece que la doctrina sobre el fundamento de la obediencia al poder político ha pasado por tres etapas, quizá no tanto estrictamente históricas como afectivas, y por ende racionalizadas.

La primera etapa habría estado influida por consideraciones pretendidamente teológicas, y la alta edad media abundó en prácticas cesaropapistas, porque se fundían en cierta unidad operativa el *sacerdotium* y el *regnum*. Para acabar con esta situación, los partidarios del Emperador lanzaron tesis democráticas con la intención de emancipar de Roma al Sacro Imperio Romano Germánico. Aunque la doctrina que sostuvo que la titularidad del poder político reside en el pueblo y que éste la traspasa a un gobernante con limitaciones ya estaba madura en el siglo XIII –como vemos, por ejemplo, en Pedro de Alvernia–, lo cierto es que el poder de los reyes siguió dotado de un cierto carácter sacro, no tanto en las doctrinas enseñadas en las universidades como en el sentir popular. Así, en el siglo XVII Calderón de la Barca pone en boca de uno de sus personajes: "Al Rey la vida y la hacienda se le han de dar...". La doctrina inglesa del origen divino de los reyes acabó calando colectivamente en los sentimientos de los pueblos, también en los del Continente, conforme avanzó el prestigio de la monarquía a lo largo de los siglos XVI y XVII.

Fue extraordinariamente paradójico que, una vez establecida la tesis de que la soberanía corresponde al pueblo, la edad moderna volviera a recoger tesis antiguas y proclamara lo que Figgis llamó "El derecho divino de los reyes". No en vano varios historiadores ingleses entendían que la reforma supuso un retroceso cultural del que aún no se había recuperado nuestra cultura en el siglo XIX[26].

La segunda etapa fue más doctrinal, si por tal cosa entendemos que actuaban unas doctrinas políticas que ante todo se sustentaban a sí mismas, confiadas en su mayor capacidad para interpretar racional y normativamente la realidad social[27]. Con terminología actual, se podría decir que estas teorías se presentaban como programas de tratamiento de la información que pretendían ser de mejor calidad que los ya existentes. Estas doctrinas realzaron la relevancia de los individuos en la gestión de la cosa pública. Fernando Vázquez de Menchaca, Diego de Covarrubias, Luis de Molina o Francisco Suárez quisieron distanciar el *regnum* del *sacerdotium*, hecho que es especialmente patente en Suárez, que –según Carl Schmitt– fue el padre espiritual de Pufendorf[28]. El estudioso obtiene la impresión de que Molina o Suárez –más claramente este último– querían ganar un ámbito no-sacro de la vida civil que hiciera posible la convivencia entre los integrantes de las distintas confesiones religiosas. Los jusnaturalistas del siglo XVII heredaron por igual las explicaciones jurídicas de Vázquez

---

[26] Es una opinión de Coleridge que recoge Lorimer en *The Institutes of Law*. Edinburgh, 2ª ed., 1880, pág. 273.

[27] Según J. W. N. Watkins, Hobbes fue el primer autor que –movido por la singular importancia que atribuyó a los contenidos mentales de su teoría-, interpuso entre el hombre y su sociedad un cuerpo de ideas necesariamente regulador de la convivencia. Vid. *Hobbes System of Ideas. A Study in the Political Significance of Philosophical Theories*. Hutchinson University Library, London, 1965, págs. 47 y ss.

[28] Vid. *Escritos políticos*. Trad. F. J. Conde, Doncel, Madrid, 1975, pág. 17. También expuesto en *El concepto de lo político*. Trad. E. Molina y V. R. Crisafio, Folios Ediciones, Buenos Aires, 1984, pág. 80.

de Menchaca y las menos jurídicas de Molina y Suárez, cosa nada extraña, porque la formación académica de Samuel Pufendorf o de John Locke era exquisitamente escolástica, de tipo suareziano[29].

Así, Pufendorf, Locke o Gundling ofrecieron a sus lectores un poder político que se sustentaba en un contrato, esto es, que se apoyaba en su racionalidad siempre que el contrato social cumpliera unos requisitos determinados. Por supuesto, ellos no creían en los individuos aislados ni en los estados de naturaleza como momentos cronológicos, pero el recurso a estas figuras les resultaba operativo para las estrategias teleológicas que ellos proponían.

Una vez desembarazada de su carga teológica, representada por los *prima principia* de la razón práctica, el nervio doctrinal contractualista asumió diversas caras, no siempre compatibles. La realización de la libertad personal según Pufendorf; la defensa de la libertad del individuo en el uso de sus propiedades según Locke; el 'Rechtsstaat' alemán del siglo XVIII, que concebía al poder creado artificialmente en función de la defensa de los derechos naturales del hombre, a saber, la libertad, la igualdad y la propiedad. A lo largo del siglo XIX estas explicaciones se complicaron al entrar en crisis la hegemonía de la mentalidad liberal: Hegel quiso ver una realidad divina inmanente en la historia; los comunistas vieron en el trabajo por cuenta ajena la alienación de una clase social, que era la representativa del género humano; fueron corregidos por los moderados socialdemócratas; y los anarquistas hicieron una enmienda a la totalidad de lo propuesto hasta entonces; tras ellos vinieron las extrañas derivas políticas de los que seguían a líderes carismáticos en el siglo XX.

Después de 1945, Apel quiere exponer la necesidad inesquivable de la igualdad trascendental que late en el diálogo propio de la comunicación humana; Habermas trata de mostrarnos la verdadera estructura actual de las mediaciones de la humanidad insistiendo en que la instancia intramun-

---

[29] Las doctrinas de los teólogos fueron rechazadas verbalmente por los jusnaturalistas progresistas de los siglos XVII y XVIII, pero algunas de las ideas directrices permanecieron en sus libros. Pufendorf dependió muy directamente de las filosofías de los Nominales de la Baja Edad Media, cuyos conceptos usaba fluidamente. Locke hizo posible la estructura argumentativa que le llevó hacia su fenomenismo sensista gracias al cañamazo retórico que le proporcionaron las categorías escolásticas en las que se había formado, tales como sustancia-accidente, potencia-acto y, sobre todo, la de causa eficiente-efecto producido por tal tipo de causalidad.

dana deviene necesariamente normativa, y por ello sobrehumana. Rawls pretende enseñarnos lo que realmente deberían desear unos individuos coherentemente egoístas, a los que sin embargo anima con exhortaciones moralizantes en su obra tardía. Entre todos ellos han llevado la capacidad dialéctica y raciocinativa de la razón humana a prácticamente todos sus extremos posibles, y han hecho que el pensamiento político actual –desengañado de la operatividad de cada uno de estos momentos tomados aisladamente– sea marcadamente sincrético. Los filósofos de la política se han comportado como esos ministros de educación que entran el ministerio con su plan de estudios bajo el brazo, convencidos de que ellos acabarán definitivamente con la crisis que viene sufriendo la enseñanza desde siempre.

Estas propuestas han tenido en común fundamentalmente dos datos elementales: Suponer que el seguimiento práctico de un esquema teórico llevaría a la redención política, cuando no a la redención humana total: Diversos estudiosos han señalado el componente escatológico de estas ideologías. Por algún extraño y perverso mecanismo de la mente humana, estos últimos siglos han creído que las mediaciones humanas quedarían purificadas por la observancia de un solo modelo de vida colectiva. Ciertamente, Tomás Moro publicó su Utopía, pero esta obra solamente ofrecía un marco para desarrollar las virtudes de las personas, no un estilo de vida que –caso de ser seguido– hiciera superfluas estas virtudes[30]. El otro dato se manifiesta en la concepción de los individuos solamente en función de la creación de un único centro del poder, de forma que si la finalidad del poder es la de satisfacer algunos deseos y necesidades de los hombres, no es menos cierto que las personas participan como ciudadanos únicamente en su condición de súbditos o subordinados de ese poder: Siguen dependiendo de una sola instancia, frente a la que se fortifican con derechos.

---

[30] Alejandro Llano hace un resumen de este problema: "La felicidad, en sentido moderno, se desvincula de la virtud. Para los clásicos, la *eudaimonia* no era el 'resultado' de algún modo estereotipado de vivir y, en definitiva, de ser. La *eudaimonia* es una condición estable, que abarca toda la vida, y que depende del propio *daimon*, del genio de cada uno, que le viene dado por algún misterioso designio. No es que el hombre no pueda hacer nada por ser feliz. Sí que puede, y nada menos que *vivir bien*, es decir, practicar la virtud y aspirar a la contemplación. Pero el logro de la *eudaimonia* no es el esfuerzo programado, sino que tiene la índole de un regalo inmerecido". *La nueva sensibilidad*. Espasa-Calpe, Madrid, 1988, pág. 169.

La tercera etapa sería la actual. Si partimos de que ahora ya hemos superado estas explicaciones que ha suministrado la historia, y que ya disponemos de un marco de precomprensión que nos permite pensar autónomamente al margen de estos condicionantes, el problema sería ante todo el de indicar desde qué dimensión de lo humano han de regirse las mediaciones sociales que entendemos como políticas y jurídicas. Si no atendemos ya a alguno de los dos tipos de doctrinas que históricamente se han sucedido, lo que nos queda son las personas o, por expresarlo con más precisión, los que nos quedamos somos las personas. Obviamente no me refiero solamente a la persona entendida escuetamente como un ser individual de naturaleza racional, o a la persona según el antiguo modo romanista, que la contemplaba como cada una de las dimensiones básicas y permanentes de la vida social; tampoco es cuestión de insistir más en la soledad personal –consecuencia de la necesidad moral de la autodeterminación de cada ser humano– ni, por ello en las esferas de libertad individuales.

Ahora es el momento de aludir a esa dimensión de la persona, que es su faceta necesariamente pública, porque lo público no puede ser disociado de las personas, ya que ni existe un poder originario del Estado (el *dominium jurisdictionis* según Covarrubias) que pueda ser opuesto al *dominium* de cada persona sobre sí misma y sobre las demás: Sucede, en definitiva, que el derecho no es cuestión solamente de dominios excluyentes, aunque frecuentemente también se manifieste así.

Hic!

Rehacer las personas en el derecho

Los procesos intelectuales distan de ser claros: Quizá esto sea sólo una consecuencia de su humanidad. Pero cuando el carácter epigonal interviene, especialmente cuando acomoda viejas versiones filosóficas a los tiempos nuevos, la opacidad es mayor. Hubo tiempos de más claridad porque vemos que Sócrates tuvo su gran intuición, y Aristóteles corrigió algunas tesis del Sócrates que nos presentó Platón; los estoicos y los epicúreos disertaron al filo de sus propias intuiciones. Juan Duns se enfrentó a Tomás de Aquino porque tenían también intereses religiosos distintos. Pero este modo de transcurrir la sucesión de las intuiciones desde Sócrates a Descartes, se interrumpió en el siglo XVII, que fue un tiempo en el que no tanto hubo intuiciones distintas en las bases de las nuevas filosofías, como reverdecimientos de tesis antiguas al servicio ahora de un duelo normalmente entre creyentes y secularizadores. En parte, estas vueltas a filosofías antiguas dispusieron de sólidas razones: Descartes percibió de forma especialmente fuerte la disensión entre la evidencia proporcionada por los sentidos y la evidencia racional, y optó por la razón. Hume, además de la influencia cartesiana –que ya había creado todo un estilo nuevo alejado de metafísicas ingenuas–, fue golpeado por algunas secuelas del nuevo método científico, y exacerbó el fenomenismo. Pero desde Hume a hoy no ha habido grandes innovaciones. Tiene razón MacIntyre cuando explica que vivimos entre retazos de culturas pasadas y que es preciso volver a Hume para retomar el hilo interrumpido de esa narración que es nuestra cultura. Porque desde el iluminismo a hoy lo académicamente correcto es mantener bases epistemológicas empiristas, aún cuando ya han pasado los condicionantes científicos que apoyaban ese modo de pensar. Si han pasado esos condicionantes pero se mantiene la misma base científica, es porque hay otros factores que no provienen desde la reflexión sobre ciencia.

El hombre busca lo que ya es suyo

Indicaba que cuando un investigador afirma las estructuras objetivas de la vida humana, ante todo debe precaverse del peligro del sociologismo. Los institucionalismos en el derecho nos hicieron un flaco favor en sus empeños por superar el individualismo jurídico, porque destacaron quizá demasiado la inserción de los seres humanos, en nombre de la solidaridad social, en estructuras de poder que no eran 'suyas'. Éste es un problema de la filosofía solidarista que describió Duprat, por ejemplo. No es que estas filosofías jurídicas hayan negado la libertad de las personas, pero ha sucedido que la mentalidad que ha permanecido tras ellas recuerda ante todo las objetivaciones sociales que ellas propusieron.

Corresponde aludir a qué quiere decir que una institución es propiedad de un ser humano o, como indiqué antes, que es 'suya'. De acuerdo con Tomás de Aquino, todo ser ha de tender hacia aquello hacia lo que él se mueve naturalmente; si no es así, el movimiento no puede ser considerado natural, sino violento; un ser se mueve hacia aquello que es suyo porque está en el mismo plano que él; la imposición forzada, como puede ser la que se logra mediante órdenes o mandatos, origina movimientos violentos, no naturales; de ahí el rechazo de Aquino a las leyes entendidas como mandatos imperativos, pues él entiende que la ética se expresa en tiempo de presente: "Esto está para que tú lo hagas" (Hoc est tibi facien-dum) y no en imperativo (Fac hoc!)[31].

(**El contractualismo aleja al hombre de su cotidianidad**) Como es lógico, si partimos desde la consideración de las personas aisladas, y nos preguntamos después como pueden llegar a relacionarse jurídicamente estas personas, cualquier determinación del aislamiento inicial ha de presentarse como una limitación de la indeterminación inicial, esto es, de la libertad originaria, según entiende el pensamiento usual. En esta mentalidad las personas no tienen carácter sintético, porque siguen conservando en todo momento la resistencia inicial a ser integradas en el conjunto social; lo que por otra parte, es comprensible, porque el poder es una simple necesidad común, no un bien común[32]; pero un planteamiento inadecuado de este tema puede llevar a sentir que todas las determinaciones jurídicas abocan hacia el poder único de la sociedad. El filósofo del derecho no debe buscar tanto derechos de las personas frente al poder como derechos de las personas que forman poderes públicos, diversos y plurales. Tomás de Aquino situaba la garantía de la libertad en esta fragmentación del raciocinio sobre el poder, es decir, de la razón práctica[33].

Este no es posible si imaginamos a la sociedad como una 'sustancia' y a las personas como sustancias distintas de la sociedad; en un primer momento la persona ha de desear lo que no es ella –la sociedad– y más tarde ha de atrincherarse para que el Leviathan que han creado no las devore a ellas mismas. Rousseau mostró como este aniquilar la libertad para defenderla de modos simplemente negativos implica perder la dignidad; él quería una libertad en el interior de la sociedad, de naturaleza positiva, no barricadas contra el cuerpo social, de modo que cada ser humano fuera una síntesis entre el momento social y el individual. Él quiso resolver este problema en su "Du contrat social", pero erró ampliamente, porque sólo logró un Estado totalitario[34].

---

[31] Vid. *Sum.Theol.*, I-II, q. 17, art. 1.

[32] Una idea de Sergio Cotta expuesta en *El derecho en la existencia humana.* Trad. de I. Peidró, Eunsa, Pamplona, 1987, págs. 92-93.

[33] Vid. *Sum. Theol.*, I, q. 88, art. 1.

[34] Berlin no duda en situar a Rousseau como de los "seis enemigos de la libertad humana". Nos dice de él que "El aspecto original de la enseñanza de Rousseau es que todo este enfoque <el liberal> en realidad no sirve. Su concepto de la libertad y su concepto de

El fallo de Rousseau estuvo, antes que cualquier otra consideración, en que no supo trascender lo que podríamos llamar la filosofía de las sustancias aplicada a la vida social. Este modo de pensar entiende que el individuo sólo puede existir de dos formas: Aisladamente, al modo de los liberales, o integrándose en el conjunto de la sociedad, de forma que pierda su individualidad en la creación y aplicación de la justicia. *Tertium non datur*. Desde este planteamiento, las explicaciones que hablan de limitaciones parciales de los derechos individuales, del costo individual de vivir en sociedad, han gozado de bastante predicamento. El problema más en la base de estas explicaciones es que ante todo sitúan un poder originario, y más tarde proclaman derechos de los individuos que suponen barreras externas a aquel primer poder. Ésta es la ideología que resulta de absolutizar la forma de pensar de los derechos humanos, que supone un poder sin límites, en realidad amorfo, y derechos siempre individuales que implican mordiscos concretos a ese primer poder.

Este modelo ha funcionado realmente en la práctica política más vital, y por esto no debe ser desechado sin más. Pero presenta, tal como vemos a comienzos del siglo XXI, una deficiencia elemental: Que primero educa a los individuos en la conciencia de sus derechos, y más tarde trata de situar a esas mismas personas al servicio de fines sociales. El individuo, desgarrado, no sabe a donde dirigir su mirada, y todos se quejan del fraude fiscal y de que los organismos oficiales no funcionan a pesar de que aumentan sin cesar el número de sus funcionarios. Pero, si penetramos más en el problema de estas heteronomías, esta objeción se sitúa todavía en un plano muy superficial. El problema más de fondo reside más bien en las formas cómo los individuos perciben las limitaciones de sus personali-

---

la autoridad son muy diferentes de los de los pensadores previos, y aunque emplea sus mismas palabras, las pone en un contexto muy diferente. Éste puede ser, de hecho, uno de los grandes secretos de su elocuencia y de su inmensa eficacia, a saber: mientras parece estar diciendo cosas no muy diferentes de las de sus predecesores, empleando el mismo tipo de frases y al parecer los mismos conceptos, sin embargo altera el significado de las palabras, tuerce los conceptos e manera tal que producen un efecto electrizante sobre el lector, quien se ve insensiblemente llevado por las expresiones familiares hacia un terreno absolutamente desconocido para él". *La traición de la libertad. Seis enemigos de la libertad humana*. Trad. M. A. Neira, FCE., México D.F., 2004, pág. 52. Algo similar expresa Cotta: "Buena conciencia de ello tenía Rousseau, el cual es verdaderamente el místico y el mitificador del Estado, y no Hegel...". *Itinerarios humanos del derecho*. Trad. J. Ballesteros, Eunsa, Pamplona, 1974, pág. 93.

dades. Algunos filósofos de estilo pragmático dirían que los derechos de las personas deben ser recortados para vivir en sociedad, hablarían de responsabilidad, etc., pero estas explicaciones no convencen. Aunque aceptemos las contradicciones en el interior de nuestra propia vida –¿quién sería tan estulto como para no percibirlas?– es mal camino situar la libertad política de las personas en los cotos de libertad que resultan desde limitaciones concretas al poder originario.

Si la sociedad es una sustancia, y las personas constituyen otras sustancias o cuerpos, ambas se repelen, y resulta un problema muy complicado explicar como encajan las unas y la otra. Los pensamientos basados en representaciones geométricas deben ser dejados de lado. Desde el siglo XVI a hoy los tratados de filosofía política han partido desde la consideración del poder; frecuentemente han arrancado sus explicaciones desde los individuos aislados que, mediante el esquema necesariamente interpretativo del contrato, dan lugar al cuerpo político: Pero desde algunos respectos, hay poca diferencia entre Bodin y Suárez, porque tanto uno co u otro sitúan un centro solitario del poder[35]. Fernando Vázquez de Menchaca, Luis de Molina o Francisco Suárez contribuyeron a diseñar un centro único del poder. En esta lanzadera que va desde los individuos como tales (siempre absolutos) al poder como tal (siempre absoluto), las consideraciones jurídicas no tienen espacio. La ciencia jurídica consiste en saber calcular lo que nos corresponde de acuerdo con esa dimensión de la personalidad que está ahora en juego; pero si nos movemos entre dos absolutos no hay nada que calcular, y todo se resolverá en cuestiones de hechos: *Quod accidere potest*, de modo que en algunos Estados habrá libertad de enseñanza, y en otros no.

La existencia de una filosofía jurídica de calidad no evita la lucha política, que en un régimen parlamentario se hace ante todo mediante las votaciones, de forma que la fuerza de los votos sustituye a la fuerza de los

---

[35] Por expresarlo con terminología más al uso hoy, el Estado se constituyó en un sistema autorreferencial cerrado, en el que la cuestión del sentido de la supervivencia del sistema estaba excluida, porque parecía superflua en los siglos XVII y XVIII. Aún Fernando Vázquez de Menchaca y Samuel Pufendorf hablaron de hacer realidad la libertad individual, Hobbes aludió a la seguridad, Locke a la libertad en el uso y disposición de las propiedades. No quisieron creer que el poder único que ellos estaban contribuyendo a diseñar, reclamaría con el tiempo su estricta individualidad, rechazando las limitaciones que ellos proponían.

puños. La fuerza es necesaria, pero no toda la vida jurídica, ni mucho menos su intimidad, se resuelve en fuerza. ¿Existe alguna receta milagrosa que nos exima de la 'lucha' política para llevarnos a la lucha según la razón? No existe una sola fórmula omnicomprensiva, pero sí emerge una estructura formal, y por ello universal, que se sitúa por debajo de la fuerza. Esta estructura pasa por reconocer las dimensiones públicas de las personas, reconociendo que es natural o necesario –por así decir– ser un individuo, y que tan necesario o natural como este hecho es ser padre, profesor o ciudadano. La condición de ciudadano va tras las exigencias de las esferas de ser amigo, profesional, padre o miembro de una confesión religiosa, no al revés. La ciudadanía es esa condición de la sociedad que respeta las esferas familiar, profesional y religiosa, no una misteriosa sustancia (el poder *ab origine* y amorfo) que ha de ser forzado para que reconozca posteriormente las exigencias de estas otras vertientes de la vida humana, o si queremos decirlo que una forma literariamente más directa, de las vidas de las personas.

b. Aparecen cualidades emergentes. No podemos ignorar el hecho de que todos los conceptos, cuando son aplicados en la práctica, quedan por debajo de su propio nivel; y este hecho resulta especialmente patente cuando hablamos de la libertad e incomunicabilidad de las personas, mutiladas siempre de alguna forma en la relación social: Lo que nos muestra que la independencia es tanto un derecho que cada sujeto puede exigir a la sociedad, como un derecho inexistente si lo consideramos *tout court*. Además, cuando partimos desde las personas libres e aisladas, la historia muestra lo fácil que es ir desde la afirmación de la libertad individual a la creación de una entidad con todos los poderes, como mostró Rousseau. Entonces ha sido preciso defender a las personas creando el remedio para el mal que estos mismos pensadores han creado.

Ciertamente, si el hombre puede ser directamente sujeto de derechos y obligaciones, esto se debe a que es persona, en un sentido del término que rebasa al simple individuo de la especie[36]. La personalidad humana está omnipresente en todas las manifestaciones jurídicas, como observa-

---

[36]. Sobre la persona humana como fundamento último del derecho, vid. J. Hervada, *Introducción crítica al derecho natural*. Eunsa, Pamplona, 4ª ed., 1986, págs. 85 y ss. El estudio de conjunto quizá más completo sobre este tema es el de Ilva-Myriam Hoyos Castañeda, *El concepto jurídico de persona*. Eunsa, Pamplona, 1989.

mos de forma especialmente clara en el derecho penal, que es una rama del derecho que se ocupa únicamente de las lesiones o daños directamente producidos a los seres humanos, sea en sus personas, sea en sus patrimonios. Lo específico del derecho penal es suponer un universo humano acabado: Cada persona está completa en sí misma, en lo que ella es y hace, y en su patrimonio, y la finalidad principal de esta rama del derecho es que respetemos las situaciones tal como están[37]. Pero al margen del derecho penal, la personalidad no tiene siempre una relevancia directa en el derecho[38]. Aquí reside una de las inflexiones más importantes que separa al pensamiento jurídico moderno del resto de la ciencia jurídica anterior: Los teóricos del derecho de los siglos XVII y XVIII partieron desde lo que ellos consideraban el estudio 'natural' o científico del hombre (el hombre aislado en el 'estado de naturaleza') e ignoraron la mayor parte de las mediaciones humanas, y pretendieron construir un derecho natural que regulara las relaciones entre los individuos respetando su igual libertad, sin hacer en principio referencia a otra realidad o institución que se interpusiera entre ellos. Si parten desde el individuo aislado e independiente en el estado de naturaleza, no pueden reconocer mediaciones entre las personas que no tengan origen y, sobre todo, estructuras contractuales; su empeño fue laudable, ya que quisieron hacer de la igualdad individual expresada en la noción del contrato el esquema universal para filtrar y enjuiciar las relaciones humanas; pero el contrato es un instrumento muy parcial.

Como el contrato no alcanza a dar cuenta de todas las relaciones humanas, este tipo de reflexión jurídica consistió en que algunos teóricos del derecho descompusieron la sociedad en lo que ellos consideraban que eran sus elementos más simples –los individuos humanos aislados– para reconstruir después con esos elementos la sociedad. Pero como el esquema contractual compone una figura demasiado proteica y amplia, en la práctica doctrinal cada investigador trató de rehacer la sociedad política y jurí-

---

[37] Vid. mi estudio *El derecho penal en la definición del derecho*, en "Persona y Derecho" 40 (1999), págs. 307-322.

[38]. Thomas Erskine Holland nos advertía ya en el siglo pasado acerca de las dificultades de recurrir a títulos últimos, como la personalidad. "It is a mere choice of the more convenient course whether the jurist makes the 'personal' dimension of the right or its 'real' dimension the basis of his classification. Now as a matter of the fact the personal dimension is one which in the majority of cases needs no consideration at all". *The Elements of Jurisprudence*. 13ª ed., Oxford, 1924, pág. 140.

dica según alguna ley o leyes que él se había trazado, distintas según cada autor; por lo que desde el deseo de precisión llegaron a la arbitrariedad. Éste fue el modo de proceder de Hobbes, que al volver a agrupar lo que él mismo había separado, encontraba cualidades portentosas y benéficas en la materia.

Pero los que reflexionan sobre el derecho deben considerar que las realidades humanas básicas se presentan normalmente en estructuras parecidas –que podemos llamar cualidades emergentes, o *Gestalten*[39]–, y que lo que sucede en la lógica, en las matemáticas o en la biología se aplica también al derecho y a la ética. Cuando la ciencia está realizada seriamente, aparecen isomorfismos importantes que no son solamente interdisciplinares, sino que se muestran reiteradamente en las tipificaciones de las conductas humanas. En un primer momento vemos que la caracterización tomista de la relación jurídica como un 'medium rei', se ajusta a la realidad en bastantes ocasiones: Pues será obligación del profesor –con independencia de sus condiciones personales– explicar con la claridad suficiente para que le entiendan sus alumnos. Y vemos igualmente que el profesor solamente puede exigir a sus alumnos aquellas conductas que vienen ordenadas por la relación de docencia; y que los alumnos únicamente pueden exigir esto mismo al profesor. Estas 'cosas' (esto es, la relación objetiva de docencia-discencia en este caso) constituyen una manifestación elemental de las cualidades emergentes en la vida humana. El reconocimiento de estos hechos no implica considerarlos aisladamente y de forma absoluta: En este nervio universal del razonamiento jurídico van incluidos también los principios generales del derecho, los derechos humanos y las exigencias de las relaciones que poseen una estructura objetiva.

---

[39] Los biólogos repararon en el hecho de que cuando convive o se relaciona un grupo de individuos, resultan necesariamente pautas de comportamiento en ese grupo que no pueden ser explicadas desde la morfología, etc. de cada uno de los individuos considerados aisladamente. Los biólogos llamaron cualidades emergentes a este tipo de necesidades. Me sumo a la observación de Gehlen: "Un ser constituido físicamente de tal modo que sólo puede vivir si actúa; con eso hemos dado la ley estructural de *todas* las realizaciones humanas, desde las somáticas a las espirituales". *El hombre Su naturaleza y su lugar en el mundo*. Trad. de F.C. Vevia, Sígueme, Salamanca, 1980, pág. 26. Añade en la pág. 37 que sólo partiendo de la idea de ser práxico, no terminado, entra en el campo la *fisis* del hombre. La definición como 'ser espiritual' sola no permite nunca ver claramente una conexión entre el estado corporal y lo que se suele llamar razón o espíritu".

Algunos investigadores se sienten inseguros al abandonar el terreno habitual al que están acostumbrados; pues ellos dependen afectivamente e intelectualmente de los análisis y síntesis que aparentemente parten desde los individuos, y creen llegar hasta las explicaciones de las mediaciones sociales según esquemas individualistas pretendidamente basados en los derechos individuales o en contratos. Parecen no reparar en que en los teoremas y razonamientos matemáticos, lógicos, y también en los propios del derecho, un paso se sigue desde otro gracias a ese nervio común que los escolásticos y Kant llamaron el *prosilogismo*, de forma que es ese factor ya insilogizado en sus razonamientos el que permite vincular dos afirmaciones o premisas distintas, sin que ninguna de ellas considerada aisladamente tenga fuerza por sí sola para alcanzar o llegar hasta las otras[40]. Estos prosilogismos están constituidos frecuentemente por las exigencias objetivas de las instituciones que ellos consideran.

Las cualidades emergentes son realidades que se producen en todas las ramas del saber, lo mismo en grupos de animales, que en los hombres, que en las matemáticas, y que es necesario dar cuenta de ellas.

Es cierto que la comprobación de las exigencias de estas configuraciones no nos resuelve enteramente el problema científico, porque siempre habrá que relacionarlas entre ellas y, sobre todo, determinar el *index* primario que nos guiará para reconocer la institución que regulará la conducta de cada persona. Esto es, sigue siendo preciso hacer silogismos que frecuentemente son poco exactos; pero la conciencia de la poca exactitud de estas operaciones lógicas –aunque estén realizadas con mucho rigor– no tiene por qué desanimar al estudioso, que sabe que no hay que confundir el rigor con la precisión. Schopenhauer explicaba que, después de una demostración geométrica que es verdadera, el investigador no alcanza a comprender por qué el teorema procede precisamente así. Toda demostración –también en el plano de la geometría– deja tras ella un sentimiento

---

[40] La realidad del prosilogismo en tanto que estructura formal y objetiva es muy discutible. Más bien parece que es el campo del desarrollo de alguna evidencia interna. Stupp nos dice que "Nicht Sätze von der Art der Axioma finden. Vielmehr nimmt Wolff im Geiste des Cartesianismus seiner Ausgang bei der Selbsterkenntis". *Mos geometricus oder Prudentia als Denkform der Jurisprudenz, Dissertation* leída el 18 de junio de 1970, pág. 63. En la pagina siguiente refuerza la función de esta intuición inicialmente cartesiana: "Das ist aber was grosses, wenn ich von wichtigen ohne Furcht sagen kann: sie sind so gewiss, als ich bin".

Francisco Carpintero   185

desagradable, análogo al que produce la conciencia de un defecto de comprensión[41]. Estamos ante prosilogismos, que operan a modo de factores ya presentes en los razonamientos: En cualquier caso existe una razón metódica demostrativa que antecede y hace posible el teorema posterior; la desproporción entre tal razón metódica y el pobre teorema con el que intentamos explicarnos el por qué del desarrollo y de la demostración del problema, deja siempre esa sensación de desagrado a que alude Schopenhauer. Intuimos cosas concretas, pero no vemos el cielo desde arriba.

La alusión a estas *Gestalten* humanas no expresan acabadamente los conjuntos de singularidades de la vida jurídica, porque el ser humano es ante todo persona, y como tal, bajo ciertos aspectos es irreductible tanto al todo social como a estas configuraciones. Reconocer la existencia y operatividad de estas cualidades emergentes no implica que el jurista haya de atenerse únicamente a ellas; si hiciera esto caería en un sociologismo reprobable. Sucede que la teoría sobre el derecho oscila entre dos extremos: El estudio directo de las personas y la atención para cada una de sus acciones, y el encauzamiento de las capacidades personales según los tipos de acciones. Más allá de las 'teorías' jurídicas, la reflexión parte desde una manera de razonar de acuerdo con un ideal metódico –la ciencia jurídica instituida– en el que estas configuraciones o *Gestalten* tienen frecuentemente relevancia. Indica Arendt que lo que sucede en el mundo no se debe a 'el' hombre o a la esencia del hombre. Pues el mundo y las cosas del mundo, en cuyo centro suceden los asuntos humanos, no son la expresión o la reproducción impuesta al exterior de la esencia humana, sino al contrario, el resultado de que los hombres son capaces de producir los ámbitos denominados anímicos o espirituales, que son realidades duraderas en las que poder moverse sólo en la medida en que esos ámbitos están cosificados, porque se presentan como un mundo de cosas[42]. Si el concepto de la persona estuviera formado por una condición pura del pensar, podríamos aventurar a las personas en la sociedad como seres solitarios, incomunicables, etc. Pero esto sería tanto como abandonarlas en la selva. Aunque la persona no es un objeto producido por algún método, la consideración jurídica y en general práctica de las acciones de las personas, al constituir una ciencia real porque versa sobre las personas reales, se pre-

---

[41] Citado por Saumells en *La geometría euclídea como teoría del conocimiento*. Rialp, Madrid, 1970, pág. 19.

[42] Vid. *¿Qué es la política?*, Paidós, Barcelona, 2006, pág. 58.

gunta sobre las conexiones de sus objetos (las personas) según ciertas razones metódicas, es decir, sus relaciones objetivadas.

La alusión a estas cualidades emergentes, con lo que ello implica de objetividad en la que frecuentemente está ausente la voluntariedad, parece llevar hacia un mundo inhumano. Efectivamente, puede suceder que no haya habido elección voluntaria: ¿Acaso el peón que trabaja en la recogida de la aceituna desea esa situación para él? La única respuesta es que, con independencia de la voluntariedad de lo vivido –salvo casos realmente excepcionales–, el desgarrón que vive la persona que no acepta su cotidianidad, es el mismo haya o no haya habido voluntariedad. Sergio Cotta, siempre observando la vida corriente, explicaba que la dignidad humana reclama que cada persona salga al encuentro de la necesidad que le es impuesta, que la abrace y la haga suya[43]. En otro caso, sólo habrá rebeldía estéril que consumirá el alma y seguramente también el cuerpo. El reflejo de un momento en su contrario –el de la universalidad en la finitud y vice--versa– forma parte de la universalidad que cada determinación adquiere mediante esa 'vibración de eternidad' que puede llegar a adquirir en el marco de su universalidad. El hombre, como síntesis que es, vivencia momentos suyos, que son diferentes y que le desazonan. Es esa mezcla siempre presente de finitud y universalidad a la que aludía Hegel, que solamente puede soportar el ser racional[44].

c. Un escolio. Desde luego, el recurso directo a la dignidad o a la libertad de las personas es un criterio que siempre estará vivo, porque las reflexiones que podamos hacer sobre las naturalezas de las cosas, o sobre las configuraciones emergentes en la convivencia, quedarán subordinadas a lo que cada ser humano es y exige porque es persona. Pero si centramos

---

[43] Vid. *Itinerarios...*, cit., págs. 68-69.

[44] Hegel exponía esta idea en *Principios de filosofía del derecho, o derecho natural y ciencia política*. Trad. de J. L. Vermal, Editorial Sudamericana, Buenos Aires, 1975, § 35, Agregado. Los hombres contemplamos lo universal en sus determinaciones. Los artistas tratan de exponer lo universal de forma más permanente, de modo que el espectador o el lector de sus obras retenga lo universal de maneras más sólidas, por así decir. Sin embargo, las actitudes ante el momento más universal, son distintas: El hombre miserable trata de vivir él su placer en lo universal. El hombre de miras más amplias, no trata de satisfacerse él con lo universal como de amar lo universal, de forma que no instrumentaliza la belleza al servicio de su agrado, sino que se recrea él en la belleza misma, sin perder su esperanza personal.

la atención de este modo en la noción de persona, el problema estribaría en cómo superar el individualismo propiamente moderno, porque para este individualismo el orden jurídico, el poder o los poderes, en general, sólo son una función de los individuos aislados que se encuentran molestos en su aislamiento, y que por ello desean hacer vida social. Si éste es nuestro punto de partida, nos encontraremos a unos seres divididos entre las exigencias de su individualidad y las de su condición necesariamente alteritaria y social. Sería fácil hacer una suerte de discurso que insistiera en que todos viajamos en el mismo barco, etc. Pero éste no es el camino que apunto[45]. Más bien quiero indicar que en el derecho no existe el poder en general ni la libertad en general ni, por tanto, una sola fórmula de la justicia; el poder, la libertad o la justicia no son realidades uniformes y amorfas, sino que existen los poderes, plurales, porque la patria potestad clama por su derecho, del mismo modo que clama por su derecho la pretensión del trabajador para que le paguen su sueldo. Instituciones como la patria potestad, el poder del capitán sobre su barco, o de los alumnos sobre sus profesores, son realidades irreductibles unas a otras. Lo que nos indica que estas expresiones generales, tales como poder jurídico, libertad, dependen de realidades que les dan tanto su origen como el perímetro de su operatividad. A estas configuraciones las podemos llamar también –cuestión ante todo de comodidad lingüística– determinaciones, según algunas de las tesis que expuso Hegel.

Hic!

La persona como síntesis

La pugna por reconocer la relevancia pública de las personas ha oscilado entre el personalismo, que lleva a la oposición de dos entidades absolutas, y el sociologismo, que disuelve a las personas en el nosotros de una clase, del tipo que sea. Es evidente que no existe una *media via* entre estas dos opciones. Como afirmamos a las personas y a sus determinaciones, será preciso buscar un entronque de cada persona con su cotidianidad, un modo de ser de la misma persona que no pueda ser reducido ni a la simple funcionalidad social de cada hombre, ni al enfrentamiento grosero y sin

---

[45] Finnis hizo una crítica aguda de estos planteamientos. Vid. *Ley natural y derechos naturales*. Trad. de C. Orrego, Abeledo-Perrot, Buenos Aires, 1992, pág. 49.

matizaciones entre los dos modos pretendidamente universales de manifestarse lo humano, esto es, al poder y a la libertad personal.

a. Lo que exigimos, y cómo exigimos. El ser humano es capaz de desdoblarse y, usando su racionalidad, llegar a cuestionar parcialmente las estructuras de la racionalidad que él usa. Los hijos de Adán portamos en nosotros dos realidades distintas. Todo parece indicar que constituimos una síntesis: "Si no fuéramos una síntesis, no podríamos desesperar"[46], nos indica Kierkegaard. La ansiedad es la discordancia interna de la síntesis y, puestos a conocernos, ante todo corresponde aludir a esta ansiedad o desesperación. Notemos que no partimos desde la contemplación tranquila, como si viviseccionáramos al hombre en la grandeza de sus posibilidades; esto sería pretender un imposible, porque ningún investigador puede pretender alejarse él de sí mismo, encapsular su propia racionalidad, y conocer desde sí lo que él es.

Kant trató de arrancar desde la noción del deber, no desde la del fallo o pecado, pero no parece posible explicar el conjunto de la vida práctica humana positivamente, como quien describe en un mapa los territorios que va recorriendo. Más bien es aconsejable lo contrario, porque como explicaba Álvaro d'Ors, la noción del derecho arranca desde la vivencia de la injusticia, no desde el conocimiento de un orden previo de justicia[47]; siguiendo esta sugerencia, propongo hacer partir este análisis no desde la quietud del ánimo, como si ya supiéramos en qué consiste tal estado, sino desde la realidad de la añoranza que todos vivimos de una forma u otra. De hecho la ética misma existe porque el hombre se siente incompleto: No incompleto porque le falte esto o lo otro, sino incompleto porque normalmente se falta él a sí mismo: No en vano Tomás de Aquino explicaba que el hombre, cuando peca, peca ante todo contra sí mismo[48]. No partimos desde un mundo de esencias racionales siempre inmutables y plenas en sí

---

[46] Kierkegaard, *Tratado..*, cit., pág. 26.

[47] Vid. Vid. *Una introducción al estudio del derecho*. Rialp. Madrid, 1963, pág. 104, En un plano parecido podemos situar a Franz Wieacker cuando explicaba que la función específica del derecho natural es la de llamarnos al orden contra la violación de un derecho. Vid. *Zum heutigen Stand der Naturrechtsdiskussion*, Westdeutscher Verlag, Köln und Opladen, 1965, pág. 36.

[48] Describe al pecado como la privación del propio bien en *In IV Sententiarum*, L. II, Dist. 36, q. 1, art. 2. Consecuentemente, el hombre, al pecar, peca contra sí mismo. Vid. *Sum. Gent.* §§ 2948-2950.

mismas –a las que el hombre sólo tendría que ajustar su voluntad, como querían Molina o Suárez–, ni tampoco desde un mundo autónomo de normas con sus estructuras formalmente necesarias, como pretendieron Nawiasky o Kelsen, sino desde la ansiedad personal que origina la desproporción.

La noción básica que procede establecer ahora, para hacer partir el estudio desde ella, es la de la carencia o la de angustia que origina la falta de universalidad, porque si no fuéramos indigentes no existiría la filosofía práctica: La ética no es tanto la enseñanza de la búsqueda de las cosas externas, como la tensión del individuo humano por llegar a ser hombre: El de Aquino hablaba a veces, indiferentemente, de actos humanos o morales[49]. Si no hay humanidad, no hay moralidad; y si la ética existe, lo procedente es preguntarse cómo llegamos hasta ese momento en el que traspasamos la barrera del simple plano técnico. En la cotidianidad del derecho reclamamos cosas muy concretas, normalmente de índole material, y también normalmente reductibles a dinero[50]. Aparece así una divergencia aparente entre el universal que porta toda persona y la contingencia de lo que suele reclamar jurídicamente. Pero esta separación no acaba de ser real, pues una realidad es 'cómo' necesita una persona –un hecho que denota una situación vital necesariamente universal– y otra realidad es 'lo' que necesita, que normalmente consiste en cosas determinadas y contingentes. La misma desproporción entre la universalidad propia del cómo necesita[51], y la triste limitación de lo que precisa, lleva a pensar que desde la simple contingencia, ninguna doctrina ética alcanzará jamás la universalidad propia del hombre. Pues las cosas suelen ser finitas y negativas, y desde ellas no brota ninguna universalidad, que es exactamente lo opuesto de lo negativo y lo finito. Imagine el lector el aprecio que puede merecer cualquier doctrina utilitarista, siempre centrada en alcanzar estos finitos y

---

[49] Vid., por ejemplo, *Sum.Theol.*, II-II, q. 18, art. 9.

[50] Savigny entendía que la abstracción propia del derecho determinaba que las relaciones jurídicas fueran reductibles a términos económicos. Vid. *System des heutigen römischen Rechts*. Berlin, 1840, vol. I, § 56, pág. 375.

[51] Ilva-Myriam Hoyos refiere este dato con precisión: "Si la esencia que el derecho comporta se refiere a la persona "es porque la misma procede de la forma que lo constituye". Dicho de otro modo: la juridicidad –cualidad de lo jurídico– es un atributo propio de la persona … la atribución de la cualidad de jurídica a una realidad requiere tanto la existencia de algo atribuible como de un sujeto a quien se atribuya". *El concepto jurídico de persona*, cit., págs. 73-74.

negativos, sin reconocer la universalidad que hace que cualquier sujeto humano pueda reclamar *en derecho*.

b. La noción usual de alteridad es insuficiente. Nadie es primariamente culpable o inocente respecto a los demás, sino ante todo ante sí mismo. Cuando una persona exige a otras que le respeten, esa exigencia no es extraña a ninguna de las dos partes: Las personas que han de respetar a las otras tienen este deber no porque el otro sea realmente otro, o simplemente otro, sino porque ante todo son ellos los que portan en sí tal deber. La persona que exige a otras que le respeten no pide nada extraño a esas otras que son sus posibles agresores: Simplemente les está recordando 'su' deber.

El derecho de cada uno se fundamenta en el deber del otro o de los otros, pero no en el sentido jusnaturalista moderno, que únicamente consideraba al deber como el respeto a los derechos de los otros, formando lo que la doctrina alemana del siglo XIX llamó un 'Rechtsreflex'. Pueden existir derechos 'reflejos' e incluso quizá sea posible atribuir a todos los derechos esta nota común, pero esta solución sería muy insuficiente, porque cuando alguien exige respeto a otro, ese respeto se exige con razón porque el otro ya tiene la obligación de respetar.

El hecho de ser el titular de los propios derechos, y no un simple delegado o habilitado por el único poder público, hace que las personas estén jurídicamente capacitadas para intervenir en cuestiones que no les afectan directamente. Tal cosa sucede con el que denuncia el delito que ha visto cometer, o como el que exige que no se tire basura a la calle, aunque él no sea empleado del municipio. Observo en los países centroeuropeos que las personas son especialmente sensibles ante las infracciones del derecho, ante las que reaccionan molestas de formas visibles. Esas personas solamente recuerdan al otro un deber que efectivamente es de ese otro y de cada uno; ese ser mío, tuyo, nuestro, es lo que legitima a cualquier persona para reclamar que se cumpla el derecho.

No siempre vivimos entre heteronomías en los temas prácticos, como es el derecho. Si existe el deber de obedecer el derecho, ese deber no lo puede imponer un ordenamiento extraño a cada persona, porque el derecho –como las realidades prácticas en general– se compone de extroversiones de los deberes que cada cual experimenta, que son comunes a todos. Desde luego, existen derechos subjetivos cuyo ejercicio queda al arbitrio libre de sus titulares, y las personas se ven obligadas frecuentemente ante lo que es el ejercicio del derecho, de la libertad o del capricho de los otros. Pero la figura del derecho subjetivo no constituye la única manifestación primaria del derecho.

c. Universalidad y contingencia. Las personas se desesperan porque, en su carácter sintético, el individuo como autoconciencia de su propia infinitud, no acaba de reconocer a la persona que él es, y no sabe reintegrarse a su cotidianidad. No es indigente porque le falte algo, una cosa o un objeto exterior, sino que su ansiedad brota porque la síntesis que él es no siempre acepta la conversión de lo virtual suyo en lo real ya determinado y se agobia bajo la conciencia de la génesis y naturaleza contingente de su realidad actual, y de las posibilidades ya perdidas por culpa de las elecciones anteriores[52]. Entonces reaparece otra vez esta tensión en el interior de la personalidad, que elige universal y grandiosamente –éste sería el momento del cómo de la decisión– como si esa persona fuera la creadora del mundo, pero que ha de optar por tristes cosas finitas y limitadas: La universalidad propia de la razón y de la voluntad lleva externa y paradójicamente hacia lo negativo y finito, que únicamente adquiere relieve humano a través de aquella primera elección realizada inteligente y racionalmente.

d. La síntesis personal entre lo universal y lo contingente. Una consideración superficial podría comparar sin más, como en un plano de igualdad lógica, la convivencia de lo contingente con lo universal en cada hombre, y concluir que ha de haber tensión entre ambas realidades, como sucede siempre que metemos en el mismo saco dos realidades distintas. Pero entonces no habría una síntesis, sino tensiones en un cuerpo compuesto, y lo procedente sería eliminar alguno de los polos incompatibles. Para dar cuenta de la realidad humana, es preciso afirmar que normalmente no existe tal equivalencia simplista cuyo conflicto quedara resuelto con una simple eliminación del extremo opuesto. Si confiamos la satis-

---

[52] Quizá lo que más atormenta al yo que busca sinceramente su universalidad es la conciencia de la contingencia de lo que ha elegido; aunque también es cierto que esta conciencia estimula hacia fines que parecen superiores. Desde luego, si la universalidad es buscada en el plano de las 'cosas' exteriores, un yo nunca podrá reintegrarse a la universalidad que le pertenece, porque nunca se tiene a sí mismo en ese tipo de objetos. Éste fue uno de los problemas que atormentó a Nietzche.

facción de la persona a la posesión de un objeto contingente, renunciaríamos a la infinitud personal y quedaríamos en manos de algún holismo, sociologismo o utilitarismo al uso. Tampoco tiene por qué ser necesariamente útil eliminar algún dato contingente, porque lo que lo que es meramente contingente no suele ser decisivo –aunque influye en la generación de la ansiedad–, y reconocemos este carácter en el hecho de que unos llevan mal las mismas determinaciones que otros llevan bien, lo que nos indica que la supresión de una contingencia no es suficiente en un plano humano o universal para restaurar la síntesis o la universalidad interna de la persona.

Ha sucedido que la filosofía que aparentemente se apoya en el sentido común, que distingue tan claramente entre las categorías de sustancia y accidente, ha cedido ante la gran tentación ha sido la de suponer una persona humana que sería anterior a sus accidentes o determinaciones[53]. Pero ésta es una escisión peligrosa en la reflexión jurídica, porque si separamos a la persona de sus circunstancias, o de sus alteridades, pronto haremos descansar nuestra imaginación en la filosofía de las sustancias, y volveremos a hablar del derecho como si las relaciones jurídicas consistieran en las relaciones entre dos sujetos indeterminados en sí mismos, que simplemente desean o necesitan algo. En esta línea, se suele decir que el derecho supone necesariamente la alteridad, esto es, la referencia de una persona a otra u otras, y esto es parcialmente cierto; pero es cierto sólo parcialmente porque junto a este carácter del derecho, hay que buscar otra alteridad más en la base de la vida práctica, que reside en la síntesis personal que determina también cierta alteridad, porque un ser humano no se relaciona tanto directamente con las demás personas, como ante todo con él mismo. Lo que nos muestra que la separación entre persona y accidentes tiene algo de irreal; desde algunos puntos de vista podemos distinguirlos, pero no separarlos, pues es procedente distinguir entre el plano universal y el contingente, pero vemos que la universalidad no llega a nacer sin la contingencia. Por esto hablamos del necesario carácter alteritario de las personas. Las contingencias sin las personas son simples hechos, y las personas sin circunstancias no pueden vivir como personas.

---

[53] La respuesta clásico-escolástica, la representa Hoyos, para quien la persona es persona "por la individualidad, unidad, continuidad e identidad de su ser". *El concepto jurídico de persona*, cit., pág. 174. Esta respuesta es correcta, pero insuficiente.

Las filosofías de las sustancias arrastran implicaciones excesivas. Hegel alude a ellas en sus "Lecciones sobre la historia de la filosofía" porque –escribe él– el seguidor de estas filosofías explica que él es una sustancia, que Dios es otra sustancia, y así el hombre-sustancia hace el favor de reconocerle al Dios-sustancia que Él existe. La representación de las personas como sustancias acabadas puede llevarnos a pensar, de forma no reflexiva y por ello extraordinariamente fuerte, que hay que separar *realmente* a las sustancias de sus simples complementos, y esto, sin ser falso, tampoco acaba de ser cierto[54]. Si reparamos en que el derecho, como todas las realidades prácticas, no puede consistir sino en funciones de las necesidades de las personas, no hay razón alguna para separar la génesis de las normas jurídicas de las circunstancias de los seres humanos.

Cada ser humano emerge tanto desde la noción individual de persona como desde las situaciones concretas en las que cada uno se determina como padre, marido, amigo o profesional. Ninguno de estos momentos, el de la individualidad, y el de las determinaciones, es anterior genéticamente al otro. Ninguno de ellos tiene vocación de absoluto, porque a veces es preciso partir directamente desde la persona; y a veces es necesario partir desde las relaciones que nos vinculan a nosotros mismos. Este partir desde lo que pueden parecer simples contingencias se muestra de forma especialmente clara en la realidad del honor personal, que exige que una persona se esfuerce de modo aparentemente desproporcionado en la persecución de alguna cosa, que al que está fuera de esa situación le puede parecer banal. En esta imbricación del ser humano con sus circunstancias, hemos de partir desde las personas con sus necesidades tal como son ahora, tanto en la vida personal como social: Las manifestaciones de la personalidad son con respecto a necesidades que se manifiestan como fines[55]. Porque intuimos que, de alguna forma, la noción de persona es

---

[54] El problema de los cuerpos diferentes, como bien saben los geómetras, es que han de tener límites de naturaleza necesariamente distinta, lo que no es el caso de los seres vivos, porque cada ser sólo tiende a lo que por estar en el mismo plano que él, ya es 'suyo' de algún modo.

[55] En la ciencia jurídica sí reconocemos elementos para plantear el problema de los contenidos específicamente jurídicos de los problemas: Cada una de las necesidades de las personas que encarna cada sujeto, es una exigencia de justicia, y cualquiera puede preguntarse qué es necesario para poder defenderse del frío, qué es necesario para actuar como padre, qué necesita para trabajar adecuadamente. La necesidad es el primer criterio de la justicia.

más amplia o más restringida que la de individuo[56]. Todos los seres racionales tenemos determinaciones, porque corresponde a la naturaleza de la racionalidad "ser medida por las cosas"[57]. Una persona sin circunstancias no sería un ser humano, sino el Ser divino.

Al no ser puntos aislados en el espacio sin relieves, con relaciones basadas en el respeto de la simple contigüidad, o en el respeto de las esferas de libertad ajenas, las exigencias de las necesidades no se añaden a las personas al modo como se sobrepone la albarda sobre el burro, porque esas situaciones también forman parte de la mundaneidad de la persona. Esta intimidad en la personalidad es lo que permite que la humanidad forme síntesis con elementos de construcción aparentemente externos, que ahora la pertenecen como suyos casi del mismo modo como se pertenece ella a sí misma[58], y a esas determinaciones aparentemente adjetivas las podemos llamar manifestaciones de la personalidad. Las determinaciones no se añaden a las personas como simples predicados, según el esquema gramatical de sujeto-verbo-predicado, o de sujeto-verbo-complemento directo. Este esquema goza de la gran ventaja de que aparece como evidente, especialmente para las personas que no son capaces de desprenderse del esquema omnipresente del antes-ahora-después. En tal caso, ser persona sería lo más básico según el antes y el ahora, y las determinaciones jurídicas influirían poco en la condición personal, pues tan persona es un casado como un soltero. Heidegger indica en sus *Holzwege* que los romanos reprodujeron términos griegos, pero sin la experiencia ni el genio de los griegos: De acuerdo con estos esquemas latinos sería tan correcto decir que Pedro tiene un automóvil como que Pedro tiene una casa: Pero el uso igual en ambos casos del sujeto y del complemento directo conduce a falacias, porque es

---

[56] ¿Puede seguir existiendo la música si destruimos los instrumentos musicales?, se planteaba Platón en el *Fedro*. A este requerimiento se refería Wieacker cuando escribía que "De que el hecho de la justicia sólo pueda darse como problema entre hombres concretos e históricos, no se sigue en modo alguno que hayamos de creer que esta realidad o historicidad sea la causa del derecho y de la justicia". *Zum heutigen Stand..*, cit., pág. 61.

[57] Tomás de Aquino escribía que "Ratio humana non est mensura rerum, sed potius e converso". Vid. *Sum. Theol.*, I-II, q. 91, art. 3. La misma idea en *Sum. Gent.* § 512.

[58] Fromm indica que "En este sentido la Ciencia del Hombre, al construir un 'modelo de la naturaleza humana', no difiere de otras ciencias que operan con conceptos de entidades basados en deducciones inferidas desde datos observados, o controlados por éstas, y no directamente observables en sí mismas". *Ética y psicoanálisis*. Trad. de H. F. Morck, 12ª reimpresión, FCE., México, 1980, pág. 37.

cierto decir que Pedro tiene un automóvil, pero normalmente es incorrecto decir que Pedro tiene una casa, pues la casa no consiste en la materialidad de las paredes; de hecho, en los idiomas andinos o asiáticos que se expresan mediante ideogramas, el dibujo que representa estar en casa suele ser distinto del que expresa estar en el campo o en otro lugar[59].

La reflexión jurídica tradicional ha tratado de superar esta distancia entre lo sustancial y los accidentes distinguiendo entre derechos naturales y derechos positivos: Aquellos acompañarían necesariamente al ser humano, mientras que éstos serían regulaciones arbitrarias dictaminadas por los hombres según las contingencias. Así procedieron Luis de Molina y Francisco Suárez cuando distinguieron tan radicalmente entre el *jus naturale* y el *jus arbitrarium*, radicalidad que no habían usado los juristas y teólogos anteriores: Pero si todo lo que dispone de una razón suficiente para existir compone derecho natural, ¿en qué 'arbitrariedades' se fundamentaría el derecho positivo?

Más bien parece que esta distinción, llevada hasta sus últimas consecuencias, desconoce que la persona misma presenta un carácter sintético: Pues cuando una persona se compara con sus circunstancias, no tanto se relacionan dos entidades como se muestra una sola universalidad que se contempla a sí misma. Ésta fue la gran intuición de Hegel, que él no acabó de explicitar convincentemente. Pues Hegel, demasiado dependiente de los planteamientos iluministas que él criticaba, retuvo el carácter peyorativo que recaía sobre la noción de individuo, y distanció demasiado el ámbito de las necesidades morales –que sería el ámbito de las personas concretas– del ámbito de la eticidad, que era para él el momento del deber en sentido estricto. En este punto se mostró discípulo de Rousseau, y minusvaloró la moralidad personal en nombre de la superior eticidad política. Las personas quedaban empequeñecidas cuando eran comparadas con esa impresionante manifestación del Espíritu que eran las instituciones políticamente existentes. Nos hubiera ahorrado muchos problemas si en lugar de partir desde la eticidad del Estado, hubiera hecho arrancar sus

---

[59] Esta falacia se repite en las éticas utilitaristas que hablan de los intereses, y no distinguen entre el me interesa y el me intereso. La estructura propia de las relaciones entre el sujeto y aquello que posee, conlleva la particularidad de poder distinguir entre ser y tener; a veces, esta estructura es la que ha de tenerse en cuenta; pero, a veces, la estructura de la mediación humana queda mejor representada por las diferencias entre los verbos ser y el estar, tal como operan en la lengua castellana.

consideraciones desde las personas, comprendiendo que el absoluto que él buscaba en vano en el espíritu que retornaba hacia las instituciones políticas, estaba ya dentro de él y de todos.

Si alguien tiene reparos en aceptar estos hechos, debe entender que la subjetividad de cada persona en la sociedad suele ser inexpresable sin recurrir también a formalismos esquemáticos. Adorno indicaba, reflexionando sobre el arte, que la subjetividad absoluta carece de sujeto; cuanto más se retrotrae el yo sobre sí mismo, tanto más se asemeja al mundo excluido de las cosas; porque con este ensimismamiento el yo se ha impuesto a sí mismo la constricción de una objetividad para la cual la propia alienación es la expresión[60]. Era lógico que Adorno pensara así porque él exigía la operatividad de una mediación universal que asegurara a las personas frente a sus propias debilidades; unas debilidades que él entendía que provenían desde la filosofía de la identidad que pretendía unificar el aparente sujeto cognoscente con los objetos meramente conocidos. El autor de estas líneas no tiene tanta fe en la operatividad de una mediación tan universal como histórica. Pero observa claramente que la afirmación de la identidad del sujeto consigo mismo, en tanto que individualidad irreductible, o dueño de sus actos, etc., lleva a una reificación del propio sujeto; y la humanidad propia, al quedar como una cosa, se vuelve casi tan inexpresable como cuando se la niega.

Realmente, no todas las personas expresan en su cotidianidad la síntesis entre lo universal y lo finito: Hay hombres que, sin haber asumido la universalidad de su yo ni de sus determinaciones, exponen su vida con orgullo; normalmente se trata de casos de autosatisfacción, con lo que conllevan de vanidad, susceptibilidad o falta de sentido del humor[61]. Al margen de ellos, es razonable vivir una cierta ansiedad que surge de la síntesis que resulta cuando la persona se relaciona consigo misma, pues esa ansiedad es el itinerario que ha de recorrer el ser humano hasta encontrarse él[62].

---

[60] Vid. Jay, *La imaginación dialéctica. Historia de la Escuela de Frankfurt y el Instituto de Investigación Social (1923-1950)*. Trad. de J. C. Curutchet, Taurus, Madrid, 1974, pág. 292.

[61] Hay casos de autocomplacencia, con la vanidad inherente a este tipo de psicología, en los que sus titulares no experimentan precisamente desazón; pero el lector convendrá en que este tipo de personas no constituyen el ejemplo a seguir.

[62] "La personalidad es una síntesis de posible y de necesidad. Por lo tanto su duración depende, como la respiración, de una alternancia de aliento". Kierkegaard, *Tratado*..,

Kierkegaard recuerda que el hombre es relación, y ahí yace su responsabilidad[63]. Una *substantia* tardoescolástica como las de Molina o Suárez, estaría plena en sí misma, tal vez recreándose en su inmutable naturaleza racional, y obedeciendo sus reglas; pero la síntesis humana no es tan acabada. La ansiedad acompaña al hombre en esta vida, y sólo desaparecerá, como el búho de Minerva, cuando la vida levante sus alas al atardecer.

Hic!

Falta diseñar el estatuto político de los ciudadanos

La aporía permanente que da sentido al trabajo jurídico y político es la persona humana. Las doctrinas tópicas quieren basarse en la primacía del caso concreto sobre las normas generales; estas explicaciones supusieron en su momento una saludable revisión del pensamiento positivista que solamente reconocía normas generales que, simplemente, eran aplicadas a los hechos enjuiciados según criterios hermenéuticos elementales; pero, superado ya este positivismo ingenuo, la tópica ha de ser entendida desde otros fundamentos que están más en la base de los problemas. Si lográramos encontrar la estructura permanente de las mediaciones entre las personas, fijadas y garantizadas definitivamente por el poder político, posiblemente se produciría una cierta confusión entre política y derecho, porque el derecho quedaría garantizado permanente y políticamente.

Pero como éste no es el caso, sucede que, al mismo tiempo que la instancia política declara y trata de hacer efectivos más derechos de las personas, cada vez más urgentemente necesitamos establecer un estatuto jurídico y político que sitúe a los seres humanos con sus necesidades como protagonistas de la marcha de la vida pública; a tenor de lo expuesto de la persona como síntesis de lo universal y lo histórico, el lector puede pensar

---

cit., pág. 53. El ser humano vive la ansiedad, también desde el plano teológico, porque experimenta la tensión entre lo que es y lo que podría. Juan Duns Scoto no lo entendió así, porque él estableció dos fines últimos en la vida del hombre, uno natural y otro sobrenatural, de modo que este último se añadiría externamente al primero. Es la teoría conocida como la *pura natura*, aunque siempre encuentro esta expresión en ablativo plural: *Puris naturalibus*. Esto parece inexacto: Dios es el gran tema también humano, y no parece que el ser humano esté acabado 'naturalmente'. Aunque es preciso reconocer el realismo de Duns Scoto: Realmente son pocas las personas que hacen de Dios el tema más importante o último de su vida.

[63] Vid. Kierkegaard, *Tratado*..., cit., pág. 27.

lícitamente que no podemos disociar a las personas de sus circunstancias o necesidades: Hablar de las necesidades de los seres humanos es tanto como aludir directamente a los derechos de esas personas. No es tarea fácil porque seguimos soportando el peso del fardo incómodo que arrastran tras de sí las teorías políticas modernas, que han partido desde el poder, y las personas más bien les han resultado unos elementos incómodos que rompen la pureza lógica y lineal de sus explicaciones.

Parte del problema que subsiste residualmente desde aquellas explicaciones reside en que el cauce que continuadamente ofrece el poder público para el desarrollo de las personalidades de los ciudadanos, es el mismo: Una vez designados los gobernantes, el poder se emancipa hasta cierto punto de los votantes y cobra vida propia, de forma que el poder actual aspira a ofrecer un marco de convivencia cada vez con más prestaciones, con mayor normativización de la vida, disponiendo de más recursos[64]. De ese modo se acrecienta el hecho que vivimos hoy: El poder administra cada vez más y los ciudadanos somos crecientemente administrados. Las formas políticas democráticas no prejuzgan nada sobre este problema. No parece fácil, especialmente en los Estados que siguen el modelo continental, romper este esquema básico de la vida pública. Designamos a quienes nos administran, pero se niega que los ciudadanos se administren por sí mismos: Seguimos subliminalmente bajo el esquema del Estado provisor y los súbditos indigentes, el propio del siglo XVIII, cuando autores moderados como Burlamachi llamaban al soberano el "padre providentísimo". Es cierto que ante la complejidad técnica de diversas instituciones, el poder político deja, a veces, el camino libre para

---

[64] Gaspar Ariño explicaba que "No estamos ante el *Welfare State*, sino ante el *Welfare State*_Socialista. Los ciudadanos se ven hoy obligados a pagar unos impuestos por todo un conjunto de conceptos ... sin que se les reconozca exención fiscal alguna por los gastos que esos mismos ciudadanos tienen que asumir si quieren un servicio de calidad a la hora de educar a sus hijos, hacerse una revisión médica ... Esta *subsidiaridad invertida*, como ha destacado agudamente Andrés Ollero, se manifiesta ante todo en la educación, la sanidad y la cultura. Unos denominados *sistemas públicos* de salud, de educación, o de fundaciones, han desembocado en los llamados conciertos (escolares, sanitarios o culturales), en virtud de los cuales el estado, que ha vaciado previamente los bolsillos de los ciudadanos, resulta incapaz de prestar con la calidad y extensión requerida dichos servicios, por lo que acude a la prestación privada de los mismos en la que aquel impone su ley". *Economía y Estado. Crisis y reforma del sector público*. Marcial Pons, Madrid, 1993, pág. 72.

la autorregulación de algunas empresas: Pero este hecho no implica ante todo el respeto ante la madurez de los componentes de esas empresas, sino más bien un reconocimiento de la incapacidad de la administración para regular complicaciones que superan a sus posibilidades de gestión.

a. El desgarrón personal. Es difícil entender la lógica de quienes primero sitúan un poder sin más, para después oponerle limitaciones, a modo de mordiscos concretos de quienes se ven sometidos a ese poder. Esto implica no sólo una falta de lógica –¡como si los temas humanos hubieran de ser tratados lógicamente!– sino el camino hacia ese desgarrón (Zerrissenheit) que señalaba Hegel, que aparece cuando el sujeto deja aparecer dentro de sí la escisión entre lo público y lo privado. Buena parte de la ansiedad del hombre contemporáneo se debe a la falta de confianza permanente que genera ese saberse opuesto al ámbito más amplio en el que vive. Los antropólogos indican que el hombre que no tiene un hogar es como una alimaña; el hombre actual carece de hogar público, y generalmente vive entre las paredes de su pequeño apartamento esperando que las grandes empresas a que ha dado lugar el capitalismo desarrollado no le envíen al paro, o que la extensa administración pública contemporánea tenga a bien reparar en él para darle trabajo o para concederle alguna pensión o subsidio. En cualquier caso, tan desproporcionado le resulta el mundo del mercado como el de la administración.

Es lógica la aparición de la ansiedad, pero no del modo que describía Kierkegaard, cuando la desesperación surge desde la comparación entre lo que el hombre es y lo que hace. La desesperación actual es más bien mórbida, y nace desde la comparación entre lo que un hombre podría tener y lo que tiene de hecho; a esto ha quedado reducida por lo general la infinitud de cada personalidad; sucede que las instancias en las que se mueve cada individuo son demasiado impersonales para que él se vivencie amablemente dentro de ellas. Una realidad es la individualidad, que ante todo parece tener un significado aritmético y estadístico, y otra la personalidad. La individualidad, que se suele expresar mediante la mayoría de los votos, es imprescindible para el funcionamiento de la forma política; en cambio, la personalidad reclama derechos que no se limitan a formar mayorías o minorías.

Sería fácil decir que el individuo que ha sufrido esta escisión en su personalidad, se vuelve antes que nada egoísta. Esto es cierto, pero quizá es más grave el cinismo a que llega a que llega tipo de hombre, al que le falta nervio para asumir sus responsabilidades públicas, y por ello para exigir sus derechos, y que manifiesta ante todo falta de vitalidad. Así resulta un tipo de hombre resignado a lo que hay, con espíritu acomodaticio[65], que se contenta con acudir a algunas de las elecciones periódicas, y se desentiende de lo que requiere autonomía o responsabilidad más propiamente personales.

b. Ciudadanos activamente relevantes como origen de los derechos. La idea de un poder público que administra sabia y prudentemente a los súbditos es antigua. Normalmente la referimos al Antiguo Régimen que terminó con la Revolución de 1789, pero persistió en Alemania, con moderaciones, durante el siglo XIX. La mayor parte de los publicistas alemanes de este momento supusieron la existencia de un poder público originario que, precisamente por su función de gobernar lo más prudentemente posible a sus subordinados, debía hacer realidad los derechos de ellos. Propugnaban un *regime paternale* que, en la práctica doctrinal, no encontraba acogida en las categorías jurídicas y políticas conocidas. Desde este punto de vista, lo más relevante ante ellos eran las Declaraciones de los derechos del hombre y del ciudadano que se sucedieron en la Francia revolucionaria; pero estas Declaraciones carecían de prestigio a mediados del siglo XIX, y eran vistas, con razón, como excesivamente individualistas. Además, ellas no servían para articular doctrinalmente la naturaleza de la relación entre el gobernante y los ciudadanos, porque solamente contemplaban un poder originario que había de ser limitado en puntos concretos que defendían autonomías individuales. No fue extraño que durante este siglo las doctrinas político-jurídicas francesas fueran caóticas. Los alemanes, siempre menos individualistas que los habitantes del sur de Europa, prefirieron conservar el poder del Káiser dotándolo de funciones benéficas. Gerber y Laband fueron los dos teóricos del *Staatsrecht* que más depuradamente defendieron esta explicación de la convivencia política alemana.

Frente a las explicaciones de Gerber y Laband, Jellinek explicaba que todo derecho es relación entre sujetos de derecho. No podemos pensar un sujeto jurídico sin relaciones propiamente jurídicas, y el Estado mismo

---

[65] Indicaba Llano que al aminorar la autonomía de las personas, "aunque la variedad epidérmica sea muy alta, se ciega la fuente de la novedad radical que, en definitiva, brota sólo en *cada hombre* capaz de actuar". *La nueva sensibilidad*, cit., pág. 45.

solamente será sujeto de derecho en la medida en que reconozca otros sujetos iguales. Ciertamente, podríamos suponer una relación de dominio puramente fáctica –prosigue Jellinek– y hablar de dominadores y dominados como portadores de derechos y obligaciones; pero las relaciones entre el amo y el esclavo únicamente son jurídicas frente a terceros, como sucede con toda relación de una persona con una cosa; para el esclavo, la fuerza de su amo es simplemente fáctica, y como él no es coprotagonista del derecho (*Rechtsgenosse*), no existe para él una fuerza propiamente jurídica[66]. Hay que decir, con Jellinek, que un ordenamiento jurídico en el que sólo exista una personalidad pública o una *persona eminens* que pueda desconocer la autonomía de los ciudadanos, es una indignidad, como ha experimentado especialmente el siglo XX.

Tenemos motivos para hacer nuestra la interrogación radical de Jellinek: Bajo este planteamiento, ¿es posible, en general, el mismo derecho público, el *Staatsrecht*?[67] El Estado contemporáneo y continental ha nacido y ha sido pergeñado fundamentalmente al amparo de dos talantes, el liberal y el democrático, y de ahí la índole equívoca de la entidad que la misma palabra Estado evoca, que ni acaba de designar un puro *Rechtsstaat* cuya tarea fuera defender los derechos naturales del hombre que peligraban en el estado de naturaleza, ni tampoco es una máquina de creación de moral pública cuyo solo funcionamiento, según la regla de la igualdad entre los intereses individuales, volviera justo lo decidido. Ni Locke ni Rousseau explican la cotidianidad de la experiencia jurídica.

Jellinek se planteaba este problema a finales del siglo XIX, no sin cierta amargura: "Was ist die öffentliche Rechtsordnung?". "El derecho público es aquel que regula la organización y las relaciones del Estado con sus miembros"[68]. Pero –añade este publicista– mientras que el derecho privado es la regulación de las esferas vitales de las personas subordinadas al derecho público, de forma que las obligaciones y habilitaciones recíprocas traspasan toda esta rama del ordenamiento jurídico, en el derecho público no existe tal reciprocidad[69]. "Porque el portador del orden público

---

[66] Jellinek, *System der subjektiven öffentlichen Rechte*. 2ª ed. Tübingen, 1919. *Reprint* de Scientia (Aalen) de 1979, pág. 10.

[67] "Allein hier ist sofort der kritische Entwurf zu erheben: Ist öffentliches Recht überhaupt denkbar?". *System..*, cit., pág. 9.

[68] *System...*, cit., pág. 9.

[69] Jellinek, *ibidem*.

jurídico es el mismo Estado, y este Estado soberano es el creador exclusivo de su orden. Sucede que él se determina a sí mismo, y el Estado que formalmente es libre para normar, no está sometido a una fuerza superior"[70]. Parece excluida *a priori* –prosigue Jellinek– la posibilidad de que los subordinados lancen pretensiones jurídicas al Estado, porque el fundamento del derecho público es solamente la legalidad de la máquina estatal. El reconocimiento en el derecho público de personas que fueran sujetos de este mismo derecho, parece una contradicción en los términos. "Toda negación de los derechos públicos subjetivos opera tácita o expresamente bajo este pensamiento básico"[71].

Estas explicaciones de Jellinek pueden parecer algo trasnochadas –lo son en buena medida– pero el trasfondo que motivaba sus denuncias sigue presente. Es cierto que ahora los ciudadanos somos personas jurídicas en el Estado, y que estamos cargados de derechos que tienden a garantizar nuestros ámbitos de privacidad; pero es igualmente cierto lo apuntado: Que las competencias de la única máquina administrativa con la que actúa el gobierno, con sus gestiones directas, sus concesiones y sus permisos y, sobre todo, con su práctico acaparamiento de los recursos financieros, determina frecuentemente la incapacidad de los ciudadanos para gestionar los derechos propios.

Hic!

El estatuto público de las personas

Hoy estamos condicionados por sobreentendidos y preconceptos sobre las exigencias de licitudes y de correcciones, que nos llevan a considerar necesaria la oposición entre lo privado y lo público. Frente a esto, hay que afirmar que cada persona posee, como ciudadano, un *status activus*, según la terminología de Jellinek[72]. No existe en principio un sector o vertiente de la vida humana, separada del resto, que pueda ser llamada pública. El carácter público de las actuaciones es una consecuencia nece-

---

[70] Jellinek, *System..*, cit., págs. 9-10.

[71] Jellinek, *System..*, cit., pág. 10.

[72] Yendo más allá de Jellinek, demasiado encogido por las restricciones del siglo XIX, hay que afirmar que el status activo de ciudadanía no se limita a la posibilidad de poner en acción el derecho público (*Staatsrecht*) al servicio de las pretensiones individuales

saria de la índole del ser humano, que no solamente ocupa un lugar junto a los otros, sino que actúa junto con los otros con derechos y obligaciones mutuas[73]. Hoy, superadas las desigualdades estamentales, los despotismos monárquicos, y los excesos que se siguieron desde 1789, estamos en mejores condiciones para reconciliar a los ciudadanos con sus dimensiones públicas.

a. La vertiente pública de lo aparentemente privado. Lo público es una faceta omnipresente de todo ser humano. Es una *cualidad* que pertenece a toda persona, y nada o nadie puede arrogarse un monopolio del ejercicio de esta cualidad personal; el que esta condición de los ciudadanos haya de hacerse realidad frecuentemente a través de cauces sociales, no implica que este ámbito de los cauces sociales sea una realidad distinta de las personas mismas. Algunos entienden que todo lo que supere las capacidades personales y haya de ser hecho efectivo por instancias supraindividuales, es tarea del poder político y de su administración pública; el hecho de que esta administración posea una masa patrimonial propia, con sus propios inmuebles, etc., y que a veces concurra como una parte más en algunas relaciones jurídicas, no debilita la tesis expuesta antes.

La esfera pública se compone de distintas facetas, unas jurídicas y otras políticas[74], porque desde algunos puntos de vista tan pública es la actuación del que acude a votar al nuevo gobierno, como el trato del padre con sus hijos[75]. Que el hombre sea social indica ante todo un status activo

---

[73] Este hecho no lo entendieron Kant ni sus discípulos, que no conocieron la convivencia humana propiamente dicha, sino sólo ese tipo de coexistencia que únicamente supone una persona al lado de las otras, cuidando cada una de la realización de su plan humano personal, sin que nadie quedara vinculado por la realización de las metas de los otros.

[74] Si el juez condena al gamberro que ha dado una paliza a un indigente en la calle, el maltratador puede ser acusado de alteración del orden público –lo que es una cuestión política– o más propiamente en sede jurídica, según el derecho penal.

[75] Algunos parecen desconocer un hecho radical, a saber, que las personas somos las mismas seamos o no funcionarios, desempeñemos o no cargos políticos. Esto no sucede en las sociedades que han tenido un origen voluntario, en las que sus miembros ingresan voluntariamente y pueden salir de igual forma; en ellas se pueden distinguir entre miembros de pleno derecho y miembros sin derechos especiales: No sólo hay para cada uno de ellos un 'antes_-después', sino también un 'dentro_-fuera' de ellas. Pues privado

de ciudadano por el que puede exigir que sus derechos sean defendidos y promovidos por la fuerza organizada de los demás, de modo que cada ciudadano, más allá del momento simplemente defensivo, tenga la posibilidad positiva y eficaz de hacerlos él realidad[76]. Las personas no son ayudadas o subvencionadas por la sociedad para hacer realidad sus derechos: Las personas son la sociedad misma, y nadie puede arrogarse un monopolio de la representación de los recursos y capacidades sociales.

a'. Los contractualismos son insuficientes. La edad moderna quiso explicar la realidad del poder y de los derechos de los ciudadanos mediante la figura del contrato social; pero la noción del contrato es excesivamente endeble para explicar nuestra convivencia. La realidad de la dimensión pública de la personalidad humana se nos aparece en la capacidad para imponer obligaciones aún sin el consentimiento de los afectados: Esto se produce cuando el arrendador reclama su renta, el profesor exige silencio en clase, o la mujer pide protección ante la brutalidad de su pareja. Éstas son realidades que no brotan desde ningún acuerdo. Igualmente, cuando el poder público decide construir algo, o crear un nuevo subsidio

---

significa en este contexto tanto como voluntario, y las voluntades diseñan, hacen y deshacen dentro de los límites de lo permitido por el derecho. En la sociedad política falta esta voluntariedad (con sus correspondientes antes-después, dentro-fuera) porque al ser necesaria, es la sociedad de todos, y al ser de todos, es necesaria.

[76] En el marco del neocapitalismo actual, hay que plantear si es deber de los ciudadanos promover los intereses y derechos de los demás. Parece que nuestra convivencia hoy, también la convivencia financiera, es tan estrecha, que no podemos disociar fácilmente a un individuo o a un grupo de individuos, de las demás personas que integran la sociedad. La libertad del pionero antiguo que ocupaba sus tierras después de un largo viaje, que las labraba personalmente, y que defendía a su familia frente a los indios con su fusil de avancarga, ha pasado ya. Las actuales empresas transnacionales ofrecen un ejemplo claro de este hecho. Posiblemente nos movemos aún con expresiones que, por ser excesivamente abstractas, no se adecuan a nuestra cotidianidad. Tomás de Aquino nos indicaba que la palabra 'vida' era excesivamente abstracta, porque así como la carrera consiste en el hecho de correr, la vida consiste en los hechos propios del vivir. Vid. *Sum. Theol.*, I, q. 18, art. 2, o *Sum. Gent.*, § 817.

Podemos y debemos hablar de lo público, pero sabiendo que es una abstracción excesiva, como indicaba el de Aquino. Público quiere decir ante todo que cada persona puede exigir justificadamente que le sean reconocidas sus capacidades por la comunidad política, de modo que pueda exigir el apoyo de los conciudadanos bien en la defensa de sus derechos, bien para el ejercicio efectivo de esos derechos cuando ella los realiza.

social, la minoría disconforme no puede alegar que ella queda liberada de las cargas que conlleva esa empresa porque no ha consentido.

Las doctrinas contractualistas sitúan limitaciones puestas en virtud de su método que les impiden entender estos hechos, porque el contractualismo –tan útil en su esfera– degrada el entendimiento de la vida social si lo extendemos como figura hermenéutica universal de toda la vida pública[77], porque bajo capa de la defensa de la autonomía de cada persona, somete a cada cual a relaciones en las que no ha consentido de hecho ni tiene por qué consentir. Y toda persona exige respeto a sus derechos, y estos derechos no se limitan a las diversas posibilidades de reclamar contra la posible ilegalidad de la gestión del poder creado mediante el contrato, sino que se extieden más ampliamente, porque los ciudadanos son los protagonistas imprescindibles en la gestión de lo que es suyo[78]. El contractualismo político--jurídico postula unos individuos antes y después de las estructuras sociales, de modo que son estos individuos los que diseñan la sociedad del futuro para salvaguardar los derechos que peligraban fuera de estas estructuras de la sociedad política. La de los contratos políticos es una explicación con

---

[77] Como la imaginación de los investigadores parece agotada después de los contractualismos de los siglos XVII y XVIII, volvemos a proponer nuevos estados de naturaleza y otros acuerdos sociales. Olvidan que en los estados de naturaleza no existen dimensiones públicas de las personas, sino únicamente una indeterminación general de los comportamientos; no existe 'publicidad', por así decir, sino solamente un aislamiento imaginado que, precisamente por ser puramente imaginario, es a-jurídico. Entonces es necesario un acuerdo de voluntades que –desde este supuesto– es el único cauce que permite salir del aislamiento no jurídico para que las decisiones de unos sujetos puedan alcanzar jurídicamente a los demás conciudadanos.

Pero este acuerdo, obtenido negativamente a falta de otros criterios para la decisión con relevancia social, tiene un carácter de postulado demasiado pesado: No saben qué hacer con los individuos en su aislamiento, y postulan que, puesto que vivimos realmente en sociedad, el único cauce para lograr tal sociedad, es el acuerdo de voluntades. Esto es inhumano: Nadie se sometería voluntariamente a buena parte de las prepotencias típicas de los poderes establecidos en no importa qué lugar o tiempo. Lo que indica que el poder es un hecho o *Faktum* que es preciso explicar, sin postularlo originariamente, como si existiera ya acabado.

[78] Un ciudadano posee unas series de especificaciones sociales que determinan que sea un sujeto de derecho con unas competencias y responsabilidades propias. Las nociones de capitán de barco, médico o constructor de casas son categorías jurídicas autónomas; ellas mismas poseen ya naturaleza pública, porque constituyen conceptos funcionales, como los llama MacIntyre. Vid. *Tras la virtud*. Trad. de A. Valcárcel, Crítica, Barcelona, 1987, pág. 81, entre otros lugares, porque son realidades específicamente humanas.

cierta belleza, que parece realzar la libertad de las personas: Pero los derechos de los seres humanos en sociedad no pueden ser 'deducidos' desde la idea regulativa de un contrato fundacional de la sociedad.

b'. La administración pública aspira a extenderse. El tema de la dimensión pública de las personas no se deja tratar pacíficamente, porque la administración pública tiende a aumentar sus competencias, de modo que un estudio de teoría política o jurídica que no mencione esta expansión, se mueve fuera de la realidad. No parece exagerado afirmar que así como hay que tener en cuenta al estamento nobiliario al estudiar el Antiguo Régimen, con sus privilegios anticuados que ya no tenían razón de ser, ahora es preciso contar con el estrato de la administración como fuerza política de singular importancia para estar en condiciones de describir el Estado de Derecho.

Una mentalidad subliminalmente operativa en nuestra sociedad facilita extraordinariamente esta situación, porque quiere ver necesariamente en lo privado ámbitos protegidos expresamente por las leyes, compuestos por simples privacidades individuales, mientras reserva lo público para tareas que exceden el ámbito de la privacidad; algunos piensan que lo privado sería el momento de lo absolutamente irrelevante. Si al menos esta mentalidad fuera coherente y reconociera que buena parte de los derechos de los individuos no son más que concesiones o habilitaciones que provienen desde el poder público, al menos sus representantes se expresarían de forma más clara y sincera. Pero los autores que representan este modo de sentir –es más un modo de sentir que no una explicación racional– mantienen que las personas y la esfera pública son realidades distintas[79].

Hemos de distinguir entre gobernantes y gobernados según una razón de ser que ha de ser lo más leve posible. La realidad de la madurez de los ciudadanos implica la exigencia de que sean ellos los que tomen sus

---

[79] Aunque no esté enteramente de acuerdo con José Esteve, suscribo sus palabras cuando escribe que "La trayectoria y el modelo actual de estas relaciones constituye un tema que no parece recibir la atención que se merece. Es posible que a ello contribuya la adscripción de este binomio al modelo de Estado liberal, al Estado mínimo con límites muy tangibles en su reducida intervención sobre una sociedad netamente diferenciada de él. La relación entre Estado y sociedad, en tanto presuponía la separación de ambas realidades, tiende a considerarse así un tema del todo superado en un sistema democrático en el cual el poder público encuentra su legitimación en la propia sociedad". *Autorregulación: Génesis y efectos*. Aranzadi, Pamplona, 2002, pág. 42.

propias decisiones, gestionando y decidiendo lo que se refiere a ellos mismos; pues la dignidad exige que los ciudadanos deleguen en sus gobernantes sólo para la realización de las empresas que ellos no pueden realizar, individual o asociadamente. Cada persona tiene un completo y acabado derecho a hacer, dentro de los márgenes constitucionales, todo aquello que, personal o asociadamente, es capaz de llevar a cabo; una exigencia que no verán con buenos ojos los que ya están enquistados en posiciones privilegiadas, sea como funcionarios, sea como políticos. Como buena parte del poder para las tomas de decisiones con alcance social está ya en manos de los que componen y de los que dirigen la administración pública, se impone una tarea de devolver a los ciudadanos lo que es suyo; el monopolio, al menos tendencial, de las decisiones por parte de las instancias indicadas, es hoy un hecho irracional que no tiene más justificación que una inercia histórica proseguida en nuestros tiempos por quienes se benefician de su situación privilegiada[80]. Ante esta exigencia, algunos autores norteamericanos hablan de 'repartir el poder'. Ésta parece una frase especialmente desafortunada porque el poder políticamente constituido no es el propietario ni el gestor originario de los deseos o las necesidades de los ciudadanos: No constituye una realidad que haya de ser repartida, sino reconocida a sus propietarios.

c'. ¿Sociedad civil contra el Estado? No son fiables las explicaciones, normalmente de procedencia norteamericana, sobre las diferencias del Estado y la sociedad civil: Ganamos poco estableciendo dos esferas públicas en las que los ciudadanos son engullidos igualmente por totalidades que les superan. No trato de recortar lo público para que se extienda lo privado: Esto iría contra la intuición misma sobre la que reposan estas páginas: Más bien trato de ampliar el concepto de lo público incluyendo en él a las personas, que no tienen por qué ser simples sujetos pasivos adminis-

---

[80] Este tema ha sido bastante conflictivo en los Estados que siguen el modelo continental. Las herencias iluministas –sean las liberales del tipo de Locke, sean las democráticas del estilo de Rousseau– han llevado hacia creación de un centro de poder único y estatal que ha tendido a tomar para sí la mayor parte de las competencias sociales, normalmente a través de la figura del servicio público. Se ha tratado históricamente de una simple cuestión de hecho. Bastante tratadistas del derecho administrativo indican que los Estados europeos, frecuentemente a remolque de las decisiones francesas, han dependido de la discreción y arbitrio del *Conseil d'État* francés.

trados. Los planteamientos mismos de las oposiciones usuales entre "lo público_lo privado" son ya analíticos, pues lo uno presupone dialécticamente lo otro, y en muchos casos también lo prejuzga. Buena parte de las manifestaciones de las necesidades de los ciudadanos –a las que podemos llamar también necesidades personales o privadas, si ése es nuestro gusto[81]–, tienen directamente naturaleza pública, y habría que hablar de la vertiente pública de lo que aparentemente parece privado. La tendencia que representó Kelsen, que afirmaba un único orden jurídico que crearía 'habilitaciones', ha de ceder el paso también a la consideración de la diversidad genética real de los distintos poderes y competencias; pues los padres no gobiernan a sus hijos por una delegación o habilitación del orden jurídico. La patria potestad no es un derecho anterior al poder ni concedido por éste, porque los seres humanos no son anteriores ni posteriores a ellos mismos.

b. El abuso del sustantivo 'todos'. Lo público ha de abandonar su esfera parcial por autonomizada y mostrarse como una realidad que es de todos: Si es importante señalar el 'todos', es igualmente decisivo insistir en la referencia a 'los demás', porque la totalidad amorfa expresada en la palabra 'todos' no representa adecuadamente la multiplicidad de las caras de la vida social: La libertad entendida como autonomía comienza necesariamente desde el reconocimiento de cualidades o formas distintas dentro de la misma sociedad; estas formas diversas a veces serán personales, y en otras ocasiones se mostrarán como cualidades emergentes o *Gestalten*. A veces el bien común es realmente único, y a veces los diversos bienes comunes son realmente diferentes en el interior del interés general. Cotta indica expresivamente que "No existe un solo tipo de bien común (ni siquiera como ente político) sino muchas formas y muy variada; pero eso

---

[81] Adolf Merkl destacaba que absolutamente todas las necesidades de trata de dirigir el Estado a través de la administración pública, son necesidades de personas concretas: "Y junto al interés tan preferentemente público a que sirve la beneficencia propia, ¿no corre paralelamente un interés privado urgentísimo, a saber, el interés de la existencia del socorrido? ¿Es posible acentuar el carácter de derecho público de las disposiciones protectoras de mujeres y niños contra la explotación mediante trabajos peligrosos, afirmando que semejantes disposiciones se dan en razón exclusiva o principalmente del interés público y no del interés de los protegidos?". A. Merkl, *Teoría general del derecho administrativo*. No consta traductor, Editora Nacional, México D.F., 1980, pág. 103, y págs. 109-110.

sí, todos ellos poseen en común una misma estructura, que es la que los constituye en unidad supraindividual"[82].

Un concepto como el de 'todos' proviene desde la lógica o la aritmética, y es escasamente operativo en la vida humana, porque esa totalidad solamente puede ser conseguida borrando los límites distintos de las realidades abarcadas en él: El 'todos' no indica plenitud, sino adelgazamiento de los individuos hasta llegar a lo único en lo que parecen coincidir. Estos modos de argumentar producen variedades de las definiciones genéticas, que son aquellas que adelantan los términos de su propio desarrollo, de forma que lo definido coincide finalmente con lo que ha sido adelantado implícitamente desde un inicio. Los términos como todos, o público –como cuando se habla del dinero público– frecuentemente constituyen trampas para el desarrollo de las personas, porque paralizan el desarrollo de sus potencialidades humanas. Produce escalofríos pensar en las posibilidades vitales que han sido ahogadas en la uniformidad y en la seguridad de la administración pública.

El término todos se impone en la sublimidad de su simplicidad y vulgaridad, porque se llega a él negativamente, ya que toda negación produce la ilusión de una universalidad. Los antiguos regímenes socialistas lo usaron frecuentemente, y sus dirigentes aludían a la voluntad del pueblo soviético o polaco: Era la argumentación de quien no tiene argumentos. Éste ha sido un recurso monótonamente reiterado en todos los tiempos: En la época del Antiguo Régimen, la monarquía se basada en el proclamado y alegado amor de los súbditos. Hoy, algunos suponen unos individuos uniformemente cincelados por la Constitución, sin querer entender que la Constitución, además de garantizar la estabilidad de la forma política, defiende la diversidad de los ciudadanos, de modo que si el artículo 14 de la Constitución española proclama la igualdad de todos, sin diferencias que provengan desde el sexo o desde las formas de pensar, lo que pretende garantizar ante todo es el derecho efectivo de las formas diversas de pensar en lo político, en lo estético, en lo religioso o en lo económico: La igualdad constitucional no proclama la uniformidad de los ciudadanos, sino los derechos de la diversidad.

Esto es, el poder público es único, pero los bienes públicos son diversos porque las personas somos distintas desde algunos respectos. Como a

---

[82] *El derecho en la existencia humana*, cit., pág. 93.

todos nos beneficia una buena red de transportes, la construcción de autovías o de trenes de alta velocidad, son bienes para todos los ciudadanos.
Pero este tipo de bienes públicos no agotan lo que se pueda manifestar
como bien público, porque no todo lo que es gobernado goza de esta nota
de generalidad. Para un musulmán es un bien una buena red de autovías,
y la existencia de su mezquita; para un católico es un bien una buena red
de autovías, y la existencia de su templo.

Si todos tienen derecho a buenas comunicaciones, todos tienen igualmente derecho a que sean respetados sus bienes propios, sean materiales o
se refieran a su honor, o a su libertad de conciencia. El hecho de que todas
las necesidades sean necesariamente personales –nadie ha conocido nunca
necesidades impersonales– no implica que el momento personal sea en
principio irrelevante ante lo público. Lo público no puede ser enfrentado a
lo privado; habrá que oponerlo a lo caprichoso, o a lo irresponsable; pero
la teoría política de estos últimos siglos parece suponer, de una forma
estrictamente a priori digna de figurar entre los kantianos principios puros
del Entendimiento, que nuestra convivencia política se fundamenta en la
separación estricta entre lo privado y lo público. Si hablamos de espectá-
culos públicos, carece de sentido distinguir a priori –con sus correspondientes discriminaciones legales– entre las entidades privadas y las públicas. Esta diferencia habrá de ser buscada al final del servicio que prestan,
según que se circunscriba a un sector de personas o no.

c. Gobernantes y gobernados: Dos perspectivas distintas. Algunos
pueden entender que los poderes públicos disponen por sí mismos de
una eticidad superior a la de los ciudadanos. Pero es preciso aclarar que las
funciones benefactoras (¿podemos seguir tolerando la expresión *beneficencia pública*?) del poder público no brotan desde ninguna conciencia
peculiar o con vida propia, sino desde los mismos ciudadanos. Solamente
existe una única y sola humanidad en cada poder concreto, pertenezca al
derecho público o al derecho privado. Las funciones de supervisión del ejercicio de la patria potestad corresponden a funcionarios y jueces que en principio no son mejores personalmente que los padres concretos que ejercen
directamente esa competencia; solamente les justifica la previsible impar-
cialidad de quienes no tienen intereses directos en ese problema. James
Lorimer ya explicaba en el siglo XIX que "*Free* schools are justifiable only
under the same limitations as *free* State charity ... Compulsory attendance
is a substitutive for voluntary attendance which only necessity can jus-

tify"[83]. Si sustituimos el adjetivo público por el 'compulsory' u obligatorio –con la nota de unicidad que suele conllevar lo 'público'–, como hacía Lorimer, seguramente ganaremos claridad en el análisis de bastantes problemas.

Si hablamos del poder público como una instancia que ha de corregir los abusos cometidos por individuos o grupos, no aludimos a un grupo social determinado, sino que nos referimos a la conciencia moral viva entre los seres humanos que formamos ahora la sociedad, y que determina la existencia de órganos políticos y administrativos para corregir esos abusos. Si la sociedad falla, como sucede en esos países en los que percibimos de modo más agudo la mutua penetración y corrupción del poder político y la sociedad civil, entonces la conciencia personal que pudiera corregir los abusos ya ha desaparecido. Pues las realidades humanas, o son realidades personales y por ello sociales, o no lo son en absoluto.

Aunque sí es cierta una cierta faceta de esta afirmada superioridad moral. Pedro Serna suele indicar que el derecho está abocado a pensarnos como no somos. Platón hacía notar en el "Protágoras", a propósito del ejemplo del que pesca con la caña, que las cosas se rigen por una forma buena y otra mala. Efectivamente, correspondería a los psicólogos explicar por qué exigimos virtudes determinadas a las personas concretas, virtudes tales como abstenerse de mentir o cumplir la palabra dada; pero cuando estas personas se reúnen formando algún tipo de nervatura del poder, surge casi necesariamente –es cuestión de comprobación estadística– una suerte de configuración o *Gestalt* en fuerza de la cual es una torpeza política ser sincero o cumplir la palabra. Maquiavelo no fue un cínico, ni tampoco una persona especialmente malvada: Expuso en tono abstracto, como de ensayo político, la praxis omnipresente de los gobernantes de todos los tiempos. El doble lenguaje vuelve a aparecer, y entramos otra vez y abiertamente por los muchos caminos de la simulación. Éste es un hecho que resalta en mayor medida que otros que se relacionan con el gobierno político porque los gobernantes poseen abstractamente unas funciones de gobierno que no corresponden a los ciudadanos. Así, mientras que un matrimonio concreto no tiene por qué estar especialmente preocupado por la caída de la tasa de natalidad nacional, los gobernantes sí han de ocuparse de este tema; los ciudadanos ven los asuntos tal como les conciernen a ellos, mientras que los gobernantes han de considerarlos

---

[83] *The Institutes of Law*, cit., pág. 225.

212   *Pessoa Humana e Direito*

tal como afectan a todo el Estado. El resultado final es extraordinariamente paradójico: Las personas que han de establecer y hacer cumplir los criterios de la utilidad común y de la justicia son precisamente las menos preocupadas por aquella utilidad o por las exigencias concretas de la justicia.

La triple función de la autonomía personal

Quien habla de la autonomía humana no es el que debe cargar con el peso de la prueba de los puntos de partida y de los criterios correctores de la praxis. Quien debe razonar sus categorías es más bien el que propone principios intrametódicos restrictivos de la autonomía de las personalidades; unos principios sobre los que recae la sospecha de que solamente tienen sentido en un determinado marco doctrinal pero que, fuera de tal marco, se revelan ineptos para explicar algunas dimensiones de la vida humana.

No se pueden establecer cauces únicos –según el modelo de la Instrucción Pública decimonónica– para la resolución de las necesidades colectivas. La dignidad y la madurez de las personas ha de llevarles a afirmar su derecho para analizar por sí mismas las dificultades que surgen; pues las necesidades no se suelen presentar como un *factum* que fuera indubitable por ser de naturaleza única, sino que un mismo problema puede presentar distintas facetas. Los análisis diversos no son arbitrarios, porque tratan de penetrar en un problema que 'existe', pero es preciso establecer desde qué puntos de vista más concretos es problema como tal problema para ti y para mí, cual es la determinación que se presenta más importante según cada cual.

Una ética abierta reconoce estos momentos distintos, y es consciente de la diversidad de los datos analíticos, de las categorías sintéticas y de las instituciones normativas formadas finalmente, ya que ni siquiera las categorías usadas en la preselección de los datos se suelen imponer de forma excluyente o definitiva. En cambio, las éticas más modernas han procurado, desde Hobbes a hoy, hacer emerger las instituciones desde propiedades que ofrecerían directamente los datos primeros obtenidos mediante el análisis que realiza cada filósofo; estos datos primarios poseerían tales virtualidades que llevarían a síntesis a las que ha de asentir cualquier ser racional. Nos proponen, en realidad, síntesis a priori que desconocen estos momentos distintos[84]. Estas éticas son dogmáticas porque presentan el

---

[84] El estudio que conozco que mejor refleja esta tesis es el de Ariño-De la Cuétara--Martínez López-Muñiz, *El nuevo servicio público*. Marcial Pons-Universidad Autónoma de Madrid, 1997.

resultado institucional finalmente logrado como contenido necesariamente en los elementos primeros que, según una ética más abierta[85], exigen que estos elementos hayan sido antes analizados, sintetizados, y expuestos finalmente los criterios seguidos en el análisis y la síntesis de ellos en vistas su regulación.

Una vez detectadas las distintas determinaciones del problema, llega el momento de la síntesis, y cada persona ha de estar en condiciones de poder llevar a la práctica las categorías bajo las que reunirá ella los datos que ella considere más relevantes, según su discreción[86]. Si el momento anterior era más analítico, este segundo momento es más sintético, y ha de crear él relativamente su propia verdad estableciendo su propia realidad de acuerdo simultáneamente con los datos que le ha ofrecido el análisis y con las categorías de que dispone para la síntesis. Es un momento también creativo, pues la razón está ahora guiada por una finalidad y ha de crear o seleccionar los medios que le parecen más adecuados para lograr el fin, que es la solución de la necesidad que ha puesto en marcha a la razón[87]. Ahora es cuando comienzan a actuar de forma clara las categorías técnico-jurídicas, pues ya han pasado desde la consideración del hecho 'en sí mismo', a la búsqueda de criterios de validez socialmente aceptados. En el momento del análisis también estaban presentes las reglas jurídicas, por-que ningún jurista estudia un hecho si no conoce ya el sentido de su pre-gunta, aquello 'de lo que' –exponía Heidegger– se pregunta[88]. No se trata

---

[85] Sobre lo que puede considerarse una ética más abierta (una expresión algo críp-tica), nos indica Viola que "La razón práctica está directamente implicada en el objeto que ilumina, reflejándose ella misma durante el proceso de la deliberación y de la acción". *De la naturaleza a los derechos: Los lugares de la ética contemporánea.* Trad. de V. Bellver, Comares, Granada, 1998, pág. 242.

[86] Hay que afirmar que existen datos insilogizados que guían cada uno de estos tres momentos, sin dejarnos engañar por el espejismo de un prosilogismo necesario y oculto que llevara unívocamente desde los datos ofrecidos por la observación primera a las insti-tuciones que hay que crear.

[87] La fluidez de ambos momentos, analítico y sintético, se pone de manifiesto espe-cialmente en la educación, ya que el pedagogo ha de evaluar las principales carencias del adolescente, para señalar la que le parezca más relevante, no de acuerdo con un programa abstracto –como podría ser un plan de estudios igual para todos– sino a la vista simultánea-mente de las carencias del adolescente en relación con su peculiar personalidad, atendiendo a lo que la personalidad del educador puede aportarle, y según lo que la sociedad le exige.

[88] Delgado Pinto reconoce este hecho, explicando la doctrina de Dworkin: "De las tres fases en que se articula la tarea interpretadora, la primera es la fase preinterpretativa,

de deformar los hechos estudiados, lo que sucedería si alguien ocultara parte de los efectos sociales que se derivarían desde su estudio y establecimiento del problema. Se trata de reconocer que la racionalidad no es única, porque toda persona dispone de su propio programa para el tratamiento de la información que le llega, y que tendrá en cuenta factores analíticos y sintéticos que no tienen por qué coincidir exactamente con los presentes en otras personas.

El tercer momento es el de la institucionalización socialmente aceptable de los cauces para la solución de la necesidad. Esta tercera fase supone tratadas las dos anteriores, de modo que el que actúa haya analizado el hecho estudiado para determinar los puntos de vista que a él le resultan más importantes, y haya determinado también las categorías generales a través de las cuales estima que esas primeras determinaciones pueden ser resueltas de la forma más satisfactoria para su criterio. A la vista de estos dos grupos de exámenes, institucionaliza un conjunto de reglas, al mismo tiempo procedimentales y sustantivas, que ante todo han de estar dirigidas por las exigencias reales (de 'res', cosa) del problema. Obviamente estas reglas no pueden ser iguales para todos los componentes de la sociedad, aunque se trate de un círculo social restringido, porque discreparán sobre la importancia que es preciso reconocer a las facetas ya analizadas del mismo problema y sobre las categorías sintetizadoras de esas necesidades así observadas y valoradas; tampoco serán satisfactorias para todas las personas que se han adherido a una forma determinada de entender el problema –sean las ya previstas, o las nuevas soluciones emergentes–, pues estas reglas generales, al ser iguales para toda una serie de personas, se adaptarán sólo parcialmente a los requerimientos estrictamente individuales. Como es patente, esta tercera fase es el momento más dogmático.

---

en la que se identifica el objeto a interpretar en sus rasgos más genéricos como diferentes de otra clase de objetos, lo que es posible gracias a una serie de presupuestos o puntos de partida ampliamente compartidos en la comunidad de los intérpretes". *La noción de integridad en la teoría del derecho de R. Dworkin*, en "Estudios de Filosofía del Derecho", CEC, Madrid, 2006, pág. 391. Efectivamente, el análisis dista de ser puro: Existe una fase preinterpretativa en la que ya entran en juego diversos preconceptos vivos en la comunidad jurídica.

Las necesidades determinan a los sujetos del derecho.

Si afirmamos que el ser humano es un verdadero sujeto de derecho, hay que explicar qué quiere decir esta expresión. Pues sujeto de derecho no se refiere solamente a la posibilidad de ser titular de una relación jurídica privada ostentando cada parte un derecho subjetivo, como mantenía Savigny; o de ser un punto pasivo de atribución de un sector de las normas jurídicas, como proponía Kelsen[89]; tampoco se reduce a la posibilidad de reclamar unos derechos legales frente al poder una vez que están establecidos por las leyes. Estas explicaciones son incompletas, y es preciso reiterar que todo poder o *jurisdictio* pública es una función de las personas[90]. Dicho más precisamente, es una función de las necesidades de las personas; puede que una expresión matemática –la de función– eche para atrás a la persona con espíritu humanista; aunque ahora recurra a la definición de Frege –nada original, por otra parte-, no cabe duda que la noción matemática de función nos aproxima con cierta corrección a lo que trato de

---

[89] Kelsen trató de refundir todas las relaciones jurídicas desde el único punto de vista del *Rechtsreflex*, de modo que los derechos de los ciudadanos sólo podían consistir en la misma norma jurídica considerada desde el punto de vista de aquel a quien la norma otorga una posibilidad de obrar. Esto es, si la legislación de un Estado establece una franquicia de diez cajetillas de cigarrillos para los que cruzan sus fronteras, los viajeros "tendrán derecho" a introducir esas diez cajetillas de cigarrillos sin tener que pagar impuestos. En los temas que dependen tan estrictamente de la discreción del legislador, no hay problemas en admitir que los derechos subjetivos consisten efectivamente en este *Rechtsreflex*. Son las zonas del derecho que los medievales llamaban *jus arbitrarium*. Pero también resulta patente que no todo el ordenamiento jurídico se compone de *jus arbitrarium* entendido al modo del ejemplo indicado. Por muy fuerte que sea la actitud antijusnaturalista adoptada, nadie puede exigir –en nombre de la oposición a cualquier versión del derecho natural– que consideremos que todos los derechos de los ciudadanos son simples reflejos de los contenidos de las normas jurídicas ya existentes. Un estudio más detallado sobre la doctrina kelseniana del *Rechtsreflex* es el de Josef Aicher, *Das Eigentum als subjektives Recht. Zugleich ein Beitrag zur Theorie des subjektiven Rechts*. Duncker und Humblot, Berlin, 1975, págs. 24-29.

En obvio que estamos ante dos situaciones distintas: La de los simples *Rechtsreflexen*, y las pretensiones más fuertes de las personas. El intento de esbozar siquiera una línea divisoria suena a ridículo: Durante tres siglos lo hemos intentado, y si el lector quiere una rapsodia breve pero concisa, puede consultar el estudio de Kart Pfeifer, *Die Idee der Grundrechte in der deutschen Literatur von 1700 bis Georg Jellinek (1892)*. Buchdruck-Werkstätte, Jena, 1930.

[90] Por función entiendo, por ejemplo, lo que expone G. Frege: "Funktion von 'x' einen mittelst der Bezeichnungen der Summe, des Products, der Potenz, der Diferenz u.s.w.". *Grungesetze der Arithmetik*. Georg Olms, Hildesheim-New York. 1962, pág. 5. La noción de función es, como podemos observar, ante todo positiva, porque mienta potencias, fuerzas, diferencias, capacidades, etc.

expresar, pues la persona –tanto en su vertiente de individuo como de persona jurídica– es el inicio y el fin de toda consideración humanista, y el derecho y las reflexiones sobre él forman parte de las Humanidades. Es posible que también un investigador formado en la mentalidad de los derechos quede defraudado con esta visión del núcleo del pensamiento jurídico; pero ese tal debe tener en cuenta que ambos términos del problema (necesidades, de las personas) son convertibles, ya que son las personas las que sufren las necesidades, y 'esas' necesidades no existirían sin las personas. Cabalmente, parece que no existiríamos las personas con nuestra dimensión de coexistencialidad si no tuviéramos necesidades.

Toda función necesita elementos functores, y derecho hace de elemento 'functor' entre los seres humanos y sus necesidades. Esto hace que el derecho, que se manifiesta a veces de forma concreta –casi tangible en las publicaciones en que se expresa– al mismo tiempo no se agota en los soportes de papel en que se manifiesta[91]. El derecho analiza para conocer las necesidades e individuarlas, y sintetiza conceptualmente para facilitar su resolución según grupos típicos de relaciones; así aparecen las instituciones jurídicas: Tales instituciones no son más que series de soluciones de necesidades concretas que, una vez analizadas para ser entendidas, son expuestas de forma sintética para obtener operatividad. Como las personas habitamos en el mundo del lenguaje, normalmente hay que razonar sobre conceptos.

Hic!

Para acabar

No sé si es necesario terminar todo estudio universitario con algún tipo de colofón. Todo parece indicar que no constituye una exigencia científica, pero sí algún tipo de necesidad literaria.

Quedaría contento si estas líneas sirven para cumplir esos requerimientos literarios, y entonces daría por bueno a este último epígrafe. Si es así, el lector debe congratularse conmigo –porque es de bien nacidos ser agradecidos–, y si no logro el empeño, es cuestión de esperar otros estudios, que la tentación de rematar la exposición con unas líneas finales es demasiado golosa como para no aparecer de vez en cuando.

---

[91] Vid. mi estudio *¿Regla de reconocimiento, o contexto de reconocimiento?*, en "El positivismo jurídico a examen. Estudios en honor a José Delgado Pinto". Universidad de Salamanca, 2006.

VIDA E ABORTO. ASPECTOS PENAIS

IVETTE SENISE FERREIRA

SUMÁRIO: 1. Introdução. 2. A vida humana e sua proteção legal.3. Início da vida e conceituação do aborto. 4. O aborto na legislação penal brasileira. 5. O debate sobre a vida e o aborto. 7. Conclusões.

1. Introdução

Embora seja uma questão tão antiga quanto a própria humanidade, o aborto, como supressão de uma vida em formação, tem sido diferentemente considerado pelo Direito através dos tempos e nas várias regiões do mundo civilizado, sendo às vezes ignorado, às vezes aconselhado ou permitido, muitas vezes reprimido, brandamente ou com rigor excessivo.

Não há dúvida que este constitui um tema relevante mas polêmico, por envolver considerações de natureza variada, quer filosóficas, quer jurídicas, e também morais, religiosas, médicas ou estritamente sociais.

A sua importância acentuou-se na época contemporânea, não somente pela sua alta incidência e perigosas conseqüências mas também pela sua correlação com outras questões que afligem as populações em geral nos diferentes países, as quais se interpenetram na área da saúde publica, da ética médica, da administração da Justiça e na das políticas econômicas e sociais.

Prática generalizada no mundo moderno, mesmo quando incriminado, a maioria dos abortos provocados nem sequer chega ao conhecimento judicial ou das autoridades sanitárias, a não ser quando a sua prática lesiona ou coloca em risco a saúde ou a vida da mulher que a ele se submeteu.

Com efeito, a incriminação penal, quando ainda subsiste, tem sido impotente contra o aborto, o que estimula os reclamos para a sua liberalização, conseguida em vários países nos últimos anos.

Às dificuldades na sua repressão, motivadas principalmente pelo caráter secreto com que é praticado, e pela omissão das partes envolvidas em divulgar o fato ou as suas conseqüências danosas, somam-se uma certa tolerância do meio social que, implícita ou explicitamente, atribui à mulher nesses casos a justificativa de um estado de necessidade supralegal, por diferentes fundamentos, conforme as circunstâncias, ou às vezes um direito discricionário de autodeterminação quanto à geração de sua prole, a ser exercido exclusivamente por ela.

Deve-se ainda considerar que o aborto freqüentemente é utilizado, por pessoas desavisadas, como um simples meio anticoncepcional, em decorrência de falhas ou do mau uso dos constraceptivos, ou de nenhuma precaução tomada nas relações sexuais para evitar uma gravidez indesejada.

Por outro lado, verifica-se também uma grande inconsistência entre o sistema de valores incutidos pela Igreja católica e a atitude dos seus seguidores que, diante de uma situação real, posicionam-se contra os seus preceitos optando pela efetiva prática do aborto, que é ferrenhamente combatido pela Igreja como um grave atentado contra a vida humana, considerada como algo sagrado.

Na esfera laica as considerações são de outra ordem, sobretudo de caráter político ou social, sendo indiscutível a correlação existente entre a incriminação do aborto, em determinada época ou em certos países, e as necessidades demográficas do Estado, ou outras quando as normas incriminadoras não mais correspondem às suas necessidades de controle ou à sua realidade social.

Não obstante, não existe unanimidade sobre a matéria, uma vez que ela se apresenta indissoluvelmente ligada à discussão sobre o <u>direito à vida</u>, garantido constitucionalmente como direito fundamental da pessoa humana. Direito esse que vem merecendo novas reflexões na atualidade, em razão dos avanços científicos e tecnológicos que permitem a utilização de métodos e intervenções na área médica causadores de novos questionamentos no campo do Biodireito e da Bioética.

Com relação ao aborto, a questão que se coloca é a da fixação do momento em que a vida se inicia para o ser humano e que espécie de pro-

teção legal deve ser concedida ao seu desenvolvimento na fase intra-
-uterina.

No Brasil, onde permanece a incriminação do aborto na forma
prevista pelo Código penal de 1940, os projetos de reforma legislativa
não conseguiram a unanimidade das opiniões, seja no Congresso, seja na
sociedade, perdurando o debate sobre qual seria o início da vida e como
punir os atentados ao seu desenvolvimento ainda no ventre materno, além
de outras implicações que tal definição pode produzir face aos avanços da
Ciência e das intervenções médicas, que a reproduzem em laboratório, ou
que podem determinar a sua cessação ao arrepio das leis naturais.

Lembremos, a propósito, a recomendação do artigo 6.° do Código de
Ética Médica, editado pelo Conselho Federal de Medicina em 8 de janeiro
de 1988:

> *"O médico deve guardar absoluto respeito pela vida humana,
> atuando sempre em benefício do paciente. Jamais utilizará seus
> conhecimentos para gerar sofrimento físico ou moral, para o exter-
> mínio do ser humano ou para permitir e acobertar tentativa contra
> a sua dignidade e integridade."*

2. A vida humana e sua proteção legal

Considerando as práticas existentes na Antiguidade e as concepções
filosóficas, morais e religiosas no decorrer da civilização, podemos dizer
que foi somente com o cristianismo que surgiu a idéia do valor essencial
da pessoa humana, refletindo-se no Direito canônico com a necessidade de
proteção da sociedade para o feto mesmo no ventre materno, embora ainda
não fosse considerado pessoa em rigoroso sentido jurídico.

Francisco Roberti observa que vários Concílios acrescentaram às
penas espirituais outras temporais, e justifica a ingerência da Igreja nessa
matéria afirmando que a norma penal que pune o aborto é apenas sancio-
natória, uma vez que o próprio direito natural exige o respeito à vida de
outrem.[1]

---

[1] Francesco ROBERTI – "Aborto – Diritto Canonico", in Novissimo Digesto
Italiano, 1957, p. 87. O autor acrescenta que é interesse da Igreja, nesse caso, tutelar
também a alma do nascituro.

A ofensa à vida fetal seria porém diferentemente considerada se o feto fosse animado ou inanimado, distinção que foi submetida a alguns critérios práticos, baseados na doutrina de Aristóteles, segundo a qual o feto era considerado animado quando a alma era recebida pelo corpo já formado,o que se daria no 40.° dia, a contar da concepção, para os homens, e no 80.° para as mulheres. O *corpus informatum* tornava-se então um *corpus formatum*, cuja expulsão era equiparada ao homicídio; já a do *corpus informatum* era punida com uma penitência leve.

Essa distinção entre feto animado e feto inanimado foi adotada por várias leis, desde Teodoro no século VII, e perdurou por toda a Idade Média e nos vários Concílios realizados pela Igreja Católica, sendo abandonada mais tarde por PIO IX, segundo afirma Goldstraj, que a ela não faz menção na Constituição *Apostolicae Sedis*, em 1869.[2]

De qualquer maneira, todas as Encíclicas papais declararam inequivocamente que nenhum aborto é lícito porque constitui uma violação do direito à vida.

O posicionamento da Igreja Católica a esse respeito influenciou, sem dúvida alguma, as codificações dos direitos das cidades, perdendo ela a exclusividade da repressão do aborto. Começaram depois a surgir as primeiras legislações incriminadoras na Europa, que a princípio mantinham a distinção entre feto animado e feto inanimado, determinando diferentes penalidades, inclusive a pena de morte, como menciona Cuello Calón.[3]

As novas idéias surgidas com os filósofos iluministas do século XVIII produziram os seus efeitos no tratamento dado a essa questão no século seguinte, sendo paulatinamente atenuadas as duras penas estabelecidas para o aborto, abolindo-se por toda parte a pena capital.

Passou-se também a discutir outros fundamentos para a incriminação de tal fato, como fez Feuerbach que combatia a equiparação dos direitos do feto aos direitos do homem, por não considerá-lo ainda uma pessoa, e

---

[2] Manuel GOLDSTRAJ – "La repression del aborto intencional", *in* Jurisprudencia Argentina, vol. XXXVI, 1931, p. 24.

[3] Eugenio CUELLO CALÓN – "Tres Temas Penales", Bosch, Casa Editorial, Barcelona, 1955, p. 13. O autor exemplifica com os Estatutos das cidades de Milão (1541) e Gênova (1556) que castigavam com a pena de morte a supressão do feto animado. Na Espanha a Lei das Sete Partidas adotava a distinção entre supressão do feto animado, punida com a morte, e a do feto inanimado, punida com confinamento temporário.

portanto a equiparação do aborto ao homicídio, mas admitindo a sua incriminação, que fundamentava nos interesses demográficos do Estado.

No final do século XIX e início do século XX ocorreram intensos debates entre juristas, médicos e sociólogos a esse respeito, chegando mesmo o médico francês Klotz-Forest a sustentar que o feto não era pessoa e que a mulher podia dispor livremente de si mesma, argumento até hoje utilizado pelos partidários da não incriminação do aborto.[4]

Os movimentos de defesa da liberalização do aborto, no decorrer do século XX, conseguiram modificar a legislação repressiva em vários países, objetivando sobretudo minimizar o descompasso entre o direito positivo e a realidade social, transformada rapidamente pela progressiva liberação da mulher da posição que tradicionalmente ocupava na sociedade.

Contra esses movimentos, porém, não deixaram de manifestar-se outras vozes, insistindo na manutenção dos valores primordiais da sociedade, entre os quais se destaca a proteção à vida e a dignidade da pessoa humana.

Aos argumentos médicos, que privilegiam as questões de saúde pública, considerando a necessidade de ser evitada a clandestinidade na realização do aborto, assegurando-se à mulher práticas seguras, realizadas por profissionais competentes, que evitem as graves conseqüências para a sua saúde e as ameaças à sua vida, contrapõem-se os argumentos morais, filosóficos e religiosos que consideram o aborto um ato imoral dos mais repulsivos, contrário à natureza e ao respeito à vida humana, constituindo, na opinião de Irureta Goyena, índice fiel de decadência dos costumes e de degenerescência de uma sociedade.[5]

Aos que alegam ser a gravidez uma opção apenas da vontade da mulher, objeta Antonio Visco que este não é um direito absoluto da mesma, devendo ser limitado pelo direito à vida do ser já concebido e por outras necessidades originadas da convivência social.[6]

---

[4] KLOTZ-FOREST – no opúsculo publicado em Paris, em 1908: "De l´avortement. Est-ce un crime?"

[5] IRURETA GOYENA, J. – "Delitos de aborto, bigamia y abandono de niños y de otras personas incapaces", Casa A.Barreiro y Ramos, Montevideo, 1932, p. 23. O autor sustenta todavia, por motivos vários, que o aborto não constitui juridicamente um delito, embora seja reprovável do ponto de vista moral.

[6] Antonio VISCO – "L´Aborto Criminoso", Fratelli Bocca Editori, Milano, 1941, p. 35.

Já os argumentos religiosos contrários ao aborto enfatizam a circunstância da morte voluntária de um inocente, contrária ao preceito divino "não matarás" e ao caráter sagrado da natureza humana.[7]

Aos argumentos de política demográfica dos Estados ou das políticas econômicas ou sociais, contrapõem-se os argumentos jurídicos em que se concentram os partidários e os opositores da incriminação do aborto.

De um lado situam-se aqueles que afirmam que o fruto da concepção, sem vida própria, carece de personalidade jurídica, sendo admissível a proteção pelo Direito apenas em certos casos, como acontece na área do Direito Civil que acolhe para o nascituro uma "expectativa de direitos".[8]

No campo oposto estão aqueles que sustentam que, embora intimamente ligado à vida da mãe, o embrião recebe o princípio vital desde a sua concepção e adquire então um direito social que deve ser protegido, ainda mais que é incapaz de fazê-lo por si mesmo. Para essa proteção deve organizar-se a ordem jurídica com eficiência, na esteira do mandamento expresso da Constituição Federal de 1988 que, no Capítulo dos Direitos e Garantias Fundamentais do indivíduo e da coletividade, estatuiu a inviolabilidade do direito á vida.[9]

Ainda que na lei civil se atribua a personalidade apenas ao ser humano nascido com vida, evidentemente quis o legislador referir-se à sua capacidade de exercer direitos e contrair obrigações. Mesmo assim, o tema não é isento de controvérsia na interpretação do dispositivo, pois podemos observar que no próprio Código civil o nascituro por vezes se apresenta como pessoa, quando, por exemplo, ao tratar da vocação hereditária nas sucessões, dispõe o seu art. 1.798: *"Legitimam-se a suceder as pessoas nascidas ou concebidas no momento da abertura da sucessão."*[10]

Além disso, em consonância com a lei anterior, a atual lei civil brasileira considera também a pessoa do nascituro em outras situações, como, por exemplo, ao dispor no art. 542 que: *"A doação feita ao nascituro*

---

[7] Cf. *"Casti Connubi"* – Encyclique sur le mariage chrétien, de Sa Sainteté Le Pape Pie XI, 31 décembre, 1930, Bonne Presse, Paris, p. 29.

[8] O Código civil brasileiro (Lei 10.406, de 10-01-2002), preceitua no seu art. 2.°.: *"A personalidade civil da pessoa começa do nascimento com vida; mas a lei põe a salvo, desde a concepção, os direitos do nascituro."*

[9] Dispõe o art. 5.° da Constituição Federal: *"Todos são iguais perante a lei, sem distinção de qualquer natureza, garantindo-se aos brasileiros e aos estrangeiros residentes no País a inviolabilidade do direito à vida, à liberdade, à igualdade, à segurança e à propriedade, nos termos seguintes..."*

valerá, sendo aceita pelo seu representante legal". E, na hipótese de reconhecimento dos filhos havidos fora do casamento, dispõe, no parágrafo único do art. 1.609: *"O reconhecimento pode preceder o nascimento do filho ou ser posterior ao seu falecimento, se ele deixar descendentes"*. Aliás, as mesma regra era prevista no art. 357 do Código anterior.

Entre os civilistas uma importante corrente doutrinária já mostrava, há tempos, as suas divergências a respeito do início da personalidade natural e da interpretação que lhe deu o legislador. Assim é que Clovis Bevilaqua, um dos seus maiores expoentes, no seu Projeto de Código Civil Brasileiro, elaborado em 1899, declarava, no art. 3.°, que a personalidade civil do ser humano começa com a concepção, embora acrescentasse *"com a condição de nascer com vida"*.[11]

Nesse mesmo sentido outro ilustre civilista, Rubens Limongi França, afirmou que, embora se estabeleça a condição do nascimento para a existência da personalidade, na verdade a personalidade já existe com a concepção, pois a condição do nascimento não é para que a personalidade exista, mas tão somente para que se consolide a sua capacidade jurídica.[12] É ainda esse mesmo autor quem aponta para o fato de que, além de poder receber doação e de poder beneficiar-se com legados, o nascituro tem também capacidade jurídica no Direito tributário, pois se é donatário de um imóvel deve pagar os respectivos impostos...

Importante contribuição acerca da natureza jurídica do nascituro foi dada por Silmara Chinelato, que elaborou profundo estudo sobre o tema, à luz das questões mais atuais, como a fertilização *in vitro* e o congelamento de embriões proporcionados pela evolução das modernas técnicas da Ciência, mencionando a aparente contrariedade do Código Civil quando afirma que a personalidade começa do nascimento com vida mas reconhece, ao mesmo tempo, direitos e *status* ao nascituro, como demonstram vários de seus dispositivos. Abordando as questões científicas men-

---

[10] É a observação que faz Nelson HUNGRIA, após afirmar ser o feto uma *spes persona* e uma vida em formação ("Comentários ao Código Penal", vol. V, Ed. Revista Forense, 1955, p. 298).

[11] Clovis BEVILAQUA – "Teoria Geral do Direito Civil", 4.ª ed., Ministério da Justiça, 1972, p. 70.

[12] Rubens Limongi FRANÇA – "Manual de Direito Civil", 1.° vol., 2.ª ed., S. Paulo, Ed. Revista dos Tribunais, 1971, p. 126 e segs. O autor ainda acrescenta: *"se o nascituro entre nós é capaz de direitos e obrigações, quem diz direitos afirma capacidade, quem afirma capacidade reconhece personalidade,"*

cionadas, que influem no conceito atual de nascituro, a autora, aceitando o mesmo conceito de nascituro proposto por Limongi França, consistente em "pessoa que está por nascer, já concebida no ventre materno", faz uma significativa ressalva para restringir tal conceito apenas ao já concebido *in vivo*, sem negar todavia a natureza de ser humano ao embrião concebido nas condições referidas, que ainda aguarda a atenção do Direito para a sua disciplina jurídica. Adotando a tese de que o nascituro tem <u>personalidade jurídica</u> desde a concepção, adquirindo no nascimento apenas a <u>capacidade de direito</u>, conclui Silmara Chinelato que "*os direitos absolutos da personalidade, como o direito à vida, à integridade física (stricto sensu) e à saúde, espécies do gênero direito à integridade física (lato sensu), independem do nascimento com vida*".[13]

Considerando-se a unidade conceitual que deve subsistir no âmbito da Ciência do Direito e a necessária interdisciplinariedade em muitas de suas questões, fica extremamente difícil negar o direito à vida que tem o nascituro e retirar do Direito penal a ingerência na sua proteção, que ainda é feita, no direito brasileiro, pela incriminação do aborto, delito que integra o elenco dos Crimes contra a vida, no Título dos Crimes contra a pessoa, no Código penal de 1940.

A sua conceituação doutrinária, porém, nos permite tecer algumas considerações sobre o momento inicial em que incide a proteção legal, pois do momento incial da vida humana dependerá a solução de inúmeras questões que a matéria comporta.

3. Início da vida e conceituação do aborto

O código penal brasileiro, a exemplo da maioria das legislações, não conceitua o aborto, limitando-se a incriminar a sua prática, seja pela

---

[13] Silmara J. A. CHINELATO E ALMEIDA – "Tutela Civil do Nascituro", São Paulo, Saraiva, 2000, p. 344 e segs. A autora analisa a expressão "já concebida no ventre materno" do conceito de Limongi França que, à época, se identificava com o conceito de "gravidez" sem considerar os diversos problemas relativos ao embrião pré-implantatório. Em estudo posterior aclarou o seus pensamento, sustentando que entre embrião implantado e não implantado pode haver diferença quanto à capacidade de direito mas não quanto à personalidade, e afirma que a expressão nascituro já inclui o embrião pré-implantatório, não importando o *locus* da concepção ("Estatuto Jurídico do Nascituro" in Questões Controvertidas no Novo Código Civil, Ed. Método, São Paulo, 2007, p. 48/49).

própria mulher, seja por terceiro, com ou sem o consentimento da gestante.

A doutrina, por sua vez, ao definir o fato considerado delituoso pela lei procura dar-lhe uma abrangência adequada às concepções predominantes nas ciências médicas e nas jurídicas.

Do ponto de vista médico, o aborto consiste na interrupção da gravidez no período em que o feto ainda não é viável, ou seja, nos seis primeiros meses de vida intra-uterina. Como esclarece Caetano Zamitti Mammana, denomina-se aborto ovular o que ocorre até o vigésimo dia da concepção, embrionário até o terceiro mês, e fetal até o sexto mês. Do sexto ao nono mês, sendo viável o nascimento com vida, a ocorrência é denominada parto prematuro, e decorrido o nono mês parto a termo.[14]

Essa não é , porém, uma distinção significativa paras o delito de aborto. Do ponto de vista jurídico-penal, sua conceituação deve abranger a destruição do produto da concepção durante todo o período da gravidez até o seu término, sem levar em conta os requisitos de viabilidade, maturação ou normalidade do feto, como preleciona Ary Azevedo Franco.[15]

A questão, para alguns autores, é resolvida com uma ampliação do conceito dado ao feto pela Medicina. Assim Mezger, comentando o art. 218 do Código penal alemão, e delimitando o objeto material do tipo como feto de uma gestante, esclarece que a condição de feto começa no momento em que o óvulo feminino é fecundado no ventre materno e termina no momento em que ele se converte em um homem. A qualidade de feto termina então, segundo ele, quando começa o parto, dando lugar aos delitos próprios do homicídio.[16]

Nesse sentido é também a definição de Carrara, que pretende deva ser esse delito melhor denominado como feticídio.[17] Mas sua definição foi bastante criticada por não levar em conta outros interesses além do ser

---

[14] Caetano Zamitti MAMMANA – "Do abortamento criminoso", These, 1927, São Paulo, p. 3.

[15] Ary de Azevedo FRANCO – "Dos crimes contra a pessoa", Tomo VI do Tratado de Direito Penal Brasileiro, Rio de Janeiro, Livraria Jacinto, 1942, p. 134.

[16] Edmundo MEZGER – "Derecho Penal – Parte Especial", Trad. de la 4.ª edición alemana, por Conrado A. Finzi, Buenos Aires, Editora Bibliográfica Argentina, 1950, p. 57.

[17] Francesco CARRARA – "Programma del Corso di Diritto Criminale", Parte Speciale, 3.ª ed., vol. I, Lucca, Tipografia Giusti, 1872, § 1.252. O autor assim define o feticídio: *"la dolosa uccisione del feto nell´utero o la violenta sua expulsione dal ventre materno, dalla quale sia conseguita la morte del feto."*

humano em formação, como a saúde ou a vida da mulher , a quem o aborto pode ocasionar graves males e muitas vezes a morte.

Também pecam pela impropriedade as definições que se baseiam na expulsão prematura do feto do ventre materno, pois esta pode deixar de verificar, seja por autólise, seja por um processo de calcificação.[18]

Por isso a maior parte da doutrina prefere um conceito que se baseia na interrupção da gravidez, em qualquer época, com a conseqüente destruição do produto da concepção. É a orientação dos penalistas italianos Francesco Antolisei, Giuseppe Maggiore e Remo Pannaim.[19]

Essas definições não resolvem totalmente a questão, pois referindo--se à interrupção do processo fisiológico da gravidez transferem a esta a problemática do início da tutela legal da vida humana, que para alguns autores vai iniciar-se no momento da concepção e para outros quando ocorrer a nidação do óvulo fecundado no útero materno. As conseqüências jurídicas dessa opção são bastante relevantes, principalmente se levarmos em conta a disseminação, na época atual, das práticas de limitação da natalidade através das chamadas pílulas anticoncepcionais ou dos dispositivos intra-uterinos para esse fim, além de outros medicamentos surgidos mais recentemente, porquanto alguns impedem a ovulação, outros o acesso do espermatozóide ao óvulo para a fecundação, e outros ainda, que atuam após a concepção, para impedir a implantação do ovo fecundado no útero. Estes últimos, como também os dispositivos intra-uterinos, na verdade seriam meios abortivos, e não anticoncepcionais, se a fecundação for considerada o início da gravidez a ser interrompida com o aborto.

---

[18] São as concepções de Ambroise TARDIEU ("Étude médico-legal sur l´avortement", J.B.Baillère et Fils, Paris, 1868), e de P. GARRAUD ("Traité théorique et pratique du droit français", Tome 4e., 2e. ed., Larose et Forcel, Paris, 1988, p. 378) que assim se manifesta: *"Dans l´acception juridique du mot, l´avortement c´est l´expulsion prématurée, volontairement provoquée du produit de la conception."*

[19] Francesco ANTOLISEI define: *"aborto è l´interruzione intenzionale del processo fisiologico della gravidanza com la conseguente morte del prodotto del concepimento"* ("Manuale di Diritto Penale", Parte Speciale, I, 5.ª ed., Milano, Dott. A. Giuffrè Editore, 1966, p. 83). Giuseppe MAGGIORE: *"l´aborto si può definire l´interruzione violenta e illegitima della gravidanza, mediante la uccisione di un feto immaturo dentro o fuori l´utero materno"* ("Principi di Diritto Penale", vol. II, Parte Speciale, Nicola Zanichelli Editore, Bologna, 1934, p. 371). Remo PANNAIM: *"L´essenza dei delitti di aborto è costituita dalla interruzione del processo della gestazione o maturazione fisiologica del feto e della distruzione del prodotto del concepimento"* ("Manuale di Diritto Penale", II, Tomo Primo, Unione Tipografico-Editrice Torinese, 1957, p. 517).

Heleno Fragoso procurou enfrentar esse problema afirmando que, como a lei não especifica o que se deve entender por aborto, este deve ser definido com critérios normativos, tendo-se presente a valoração social que recai sobre o fato. Conclui então que o crime ficaria restrito ao período de gravidez que se segue à nidação do óvulo fecundado no útero.[20] A mesma trilha é seguida por Luiz Regis Prado ao afirmar que o objeto material do delito, aquele sobre o qual recai a conduta delitiva, é o embrião ou feto humano vivo, implantado no útero materno.[21]

Em sentido contrário, porém, manifesta-se a maior parte da doutrina, como o fazem José Henrique Pierangelli, para quem o bem jurídico que o Código tutela é a vida intra-uterina (vida humana em formação), desde a fecundação do óvulo (concepção)[22], e também Cezar Roberto Bittencourt para quem a proteção penal é dada à vida intra-uterina, *"desde a concepção até momentos antes do início do parto"*.[23]

Na verdade, do ponto de vista médico o termo inicial da gravidez é a fecundação do óvulo, sendo o seu termo final o início do parto, que se caracteriza pelo rompimento do saco amniótico.

Sem dúvida alguma, o produto da concepção, seja na fase ovular, seja na fase embrionária ou fetal, embora não possa ainda ser considerado uma pessoa, não é mais uma porção do corpo da gestante, mas um ser com vida autônoma, embora ligado ao organismo materno em decorrência da sua própria evolução programada pela natureza.[24]

Já Maggiore reconhecia a complexidade inerente à objetividade jurídica do delito de aborto ao afirmar que, se por um lado a incriminação

---

[20] Heleno FRAGOSO – "Lições de Direito Penal", vol. 1, São Paulo, José Bushatsky, 1976, p. 128. Para esse autor: *"Aborto é, pois , a interrupção do processo fisiológico da gravidez, desde a implantação do ovo no útero materno até o início do parto."*

[21] Luiz Regis PRADO – "Curso de Direito Penal Brasileiro", vol. 2, Parte Especial, 5.ª ed., Editora Revista dos Tribunais, 2006, p. 109.

[22] José Henrique PIERANGELLI –; "Manual de Direito Penal Brasileiro", Parte Especial, São Paulo, Editora Revista dos Tribunais, 2005, p. 111.

[23] Cezar Roberto BITTENCOURT – "Tratado de Direito Penal" – Parte Especial, 3.ª ed., São Paulo, Editora Saraiva , 2003, p. 158.

[24] Embora modernamente seja unânime a sua aceitação como um ser vivo, a autonomia do feto é constestada por alguns autores, como E. Magalhães NORONHA, que afirmou: *"Claro é que não se trata de vida autônomam mas não há negar que durante a gestação já existe vida"* ("Direito Penal", 2.º vol., 13.ª ed., São Paulo, Ed. Saraiva, 1977, p. 60).

228 *Pessoa Humana e Direito*

tutela o direito-interesse do Estado à inviolabilidade da vida e à integridade física de seus sujeitos, por outro lado merece respeito a vida humana em qualquer das suas manifestações, ainda que o ordenamento jurídico se encontre na presença não de um homem, mas de uma *spes hominis*.[25]

A característica de ser humano em formação (ou *spes vitae*, como querem alguns) é reconhecida por todos e, conseqüentemente, justifica a punição do aborto como um autêntico atentado ao <u>direito de existir</u>.

Reconhecendo o acerto de sua classificação entre os delitos contra a vida, consideramos que a norma incriminadora atribui ao nascituro o seu direito à existência desde o momento da concepção, assegurado legitimamente pela tutela jurídica. embora outros interesses possam também ser considerados como objetivados pelo tipo penal.[26]

4. O aborto na legislação penal brasileira

O Código penal brasileiro, que na sua Parte Especial ainda é o Decreto-Lei 2.848, de 7-12-1940, incrimina o aborto entre os crimes contra a vida, no Título dos Crimes contra a Pessoa, nos artigos 124 a 128, sem defini-lo, utilizando-se da fórmula genérica <u>provocar aborto</u>, seguindo uma tendência generalizada nas legislações punitivas.[27]

Ficam então para o campo doutrinário as discussões sobre a objetividade jurídica do delito de aborto, o seu objeto material, os seus elementos essenciais, as dirimentes ou justificativas acolhidas, e outras questões correlatas.

---

[25] Giuseppe MAGGIORE, "Principi di Diritto Penale", vol. II, Bologna, 1934, p. 373.

[26] Eugenio CUELLO CALÓN considera que, mesmo naquelas legislações que na repressão do delito de aborto visam outros fins, a proteção penal direta e imediata recai sobre a vida do feto, afim de que essa esperança de homem chegue a sê-lo, com a plenitude do seu desenvolvimento físico e psíquico, assim realizando as outras aspirações estatais.("Tres Temas Penales", Bosch, Barcelona, 1955, p. 47.

[27] A Parte Geral desse diploma legal foi modificada em 1984 pela Lei n. 7.209, não conseguindo até agora aprovação no Congresso Nacional os inúmeros Projetos que foram apresentados para a reforma da Parte Especial, recorrendo então o legislador a leis esparsas para promover a atualização ou eliminação de determinados tipos penais, como é o caso do <u>adultério</u>, anteriormente previsto como crime, no art. 240, e revogaddo pela Lei 11.106/2005.

A) *Objetividade jurídica*

Embora se possa alegar que com a incriminação do aborto visa-se proteger diferentes bens jurídicos, é a prevalência de um deles, conforme entender o legislador, que irá determinar o seu posicionamento no Código penal, e a preferência da doutrina é majoritária na escolha da proteção da vida humana, ainda que em formação, como o principal bem jurídico cuja lesão se quer evitar, o que justifica a sua classificação na lei brasileira, como em tantas outras, entre os crimes contra a vida, contrariando a posição antagônica que considera o aborto apenas uma questão de saúde pública ou de auto-determinação da mulher.[28]

Mesmo que se considere que o feto ainda não constitui um ser humano mas sim uma esperança de vida, uma possibilidade de vida humana, protegida pelo Direito civil inclusive, o Direito penal deve propiciar as condições necessárias para que a possibilidade de vida humana se converta em uma realidade humana.

Por isso, a característica do ser humano em formação, ou de esperança de vida, é reconhecida por todos aqueles que jusitificam a punição do aborto como um autêntico atentado ao direito de existir, desde o momento da concepção.[29]

Mesmo aceitando a prevalência da proteção à vida como bem jurídico tutelado no delito de aborto, não se exclui a existência de outros interesses ou bens que também podem ser lesionados e merecem igualmente a tutela legal. Assim, por diversas legislações e pela doutrina tem sido como tal reconhecidos a saúde da gestante, a ordem da família ou a ordem pública, a moralidade pública, o interesse demográfico do Estado e até

---

[28] Assim argumentam CAMPOS SALVAGNO ("El problema del aborto voluntário", in Cronicas, Montevideo, 1935, p. 53) e Horácio ABADIE-SANTOS ("La impunidad del aborto consensual", Impressora Moderna, Montevideo, 1935, p. 25). E também Irureta GOYENA, que assim se expressou: *"Fisiologicamente el embrión puede tener una vida independiente; juridicamente solo constituya una viscera más del organismo materno. El cuerpo del embrión no es nada más que un órgano en el conjunto de órganos que integran la estructura fisiologica de la mujer"* ("Delitos de aborto, bigamia y abandono de niños y de otras personas incapaces." (Montevideo, Casa A. Barreiro y Ramos, 1932, p. 20)

[29] Nesse sentido é a manifestação de Vincenzo LANZA: *"L'oggetto del reato di procurato aborto è dato dall diritto alla esistenza, e soggetto del diritto è la spes hominis"* (in Rivista di Diritto e Procedura Penale, Milano, 1918, p. 211).

mesmo a integridade da estirpe, como ocorreu no direito italiano em determinado período histórico.[30]

No Brasil, considerando-se a prevalência da proteção à vida como opção do legislador, admite-se todavia na doutrina que a incriminação do aborto pode tutelar também outros interesses relevantes, como faz Pierangelli ao afirmar que no aborto não consentido protegem-se também a vida e a integridade da gestante, enquanto que para Cesar Roberto Bittencourt tal é o objeto jurídico do aborto provocado por terceiro, com ou sem consentimento.[31] Já Luiz Regis Prado estende-se um pouco mais, sustentando que é possível vislumbrar ainda a liberdade ou a integridade pessoal como bens secundariamente protegidos em se tratando de aborto não consentido (art.125) ou qualificado pelo resultado (art.127 do Código penal).[32]

Entendido o aborto como a interrupção da gravidez com a conseqüente morte do produto da concepção, e portanto destruição de uma vida em qualquer fase do seu desenvolvimento biológico, daí decorre a existência de alguns elementos essenciais para a sua configuração e punibilidade.

B) *Elementos essenciais do delito*

a) Gravidez pré-existente

Por gravidez, nesse caso, entende-se a gravidez normal, em qualquer período, sendo excluída do conceito a gravidez extrta-uterina, em que o feto por desenvolver-se fora do útero não chegará a termo, via de regra, criando uma situação de risco para a mulher. Nessas condições, a eliminação do feto será uma intervenção cirúrgica necessária e não um aborto. Igualmente no caso de não existir no útero um feto propriamente, mas sim uma mola, produto de uma concepção frustra, objeto anômalo e informe, que não configura uma gravidez real.

---

[30] Modernamente a questão da saúde da gestante tomou um outro viés, sendo usada como bandeira do abolicionismo por aqueles que pretendem a descriminalização do aborto alegando justamente como objetivo a proteção da saúde da mulher, colocada em risco pelas intervenções clandestinas ou descuidadas.

[31] José Henrique PIERANGELLI, ob. cit., p. 111, e Cesar Roberto BITTENCOURT, ob. cit. p. 158.

[32] Luiz Regis Prado, ob. cit., p. 109.

A gravidez deverá ser provada por perícia médica, não sendo exigível que a sua interrupção produza a expulsão do produto da concepção, o que muitas vezes pode não ocorrer, sendo reabsorvido pelo organismo da mulher. No entanto, se o aborto não for recente, a gravidez pregressa será difícil de provar, ao contrário da gravidez em curso.

Na determinação desse estado, a doutrina acompanha, em geral, o ponto de vista médico, que, como já vimos, estabelece como termo inicial da gravidez a fecundação e como termo final o início do parto, que se caracteriza pelo rompimento do saco amniótico.

Mas o tema é polêmico, havendo quem conteste a incidência já de uma tutela legal para a vida intra-uterina naquele exato momento. Assim, Nelson Hungria sustentava que nada tem a ver com o aborto o emprego de meios para impedir a fecundação, bem como a destruição dos óvulos fecundados da mulher, ainda que com o fim de torná-la estéril.[33] Heleno Fragoso preferindo adotar uma posição que leva em conta a valoração social do ato, restringia o crime ao período da gravidez que se segue à nidação do óvulo fecundado no útero, como já expusemos, o que permitiria a licitude de muitos medicamentos anticoncepcionais ingeridos pela mulher mesmo após a concepção, bem como a utilização dos dispositivos intra-uterinos para tal fim.[34]

Evidentemente, em caso de errônea suposição de gravidez, ocorrência bastante freqüente, o emprego de manobras abortivas não constitui o delito de aborto, e não será punido como tal, constituindo <u>crime impossível</u> (ou tentativa inidônea), fato atípico, impunível pela absoluta ausência do objeto.[35]

b) <u>A morte do produto da concepção com a interrupção da gravidez</u>
Comprovada a gravidez, presume-se a viabilidade e a vitalidade do produto da concepção até prova em contrário, hoje facilitada pelos

---

[33] Nelson HUNGRIA – "Comentários ao Código Penal", vol. V, Ed. Revista Forense, 1955, p. 282.

[34] Heleno FRAGOSO – ob. cit., p. 128.

[35] Essa posição doutrinária não foi porém sempre seguida com unanimidade, em outros tempos e em outros lugares, sendo citadas algumas ocorrências em sentido contrário, com condenações injustas e errôneas, por CARRARA (ob. cit., § 1253) e MANZINI (ob. cit., p. 62). Também MEZGER menciona essa orientação como dominante na jurisprudência alemã de sua época (ob. cit., p. 58).

232   *Pessoa Humana e Direito*

meios tecnológicos usados nos diagnósticos e exames médicos realizados durante a gestação, que aperfeiçoaram o conhecimento da normalidade do desenvolvimento fetal. A questão da inviabilidade decorrente da anencefalia e da ausência de vitalidade pelas anomalias fetais tem provocado, na atualidade, o acirramento das discussões em torno da incriminação do aborto e motivado os reclamos de um abrandamento na legislação repressiva, questão que será mais adiante analisada.

Do momento em que a gravidez é interrompida e destruído o produto da concepção, em qualquer de suas fases, estará consumado o delito de aborto, sendo indiferente que haja ou não a sua expulsão, sendo punível o fato seja qual for o meio empregado para consegui-lo.[36]

Por outro lado, se o feto é expulso com vida, e isso biologicamente só é possivel nos três últimos meses da gravidez, ocorre apenas a aceleração de parto e, independente da sua capacidade de sobreviver, já é considerado pessoa para os efeitos do homicídio ou do infanticídio, que se praticados por uma nova ação deverão absorver o delito de aborto.[37]

Sendo o aborto um delito contra a vida, evidentemente se o feto já estiver morto antes do emprego dos meios abortivos o delito também não subsiste, havendo no caso um crime impossível, pela impropriedade do objeto. O mesmo ocorre quando o meio empregado para a sua consecução é inidôneo para conseguir o resultado esperado.

Apesar de existir uma infinidade de meios abortivos possíveis de serem empregados pelo agente, será indiferente, para a tipificação do delito, o processo que foi utilizado naquela ocasião, desde que seja capaz de produzir o resultado almejado, e que haja uma relação de causalidade entre eles.[38]

---

[36] Na doutrina italiana, Enrico PESSINA argumentava que, embora a morte do feto no útero seja sempre considerada aborto, mesmo que já seja o momento do parto normal, a expulsão violenta e prematura, para que constitua aborto deve ocorrer em época anterior àquela em que pode ser considerada como parto, com outras conseqüências portanto ("L´aborto procurato rispetto al diritto penale", in Enciclopedia Giuridica Italiana, vol. I, Parte I, Milano, 1884, p. 62)

[37] Também aqui há divergência doutrinária, entendendo Enrico ALTAVILLA que com a expulsão do feto se pretendeu uma tentativa de aborto e se depois, com nova resolução, se executar outro delito, teremos um concurso de crimes ("Delitti contro la persona", Casa Editrice Dottor Francesco Vallardi, Milano, 1934, p. 327).

[38] A tentativa de aborto realizado com meios absolutamente inidôneos era todavia castigada na Alemanha, segundo a jurisprudência citada por MEZGER (ob. cit., p. 58). Poderá

A maioria das leis que incriminam o aborto não fazem referência expressa aos meios abortivos, e esse é também o caso do Código brasileiro em vigor. De qualquer maneira, a enumeração, mesmo exemplificativa, como existia outrora na legislação francesa, é perfeitamente dispensável, pois que o critério informativo usualmente adotado é o da avaliação da idoneidade real, concreta, em cada caso, dos meios empregados para a obtenção do aborto.

c) O dolo do agente

Integrando a ação típica do aborto, o legislador brasileiro considerou como seu elemento subjetivo apenas o dolo do agente, consistente, no caso, no pleno conhecimento que tem ele do estado de gravidez da mulher, e na vontade livremente dirigida de , empregando os meios idôneos, interromper a gestação e destruir o produto da concepção.

A lei não prevê a forma culposa nem o crime preterintencional de aborto, mas a ele faz menção como resultado mais grave no delito de lesões corporais, no art. 129, § 2.°, V do Código penal, majorando substancialmente a pena cominada.

Discute-se todavia a possibilidade de ser considerado o dolo eventual na sua execução, sendo nesse sentido as hipóteses mencionadas por Nelson Hungria, Heleno Fragoso e Anibal Bruno, em que existe apenas a anuência ao resultado e não a vontade direta de produzi-lo.[39]

Na doutrina italiana, anteriormente à alteração dos dispositivos do Código penal que se referiam ao aborto, e que depois foram revogados pela Lei n. 194, de 22-05-1978, Antolisei sustentava que o dolo no crime de aborto é sempre direto; no caso do agente, utilizando-se de meios não abortivos, proceder com dolo eventual, assumindo um risco relativo, e chegar a esse resultado, incorreria nas penas do crime de lesão corporal gravíssima, da qual resultou o aborto, o que era especialmente previsto na lei italiana, assim como ainda subsiste na lei brasileira, inserido no próprio tipo de lesões corporais.[40]

---

também ser punida nas legislações que adotam o sistema de atribuir uma sanção ao crime impossível.

[39] Nelson HUNGRIA – ob. cit., p. 282; Heleno FRAGOSO, ob. cit., p. 130, e Anibal BRUNO – "Direito Penal", Tomo 4.°, Parte Especial I, Cia. Editora Forense, Rio de Janeiro, 1966, p. 164.

[40] Francesco ANTOLISEI, ob. cit., p. 87.

Essa interpretação foi contestada, porém, em seu devido tempo, por Euclides Custódio da Silveira, sustentando que o ânimo de provocar o aborto (dolo direto), assim como a anuência a tal resultado (dolo eventual), pressupõe, da parte do agente, o conhecimento da gravidez da mulher, pois se assim não fosse a sua vontade jamais poderia dirigir-se no sentido de alcançar o resultado.[41]

d) As condiçoes da punibilidade

Realizada a conduta descrita no tipo penal, e obtido o resultado pretendido pelo seu autor, a aplicação da pena atribuída pelo legislador ao aborto, em cada caso, subordina-se, ainda, à verificação da culpabilidade do agente, sendo ela um pressuposto , ou condição, da sua punibilidade.

A evolução dogmática do conceito de culpabilidade identifica-a, modernamente, com a reprovabilidade pessoal pela realização da conduta proibida, por não ter este agido conforme o direito, podendo fazê-lo.

Essa nova concepção de culpabilidade envolve, como seus elementos essenciais, a imputabilidade do agente, a possibilidade de conhecimento da ilicitude de sua ação e a exigibilidade de conduta diversa, que devem ser analisadas pelo julgador, em cada caso, o que vem justificar, em matéria de aborto, várias situações em que os tribunais têm reconhecido à mulher a inevitabilidade de sua prática.

De fato, apesar do reconhecimento da plena capacidade de entender e de querer com que se apresenta o agente, em razão de sua imputabilidade, pela qual tomou a sua decisão com conhecimento atual ou possível da ilicitude de sua ação, em certas situações extremas tem-se considerado a não exigibilidade de conduta diversa para eliminar a reprovabilidade ou censura do comportamento contrário ao direito.

A aceitação geral da teoria normativa da culpabilidade pela doutrina brasileira torna inequívoca a possibilidade da ação contrária ao direito nas circunstâncias concretas do fato, e nesse sentido tem-se manifestado a jusrisprudência e diversos autores, entre os quais Miguel Reale Jr. que afirma que, embora o direito imponha valores e se imponha como valor, diante de determinadas situações pode admitir como positiva uma opção em conflito com ele, considerando-a, excepcionalmente, válida. Acrescenta não ser reprovável a ação "*caso tenha-se realizado em uma situação valorativa*

---

[41] Euclides Custódio da SILVEIRA – "Direito Penal – Crimes contra a Pessoa", 2.ª ed., Ed. Revista dos Tribunais, São Paulo, 1973, p. 115.

normativamente como de necessidade, cujos requisitos estão fixados em lei ou pela jurisprudência."[42]

Essa mesma orientação pode ser encontrada em vários julgados que isentam de punibilidade a mulher que consentiu ou provocou o aborto em si mesma impelida por motivos reconhecidamente relevantes, dessa forma procurando contornar o alegado rigor da legislação brasileira nessa matéria.[43]

A eximente chegou a ser aventada por alguns juizes para justificar o aborto por motivo de honra, inexistente na nossa legislação, nos casos de jovens solteiras que inadvertidamente engravidaram e que temiam a reação da família à revelação de seu estado, bem como o repúdio social da comunidade em que viviam. Com a evolução dos costumes na sociedade brasileira, acompanhando as modificações da condição da mulher, e o enfraquecimento da motivação de honra na área jurídica, o enfoque foi deslocado e o argumento é encontrado modernamente em algumas decisões que autorizam o aborto em caso de anencefalia fetal, alegadamente para prevenir o sofrimento da gestante e o seu futuro desgaste emocional.

Citada por Guilherme de Souza Nucci, a tese da inexigibilidade, nesse caso, teria dois enfoques: o da mãe, não suportando gerar e carregar no ventre uma criança de vida inviável; o do médico, julgando salvar a genitora de forte abalo psicológico provocado por essa situação. Declarando ser até certo ponto razoável a invocação da tese de ser inexigível que a mulher carregue por meses um ser que perecerá ao nascer, ou logo depois, Nucci adverte para os abusos que são ou podem ser derivados dessa orientação, estendendo-se o conceito de anomalia para abranger fetos que irão constituir seres humanos apenas defeituosos ou monstruosos. Considerando que a ausência de cérebro pode ser motivo mais que suficiente para a realização do aborto, fundamenta-se, contudo, apenas nas sua completa inviabilidade como pessoa com vida autônoma fora do ventre materno.[44]

---

[42] Miguel REALE JR. – "Instituições de Direito Penal" – Parte Geral, vol. I, Ed. Forense, R.J., 2002, p. 191.

[43] Nesse sentido podemos citar as decisões contidas nos Acórdãos seguintes: TAMG/ Rel. Duarte de Paula (RT 762/147) e TJSC/ Rel. Jorge Mussi (RT 756/552).

[44] Guilherme de Souza NUCCI – "Código Penal Comentado", 5.ª ed., Ed. Rev. dos Tribunais, 2005, p. 127.

A matéria tem provocado acirrados debates na área jurídica e na área médica, além de muita controvérsia nos Tribunais superiores, chamados a manifestar-se sobre o assunto e conceder autorizações para o aborto, trazendo à baila outras questões correlatas fundamentais, tais como o início da vida, a qualidade de pessoa, a dignidade da pessoa humana, bem como o alcance da norma constitucional de proteção à vida, que apreciaremos mais adiante.

Outra questão que merece ser mais discutida é a de saber se a eximente concedida à gestante que pratica o aborto em si mesma nessas situações extremas, isentando-a de punibilidade, deve alcançar também o terceiro que o pratica com o seu consentimento, cujos motivos podem não ser coincidentes com os seus, à semelhança do que ocorre com a questão da co-autoria no delito de infanticídio.

Devemos ainda observar que, não obstante ter-se verificado o tipo nos seus elementos essenciais, deixa de ser punível o aborto na ocorrência de uma causa excludente que esteja expressamente contemplada em lei. Tal ocorre, no direito brasileiro com as hipóteses previstas no art. 128 do Código penal, conhecidas com a denominação de aborto legal, que compreendem o aborto necessário e o aborto em caso de estupro praticado contra a mulher.

e) Consumação e tentativa

Excetuadas as indicações legais mencionadas, é punível o aborto consumado, nas espécies que examinaremos a seguir, quando nele se reunem todos os elementos da sua definição legal, conforme preceitua o inciso I do art. 14 do Código penal, ou na forma tentada, nos termos do disposto no seu inciso II, quando, iniciada a execução, não se consuma por circunstâncias alheias à vontade do agente.

A punibilidade da tentativa, porém, é criticada por parte da doutrina, sendo em algumas legislações excluída por motivos de política criminal, como o fazem a lei belga e a argentina. A impunidade da tentativa já havia sido preconizada por Carrara, argumentando que tal acusação não se faz sem acarretar escandalosa publicidade e graves desordens na família, e uma vez que a criatura foi salva da destruição não se verificou dano irreparável que justifique os malefícios apontados.[45]

---

[45] Francesco CARRARA – ob. cit., p. 87.

A consumação, por sua vez, em qualquer modalidade de aborto, verifica-se com a morte do produto da concepção como resultado da interrupção da gravidez. Pouco importa que haja ou não a expulsão prematura do feto, carecendo de razão os que fazem dela o momento consumativo do delito.

Na verdade, a expulsão pode ocorrer sem que haja aborto, como no caso do parto acelerado e, por outro lado, pode haver aborto sem que haja a expulsão, como no caso da reabsorção do embrião pelo organismo materno, da mumificação do feto, ou ainda da sua morte ao mesmo tempo que a da gestante. A expulsão pode dar-se, ainda, em momento posterior à morte da gestante, sendo a gravidez interrompida com esta e não com aquela.

A isenção de punibilidade, entretanto, poderá ocorrer no caso de uma tentativa inidônea, ou crime impossível, nos termos do art. 17 do Código penal, quando por ineficácia absoluta dos meios empregados (inadequados para produzir o resultado), ou por absoluta impropriedade do objeto (se inexistir gravidez, por exemplo, ou se o feto já se achava morto), for impossível consumar-se o crime.

C) *Espécies de Aborto*

O Código penal brasileiro de 1940, ao dispor sobre o aborto nos seus artigos 124 a 128, cogitou de três modalidades criminosas e duas lícitas, denominadas genericamente de aborto legal, ou indicações legais para o aborto.

As espécies criminosas são:

1 – aborto provocado pela própria gestante, ou auto-aborto (art. 124, 1.ª parte);

2 – aborto provocado por terceiro sem o consentimento da gestante (art. 125);

3 – aborto provocado por terceiro com o consentimento da gestante (art. 126 e art. 124, 2.ª parte).

Afirma Anibal Bruno que essa diferenciação, que leva em conta a natureza do agente e o consentimento da gestante, não autoriza a aceitação de três tipos penais diferentes, tratando-se apenas de uma graduação da punibilidade do fato. O núcleo do tipo seria a forma comum às três espécies: provocar aborto.[46] Também Heleno Cláudio Fragoso, ao referir-se

---

[46] Anibal Bruno – "Crimes contra a pessoa", 3.ª ed., Editora Rio, RJ, 1975, p. 164.

ao auto-aborto entende não constituir este um tipo autônomo, mas apenas uma forma atenuada do tipo básico, que é o aborto praticado sem consentimento.[47]

1. Aborto praticado pela própria gestante

A primeira parte do art. 124 prevê o auto-aborto ao mencionar o fato de *"provocar o aborto em si mesma"*, ao qual é cominada a pena de detenção de um a três anos.

Praticado, pois, pela própria gestante, somente ela pode ser sujeito ativo do delito, mas isso não exclui a coparticipação, que pode ocorrer sob a forma de instigação ao aborto, fornecimento dos meios necessários, instruções sobre a maneira de usá-los, etc. Nesse caso o co-autor incorrerá na mesma pena cominada à mulher, segundo a regra do art. 29, podendo variar a dosagem,na medida de sua culpabilidade, como autoriza a lei. Todavia, se a participação incidir diretamente sobre a execução, o terceiro reponderá por aborto praticado com consentimento, previsto no art. 126.

Quanto ao sujeiro passivo, há na doutrina uma certa controvérsia. Para uns, como Euclides Custódio da Silveira, o sujeito passivo no auto-aborto (assim como no aborto consentido) é o produto da concepção, pouco importanto que seja viável ou não, sendo objeto jurídico do crime a vida endo-uterina.[48] Para outros, porém, entre os quais Heleno Fragoso, o sujeito passivo do crime não é o produto da concepção, o qual, ao contrário, é objeto material da ação. E não o é porque tal categoria compreende apenas o titular do bem jurídico tutelado, que é, no caso, o Estado ou a comunidade nacional.[49] Tal posicionamento é contestado por Luiz Regis Prado, que o considera injustificável, ressaltando que a vida humana, dependente ou independente, não é um bem jurídico coletivo, mas individual por excelência. Além disso, o interesse social manifestado na proteção à vida em formação também existe na maioria dos demais bens jurídicos penalmente tutelados.[50]

---

[47] Heleno Cláudio FRAGOSO – ob. cit., p. 131.

[48] Euclides Custódio da SILVEIRA – ob. cit. , p. 108.

[49] Heleno Cláudio FRAGOSO – ob. cit., p. 131.

[50] Luiz Regis PRADO, ob. cit., p. 110. Declarando considerar como sujeito passivo o ser humano em formação, em qualquer das fases do seu desenvolvimento, por ser ele o titular do bem jurídico vida, o autor acrecenta que a mãe somente figurará como sujeito

Essa é uma questão diretamente ligada à objetividade jurídica pretendida pelo legislador ao incriminar o fato. Conseqüentemente, seria uma incongruência negar-se ao produto da concepção a titularidade do bem jurídico, se admitirmos como válida a classificação do aborto entre os crimes contra a vida, no âmbito geral dos crimes contra a pessoa, como faz o nosso Código penal. Não obstante, alguns autores ampliam o número dos bens jurídicos que incidem na tutela legal, como o interesse do Estado, a vida e a saúde da mãe, concluindo porem que, por ser a vida humana o de maior importância ética, recebe ela a preferência da lei na ordenação sistemática.

A pena mínima cominada, que é de um ano de detenção, autoriza a suspensão do processo, nos termos do art. 89 da Lei n. 9.099/95, se proposta pelo Ministério Público ao oferecer a denúncia, presentes os requisitos legais estabelecidos nessa lei.

2. Aborto praticado por terceiro sem o consentimento da mulher

Chamado também de aborto da dissensiente, esta é a espécie mais grave, parra a qual também é mais grave a punição prevista, que é a reclusão de três a dez anos.

Justifica-se o rigor pois que, além dos bens jurídicos prevalentemente tutelados pela incriminação do aborto, que dizem respeito à vida do produto da concepção e à vida e integridade física da mulher, é ofendido nesse caso um outro bem jurídico relevante, que é a sua livre opção pela maternidade, com desrespeito, portanto, à liberdade e à sua dignidade de ser humano.

Para que se caracterize a ausência de consentimento, que é elemento essencial do delito, não é necessário todavia recusa expressa da mulher, bastando que o aborto seja executado à sua revelia ou na ignorância da mesma. É opinião dominante na doutrina que a mulher, nessa hipótese, é também sujeito passivo do delito, enquanto que o sujeito ativo será a pessoa que agir sobre a gestante dissensiente.[51]

---

passivo do delito quando se atente também contra a sua liberdade (aborto não consentido) ou contra a sua vida ou integridade pessoal (aborto qualificado pelo resultado), como bens jurídicos mediatos.

[51] Para BENTO DE FARIA, contudo, quando o aborto é provocado sem o consentimento da gestante, é ela e apenas ela o sujeito passivo do delito ("Código Penal Brasileiro", vol. III, P. Especial, R.J., Livraria Jacinto Editora, 1943, p. 68).

240 *Pessoa Humana e Direito*

Ao aborto sem consentimento é equiparado, por determinação expressa da lei, o caso em que o consentimento dado pela gestante é juridicamente inválido. Tal ocorre quando a gestante é menor de 14 anos, alienada ou débil mental. A pena a ser aplicada será então a mesma do art. 125, segundo o disposto no parágrafo único do art. 126.

Também não é consentido o aborto praticado por fraude, ou mediante violência ou grave ameaça, se esses meios forem empregados no ato do aborto. Todavia, se forem utilizados para obter o consentimento, este será juridicamente inválido, ocorrendo a equiparação , prevista na segunda parte do parágrafo único do art. 126, ao aborto sem o consentimento, no que se refere à aplicação da pena.

3. Aborto praticado com o consentimento da gestante

Previsto nos artigos 126 e 124, segunda parte, do Código penal, o aborto consentido recebe diferente tratamento penal, segundo se trate de terceiro provocador ou da gestante que deu o consentimento. O primeiro é punido com a pena de reclusão de um a quatro anos, e a gestante com a detenção de um a três anos, a mesma pena do auto-aborto.

Essa duplicidade de sanções enseja interpretações diversas na doutrina. Para uns, o crime é um só, havendo dois sujeitos ativos, embora punidos diferentemente. Assim entende Euclides Custódio da Silveira, para quem ainda que a gestante participe da ação provocatória do aborto, em colaboração com o terceiro, o crime será sempre o mesmo, não se alterando a situação.[52]

Para Magalhães Noronha, a lei nesse caso considera a gestante autora do crime consentido; o terceiro que materialmente provoca o aborto deverá ser o seu co-autor, em separado.[53]

Heleno Fragoso entende ser este um crime plurissubjetivo, havendo excepcionalmente exceção à regra da responsabilidade na co-autoria, pois embora haja concurso na mesma ação delituosa, os agentes praticam crimes autônomos.[54]

---

[52] Euclides Custódio da Silveira, ob. cit., p. 121.

[53] E. Magalhães Noronha – "Direito Penal", vol. 2, 13.ª ed., S. Paulo, Ed. Saraiva, 1977, p. 67.

[54] Heleno Cláudio Fragoso, ob. cit., p. 131.

De fato, o aborto consentido, do art. 124, e o aborto consensual , do art. 126, são crimes de concurso necessário, pois exigem a participação de duas pessoas, a gestante e o terceiro que realiza o aborto e, a despeito dessa participação necessária, cada um responde, excepcionalmente, por um crime distinto, como observa Cezar Roberto Bittencourt, que divisa aí uma exceção à teoria monística adotada pelo Código. Segundo esse autor, essa exceção fundamenta-se nos diferentes graus de reprovabilidade dessa condutas, sendo menor o desvalor do consentimento da gestante do que o desvalor da ação do terceiro que realiza as manobras abortivas consentidas, sendo ele quem concretamente age, recebendo uma censurabilidade mais elevada do que aquela de quem somente consente.[55]

A teoria do crime plurissubjetivo aplicada a essa espécie criminosa também foi defendida na incriminação do aborto feita anteriormente pela lei italiana, por vários autores, entre os quais Antolisei e Manzini.[56] Para este último, o delito deve necessariamente ser cometido por um mínimo de duas pessoas (a mulher que consente e a pessoa que pratica o aborto) e por isso tem caráter coletivo. Realmente, é de se convir com Manzini que a gestante, embora punida pelo simples fato de sua tolerância ou conivência para com a atividade do agente, de certa forma fornece a este o objeto material do delito, ao entregar-lhe, voluntariamente, o seu corpo grávido. Observa ainda esse autor que, ademais, a mulher teria a obrigação jurídica de impedir o próprio aborto, o que agrava a sua responsabilidade no aborto consentido.[57] Nesse sentido também se manifesta Giuseppe Zuccalà, concluindo que de fato a gestante não somente tolera mas também age, cooperando na execução do delito. Assim, também ele considera essa espécie um delito plurissubjetivo (autônomo) em que ambos os agentes executam uma conduta típica em relação à norma incriminadora principal, que se dirige ao mesmo tempo a várias pessoas.[58]

---

[55] Cezar Roberto BITTENCOURT, ob. cit. p. 164.

[56] No Código penal italiano de 1930, inspirador do legislador brasileiro, essa espécie de aborto vinha prevista no art. 546, que atribuía a mesma pena (reclusão de dois a cinco anos) tanto ao causador do aborto quanto à mulher que consentiu. Veja-se ANTOLISEI, ob., cit., p. 90.

[57] Vincenzo MANZINI, ob. cit., p. 561.

[58] Giuseppe ZUCCALÀ "Aborto", in Enciclopedia del Diritto, vol. 1, Giuffrè Editore, 1958, p. 133.

242   *Pessoa Humana e Direito*

Contudo, a regra da punibilidade na co-autoria, que no Código penal de 1940 submetia-se à equivalência das condições para punir igualmente os participantes do delito, foi alterada pela Nova Parte Geral desse Código, em 1984, com a possibilidade de diferenciação que autoriza, no seu art. 29, a expressão na medida de sua culpabilidade, pelo que pode-se entender também por esse ângulo o diverso tratamento legislativo concedido à atuação do terceiro que pratica o aborto e da gestante que consente passivamente.

Evidentemente o consentimento deve ser válido, o que significa que deve ser livremente obtido de quem tenha capacidade para consentir. Em caso contrário aplicar-se-á o disposto no art. 126, já mencionado, como se consentimento não houvesse,

Esse consentimento, seja expresso ou tácito, deve perdurar até a consumação do delito, que se dá com a interrupção da gravidez e a consequente morte do produto da concepção. Mas é discutível se havendo consentimento no aborto este deve também subsistir com relação aos meios empregados.

O problema da co-autoria nessa espécie delituosa tem igualmente provocado outras dissenções doutrinárias e jurisprudenciais no que tange à questão de apreciar a conduta daquele que de algum modo colabora para que a gestante sofra um aborto consentido.Sendo indubitavelmente co-autor do delito, deve receber a sanção do art. 124 ou do 126? Decisões num sentido e no outro foram proferidas nos nossos tribunais, ao julgarem pessoas que simplesmente levaram a paciente ao local em que o aborto seria cometido, ou outras que pagaram o serviço já realizado, considerando-as ora co-autoras do crime do art. 126, ora do art. 124.

O aborto praticado por terceito, com ou sem o consentimento da mulher, torna-se qualificado se dele resultar lesão corporal de natureza grave ou a morte da gestante. O art. 127 prevê, na primeira hipótese, o aumento de um terço das penas cominadas nos dois artigos anteriores, e na segunda hipótese a duplicação das mesmas.

Sendo a lesão corporal, em princípio, uma decorrência necessária do aborto, a lei evidentemente não se refere às de natureza leve, ou mesmo grave, quando necessárias para que o ato se realize. O intuito do legislador ao agravar as penas, no caso, é abranger as situações anormais, causadas por lesões extraordinárias, como infecções, abcessos, perfurações de órgãos, etc.

É claro que esse resultado não deve estar compreendido na intenção do agente, pois se houver dolo, ainda que eventual, de também ferir ou matar a gestante, haverá um concurso de crimes, de aborto e de lesão corporal ou homicídio. Basta, porém, o nexo de causalidade entre a ação e o resultado para que o agente seja responsabilizado, observando-se o que dispõe o art. 19 do Código penal, a saber: *"Pelo resultado que agrava especialmente a pena, só responde o agente que o houver causado ao menos culposamente"*.

Como a lei se refere ao resultado decorrente do aborto ou dos meios empregados para provocá-lo, pode-se concluir que a agravação da pena é admissível também na tentativa, quer na hipótese do art. 125, quer na do 126.

AS INDICAÇÕES LEGAIS PARA O ABORTO

Segundo a Exposição de Motivos do Código penal de 1940, a legislação brasileira acolheu *"por razões de ordem social e individual, a que o legislador penal não pode deixar de atender"*, duas indicações que legitimam o aborto: a indicação terapêutica e a da gravidez resultante de estupro, também conhecida com o nome de "aborto sentimental". Assim dispõe o texto legal:

" *Art. 128: Não se pune o aborto praticado por médico:*
I – se não há outro meio de salvar a vida da gestante;
II – se a gravidez resulta de estupro e o aborto é precedido do consentimento da gestante ou, quando incapaz, de seu representante legal."

I – O aborto terapêutico

O aborto legal por indicação terapêutica só pode ser praticado por médico quando não houver possibilidade de salvar de outra forma a vida da gestante, isentando-se nesse caso de punibilidade o agente.

Magalhães Noronha considera infeliz a redação desse dispositivo, por ter utilizado a expressão "não se pune", o que pode levar à conclusão de tratar-se de uma dirimente, ou excusa absolutória, quando o correto

244 *Pessoa Humana e Direito*

seria dizer "não há crime", como melhor técnica, pois estamos diante de uma eximente, e assim o fazia Nelson Hungria no seu Anteprojeto.[59]

Essa modalidade de aborto também chamado de <u>aborto necessário</u>, somente se dá quando a interrupção da gravidez é absolutamente necessária por haver risco de vida para a mulher e não apenas o dano à sua saúde, como ocorre em algumas legislações.

Cabe ao médico a grande responsabilidade de decidir sobre a necessidade do sacrifício da *spes hominis* em confronto com a gravidade do estado da gestante, e pronunciar-se sobre o momento em que essa intervenção deve ser efetuada.

Para Galdino Siqueira nossa lei se ressente de sensível lacuna nesse ponto, no que se refere ao pronunciamento de outro médico sobre o estado de saúde da gestante, como fazem outros Códigos penais, acautelando assim devidamente a vida da mulher, a do filho e a responsabilidade do médico.[60] Mas nem todos entendem ser necessário esse parecer concordante, embora fosse conveniente, quando possível.

Em algumas legislações a prática do aborto necessário é condicionada ao consentimento da gestante ou do seu representante legal, como dispõe, por exemplo, o art. 86 do Código penal argentino. Tal requisito, porém, não existe na legislação brasileira e realmente parece desnecessário, já que a indicação para o aborto, nessa hipótese, só é concedida em caso de perigo de vida.

Olavo Oliveira considera mesmo desaconselhável essa exigência por ser o consentimento da gestante viciado pela sua situação de angústia e dor. E o dos parentes pode prestar-se a tergiversações e negativas por interesse sucessório. Por outro lado, um tempo precioso pode ser desperdiçado para conseguir-se a obtenção do consentimento numa situação de urgência.[61]

De qualquer forma, o art. 146 do Código penal, no seu §3.°, declara que não constitui constrangimento ilegal "*a intervenção médica ou cirúrgica, sem o consentimento do paciente ou de seu representante legal, se justificada por iminente perigo de vida*", o que justificaria a intervenção arbitrária do médico, mesmo que o consentimento fosse requisito expresso no art. 128.

---

[59] E. Magalhães NORONHA – "Direito Penal, 2.° vol., Ed. Saraiva, p. 69.

[60] Galdino SIQUEIRA – "Tratado de Direito Penal", vol. III, José Konfino, Editor, R. J., 1947, p. 123.

[61] Olavo OLIVEIRA – " O delito de matar", Ed. Saraiva, S. Paulo, 1962.

II – O aborto em caso de gravidez resultante de estupro

A indicação para o aborto em caso de gravidez resultante de estupro, também conhecido como "aborto sentimental", introduzida no direito brasileiro pelo Código penal de 1940, constituiu um reflexo do debate que se travara um pouco antes nos países europeus em virtude da situação criada no pós-guerra com a violação de mulheres, em diferentes países, por soldados invasores inimigos. Tal fato vinha provocando benévolo tratamento dos juízes e tribunais no julgamento dos delitos de aborto praticados nessas circunstâncias e havia propiciado o reconhecimento da licitude dessa modalidade de intervenção em várias legislações, embora outras silenciassem a respeito, o que induziu a doutrina a procurar fundamentos para justificá-lo, predominantemente por razões de ordem ética ou emocional.

A questão ainda hoje é controvertida, havendo quem se manifeste favoravelmente à indicação acolhida pelo legislador brasileiro, e quem se manifeste em contrário, apontando as dificuldades de ordem prática dessa permissão.

De um lado estão aqueles que a apoiam, considerando-a uma medida justa, além de humana, por não considerar razoável exigir-se da mulher violentada o sacrifício de uma gestação repugnante, que lhe foi imposta pela força, como entendem Nelson Hungria, Magalhães Noronha e Heleno Fragoso. Seus opositores, porém, entre os quais Anibal Bruno e Euclides Custódio da Silveira, a contestam por motivos variados.

Para Anibal Bruno a situação aflitiva da mulher violentada e os sentimentos de aversão que possam provocar-lhe o fruto da ofensa e humilhação de que foi vítima não são suficientes , por mais respeitáveis que sejam, para justificar a morte do ser assim gerado.[62] Euclides Custódio da Silveira estranha que a lei puna como infanticida ou homicida a mãe que mata, *honoris causa,* o neonato fruto de um estupro, mas considera penalmente lícita a destruição dessa mesma vida, na fase endo-uterina, se prati-

---

[62] Anibal BRUNO – "Direito Penal – Parte Especial", Tomo IV, Forense, 1966, p. 173. O autor considera esta uma *"conclusão de fundo demasiadamente individualista, que contrasta com a idéia do Direito e a decidida proteção que ele concede à vida do homem e aos seus interesses humanos e sociais que se relaciona com ela, demasiadamente importantes para serem sacrificados a razões de ordem pessoal que, por mais legítimas que possam parecer, não têm mérito bastante para se contrapor ao motivo de preservação da vida de um ser humano".*

cada por médico e a pedido da gestante. Declara ele não haver fundamento ético ou jurídico para tamanho privilégio concedido ao médico que praticará o aborto baseado apenas na palavra da mulher.[63]

Por outro lado, na prática há inúmeras dificuldades e alguns problemas que essa modalidade de aborto suscita na sua realização, que deve respeitar os requisitos essenciais estabelecidos na lei, a saber: que seja praticado por médico; que a gravidez resulte de estupro; que o aborto seja precedido de consentimento da gestante ou, quando incapaz, do seu representante legal.

Observe-se, ademais, que não foram especificadas as condições em que o fato deve dar-se por demonstrado, nem o período de gravidez em que a intervenção médica pode efetuar-se, e nem o procedimento a ser utilizado pela interessada em conseguir o aborto de forma legal,

Entende-se, por isso, que o médico, no seu próprio interesse, deve acautelar-se para evitar dissabores com a Justiça e assim, a não ser nos casos de violência presumida previstos na lei penal[64], só deverá intervir quando houver indícios seguros de que o estupro tenha sido cometido, embora a sua boa fé possa isentá-lo de culpa em caso de erro. Por isso Hungria sugere, *ad cautelam,* que o médico obtenha o consentimento da gestante ou de seu represntante legal por escrito, ou perante testemunhas idôneas, e aconselha que sejam consultados o Juiz e um representante do Ministério Público para aprovação da intervenção, que não deve ser recusada se houver indícios suficientes da ocorrência alegada.[65]

A exigência da autorização judicial todavia inexiste no texto legal, embora seja uma prática corrente e bastante divulgada pelos meios de comunicação. Não sendo possível aguardar-se uma condenação do responsável pelo crime que deu origem à permissão legal, Guilherme de Souza Nucci afirma que basta o registro de um boletim de ocorrência e a apresentação do documento ao médico, que não necessita de nenhuma autorização judicial para realizar a intervenção solicitada.[66] Observa, nesse sentido, Paulo José da Costa Jr, que não pode o médico contentar-se

---

[63] Euclides Custódio da SILVEIRA, ob. cit., p. 129.

[64] Nos crimes contra os costumes, dispõe o art. 224 do Código penal: *"Presume-se a violência, se a vítima: a) não é maior de 14 (quatorze) anos; b) é alienada ou débil mental, e o agente conhecia essa circunstância; c) não pode, por qualquer outra causa, oferecer resistência".*

[65] Nelson HUNGRIA, ob. cit., p. 305.

[66] Guilherme de Souza Nucci – "Código Penal Comentado", 5.ª ed., Ed. Revista dos Tribunais, S. Paulo, 2005, p. 520.

5. O debate sobre a vida e o aborto

De todos os delitos que na lei penal se destinam a garantir a proteção à vida da pessoa, o aborto é o mais peculiar, pois não encontra na sociedade a reprovação unânime concedida aos outros atos atentatórios ao valor que é considerado supremo bem, individual e social.

Por isso a sua repressão tem oscilado entre movimentos opostos e contraditórios, que dividem as opiniões na sociedade e já conseguiram reverter o posicionamento tradicional dos legisladores para decretar a sua licitude, em alguns países, subordinada às vezes a certos requisitos que são especificados.

Daí as particularidades que apresenta o seu tratamento penal, no tempo e no espaço, e o maior ou menor êxito das campanhas para a sua liberação, correspondendo à sua adequação à realidade local.

Diferindo o aborto dos demais tipos penais, pela sua fraca reprovabilidade e pelas características especiais da sua gênese criminógena (normalmente um estado de necessidade supralegal), tem sido nula a eficácia da prevenção geral ou especial contida na norma, uma vez que a sua maior incidência verifica-se justamente onde ele é mais severamente punido[68].

Os fundamentos de sua incriminação, entre os quais sobressai a proteção à vida do ser em formação, não são geralmente levados em conta pela mulher que decide abortar, e o faz a qualquer custo, mesmo contrariando os ditames da razão ou os seus princípios morais ou religiosos, na

---

[67] Paulo José da Costa JR. – "Código Penal Comentado", 8.ª ed., S. Paulo, DPJ Editora, 2005, p. 393.

[68] Os dados estatísticos a esse respeito não são muito confiáveis em virtude da enorme parcela da chamada "cifra negra" que corresponde aos fatos não divulgados, que somente vêm à tona quando acarretam danos verificáveis pelos sistemas de saúde. A Federação Internacional de Planejamento Familiar divulgou, em maio de 2007, a sua avaliação revelando que: 46 milhões de abortos são realizados atualmente no mundo; 19 milhões são feitos de forma insegura; 13% das mortes maternas são provocadas pelo aborto inseguro; 96% dos abortos inseguros ocorrem em países em desenvolvimento; 70 mil mulheres morrem anualmente vítimas das complicações do aborto. (Fonte: Jornal "O Estado de São Paulo", em 31-05-07).

248 *Pessoa Humana e Direito*

busca de uma rápida solução para o seu problema pessoal, freqüentemente apoiada ou ajudada por pessoas de reputação ilibada e exemplar conduta social que jamais pensariam em infringir as leis penais.

Outra característica peculiar do aborto provocado, cuja prática é disseminada, nos vários países, em todas as camadas sociais, por mulheres de diferentes níveis culturais e profissionais, é o fato de ser generalizado o seu acobertamento, mesmo por aqueles que o reprovam, tendo todos, inclusive a mulher que também é vítima do mesmo, grande interesse em silenciar a respeito, por motivos diversos, a não ser que os resultados gravíssimos da intervenção imponham o socorro médico posterior.

Normalmente, onde é mais severa a repressão, a legislação inclui outras medidas tendentes a impedir ou dificultar a utilização de meios anticoncepcionais, ou outros modos de limitação da natalidade.[69] Em sentido contrário, muitos países passaram a adotar e colocar em prática programas de planificação familiar que, sem desatender às necessidades demográficas do Estado, pudessem ajudar a promover um relativo nível de bem-estar da população em geral, sobretudo da sua camada mais carente, ajudando a impedir ou minimizar o recurso às práticas abortivas, freqüentemente utilizadas como simples meio anticoncepcional ou modo de evitar uma gravidez indesejada e não planejada.[70]

No plano preventivo contudo essas medidas representam uma solução parcial para o problema do aborto, se considerarmos que este tem sido usado largamente, por mulheres de todos os níveis, como meio anticoncepcional apenas. Mas esse não é o único fundamento da prática do aborto, e um exame mais detalhado da situação aponta para outras causas, algu-

---

[69] Assim ocorreu no Brasil, à época da promulgação do Código penal, com a "proibição do anúncio de meios ou processos anticoncepcionais", inscrita no art. 20 da Lei das Contravenções Penais (Decreto-Lei n. 3.688, de 3 de outubro de 1941), depois revogado pela Lei n. 6.734, de 4 de dezembro de 1979.

[70] No Brasil, já em 1965 era criada a BENFAM – Sociedade Brasileira do Bem-Estar Familiar, com o intuido de promover um programa de controle da natalidade através do planejamento familiar, com a intenção expressa de reduzir o índice de abortos provocados, que em 1960 anunciava-se ter atingido a marca de 1.500.000 casos anuais. A inciativa, que era particular, chegou a ser duramente criticada e acusada de estar a serviço de países desenvolvidos, interessados em frear o nosso crescimento populacional para manter a dependência econômica, mas foi depois acolhida pelo governo federal, constituindo a base para a criação de um Programa de Saúde Materno-Infantil, promovido pelo Ministério da Saúde.

mas também relevantes, que levam a mulher a esse recurso extremo para interromper uma gravidez inoportuna ou indesejada. Numa variedade de circunstâncias que têm concorrido para a realização dessa prática apoiam-se os partidários da liberação parcial do aborto, que advogam uma extensão das permissões legais para abranger outros fatos que podem levar a mulher a interromper uma gravidez inesperada, não desejada, ou simplesmente prejudicial à sua vida, à sua saúde, ao seu trabalho, ao seu relacionamento familiar ou social, ou à manutenção de outros filhos porventura existentes.

Da pioneira indicação terapêutica para o aborto, de aceitação irrestrita por envolver um estado de necessidade claramente caracterizado, os legisladores têm avançado ou vacilado perante todos os outros motivos que possam ser alegados para impedir a gravidez de chegar a seu termo. E se é mais fácil autorizr o aborto quando as circunstâncias envolvem um risco para a vida ou a saúde da gestante, ou quando a gravidez resulta de ato delituoso que constitui violência à pessoa ou à vontade da mulher, as resistências intensificam-se quando se trata de motivos meramente econômicos, sociais, ou de caráter eugênico.

Essas resistências eram até há pouco tempo reforçadas pelo papel que a mulher tradicionalmente desempenhava na sociedade, relegada ao recesso do lar e à criação de todos os filhos que Deus lhe mandava. As transformações sociais dos últimos tempos estimularam os legisladores de diversos países a adotar normas mais liberais, objetivando atender às situações que a reiteração dos abortos colocava em evidência e que urgia solucionar.

O panorama mundial na atualidade, em matéria de aborto, compreende na verdade várias tendências, que formam três grupos principais: o das legislações que não autorizam o aborto em caso algum[71]; o das legislações que permitem o aborto em alguns casos, seja por indicação médica, seja por motivos eugênicos, morais, médico-sociais, ou por motivos puramente sociais ou econômicos; e o das legislações que autorizam o aborto simplesmente a pedido da mulher que deseja interromper a sua gravidez.

Predominantemente, na origem da liberação total ou parcial do aborto, nas últimas décadas, está o intuito de colocar um paradeiro às prá-

---

[71] Nesses países todavia , por influxo da jurisprudência, o aborto terapêutico acaba sendo acolhido, com base simplesmente na situação legal do estado de necessidade.

ticas abortivas clandestinas, proporcionando-se à mulher maior proteção através do apoio legal, e a segurança de um atendimento médico em melhores condições sanitárias, para diminuir os riscos do prejuízo à sua saúde e poupá-la de males futuros.

Motivos de ordem eugênica justificam a interrupção da gravidez em vários países, não somente para prevenir a transmissão de doenças hereditárias, mas também para evitar o nascimento de uma criança física ou mentalmente deficiente.Ou então, quando houver certeza da sua falta de vitalidade no futuro, como acontece nos casos de anencefalia.

Indicação de ordem moral é acolhida para permitir o aborto quando a gravidez resultar de atos delituosos como o estupro, ou mesmo o incesto e o atentado violento ao pudor, ou ainda para preservar a honra da gestante ou da sua família.

Os motivos médico-sociais , acolhidos em poucos países, referem-se à existência de certos fatores que justificariam a interrupção da gravidez, como por exemplo a existência de várias maternidades anteriores muito próximas umas das outras, as dificuldades domésticas causadas pela existência de outras crianças pequenas no lar, o mau estado de saúde de outras pessoas que vivam no mesmo domicílio, os problemas de saúde da própria gestante, incluída aí a sua saúde mental.

Já os motivos econômicos dizem respeito à precária situação financeira da família e à dificuldade de propriciar o sustento de uma prole aumentada. E os de caráter social incluem a disparição ou invalidez do cônjuge, a desagregação do lar, a participação preponderante da mulher na economia familiar e também a situação precária da mulher que engravidou fora do casamento ou em idade inadequada para assumir a maternidade.

No último grau da escala repressiva, a um passo da descriminalização total do aborto, situam-se as legislações que autorizam a intervenção a pedido da gestante, sem necessidade de justificação precisa, mas estabelecendo certas formalidades para a sua concessão, que vão desde a apresentação pessoal do pedido à Comissão competente, que tentará convencer a mulher a desistir do seu intento, informando-a das conseqüências nocivas do aborto para a sua saúde, até a fixação de um limite máximo para a realização da intervenção, comumente fixado em 12 semanas a contar da concepção.

Embora seja inegável que para atingir os fins visados pela norma descriminante outras medidas devem ser adotadas, de assistência e de planejamento familiar, que limitem as oportunidades de recurso a esse procedimento extremo, certos requisitos podem ser previstas na própria lei, justificando o estabelecimento de limites temporais para a sua execução, como ocorre em vários países, para corrigir as distorsões e evitar os exageros de uma prática generalizada do aborto.

Na verdade não se deve esquecer que à maior liberdade da mulher de optar por uma solução extremada para resolver os problemas que a gravidez lhe acarreta, seja de que espécie forem, contrapõe-se o direito à vida do ser concebido embora irrefletida ou arriscadamente.

Nesse confronto de direitos e deveres, que não são absolutos e por isso podem ser limitados, como o são, efetivamente, em todos os sistemas jurídicos,[72] é preciso saber distinguir o justo do injusto, o importante do supérfluo para determinar a prevalência de um deles. Ao direito à vida, que é o valor supremo da pessoa humana, só podem contrapor-se relevantes justificativas para a sua eliminação, que explícita ou implicitamente contenham a previsão de mal injusto e grave para o ser que passará a existir quando a mãe o colocar no mundo externo.

7. Conclusões

Considerando a nova realidade social do mundo moderno, e na trilha dos movimentos que, em muitos países, promoveram nos últimos anos, a descriminalização total ou parcial do aborto nas suas respectivas legislações, também no Brasil pleiteia-se, há muito tempo, uma reforma legislativa que, seja por um novo Código penal, para o qual existem inúmeros projetos frustrados, seja por meio de lei especial, concretize a abolição do aborto do nosso sistema penal ou, pelo menos, admita outras indicações legais para a sua prática, como solução paliativa.[73]

---

[72] No direito penal é indiscutível a limitação de direitos e garantias constitucionais, inclusive a vida, pelo reconhecimento de causas excludentes de criminalidade ou de punibilidade, simplesmente por motivos de Política criminal.

[73] Quase todos os países europeus promoveram modificações em suas legislações a respeito do aborto nas últimas décadas, em geral permitindo a sua prática até o limite das 12 semanas de gestação. Assim, a Itália, por uma lei de 1978, referendada em 1981, a França por uma lei de 1975 emendada em 1979, a Dinamarca, por uma lei de 1973, a Grécia desde 1986, a Espanha em 1985,nos casos de risco para a vida da mulher, sua saúde física ou mental , na gravidez resultante de estupro e nas anomalias fetais; na Alemanha, por uma lei de 1995, o aborto tornou-se ilegal mas não punível, durante as 12 primeiras

252   *Pessoa Humana e Direito*

Na verdade, atendendo à realidade dos fatos, é de se convir na necessidade de regulamentação do aborto pela lei penal, por uma lado incriminando as espécies indiscutivelmente criminosas, mas por outro lado estabelecendo a sua licitude ou a isenção de sua punibilidade na ocorrência de certas indicações que serão sugeridas pela experiência, pelo estágio de desenvolvimento econômico do país, pelo nível cultural e social de sua população, pelos reclamos da saúde pública, pelos interresses demográficos do Estado, ou pelos valores éticos e religiosos predominantes em determinada sociedade.

Essa tarefa é hoje sensivelmente facilitada pela mudança de atitude da Igreja Católica, ou pelo menos da sua ala mais progressista, que passou a tomar partido pela necessidade de relativizar certos direitos envolvidos na solução do problema do aborto, bem como a de adequar a moral e a teologia às <u>indicações</u> que justificam a interrupção da gravidez em alguns casos extremos. Essa corrente no seio da Igreja nega que haja hoje unânime condenação do aborto pela Igreja Católica; não havendo uniformidade nas diversas posturas de sua hierarquia, de seus teólogos, e muito menos de seus fiéis, sendo inúmeras as opiniões de que nem todo aborto deve ser considerado pecado e, especialmente, que nem todo aborto merece ser tipificado como delito.[74]

Considerando o elevado número de abortos praticados no Brasil ilegalmente, calculados em cerca de três milhões anuais, pode-se aquilatar a insignificância da previsão legal para conter ou solucionar o problema,

---

semanas da gravidez, se a mulher receber aconselhamento até três dias antes de submeter-se ao procedimento; depois desse prazo somente será permitido para preservar a vida ou a saúde da mulher. A mais recente reforma ocorreu em Portugal, em 2007, onde a nova lei permitiu o aborto até as dez primeiras semanas de gestação.

[74] Essas novas teses constaram de uma Comunicação apresentada nas Jornadas Italo-Franco-Luso-Espanholas de Direito Penal, realizadas em Ávila-Alcalá de Henares, em 1980, pelo padre espanhol Antonio BERISTAIN e coincidiram com aquelas defendidas pelo grupo francês que sustentava que, à luz da teologia e da moral católica, não há dificuldade, tanto do ponto de vista filosófico como teológico e de prática moral,em admitir que a legislação laica permita o aborto quando se verifiquem as circunstâncias extremas de algumas das chamadas <u>indicações</u> ou <u>permissões legais</u>. Do referido grupo francês, composto por 14 especialistas, faziam parte o jesuíta Bruno RIBES, diretor da revista *Études*, o protestante André DUMAS, professor de Moral da Faculdade de Teologia Protestante de Paris, o dominicano Felipo ROQUEPLO, conselheiro eclesiástico da União Católica de Cientistas Franceses, e o salesiano Renato SIMON, teólogo moralista.

uma vez que as indicações para o aborto legal acolhidas pelo Código de 1940 pouco ou nada representam para a eliminação desse descompasso. Na verdade, raros são os casos de interrupção da gravidez causada por estupro e pouquíssimoa são aqueles em que o médico deve optar para salvar a vida da mãe em detrimento da criança. Avultam, porém, os abortos clandestinos praticados por motivos econômicos, sociais ou morais.

Em decorrência dessa situação, que acarreta graves conseqüências físicas ou psíquicas para a mulher, que toma essa decisão geralmente premida pela situação angustiante em que se encontra, os partidários da descriminalização do aborto no Brasil, ignorando o debate sobre o começo da vida humana e o <u>direito de existir</u>, passaram a sustentar que aquela seria justificável por ser o aborto uma <u>questão de saúde pública</u>, porque envolve mortalidade materna, internação de mulheres com problemas decorrentes do aborto clandestinamente praticado e tambem a gravidez de adolescentes.

Nesse sentido foi apresentado ao Congresso Nacional, há 16 anos, um projeto para a legalização do aborto, ao qual foram se acrescentando outros, nos anos seguintes, sem conseguirem aprovação, apesar de contarem com a pressão dos movimentos de apoio dos grupos feministas e, atualmente, também o beneplácito das autoridades governamentais da área da Saúde, havendo outro, do mesmo teor, atualmente em tramitação na Câmara dos Deputados.[75]

Atestanto a controvérsia existente na sociedade nessa matéria, um outro Projeto, em sentido contrário, também tramita no Congresso, criando o Estatuto do Nascituro, que torna mais severa a lei existente, proibindo a interrupção da gravidez também nos casos de estupro.[76] Igual-

---

[75] O primeiro projeto , apresentado em 1991 pela então deputada Jandira Feghali, do PC do B do Rio de Janeiro, defendia que a mulher com até 12 semanas de gravidez pudesse optar pela sua interrupção, e acirrou o debate , existente até hoje, entre os movimentos pró e contra o aborto. Do mesmo teor é o projeto atualmente em tramitação, de autoria do ex-Deputado José Genoíno, do PT paulista, que acrescenta uma indicação legal para o aborto, em qualquer período da gravidez, nos casos de má formação do bebê.

[76] O Estatuto do Nascituro consiste no Projeto de Lei n. 489 de 2007, apresentado pelos deputados Luiz Bassuma, do PT baiano, e Odair Cunha, do PT mineiro, que compreende no conceito de nascituro todo ser humano concebido, mas ainda não nascido, incluindo os concebidos *in vitro*, os produzidos através de clonagem ou por outro meio científico, pretende tornar proibido não somente o aborto em todos os casos mas também as pesquisas com célula-tronco, o congelamento de embriões, e até mesmo as técnicas

254   *Pessoa Humana e Direito*

mente controvertido e criticável é outro Projeto de lei em tramitação que pretende instituir para as mulheres que engravidam em virtude de estupro um pagamento, a ser feito pelo Estado, de um salário mínimo durante 18 anos, afim de evitar que recorram ao aborto.[77]

Essas iniciativas demonstram que os nossos antecedentes históricos e culturais, bem como o espírito conservador de grande parte do nosso povo, que recebe a influência da Igreja Católica tradicional[78], e também o nivel cultural da população brasileira, além das nossas tradições morais e jurídicas, não permitem acolher de pronto a orientação mais extremada de uma total descriminalização do aborto, ou mesmo a sua liberalização ampla, nos termos em que foi conseguida nos países que, em diferentes estágios de desenvolvimento, autorizam-no apenas com algumas restrições.[79]

Não obstante, a jurisprudência dos nossos tribunais tem oferecido a sua contribuição para mitigar o rigor da lei penal, buscando adequá-la a situações particulares, que demandam uma certa complacência por ser o ato proibido praticado em certas circustâncias que a própria sociedade tolera, se não aprova. Isso ocorre com relação às anomalias fetais detectadas durante a gravidez, particularmente nos casos de anencefalia, que têm sido objeto de autorizações pleiteadas e conseguidas para a realização do aborto.[80]

---

de reprodução assistida, oferecendo às mulheres com dificuldade para conseguir uma gravidez apenas a opção da adoção.

[77] Conhecida como "bolsa-estupro", a idéia pretende, na palavra de um dos seus autores, o deputado Henrique Afonso, do PT do Acre, *"dar estímulo financeiro para a mulher ter o filho"* A proposta inclui também a previsão de que psicólogos, pagos pelo Estado, devam atender essas mulheres para convencê-las da importância da vida que pretendem eliminar e dos malefícios do aborto.

[78] A posição tradicional da Igreja Católica tem sido afirmada em todos os documentos pontifícios e pronunciamentos papais, posicionando-se contra o aborto e em defesa da vida, desde a concepção.

[79] De fato, pesquisa recente realizada no Brasil constatou expressivo aumento da rejeição ao aborto, na qual 87% dos entrevistados declararam que fazer um aborto é algo moralmente errado. (Fonte: Pesquisa Datafolha, publicada no jornal "Folha de São Paulo", em 7-10-2007)

[80] Nesse sentido é a decisão proferida na Apelação criminal n. 70016858235, da Terceira Câmara Criminal do Tribunal de Justiça de Porto Alegre, no Rio Grande do Sul, autorizando a interrupção da gravidez e antecipação do parto de um feto já na 14.ª semana de gestação, que apresentava na ultrasonografia a ausência da calota craniana.

Essas autorizações judiciais afirmam que, apesar de não estar prevista dentre as causas de permissão para o aborto a má-formação congênita do feto, a situação anômala específica da anencefalia exige a adequação da lei aos avanços tecnológicos da Medicina que antecipam detectar a impossibilidade de sobrevida do nascituro. Outro argumento levantado é o de que a morte humana, nos termos do art. 3.° da Lei n. 9.434/97 que disciplina os transplantes, é definida como "a morte encefálica", conceito esse que possibilita aos médicos a retirada de órgãos e tecidos do corpo para transplante, daí se deduzindo que se a vida humana só é possível se houver vida cerebral não pode mais ser objeto de proteção penal um feto que não tenha cérebro, e que portanto não dispõe de vida humana. Essa conclusão é reforçada pela Resolução n.° 1752/04 editada pelo Conselho Federal de Medicina, que autoriza os médicos a utilizar os órgãos dos anencéfalos para transplante, mediante autorização dos pais, considerando o anencéfalo como natimorto cerebral, por não ter as mínimas condições de vida, faltando-lhe as estruturas do córtex cerebral. De qualquer forma, deve-se ressaltar que esse aproveitamento só é possível após o nascimento do anencéfalo, não podendo justificar a realização do seu aborto.

Sobre o tema da anencefalia, recente decisão liminar do Ministro Marco Aurélio de Melo, do Supremo Tribunal Federal, relator da ação de descumprimento de preceito fundamental da Constituição Federal, promovida naquela Corte pela Confederação Nacional dos Trabalhadores a propósito do aborto nesses casos, reconheceu o *"direito constitucional da gestante de submeter-se a operação terapêutica de parto de fetos anencéfálicos, a partir de laudo médico atestanto a deformidade, a anomalia que atingiu o feto"*[81] Essa decisão, porém, foi cassada, em outubro de 2004, pelo Tribunal pleno por entender que o assunto não pode ser definido numa decisão provisória e deve aguardar-se a decisão definitiva que será proferida ao julgar o mérito da ação proposta.[82]

---

[81] Decisão publicada no Diário da Justiça da União, de 02-08-2004.

[82] Na controvérsia sucitada por essa decisão manifestaram-se os partidários do direito do anencéfalo à vida que, como Ives Gandra da Silva Martins,entendem que o anencéfalo de qualquer forma é um "ser humano"(já que evidentmente não é "coisa") e se desenvolve como tal no ventre materno, devendo a ele aplicar-se os mesmos princípios legais enquanto se espera que a sua morte aconteça, preservando-se pelo menos a vida intra-uterina, sem dúvida existente no caso.

Por outro lado, na hipótese de outras anomalias do feto, que são do interesse do chamado <u>aborto eugênico</u>, não previsto na lei brasileira, a unanimidade jurisprudencial não existe, havendo julgados que autorizam a interrupção da gravidez, baseados em exames que comprovam sérias anomalias fetais, mas também há decisões em sentido contrário, ocorrendo o deferimento de inúmeros pedidos de *habeas corpus* ou mandados de segurança para cassar a autorização judicial concedida por algum juiz para um aborto eugênico.[83]

Por todas essas considerações, e levando em conta as nossas peculiaridades e o espírito da nossa lei penal, numa eventual reforma legislativa julgamos conveniente a manutenção da incriminação do aborto provocado, com as exceções já previstas em que ele é considerado lícito, por serem óbvias as suas razões, mas admitindo algumas modificações para a ampliação destas, primeiramente com relação ao aborto terapêutico, previsto no inciso I do artigo 128 do Código penal, para abranger também o grave perigo para a saúde da gestante, adequadamente avaliado pelos médicos, e que na verdade pode acabar resultando em perigo para a sua vida. Depois, igualmente para incluir no art. 128 um dispositivo que abrigue a licitude do aborto também quando houver sério risco, convenientemente atestado, de que a criança ao nascer apresente malformação congênita, debilidade ou doença mental, que dificultem ou impeçam o seu normal desenvolvimento e inserção social após o nascimento.

De qualquer maneira, embora traduzindo o sentimento popular predominante a respeito do aborto nesses casos, a permissão legal vai sempre depender da opção consciente, que deverá ser feita pela mulher, em destruir uma vida por ela gerada que, se não houvesse a concessão, seria feita inexoravelmente por ela, de forma clandestina, mesmo opondo-se à norma proibitiva. O que nos leva a concluir pela necessidade de serem adotadas medidas preventivas que possam alertá-la para os valores sociais aí envolvidos e o supremo bem da vida, além da necessária assistência pré-natal e maternal pelos sistemas de saúde que poderão apoiá-la em sua decisão.

---

[83] Nesse sentido são as decisões proferidas pelo Tribunal de Justiça do Rio de Janeiro nos *Habeas corpus* de número 2000.059.01629 e 2000.059.01697.

BIBLIOGRAFIA

ABADIE-SANTOS, Horacio – "La impunidad del aborto consensual", Montevideo, Impressora Moderna, 1935.

ALTAVILLA, Enrico – "Delitti contro la persona – Delitti contro la integrità e la sanità della stirpe", Milano, Casa Editrice Dottor Francesco Vallardi, 1934.

ANTOLISEI, Francesco – "Manuale di Diritto Penale", Parte Speciale – I, 5.ª edizione, Milano, Dott. A. Giuffrè Editore, 1966.

BEVILAQUA, Clóvis – "Teoria Geral do Direito Civil", 4.ª ed., Ministério da Justiça, 1972.

BITTENCOURT, Cezar Roberto – " Tratado de Direito Penal", P. Especial, 3.ª ed., S. Paulo, Ed. Saraiva, 2003.

BRUNO, Anibal – "Crimes contra a pessoa", 3.ª ed., Rio de Janeiro, Editora Rio, 1975.

_____."Direito Penal", Parte Especial, Tomo 4.º, Rio de Janeiro, Cia. Editora Forense, 1966.

CAMPOS SALVAGNO, C. – "El problema del aborto voluntario", in Cronicas, Montevideo, 1935.

CARRARA, Francesco – "Programma del Corso di Diritto Criminale", Parte Speciale, Vol. I, 3.ª edizione, Lucca, Tipografia Giusti, 1872.

CHINELATO e ALMEIDA, Silmara J. A. – "Tutela Civil do Nascituro", São Paulo, Ed. Saraiva, 2000.

_____. "Estatuto Jurídico do Nascituro", in Questões Controvertidas no Novo Código Civil, São Paulo, Ed. Método, 2007.

COSTA JR., Paulo José da – "Código Penal Comentado", 8.ª ed., S.Paulo, DPJ Editora, 2005.

CUELLO CALÓN, Eugenio – "Tres Temas Penales", Barcelona, Bosch, Casa Editorial, 1955.

FRAGOSO, Heleno Cláudio – "Lições de Direito Penal", Parte Especial-I, 3.ª ed., São Paulo, Bushatsky, 1976.

FRANÇA, Rubens Limongi – "Manual de Direito Civil", 1.º vol., 2.ª ed., Revista dos Tribunais, São Paulo, 1971.

FRANCO, Ary de Azevedo – "Dos crimes contra a pessoa" – Tratado de Direito Penal Brasileiro, Tomo VI, Rio de janeiro, Livraria Jacinto, 1942.

GARRAUD, P. – "Traité théorique et pratique du Droit Pénal français", Tome 4e., Paris, Larose et Forcel, 1891.

GOLDSTRAJ, Manuel – "La repression del aborto intencional", in La Jurisprudencia Argentina, vol. XXXVI, 1931.

HUNGRIA, Nelson – "Comentários ao Código Penal", vol. V, 3.ª ed., Rio de Janeiro, 1955

IRURETA GOYENA, José – "Delitos de aborto, bigamia y abandono de niños y de otras personas incapaces", Montevideo, Casa A.Barreiro y Ramos, 1932.

KLOTZ-FOREST – "De l´avortement. Est-ce-un crime?", Paris, 1908.

LANZA, Vincenzo – "Sull´oggetto del delitto di aborto e sul concetto di persona nel diritto penale", in Rivista di Diritto e Procedura Penale", Milano, 1918, p. 211.

MAGGIORE, Giuseppe – "Principi di Diritto Penale", vol. II, Parte Speciale, Bologna, Nicola Zanichelli Editore, 1934.

MAMMANA, Caetano Zamitti – "Do Abortamento criminoso,principalmente em São Paulo", These, São Paulo, 1927.

MANZINI, Vincenzo – "Trattato di Diritto Penale Italiano", vol. 7.º, 9.ª ed., Torino, Unione Tipografico Editrice Torinese, 1951.

MEZGER, Edmundo – "Derecho Penal", Parte Especial, trad. de la 4.ª edición alemana (1954) por Conrado A. Finzi, Buenos Aires, Editora Bibliografica Argentina, 1959.

NORONHA,. Edgard Magalhães – "Direito penal", vol. 2, 13.ª ed. S. Paulo, Editora Saraiva, 1977.

NUCCI, Guilherme de Souza – "Código Penal Comentado", 5.ª ed., Ed. Revista dos Tribunais, 2005.

OLIVEIRA, Olavo – "O delito de matar", S. Paulo, Ed. Saraiva, 1977.

PANNAIM, Remo – "Manuale di Diritto Penale", II, Tomo Primo, Unione Tipo-grafico-Editrice Torinese, 1957.

PIE XI, le Pape – "Encyclique Casti Connubi" – Sur le mariage chrétien, 31 décem-bre 1930, Bonne Presse, Paris.

PIERANGELLI. José Henrique – "Manual de Direito Penal Brasileiro", Parte Espe-cial, São Paulo, Ed. Revista dos Tribunais, 2005.

PRADO, Luiz Regis – "Curso de Direito Penal Brasileiro" , vol. 2, Parte Especial, 5.ª ed., São Paulo, Ed. Revista dos Tribunais, 2006.

REALE JR., Miguel – "Instituições de Direito Penal", Parte Geral, vol. 1, Rio de Janeiro, Ed. Forense, 2002.

ROBERTI, Francesco – "Aborto – Diritto Canonico", in Novissimo Digesto Italiano, I, terza edizione, Torino, Unione Tipografico-Editrice Torinese, 1957.

SILVEIRA, Euclides Custódio da – "Direito Penal – Crimes contra a Pessoa", 2.ª e., revista e atualizada por Everardo da Cunha Luna, São Paulo, Ed. Revista dos tribunais, 1973.

SIQUEIRA, Galdino – "Tratado de Direito Penal", P. Especial, Tomo III, Rio de Janeiro, José Konfino, Editor, 1947.

VISCO, Antonio – "L´Aborto Criminoso nel diritto penale, nella medicina legale, nella politica demografica", Milano, Fratelli Bocca, Editori, 1941.

ZUCCALÁ, Giuseppe – "Aborto – Diritto Penale", in Enciclopedia del Diritto, vol. I, Giuffrè Editore, 1958.

A PRÓPRIA VIDA COMO DANO?
– Dimensões civis e constitucionais
de uma questão-limite –

MANUEL A. CARNEIRO DA FRADA* **

*O presente estudo é dedicado ao Professor Doutor Oliveira Ascensão,
um grande amigo do Brasil.*

SUMÁRIO: I. Introdução; 1. O problema principal. 2. Sobre o estado actual da questão no espaço jurídico português. II. Perspectivas jurídico-civis do problema. 1. As exigências de direito comum. 2. A necessidade dogmática de uma destrinça entre a vida e a deficiência como dano. III. Tópicos para uma leitura jurídico-constitucional do tema. IV. Consideração final.

---

* Doutor em Direito. Professor da Faculdade de Direito da Universidade do Porto.

** O presente texto desenvolve uma intervenção do autor acerca do tema, em língua alemã, nas Jornadas sobre "Direitos Fundamentais e Direito Privado" que, organizadas por Jörg Neuner e presididas por Claus-Wilhelm Canaris, tiveram lugar na Fraueninsel, Chiemsee (Baviera), de 3 a 5 de Agosto de 2006 (de que foi publicada uma versão portuguesa em *Direitos Fundamentais e Direito Privado* [org. por Pinto Monteiro, Jörg Neuner e Ingo Sarlet], Coimbra, 2007, 305 ss.).

I. INTRODUÇÃO

1. O problema

A temática da "vida enquanto dano" conduz à pergunta de saber se uma pessoa que sinta a sua vida como dano pode deduzir uma pretensão indemnizatória contra outrem com o fundamento de que alguém foi responsável por essa vida tida como prejuízo.

São especialmente discutidos os casos em que uma criança gravemente deficiente (representada pelos seus pais) acciona o médico que assistiu a mãe durante a gravidez, pretendendo que o médico omitiu aos pais a informação acerca da sua deficiência e, com isso, impediu a mãe da realização de um aborto da sua pessoa.

É certo que o médico não se apresenta responsável pela implantação da deficiência, que surge normalmente logo desde o início da vida pré-natal. No entanto, a omissão do esclarecimento sobre essa deficiência é tida como ilícita. O comportamento alternativo lícito do médico teria evitado o nascimento e, deste modo, a vida gravemente deficiente.

A vida (ou o nascimento) é aqui considerada um dano, o que se exprime nas fórmulas conhecidas *wrongful life* e *wrongful birth*.

Esta problemática encontra-se hoje estendida. Em diversos países foi já objecto de apreciação pelos tribunais. Na maior parte dos casos, os juízes negaram à criança deficiente a indemnização pretendida, embora se encontrem também decisões que conferiram aos pais uma indemnização contra o médico pelo prejuízo dos encargos económicos que a vida deficiente do próprio filho lhes trouxe[1].

Estamos, portanto, perante uma questão diametralmente oposta àquela da conhecida pergunta de saber se alguém, representado pelos seus sucessores, pode invocar a sua própria morte como dano. Este último problema foi discutido fortemente em Portugal. Nos casos presentes, porém, não se nos depara o dano "morte", mas o que pode chamar-se o "dano vida".

---

[1] Alguns dados de direito comparado podem encontrar-se, por exemplo, em EDUARD PICKER, *Schadensersatz für das unerwünschte eigene Leben "Wrongful life"*, Tübingen, 1995, 6 ss, 130 ss.

A responsabilidade civil é normalmente invocada como forma de protecção da vida e da sua qualidade contra lesões físicas. Poderá, porém, ser chamada a intervir para tutelar um (suposto) interesse na morte? Intui-se facilmente que nos encontramos perante uma questão-limite, que convoca derradeiramente o sentido do Direito.

O dano da vida em si mesma é o objecto exclusivo das considerações que se seguem. Ele precisa de ser destrinçado do problema das lesões que podem atingir a criança na fase pré-natal e das suas consequências; por exemplo, nos casos de ingestão de medicamentos defeituosos pela mãe, ou de acidentes de viação, de maus tratos ou de deficientes práticas médicas que a atingiram. Aqui, coloca-se a questão de saber se uma deficiência resultante dessa lesão pode constituir um dano indemnizável. Ali, é a própria vida que é tida como dano.

Ora, estes prejuízos (resultantes da lesão ocorrida na fase intra--uterina da vida do sujeito) são ressarcíveis entre nós. No entanto, discute--se como justificar esse resultado, aceite por um grande número de juristas: na verdade, o art. 66, n.º 1, do Código Civil, estabelece que a personalidade se adquire no momento do nascimento completo e com vida.

A solução metodologicamente correcta da questão passa por admitir uma insuficiência na protecção civil da vida pré-natal, resultante da contemporânea multiplicação de perigos de dano a essa vida pré-natal. Trata-se em larga medida de uma lacuna superveniente, pois essa multiplicação representa um corolário dos avanços da ciência médica e das possibilidades da tecnologia no domínio da chamada "bioética", que o legislador de 1966 não podia antecipar convenientemente. A lacuna pode ser preenchida com auxílio das regras da integração, abrindo-se espaço para um legítimo desenvolvimento do Direito através da jurisprudência. Para o efeito são relevantes, como critérios, um imperativo de protecção no tráfico jurídico, a natureza das coisas e o autónomo valor do ser humano perante o Direito.

A doutrina dominante entre nós admite realmente uma extensão da protecção da vida humana que se estende, no limite, até ao momento da concepção[2]. Ora, o reconhecimento da personalidade ao nascituro

---

[2] Cfr., representativamente, OLIVEIRA ASCENSÃO, *Direito Civil/Teoria Geral*, I, 2.ª edição, Coimbra, 2000, 48 ss, e MENEZES CORDEIRO, *Tratado de Direito Civil Português*, I/III, Coimbra, 2004, 257 ss. Com um acento diferente, mas pugnando pelo mesmo

constitui, de facto, uma condição para a concessão de uma pretensão indemnizatória à criança por lesões na sua integridade física perpetradas antes do nascimento (por exemplo no campo da responsabilidade médica ou medicamentosa)[3].

Cremos que é possível harmonizar esta posição com o art. 66, n.º 1, do Código Civil[4]. A letra deste preceito apenas indica que a personalidade jurídica se adquire com o nascimento completo e com vida. Ao contrário do que comummente é pressuposto, não faz textualmente do nascimento, para esse efeito, uma condição necessária. Assim, embora deste modo se fixe, como regra, que o momento da aquisição da personalidade é o do nascimento, não fica impedida a demonstração da existência de uma vida humana, apesar de não ter ocorrido um nascimento. A diferença está no esforço necessário para cumprir o ónus da prova: com o nascimento a existência de uma vida humana e, assim, de uma pessoa, torna-se evidente. Antes do nascimento, esse facto carece de ser provado, porque na fase pré-natal a vida humana não é socialmente recognoscível, ou só o é limitadamente ou em determinadas condições. Se não houve nascimento, o interessado deve portanto demonstrar que um novo ser havia sido concebido. O investimento probatório é portanto maior.

A interpretação proposta do art. 66, n.º 1, restringe desta forma o seu âmbito regulativo face àquilo que apenas se apresenta como textualmente possível, mas não necessário nem imposto por esse mesmo texto. Abrindo--se assim espaço para a tutela do nascituro já concebido. O art. 66, n.º 1,

---

resultado, C. A. Mota Pinto, *Teoria Geral do Direito Civil*, 4.ª edição (a cargo de A. Pinto Monteiro e P. Mota Pinto), Coimbra, 2005, 202 ss.

Na civilística, destaque-se também Diogo Leite de Campos, *O estatuto jurídico do nascituro*, in *Nós/Estudos sobre o direito das pessoas*, Coimbra, 2004, 75 ss.

Um aprofundamento jurídico-filosófico do estatuto pré-natal da pessoa encontra-se em Mário Bigotte Chorão, *Pessoa Humana, Direito e Política*, Lisboa, 2006, 401 ss. Vejam-se nessa obra os seguintes estudos: *"O problema da natureza e tutela jurídica do embrião humano à luz de uma concepção realista e personalista do direito"*, *"Direito e inovações biotecnológicas, (a pessoa como questão crucial do biodireito)"*, *"Concepção realista da personalidade jurídica estatuto do nascituro"* e *(Bioética, pessoa e direito (para uma recapitulação do estatuto do embrião humano)"*.

[3] Desenvolvidamente o nosso estudo *O nascimento com deficiência/Sobre o estatuto jurídico do embrião*, in *Estudos em Homenagem a Mário Emílio Bigotte Chorão* (a aguardar publicação).

[4] Todos os preceitos sem indicação de proveniência pertencem ao Código Civil, excepto quando do contexto resultar outra fonte.

experimenta no fundo uma explicitação de sentido[5] resultante da necessidade de colmatar um *deficit* de protecção da vida intra-uterina.

Interessam-nos porém agora as deficiências originárias, ou seja, aquelas doenças ou malformações que afectam a criança desde o início da sua concepção. Estas não resultam de uma deterioração qualitativa de uma vida que se possa dizer ter sido anteriormente isenta de deficiência. Para o surgimento de tais limitações não contribuiu qualquer comportamento humano posterior à concepção.

Embora o nascimento com estas deficiências seja, nos casos paradigmáticos que consideramos, imputado tipicamente ao médico – ao qual se censura a conduta de não ter prestado uma informação sobre a deficiência que poderia ter levado ao impedir do nascimento mediante a prática de um aborto –, deve naturalmente começar por se perguntar quais os termos e as condições para uma pretensão da criança contra o seu pai ou a sua mãe pela vida deficiente. Por exemplo, porque foi contaminada com sida aquando da sua concepção[6].

---

[5] Explicitação que é modificativa do sentido predominantemente atribuído pela doutrina à disposição num momento inicial.

[6] O tema é complexo. Importa saber se e em que termos a procriação é, nestes casos, para o Direito, ilícita e, a sê-lo, se e quando pode ser considerada não culpável.

Há depois as hipóteses em que a deficiência originária (desde a concepção) deriva da conduta de terceiros, como ocorre, *v.g.*, se médicos ou enfermeiras ministram a alguém sangue contaminado com HIV, dessa forma ocasionando o contágio de um filho que essa pessoa venha a ter. Nestes casos impõe-se certamente a responsabilidade desses sujeitos pela deficiência causada. (Por razões que se explicarão *infra*, em texto, em torno do caso-tipo que elegemos, é esse o dano a indemnizar – a deficiência –, e não propriamente a "vida" do concebido com deficiência.) A dúvida concentra-se em como justificar a obrigação de indemnizar. Na verdade, se a deficiência afecta o sujeito desde a concepção, não parece poder dizer-se ter havido a violação de um direito de outrem (a integridade física) para efeito do art. 483, n.º 1. Não existindo disposição de protecção alguma que cubra este tipo de situações, a solução passa por admitir a existência de deveres sem sujeito activo que impendem sobre os causadores do contágio de que resultou a deficiência congénita de um terceiro desde a concepção. O dever existia – de cuidado, de prevenção – destinado a acautelar interesses de sujeitos futuros, mas ainda não existentes. Teremos, portanto, aparentemente de admitir deveres sem sujeito, para tutela de interesses futuros (no exemplo do sangue contaminado, interesses homogéneos de pessoas indeterminadas futuras): deveres "absolutos", claramente incompatíveis com a categoria da relação jurídica. Esta construção parece ser necessária para a afirmação da responsabilidade. Mas ela rompe com os quadros comuns da responsabilidade aquiliana, construída em torno da protecção de direitos titulados por um sujeito (art. 483, n.º 1). Com efeito, o fulcro será agora constituído

264   *Pessoa Humana e Direito*

Em qualquer caso, esta problemática é apropriada para aprofundar a discussão em torno da coordenação entre o direito privado e o direito constitucional. Na verdade, o presente tema, embora tenha em si natureza privatística, conduz à questão de saber em que medida a protecção constitucional da vida proporciona ou indica uma solução para os casos abrangidos.

As considerações seguintes pretendem, assim, representar também um incentivo para uma compreensão melhorada da importância da Constituição e dos direitos fundamentais para o direito privado.

2. Sobre o estado actual da questão no espaço jurídico português

Em Portugal, o problema apresentado não foi ainda objecto de apreciação pelo Tribunal Constitucional. Talvez por isso não tenha merecido até hoje um tratamento aprofundado do ponto de vista do direito constitucional e dos direitos fundamentais.

---

por deveres (independentes de lei e fora, portanto, do âmbito das disposições de protecção) destinados a proteger interesses (homogéneos) de (um número indeterminado de) sujeitos futuros.

Nada, de resto, que possa estranhar-se, se nos precatarmos do progressivo crescimento de vinculações intergeracionais (para o futuro), por exemplo, na sensível área da protecção do ambiente. Cremos que a incidência dos deveres de que falamos requer a ultrapassagem de uma tutela delitual construída como protecção jussubjectiva individual e concreta, tutela essa que subjaz ao art. 483, n.º 1. Deve antes, essa tutela, centrar-se em que a pessoa – por ser pessoa – tem "direito *a* certos bens jurídicos", como o direito a uma concepção saudável ou normal: de acordo com esta mudança de perspectiva deixará de exigir-se a atribuição concreta e individual prévia de um certo bem – através de um direito subjectivo – ao sujeito a proteger.

De acordo com isto, pode equacionar-se um "direito" da pessoa à "normalidade" e dizer-se que esse "direito" poderá estar implicado pela sua tutela (considere-se entre nós a protecção constitucional da dignidade da pessoa humana). Esse "direito" poderá mesmo ser erigido a direito fundamental, mas, atenta a sua amplitude, não parece ser de conceber estreitamente nos moldes de um direito subjectivo (privado) titulado por alguém.

Uma última nota: os deveres de que atrás falamos (assegurando, *v.g.*, o tal "direito à normalidade") incidem sobre a conduta do agente antes mesmo de estar concebido aquele que por eles se destina a ser protegido. Não está por conseguinte em causa o mero problema de saber se uma lesão pode ocorrer, nestes casos de malformações "conconcepcionais", por falta de um sujeito titular do bem jurídico atingido. (Quanto a este ponto, teremos aparentemente uma nova versão da recorrente problemática, em Direito, do "segundo lógico": um segundo depois da concepção haverá possibilidade de lesão.)

De todo o modo, o Supremo Tribunal de Justiça teve já de esclarecer juridicamente a seguinte situação[7]:

André Filipe, uma criança com deficiências num dos braços e nas pernas, representado pelos seus pais, intentou uma acção judicial contra um médico e uma clínica radiológica alegando um comportamento negligente destes aquando da realização de exames ecográficos à gravidez de sua mãe. Estes teriam omitido informação sobre a anomalia do feto, pelo que haveria sido retirada à mãe a possibilidade de realização de um aborto. A vida deficiente que acabou por resultar desta conduta e de que é portador seria um dano.

O tribunal indeferiu o pedido.

Recordem-se brevemente algumas das passagens e fundamentações da sentença.

O Supremo Tribunal de Justiça começou por dizer que os deveres do médico não visam assegurar um direito do filho a ser "abortado", caso se detectasse uma deficiência. Considerou que o problema perante ele posto se concentra na questão de saber se a criança tem um direito a não existir. Observou a este propósito o tribunal: "O direito à vida, integrado no direito geral de personalidade, exige que o próprio titular do direito o respeite e, dado o carácter supremo que a nossa ordem jurídica atribui ao bem da vida, não reconhece ao próprio titular qualquer direito dirigido à eliminação da própria vida [...]." Mesmo que fosse de afirmar um direito da criança à não-existência, esse direito não poderia ser exercido pelos seus pais em sua representação. Apenas a criança poderia eventualmente fazê-lo, após atingir a maioridade. Além disso, foi recordado que os tribunais não estão em condições de julgar se seria mais vantajoso, perante uma deficiência, não existir do que existir[8].

Esta decisão foi aplaudida e objecto de escritos concordantes[9].

---

[7] Cfr. o acórdão do Supremo Tribunal de Justiça de 19.6.2001, in *Revista de Legislação e Jurisprudência,* ano 134 (2001/2002), 371 ss.

[8] Cfr. as correspondentes passagens da sentença no loc. cit., 376 ss.

[9] Cfr., entre os escritos que se lhe referem, por exemplo, MENEZES CORDEIRO, *Tratado,* I/III, cit., 287 ss, e FERNANDO PINTO MONTEIRO, *Direito à não existência, direito a não nascer,* in *Comemorações dos 35 anos do Código Civil e dos 25 anos da Reforma de 1977, II (A Parte Geral do Código e a Teoria Geral do Direito Civil),* Coimbra, 2006, 131 ss.

Uma importante anotação de A. Pinto Monteiro sublinhou e desenvolveu alguns argumentos presentes na sentença, como a insusceptibilidade de representação pelos pais em acções deste tipo, o perigo de uma inundação dos tribunais por pretensões dos filhos contra os pais com fundamento em *"wrongful life"*, a colisão entre interesses dos pais e interesses dos filhos, a questão da susceptibilidade de a vida constituir um dano, a indeterminabilidade do valor da vida e a ultrapassagem do âmbito e limites próprios do direito da reparação dos danos[10].

Algumas tomadas de posição vieram entretanto salientar que nestes casos os médicos teriam agido de modo ilícito e deveriam por isso ser responsabilizados. Outros pretendem distinguir entre a posição da criança e a dos pais: defendendo uma pretensão indemnizatória dos pais contra o médico destinada a cobrir os encargos financeiros que ficaram a ter de suportar em consequência da deficiência do filho[11].

A questão não colhe hoje, portanto, unanimidade.

II. PERSPECTIVAS JURÍDICO-CIVIS DO PROBLEMA

1. As exigências de direito comum

Cremos, em todo o caso, que a decisão do Supremo Tribunal de Justiça está correcta[12].

Desenvolvendo ou complementando aspectos já presentes na sentença referida, acrescentem-se alguns elementos para uma adequada ponderação do tema no plano do direito privado.

---

[10] Cfr. António Pinto Monteiro, *Anotação ao acórdão do Supremo Tribunal de Justiça de 19.6.2001 (Direito a não nascer?)*, in *Revista de Legislação e Jurisprudência*, cit., ano 134 (2001/2002), 377 ss.

[11] Cfr., por exemplo, Fernando Araújo, *A Procriação Assistida e o Problema da Santidade da Vida*, Coimbra, 1999, 96 ss, André Dias Pereira, *O Consentimento Informado na Relação Médico-Paciente*, Coimbra, 2004, 389 ss, e Vanessa Cardoso Oliveira, *Wrongful life action – Comentário ao acórdão do Supremo Tribunal de Justiça de 19 de Junho de 2001*, in *Lex Medicinae, Revista Portuguesa de Direito da Saúde*, ano 1, n.º 2, 2004, 128 ss.

[12] O relator da decisão referida aduziu posteriormente algumas observações sobre o tema: cfr. F. Pinto Monteiro, *Direito à não existência, direito a não nascer*, cit., 131 ss.

Antes de mais, importa sublinhar que, em situações deste tipo, os deveres de informação do médico não têm como finalidade possibilitar à mãe a prática de um aborto. Prosseguem outros objectivos, à cabeça dos quais a possibilidade de levar a cabo uma adequada terapia da criança. A diligência exigível do médico não pode portanto medir-se em função daqueloutro escopo. Na nossa ordem jurídica não existe qualquer "direito" ao aborto. Apenas ocorre que nalguns casos se encontra estabelecida a não punibilidade do aborto[13].

Nas situações que se consideram não está de qualquer modo em causa um direito da mãe (ou do pai) contra o médico pelo nascimento do filho deficiente, mas do filho. Ora, um interesse hipotético da própria criança com respeito ao seu próprio "aborto" não é juridicamente reconhecido. À sua aceitação opor-se-iam dificuldades jurídicas insuperáveis.

Na realidade, não existe no direito vigente qualquer dever de proceder ao aborto em benefício da criança deficiente. É certo que o aborto terapêutico não é punido. Mas não há nenhuma norma que o imponha ou prescreva. Não podem confundir-se normas que eximem de sanção e normas prescritivas ou impositivas. Assim, na nossa ordem jurídica não há qualquer dever jurídico de proceder a um aborto terapêutico. Desta forma, não há também qualquer fundamento para, com base no regime penal, responsabilizar civilmente o médico que não procedeu a esse aborto nem adoptou a conduta que a ele teria conduzido.

Assim, com respeito ao resultado da *wrongful life* ou do *wrongful birth*, não é possível estabelecer uma ilicitude da conduta do médico, considerando o hipotético interesse em não viver ou em não nascer da criança.

Tal afigura-se também justo. De facto, não se percebe porque é que o médico haveria de ser responsabilizado perante a criança quando não foi ele próprio que causou "fisicamente" a vida deficiente, tendo-se apenas verificado que não informou os pais da deficiência que onerava essa vida.

Nos nossos casos, a vida deficiente, reitera-se, não radica num qualquer comportamento do médico, mas antes num facto natural (doença, contaminação genética), a que o médico é alheio. A responsabilidade do médico que violou o seu dever de informação quanto a essa deficiência não pode por princípio ser equiparada à responsabilidade do "real" causa-

---

[13] Assim, literalmente, o art. 142 do Código Penal. Isto induz dogmaticamente a perspectiva de que, nessas situações, a ilicitude permanece.

dor da vida deficiente. A responsabilidade deve atingir aquele a quem se tem de atribuir a causa essencial do surgimento do (alegado) prejuízo. Quem apenas não afastou um perigo que ele próprio não ocasionou não lhe pode ser equiparado. A responsabilidade do médico não pode substituir, nem teorica nem praticamente, a responsabilidade dos pais, nem nivelar-se-lhe[14]. Não pode transferir-se para o médico aquilo que corresponde à liberdade reprodutiva dos pais e aos seus riscos próprios[15].

É ilegítimo, por isso, converter o médico em bode expiatório de uma situação que não ocasionou. Seria, de resto, chocante se, do mesmo passo, se quisesse, nestes casos, abrigar os pais da responsabilidade perante o filho gerado com deficiência. Caso o médico respondesse, os pais teriam, por argumento de maioria de razão, de responder também.

Mas mesmo que existisse – o que não se vê como afirmar – um dever do médico perante a criança destinado a garantir-lhe a possibilidade do seu "aborto" em caso de deficiência (congénita), haveria que ultrapassar aqui uma dificuldade suplementar. Como a experiência demonstra abundamentemente, é, em muitos casos, extremamente inseguro admitir que a mãe teria efectivamente realizado um aborto na sequência da informação recebida. Realisticamente, este é um campo de causalidades demasiado difusas e incertas (tópico: *perte de chance*). Na maior parte das situações não será provavelmente possível demonstrar, com suficiente segurança, essa sequência causal[16].

Pode portanto concluir-se que as condições para uma pretensão indemnizatória da criança contra o médico só dificilmente se poderiam, neste aspecto, verificar, porque poucas vezes se poderia asseverar com certeza que à informação do médico se teria seguido um aborto (cfr. o art. 563).

---

[14] Noutro sentido, se bem se vê, GUILHERME DE OLIVEIRA, *O direito de diagnóstico pré-natal*, in *Temas de Direito da Medicina*, Coimbra, 1999, 214 ss.

O direito não se contenta nas *wrongful life actions* com uma (difusa) causalidade indirecta. A causalidade entre o *factum* desencadeador da responsabilidade e o dano é de carácter normativo, e aí se inclui um nexo de ilicitude.

[15] A liberdade reprodutiva é uma faculdade humana que corresponde juridicamente a uma permissão genérica de agir. Mesmo se configurado como direito à procriação, o objecto desse direito não pode ser o da procriação de um filho são (como mostra, por exemplo, a regra da ilicitude do aborto por razões de saúde do feto).

[16] Sublinha-o pertinentemente RUTE PEDRO, *A Responsabilidade Civil do Médico (Reflexões sobre a noção da perda de chance e a tutela do doente lesado)*, Porto, 2005 (não publicado), 158 ss, aduzindo elementos nesse sentido de direito comparado.

Claro que estando em causa a responsabilidade do médico perante o filho, o dever do médico com vista a possibilitar um aborto – que se nega – teria de ser um dever no interesse do filho (e não para preservar o interesse da mãe, ou de qualquer outra pessoa, em levar à prática esse aborto). Mas se é assim, surgem dificuldades óbvias. Quem poderia julgar sobre o interesse do filho em viver ou não, na fase da incidência do dever destinado a salvaguardá-lo, posto que ele não é naturalmente capaz de avaliar a situação e tomar uma decisão a seu respeito[17]? Por outro lado, nenhum médico pode fazer um prognóstico minimamente seguro no sentido de uma vontade futura de não viver da criança, sabendo-se que na enorme, esmagadora maioria dos casos, as pessoas nascidas com deficiência sentem e experimentam que a sua vida tem a dignidade necessária para ser vivida.

Repare-se que nem lidamos sequer com a consideração de uma vontade presumida, pois, na fase intra-uterina o sujeito, por definição, não pode auto-avaliar-se do ponto de vista do mérito da sua vida. Por este prisma pode dizer-se que não é concebível um dever do médico destinado a assegurar um aborto da criança deficiente – deste modo tutelando um seu interesse na não-vida –, pela simples razão de que semelhante interesse ou vontade só num futuro (longínquo) se poderia (eventualmente) manifestar. Na realidade, estamos portanto perante uma vontade hipotética, demasiado incerta na sua ocorrência e excessivamente contraditada pelos factos. De modo algum se pode assentar nela um dever do tipo que criticamos.

Há, no entanto, outras considerações a fazer. Para o tratamento jurídico-civil da nossa problemática interessa igualmente observar que o direito português coloca limites à disposição dos direitos de personalidade. Direitos deste tipo não são susceptíveis de irrestrita possibilidade de disposição. A sua limitação voluntária (e, *a fortiori*, a sua disposição) não é permitida, se se apresentar contrária à ordem pública. Mesmo que essa fronteira não tenha sido ultrapassada, a anterior limitação voluntária do direito de personalidade pode sempre ser livremente revogada (cfr. o art. 81 e o art. 340, respeitante ao consentimento do lesado). Considerando estas normas, a eutanásia é tida, normalmente, como ilícita (no direito privado).

Mas o próprio art. 69 do Código Civil proporciona uma directriz lapidar nesse sentido. Ao proclamar que ninguém pode renunciar, no todo ou em parte, à sua capacidade jurídica (de gozo), está evidentemente a

---

[17] Tomamos aqui uma reflexão sugerida pela Doutora Paula Costa e Silva.

afirmar também que ninguém pode abdicar da personalidade jurídica que a suporta e com ela está indissociavelmente ligada.

Quando a nossa ordem jurídica confere uma protecção deste género à personalidade, mesmo perante actos de disposição do sujeito seu titular susceptíveis de a afectar, é consequente que a vida própria (num certo sentido, o objecto do mais fundamental dos direitos de personalidade) não possa ser objecto de disposição. Deste modo, a vida é enquanto tal inidónea para constituir um dano. Um conceito de dano que se feche aos elementos normativos atrás referidos da ordem jurídica não é portanto defensável do ponto de vista sistemático.

Se alguém alega um dano para obter uma indemnização, quer sempre prevalecer-se da situação que existiria se não tivesse ocorrido o evento conducente à reparação (cfr. o art. 562). Assim, pretender que a vida é um prejuízo corresponde objectivamente a um acto, mental embora, de disposição da própria vida, prevalecer-se de não viver.

São intuitivas as dificuldades ligadas ao ressarcimento deste prejuízo. Se, ocorrido um dano, a indemnização tem por escopo, de acordo com a teoria da diferença, colocar o sujeito na situação que existiria se não fosse o evento que conduz à reparação, o sujeito teria de comparar a sua situação actual (de viver) com a situação hipotética de não viver, o que significaria invocar em benefício próprio uma situação em que lhe não assistiria personalidade ou capacidade jurídica capaz de ancorar qualquer pretensão indemnizatória.

Uma análise aprofundada conduz aqui à consideração de que existe uma *contradictio* absoluta, portanto uma incompatibilidade, entre o fundamento da pretensão do sujeito a uma indemnização – a sua vida, deficiente – e o próprio sentido da pretensão, obter uma quantia em dinheiro.

O sujeito constitui a sua vida, subjectivamente sem valor, em base de uma acção destinada a obter uma quantia em dinheiro da qual quer evidentemente tirar proveito. Há uma inconciliabilidade entre o fundamento da pretensão e o fim do seu reconhecimento. O sujeito declara, explícita ou implicitamente, que a sua vida não tem para ele qualquer valor; pretende porém ao mesmo tempo uma reparação em dinheiro para continuar e desenvolver essa mesma vida.

Repare-se que não falamos da alegação do dano de uma deficiência (que tenha sobrevindo a uma vida inicialmente sem deficiência, vida essa em si mesma querida). Nos nossos casos, de deficiência originária, é a própria vida que é tida como um dano. Ora, não se pode não querer viver e querer viver ao mesmo tempo.

Pode naturalmente discutir-se o tipo de contradição em presença: provavelmente não se trata tanto de uma *contradictio* de carácter lógico, quanto de uma inconciliabilidade valorativa ou prática. Ela é, em todo o caso, muito profunda.

Leve-se a questão a um ponto crítico: tomando-se a sério a alegação de que a vida própria é um dano, porque é que o titular dessa vida alegadamente sem valor não intenta (ou não há-de poder intentar) contra o médico uma acção destinada a proporcionar-lhe uma morte assistida, por isso que o nosso sistema jurídico se decidiu pelo primado da reconstituição natural (art. 566, n.º 1)? Na mesma linha de pensamento, pode perguntar-se porque é que o sujeito não põe termo pelas suas mãos à própria vida para eliminar o dano que diz experimentar, o que corresponderia a uma restauração natural por iniciativa do lesado.

Estas perguntas padecem naturalmente de um *deficit* de realidade, mas não podem deixar de determinar a argumentação jurídica. Pretender que a própria vida é, em si mesma, um dano para com base nisso aceder a uma indemnização é, no rigor das coisas, juridicamente inconcebível, porque inconciliável[18].

Claro que se tem de concordar que as formas de eliminação do dano precedentemente referidas seriam inexigíveis. Por isso a ordem jurídica não obriga o titular da vida supostamente sem valor a exercer uma pretensão dirigida à morte assistida. Mas, nos nossos casos, a *contradictio* permanece.

A inexigibilidade referida fundamenta-se no reconhecimento de que a vida humana se mistura com a tendência de conservação do ser humano. A partir desta consideração pode continuar a perguntar-se porque é que deveria então ser aceite uma liberdade de disposição do sujeito sobre a própria vida que a própria realidade desmente quanto à sua seriedade. Porque é que haveria de permitir-se que alguém prescindisse (embora

---

[18] Não se trata portanto (apenas) de dizer que, através da acção de indemnização da vida própria como dano, a criança coloca de certo modo em causa, *retroactivamente*, a base sobre a qual assenta a possibilidade mesma da invocação da pretensão (assim, CANARIS, *Direitos Fundamentais e Direito Privado*, Coimbra, 2003, trad. portuguesa de P. Mota Pinto e I. Sarlet de *Grundrechte und Privatrecht/Eine Zwischenbilanz*, Berlin, New York, 1999, 96-97, n. 208, sublinhado nosso). É que, bem mais do que isso, a incongruência projecta-se para o futuro: pretende-se "uma indemnização por viver, mas para viver".

272 *Pessoa Humana e Direito*

mentalmente) da sua própria vida[19], levando a sério o seu desejo alegado de não viver (e esquecendo, contrafacticamente, a convicção empírica da força do instinto de conservação)? Tal ocorreria, no final de contas, a expensas de terceiros – do médico ou da mãe, que de repente teriam de suportar as consequências dessa inexigibilidade e, assim, da (simples) disposição virtual da própria vida pelo sujeito[20].

De resto: esta incongruência prática, racional e valorativa entre fundamento e sentido ou fim da pretensão indemnizatória pela vida deficiente tem também incidência processual, porque afecta a (necessária) correspondência entre pedido e causa de pedir.

As considerações precedentes permitem descortinar que, onde as acções por vida deficiente não são um expediente, eivado de oportunismo, destinado a obter uma vantagem patrimonial do sujeito à custa do médico, elas se destinam em boa verdade a cobrir necessidades que podem efectivamente existir e ser inclusivamente graves, a impor a atenção da ordem jurídica. Nestes casos, a alegação pelo sujeito de que a vida própria é um dano não deve ser tomada à letra: de facto, ela será para ele apenas uma condição necessária da pretensão de imputar ao médico a cobertura das necessidades que experimenta enquanto deficiente. Ultrapassa-se porém, com isso, o tema da vida em si mesma como dano. Nesta medida – avance-se desde já – a vida como um dano é um falso problema[21].

A ordem jurídica não deve evidentemente ignorar as necessidades dos sujeitos deficientes, e cabe seguramente ao jurista encontrar para elas uma resposta adequada. O que todavia se tem de perguntar é se a responsabilidade civil constitui o meio jurídico próprio e adequado para satisfazer escopos que, na realidade, são assistenciais, e isso, à custa do médico. Como ainda se explicitará, a solução jurídica para essas necessidades

---

[19] Decorre do art. 562 que o lesado, autor na acção de indemnização, compara a sua situação actual com aquela que existiria se não fosse a lesão.

[20] Pode de resto dizer-se que a não-existência não pode ser experimentada pelo sujeito, devendo também por isso considerar-se puramente especulativo o seu juízo sobre a sua vida, insusceptível de constituir um dano para efeito de reparação civil (cfr. também ÁLVARO DIAS, *Dano Corporal/Quadro epistemológico e aspectos ressarcitórios*, Coimbra, 2001, 500 ss).

[21] Inexistente ou residualmente relevante. O problema da deficiência, esse sim, é o relevante e tem de ser devidamente resolvido. *Vide* ainda *infra*.

– que se não podem, reafirma-se, negar nem desprezar – é outra e não passa, em princípio, pela responsabilidade civil.

Porque, tomada, reitera-se, a sério, no seu significado próprio, a alegação de que a vida é, para o sujeito, um dano, ele incorre em contradição ao pretender o ressarcimento dos encargos e despesas derivados da vida deficiente de que é portador. O sujeito não pode escolher arbitrariamente entre as várias consequências de um mesmo evento (supostamente) lesivo de uma posição jurídica sua, de modo a limitar o dano a alguma dessas consequências, abstraindo de outra ou outras, e a evitar em relação a estas o juízo de preferência pela situação hipotética que não existiria se não fosse o referido evento lesivo. Não é possível uma manipulação arbitrária da sequência causal por parte do lesado[22]. Não é viável dividir assim a realidade, seleccionando e aceitando certas consequências de um facto, mas não outras.

Concluamos com mais duas observações.

Em primeiro lugar tem-se criticado entre nós que a solução maioritariamente aceite do não reconhecimento ao sujeito de uma pretensão indemnizatória por *wrongful life* leva a que a violação do dever de um dever de diligência por parte do médico fica sem consequências[23].

A este argumento – puramente consequencialista – deve contrapor-se que, face ao direito da responsabilidade civil, não é suficiente para fundar uma pretensão indemnizatória que alguém esteja nalguma medida implicado causalmente na produção de um dano[24]. O nosso direito da responsabilidade civil não constitui também uma ordem de reacção incondicional ou indiscriminada àquilo que possa ser entendido por alguém como dano. São duas opções sábias. A obrigação de indemnizar apenas surge verificados determinados pressupostos, exigindo-se a presença de um dano (em sentido jurídico), de uma ilicitude, de culpa, e de um nexo causal.

Considerando o presente tema, tal significa que uma conduta só conduz à responsabilidade quando se produziu através dela um resultado que

---

[22] Mostra-o, de resto, classicamente, a *compensatio lucri cum damno*.

[23] Cfr. FERNANDO ARAÚJO, *A Procriação Assistida*, cit., 100, e, na mesma linha, ANDRÉ DIAS PEREIRA, *O Consentimento Informado na Relação Médico-Paciente/Estudo de direito* civil, Coimbra, 2004, 391.

[24] Uma lúcida crítica ao consequencialismo, embora no plano da teoria moral, encontra-se formulada em DAVID S. ODERBERG, *Applied Ethics/A non-consequencialist approach*, Oxford, 2000, *passim*.

merecia a desaprovação do Direito – e face ao qual existia, por isso, para o sujeito um dever de o prevenir que foi infringido –, resultado esse que há-de ter-se verificado na esfera jurídica daquele que se trata de proteger, de modo a, assim, se poder abrir espaço a um dano medido por critérios normativos. A opinião contrária, segundo a qual a irressarcibilidade do dano da vida contra o médico colocaria em causa a função reparatória ou a função preventiva da responsabilidade civil, constitui deste modo uma mera *petitio principii*; o direito da responsabilidade civil tem naturalmente as suas fronteiras.

Também uma instrumentalização do direito da responsabilidade civil para o desempenho de uma pura função compensatória do dano (da própria vida) – por razões "humanitárias" e à custa do médico – parece constituir uma reinterpretação do direito da responsabilidade civil sem apoio na ordem jurídica vigente. Este é e deve permanecer vinculado à *iustitia commutativa* (ou *correctiva*). Ao contrário do direito estatal da segurança social, não tem um escopo assistencial nem persegue finalidades puramente distributivas[25].

Em rigor, não estão apenas em causa os pressupostos no campo da imputação do dano, impregnada do princípio da ilicitude e da culpa[26], mas é o próprio conceito de dano que, como dissemos, se tem de questionar e definir.

Nos casos prefigurados impõe-se distinguir muito bem entre dano e *necessidade*. E a necessidade é dada pela deficiência, não pela vida. A criança deficiente tem certamente necessidade de assistência, mas não experimentou propriamente um dano (em sentido jurídico-normativo). Por isso, deve ser ajudada, não através do direito da responsabilidade civil, mas através dos meios assistenciais, de carácter solidário-distributivo, da segurança social estatal. A sua protecção deve ser efectiva. Todavia, a função do direito da responsabilidade civil carece de ser bem destrinçada da segurança social.

Em segundo lugar, importa referir que, coerentemente com as considerações anteriores, não se vê bem como, não sendo de reconhecer à criança uma pretensão indemnizatória pela sua vida deficiente, deva ser

---

[25] A susceptibilidade de a vida própria representar um dano defronta por isso obstáculos muito sérios de compreensão à luz da doutrina comum da responsabilidade civil (com opinião diversa, FERNANDO ARAÚJO, *Procriação Assistida*, cit., 96-100).

[26] A imputação requer, ordinariamente, ilicitude e culpa.

porém aceite uma pretensão dos pais tendo por base o dano do nascimento ou da vida do filho. O encargo económico que a vida da criança pode trazer consigo tem precisamente essa vida como pressuposto. Mas também aqui importa distinguir entre dano e necessidade. Os pais experimentam uma necessidade que a deficiência do filho lhes traz. A vida do filho em si continua a não ser um prejuízo que eles possam liquidar de terceiro.

Colhem genericamente aqui, com as necessárias adaptações, as razões já aduzidas a propósito da pretensão que o próprio filho pretende fazer valer. De facto: o portador da vida deficiente não pode fazer valer essa vida como dano. Como é que poderiam, pois, fazê-lo os pais?

Reafirma-se: não há-de olvidar-se que também os pais de uma criança deficiente podem experimentar necessidades económicas e devem ter direito a ajudas sociais do Estado. Desse ponto de vista – da perspectiva de uma pretensão assistencial face ao Estado – importa serem apoiados com toda a decisão. Porém, não se descortina como construir uma solução de direito privado para essas necessidades (através de uma pretensão indemnizatória contra o médico). Uma pura justiça distributiva desse género, operando restritamente entre médico e família, é alheia ao sistema jurídico-civil e insusceptível de compatibilização com este. Repetindo e sublinhando: a necessidade dos pais não deve ser confundida com a presença de um dano (para efeitos indemnizatórios).

2. A necessidade dogmática de uma destrinça entre a vida e a deficiência como dano

Decorre do exposto que é crucial distinguir, no âmbito daquilo que às vezes se designa genericamente como a "responsabilidade por uma vida deficiente", entre o dano da vida propriamente dita e o dano da "deficiência" que essa mesma vida comporta[27]. A expressão "vida deficiente"

---

[27] Neste número de texto, acrescentado à versão inicial do presente estudo, apenas podemos levar pontual e limitadamente em conta impressões de dois profícuos diálogos mantidos com FERNANDO ARAÚJO e PAULO MOTA PINTO (autor, este último, de um estudo sobre *Indemnização em caso de "nascimento indevido" e de "vida indevida" /"wrongful birth" e "wrongful life"*, entretanto publicado em *Lex Medicinae,* ano 4, n.º 7, 2007, 5ss.; supomos que a destrinça a que o texto alude matiza em apreciável medida, embora não dissipe, as discrepâncias entre a nossa perspectiva e a deste autor).

propicia naturalmente confusão entre estes dois tipos de situações tidas como danosas. Mas importa muito evitá-la.

Só o primeiro daqueles prejuízos nos ocupa e é contra a pretensão de ressarcimento desse dano que se dirigiram essencialmente as observações precedentes. Pelo contrário, nada obsta a que o sujeito possa ser ressarcido do dano de uma deficiência que, atingindo a sua vida, poderia ter sido evitada. Quando deduz uma pretensão nesse sentido, o sujeito, se não põe em causa a vida em si mesma (considerando-a um dano em si mesma), não incorre nas contradições práticas e valorativas que acima se apontaram.

Deste modo, as hipóteses que consideramos neste estudo são radicalmente diferentes daquelas em que a pessoa nascida com uma deficiência que poderia ter sido evitada pede uma indemnização a quem, dolosa ou negligentemente, a provocou. Pertencem aqui as agressões na fase intra-uterina da vida que causam consequências irreversíveis, de que os casos tristemente célebres da talidomida constituem um expoente.

Mas cabem igualmente neste último grupo hipóteses de deficiência originária. Pense-se no seropositivo desde o momento da concepção devido à contaminação anterior da mãe com sangue infectado. Nesta situação, quando o sujeito intenta, por exemplo, uma acção contra o hospital ou o pessoal médico ou de enfermagem que assistira a mãe, o dano tipicamente invocado por ele é o da sua deficiência, não o da vida em si mesma. Se o prejuízo alegado fosse o da vida, a pretensão incorreria no género de dificuldades que foram previamente apresentadas.

Não se objecte aqui que, mesmo quando não discute a própria vida, o contaminado (irreversivelmente) se quer prevalecer de uma vida que não é nem pode ser, no plano da realidade, a sua (dizendo que a sua vida é especificamente aquela – afectada por uma deficiência – e não outra). É certamente de concordar que quando esse sujeito pede uma indemnização por uma deficiência que lhe foi causada, ele invoca um padrão – de normalidade da vida humana – que não pode jamais atingir. (Embora pudesse ter sido concebido sem essa deficiência, o facto é que não foi e isso constitui uma marca indelével da sua identidade concreta.) Só que tal não autoriza argumentar a favor da ressarcibilidade da vida humana em si mesma, a pretexto de que neste outro caso haveria também a petição de algo que a realidade concreta não permite hoje nem permite nunca: ser a pessoa diversa do que de facto é.

Há na realidade uma diferença: quando invoca uma vida sem deficiência, o sujeito (contaminado com o sangue infectado) quer ser compensado por ser deficiente (como é). Não contesta a vida em si mesma. Por isso pode coerentemente pretender uma satisfação por uma deficiência que lhe poderia ter sido evitada. Uma satisfação que, do ponto de vista técnico-jurídico, parece requerer a aceitação de deveres anteriores ao surgimento da vida; deveres que visam defender o carácter saudável da vida futura de outrem; deveres, nesse sentido, sem sujeito, absolutos, sem simetria com posições já existentes dos beneficiários por esta explicados.

Distintamente no dano "vida": quem contesta a (sua) vida (em si mesma) com o fito de obter uma indemnização não invoca para o efeito o padrão da vida humana normal, saudável, de que quereria usufruir. Pelo contrário: compara a sua vida com a não-vida e alega preferir a não-vida. Isso é que é incongruente e inconciliável com pedir uma indemnização (para continuar a viver).

Na responsabilidade civil, o lesado apela sempre a uma situação hipotética que seria para ele mais vantajosa, situação que teria ocorrido não fora o evento que conduz à reparação. Tal não é só por si considerado contrário à realidade, ou criador de uma intolerável confusão entre o mundo virtual e o universo dos factos e dos seus constrangimentos. Na verdade, a indemnização é muitas vezes concedida apesar de ela jamais permitir "corrigir" a realidade.

Assim acontece tipicamente no âmbito de lesões a direitos de personalidade e da compensação dos danos não patrimoniais delas resultantes: a perna perdida ou a fama atingida não se recompõem à custa de nenhuma indemnização. Mas a indemnização não é considerada inadmissível, nem se diz que ela é contrafáctica. Deste modo, não pode opor-se ao contaminado que pede uma indemnização o argumento de que ele quer ser o que não é nem pode ser: um sujeito sem deficiência[28].

---

[28] Nesse caso, o sujeito teria podido ser de modo diferente – saudável –, mas não foi. Dentro de uma orientação estritamente "nominalista" – de que a realidade é apenas composta de indivíduos –, claro que o problema da identidade parece insuperável. Numa perspectiva que procure todavia distinguir convenientemente entre aquilo que é a substância (capaz de modelar a identidade) e o que são os acidentes (aqui, a deficiência), o argumento perde força, pois o sujeito passa a poder invocar um padrão de nor-

No caso da vida própria como dano a situação é, como se disse, diversa. O sujeito não quer prevalecer-se de um padrão de vida sem a deficiência que o atinge. A situação hipotética com que confronta a sua situação actual é, radicalmente, a não-vida. O que ele põe em causa agora é a base do sentido de toda e qualquer pretensão jurídica: a vida. Ora, aquilo que supomos é que o sujeito não pode invocar ser preferível não viver do que viver, para obter a reparação do dano (supostamente) consistente em viver.

Tocamos obviamente a problemática, tão fundamental quanto complexa, da relação entre o Direito e a realidade. Alegar que ninguém pode pretender ser, em Direito, aquilo que não é corresponde, pelo que se conclui, a uma asserção demasiado abrangente e indiferenciada, pois há que precisar o sentido dessa afirmação e destrinçar situações. Se parece que não pode deixar de reconhecer-se um núcleo intangível de

---

malidade em seu favor (invocando o seu ilegítimo afastamento para obter uma compensação).

Tudo sugere estarmos perante uma aplicação moderna da celebérrima querela dos universais.

Mas o nominalismo radical não é pensável. Se não houvesse senão realidades individual-concretas, não seria possível qualquer diálogo intersubjectivo.

Intui-se que a responsabilidade civil também não pode render-se a uma perspectiva radicalmente nominalista.

Levado ao limite, uma absolutização do argumento da identidade aludido no texto conduz a negar toda a possibilidade de o lesado se prevalecer de uma qualquer situação hipotética, a pretexto de que a realidade só pode ser como é, e a meramente pensada, pura e simplesmente, não existe. Essa absolutização do referido argumento originaria, no fundo, que, verificada uma sequência causal danosa, não seria viável invocar uma sequência causal alternativa ao facto causador da lesão. Mas o art. 562 contraria essa perspectiva. A responsabilidade civil assenta na causalidade. Admite que a realidade podia ser diferente da que é não fora o evento que sujeita à reparação. O que significa que, tomando o comportamento desencadeador da responsabilidade como variável num universo de causas de uma certa situação, a sua hipotética não verificação (pressuposta no juízo de responsabilidade) não implica a não verificação de quaisquer outros factores que alicercem essa situação concreta. O Direito admite, portanto, que esses outros factores permanecem ou permaneceriam, ainda que o evento desencadeador da responsabilidade não se tivesse verificado. Tal evento lesivo não é, em suma, tomado como coimplicando esses outros factores. Estes mantêm-se fixos para o juízo de responsabilidade civil, como dissemos. Não há uma aleatoriedade universal. Por isso pode pensar-se numa causalidade alternativa. De outro modo não faria sentido a imputação do dano, pois nada poderia ser reconstituído, uma vez que nunca teria podido ser.

verdade a esse enunciado geral, a responsabilidade civil encarrega-se todavia também de demonstrar que a hipoteticidade é constantemente presente na juridicidade. Chegamos assim a uma questão difícil e crucial da teoria do Direito ou da filosofia do Direito, que todavia não pode agora perseguir-se[29].

Mas as afirmações precedentes, reitera-se, pretendem erguer-se apenas contra a indemnização do dano "vida". Não se contesta a necessidade de a ordem jurídica resolver a necessidade do nascido com deficiência nos casos que consideramos.

Pensamos, neste ponto, que a destrinça entre o dano da vida e o dano da deficiência que vai proposto é heurística e dogmaticamente imprescindível.

Munidos dessa diferenciação pode-se penetrar na índole, função e articulação recíprocas entre o direito civil e o direito da segurança social, à qual nos nossos casos se deve pedir, por princípio, a satisfação das necessidades provocadas pela deficiência.

Por outro lado, tocam-se com essa destrinça os limites da responsabilidade civil, pois merece reservas a sua instrumentalização a funções puramente distributivas. A responsabilidade civil corresponde, fundamentalmente, a uma forma de *iustitia correctiva*.

Ainda: a diferenciação proposta proporciona uma base conceptual útil para prover às necessidades da criança – inegáveis – sem violentar o direito vigente. Evita-se a instrumentalização de quadros e conceitos da responsabilidade civil a escopos que lhe são alheios. Elimina-se a necessidade de uma legitimação por um "resultado" – a ajuda ao deficiente – que tudo justificaria. Promove-se o ideal do entrelaçamento entre uma boa prática e uma boa teoria.

Tudo se torna também claro perante a hipótese que no nosso tema, dentro de uma perspectiva de congruência valorativo-dogmática, não pode nunca perder-se de vista: a de a criança deficiente demandar, não o médico, mas a mãe ou o pai. Neste último caso, a acção (de responsabilidade) só procede na medida em que a prestação assistencial a cargo dos pais não tenha sido cumprida (tendo por fundamento o não cumprimento

---

[29] Trata-se um problema extremamente delicado, que não pode aqui ser aprofundado. Vislumbra-se também nitidamente quão intensas podem ser, no domínio jurídico, as influências de correntes do pensamento filosófico como o realismo ou o idealismo.

280   *Pessoa Humana e Direito*

dessa prestação assistencial). Quer dizer: a cobertura das necessidades da criança deficiente dá-se à partida no seio da família e através dos deveres de cariz assistencial que lhe cabem. Tal desvenda a verdadeira natureza da prestação que – através da responsabilidade civil por se tratar de um terceiro –, se pretende alcançar do médico: assistencial, própria, portanto, mais do sistema de segurança social do que da responsabilidade civil.

Por último: esta destrinça entre a vida e a deficiência é preferível a uma discriminação entre danos morais e patrimoniais, de acordo com a qual se aplauda a reparação de danos patrimoniais do deficiente, mas se lhe vede a compensação do dano moral de viver.

De facto, a vida tem, em si mesma, natureza não patrimonial. Se ela é tida, não como um bem – tal qual o experimenta a esmagadora maioria das pessoas –, mas enquanto dano, esse prejuízo é, na sua essência, não patrimonial. O problema da vida própria como dano corresponde portanto primordialmente ao problema de saber se este bem não patrimonial (para o comum das pessoas) pode ser considerado um dano (não patrimonial) para efeito de ressarcimento.

Ora, assim sendo, não parece possível excluir a indemnização do dano moral de viver, e ao mesmo tempo querer reparar os prejuízos patrimoniais ligados à existência. Os danos patrimoniais de viver pressupõem o dano moral de viver. Não é harmonizável nem valorativamente coerente que quem defenda a responsabilidade do médico por prejuízos materiais a exclua quanto ao (pretenso) dano moral da vida que é invocado por outrem.

Semelhante concepção de privilégio dos prejuízos patrimoniais ver-se-ia compreensivelmente acusada de um "grosseiro materialismo", para usar a expressão que serviu no passado para negar a possibilidade de uma compensação de danos morais[30]. Ora, um dos dados adquiridos da moderna responsabilidade civil é o de que ela pode e deve proporcionar uma tutela do sujeito contra agressões a bens não patrimoniais[31]. Fá-lo com os seus meios próprios ou habituais e, por isso, se impôs a compensação pecuniária de danos não patrimoniais. Negá-lo no nosso caso corresponderia ironicamente a inverter agora esse caminho: dizer, em relação

---

[30] A expressão encontra-se repetida em ANTUNES VARELA, *Das Obrigações em Geral*, I, 10.ª edição, Coimbra, 2003, 602 ss.

[31] Quanto à ressarcibilidade dos danos não patrimoniais, cfr., na doutrina mais recente, por todos, ALMEIDA COSTA, *Direito das Obrigações*, 10.ª edição, Coimbra, 2006, 599 ss.

a algo tão nuclearmente não patrimonial como a própria vida, que tal é para o Direito irrelevante, mas admitir do mesmo passo a relevância dos aspectos patrimoniais. O relativo esquecimento da esfera da existência pessoal não patrimonial, e a redução das relações civis ao plano patrimonial foi, certamente, um traço característico do direito civil. Há que superá-lo decididamente. No direito civil, o mais importante é justamente essa esfera, e não esta[32].

No fundo, a impossibilidade de discriminar deste modo entre a diferente natureza dos danos a indemnizar pela vida própria como dano radica num desvio dogmático: o de ignorar que, sem prejuízo da articulação dos pressupostos da responsabilidade civil de acordo com uma sistemática móvel, as razões em torno das quais se trava de modo determinante a discussão da indemnizabilidade do dano "vida" se centram no plano da construção do ilícito e não do prejuízo indemnizável.

Duas observações ainda. Do exposto resulta, em todo o caso, que a responsabilidade pela deficiência não pode afirmar-se aí onde a única conduta que teria evitado essa deficiência fosse a eliminação da vida que é suporte de uma indemnização desse dano. Quer dizer: nenhum médico pode ser responsabilizado por uma deficiência se a conduta que a teria permitido poupar fosse a causação da morte do deficiente (*v.g.*, por prática do aborto). O deficiente que pretendesse o contrário estaria de certo modo a colocar retroactivamente em causa o fundamento da viabilidade da pretensão indemnizatória que agora quer deduzir[33]; pondo em jogo, como se sublinhou, o sentido da atribuição da indemnização.

De harmonia com este pensamento terá assim de dizer-se que a recusa ou a falha da prática do aborto terapêutico nunca pode constituir a base de uma indemnização pela "vida" do sujeito afinal nascido. E o pensamento alarga-se, sem excepções, a todas as outras hipóteses de aborto "lícito" (casos de violação, etc.). Por aqui se confirma também que, no nosso sistema jurídico, o aborto serve exclusivamente o interesse da mãe. O do filho é irrelevante.

---

[32] Procuramos abrir algumas perspectivas nesse sentido em *Nos 40 anos do Código Civil: Tutela da personalidade e dano existencial*, in *A Evolução do Direito no século XXI/Estudos em homenagem ao Professor Arnold Wald*, Coimbra, 2007, 372 ss.

[33] Formulando de forma análoga a propósito de um tema parecido, CANARIS, *Direitos Fundamentais e Direito Privado*, cit., 96-97, n. 207.

Por último: a aceitação da responsabilidade do médico por uma qualquer deficiência (onde ela possa legitimamente afirmar-se), significa evidentemente que essa responsabilidade não pode ignorar e absorver a relevância da conduta dos pais na origem da vida do filho. Assim, quando um filho é concebido com uma malformação congénita e essa malformação não foi depois corrigida ou atenuada por um lapso médico, a indemnização deve ser sempre proporcionada ao papel efectivo do médico na produção do resultado danoso. A responsabilidade (médica) pela deficiência nunca pode ser equiparada à responsabilidade (dos pais) pela vida.

III. TÓPICOS PARA UMA LEITURA
JURÍDICO-CONSTITUCIONAL DO TEMA

A problemática da vida própria como dano carece de ser compreendida também à luz da Constituição. Aí se encontram diversas normas susceptíveis de incidir na resolução dos casos em apreciação. Por isso, não é de surpreender que o Tribunal Constitucional venha, no futuro, a ter de ocupar-se deles.

Acerca da pretensão dos pais contra o Estado acabada de referir, importa ter em conta que o art. 71, n.º 2, da Constituição da República Portuguesa proclama, explicitamente, que o Estado está vinculado a uma política de "prevenção e de tratamento, reabilitação e integração dos cidadãos portadores de deficiência e de apoio às suas famílias [...]". Acrescenta-se, de modo programático, que o Estado deve desenvolver uma pedagogia que sensibilize a sociedade para os deveres de respeito e de solidariedade para com esses cidadãos. A ele pertence, em qualquer caso, "o encargo da efectiva realização dos seus direitos".

Estamos, portanto, perante um dever do Estado, constitucionalmente consagrado, face à criança deficiente e aos seus pais; um dever que tem por objecto uma prestação positiva do Estado (entendido como Estado social). Este dever carece, naturalmente, de concretização. As pretensões contra o Estado que daqui decorrem podem visar deste a realização de prestações pecuniárias sociais, mas também se estendem à prestação de informações e esclarecimentos convenientes, segundo as circunstâncias, para a tutela dos interessados (conforme o referido art. 71). O Estado tem a obrigação, igualmente, de atender às necessidades ideais da pessoa deficiente, por exemplo, protegendo-a contra a perda da esperança ou da identidade[34]. De toda a forma, deve considerar-se constitucionalmente garantido ao sujeito aquele mínimo de protecção da sua existência que é postulado pela dignidade da pessoa humana proclamada como base da ordem constitucional pelo art. 1 da Constituição.

Embora o dever do Estado de que falamos se encontre especificamente previsto, ele pode considerar-se também, numa compreensão alargada, um efeito da função de protecção do direito fundamental à vida: o Estado tem deveres de protecção perante o sujeito, pois cabe-lhe tutelar os direitos fundamentais, entre eles o direito à vida. Tanto o art. 24, como o art. 71 da Constituição são directamente eficazes nas relações entre o cidadão e o Estado. Deles deriva um imperativo de protecção do Estado[35], em cujo cumprimento o Estado tem naturalmente de respeitar o limiar da suficiência (estando-lhe portanto vedada uma tutela insuficiente do sujeito).

Falamos do direito à vida, previsto no art. 24, n.º 1, da Constituição. Ocorre agora perguntar se tal direito pode ser objecto de renúncia pelo seu titular, pois isso há-de relevar para saber se o sujeito tem a faculdade de declarar que sente a vida como dano e preferia não viver, para dessa forma obter uma indemnização. Pensamos que não e que essa alegação não deve ser admitida face ao texto constitucional.

Isto leva-nos antes de mais à questão de saber se há um dever (constitucional) de viver. Pode, portanto, este direito fundamental à vida ser interpretado também no sentido de que não existe apenas um direito à vida, mas um dever de viver, com a consequência de que o sujeito não terá direito, contra o médico, a uma indemnização pela vida que entende desprovida de valor?

Certo que a nossa temática é, no seu cerne, jurídico-privada. Enquanto tal não é todavia imune à Constituição[36]. Os dados jurídico--constitucionais têm relevância normativa na avaliação e decisão de

---

[34] Cfr. JÖRG NEUNER, *Privatrecht und Sozialstaat*, München, 1999, 264 ss.

[35] Sobre esta função, veja-se CANARIS, *Direitos Fundamentais e Direito Privado*, cit., 101 ss, e *passim*.

[36] Mostrou-o CANARIS, *ibidem, passim*. Outra – e criticável – é uma certa corrente, digamos, "panconstitucionalista", que penetrou no próprio direito privado. Contra este tipo de extremismo, OLIVEIRA ASCENSÃO, *Direito Civil/Teoria Geral*, I, 2.ª edição, Coimbra, 2000, 29 ss.

litígios jurídico-privados. Eles determinam igualmente a interpretação e a aplicação, pelos tribunais, de conceitos e normas jurídico-privados. O reconhecimento de margens de ponderação aquando da concretização da eficácia jurídico-constitucional dos direitos fundamentais no plano do direito privado não se lhe opõe.

Como regra, é certamente de concordar ser impossível transformar os direitos fundamentais em deveres para os seus titulares. Tal conduziria à exclusão de um estado de liberdade. Mesmo a mera funcionalização (genérica) dos direitos fundamentais parece, deste ponto de vista, desconforme com a Constituição da República Portuguesa. Não parece, portanto, viável falar-se de um dever constitucional de viver por força do art. 24, n.° 1 da Constituição. O dever de viver apenas poderá decorrer de um entendimento material-valorativo da dignidade humana que é base da ordem constitucional (segundo o art. 1.°). De todo o modo: uma coisa é o dever de viver, outra a proibição de renúncia ao direito à vida.

O nosso tema também não é susceptível de ser compreendido enquanto problema de mera restrição do direito fundamental à vida (que confere também ao sujeito a autonomia de determinação da sua própria vida). A discussão em torno da disponibilidade ou indisponibilidade da própria vida por parte do seu titular (como matéria sobre que incide um juízo subjectivo, soberano, de desvalor do seu titular, com consequências jurídicas) não é redutível ao problema de uma restrição que o direito à vida sofra em virtude de uma limitação que lhe é imposta do exterior; *v.g.*, por lei, ou pela necessidade de compatibilização com outras valorações constitucionais[37]. Ela conexiona-se antes, nuclearmente, com o entendimento do direito à vida em si mesmo no quadro daquilo que é postulado pela dignidade humana constitucionalmente consagrada.

Na realidade, é hoje reconhecido que os direitos fundamentais, e os direitos de personalidade que lhes correspondam, não são, no seu núcleo, renunciáveis. A renunciabilidade não é – como com frequência se recorda – compatível com a dignidade da pessoa humana[38].

---

[37] A restrição dos direitos fundamentais constitui um capítulo sensível da teoria dos direitos fundamentais; cfr. o art. 18, n.° 2 e n.° 3, da Constituição da República.

[38] Cfr., *v.g.*, GOMES CANOTILHO, *Direito Constitucional*, 7.ª edição, Coimbra, 2002, 464; vide também *op. cit.*, 1260: "o titular [do direito à vida] não pode escolher entre 'viver e morrer'."

Sobre a relevância da vontade e da dignidade humana na área próxima do direito à

Coloca-se concretamente a questão de saber se se pode interpretar o direito à vida como sendo renunciável quando essa vida é entendida como uma desvantagem ou um desvalor pelo sujeito. Haverá, para tanto, uma base constitucional?

Reconhece-se geralmente que o direito à vida não pode ser posto em causa de forma desproporcionada pelo seu titular. Mostra-o o exemplo trivial do dever de trazer cinto de segurança, sendo certo que há muitos outros deveres do sujeito face a si mesmo legalmente consagrados. O direito infraconstitucional não deixa portanto ao sujeito, concludentemente, a possibilidade de relativizar a sua vida perante si próprio.

No que respeita aos direitos fundamentais, é genericamente de admitir que eles também estão protegidos contra uma autonomia da vontade ilimitada, e entendida de modo meramente formal, do sujeito. A autonomia tem referentes material-valorativos. O espaço de liberdade dos direitos fundamentais deve respeitar este enquadramento.

O direito à vida não é, portanto, um direito que atribui uma autonomia decisória absoluta, ilimitada e valorativamente neutra – meramente formal – do sujeito sobre a própria vida. Só assim se compreende a inexistência e o sem-sentido, por exemplo, de um "direito ao suicídio".

As observações precedentes deixam-se transplantar para a nossa problemática. Tal qual como numa vinculação ao abrigo da sua autonomia privada, o sujeito, com a declaração que faz sobre o desvalor da sua vida, pretende desencadear consequências jurídicas (aqui, a obtenção de uma indemnização por uma vida de facto surgida, mas indesejada). Ora, viu-se como há uma barreira à disponibilidade da vida humana visada pelo sujeito através do exercício da autonomia privada negocial. O mesmo tem de valer para a afirmação individual do desvalor dessa vida quando existem consequências jurídicas que o sujeito pretende que lhe sejam associadas (aqui, uma indemnização pela própria vida)[39].

Do ponto de vista constitucional pode fundamentar-se esta posição na *dignitas humana* que se encontra na base da nossa ordem jurídica

---

disposição do próprio corpo, pode confrontar-se também LUÍSA NETO, *O Direito Fundamental à Disposição do Próprio Corpo*, Porto, 2004, 295 ss, 494 ss, 523 ss.

[39] A diferente natureza do enlace entre o comportamento do sujeito e os efeitos que a ele se associam parece mesmo fornecer no segundo caso uma base mais forte de legitimação de um controlo por parte do direito objectivo. À partida, o controlo da ordem jurídica será mais forte no campo dos negócios jurídicos do que no dos actos quase-negociais.

(art. 1 da Constituição)[40]. Autores de proa defendem desta forma em Portugal a tese da indisponibilidade da vida[41], podendo falar-se de um entendimento dominante.

Na realidade, há bons motivos para considerar que a *dignitas humana* proíbe a degradação da vida humana a um sem-valor. Tal significa que os pais não podem por princípio alegar que a vida de um filho constitui (em si mesma) um dano[42]. Mas o próprio titular da vida está assim (constitucionalmente) impedido de justificar a renúncia à própria vida com o argumento de que ela é para ele desprovida de valor. Uma indemnização pelo dano da própria vida – pode coerentemente deduzir-se – está também proibida face ao texto constitucional.

A posição, dominante, que não reconhece ao sujeito a possibilidade de renúncia válida ao direito fundamental à vida, significa uma objectivação da vida humana. Esta torna-se assim um bem jurídico que se encontra subtraído a decisões irreversíveis deste sobre a própria vida, tal como a afirmações definitivas de desvalor pelo sujeito, que tomam o seu sem--sentido como base. A opinião subjectiva sobre a vida apresenta-se portanto, de um ponto de vista jurídico, "relativizada", o que representa a outra face da objectivação da vida (medida pela *dignitas humana*).

---

[40] Veja-se tão-só Jorge Miranda/Rui Medeiros, *Constituição Portuguesa anotada,* I (Introdução Geral/Preâmbulo), Coimbra, 2005, 53 ss.

[41] Por exemplo, Gomes Canotilho, *Direito Constitucional*, cit., 464; da perspectiva do direito privado, Menezes Cordeiro, *Tratado*, I/III, cit., 124 ss, e, genericamente para os direitos de personalidade, Oliveira Ascensão, *Direito Civil/Teoria Geral*, I, cit., 92-93.

[42] O ponto tem consequências para além do âmbito do presente estudo, designadamente no que toca a saber se o nascimento (indesejado) de um filho é susceptível de constituir um dano cujo ressarcimento possa ser pedido pelos pais a um médico que, *v.g.*, deu uma indicação errada de planeamento familiar. Supomos, aqui também, que há que proceder a diversas precisões e distinções, mas que esse nascimento não é, em si mesmo, um dano ressarcível do médico. (Assim, o direito a uma certa prestação contra um médico – no âmbito do planeamento familiar – não significa que os pais tenham adquirido, na relação com esse médico ou contra ele, um direito a não ter filhos. O direito a ser ajudado a planear a descendência não pode equiparar-se a um direito, a não ter filhos, contra o médico e invocável perante ele.) Nada disto depõe contra a susceptibilidade de imputar a alguém a deficiência de um filho, nas condições em que essa deficiência possa ser imputada: não é então a vida, mas a deficiência que está em causa. Em si, o reconhecimento da possibilidade de uma responsabilidade pela deficiência de outrem é mesmo imposto pela tutela da pessoa e a dignidade humana.

Nem sempre se tira, porém, com suficiente clareza, esta consequência da objectivação do valor da vida. Lê-se, por exemplo, num livro de referência[43], que a *dignitas humana* representa a dignidade do indivíduo que se pode conformar a si próprio e que pode orientar a sua vida por um projecto. Semelhante fórmula liga-se facilmente, do ponto de vista semântico, com o direito ao desenvolvimento da personalidade. Este está também contido no catálogo português dos direitos fundamentais (art. 26, n.º 1, da Constituição), embora sem a posição, sistematicamente central, que assume na Lei Fundamental alemã. Numa outra passagem da referida obra, explicita-se a *dignitas humana* no sentido do reconhecimento, "sem transcendências ou metafísicas", do *homo noumenon*, isto é, "do indivíduo como limite e fundamento do domínio político da República". A *dignitas humana* deveria ser entendida num quadro ou contexto multicultural. Na República Portuguesa tal significaria o contrário de "verdades" ou "fixismos" de natureza política, religiosa ou social[44].

Pensamos que estas asserções não logram justificar a irrenunciabilidade do direito à vida (aliás, defendida pelo conceituado autor que temos presente). E também não é possível sustentar, com base nelas, a relevância jurídica de uma afirmação do sujeito no sentido do desvalor absoluto da sua própria vida.

Antes de mais, deve lançar-se uma pergunta à concepção da vida como "projecto", de sabor existencialista. De facto, se não se entende que a vida constitui um "pré-dado valioso" (no seu ser actual e num devir possível) e se concebe a *dignitas humana* apenas enquanto projecto, como pode fundamentar-se a protecção constitucional do direito à vida de uma criança sem autoconsciência ou de um ancião ou doente cuja autoconsciência se perdeu irreversivelmente? Em ambos os casos, os sujeitos não estão em condições de se autodeterminar. A esta dificuldade não pode fugir-se através de uma objectivação do "projecto" da vida humana, desacoplando-o do sujeito concreto. Na verdade, uma tal "desindividualização" implica evidentemente uma concepção "substancial" da vida humana, uma valoração que afinal não depende da autoconsciência e da possibilidade de auto-realização dessa vida. Não é portanto possível, como se vê, alicerçar a dignidade humana (tão-só) na capacidade e autonomia decisória (meramente formal e desligada de referências valorativas).

---

[43] Gomes Canotilho, *Direito Constitucional*, cit., 225.

[44] *Ibidem*, 225-226.

O que implica também dizer que é na medida em que a liberdade da pessoa se orienta correctamente, quando ela se autodetermina para o "bem", que se evidencia e sublinha devidamente a excelência da pessoa.

Se não se funda a *dignitas humana* na pessoa em sentido ontológico – no ser próprio da pessoa enquanto tal –, mas apenas no indivíduo (*noumenon*), não se pode, de facto, impor ao sujeito restrições (jurídicas) na disposição da própria vida. Os limites à disponibilidade da vida comummente aceites mostram que para a juridicidade – que é intersubjectivamente vinculante – se torna sempre necessária uma base objectiva. Na realidade, e mais amplamente, o relativismo no sentido de um subjectivismo absoluto é impensável, também em estados de direito plurais e democráticos[45].

Chegamos com isto ao problema do preenchimento da *dignitas humana*. Ela convoca, em grau não negligenciável, critérios extra- ou supraconstitucionais.

A Constituição portuguesa não permite, porém, a resolução desta tarefa com recurso directo a concepções determinadas da vida e do mundo. Assim, não é possível recorrer directamente ao optimismo radical do cristianismo – todos são filhos de Deus, a redenção e a graça cstão sobreabundantemente à disposição de cada um, cada um está chamado a uma realização e a uma bem-aventurança sem medida – não é possível, dizia-se, recorrer ao optimismo que é coessencial ao cristianismo para responder à questão do valor da vida (e da sua in/disponibilidade). Esta excelência de cada homem, feito à imagem e semelhança de Deus – seja qual for e como for a sua vida – não parece apresentar-se, do estrito ponto de vista das possibilidades abstractas do pensamento, superável, mas não é, sem dúvida, capaz de proporcionar uma fundamentação jurídico-constitucionalmente adequada[46].

O conceito de *dignitas humana*, particularmente em sociedades plurais, tem de ter a pretensão de uma validade intersubjectiva. Neste ponto abrem-se muitos caminhos, que agora não é possível percorrer. O valor da vida é uma questão que toca profundamente a humanidade de cada um;

---

[45] Uma crítica jurídico-filosófica a uma concepção puramente subjectivizada da pessoa encontra-se em DIOGO COSTA GONÇALVES, *Tutela da Personalidade e Personalidade Ôntica: a Juridicidade da Realidade Pessoal*, Coimbra, 2008.

[46] O que não quer dizer que, no quadro de uma impostação assumidamente não confessional, não possa ser juridicamente relevante: *vide* ainda *infra*.

coloca cada um perante exigências pessoais de verdade, de congruência de vida com essa verdade. Como tal, essa questão convoca ou implica principalissimamente padrões éticos e religiosos sobre o sentido da vida. As normas constitucionais defrontam-se aqui com uma fronteira.

A fuga para interpretações sociológicas não resolve.

Mostra-o também a seguinte e derradeira pergunta: pondo de parte todas as objecções que, no plano jurídico-privado, vimos já erguerem-se contra a pretensão de obter uma indemnização pela vida (em si mesma) que se tem, não será, em todo o caso, que essa pretensão ofende sempre e em qualquer caso os bons costumes? Na verdade, não são os costumes *tout court* que constituem um limite indeclinável da autonomia privada, mas os daqueles "que pensam équa e justamente", como formulou lapidarmente o *Reichsgericht*[47]. O mero sentir de qualquer maioria não serve por si mesmo.

No plano constitucional, ignorar-se-ia que a dignidade humana não é, de modo algum, uma noção-espelho (de concepções vigentes em certa sociedade). Representa um conceito-valor que introduz (constitucionalmente) uma dinâmica de aperfeiçoamento na ordem jurídica do Estado de Direito. Essa ordem deve desenvolver-se no sentido de uma realização tão plena quanto possível de tal dignidade. A tensão que assim se cria põe a nu a insuficiência de puras interpretações sociológicas da dignidade humana, por sua natureza estáticas e do plano da facticidade empírica. Revelando também, de resto, a limitação das modernas teorias do consenso como fonte de validade no Direito. O dever-ser daquilo que é postulado pela dignidade humana requer, portanto, as aludidas dimensões de valor.

Neste contexto, a discussão em torno dos fundamentos éticos do Estado de Direito é de extrema importância, porque com estes se correlacionam o lugar e a compreensão da pessoa no actual estado de Direito. Vamos apenas introduzir ilustrativamente esta problemática, muito rica e quase inabarcável, pondo-a em conexão – tendo presente o sítio em que se realizam estas jornadas – com um debate que, recentemente, teve também lugar debaixo do azul tão especial do céu da Baviera[48]. Segundo

---

[47] Cfr. RGZ 80, 219, 221; 120, 142, 148.

[48] A Baviera foi o lugar onde que ocorreram as jornadas que estiveram nos primórdios deste texto. A essa circunstância nos referimos na intervenção que aí fizemos.

notícias e ecos que chegaram igualmente a Portugal[49], no ano de 2004 encontraram-se aqui, convidados pela Academia Católica Bávara, dois proeminentes pensadores germânicos, Jürgen Habermas e Joseph Ratzinger.

O interesse deste debate é múltiplo. Num tema como o nosso, perpassado de concepções éticas, ele constitui um bom guia para a compreensão do momento actual em que matrizes valorativas que modelaram historicamente as sociedades europeias se confrontam e entrecruzam com o pluralismo e o subjectivismo moral contemporâneos. Por outro lado, numa sociedade hoje marcada por uma acentuada pulverização de concepções éticas as mais diversas, o pensamento e a elaboração cristã parece, atenta a sua integridade e unidade, assumir renovado relevo de posição de referência no diálogo intelectual e na *praxis* vital. Ao contrário, finalmente, dos areópagos filosóficos que tendem a circunscrever-se a um círculo de iniciados, as hermenêuticas religiosas conformam, aberta ou indirectamente, com enorme extensão a vida social e proporcionam, por isso, uma perspectiva particularmente útil para a compreensão de um Direito que se queira despreconcebidamente ao serviço da "vida real".

Retomemos então. São de salientar vários pontos de convergência entre o prestigiado filósofo e o actual papa alemão. Ambos reconheceram que na sociedade secular em que vivemos não há nenhuma fórmula ética de reconhecimento universal. Nem o racionalismo moderno secularizado, nem o cristianismo a conseguem proporcionar. E, embora Habermas e Ratzinger tenham expresso concepções diversas, coincidiram, entre outros aspectos, numa certa corespectividade entre racionalidade e fé.

A história parece efectivamente apontar para a conveniência de um diálogo entre estas duas dimensões do ser humano. Ela mostra como a racionalidade não logra, de um ponto de vista epistemológico, excluir a fé, e que, por outro lado, para a fé (pelo menos, mas claramente, na tradição cristã) a racionalidade se torna necessária e de grande importância[50]. Estas duas realidades parecem efectivamente convocadas – sem perda da sua

---

[49] A discussão e a opinião destes autores pode ser confrontada em *Estudos (Revista do Centro Académico de Democracia Cristã)*, 3 (2004), 41 ss. Nela se reflectem concepções por ambos desenvolvidas em outros escritos.

[50] Emblemático, nesse sentido, o célebre discurso proferido por Bento XVI na Universidade de Ratisbona.

identidade – a um mútuo auxílio e depuração (decorrente de que cada uma delas precisa da outra e deve reconhecer a legitimidade da outra e do seu espaço)[51].

Neste ponto convergiram estes dois expoentes da actual reflexão sobre a ética social. Numa sociedade plural como a nossa é um desafio da razão e da fé empenharem-se conjuntamente na fundamentação e compreensão do *ethos* social. Aqui se encontra, supomos, a chave mais relevante e promissora da interpretação da *dignitas humana*. Por aqui passa certamente a solução do problema constitucional da vida própria como dano.

De resto, também a Constituição – qualquer constituição – carece de ser entendida como ordem e não apenas enquanto produto de pura contingência. Uma compreensão do mundo e da vida que não se queira reduzir a mero efeito arbitrário de um "caos cósmico" e que erga pretensões de validade tem derradeiramente de se abrir (pelo menos) à possibilidade de uma justificação num plano transcendente.

Formulando de um modo mais abrangente a questão de sentido atrás enunciada: será que a racionalidade – aí incluída a racionalidade do "jurídico" – constitui mesmo a base da compreensão do mundo e da vida? Ou será antes que o nosso mundo é estruturalmente irracional e repousa numa casualidade, com a consequência da ausência absoluta de qualquer sentido? Tanto as ciências empíricas ou experimentais como a filosofia não estão em condições de responder de forma radical, totalmente concludente, ou socialmente alargada e eficaz, a este problema. A fé cristã, diz a este propósito Ratzinger, representa, hoje como ontem, uma opção pela racionalidade e uma justificação para a compreensibilidade do mundo e da vida[52]. O que, considerando desde logo a sua importância motivacional, a reveste – acentua-o Habermas – de um papel que o próprio desenvolvimento da cultura liberal não pode ignorar[53].

---

[51] Veja-se só, da perspectiva cristã, a encíclica *Fides et Ratio*, de João Paulo II.

[52] *"In principio erat Verbum*, no início de todas as coisas está a força criativa da razão *(Vernunft)*", sintetiza, estribado em POPPER, J. RATZINGER, *Fe, Verdad y Tolerancia/ /El cristianismo y las religiones del mundo* (tradução de *Glaube, Wahrheit und Toleranz. Das Christentum und die Weltreligionen*, Freiburg im Breisgau, 2003), Salamanca, 2005, 158.

[53] Cfr. HABERMAS, *Estudos*, cit., 51 ss.

Como formulou ainda Ratzinger noutra ocasião[54]: "a ameaça que sofre a vida humana pela mão do homem – assunto do qual se fala em todas as partes – conferiu a maior prioridade ao tema da criação." Assim, "não necessitamos de esconder hoje que cremos na criação. Não podemos permitir-nos o luxo de a esconder. Pois só se o universo procede da liberdade, do amor e da razão, apenas se essas forças forem as dominantes, poderemos confiar uns nos outros, encarar o futuro e viver como homens".

Destarte, a fé cristã parece ter (e merecer) também, nas nossas sociedades (ocidentais), e se bem que indirecta ou mediatamente, relevância incontornável para o preenchimento da dignidade humana[55].

A tese que, na linha das considerações anteriores, pode agora apresentar-se é esta: o *ethos* do qual falávamos conduz a uma concepção segundo a qual a vida humana – qualquer que ela seja – se apresenta, por princípio, dotada de sentido e portadora de valor.

Apresenta-se, como tal, protegida. Um juízo subjectivo contrário não deve ser "validado" pelo Direito. A *dignitas humana* não se apresenta, no seu cerne, subjectivamente condicionada; muito embora ela experimente uma objectivação através do diálogo cultural; ainda que nesse diálogo participe sempre a pessoa singular e mesmo que se vise sempre, derradeiramente, a preservação ou a promoção da *dignitas* concreta, a *dignitas* do indivíduo[56].

---

[54] *Apud Nuestro Tiempo*, t. LXI, Março de 2007, 107.

[55] Como, por coincidência, observa hoje mesmo [à data da nossa intervenção sobre o tema na Baviera] um articulista na *Süddeutsche Zeitung* (cfr. RAINER STEPHAN, SZ, 5./6. August 2006), "sem conexão religiosa [...] os conceitos centrais de dignidade humana, de direitos do homem e da solidariedade humana – tão importantes, tanto para a Ilustração, como para Marx e Engels – ficam pura e simplesmente pendurados do ar". Embora a "fé seja em si mesma simples, habituámo-nos todavia a fazê-la, tal como a outras realidades importantes para a nossa vida, complicada até ao excesso".

[56] Está igualmente em causa o entendimento da liberdade postulada por essa dignidade, e a questão do seu sentido: saber se ela se encontra ou não intrinsecamente orientada para o bem em sentido ético. O que não implica uma opção por qualquer monolitismo e, muito menos, constrangimentos que seriam incompatíveis com essa mesma dignidade da pessoa.

Esta nota – sobre um tema multifacetado mas crucial – encontra-se de resto também no âmago da reflexão contemporânea de matriz ou influência cristã. Sirva de exemplo a forma como a exprimiu, no seu múnus universitário, JOSEMARÍA ESCRIVÁ: "Há uma visão

Nada, portanto, de mais errado do que pretender desligar o indivíduo da busca dessa dignidade. O entendimento da dignidade humana não pode ser imposto do exterior ao sujeito, ignorando a sua vontade ou o seu juízo. Mas é igualmente certo que também o indivíduo que sente a sua vida como indigna não pode impor essa sua concepção, para efeitos indemnizatórios, a outrem (onerando-o com esse entendimento).

Não é persuasivo um preenchimento da dignidade humana segundo critérios transpessoais de matriz exclusivamente sociológica ou política; como não a logra preencher um qualquer acto ou decisão de poder, ainda que formalmente legitimado[57].

Dito de outra forma: a vida é, para cada um, projecto, responsabilidade e dom[58]. A vida tem sentido. Vale sempre a pena viver.

IV. CONSIDERAÇÃO FINAL

Notou-se que a vida própria como dano corresponde a um problema de carácter jurídico-privado, mas que tem também um nível constitucional. Parece, porém, pelo que antecede, que uma compreensão do direito fundamental à própria vida amparada tão-só nos meios disponibilizados pelo direito positivo não é capaz de proporcionar para ele uma solução definitiva. Verifica-se que no Estado constitucional a problemática do Direito não pode ser resolvida apenas pelo modo constitucional, nem se esgota na via constitucional. Há problemas de direito privado que, embora abrangidos pelo âmbito das normas constitucionais, apenas logram solução completa no plano da teoria do Direito.

---

parcial da liberdade como pura capacidade de eleição, desligada da perfeição a que está chamada a pessoa. [Ora] [q]uando se compreende a fundo o valor da liberdade, quando se ama apaixonadamente este dom divino da alma, ama-se o pluralismo que a liberdade traz consigo" (cfr. *Temas Actuais do Cristianismo*, Lisboa, s/data, mas 1973, 173).

[57] Para este tipo de interpretação da *dignitas humana*, fundamental já JORGE MIRANDA, *O art. 1.º e o art. 2.º da Constituição*, in *Estudos sobre a Constituição*, II, Coimbra, 1978, 14 ss.

[58] Formulação de GUY BOURGEAULT, *L'Éthique et le Droit face aux Nouvelles Technologies Bio-médicales*, Les presses de l'Université de Montreal, 1990, 151 ss.

Podem extrair-se daqui algumas conclusões e perspectivas. Ainda que a constituição tenha proeminência formal-hierárquica sobre o direito privado comum de base legal, a verdade é que o sistema jurídico não é susceptível de ser concebido, na sua dimensão material, enquanto pirâmide de normas em cujo vértice se encontra (sempre e necessariamente) a constituição. O sistema jurídico deve antes ser entendido como uma "rede" de (sub)sistemas de normas, princípios e valores. Estes últimos alicerçam-se profundamente na nossa cultura e no nosso modo de vida, sobretudo nas suas raízes éticas e religiosas, constituindo derradeiramente o fundamento de todas as normas e permitindo uma hermenêutica verdadeiramente humana do Direito.

ALGUMAS CONSIDERAÇÕES SOBRE A DEPENDÊNCIA

MARIA JOÃO ROMÃO CARREIRO VAZ TOMÉ*

SUMÁRIO: 1. Introdução. 2. Considerações gerais sobre o sistema de segurança social. 2.1. O "trabalho" enquanto fundamento de prestações sociais. 2.2. A necessidade de uma consideração sistemática do "trabalho". 2.3. Conclusão: reflexão sobre o cuidado familiar enquanto "trabalho". 3. Evolução da família. 4. Dependência/independência: dependência desenvolvimental. 5. Dependência derivada ou consequencial e solidariedade familiar. 6. Família, sociedade e Estado: separação *versus* interacção. 6.1. Posição da teoria feminista sobre a prestação de assistência aos dependentes. 6.2. Para uma perspectiva global da prestação de assistência. 7. Dependência: responsabilidade da família, do mercado de trabalho e do Estado – família enquanto objecto de solidariedade social.

1. Introdução

Este estudo tem por objecto a dependência desenvolvimental ou inevitável, de um lado, e a dependência consequencial ou derivada da

---

* Assistente da Faculdade de Direito da Universidade Católica Portuguesa; Mestre em Direito *(LL.M.)* pela *Columbia University School of Law* (Nova Iorque) e pela Faculdade de Direito da Universidade de Coimbra.

prestação de assistência aos dependentes, de outro, assim como a necessidade de uma implementação integrada, pelo ordenamento jurídico, de princípios de solidariedade familiar e social.

A dependência é um fenómeno endémico da condição humana, tocando a todos e a cada um, pelo menos durante parte do ciclo de vida[1]. Tendo por base um conjunto heterogéneo de causas[2], as suas manifestações revelam-se sempre onerosas. Por isso se coloca a questão da distribuição dos respectivos custos[3].

Um aspecto significativo da controvérsia em apreço respeita ao papel da família, da sociedade e do Estado na assunção dos ónus da dependência. O Estado do bem-estar satisfaz alguns dos propósitos que a unidade familiar e algumas redes sociais serviram historicamente: assegurar o indivíduo contra o risco, equilibrar o nível de rendimentos durante os ciclod de vida e prestar assistência àqueles que não alcançam a auto-suficiência[4]. No passado, os membros da família prestavam-se reciprocamente cuidado com base num pacto intergeracional tácito. Os pais cuidavam dos filhos durante a dependência inerente à infância e, por seu turno, os filhos assistiam aos pais na velhice[5]. A família continua a suportar a maioria dos ónus associados à dependência[6]. Todavia, a ausência de con-

---

[1] Cfr. MARTHA ALBERTSON FINEMAN, *The Autonomy Myth, A Theory of Dependency*, The New Press, New York, London, 2004, p. 35. Todos nós somos dependentes na infância; muitos de nós serão dependentes na velhice; e muitos de nós são dependentes durante longos períodos de tempo (por vezes durante toda a vida) por falta de saúde.

[2] A dependência é susceptível de ser originada por factores desenvolvimentais, físicos, mentais, económicos ou situacionais – incluindo a prestação não remunerada de cuidado a dependentes. Cfr. MARTHA ALBERTSON FINEMAN, *The Neutered Mother, the Sexual Family and other Twentieth Century Tragedies*, Routledge, New York, London, 1995, p. 8.

[3] Cfr. LEE ANNE FENNELL, *Relative Burdens: Family Ties and the Safety Net*, 45 *William & Mary Law Review* 1453, 2004, p. 1455.

[4] Cfr. MARY ANN GLENDON, *The Transformation of Family Law, State, Law, and Family in the United States and Western Europe*, The University of Chicago Press, Chicago, London, 1989, p. 294.

[5] Cfr. LEE ANNE FENNELL, *Relative Burdens: Family Ties and the Safety Net*, 45 *William & Mary Law Review* 1453, 2004, p. 1474.

[6] Cfr. MARY ANN GLENDON, *The Transformation of Family Law, State, Law, and Family in the United States and Western Europe*, The University of Chicago Press, Chicago, London, 1989, p. 306.

dições da família pós-moderna para desempenhar o seu papel assistencial é, actualmente, objecto de debate[7].

A família encontra-se naturalmente ligada aos seus membros dependentes pelo amor, pelo afecto e por outras formas de interdependência. Mas também à sociedade e ao Estado compete o cuidado pelos seus membros dependentes. Daí a necessidade de uma política sócio--familiar que estabeleça uma espécie de partilha equitativa dos ónus da dependência entre a família, a sociedade e o Estado.

O idoso pode também contribuir para o bem-estar da colectividade. Impõem-se ponderações de justiça e de participação social, assim como a consideração da natureza social da pessoa humana. Numa era dominada pela linguagem da "crise grisalha", as políticas sociais do envelhecimento devem nortear-se por princípios ético-jurídicos de respeito pelas aspirações e pela dignidade da pessoa humana do idoso. A dignidade humana consubstancia um princípio jurídico fundamental.

O envelhecimento e a assim denominada quarta idade caracterizam a sociedade hodierna. Alterações na longevidade humana e na demografia populacional verificadas durante o século XX colocaram-nos numa nova era da História da Humanidade, originando novas questões sociais, económicas e culturais. Mais do que uma matéria de estrita responsabilidade conjugal ou filial, de natureza privada, o idoso representa uma questão social da actualidade[8].

Pode dizer-se que, enquanto no século XX a questão demográfica respeitava à educação e ao emprego dos jovens, no século XXI reportar-se-á antes à acomodação da terceira e quarta idade.

Assistimos, por um lado, ao aumento da longevidade e, por outro, ao envelhecimento da população. Por força de uma realização da civilização humana do século XX, encontramo-nos numa sociedade com mais idosos e com idosos que vivem por períodos de tempo mais longos

---

[7] Cfr. LEE ANNE FENNELL, *Relative Burdens: Family Ties and the Safety Net,* in 45 *William & Mary Law Review* 1453, 2004, p. 1456.

[8] Cfr. SARAH MOSES, *A Just Society for the Elderly: The Importance of Justice as Participation,* 21 *Notre Dame Journal of Law, Ethics & Public Policy* 335, 2007, p. 335, 337; UNITED NATIONS DEPARTMENT OF ECONOMICX ANS SOCIAL AFFAIRS, *Population Division, Expert Meeting on World Population in 2300,* World Population in 2300, p. 23-26, U.N. Doc. ESA/P/WP.187/Rev.1 (Mar. 24, 2003), disponível em http://www.un.org/esa/population/publications/longrange2/longrange2.htm.

do que no passado. Este envelhecimento aponta para uma dinâmica em que, por diversas razões, a população é cada vez menos integrada por jovens. A pirâmide demográfica inverteu-se. Aquelas alterações implicam, por seu turno, modificações substanciais na vida social e económica de países como Portugal. Trata-se de uma realidade social nova com necessidades próprias[9].

Apesar de a velhice em si mesma não constituir novidade, o mesmo não pode afirmar-se a propósito da experiência da terceira e quarta idade na sociedade contemporânea. Com efeito, tanto a sobrevivência à velhice como a expectativa fundada de longos anos de vida após a reforma ou aposentação tornaram-se um lugar-comum[10]. O aumento da longevidade significa que a velhice constitui agora um período duradouro e distinto da vida humana. Surge, por isso, a questão de se saber se a sociedade está adequadamente preparada para acolher esta nova realidade.

Nesta sede o sistema de segurança social começou por traduzir a resposta colectiva à pobreza na terceira idade. A juventude era considerada como fonte de desenvolvimento sócio-económico e a velhice como uma era de declínio. Este ponto de vista permitiu, de algum modo, determinada organização do sistema de segurança social mediante a referência dos jovens à categoria sócio-jurídica da "contribuição" e a dos idosos à categoria da "necessidade"[11]. Impõe-se, porém, a apreciação, não apenas da

---

[9] "Society has some time to adapt to the projected changes, especially as savings can be accrued because of the slow growth and eventual reduction of the number of children. However, in historical terms, the time available is short and successful adaptation requires that we embark early in the path of societal change." Cfr. UNITED NATIONS DEPARTMENT OF ECONOMICS AND SOCIAL AFFAIRS, *Population Division, Expert Meeting on World Population in 2300*, World Population *in* 2300, p. 25, U.N. Doc. ESA/P/WP.187/Rev.1 (Mar. 24, 2003), disponível em http://www.un.org/esa/population/publications/longrange2/longrange2.htm.

[10] Pois que beneficiamos do progresso verificado no âmbito da produtividade económica, da saúde pública, da ciência e da educação. Cfr. MATILDA WHITE RILEY, ROBERT L. KAHN, ANNE FONER, *Introduction: The Mismatch between People and Structures*, in *Age and Structural Lag: Society's Failure to Provide Meaningful Opportunities in Work, Family, and Leisure*, Matilda White Riley *et al.* eds., Wiley-Interscience, New York, 1994, pp. 1-2.

[11] "The elderly, like the blind, the disabled, the orphaned, and the widowed, were regarded as a legitimate object of public charity." Cfr. HARRY R. MOODY, *Abundance*

categoria "necessidade", mas também da categoria "capacidade"[12]. Em lugar de ser reduzido a uma imagem de destinatário passivo do auxílio público e privado, o idoso deve também ser visto como sujeito que legitimamente mantém a sua pretensão de inclusão digna na comunidade social e de tomada de decisões significativas a respeito da sua vida[13]. Trata-se do reconhecimento prático da nova realidade do envelhecimento e das aspirações hodiernas do idoso, da necessidade de integração e de solidariedade familiar e social.

Na terminologia das ciências sociais, trata-se de chamar a atenção para o "fuso estrutural" entre a nova realidade do envelhecimento e as instituições e políticas sociais actuais[14]. Esse "fuso estrutural" permite apenas uma adequação limitada em termos sócio-económicos e, ao mesmo tempo, não consente o reconhecimento desejável da velhice como fase dotada de sentido e oportunidade.

O desenvolvimento de uma terceira ou quarta idade verdadeira e própria na vida humana implica a necessidade de inclusão social apropriada. Também é verdade que o indivíduo se depara com limitações físicas, psíquicas e relacionais, decorrentes da velhice, susceptíveis de dificultarem a referida inclusão. Por isso há que considerar, ao lado da capacidade do idoso, as limitações que caracterizam, muito frequentemente, a transição para a terceira ou quarta idade.

---

of Life: Human Development for an Aging Society, Columbia University Press, New York, 1988, pp. 108-111.

[12] Atendendo simultaneamente à autonomia compreendida como o poder do indivíduo, ainda que dependente, para interagir e comunicar livremente com outros, para dar e receber afecto e para adoptar condutas coerentes com o seu próprio sentido de si mesmo. Cfr. LARRY POLIVKA, *The Science and Ethics of Long-Term Care*, *Generations* 21, 1998, p. 24.

[13] Cfr. HARRY R. MOODY, *Ethics in an Aging Society*, Johns Hopkins University Press, Baltimore, Maryland, 1992, p. 180.

[14] A inadequação das estruturas sociais perante o aumento da longevidade, o progresso verificado na saúde e os novos padrões de vida têm como consequência a inconciliação entre essas instituições e o desenvolvimento das aptidões e responsabilidades do indivíduo. Cfr. MATILDA WHITE RILEY, ROBERT L. KAHN, ANNE FONER, *Introduction: The Mismatch between People and Structures*, in *Age and Structural Lag: Society's Failure to Provide Meaningful Opportunities in Work, Family, and Leisure*, Matilda White Riley *et al.* eds., Wiley-Interscience, New York, 1994, p. 2.

300 Pessoa Humana e Direito

A justiça distributiva visa o estabelecimento de princípios de equidade na distribuição dos bens, na repartição dos frutos da actividade económica, em especial perante pretensões conflituantes em circunstâncias de escassez moderada[15]. Por seu turno, a justiça comutativa respeita a princípios de equidade nos acordos privados[16]. A ideia de justiça comutativa encontra-se igualmente nos debates relativos aos deveres morais dos membros da família perante familiares mais velhos[17].

Ao lado das noções de justiça distributiva e comutativa, na actual sociedade envelhecenda, deveria atender-se igualmente àquela de justiça social. De facto, o "fuso moral" persiste enquanto não se levar em devida linha de conta a dimensão mais ampla da justiça social. A longevidade humana implica uma compreensão da justiça susceptível de permitir o reconhecimento da dimensão da dignidade humana associada à inclusão social e à participação. Para o efeito, poderá recorrer-se ao pensamento da justiça social desenvolvido pela doutrina social da Igreja Católica[18]. A justiça social respeita às estruturas e mecanismos idóneos para permitir a todos e a cada um participar cooperativamente na produção e no gozo de bens fundamentais de natureza política, social, cultural, económica, material e imaterial, necessários ao bem-estar da comunidade. Refira-se o con-

---

[15] Na prossecução da justiça distributiva releva a distribuição dos custos independentemente de se saber se esta é susceptível de gerar ganhos ou perdas. Cfr. LEE ANNE FENNELL, *Relative Burdens: Family Ties and the Safety Net,* in 45 *William & Mary Law Review* 1453, 2004, p. 1466. A questão da justiça distributiva está, por exemplo, subjacente ao debate actual sobre a repartição equitativa dos recursos médicos, atendendo ao elevado custo dos serviços de saúde para os indivíduos com idade igual ou superior a 65 anos.

[16] Assim a doutrina da bioética sobre a relação entre o prestador de cuidados médicos e o paciente idoso quando se trata de decisões sobre o tratamento e os cuidados necessários no final de vida.

[17] Na medida em que o debate público sobre o envelhecimento se encontra largamente dominado por preocupações de financiamento das pensões de reforma e dos serviços de saúde, assim como pela ética da prestação de cuidado durante longos períodos de tempo, não é difícil limitar a nossa perspectiva de uma sociedade justa para o idoso a princípios de justiça distributiva e comutativa como aqueles que ditam a equidade entre as gerações e a ética profissional do indivíduo que presta cuidado. Cfr. SARAH MOSES, *A Just Society for the Elderly: The Importance of Justice as Participation,* 21 *Notre Dame Journal of Law, Ethics and Public Policy* 335, 2007, p. 343.

[18] A expressão justiça social terá sido usada, pela primeira vez no ensino da doutrina social da Igreja, pelo Papa Pio XI na sua encíclica *Quadragesimo Anno.*

ceito moral que decorre da ênfase tradicional da doutrina social da Igreja Católica no ser humano enquanto ser social e, por isso, na incindibilidade da dignidade e da relacionabilidade com os outros e com a comunidade. Salienta-se a natureza essencialmente social do ser humano, que não se realiza isolado, mas apenas em interacção com outros. A perspectiva da justiça social baseia-se na noção de que a dignidade da pessoa humana apenas se cumpre em comunidade.

Em virtude da interdependência entre o indivíduo e a comunidade, a justiça social pressupõe aquela participação que consubstancia simultaneamente uma obrigação do sujeito e uma responsabilidade da sociedade. A participação é a expressão natural da dignidade, da natureza social e da vocação comunitária do ser humano[19].

As estruturas sociais nem sempre permitem à pessoa humana a realização ou expressão desta dimensão fundamental da sua dignidade que é a participação. Não consentem plenamente ao indivíduo contribuir ou beneficiar do bem comum[20]. Descuram, frequentemente, que o idoso pode contribuir de forma muito valiosa, e até única, para a comunidade familiar e social. É uma questão de responsabilidade social.

A Organização das Nações Unidas professa uma sociedade para todas as idades, inclusiva de todas as faixas etárias, em que cada indivíduo, titular de direitos e de obrigações, tenha um papel activo para desempenhar[21].

O sistema de segurança social reflecte já o consenso social de que alguns aspectos materiais da existência humana são da responsabilidade social. Todavia, partiu-se igualmente do princípio de que à esfera privada – à família – compete assegurar muitos outros aspectos relativos a uma vida digna para o idoso. A realização da justiça social, da justiça enquanto participação, não cabe, porém, à esfera privada. Além do mais, as alterações sofridas pela estrutura familiar e o aumento da esperança de vida implicam necessariamente a atribuição de recursos sociais à família e a outras redes privadas em vista da prestação de assistência aos dependentes. A responsabilidade social não substitui a responsabilidade familiar,

---

[19] Cfr. SARAH MOSES, *A Just Society for the Elderly: The Importance of Justice as Participation,* 21 *Notre Dame Journal of Law, Ethics & Public Policy* 335, 2007, p. 344.

[20] Cfr. DAVID HOLLENBACH, S.J., *The Common Good and Christian Social Ethics,* in *New Studies in Christian Ehtics,* Cambridge University Press, New York, 2002, p. 201.

[21] Cfr. G.A. Res. 51/240, P 107, U.N. Doc. A/RES/51/240 (Oct. 15, 1997).

nem os afectos, mas intensifica a garantia de uma sociedade justa perante o idoso e permite a realização da valiosa contribuição da família[22].

A participação não respeita apenas à realização de contribuições económicas. Na elaboração de políticas sociais, deve ter-se em conta que o bem comum, para que todos os membros da sociedade devem contribuir, não consiste apenas na produção de bens materiais, pois abrange todos os bens e serviços, também de natureza não material como os valores de que a própria sociedade depende, o afecto pelos netos ou a transmissão de sabedoria. E aqui releva de forma única o papel do idoso. Subsiste também um aspecto da dignidade humana associado ao sentimento de pertença, de ser necessário e de se sentir essencial para os outros.

Uma vez que o ser humano é por natureza um ser social, a sua dignidade espelha-se nas relações sociais. Por isso, a justiça social implica que a prestação de cuidado aos dependentes não se traduza somente na satisfação de necessidades físicas, mas também na observância daquelas necessidades de relacionabilidade familiar e social, outrossim na doença e na morte[23]. Acresce que períodos de incapacidade, variáveis na sua duração, representam apenas, actualmente, uma parte do envelhecimento. Uma sociedade justa pressupõe a responsabilidade colectiva pela prestação do cuidado exigido pelas circunstâncias.

A realidade de uma população idosa em crescimento modifica a natureza vivencial da sociedade e postula princípios de justiça adequados para orientar as diversas opções políticas respeitantes à distribuição de recursos sócio-económicos.

---

[22] Aquando da instituição do sistema de segurança social, a esperança de vida após a idade da reforma era muito menor do que actualmente. As implicações económicas das alterações demográficas nos sistemas pensionísticos, assim como nas empresas, são significativas. Assim se tem chamado a atenção para a necessidade económica do idoso permanecer na vida activa para além da idade clássica da reforma. Impõe-se a adopção de políticas laborais realísticas, que permitam ao idoso continuar no mercado de trabalho e que satisfaçam tanto as necessidades do idoso como as da empresa. O trabalho não representa apenas um meio de sobrevivência, mas também a expressão de uma contribuição social. Cfr. SARAH MOSES, *A Just Society for the Elderly: The Importance of Justice as Participation,* 21 *Notre Dame Journal of Law, Ethics & Public Policy* 335, 2007, pp. 349-350.

[23] Cfr. HARRY R. MOODY, *Abundance of Life: Human Development for an Aging Society,* Columbia University Press, New York, 1988, p. 170; SARAH MOSES, *A Just Society for the Elderly: The Importance of Justice as Participation,* 21 *Notre Dame Journal of Law, Ethics & Public Policy* 335, 2007, pp. 361-362.

Reitere-se que a pessoa humana é um ser social que estabelece e mantém relações de convivência, de protecção, de ajuda e de dependência com os seus semelhantes. Trata-se de relações necessárias por natureza ao ser humano, essenciais à antropogénese, à sociogénese e à constituição e realização da sua humanidade. Importa, por isso, considerar tanto a dimensão individual como a dimensão relacional da pessoa humana[24].

A realidade familiar desempenha um relevante papel no estabelecimento e no desenvolvimento dessas relações, assim como na organização do ordenamento jurídico. Sendo relações de identificação, os laços familiares são incontornáveis[25].

O desempenho de funções essenciais de assistência aos dependentes permite atribuir à família uma posição singular no direito social, direito que se encontra incumbido de prestar assistência aos cidadãos.

A família foi sempre um espaço de solidariedade. A análise das formas indirectas ou inespecíficas de protecção do indivíduo contra os riscos inerentes à condição humana revela a importante função que a família sempre cumpriu ao longo da História.

Família e segurança social apresentam uma característica comum: a protecção do indivíduo perante a necessidade. Existe, com efeito, uma relação biunívoca entre a instituição familiar e o sistema de segurança social no cumprimento das funções de cuidado e de protecção dos cidadãos na medida em que ambos consubstanciam mecanismos fundamentais de protecção do sujeito.

Enquanto realidade humana primordial, a família afigura-se merecedora de uma especial tutela por parte da ordem jurídica. Surge, na verdade, um interesse digno dessa tutela: o cumprimento de funções sociais fundamentais de assistência e de protecção dos dependentes, a socialização e educação dos filhos, o auxílio mútuo e a satisfação em comum das necessidades de todos os seus membros. Construindo quotidianamente redes de

---

[24] A sociedade pode ser considerada como a forma de vida social-humana, uma forma de vida necessária por natureza ao ser humano, essencial à constituição da sua humanidade. Cfr. JOÃO BAPTISTA MACHADO, *Introdução ao Direito e ao Discurso Legitimador,* Almedina, Coimbra, 1987, p. 13.

[25] A humanidade específica do ser humano encontra-se intrínseca e incindivelmente ligada à sua sociabilidade. A própria identidade pessoal do ser humano resulta da sua inserção numa ordem institucional em que o seu "eu" se define e se referencia. Cfr. JOÃO BAPTISTA MACHADO, *Introdução ao Direito e ao Discurso Legitimador,* Almedina, Coimbra, 1987, p. 11.

relações interpessoais, internas e externas, a família revela-se fundamental para a sociogénese, pois traduz a base do consenso sobre o certo e o errado, sobre o justo e o injusto, sobre o que vale e o que não vale, permitindo ao indivíduo encontrar-se num universo significativo.

Trata-se, por um lado, da família enquanto fenómeno social e, por outro, da família enquanto garante do cumprimento de funções essenciais para o indivíduo e para a sociedade.

Permitindo o desenvolvimento da sociabilidade humana, a comunidade familiar contribui de modo único e insubstituível para o bem da sociedade. A comunhão familiar respeita à relação pessoal entre o eu e o tu na direcção de um nós[26].

O idoso, por seu turno, na comunidade familiar, representa um exemplo de conexão entre as gerações e contribui para o bem-estar da família e da sociedade. Se se encontra numa situação de dependência, necessita ainda mais do devido acolhimento familiar. Está em causa um dever de solidariedade entre as gerações, assim como a necessidade de desenvolver a qualidade dessas relações intergeracionais.

É portadora daquele dinamismo de solidariedade entre as gerações que se encontra na base da sociedade. Promove a interrelação entre aqueles que são dependentes e aqueles que já ou ainda o não são. A solidariedade traduz um elemento constitutivo e estrutural da comunidade familiar. Por isso mesmo, à família deve ser reconhecido o direito ao apoio da sociedade e do Estado.

Por seu lado, a relação que intercede entre a família e a economia apresenta uma especificidade particularmente significativa. A família continua a funcionar como unidade de produção e não apenas de consumo. A comunidade familiar é um protagonista essencial da vida económica, orientada, não pela lógica do mercado, mas pela ideia de partilha e de solidariedade entre as gerações.

O cuidado familiar assume relevância individual, porquanto traduz uma dimensão significativa da própria identidade adulta[27] e consubstancia um dos principais papéis pessoais e sociais que o indivíduo pode ser chamado a desempenhar. Reveste-se igualmente de importância universal,

---

[26] Cfr. DIOGO LEITE DE CAMPOS, *NÓS, Estudos sobre o Direito das Pessoas*, Almedina, Coimbra, 2004, p. 165 ss.

[27] Cfr. ROBIN WEST, *The Right to Care*, in *The Subject of Care: Feminist Perspectives on Dependency*, Eva Feder Kittay & Ellen F. Feder eds., Rowman & Littlefield

Maria João Romão Carrreiro Vaz Tomé

pois afigura-se fundamental para o próprio processo de vida, ninguém sobrevive ou se desenvolve sem a sua prestação[28]. É também dotado de relevo social, na medida em que se encontra na base da organização das principais instituições sociais. Assim, o mercado de trabalho encontra-se estruturado de acordo com o padrão do "trabalhador ideal", desonerado de obrigações de assistência aos dependentes. Por último, contribuindo para a economia nacional, apresenta também uma vertente económica[29]. A família foi, com efeito, denominada como "o principal motor do crescimento económico"[30].

Aliás, a independência e a autonomia preconizadas por teorias liberais e neoliberais resultam, elas próprias, da prestação de cuidado familiar[31]. Pode dizer-se que, tal como a justiça, também o cuidado se reveste de importância ética, pois que consubstancia uma virtude essencial para a sociedade democrática.

A sociedade e o Estado não podem absorver, nem substituir, nem tão-pouco reduzir a dimensão social da própria família. Devem reconhecê-la, respeitá-la e promovê-la. Trata-se igualmente da adopção de políticas

---

Publishers, Lanham, 2002, pp. 88-89; ANN HUBBARD, *The Myth of Independence and the Major Life Activity of Caring*, 8 The Journal of Gender, Race & Justice 327, 2004, p. 339-340.

[28] Cfr. MARTHA A. FINEMAN, *Cracking the Foundational Myths: Independence, Autonomy, and Self-Sufficiency*, 8 American University Journal of Gender, Social Policy and the Law 13, 1999, p. 18; ANN HUBBARD, *The Myth of Independence and the Major Life Activity of Caring*, 8 The Journal of Gender, Race & Justice 327, 2004, p. 341.

[29] Cfr. MARTHA A. FINEMAN, *Cracking the Foundational Myths: Independence, Autonomy, and Self-Sufficiency*, 8 American University Journal of Gender, Social Policy and the Law American University Journal of Gender, Social Policy and the Law 13, 1999, p. 19.

[30] Cfr. ANN CRITTENDEN, *The Price of Motherhood: Why the Most Important Job in the World Is Still the Least Valued*, Henry Holt, New York, 2001, p. 2. De acordo com alguns estudos, se o trabalho não remunerado fosse considerado como actividade economicamente produtiva, nos países industrializados, o trabalho doméstico e o cuidado familiar integrariam o produto interno bruto numa medida compreendida entre 25% e 40%. Cfr. SUSAN MOLLER OKIN, *Justice, Gender, and the Family*, Basic Books, USA, 1989, p. 204.

[31] Cfr. ROBIN WEST, *The Right to Care*, in The Subject of Care: Feminist Perspectives on Dependency, Eva Feder Kittay & Ellen F. Feder eds., Rowman & Littlefield Publishers, Lanham, 2002, p. 88; LINDA C. MCCLAIN, *Care as a Public Value: Linking Responsibility, Resources, and Republicanism*, 76 Chicago-Kent Law Review 1673, 2001, p. 1730.

sociais destinadas a permitir ao idoso continuar a viver em sua casa, assim como a assegurar a prestação de cuidados personalizados individualmente dirigidos.

Uma perspectiva de integração das solidariedades familiar e social torna possível a elaboração de critérios normativos susceptíveis de responderem adequadamente a diversas questões. Com efeito, a pessoa humana, para além de ser considerada individualmente, deve também ser contemplada na sua relação com o núcleo familiar em que se encontra integrada, cujos valores específicos e exigências se devem levar em linha de conta.

A Constituição da República Portuguesa consagra expressamente o direito da família à protecção da sociedade e do Estado, assim como a promoção da conciliação entre a vida profissional e a família (art. 67.º, n.º 1, n.º 2, al. h))[32]. Ao considerar a família como elemento fundamental da sociedade, a Constituição reconhece que o desenvolvimento harmonioso do indivíduo não pode ser dissociado das relações estabelecidas na família. A lei fundamental, para além de se ocupar da concretização do dever de protecção da família que recai sobre o Estado, sublinha também que esta tutela constitui outrossim um dever da sociedade, consagrando um fundamento constitucional tanto para a imposição de deveres ou encargos aos particulares como para a aplicação do dever de protecção da família nas relações entre privados[33].

De resto, as normas jurídicas do direito devem ser aplicadas à luz de princípios jurídicos fundamentais como o da dignidade humana e o da igualdade.

---

[32] De acordo com o Tribunal Constitucional Federal Alemão e a doutrina constitucionalista dominante, o direito estabelecido no art. 6.º da *GrundGesetz* abrange a liberdade dos cônjuges de organizar a divisão de tarefas no casamento e atribui ao Estado a obrigação de proteger a família. Daqui decorre para o Estado a obrigação de promover a compatibilidade entre a vida profissional e a vida familiar. Cfr. MARLENE SCHMIDT, *Family Friendly Policy and the Law: Germany: Employment, the Family, and the Law: Current Problems in Germany*, 27 *Comparative Labor Law & Policy Journal* 451, 2006, p. 454-455.

[33] Cfr. JORGE MIRANDA/RUI MEDEIROS, *Constituição Portuguesa Anotada*, Tomo I, Coimbra Editora, Coimbra, 2005, p. 689, 699.

2. Considerações gerais sobre o sistema de segurança social

A segurança social é um instrumento utilizado pelos poderes públicos para a protecção dos indivíduos e para a prossecução do bem-estar social.

Traduz-se na resposta colectiva às aspirações fundamentais e às necessidades geradas pelas sociedades industrializadas. A previdência social deriva das transformações económicas e sociais determinadas pela revolução industrial. Da solidariedade familiar, profissional, associativa ou contratual como garantia da reparação dos danos susceptíveis de originarem situações de carência, passou-se para a solidariedade nacional e até internacional. A separação entre a vida profissional e a vida familiar desenvolveu-se em simbiose com a privatização da família.

A revolução industrial gerou a assim denominada questão social. Consciencializou-se a necessidade de organizar meios de defesa colectivos contra a doença, a invalidez, o desemprego, a velhice e a morte. Para isto contribuíram os movimentos católico-sociais na luta pela humanização e pela justa valorização do trabalho[34].

A tutela de quem, vivendo do seu trabalho, se vem a encontrar numa situação de necessidade constitui uma expressão da solidariedade de toda a colectividade. Ao lado de um sistema de prestações onde a tutela abrange todos os cidadãos, existe aquele destinado a favorecer os trabalhadores subordinados e os independentes.

Na medida em que esta protecção social seria incompleta se não se tivessem em conta as pessoas que dependem, do ponto de vista alimentar, do trabalhador, os legisladores, em geral, optaram, neste contexto, por uma concepção familiar da segurança social.

O casamento e a família nuclear traduzem, na cultura portuguesa, um critério fundamental para a distribuição de diversos bens aos indivíduos. A concessão de alguns bens sociais fundamentais encontra-se estruturada com base no mercado de trabalho e na família, não sendo atribuídos directamente pelo Estado ao indivíduo. A família actua, muitas vezes, como instituição mediadora. A situação familiar do indivíduo revela-se, em

---

[34] Cfr. MARIA JOÃO VAZ TOMÉ, *O direito à pensão de reforma enquanto bem comum do casal*, Coimbra Editora, Coimbra, 1997, pp. 17 ss; MARIA JOÃO VAZ TOMÉ, *O direito à pensão de reforma (por velhice) no divórcio – Algumas Considerações*, Seminário "Direito da Segurança Social", Tribunal de Contas, Lisboa, 2000, pp. 145 ss .

muitos casos, fundamental para a delimitação do âmbito subjectivo de protecção social.

Verificou-se uma tentativa de harmonização prática do conceito de seguro ou de trabalho (atendendo, por exemplo, aos riscos cobertos pelo sistema de segurança social), do conceito universalista (considerando a introdução de regimes não contributivos, a extensão do conceito de trabalhador a indivíduos que o não são, a adopção de regimes voluntários e não compulsórios, a protecção da saúde e as prestações familiares) e do conceito de assistência (tendo em conta os benefícios cuja atribuição pressupõe uma análise dos rendimentos nos regimes contributivos, os benefícios destinados a fazer face a determinados riscos ou necessidades independentemente dos níveis de rendimento, os benefícios dos regimes não contributivos e a garantia de um rendimento mínimo). A finalidade dos sistemas de segurança social caracteriza-se, portanto, por uma dualidade fundamental manifestada na tendência para a convergência de duas perspectivas essenciais: de um lado, a protecção proporcional nos sistemas de tipo profissional foi completada por uma protecção mínima e, de outro, à protecção mínima nos sistemas de tipo universal adicionou-se uma protecção proporcional.

Persistem, todavia, algumas dificuldades na articulação de um modelo de protecção social eminentemente contributivo que, em certas prestações, recorre a critérios alheios à sua própria lógica para a atribuição do direito ou para a delimitação do seu conteúdo, a que acrescem algumas formas de protecção de carácter exclusivamente assistencial para atender a situações de necessidade mais graves.

Refira-se, pois, nesta sede, a distinção entre assistência social e seguro social. A primeira, tendo historicamente considerado a família como principal prestadora de assistência, concede benefícios apenas como último recurso, com base na necessidade tendencialmente real e não presumida[35]. O seguro social, por seu lado, edificou-se sobre uma base retoricamente inspirada no modelo de troca do mercado, onde a aquisição de benefícios tem lugar como contrapartida da adopção de conduta socialmente aprovada (participação no mercado de trabalho) ou do estabelecimento de vínculo, socialmente sancionado (casamento), perante um parti-

---

[35] Cfr. MARY ANN GLENDON, *The Transformation of Family Law, State, Law, and Family in the United States and Western Europe*, The University of Chicago Press, Chicago, London, 1989, p. 306.

cipante no mercado de trabalho. Satisfazendo as necessidades do indivíduo vulnerável, desonera a família de encargos com que de outro modo arcaria[36].

A situação actual pode ser considerada como historicamente inédita, na medida em que a população economicamente dependente compreende menos crianças do que idosos nos países desenvolvidos. Simultaneamente, os papéis respectivos da família, do mercado de trabalho e do Estado em matéria de segurança económica da existência sofreram transformações sem precedente[37].

As medidas sociais relativas à realidade familiar dirigem-se à protecção da saúde, à atribuição de meios para o cuidado familiar e para o cumprimento daquelas obrigações civis de conteúdo económico que derivam de vinculações de dependência económica ou da formação de uma comunhão patrimonial. É evidente a ausência, no direito positivo português, de uma ordenação sistemática de protecção da família e da dependência.

Acresce que o sistema de segurança social se molda sobre a imagem sociológica tradicional do casamento e da família assente na estabilidade, numa tendencial divisão de papéis e na preponderância da actividade profissional do homem. Na verdade, os sistemas de segurança social foram construídos com base num determinado padrão de organização social. Elaborou-se um modelo de segurança social inspirado no "casamento da dona de casa", tendo em vista a substituição da remuneração do "ganha-pão" por uma prestação social no caso de desemprego, de doença, de invalidez, de viuvez e de velhice. Ao indivíduo que se não conformasse com esse paradigma eram concedidos benefícios assistenciais[38].

---

[36] Cfr. LEE ANNE FENNELL, *Relative Burdens: Family Ties and the Safety Net*, 45 *William & Mary Law Review* 1453, 2004, p. 1472.

[37] O direito da segurança social não adoptou o conceito de família consagrado no art. 1576.º do Cód. Civil. Contudo, em preceito algum daquele ramo do direito se encontra uma noção de família. Pelo contrário, aparecem inúmeras referências ao que deve entender-se por unidade familiar, responsabilidade familiar ou outros termos semelhantes, para determinados efeitos. Não existe um conceito de família no direito da segurança social. Questão distinta é a da sua conveniência, assim como a das suas características.

[38] Cfr. NANCY FRASER, *Justice Interruptus: Critical Reflections on the "Postsocialist" Condition*, Routledge, New York, London, 1997, pp. 41-42; MAXINE EICHNER, *Review Essay: Dependency and the Liberal Polity: on Martha Fineman's The Autonomy Myth*, 93 *California Law Review* 1285, 2005, p. 1304.

310   *Pessoa Humana e Direito*

Num sistema de redistribuição (*pay-as-you-go*), a relação estabelecida entre *input* e *output* em lugar de individual, reveste natureza sistémica. Consentindo benefícios intergeracionais[39], o sistema de segurança social não limita os seus benefícios ao trabalhador, incluindo no seu âmbito subjectivo de protecção o cônjuge mulher e os filhos dependentes. As contribuições realizadas pelo cônjuge não trabalhador, na esfera doméstica, são apenas implicitamente reconhecidas. Pretendia-se a transição de um sistema de segurança individual para um sistema de protecção familiar fundado em presunções de dependência. Em último recurso, a justificação da extensão dos benefícios ao cônjuge e aos filhos residia na dependência e não na família fundada no casamento. O sistema de tutela social encontra-se pois organizado em torno de presunções de dependência e não da família matrimonial em si mesma. Baseia-se em presunções de dependência, constituindo o casamento o facto (conhecido) de que a lei tira ilações para firmar a dependência (facto desconhecido), e não a própria *raison d'être* dos benefícios sociais[40]. Por isso, o casamento pós-moderno, substancialmente privatizado, reveste-se de menor importância social, na medida em que ambos os cônjuges participam no mercado de trabalho[41].

O sistema de segurança social e as instituições sociais não acompanharam as alterações sofridas pela vida familiar[42]. A evolução recente demonstrou, com efeito, a falta de aderência à realidade do modelo de "casamento da dona de casa". O aumento da participação da mulher no mercado de trabalho, assim como a insuficiência de uma única remuneração para fazer face aos encargos da vida familiar reforçaram essa tendência. O mesmo se refira a propósito do aumento da taxa de divórcio e das

---

[39] Cfr. JAMES A. SONNE, *Love Doesn't Pay: The Fiction of Marriage Rights in the Workplace*, 40 *University of Richmond Law Review* 867, 2006, pp. 895-896; Hon. RICK SANTORUM, *Wealth Creation in the New Millenium: Transforming Poverty in America*, 16 *Notre Dame Journal of Law, Ethics & Public Policy* 383, 2002, p. 388.

[40] Cfr. DAVID L. CHAMBERS, *What If? The Legal Consequences of Marriage and the Legal Needs of Lesbian and Gay Male Couples*, 95 *Michigan Law Review* 447, 1996, p. 474-75; WILLIAM C. DUNCAN, *The Social Good of Marriage and Legal Responses to Non-Marital Cohabitation*, 82 *Oregon Law Review* 1001, 2003, p. 1013.

[41] Cfr. JAMES A. SONNE, *Love Doesn't Pay: The Fiction of Marriage Rights in the Workplace*, 40 *University of Richmond Law Review* 867, 2006, pp. 868-878, 882-885.

[42] Cfr. JAMES A. SONNE, *Love Doesn't Pay: The Fiction of Marriage Rights in the Workplace*, 40 *University of Richmond Law Review* 867, 2006, pp. 945-946.

famílias monoparentais, da visibilidade crescente das relações homossexuais[43]. Surge assim a questão de se saber qual o modelo idóneo para substituir o paradigma tradicional do "casamento da dona de casa". Reformas recentes do sistema de segurança social adoptaram o padrão do "ganha-pão universal". Contudo, este modelo[44] não leva em linha de conta a dependência e não concede à prestação de cuidado o relevo devido.

A ausência de adaptação do mercado de trabalho à prestação de assistência implicada pela dependência significa que qualquer trabalhador se encontra na contingência de perder todo um conjunto de direitos, formados e em formação, aquando do surgimento de uma situação de dependência na família. Se o modelo tradicional do "casamento da dona de casa" não leva em linha de conta as circunstâncias de vida da esmagadora maioria dos cidadãos e se o seu sucessor, o arquétipo do "ganha pão universal", não considera a dependência, surge a questão de se saber em que modelo de convivência humana, de célula social, deve assentar o sistema de segurança social. As duas versões do figurino do auxílio público (traduzido na concessão de subsídios ou na integração social), mencionados *infra*, respondem de modo diferente a esta questão.

A segurança social é ainda uma instituição em devir. Ao lado de soluções destinadas a unidades familiares com escassos recursos económicos, poderiam também arbitrar-se medidas a favor das famílias em circunstâncias especialmente gravosas, como aquelas que têm a cargo sujeitos menos válidos, ou doentes que requeiram cuidados especiais, assim como as famílias decompostas afectadas por uma situação especial de necessidade porque são muitos os sujeitos dependentes e reduzidos os recursos familiares, etc. Ao lado das prestações de natureza estritamente económica, importa igualmente melhorar a protecção social através de medidas complementares e serviços sociais destinados ao cuidado de necessidades várias.

Trata-se daquelas prestações sociais que visam garantir a subsistência do indivíduo necessitado de ajuda na alimentação, na saúde, na higiene e no cuidado geral postulado pela dignidade humana. No âmbito objectivo da segurança social, tal finalidade seria atingida através de prestações sociais que permitissem aos trabalhadores o cuidado familiar dos depen-

---

[43] Cfr. MILTON C. REGAN, *Family Law and the Pursuit of Intimacy*, New York University Press, New York, 1993, p. 47.

[44] Cfr. NANCY FRASER, *Justice Interruptus: Critical Reflections on the "Postsocialist" Condition*, Routledge, New York, London, 1997, p. 51.

312   *Pessoa Humana e Direito*

dentes. Poderia dizer-se que o beneficiário da prestação tem o direito de gozar dos meios (fundamentalmente do tempo necessário sem perda de recursos económicos ou profissionais) que lhe consintam atender devidamente às suas responsabilidades familiares.

Numa eventual reestruturação do sistema de segurança social deveria partir-se da consideração geral de que a realidade social, respaldada pelo ordenamento jurídico, evidencia o cumprimento, na comunidade familiar, de funções essenciais de assistência aos dependentes. Daí a conveniência de apreciar a necessidade dos cidadãos no seu contexto.

As prestações de segurança social permitem ou facilitam o cumprimento por parte da família da função socialmente relevante de que está incumbida. O conteúdo imediatamente económico das prestações pressupõe um meio fundamental de cuidado e cobertura das necessidades materiais da família. Ao sistema de segurança social competem, efectivamente, duas funções conexas: a protecção do indivíduo e a tutela da família.

A idoneidade da segurança social como meio de protecção da família postula, por parte do legislador, uma acção programada e sistemática de cuidado social que leve em consideração todas as relações e situações que derivam da realidade familiar.

A questão respeita à forma de concretização dessa acção num sistema de protecção social que se defronta com o problema da sua solvibilidade financeira e de garantir o futuro. Malogradamente, verifica-se uma tendência no sentido da redução, ou até mesmo da eliminação, do apoio social. Assiste-se a uma retórica neoliberal que professa, por um lado, o apoio ao capital e aos interesses empresariais como meio idóneo para a promoção da eficiência e do crescimento económico e, por outro, considera os custos implicados pelos programas sociais como mecanismos de redistribuição demasiado onerosos. Descura-se o papel que a dependência desempenha na condição humana, assim como o papel do Estado na promoção do cuidado e do desenvolvimento humano.

2.1. *O "trabalho" enquanto fundamento de prestações sociais*

O conceito de "trabalho" reveste-se de especial relevância em diversos ramos do Direito. Quando a lei atribui o estatuto de "trabalho" a dada actividade ou o de "trabalhador" a determinado indivíduo, procede a uma classificação com enorme relevância teórico-prática.

No âmbito do sistema da segurança social, todavia, a doutrina tem descurado a questão de se saber o que é "trabalho", aceitando-se a premissa de que "trabalho" implica remuneração. Com base neste pressuposto, debatem-se aspectos de moral, de eficiência e de necessidade de políticas sociais fundadas no "trabalho"[45]. Por exemplo, contra as políticas de redistribuição baseadas no "trabalho", invoca-se a exclusão da actividade familiar, não remunerada, de cuidado da dependência[46]. Assim se rejeitam globalmente as políticas sociais baseadas no "trabalho" ou se defendem políticas que separadamente apoiem e valorizem a assistência familiar aos dependentes[47]. Mas nunca se integrou o cuidado familiar no conceito de "trabalho", numa consideração geral susceptível de associar trabalho e redistribuição[48].

Recorde-se que a querela sobre o valor do "trabalho de assistência" reapareceu no domínio jurídico após a introdução do sistema de divórcio constatação da ruptura do casamento e do princípio do "clean break", em virtude da precariedade económica da mulher dona de casa e mãe daí resultante[49]. Este sistema de divórcio reflecte a concepção do casamento enquanto vínculo essencialmente fundado nos afectos e por eles condicionado na sua duração. A doutrina procurou então, consequente-

---

[45] Cfr. NOAH D. ZATZ, *What Welfare Requires from Work,* 54 *University of California Law Review* 373, 2006, pp. 374-376; VICKI SCHULTZ, *Essay, Life's Work,* 100 *Columbia Law Review 1881,* 2000, pp. 1885-1886.

[46] Cfr. MARTHA ALBERTSON FINEMAN, *The Neutered Mother, The Sexual Family, and Other Twentieth Century Tragedies,* Routledge, New York, London, 1995, p. 108; MARTHA ALBERTSON FINEMAN, *Contract and Care,* 76 *Chicago-Kent Law Review* 1403, 2001, pp. 1409-1413; NOAH D. ZATZ, *What Welfare Requires from Work,* 54 *University of California Law Review* 373, 2006, p. 379.

[47] Cfr. MARTHA ALBERTSON FINEMAN, *The Neutered Mother, The Sexual Family, and Other Twentieth Century Tragedies,* Routledge, New York, London, 1995, pp. 9, 232-233; MARTHA ALBERTSON FINEMAN, *Contract and Care,* 76 *Chicago-Kent Law Review 1403,* 2001, p. 14011-1413.

[48] Cfr. NOAH D. ZATZ, *What Welfare Requires from Work,* 54 *University of California Law Review* 373, 2006, p. 379.

[49] Cfr. FRANCISCO PEREIRA COELHO/GUILHERME DE OLIVEIRA, *Curso de Direito da Família,* Volume I, Coimbra Editora, Coimbra, 2008, pp. 588-589; PHILOMILA TSOUKALA, *Gary Becker, Legal Feminism, and the Costs of Moralizing Care,*16 *Columbia Journal of Gender & Law 357,* 2007, p. 386; LENORE J. WEITZMAN, *The Divorce Revolution: The Unexpected Social & Economic Consequences for Women & Children in America,* Free Press, New York, 1985, p. 76.

mente, refundar a obrigação de alimentos, afastando-a da ideia de necessidade[50].

Considerou-se que o mercado de trabalho era norteado pela norma implícita do "trabalhador ideal", do trabalhador desonerado de responsabilidades familiares e domésticas, do trabalhador que beneficia da "domesticidade" do respectivo cônjuge na satisfação das suas necessidades de cuidado[51].

Referiu-se, por outro lado, que o ordenamento jurídico penalizava, em último recurso, o cônjuge mulher que assumia o papel de prestadora de assistência. Designadamente, o sistema de segurança social contemplava apenas a mulher casada com um "ganha-pão" e não a mulher enquanto prestadora de cuidado no seio da família. O trabalho doméstico, que permite o desempenho profissional do cônjuge marido de acordo com a norma do "trabalhador ideal", não assumia qualquer relevância directa ou imediata. O tratamento jurídico do trabalho não remunerado acarreta, para quem o desenvolve, desvantagens significativas que derivam da respectiva subvalorização[52].

O debate dos anos oitenta sobre a obrigação de alimentos como efeito do divórcio evoluiu para um âmbito mais abrangente – o do trabalho de assistência aos dependentes –, no qual se colocaram questões relativas à conexão entre os alimentos e a partilha dos bens do casal assim como à repartição dos custos da prestação de cuidado aos dependentes entre a família, a sociedade e o Estado[53]. Surgiu, simultaneamente, a ideia do trabalho doméstico como economicamente produtivo ("New Home Economics")[54].

---

[50] Cfr. PHILOMILA TSOUKALA, *Gary Becker, Legal Feminism, and the Costs of Moralizing Care*,16 *Columbia Journal of Gender & Law* 357, 2007, pp. 358-359; LENORE J. WEITZMAN, *The Divorce Revolution: The Unexpected Social & Economic Consequences for Women & Children in America*, Free Press, New York, 1985, p. 362.

[51] Cfr. PHILOMILA TSOUKALA, *Gary Becker, Legal Feminism, and the Costs of Moralizing Care*,16 *Columbia Journal of Gender & Law* 357, 2007, pp. 387; JOAN C. WILLIAMS, *Deconstructing Gender,* 87 *Michigan Law Review* 797,1989, pp. 803-813.

[52] Cfr. KATHARINE SILBAUGH, *Turning Labor into Love: Housework and the Law,* 91 *Northwestern University Law Review* 1, 1996, pp. 5-6, 38, 67.

[53] Cfr. PHILOMILA TSOUKALA, *Gary Becker, Legal Feminism, and the Costs of Moralizing Care*,16 *Columbia Journal of Gender & Law* 357, 2007, pp. 359-360; SUSAN MOLLER OKIN, *Justice, Gender, and the Family*, Basic Books, USA, 1989, pp. 134-186.

[54] O trabalho desenvolvido por Gary Becker trouxe à luz a ideia de que o trabalho realizado em casa é produtivo e gera rendimento. Cfr. SHOSHANA GROSSBARD-SHECHTMAN,

Esta concepção economicista do trabalho doméstico estava de acordo com o conceito de casamento como associação de iguais e começou a desempenhar um relevante papel no debate relativo à atribuição dos custos implicados pelo cuidado da dependência. A ênfase económica da valorização do trabalho doméstico conciliava-se com as teorias da "ética do cuidado" e com a crítica à subvalorização tradicional desta mesma ética.

As propostas de remuneração do trabalho doméstico fundaram-se na ideia de produtividade sem que se levasse em conta a perspectiva económica do direito enquanto método analítico. Subjaz-lhes antes uma perspectiva moral da família, da dependência e do papel da mulher. Este resultado torna-se particularmente evidente na querela sobre o trabalho de assistência. O carácter produtivo do trabalho de cuidado transformou-se num conceito moral fundamentante da atribuição de direitos, designadamente à dona de casa e mãe divorciada[55].

O debate centra-se agora na reconceptualização do trabalho doméstico enquanto actividade produtiva[56] e nas consequências de política legislativa potencialmente daí decorrentes. As divergências doutrinais respeitam à identificação do *quid* produzido e do consumidor ou beneficiário desse produto. A resposta a estas questões tem consequências significativas em termos de política legislativa[57].

Para alguns, a família funciona como uma pequena empresa em que da combinação adequada do trabalho (doméstico) com bens adquiridos no mercado resultam frutos essenciais como a confecção de refeições, a organização do vestuário, etc. Outros enfatizam a ideia de que o trabalho doméstico produz capital humano, atendendo ao investimento porventura realizado nos filhos[58]. Conforme outro ponto de vista, o nascimento de

---

The New Home Economics at Columbia and Chicago, in *Feminist Economics*, Nov. 2001, p. 103.

[55] Cfr. PHILOMILA TSOUKALA, *Gary Becker, Legal Feminism, and the Costs of Moralizing Care*, 16 *Columbia Journal of Gender & Law* 357, 2007, pp. 363, 376.

[56] Cfr. MARY BECKER, *Commentary, Caring for Children and Caretakers*, 76 *Chicago-Kent Law Review* 1495, 2001, pp. 1495 ss.

[57] Cfr. PHILOMILA TSOUKALA, *Gary Becker, Legal Feminism, and the Costs of Moralizing Care*, 16 *Columbia Journal of Gender & Law* 357, 2007, pp. 388, 391.

[58] Cfr. ANN HUBBARD, *The Myth of Independence and the Major Life Activity of Caring*, 8 *Journal of Gender Race & Justice* 327, 2004, p. 345.

316   *Pessoa Humana e Direito*

crianças constitui um bem social[59]. Leva-se também em linha de conta que a família permite o aumento da capacidade aquisitiva do respectivo "ganha-pão". Todavia, seja qual for a perspectiva, subsiste sempre, em último recurso, uma concepção moral[60].

Para outros, a exigência de respeito pelo trabalho de assistência traduz um modo diverso de transformar o valor desse trabalho num conceito moral. Pressupõe-se agora, não apenas a necessidade de compensação dessa actividade pela sociedade, como também que a igualdade dos géneros e dos cônjuges não passa, forçosamente, pela participação da mulher no mercado de trabalho[61], mas antes pelo devido respeito do trabalho assistencial.

Diz-se, por outro lado, que, apesar de se pretender remunerar objectivamente o trabalho geralmente realizado pelo cônjuge mulher, independentemente da sua motivação, se associa muito frequentemente o altruísmo a uma ética de cuidado que, implicitamente, se torna na razão justificativa dessa mesma compensação[62]. Surge igualmente a questão de se saber qual a medida da acomodação do local de trabalho à prestação de assistência.

Refira-se também a crítica à tentativa de conceptualização do trabalho de assistência inspirada em modelos beckerianos ou pós-beckerianos. Afirma-se, nesta sede, que algumas ideias derivadas do consenso emergente sobre a "ética do cuidado" são susceptíveis de, em alguma medida, refutarem qualquer utilidade metodológica à análise económica do direito. É que o recurso a uma dimensão estritamente económica poderia inverter a tendência da espiritualização do trabalho de assistência[63].

---

[59] Cfr. ANN LAQUER ESTIN, *Economics and the Problem of Divorce*, 2 *University of Chicago Law School Roundtable* 517, 1995, p. 536; MARY BECKER, *Commentary, Caring for Children and Caretakers*, 76 *Chicago-Kent Law Review* 1495, 2001, pp. 1521, 1531.

[60] Cfr. PHILOMILA TSOUKALA, *Gary Becker, Legal Feminism, and the Costs of Moralizing Care*, 16 *Columbia Journal of Gender & Law* 357, 2007, pp. 392-393.

[61] Cfr. PHILOMILA TSOUKALA, *Gary Becker, Legal Feminism, and the Costs of Moralizing Care*, 16 *Columbia Journal of Gender & Law* 357, 2007, pp. 395-396.

[62] Cfr. PHILOMILA TSOUKALA, *Gary Becker, Legal Feminism, and the Costs of Moralizing Care*, 16 *Columbia Journal of Gender & Law* 357, 2007, pp. 397.

[63] Cfr. PHILOMILA TSOUKALA, *Gary Becker, Legal Feminism, and the Costs of Moralizing Care*, 16 *Columbia Journal of Gender & Law* 357, 2007, pp. 409-410.

Vingou, entretanto, a concepção reabilitadora ou da duração limitada da obrigação de alimentos como efeito do divórcio. Em virtude de uma espécie de debilitamento do fundamento desta obrigação, a doutrina passou a debruçar-se mais sobre a composição e a partilha do património comum do casal. Invocou-se o carácter produtivo do trabalho assistencial para justificar a integração de ganhos futuros no património conjugal. Este património é agora constituído também por bens intangíveis como o bom-nome profissional, o *goodwill* e os direitos pensionísticos. Uma das questões mais complexas respeita às qualificações profissionais[64]. Trata-se de uma forma de partilhar o rendimento futuro de algum modo adquirido, todavia, na vigência do casamento, também mediante a contribuição económica realizada pelo cônjuge que não exerce uma actividade remunerada.

2.2. *A necessidade de uma consideração sistemática do "trabalho"*

Conforme mencionado *supra,* equipara-se, muito frequentemente, o "trabalho" à participação no mercado de trabalho, constituindo a remuneração uma *condicio sine qua non* da qualificação de uma actividade como trabalho.

---

[64] Cfr. MARIA JOÃO VAZ TOMÉ, *O direito à pensão de reforma enquanto bem comum do casal,* Coimbra Editora, Coimbra, 1997, pp. 145 ss; MARIA JOÃO VAZ TOMÉ, *O direito à pensão de reforma (por velhice) no divórcio – Algumas Considerações, Seminário "Direito da Segurança Social",* Tribunal de Contas, Lisboa, 2000, pp. 175 ss. Os mais recentes *Principles of Family Dissolution* do *American Law Institute* (ALI) ilustram alguns destes desenvolvimentos doutrinais. Considerando a perda de capacidade aquisitiva, a redução do padrão de vida e a privação inequitativa do retorno do investimento realizado por um dos cônjuges na capacidade aquisitiva do outro, estabelecem a transição da obrigação de alimentos como efeito do divórcio para a obrigação compensatória. Pretende-se, assim, que da combinação do alargamento do património do casal com esta obrigação compensatória resulte a repartição equitativa dos ganhos e perdas no divórcio, como que se eliminando a distinção tradicional entre património do casal e obrigação de alimentos. Cfr. AMERICAN LAW INSTITUTE, *Principles of the Law of Family Dissolution: Analysis and Recommendation* §§ 5.04-05, §§ 5.11-12, §§ 5.05-06, 2000. Para uma perspectiva crítica destes princípios, cfr. JUNE CARBONE, *The Futility of Coherence: The ALI's Principles of the Law of Family Dissolution, Compensatory Spousal Payments,* 4 *Journal of Law and Family Studies* 43, 2002, pp. 44 ss.

Permanece a questão do fundamento do "trabalho" enquanto requisito de atribuição de prestações sociais. Daí a necessidade de uma consideração sistemática do "trabalho", relevante, naturalmente, dentro do contexto jurídico ou complexo normativo formado pelo direito da segurança social. Há que proceder à análise do propósito intencionado pela concessão de relevância jurídica ao "trabalho" nos diversos sectores do ordenamento jurídico e em cada um deles.

No sistema de segurança social, as principais justificações normativas dessa relevância têm sido a auto-suficiência, o autodesenvolvimento e a reciprocidade.

Do ponto de vista da auto-suficiência, "trabalho" significa a obtenção de recursos económicos pelo trabalhador e o afastamento de prestações sociais[65]. Esta concepção surge, porém, simultaneamente, como hiperinclusiva, na medida em que abrange actividades que não reduzem as prestações sociais, quer no *an* quer no *quantum*, e como hipoinclusiva, quando não abarca actividades que diminuem essas prestações. A finalidade visada é a criação de novas fontes de rendimento passíveis de substituírem as referidas transferências sociais. A ausência de prestações sociais não deve ter lugar a expensas do padrão de vida que elas próprias pretendiam acautelar, o que implica a consideração tanto dos rendimentos monetários como dos efeitos não económicos do próprio trabalho.

Esta perspectiva encontra limitações, porquanto postula que o cuidado familiar, apesar de muito valioso, para ser qualificado como "trabalho" teria de reduzir as prestações sociais. No caso de se concluir, todavia, que essa assistência aos dependentes significa sempre e em todo o caso "trabalho", afigura-se necessária outra justificação[66].

No que concerne ao trabalho enquanto autodesenvolvimento, levam-se em linha de conta os benefícios de natureza não económica do "trabalho" para o indivíduo, pois aquele permite o acesso a uma qualidade de vida superior. Trata-se de incentivar a participação nesse padrão de vida.

A dissociação entre "trabalho" e criação de rendimento esbate a conexão entre "trabalho" e trabalho remunerado. Suscita, em geral, a ques-

---

[65] Cfr. NOAH D. ZATZ, *What Welfare Requires from Work*, 54 *University of California Law Review* 373, 2006, pp. 385-386, 388-389.

[66] Cfr. NOAH D. ZATZ, *What Welfare Requires from Work*, 54 *University of California Law Review* 373, 2006, pp. 392, 419, 421, 423-424.

tão de se saber quais as actividades susceptíveis de consentirem os benefícios não económicos do trabalho.

Por seu turno, a tese que preconiza o "trabalho" como reciprocidade chama a atenção para aquilo que o "trabalho" consente à sociedade em geral. Invoca-se, nesta sede, a ideia de contrato social: os beneficiários aderem a determinados padrões comportamentais em troca de prestações concedidas com base na necessidade presumida, substituindo uma relação alicerçada na reciprocidade por uma fundada na dependência[67].

2.3. *Conclusão: reflexão sobre o cuidado familiar enquanto "trabalho"*

Surge pois a necessidade de reflectir sobre a finalidade visada pela conexão estabelecida entre redistribuição e "trabalho". O trabalho remunerado surge como especialmente versátil para cumprir as justificações normativas *supra* mencionadas. Todavia, de modo algum a participação no mercado de trabalho consubstancia a única actividade passível de observar o propósito do "trabalho" enquanto requisito de atribuição de prestações sociais. De um lado, *grosso modo* qualquer actividade é susceptível de ser considerada como "trabalho" de acordo com alguma das perspectivas referidas. De outro lado, aquela actividade remunerada não traduz a única e exclusiva forma de "trabalho" e, conforme a perspectiva que se adopte, pode até nem ser vista como tal[68].

Há muito que se criticou a posição economicamente marginal do prestador de cuidado não remunerado[69]. Afirma-se que a prestação de cuidado, assim como a gestão da economia doméstica representam modalidades de "trabalho" susceptíveis de permitirem a independência económica e a inclusão social do mesmo modo que o trabalho remunerado[70].

---

[67] Cfr. NOAH D. ZATZ, *What Welfare Requires from Work*, 54 *University of California Law Review* 373, 2006, pp. 445-446.

[68] Cfr. NOAH D. ZATZ, *What Welfare Requires from Work*, 54 *University of California Law Review* 373, 2006, 451-452, p. 454.

[69] Cfr. KATHRYN ABRAMS, *The Second Coming of Care*, 76 *Chicago-Kent Law Review* 1605, 2001, pp. 1605-1617.

[70] Cfr. MOLLER OKIN, *From Difference to Dominance to Domesticity: Care as Work, Gender as Tradition*, 76 *Chicago-Kent Law Review* 1441, 2001, pp. 1461-67. Outras

320 *Pessoa Humana e Direito*

A exclusão da prestação de cuidado da categoria "trabalho" priva quem o presta de uma rede de segurança económica a que poderia aspirar[71].

As doutrinas feministas, favoráveis ao tratamento do cuidado familiar como "trabalho" salientam, em geral, as ideias de produtividade e de contribuição[72]. Ao sistema de segurança social compete reconhecer que o prestador de assistência contribui para o bem social[73]. Rejeitando-se a justificação da auto-suficiência[74], define-se "trabalho" com base na noção de contribuição social[75].

---

críticas apontam para alterações no mercado de trabalho e no sistema social de molde a permitir ao indivíduo "trabalhar" e prestar assistência. Cfr. VICKI SCHULTZ, *Essay, Life's Work*, 100 *Columbia Law Review* 1881, 2000, pp. 1937-1939. Trata-se de teses muito frequentemente baseadas no reconhecimento social da relevância de que a assistência prestada na família se reveste para a vida do indivíduo.

[71] Cfr. NOAH D. ZATZ, *What Welfare Requires from Work*, 54 *University of California Law Review* 373, 2006, pp. 457-458.

[72] Cfr. SUSAN MOLLER OKIN, *Justice, Gender, and the Family*, Basic Books, USA, 1989, pp. 175-176, 180; JOAN WILLIAMS, *Unbending Gender: Why Family and Work Conflict and What to Do About It*, Oxford University Press, Oxford, New York, 2000, p. 114; JOAN WILLIAMS, *Is Coverture Dead? Beyond a New Theory of Alimony*, 82 *Georgetown Law Journal* 2227, 1994, pp. 2229, 2252-2253.

[73] Cfr. MARTHA ALBERTSON FINEMAN, *The Neutered Mother, The Sexual Family, and Other Twentieth Century Tragedies*, Routledge, New York, London, 1995, p. 108; MARTHA ALBERTSON FINEMAN, *Contract and Care*, 76 *Chicago-Kent Law Review* 1403, 2001, p. 1403, 1406; EVA FEDER KITTAY, *Love's Labor: Essays on women, Equality and Dependency*, Routledge, New York, London, 1999, pp. 142-143; LINDA C. MCCLAIN, *Care as a Public Value: Linking Responsibility, Resources, and Republicanism*, 76 *Chicago--Kent Law Review* 1673, 2001, pp. 1682-1698; EVA FEDER KITTAY, *Love's Labor: Essays on women, Equality and Dependency*, Routledge, New York, London, 1999, pp. 122-128; MARTHA ALBERTSON FINEMAN, *The Inevitability of Dependency and the Politics of Subsidy*, 9 *Stanford Law and Policy Review* 89, 1998, p. 95.

[74] Tem-se criticado, em especial, a auto-suficiência enquanto critério normativo na medida em que dificilmente leva em devida conta a dependência inevitável ou desenvolvimental. Cfr. MARTHA ALBERTSON FINEMAN, *The Neutered Mother, The Sexual Family, and Other Twentieth Century Tragedies*, Routledge, New York, London, 1995, pp. 161-163; MARTHA ALBERTSON FINEMAN, *The Autonomy Myth, A Theory of Dependency*, The New Press, New York, London, 2004, p. 174; EVA FEDER KITTAY, *Love's Labor: Essays on women, Equality and Dependency*, Routledge, New York, London, 1999, pp. 122-128.

[75] Assim se incluem actividades desenvolvidas no âmbito do voluntariado e outras actividades beneficiais desenvolvidas fora do mercado de trabalho. Cfr. EVA FEDER KITTAY, *Love's Labor: Essays on women, Equality and Dependency*, Routledge, New York,

Pode, contudo, dizer-se que a tese da auto-suficiência permite também a consideração da assistência aos dependentes como "trabalho". As actividades que substituem os benefícios sociais mediante a produção em espécie contribuem para a auto-suficiência nos mesmos moldes que as actividades que geram rendimento pecuniário. Isso mesmo sucede quando um familiar assume o cuidado dos seus dependentes, desde que se reconheça que essa assistência consubstancia uma necessidade que o sistema de segurança social deveria satisfazer[76].

Esta perspectiva poderia ser objecto de uma implementação sistemática no direito da segurança social, incorporando, por exemplo, o custo implicado pelo cuidado no padrão de necessidade de todos os agregados familiares, independentemente da participação no mercado de trabalho.

A necessidade de cuidado é satisfeita fora da esfera da economia monetária. A institucionalização deste ponto de vista significaria a atribuição de quantias pecuniárias à prestação de cuidado de montante igual às necessidades desse cuidado. Permitiria o tratamento dessa forma de criação de rendimento como "trabalho"[77].

A apreciação do cuidado não remunerado de acordo com os mesmos critérios que regem o mercado de trabalho está em conformidade com a integração daquele cuidado no lugar privilegiado historicamente reconhe-

---

London, 1999, pp. 14, 142-144. Esta doutrina foi, contudo, objecto de críticas, que não serão aqui analisadas. Cfr. MARY ANNE CASE, *How High the Apple Pie? A Few Troubling Questions About Where, Why, and How the Burden of Care for Children Should Be Shifted*, 76 *Chicago-Kent Law Review* 1753, 2001, pp. 1753-1756.

[76] Cfr. VICKI SCHULTZ, *Essay, Life's Work*, 100 *Columbia Law Review* 1881, 2000, pp. 1916-1917.

[77] Cfr. MARY ANNE CASE, *How High the Apple Pie? A Few Troubling Questions About Where, Why, and How the Burden of Care for Children Should Be Shifted*, 76 *Chicago-Kent Law Review* 1753, 2001, pp. 1781-1783; NOAH D. ZATZ, *What Welfare Requires from Work*, 54 *University of California Law Review* 373, 2006, pp. 458-461. Consentiria também o estabelecimento de distinções relevantes entre os familiares que prestam cuidado a dependentes. Assim, não poderia dizer-se que o familiar que fica em casa para prestar cuidado a um idoso que não apresenta sinais de dependência está a desenvolver "trabalho" no sentido que aqui importa, pois que não evita a atribuição de quaisquer prestações sociais. Isto não significa refutar a utilidade da sua actividade. Trata-se apenas de dizer que esta não se encontra em conformidade com os critérios utilizados no âmbito das transferências sociais. O mesmo não se diga a respeito do familiar que cuida de um idoso já dependente.

cido ao trabalho remunerado[78], o que não significa, todavia, a assimilação do cuidado familiar à participação no mercado de trabalho.

A assistência aos dependentes (*caregiving*, *caretaking*, *care work*) constitui uma das principais e fundamentais actividades da vida da esmagadora maioria dos indivíduos, pois da natureza universal da dependência desenvolvimental ou inevitável decorre o carácter universal da necessidade de cuidado[79].

O cuidado em si mesmo reveste-se também, ele próprio, de relevância universal porquanto contribui, de modo essencial e único, para o bem--estar do indivíduo, da família e da sociedade.

A prestação de assistência aos dependentes apresenta outrossim relevância social e económica, pois é também sobre ela que se edificam a família, a sociedade e o sistema económico[80]. Não pode esquecer-se que as principais instituições sociais se encontram organizadas com base nessa prestação de cuidado. Isto mesmo se verifica no mercado de trabalho, estruturado de acordo com o paradigma do "trabalhador ideal", desonerado de obrigações de cuidado. Deve promover-se a justiça tanto na esfera daqueles que beneficiam da prestação de cuidado (o dependente, a sociedade, o Estado) como na esfera daqueles que a realizam. A contemplação do trabalho de assistência aos dependentes pelo direito de segurança social traduz uma questão de justiça social[81].

---

[78] Cfr. FRANCES E. OLSEN, *The Family and the Market: A Study of Ideology and Legal Reform*, 96 *Harvard Law Review* 1497, 1983, p. 1567.

[79] Cfr. ANN HUBBARD, *The Myth of Independence and the Major Life Activity of Caring*, 8 *The Journal of Gender, Race & Justice* 327, 2004, pp. 329, 332.

[80] Cfr. MARTHA ALBERTSON FINEMAN, *Cracking the Foundational Myths: Independence, Autonomy, and Self-Sufficiency*, 8 *American University Journal of Gender, Social Policy and the Law* 13, 1999, p. 19.

[81] Cfr. ANN HUBBARD, *The Myth of Independence and the Major Life Activity of Caring*, 8 *The Journal of Gender, Race & Justice* 327, 2004, p. 348; EVA FEDER KITTAY, *Love's Labor: Essays on women, Equality and Dependency*, Routledge, New York, London, 1999, pp. 1, 43-45. John Rawls reconheceu igualmente ao trabalho de assistência a qualidade de bem social. Cfr. JOHN RAWLS, *The Idea of Public Reason Revisited*, 64 *University of Chicago Law Review* 765, 1997, pp. 779, 788; SUSAN MOLLER OKIN, *Justice and Gender*, 16 *Philosophy and Public Affairs* 42, 1987, pp. 43, 66.

3. Evolução da família

A realidade familiar sofreu uma evolução especialmente relevante. Assistiu-se à transição da grande família para a família nuclear; a uma redução drástica da natalidade; ao aumento do número de casais com filho único, ou até sem filhos; ao aumento da idade em que os filhos abandonam a casa de morada da família; ao aumento do número de indivíduos que vivem sozinhos; ao incremento da taxa de separação e de divórcio; ao aumento do número de famílias monoparentais; ao acréscimo do número de famílias reconstituídas; à multiplicação de nascimentos fora do casamento; ao crescimento de uniões de facto heterossexuais e homossexuais, etc.

A separação entre a vida profissional e a vida familiar desenvolveu-se em íntima ligação com o fenómeno da privatização da família. Também a globalização é susceptível de afectar a família de várias maneiras. Desde logo, a crescente mobilidade da família, ou de alguns dos seus membros, reconfigura a família. Depois, as alterações de rendimento dos membros da unidade familiar modificam as relações económicas e sociais no seio da própria família. Por último, a globalização transforma a própria cultura sócio-familiar.

A família conjugal consubstancia o paradigma da família moderna e pós-moderna. Sobre esta família impende aquela instabilidade que se refere à facilidade com que os indivíduos podem entrar e sair dela e não tanto à qualidade dos seus laços afectivos (enquanto duram). A instabilidade e a fluidez que caracterizam as relações familiares resultam, muito frequentemente, não da morte, mas do exercício da escolha agora possível em virtude das oportunidades que os indivíduos têm de encontrar apoio económico fora da família[82].

A sociedade e o Estado continuam a confiar à família alguma responsabilidade colectiva pela dependência. Mesmo numa era de elevada taxa de divórcio, a família fundada no casamento apresenta uma estabilidade significativa, parcialmente em virtude do seu estatuto formal e porque é regulada por um conjunto de normas sociais que intensificam o

---

[82] Cfr. MARIA JOÃO VAZ TOMÉ, *O direito à pensão de reforma enquanto bem comum do casal*, Coimbra Editora, Coimbra, 1997, pp. 128 ss; MARIA JOÃO VAZ TOMÉ, *O direito à pensão de reforma (por velhice) no divórcio – Algumas Considerações, Seminário "Direito da Segurança Social"*, Tribunal de Contas, Lisboa, 2000, pp. 150 ss.

324   *Pessoa Humana e Direito*

compromisso assumido[83]. Apesar da tendência individualista que conduziu à passagem do casamento enquanto lugar em que a "solidariedade familiar e a comunhão de vida entre os cônjuges prevaleciam sobre as personalidades individuais e interesses dos membros da família" para "vínculo fundamentalmente da responsabilidade individual de cada um dos cônjuges", a sociedade continua a dotar o matrimónio de grande relevância[84]. Na verdade, como que se mantém aquele *continuum* entre o individualismo e o altruísmo.

O estatuto especial que a família encontra no ordenamento jurídico, assim como a dimensão pública do casamento, tem também a sua justificação na função assistencial que desenvolve, que reduz manifestamente os ónus com que de outro modo a sociedade e o Estado arcariam. O Estado reconhece a relevância do papel da família através da concessão de subsídios, directos ou indirectos, do estabelecimento de programas sociais destinados a apoiar a família no exercício das suas funções e de políticas sociais que beneficiam a família. As críticas contemporâneas dirigidas ao casamento não visam retirar à família conjugal o respectivo estatuto, mas estendê-lo a outras formas de "família". As novas tendências demográficas e sociais conduziram a reformas legislativas para expandir, de alguma forma, o estatuto conjugal a uniões de facto heterossexuais e homossexuais[85].

O aumento do número de uniões não fundadas no casamento, assim como a maior instabilidade matrimonial, não permitem, contudo, ignorar que o vínculo conjugal continua a desempenhar funções familiares de assistência para muitos indivíduos. A maioria dos casamentos não encontra ainda no divórcio a sua causa de dissolução. Por outro lado, do próprio

---

[83] Cfr. ELIZABETH S. SCOTT, *The Public and Private Faces of Family Law: Marriage, Cohabitation and Collective Responsibility for Dependency*, 2004 *University of Chicago Legal Forum* 225, pp. 229-230.

[84] Cfr. MARY ANN GLENDON, *The Transformation of Family Law, State, Law, and Family in the United States and Western Europe*, The University of Chicago Press, Chicago, London, 1989, pp. 291, 293; JAMES A. SONNE, *Love Doesn't Pay: The Fiction of Marriage Rights in the Workplace*, 40 *University of Richmond Law Review* 867, 2006, pp. 871, 943-944.

[85] Isto mesmo se verificou no Canadá, assim como em outros países da Commonwealth e da União Europeia. Cfr. ELIZABETH S. SCOTT, *The Public and Private Faces of Family Law: Marriage, Cohabitation and Collective Responsibility for Dependency*, 2004 *University of Chicago Legal Forum* 225, pp. 230-234.

divórcio resultam efeitos protectores dos dependentes que derivam de um estatuto jurídico formal. Acresce que o casamento tende a traduzir uma relação mais duradoura do que as uniões informais. Devido à sua maior estabilidade, a família conjugal funciona melhor enquanto estrutura que presta assistência aos seus membros mais vulneráveis. Depois, a relação matrimonial incorpora expectativas claras sobre responsabilidade recíproca, assistência e partilha. Assim, apesar das referidas tendências demográficas e sociais, pode dizer-se que o bem-estar social e individual é também promovido pelo casamento enquanto elemento de uma política social pluralista de apoio à família[86].

A relação matrimonial deixou, todavia, de satisfazer as necessidades individuais e sociais da dependência nos moldes em que anteriormente o fazia. O direito da segurança social penetra o grupo familiar, pois que na era contemporânea, nas sociedades desenvolvidas, a família não consegue assegurar cabalmente a segurança económica de existência dos seus membros.

A família assume uma relevante posição em sede de acção protectora e, em menor medida, na delimitação do âmbito subjectivo de aplicação do direito da segurança social. Apesar da proliferação de variegadas espécies de serviços sociais e de cuidado público institucional, a família continua a ser o sistema social linfático com potencialidades para mobilizar uma assistência eficaz em situações de necessidade. Ao mesmo tempo é também verdade que a responsabilidade por muitas situações de dependência e de crise é partilhada, em novas modalidades, pela célula familiar, pelo indivíduo e pelos benefícios sociais derivados do seu trabalho e, por último, pelo sector público. Todavia, também hoje a família é dotada de enorme significado enquanto instituição de auxílio.

Os diversos sistemas sociais encontram-se em diferentes pontos do espectro, ou seja, entre a atribuição, à família, de uma responsabilidade fundamental por diferentes necessidades e a conferência, ao sistema social, dessa mesma responsabilidade. Trata-se, em todo o caso, de uma responsabilidade que é partilhada pela família e pelo sistema social em diferentes graus.

---

[86] Cfr. ELIZABETH S. SCOTT, *The Public and Private Faces of Family Law: Marriage, Cohabitation and Collective Responsibility for Dependency*, 2004 *University of Chicago Legal Forum* 225, pp. 235-236, 240.

É manifesta a insuficiência do direito da segurança social, baseado na consagração de direitos derivados e no "casamento instituição" como modo de resolução de problemas de dependência ou de necessidade, para resolver, só por si, os problemas da pobreza decorrente da actual instabilidade familiar.

A sociedade e o Estado deveriam dotar a família dos meios necessários ao desenvolvimento das várias formas de solidariedade familiar. A relação entre a solidariedade da colectividade, manifestada no sistema de segurança social, e a solidariedade familiar não deve ser de alternatividade ou subsidiariedade. Pois trata-se de equilibrar os valores de liberdade e de igualdade com aqueles de responsabilidade e de solidariedade.

4. Dependência/independência: dependência desenvolvimental

A sociedade tem como paradigma o indivíduo autónomo, independente e auto-suficiente. De acordo com a confiança depositada na igualdade (formal) de todos os membros da sociedade, pressupõe-se que essa autonomia está ao alcance de todos os indivíduos.

Ignora-se, muito frequentemente, que o estado de dependência é inerente à condição humana, que é naturalmente desenvolvimental. Nesta perspectiva, a dependência desenvolvimental surge como universal e inevitável. Qualquer pessoa é dependente enquanto criança e poderá tornar-se dependente à medida do envelhecimento, enquanto doente ou padecendo de qualquer tipo de invalidez ou incapacidade. A universalidade e a inevitabilidade conferem a esta forma de dependência um papel central no debate relativo à responsabilidade do Estado, da sociedade e da família pela respectiva assistência[87].

Por seu turno, cuidar de um dependente inevitável gera uma diferente forma de dependência no indivíduo que presta esse cuidado: uma dependência derivada ou consequencial. É derivada ou consequencial porquanto aquele que cuida dos outros depende, ele próprio, de recursos que lhe permitam prestar essa assistência. Esta modalidade de de-

---

[87] Cfr. MARTHA A. FINEMAN, *The Autonomy Myth, A Theory of Dependency,* The New Press, New York, London, 2004, p. 34 ss.

pendência é, muito frequentemente, descurada pelo ordenamento jurídico[88].

A dependência derivada ou consequencial apresenta uma dimensão económica e outra estrutural. A primeira respeita à ausência de remuneração, na comunidade familiar, pela prestação de cuidado aos membros dependentes. A segunda, por sua vez, atende à frustração da confiança em determinada acomodação institucional ou em recursos de natureza não monetária.

Longe de acondicionar a função de cuidado, o mercado de trabalho parte de pressupostos que traduzem a incompatibilidade do trabalho de assistência familiar com as normas do trabalho remunerado. Para aqueles que assumem a responsabilidade dos dependentes, as normas e expectativas do local de trabalho competem com as da dependência e, nesta medida, a prestação de assistência interfere ou preclude até o desenvolvimento de trabalho remunerado[89].

Os dependentes derivados, como resultado da necessidade de cuidado apresentada pela dependência natural ou desenvolvimental, precisam, eles próprios, de recursos económicos. Carecem de apoio institucional, assim como de alguns ajustamentos estruturais que lhes permitam realizar a prestação de cuidado. A assistência à dependência é exigente, pois que as normas de sacrifício e de altruísmo são claras e austeras. A dependência derivada ou consequencial, diferentemente da dependência natural ou desenvolvimental, não é uma experiência universal, pois nem todos os membros da sociedade desempenham esse papel[90].

Pode afirmar-se que, actualmente, a dependência desenvolvimental ou inevitável, assim como a dependência derivada ou consequencial por ela implicada, são, em grande medida, consideradas do foro privado e por isso atribuídas quase exclusivamente à responsabilidade da família. A privatização da dependência transfere para a esfera familiar decisões sobre prioridades intergeracionais. É fundamentalmente à família, não à sociedade ou ao Estado, que compete assumir a responsabilidade pela depen-

---

[88] Cfr. MARTHA A. FINEMAN, *The Autonomy Myth, A Theory of Dependency*, The New Press, New York, London, 2004, pp. 34 ss.

[89] Cfr. MARTHA ALBERTSON FINEMAN, *Fatherhood, Feminism and Family Law*, 32 *McGeorge Law Review* 1030, 2001, pp. 1032-1033.

[90] Cfr. MARTHA ALBERTSON FINEMAN, *Masking Dependency: The Political Role of Family Rhetoric*, 81 *Virginia Law Review* 2181,1995, p. 2200.

dência desenvolvimental ou inevitável. Assim, a instituição da família liberta o mercado para se organizar sem levar em linha de conta ou acomodar essas dependências. O Estado actua subsidiariamente como instituição que prevê uma assistência mínima para o caso de a família não cumprir a sua função de cuidado pelos dependentes. Cada família é idealmente considerada responsável pela dependência dos seus membros. Apenas a ausência de satisfação adequada das necessidades dos seus membros é susceptível de transferir a família da esfera privada para a esfera pública, onde é então regulada e disciplinada.

A conferência da responsabilidade pela dependência inevitável ou desenvolvimental desde logo à família e, em segundo lugar, dentro da família, muito frequentemente ao cônjuge mulher, não se afigura justa. A satisfação das necessidades dos dependentes tem, para aquele que presta esse cuidado, consequências significativas. Um dos resultados da privatização da dependência desenvolvimental ou inevitável é de algum modo a frustração da aspiração à igualdade dos géneros e dos cônjuges. Não se assegura assim o interesse do Estado na justiça e na igualdade nas relações familiares.

A universalidade, característica insofismável da dependência inevitável ou desenvolvimental, fornece uma base teórica para a construção de uma responsabilidade social ou colectiva. A consciência sócio-jurídica da inerência desta espécie de dependência à condição humana fundamenta a atribuição, àquele que cuida de dependentes inevitáveis, de recursos sociais que o auxiliem na realização da sua prestação[91]. A justiça pressupõe o reconhecimento, pela sociedade, de que o trabalho de assistência produz um bem de inegável valor para a colectividade em geral. A igualdade, por seu turno, requer a valorização, a compensação e a acomodação desse cuidado por parte do Estado, da sociedade e das suas instituições.

Contudo, em lugar de obter uma resposta social, a dependência desenvolvimental ou inevitável foi confiada a uma instituição privada: a família conjugal. Esta família tem sido situada numa esfera separada, autónoma. A atribuição do cuidado da dependência à família nuclear permite mantê-la oculta, privatizada. Encoberta poderá ficar também a sua natureza inevitável e, *cum grano salis*, pública. Esta solução encontra-se anco-

---

[91] Cfr. MARTHA A. FINEMAN, *The Autonomy Myth, A Theory of Dependency*, The New Press, New York, London, 2004, pp. 37 ss.

rada em raízes históricas e, por isso, em ideologias contingentes. Pressupõe-se que a família é o repositório da dependência, assim como a inconveniência e a inidoneidade de uma responsabilidade social. De acordo com a privatização da dependência, a família é também considerada a fonte dos recursos económicos necessários para a prestação de cuidado aos dependentes pois que, numa perspectiva histórica, competia ao "ganha-pão" fornecer esses meios[92].

5. Dependência derivada ou consequencial e solidariedade familiar

Conforme referido *supra,* cuidar de um dependente desenvolvimental ou inevitável gera uma diferente forma de dependência na esfera do indivíduo que presta essa assistência. Trata-se de uma dependência derivada ou consequencial porquanto aquele que cuida dos outros depende de recursos que lhe permitam prestar essa assistência. Esta forma de dependência é, em geral, descurada.

Espera-se que o dependente derivado ou consequencial encontre os recursos económicos e estruturais de que necessita no seio da própria comunidade familiar. O mercado de trabalho não assume qualquer tipo de responsabilidade, não se envolve. O Estado, por seu lado, conforme o princípio da subsidiariedade, é considerado como o último recurso para a obtenção dos respectivos meios materiais.

Verifica-se, todavia, que, em muitas situações, a família não dispõe dos meios económicos e estruturais necessários para a prestação do cuidado exigido pelas circunstâncias concretamente vivenciadas. Com efeito, na família, a assistência não é remunerada, sendo prestada a título gratuito. Mesmo quando pessoas alheias à família prestam esse cuidado, a responsabilidade económica da família persiste. Na medida em que se ignora o cuidado da dependência, os subsídios sociais são praticamente inexistentes.

Negligenciam-se os custos directamente decorrentes da assistência aos dependentes. Esquece-se que a prestação de cuidado é susceptível de dificultar o desenvolvimento de uma carreira profissional, a realização

---

[92] Cfr. MARTHA A. FINEMAN, *The Autonomy Myth, A Theory of Dependency,* The New Press, New York, London, 2004, pp. 44 ss.

pessoal, de reduzir a compensação económica, de implicar perdas de oportunidades e de originar outros custos associados à prestação assistencial. Mesmo quando participa no mercado de trabalho, a vinculação à esfera pública do responsável pelos dependentes naturais ou inevitáveis é tipicamente mais ténue, pois tem de acomodar devidamente as exigências da esfera privada. Compromete, por isso mesmo, a aquisição e o conteúdo dos direitos sociais.

A atribuição da dependência à família compreendia-se quando o casamento assentava na estabilidade, em determinada divisão de papéis e os cônjuges se integravam na grande família. Existindo um prestador de assistência e um "ganha-pão", ambos realizando contribuições diferentes mas complementares – proporcionando, respectivamente, o cuidado e os recursos emocionais, por um lado e, por outro, a satisfação das necessidades materiais –, talvez a dependência fosse susceptível de acomodação na família[93]. Na verdade, a teoria da família moderna[94] via na divisão do trabalho de acordo com o género a principal vantagem da realidade familiar, assim como na interdependência entre marido e mulher ("complementaridade" por oposição a igualdade) um corolário necessário[95].

Contudo, a atribuição da responsabilidade pelo cuidado não se modificou no decurso do tempo[96]. Apesar de existirem inúmeras famílias que já não se conformam com esse modelo, o padrão adoptado pelo ordena-

---

[93] Cfr. MARTHA ALBERTSON FINEMAN, *Our Sacred Institution: The Ideal of the Family in American Law and Society*, 1993 *Utah Law Review* 387,1993, p. 400.

[94] Conforme referido *supra*, o desenvolvimento da teoria clássica da família moderna deve-se, em grande medida, a Gary Becker. A sua perspectiva da especialização de cada um dos cônjuges/progenitores mantém alguma actualidade. Cfr. GARY S. BECKER, *A Treatise on the Family*, Harvard University Press, Cambridge, Massachusetts, London, 1981, pp. 14-37.

[95] Cfr. VIVIAN HAMILTON, *Mistaking Marriage for Social Policy*, 11 *Virginia Journal of Social Policy & the Law* 307, 2004, pp. 314-315.

[96] Com efeito, estudos efectuados nesta área demonstram que independentemente do nível salarial e de realização profissional alcançados, a mulher arca com a maior parte da responsabilidade pelo cuidado dos dependentes. Cfr. JENNIFER R. JOHNSON, *Preferred by Law: The Disappearance of the Traditional Family and Law's Refusal to Let It Go*, 25 *Women's Rights Law Reporter* 125, 2004, p. 129. Esta responsabilidade pelo cuidado, por seu turno, implica uma menor participação no mercado de trabalho e uma maior dependência da mulher perante o marido. Cfr. MARTHA ALBERTSON FINEMAN, *Masking Dependency: The Political Role of Family Rhetoric*, 81 *Virginia Law Review* 2181, 1995, p. 2200.

mento jurídico em geral não se alterou ao longo do tempo[97]. A igualdade no mercado de trabalho, almejada pelo casal pós-moderno enquanto associação de iguais, deixa potencialmente a família sem prestador de assistência. O interesse da sociedade e do Estado na assistência aos seus dependentes deveria conduzir à consideração da prestação de cuidado como função socialmente relevante[98].

O casamento pós-moderno é considerado uma associação económica inspirada num princípio de partilha[99]. Os cônjuges, em conjunto, tomam decisões sobre o investimento na carreira profissional e no capital humano de cada um deles, resoluções estas que, em último recurso, beneficiam a família conjugal. Todavia, à medida que a sua capacidade aquisitiva diminui, em virtude da assistência prestada aos dependentes, o cônjuge mulher torna-se mais dependente do cônjuge marido. Esta manifesta-se com particular acuidade na dissolução do casamento por divórcio[100]. Na verdade, a partilha em partes iguais da prestação de cuidado entre os cônjuges não tem, em geral, lugar[101]. Por isso, a atribuição da responsabilidade assistencial apenas à família nuclear implica a subsistência da desigualdade dos géneros e dos cônjuges[102]. A privatização da dependência inevitável ou

---

[97] Cfr. MARTHA ALBERTSON FINEMAN, *The Neutered Mother, the Sexual Family and Other Twentieth Century Tragedies*, Routledge, New York, London, 1995, p. 227; JENNIFER R. JOHNSON, *Preferred by Law: The Disappearance of the Traditional Family and Law's Refusal to Let It Go*, 25 *Women's Rights Law Reporter* 125, 2004, pp. 125-126; MARIA JOÃO VAZ TOMÉ, *A esquecida conexão patrimonial entre o Direito da Família e o Direito da Previdência Social, Comemorações dos 35 anos do Código Civil e dos 25 anos da Reforma de 1977*, Coimbra Editora, Coimbra, 2004, pp. 529 ss.

[98] Cfr. MARTHA ALBERTSON FINEMAN, *The Neutered Mother, the Sexual Family and Other Twentieth Century Tragedies*, Routledge, New York, London, 1995, pp. 230--236; VIVIAN HAMILTON, *Mistaking Marriage for Social Policy*, 11 *Virginia Journal of Social Policy & the Law* 307, 2004, p. 318.

[99] Cfr. GARY S. BECKER, *A Treatise on the Family*, Harvard University Press, Cambridge, Massachusetts, London, 1981, pp. 15-37.

[100] Cfr. VIVIAN HAMILTON, *Mistaking Marriage for Social Policy*, 11 *Virginia Journal of Social Policy & the Law* 307, 2004, pp. 362-365.

[101] Cfr. MARTHA ALBERTSON Fineman, *The Neutered Mother, the Sexual Family and Other Twentieth Century Tragedies*, Routledge, New York, London, 1995, pp. 164--166; VIVIAN HAMILTON, *Mistaking Marriage for Social Policy*, 11 *Virginia Journal of Social Policy & the Law* 307, 2004, p. 318.

[102] Cfr. MARIA JOÃO VAZ TOMÉ, *A esquecida conexão patrimonial entre o Direito da Família e o Direito da Previdência Social, Comemorações dos 35 anos do Código Civil e dos 25 anos da Reforma de 1977*, Coimbra Editora, Coimbra, 2004, pp. 526 ss.

332 Pessoa Humana e Direito

desenvolvimental não permite a igualdade dos géneros, não se realizando o interesse do Estado na justiça e na igualdade nas relações familiares.

O mesmo se diga a propósito do local de trabalho, onde não se promoveu qualquer reestruturação em vista da nova realidade familiar[103].

A neutralidade do género domina o cenário jurídico. Mas ignorar as diferenças reais significa também descurar o papel que o género continua a desempenhar e que se revela valioso para a sociedade, como a prestação de assistência aos dependentes. O papel tradicional de prestador de cuidado deve ser positivamente reconhecido e revalorizado, afirmando-se-lhe a dignidade merecida em virtude das relevantes contribuições sociais que realiza. Trata-se da assistência aos dependentes que, de outro modo, reverteria para a sociedade e para o Estado[104]. O género continua a determinar diferenças, ignorá-las cria injustiças[105], pois os papéis tradicionalmente prédeterminados pelo género persistem e encontram expressão nas expectativas culturais e nas estruturas sociais.

A teoria feminista neoliberal[106] preconiza a neutralidade do género para atingir a igualdade dos sexos. O ordenamento jurídico deveria ignorar as diferenças entre os géneros, porquanto a igualdade significa ser tratado "do mesmo modo" que o homem independentemente do género[107].

---

[103] Cfr. JENNIFER R. JOHNSON, *Preferred by Law: The Disappearance of the Traditional Family and Law's Refusal to Let It Go*, 25 *Women's Rights Law Reporter* 125, 2004, p. 125.

[104] Cfr. MARTHA ALBERTSON FINEMAN, *The Neutered Mother, the Sexual Family and Other Twentieth Century Tragedies*, Routledge, New York, London, 1995, p. 226.

[105] Cfr. PAMELA LAUFER-UKELES, *Selective Recognition of Gender Difference in the Law: Revaluing the Caretaker Role,* 31 *Harvard Journal of Law & Gender* 1, 2008, pp. 4-6.

[106] Defendida, nomeadamente, por Herma Hill Kay, Marjorie Schultz e Ruth Bader Ginsburg. Cfr. HERMA HILL KAY, *Equality and Difference: A Perspective on No-Fault Divorce and Its Aftermath*, 56 *University of Cincinati Law Review* 1,1987, p. 78; MARJORIE MAGUIRE SHULTZ, *Contractual Ordering of Marriage: A New Model for State Policy*, 70 *California Law Review* 204,1982; VICKI SCHULTZ, *Life's Work*, 100 *Columbia Law Review* 1881, 2000.

[107] Cfr. CATHARINE MACKINNON, *Difference and Dominance, in Feminism Unmodified: Discourses in Life and Law*, Harvard University Press, Cambridge, Massachusetts, London, 1987, p. 36; PAMELA LAUFER-UKELES, *Selective Recognition of Gender Difference in the Law: Revaluing the Caretaker Role*, 31 *Harvard Journal of Law & Gender* 1, 2008, p. 8.

A tese da neutralidade do género suscita, todavia, algumas reservas. Desde logo, para evitar o despontar da dependência, inspira-se na norma masculina do "trabalhador ideal" a expensas da norma feminina do prestador de assistência. O padrão da mesmidade de tratamento ignora que as diferenças do homem perante a mulher são iguais às diferenças da mulher perante o homem. A sociedade valoriza em maior medida as características e a conduta do homem do que aquelas da mulher[108]. Apesar de a independência económica ser um objectivo a alcançar, a assistência aos dependentes reveste-se igualmente de enorme significado para a sociedade e merece o devido reconhecimento familiar e social, assim como o respectivo investimento. Em segundo lugar, perante uma situação de dependência, um dos cônjuges sacrifica, por via de regra, a sua carreira profissional, dando origem a diversos graus de dependência. Por último, não pode esquecer-se que muitos cônjuges preferem a assistência aos dependentes à participação no mercado de trabalho[109].

Importa ainda reflectir sobre a privatização do casamento e do divórcio. A igualdade formal pressupõe que mulher e homem sejam tratados da mesma maneira. Assim, a perspectiva da neutralidade do género afirma que o estabelecimento de limites à liberdade negocial, no domínio matrimonial, consubstancia uma protecção injustificada da mulher. Por outro lado, a assim denominada "no-fault divorce revolution" alterou a natureza do casamento ao facilitar a sua dissolução. Essa mudança conduziu também a uma apologia reducionista da intervenção do Estado na determinação das consequências económicas do divórcio, abandonando-a ao exercício da autonomia privada[110]. Preconiza-se a celebração de acordos entre iguais que racionalmente encetam negociações em vista de um

---

[108] Cfr. CATHARINE MACKINNON, *Difference and Dominance*, in *Feminism Unmodified: Discourses in Life and Law*, Harvard University Press, Cambridge, Massachusetts, London, 1987, pp. 32-45.

[109] Cfr. PAMELA LAUFER-UKELES, *Selective Recognition of Gender Difference in the Law: Revaluing the Caretaker Role*, 31 Harvard Journal of Law & Gender 1, 2008, pp. 9-10, 12.

[110] Cfr. JANA B. SINGER, *The Privatization of Family Law*, 1992 Wisconsin Law Review 1443, 1992, pp. 1461, 1474; LYNN D. WARDLE, *No-Fault Divorce and the Divorce Conundrum*, 1991 Brigham Young University Law Review 79,1991, p. 115; IRA M. ELLMAN, *The Theory of Alimony*, 77 California Law Review 1, 1989, pp. 5-6; PAMELA LAUFER-UKELES, *Selective Recognition of Gender Difference in the Law: Revaluing the Caretaker Role*, 31 Harvard Journal of Law & Gender 1, 2008, pp. 13-14.

conteúdo que permita a satisfação mútua[111]. Contudo, a aceitação dessa "igualdade" significa olvidar diferenças reais. Na família conjugal pós-moderna, em que os cônjuges são considerados iguais, a mulher ainda é economicamente dependente do marido devido à ausência de uma partilha igualitária da responsabilidade pela dependência e da gestão da economia doméstica[112].

Apenas a consideração do bem-estar do prestador de assistência, ao tempo do divórcio, como uma questão também de interesse público, através de regulamentação adequada, permite à mulher alcançar a verdadeira igualdade no casamento. O princípio da igualdade, que é um princípio jurídico fundamental, determina que "o que é igual seja tratado de forma igual e o que é diferente seja tratado de forma diferente na medida da diferença". No direito da família encontram-se notas de prestação de cuidado, de dependência e de desigualdade económica[113].

A norma da neutralidade do género e o divórcio pura constatação da ruptura do casamento conduziram praticamente à extinção da obrigação de alimentos como efeito do divórcio, retirando-lhe a sua justificação tradicional[114]. A teoria dos alimentos reabilitadores prevalece hoje na doutrina jurídica do divórcio. A obrigação de alimentos terá a duração necessária para consentir ao prestador de cuidado o (re)ingresso no mercado de trabalho e a aquisição de auto-suficiência[115]. Pode assim dizer-se que a adopção da tese da neutralidade do género no âmbito do direito do divórcio originou uma crise no direito da família, pois revela-se insuficiente para assegurar o devido reconhecimento e compensação à prestação de

---

[111] Cfr. JANA B. SINGER, *The Privatization of Family Law*, 1992 *Wisconsin Law Review* 1443, 1992, pp. 1461, 1519.

[112] Cfr. PAMELA LAUFER-UKELES, *Selective Recognition of Gender Difference in the Law: Revaluing the Caretaker Role*, 31 *Harvard Journal of Law & Gender* 1, 2008, p. 15.

[113] Cfr. SALLY F. GOLDFARB, *Marital Partnership and the Case for Permanent Alimony*, 27 *Journal of Family Law* 351, 1988-1989, pp. 354-355; PAMELA LAUFER-UKELES, *Selective Recognition of Gender Difference in the Law: Revaluing the Caretaker Role*, 31 *Harvard Journal of Law & Gender* 1, 2008, pp. 17-18.

[114] Cfr. IRA M. ELLMAN, *The Theory of Alimony*, 77 *California Law Review* 1, 1989, p. 5.

[115] Cfr. PAMELA LAUFER-UKELES, *Selective Recognition of Gender Difference in the Law: Revaluing the Caretaker Role*, 31 *Harvard Journal of Law & Gender* 1, 2008, pp. 23-24.

assistência aos dependentes no casamento. Tornou-se necessário um novo paradigma para assegurar a igualdade material ou substancial[116], uma perspectiva que reconheça a diferença dos géneros e que permita a tutela adequada do prestador de assistência.

A doutrina feminista da diferença ou relacional[117] aceita as diferenças entre os géneros e preconiza a acomodação das diferenças da mulher perante o homem em vista de uma igualdade substancial[118].

A tese do domínio refuta a comparação dos géneros subjacente tanto à doutrina da neutralidade do género (que se limita, na prática, a eleger o padrão masculino) como à da diferença (a regra da protecção especial prefere o padrão feminino)[119]. Afirma-se que a igualdade pressupõe a (re)distribuição do poder[120].

Diz-se, noutros quadrantes, que a neutralidade formal, em virtude da desconsideração das diferenças dos géneros, se afigura inidónea para eliminar a desigualdade na medida em que a domesticidade é ainda relevante na vida do cônjuge mulher. Foi o seu trabalho de assistência que tornou possível a adopção, no mercado de trabalho, do padrão do "trabalhador ideal". À mulher exige-se a conciliação da assistência aos dependentes com as regras do mercado de trabalho[121]. A realização da igualdade (substancial) não implica a eliminação daquela domesticidade, devendo antes proceder-se à devida valorização da prestação de cuidado aos dependentes[122].

---

[116] Cfr. JOAN WILLIAMS, *Unbending Gender: Why Family and Work Conflict and What to Do About It*, Oxford University Press, Oxford, New York, 2000, pp. 2-10, 24-25.

[117] Cfr. MARY BECKER, *Patriarchy and Inequality: Towards a Substantive Feminism*, 1999 *University of Chicago Legal Forum* 21,1999, pp. 41-42; CHRISTINE LITTLETON, *Restructuring Sexual Equality*, 75 *California Law Review* 1279, 1987, pp. 1304-1308.

[118] Cfr. MARY BECKER, *Patriarchy and Inequality: Towards a Substantive Feminism*, 1999 *University of Chicago Legal Forum* 21, 1999, pp. 41-42.

[119] Cfr. JOAN WILLIAMS, *It's Snowing Down South: How to Help Mothers and Avoid Recycling the Sameness/Difference Debate*, 102 *Columbia Law Review* 812, 2002, pp. 828-830.

[120] Cfr. CATHARINE MACKINNON, *Difference and Dominance*, in *Feminism Unmodified: Discourses in Life and Law*, Harvard University Press, Cambridge, Massachusetts, London, 1987, pp. 39-40.

[121] Cfr. JOAN WILLIAMS, *Unbending Gender: Why Family and Work Conflict and What to Do About It*, Oxford University Press, Oxford, New York, 2000, pp. 64-143, 209, 226-227.

[122] Cfr. PAMELA LAUFER-UKELES, *Selective Recognition of Gender Difference in the Law: Revaluing the Caretaker Role*, 31 *Harvard Journal of Law & Gender* 1, 2008, p. 31.

336   *Pessoa Humana e Direito*

Do ponto de vista da "ética do cuidado", invocam-se a necessidade e a importância, para a sociedade e para o Estado, do trabalho de assistência aos dependentes[123].

Para a tese do reconhecimento selectivo das diferenças dos géneros, a relevância daquelas dissemelhanças respeitantes a valores sociais proeminentes conduz à sua afirmação positiva. Ao direito da família, designadamente, compete a revalorização do trabalho de assistência uma vez que este incorpora uma prática ética, um ideal de bem, uma aspiração social da comunidade[124].

Reitere-se que, actualmente, a responsabilidade pela dependência compete, fundamentalmente, à família conjugal. As alterações entretanto sofridas pela estrutura familiar demonstram, todavia, que essa família já não pode, só por si, prestar a devida assistência aos dependentes. Daí a necessidade de proceder às adaptações institucionais necessárias para permitir à família desempenhar essa função. Pode ainda dizer-se que especialmente relevante para a sociedade e para Estado é a célula familiar que cuida da dependência[125].

6. Família, sociedade e Estado: separação *versus* interacção

A família é uma instituição integrada – e não separada – na sociedade e no Estado. As instituições sociais e o Estado são susceptíveis de afectarem profundamente a natureza e a forma da família. As políticas do Estado podem atingir o funcionamento da família. Pelo mesmo motivo, a natureza

---

[123] Cfr. MARTHA A. FINEMAN, *The Autonomy Myth, A Theory of Dependency*, The New Press, New York, London, 2004, pp. 143-180, 182-208.

[124] Cfr. LENORE J. WEITZMAN, *The Divorce Revolution: The Unexpected Social and Economic Consequences for Women and Children in America*, Free Press, New York, 1985, pp. 337-343; LENORE WEITZMAN, *The Economics of Divorce: Social and Economics Consequences of Property, Alimony and Child Support Awards*, 28 *University of California, Los Angeles Law Review* 1181, 1981, pp. 1249-1253; PAMELA LAUFER-UKELES, *Selective Recognition of Gender Difference in the Law: Revaluing the Caretaker Role*, 31 *Harvard Journal of Law & Gender* 1, 2008, p. 46.

[125] Cfr. MARTHA ALBERTSON FINEMAN, *The Public and Private Faces of Family Law: Progress and Progression in Family Law*, 2004 *The University of Chicago Legal Forum* 1, pp. 4-5.

e o funcionamento da família produzem efeitos, também significativos, noutras instituições sociais e no Estado[126].

Esta imagem de simbiose parece mais adequada para descrever o modelo da família em relação com a sociedade e com o Estado do que a metáfora da separação de esferas. A família está situada na sociedade e no Estado – família, sociedade e Estado interagem. Alterações numa instituição repercutem-se, correspondentemente, na outra.

A família conjugal não constitui pois uma entidade separada da sociedade e do Estado. O debate deve centrar-se no papel atribuído à família, no modo como este pode ser melhor desempenhado no futuro. As alterações entretanto sofridas pelas expectativas e aspirações relativas ao casamento foram demasiado profundas para se continuar a confiar a dependência inevitável ou desenvolvimental quase exclusivamente à família conjugal.

Com efeito, não é certo que a família conjugal, por si só, seja capaz de continuar a satisfazer adequadamente as necessidades emocionais, físicas, desenvolvimentais e materiais de todos os que na sociedade possam ser dependentes.

O modelo do "trabalhador ideal" assenta na concepção tradicional de que cada trabalhador goza dos benefícios resultantes do trabalho não remunerado realizado pelo respectivo cônjuge. Quando o mercado de trabalho não acomoda devidamente a assistência familiar, a emergência de um familiar dependente pode traduzir-se na perda súbita de diversos direitos.

Na sociedade hodierna regem, com efeito, duas normas conflituantes: de um lado, a do "trabalhador ideal" (que sacrifica o seu tempo familiar em prol do desempenho profissional) e, de outro, aquela do "familiar ideal" (que não só constitui família como lhe confere primazia). Enquanto alguns trabalhadores violam a primeira norma, outros incumprem a segunda.

A superação do padrão do "trabalhador ideal" contribuiria para a realização da igualdade no local de trabalho, tutelando-se outrossim a prestação de assistência aos dependentes.

---

[126] Cfr. MARTHA ALBERTSON FINEMAN, *The Public and Private Faces of Family Law: Progress and Progression in Family Law*, 2004 *The University of Chicago Legal Forum* 1, p. 14.

6.1. *Posição da teoria feminista sobre a prestação de assistência aos dependentes*

Temos, desde logo, a doutrina da paridade parental. Preconiza a adopção de medidas tendentes à distribuição igualitária, entre os cônjuges, dos encargos da dependência, do trabalho remunerado e do não remunerado[127]. Essa repartição contribui para a igualdade dos géneros e dos cônjuges. Permite a eliminação, pelo menos em parte, da diferença salarial entre homens e mulheres, porquanto essa divergência decorre das responsabilidades assistenciais esmagadora e desproporcionadamente assumidas pelo cônjuge mulher[128]. Acresce que, visando a partilha, em partes iguais, das responsabilidades familiares, não implica modificações em instituições exteriores à família[129].

Esta tese surte, todavia, na prática, efeitos limitados. É sempre necessária a adaptação de instituições exteriores à família, pois que se impõe a eliminação dos desincentivos existentes, no mercado de trabalho, à assumpção de responsabilidades assistenciais[130]. Com efeito, mesmo que se procedesse à divisão igualitária da responsabilidade pela dependência, o mercado continuaria organizado de acordo com padrões alheios às necessidades dos dependentes, prejudicando o trabalhador com funções

---

[127] Cfr. JOAN WILLIAMS, *Unbending Gender: Why Family and Work Conflict and What to Do About It,* Oxford University Press, Oxford, New York, 2000, p. 232, preconiza o modelo da paridade parental. Cfr. SUSAN MOLLER OKIN, *Justice, Gender, and the Family*, Basic Books, USA, 1989, p. 171; MAXINE EICHNER, *Review Essay: Dependency and the Liberal Polity: on Martha Fineman's The Autonomy Myth*, 93 *California Law Review* 1285, 2005, p. 1295.

[128] Cfr. NANCY FRASER, *Justice Interruptus: Critical Reflections on the "Postsocialist" Condition*, Routledge, New York, London, 1997, pp. 47-48; MAXINE EICHNER, *Review Essay: Dependency and the Liberal Polity: on Martha Fineman's The Autonomy Myth*, 93 *California Law Review* 1285, 2005, p. 1295.

[129] Cfr. MARY ANNE CASE, *How High the Apple Pie? A Few Troubling Questions about Where, Why, and How the Burden of Care for Children Should Be Shifted*, 76 *Chicago-Kent Law Review* 1753, 2001, p. 1756; MAXINE EICHNER, *Review Essay: Dependency and the Liberal Polity: on Martha Fineman's The Autonomy Myth*, 93 *California Law Review* 1285, 2005, p. 1296.

[130] Cfr. JOAN WILLIAMS, *Unbending Gender: Why Family and Work Conflict and What to Do About It,* Oxford University Press, Oxford, New York, 2000, p. 235; MAXINE EICHNER, *Review Essay: Dependency and the Liberal Polity: on Martha Fineman's The Autonomy Myth*, 93 *California Law Review* 1285, 2005, p. 1296.

assistenciais em virtude da dificuldade de conciliação entre a prestação de cuidado e as estruturas laborais[131].

Assim, o êxito deste paradigma depende, na prática, da adopção de medidas próprias do modelo do auxílio público[132]. A complementação do modelo da paridade parental pelo do auxílio público permite uma redução significativa daquelas desvantagens. A reestruturação do local de trabalho, de modo a permitir a prestação de assistência aos dependentes, diminui os desincentivos à partilha dessa responsabilidade.

Por seu turno, a doutrina da anti-repronormatividade[133] defende a erradicação do assim compreendido carácter natural da associação da mulher ao cuidado e à maternidade, assim como a promoção de modos alternativos de vida para a mulher. Pois que é esta ligação que se encontra na base da desigualdade dos géneros e dos cônjuges[134].

Porém, a ausência de medidas públicas para acomodar a responsabilidade assistencial acarreta para a mulher um prejuízo muito significativo, que em muito ultrapassa o benefício decorrente de uma desigualdade

---

[131] Cfr. MAXINE EICHNER, *Review Essay: Dependency and the Liberal Polity: on Martha Fineman's The Autonomy Myth*, 93 *California Law Review* 1285, 2005, p. 1297. Cfr. MARTHA ALBERTSON FINEMAN, *The Autonomy Myth, A Theory of Dependency*, The New Press, New York, London, 2004, p. 171, critica a proposta da paridade parental afirmando que "we must reject the notion that the problem of work/family conflict should be cast as the problem of a lack of equal sharing between women and men of domestic burdens within the family. We have gone down that road and it is a dead end. Our arguments for reform must now acknowledge that the societally constructed role of mother continues to exact unique costs for women").

[132] Cfr. MARTHA ALBERTSON FINEMAN, *The Autonomy Myth, A Theory of Dependency*, The New Press, New York, London, 2004, pp. 201-202; MAXINE EICHNER, *Review Essay: Dependency and the Liberal Polity: on Martha Fineman's The Autonomy Myth*, 93 *California Law Review* 1285, 2005, p. 1296.

[133] Cfr. MARY ANNE CASE, *How High the Apple Pie? A Few Troubling Questions about Where, Why, and How the Burden of Care for Children Should Be Shifted*, 76 *Chicago-Kent Law Review* 1753, 2001, p. 1754 ss; KATHERINE M. FRANKE, *Theorizing Yes: An Essay on Feminism, Law, and Desire*, 101 *Columbia Law Review* 181, 2001. O termo "repronormatividade" refere-se ao sistema de incentivos e de expectativas que conduz a mulher ao exercício da maternidade, assim como à consideração desta como natural e indeclinável pela mulher. Cfr. MAXINE EICHNER, *Review Essay: Dependency and the Liberal Polity: on Martha Fineman's The Autonomy Myth*, 93 *California Law Review* 1285, 2005, p. 1294

[134] Cfr. MAXINE EICHNER, *Review Essay: Dependency and the Liberal Polity: on Martha Fineman's The Autonomy Myth*, 93 California Law Review 1285, 2005, p. 1294.

340 *Pessoa Humana e Direito*

eventualmente menor. Esta tese ignora outrossim que a dependência, mais do que produto de uma escolha da mulher, representa uma fase da vida humana. Os dependentes necessitam de cuidado, sendo este essencial para o seu bem-estar[135].

Por seu turno, o modelo do auxílio público pressupõe a responsabilidade social pela dependência. As instituições sociais devem, por isso, ser reorganizadas de modo a permitirem a prestação de cuidado. Por outro lado, dificilmente se alcança a igualdade dos géneros e dos cônjuges na ausência de auxílio público à assistência. A promoção da partilha da responsabilidade assistencial verificar-se-á em termos limitados se não se adoptarem medidas idóneas para eliminar as desvantagens do mercado de trabalho associadas à prestação de cuidado[136]. As instituições sociais, inspiradas em padrões tradicionalmente masculinos, devem ser refundadas. Evita-se a sujeição do indivíduo a uma espécie de lotaria da dependência, em que se premeiam aqueles que nunca chegam a arcar com os respectivos encargos mediante a conferência de prerrogativas sociais. Correspondentemente, o indivíduo que cumpre esse cuidado encontra-se privado de qualquer remuneração, dos benefícios sociais decorrentes do trabalho e é secundarizado num sistema que recompensa o "ganha-pão" e que subvaloriza o papel de prestador de assistência[137].

A tese do auxílio público visa a realização da igualdade dos géneros e dos cônjuges e atribui relevância jurídica às necessidades dos dependentes. Por um lado, mediante a atribuição de subsídios, o Estado financia directamente a assistência familiar aos dependentes naturais ou inevitáveis e, por outro, através de uma integração social adequada, acomoda as instituições às exigências implicadas pela prestação de cuidado[138].

---

[135] Cfr. EVA FEDER KITTAY, *A Feminist Public Ethic of Care Meets the New Communitarian Family Policy*, 111 *Ethics* 523, 2001, p. 542; MAXINE EICHNER, *Review Essay: Dependency and the Liberal Polity: on Martha Fineman's The Autonomy Myth*, 93 *California Law Review* 1285, 2005, pp. 1298-1300.

[136] Cfr. JOAN WILLIAMS, *Unbending Gender: Why Family and Work Conflict and What to Do About It*, Oxford University Press, Oxford, New York, 2000, p. 235; MARTHA ALBERTSON FINEMAN, *The Autonomy Myth: A Theory of Dependency*, 2004, pp. 201-202.

[137] Cfr. NANCY FRASER, *Justice Interruptus: Critical Reflections on the "Post-socialist" Condition*, Routledge, New York, London, 1997, pp. 53-54.

[138] Cfr. MARTHA ALBERTSON FINEMAN, *The Autonomy Myth, A Theory of Dependency*, The New Press, New York, London, 2004, p. 263; MARTHA ALBERTSON FINEMAN, *Cracking the Foundational Myths: Independence, Autonomy, and Self-Sufficiency*, 8

Se o modelo tradicional do "casamento da dona de casa" ignora o modo de vida da esmagadora maioria dos cidadãos e se o novo modelo do "ganha-pão universal" não leva em conta a dependência, ressurge a questão da identificação do modelo adequado para a organização do sistema social. A tese da concessão de subsídios sustenta que a prestação de assistência deve ter lugar nos moldes tradicionais do "casamento da dona de casa", desvalorizando a participação no mercado de trabalho. As estruturas laborais permanecem inalteradas e a assistência deve ser essencialmente prestada na família. A diferença entre o modelo tradicional e a tese referida consiste na concessão de subsídios ao prestador de cuidado. A perspectiva da integração social, por seu lado, pressupõe a intervenção do Estado na reestruturação das instituições sociais de modo a permitir ao indivíduo o desempenho de ambos os papéis, de prestador de assistência e de "ganha-pão". Substitui o modelo do "casamento da dona de casa" por um em que cada cidadão é, simultânea e individualmente, "ganha-pão" e prestador de cuidado.

Muito diferentemente dos modelos do "casamento da dona de casa" e do "ganha-pão universal", tanto a concessão de subsídios como a integração social conferem relevância jurídica à prestação de assistência aos dependentes. Deve, todavia, preferir-se a proposta da integração social em detrimento daquela da concessão de subsídios[139]. Desde logo, porque se afigura mais idónea para a realização da igualdade dos géneros e dos cônjuges. Não pressupondo o abandono da identidade profissional do prestador de cuidado, incentiva em maior medida o cônjuge marido a partilhar essa mesma responsabilidade assistencial. Contribui também de forma mais eficaz para a igualdade económica entre os géneros. A reorganização adequada das instituições sociais permite ao cônjuge mulher oportunidades de auto-realização e de autodefinição[140]. Combate outrossim mitos

---

American University Journal of Gender, Social Policy and the Law 13, 2000; MAXINE EICHNER, *Review Essay: Dependency and the Liberal Polity: on Martha Fineman's The Autonomy Myth*, 93 *California Law Review* 1285, 2005, p. 1303-1304.

[139] Cfr. MARY BECKER, *Caring for Children and Caretakers*, 76 *Chicago-Kent Law Review* 1495, 2001, pp. 1499-1506; MAXINE EICHNER, *Review Essay: Dependency and the Liberal Polity: on Martha Fineman's The Autonomy Myth*, 93 *California Law Review* 1285, 2005, p. 1306.

[140] Cfr. VICKI SCHULTZ, *Life's Work*, 100 *Columbia Law Review*, 1881, 2000, p. 1883; MARY BECKER, *Caring for Children and Caretakers*, 76 *Chicago-Kent Law Review* 1495, 2001, pp. 1505-1511; MAXINE EICHNER, *Review Essay: Dependency and the Liberal*

342   *Pessoa Humana e Direito*

destrutivos sobre o cuidado e a autonomia. Por último, assegura a satisfação das necessidades dos dependentes[141].

A controvérsia, nesta sede, não respeita tanto à responsabilidade do Estado pela dependência inevitável como à harmonização desta com a da família. Por via de regra, as teses que se opõem ao modelo do auxílio público apontam o carácter subsidiário da intervenção do Estado. Poderia, contudo, dizer-se que a responsabilidade do Estado e a responsabilidade da família se situam no mesmo plano, o que não significa a assimilação das duas responsabilidades. À família, naturalmente, compete assegurar o cuidado da dependência inevitável ou desenvolvimental. Ao Estado, por seu turno, cabe a responsabilidade pela reestruturação das diversas instituições sociais de modo a possibilitar a prestação daquela assistência. Estão em causa a maleabilidade e a contingência das estruturas institucionais. Para a família ("família forte") dispor de condições económicas e estruturais para cuidar dos seus dependentes, o Estado ("Estado forte") deve proceder às devidas acomodações institucionais[142].

Polity: on Martha Fineman's The Autonomy Myth, 93 *California Law Review* 1285, 2005, pp. 1306-1307.

[141] A justificação do auxílio público à prestação de assistência poderá residir, desde logo, no carácter universal da dependência inevitável ou desenvolvimental e na afirmação de uma obrigação pública de compensar esse trabalho de cuidado. Trata-se de identificar o respectivo fundamento no carácter universal deste tipo de dependência. O facto de a dependência biológica traduzir uma fase universal e inevitável na condição humana tornaria esta forma de dependência numa questão social. Diz-se que a atribuição desta dependência à família, pelo Estado e pela sociedade, dá origem a uma dívida social. Cfr. MARTHA ALBERTSON FINEMAN, *The Autonomy Myth, A Theory of Dependency*, The New Press, New York, London, 2004, pp. 35, 37-38, 47-48. Por isso, à sociedade e ao Estado compete prestar o auxílio adequado à prestação de assistência aos dependentes. Pode, contudo, dizer-se que esta tese passa abruptamente da afirmação de um facto ontológico (a dependência inevitável) para uma conclusão normativa. Por outro lado, a responsabilidade do Estado pela protecção do indivíduo vulnerável seria susceptível de traduzir a justificação desse auxílio público. Cfr. MARY ANNE CASE, *How High the Apple Pie? A Few Troubling Questions about Where, Why, and How the Burden of Care for Children Should Be Shifted*, 76 *Chicago-Kent Law Review* 1753, 2001, p. 1785; MAXINE EICHNER, *Review Essay: Dependency and the Liberal Polity: on Martha Fineman's The Autonomy Myth*, 93 *California Law Review* 1285, 2005, pp. 1310, 1313-1314.

[142] Cfr. MARTHA ALBERTSON FINEMAN, *The Autonomy Myth, A Theory of Dependency*, The New Press, New York, London, 2004, p. 49; EVA FEDER KITTAY, *A Feminist Public Ethic of Care Meets the New Communitarian Family Policy*, 111 *Ethics* 523, 2001, p. 535; MAXINE EICHNER, *Review Essay: Dependency and the Liberal*

Não pode aqui adoptar-se uma espécie de geometria moral suscep-tível de permitir uma resposta única. De qualquer modo, ao Estado e à sociedade cabe sempre acomodar as instituições sociais de modo a permi-tir à família prestar assistência aos seus dependentes, satisfazer as suas necessidades físicas e emocionais. Não se trata, por outro lado, de preten-der uma redistribuição ilimitada dos recursos sociais para o prestador de assistência à dependência[143].

6.2. *Para uma perspectiva global da prestação de assistência*

A questão do cuidado dos dependentes respeita pois também às ins-tituições sociais e ao Estado. Daí a necessidade de adoptar um modelo de auxílio público. Porém, a implementação isolada, ainda que integral, deste paradigma de auxílio público não seria só por si susceptível de conduzir outrossim à realização do objectivo subjacente ao modelo da paridade parental: a igualdade dos géneros e dos cônjuges. Afigura-se indispensá-vel uma divisão equilibrada, entre os cônjuges, da assistência aos depen-dentes. Pode, por isso, dizer-se que a *ratio* da tese da paridade parental não se encontra numa relação de tensão antinómica com aquela subjacente à doutrina do auxílio público. O modelo do auxílio público deve, assim, ser complementado pelo da paridade parental.

7. Dependência: responsabilidade da família, do mercado de trabalho e do Estado – família enquanto objecto da solidariedade social

O mito da independência não deve minimizar a necessidade humana, ignorando a dependência humana inevitável ou desenvolvimental. Durante a sua vida, o ser humano é essencialmente dependente e interdependente. Dado que ninguém sobrevive sem o cuidado dos outros e uma vez que a família e a sociedade se encontram organizadas com base nas relações

---

Polity: on Martha Fineman's The Autonomy Myth, 93 *California Law Review* 1285, 2005, p. 1316.

[143] Cfr. MARY ANNE CASE, *How High the Apple Pie? A Few Troubling Questions about Where, Why, and How the Burden of Care for Children Should Be Shifted*, 76 *Chicago-Kent Law Review* 1753, 2001, pp. 1753, 1771-1772.

344 *Pessoa Humana e Direito*

de auxílio e de dependência, o trabalho de assistência aos dependentes assume uma relevância fundamental[144]. A prestação de cuidado é susceptível de afectar o desenvolvimento de outras actividades e a privatização da assistência no seio da família nuclear afigura-se inadequada[145].

A teoria do cuidado, centrada na dependência inevitável ou desenvolvimental, na responsabilidade social pela insatisfação da necessidade de cuidado e na natureza conforme aos géneros dos actuais compromissos assistenciais, coloca em questão a suficiência do liberalismo[146]. Estão em causa os ideais éticos da autonomia e da independência, assim como a conciliação de uma ética de cuidado, que enfatiza a relacionabilidade e a responsabilidade pela dependência com a concepção tradicional da justiça focalizada no indivíduo e nos seus direitos, deveres e liberdades[147]. Deve promover-se a justiça tanto para os indivíduos que beneficiam do cuidado como para aqueles que o prestam. A teoria do cuidado atende a duas modalidades distintas de dependência: a desenvolvimental ou inevitável e a derivada ou consequencial[148]. Às questões de se saber quem presta assistência aos dependentes e quem suporta a relação de cuidado subjazem preocupações de justiça e de responsabilidade sociais[149].

---

[144] Cfr. ANN HUBBARD, *The Myth of Independence and the Major Life Activity of Caring*, 8 *The Journal of Gender, Race & Justice* 327, 2004, p. 348.

[145] Cfr. MARTHA A. FINEMAN, *Masking Dependency: The Political Role of Family Rhetoric*, 81 *Virginia Law Review* 2181,1995, p. 2181; MARTHA A. FINEMAN, *Contract and Care*, 76 *Chicago-Kent Law Review* 1403, 2001, pp. 1405-1406.

[146] Cfr. EVA FEDER KITTAY, *Love's Labor: Essays on women, Equality and Dependency*, Routledge, New York, London, 1999, pp. 72-114.

[147] Cfr. ANN HUBBARD, *The Myth of Independence and the Major Life Activity of Caring*, 8 *The Journal of Gender, Race & Justice* 327, 2004, p. 347; EVA FEDER KITTAY, *Love's Labor: Essays on women, Equality and Dependency*, Routledge, New York, London, 1999, p. 4.

[148] Cfr. EVA FEDER KITTAY, *Love's Labor: Essays on women, Equality and Dependency*, Routledge, New York, London, 1999, p. 56; MARTHA ALBERTSON FINEMAN, *Masking Dependency: The Political Role of Family Rhetoric*, 81 *Virginia Law Review* 2181,1995, p. 2200; MARTHA ALBERTSON FINEMAN, *The Neutered Mother, The Sexual Family, and Other Twentieth Century Tragedies*, Routledge, New York, London, 1995, pp. 8, 161-162.

[149] Cfr. ANN HUBBARD, *The Myth of Independence and the Major Life Activity of Caring*, 8 *The Journal of Gender, Race & Justice* 327, 2004, p. 348. EVA FEDER KITTAY, *Love's Labor: Essays on women, Equality and Dependency*, Routledge, New York, London, 1999, pp. 1, 43-45. John Rawls reconheceu igualmente ao trabalho de cuidado a qualidade de bem social. Cfr. JOHN RAWLS, *The Idea of Public Reason Revisited*, 64

A ideologia da autonomia trata a dependência inevitável ou desenvolvimental e a dependência derivada ou consequencial como respeitando – *quiçá* exclusivamente – ao foro privado[150]. Por conseguinte, o prestador de assistência arca com os custos decorrentes da prestação de assistência, não obtendo qualquer compensação pelo seu trabalho de cuidado ou acomodação das instituições sociais moldadas sobre a imagem da autonomia[151]. Estas estruturas descuram as necessidades de cuidado dos dependentes[152], assim como as daqueles que as satisfazem.

Não se trata apenas da distribuição harmónica dessa responsabilidade assistencial entre os cônjuges, mas também da sua justa repartição entre a família, a sociedade e o Estado. Instituições estas que beneficiam daquela prestação de cuidado aos dependentes[153].

A participação da sociedade e do Estado no cuidado dos dependentes, para além de contribuir para a igualdade dos géneros e dos cônjuges, reconhece que aquela assistência representa um bem social e individual[154]. Aliás, o princípio da igualdade implica a consideração dos dife-

---

University of Chicago Law Review 765, 1997, pp. 779, 788; SUSAN MOLLER OKIN, *Justice and Gender*, 16 *Philosophia and Public Affairs* 42, 1987, pp. 43, 66.

[150] Cfr. MARTHA ALBERTSON FINEMAN, *The Autonomy Myth: A Theory of Dependency*, The New Press, New York, London, 2004, p. 36; MAXINE EICHNER, *Review Essay: Dependency and the Liberal Polity: on Martha Fineman's The Autonomy Myth*, 93 California Law Review 1285, 2005, p. 1288.

[151] Cfr. MARTHA ALBERTSON FINEMAN, *The Autonomy Myth: A Theory of Dependency*, The New Press, New York, London, 2004, pp. 36-37; MAXINE EICHNER, *Review Essay: Dependency and the Liberal Polity: on Martha Fineman's The Autonomy Myth*, 93 California Law Review 1285, 2005, p. 1288; CATHARINE A. MACKINNON, *Toward A Feminist Theory of the State*, Harvard University Press, Cambridge, Massachusetts, London, 1989; MAXINE EICHNER, *Review Essay: Dependency and the Liberal Polity: on Martha Fineman's The Autonomy Myth*, 93 California Law Review 1285, 2005, p. 1288.

[152] Cfr. MAXINE EICHNER, *Square Peg in a Round Hole: Parenting Policy and Liberal Theory*, 59 *Ohio State Law Journal* 133, 1996, p. 154; MAXINE EICHNER, *Review Essay: Dependency and the Liberal Polity: on Martha Fineman's The Autonomy Myth*, 93 *California Law Review* 1285, 2005, pp. 1288-1289.

[153] Cfr. MARTHA ALBERTSON FINEMAN, *The Autonomy Myth: A Theory of Dependency*, The New Press, New York, London, 2004, p. xvii, at xviii; MAXINE EICHNER, *Review Essay: Dependency and the Liberal Polity: on Martha Fineman's The Autonomy Myth*, 93 *California Law Review* 1285, 2005, p. 1289.

[154] Cfr. MARTHA ALBERTSON FINEMAN, *The Autonomy Myth: A Theory of Dependency*, The New Press, New York, London, 2004, p. 154.

rentes bens sociais e das diferentes esferas em que a justiça actua. Pode pois fundamentar-se o auxílio público, não tanto na necessidade como no merecimento[155], na natureza de bem social ou comunitariamente relevante da assistência aos dependentes, acomodando-se o local de trabalho para assegurar que a prossecução de uma carreira profissional não comprometa a prestação de cuidado e vice-versa[156].

Ao Estado compete assegurar a satisfação, pelo local de trabalho e por outras instituições sociais, de necessidades sociais básicas, devendo nortear-se por princípios de justiça distributiva[157]. Por isso, na política social, a eficiência não consubstancia um vector decisivo.

O debate sobre a conciliação entre a vida profissional e a vida familiar, relativamente recente, deve ter lugar dentro do quadro social a que respeita. A conciliação entre a vida profissional e a família, para além de consubstanciar uma exigência postulada por uma política de igualdade de oportunidades para os géneros e para os cônjuges, tendo por finalidade evitar a dependência económica perante o cônjuge "ganha pão" e permitir a realização pessoal da mulher, traduz também uma exigência de uma política familiar sustentável[158].

O sistema de protecção social não reconheceu ainda adequadamente a especificidade do estado de dependência decorrente da assim denominada quarta idade, as necessidades próprias derivadas da vulnerabilidade e da perda de autonomia[159], continuando a responder às diversas questões de forma parcelar e fragmentária[160].

---

[155] Cfr. MAXINE EICHNER, *Review Essay: Dependency and the Liberal Polity: on Martha Fineman's The Autonomy Myth*, 93 California Law Review 1285, 2005, pp. 1290--1291.

[156] Cfr. MARTHA ALBERTSON FINEMAN, *The Autonomy Myth: A Theory of Dependency*, The New Press, New York, London, 2004, p. 200.

[157] Cfr. MARTHA ALBERTSON FINEMAN, *The Autonomy Myth: A Theory of Dependency*, The New Press, New York, London, 2004, pp. 261-262.

[158] Cfr. MARLENE SCHMIDT, *Family Friendly Policy and the Law: Germany: Employment, the Family, and the Law: Current Problems in Germany*, 27 Comparative Labor Law and Policy Journal 451, 2006, p. 451.

[159] Cfr. GILLES HUTEAU, *Sécurité sociale et politiques sociales*, Dalloz, Paris, 2001, p. 353.

[160] Cfr. GILLES HUTEAU, *Sécurité sociale et politiques sociales*, Dalloz, Paris, 2001, p. 349.

A dependência não tem sido compreendida em toda a sua dimensão como risco autónomo pelo sistema social, não constituindo um risco adequadamente coberto[161].

Em virtude da redução da natalidade e do aumento da esperança de vida, a dependência do idoso configura, de algum modo, um fenómeno social novo. Não parece adequado considerar a dependência sem levar em conta a família, a sociedade e o Estado. O sistema social não atende à evolução entretando sofrida pela família e pelo papel da mulher. Não se privilegia a interconexão entre aqueles que assumem o cuidado da dependência e aqueles que dele beneficiam.

Por outro lado, a reflexão sobre o reconhecimento do risco social representado pela dependência é muito limitada. A consideração deste risco social postula a ponderação dos fundamentos da solidariedade implicada pelo sistema social[162]. Não se desconhece o custo implicado pelo reconhecimento de um "novo" risco coberto pelo sistema social.

Apesar de o trabalho feminino estar sobejamente generalizado, a política sócio-familiar permanece ainda, muito frequentemente, inspirada numa situação de referência implícita hoje superada: a do "casamento da dona de casa". O ordenamento jurídico ainda não encontrou solução adequada para o que anteriormente era o "trabalho do cônjuge mulher" – o trabalho de assistência. Isto sublinha a dificuldade de inscrever no quadro de uma política social global um fenómeno de carácter irreversível que implica a questão da conciliação da actividade profissional com o cuidado dos dependentes[163].

Atendendo às necessidades da pessoa humana, surge o imperativo de organização, social e familiar, da assistência aos dependentes. Impõe-se o reconhecimento social do trabalho de assistência, um termo que pretende erradicar a dicotomia entre assistência e "trabalho", fundindo as antino-

---

[161] Cfr. MARIE MERCAT-BRUNS, *Vieillissement et Droit à la limière du Droit Français et du Droit Américain*, Librairie Générale de Droit et de Jurisprudence, Paris, 2001, p. 500.

[162] Ora a questão de se saber se todas as gerações se encontram vinculadas a contribuir para o novo risco traduzido na dependência afigura-se politicamente delicada. Cfr. MARIE MERCAT-BRUNS, *Vieillissement et Droit à la limière du Droit Français et du Droit Américain,* Librairie Générale de Droit et de Jurisprudence, Paris, 2001, pp. 521-522.

[163] Cfr. GILLES HUTEAU, *Sécurité sociale et politiques sociales,* Dalloz, Paris, 2001, pp. 391-392.

348 *Pessoa Humana e Direito*

mias. Está igualmente em causa a questão da (des)valorização do trabalho prestado fora do mercado de trabalho e das dificuldades de conciliação da vida profissional com a vida familiar.

A redefinição da responsabilidade, respectivamente, da família, da sociedade e do Estado perante a dependência pressupõe o dever do Estado de assegurar os bens sociais fundamentais a todos os cidadãos numa sociedade humana moderna, assim como a aceitação de uma responsabilidade social pela dependência inevitável ou desenvolvimental. Implica igualmente reconhecer a dependência derivada ou consequencial, a dependência do prestador de assistência perante recursos materiais e estruturais necessários para a prestação de assistência aos dependentes inevitáveis.

Os dois tipos de dependência, inevitável ou desenvolvimental e derivada ou consequencial, não podem ser integrados exclusivamente na esfera privada. Com efeito, além da família, também a sociedade em geral colhe os benefícios da prestação de assistência realizada pela família.

Verifica-se pois a necessidade premente de acomodar as instituições sociais às necessidades do cuidado, organizá-las de modo a permitir aos indivíduos prestar assistência aos dependentes e participar no mercado de trabalho. Assistência e trabalho remunerado não se excluem reciprocamente.

A sede imediata de satisfação das necessidades inerentes à dependência continua a ser a família. A família representa o *locus* por excelência da prestação de assistência também de carácter material, aos dependentes, na medida em que consubstancia um sistema privado de redistribuição da riqueza. A existência de recursos económicos traduz uma *condicio sine qua non* da prestação de cuidado. Daí a responsabilidade social pelo bem-estar económico de todos os seus dependentes.

A família nuclear é considerada como a estrutura social idónea para prestar assistência aos dependentes. O Estado tem um interesse manifesto no cumprimento dessa função assistencial, pois que dele resulta um valioso benefício social. Por isso, para alguns, objecto de política social deveria ser essa função de assistência aos dependentes, uma vez que a regulação social da família tem por base aquele interesse do Estado nas funções por ela exercidas[164].

---

[164] Cfr. VIVIAN HAMILTON, *Mistaking Marriage for Social Policy,* 11 *Virginia Journal of Social Policy and the Law* 307, 2004, pp. 308-313.

PESSOA HUMANA E CONSTITUIÇÃO:
CONTRIBUTO PARA UMA CONCEPÇÃO PERSONALISTA DO DIREITO CONSTITUCIONAL

PAULO OTERO*

§1.º – A essência do fenómeno constitucional

1.1. *Fins do Direito e Constituição*

Toda a Constituição surge e vive num determinado sistema jurídico, nele se integrando como parte de um todo, sem prejuízo de exercer aí um especial papel conformador. Isso explica que a essência do fenómeno constitucional não pode deixar de ter subjacente os próprios fins do Direito[1]: a justiça, a segurança e a liberdade são elementos da essência de todo o texto constitucional.

Naturalmente que a relação entre o fenómeno constitucional e os fins do próprio sistema jurídico envolve um processo de mútuas e múltiplas confluências e influências: a Constituição comunga dos fins do Direito e, simultaneamente, fundamenta uma ordem axiológica alicerçada em tais postulados, procurando ainda redefinir novas regras de equilíbrio ou de precedência entre os valores subjacentes aos fins do Direito.

O certo, porém, é que a essência da Constituição nunca pode deixar de ser alheia à justiça, à segurança e à liberdade: qualquer Constituição existe para garantir a justiça, a segurança e a liberdade, isto independente-

---

* Prof. Catedrático da Faculdade de Direito da Universidade de Lisboa.

[1] Para um maior desenvolvimento da temática os fins do Direito, cfr. PAULO OTERO, *Lições de Introdução ao Estudo do Direito*, I, 1.º tomo, Lisboa, 1998, pp. 146 ss.

mente das soluções normativas concretas que adopte ou permita dela serem extraídas.

No limite, uma Constituição que não vise a implementação da justiça, da segurança e da liberdade ou, em alternativa, que proceda a uma ponderação desequilibrada destes valores, fazendo que a prevalência de um deles marginalize ou anule completamente os outros, será um texto constitucional cuja legitimidade ou mesmo a sua validade pode ser questionada.

Tal como Santo Agostinho se interrogava, "afastada a justiça, que são, na verdade, os reinos senão grandes quadrilhas de ladrões?"[2], pode bem perguntar-se o que é ou para que serve uma Constituição que afasta a justiça, que recusa garantir a segurança ou que nega a liberdade? A Constituição será, num tal cenário, a lei de uma quadrilha de ladrões que ocupa o Poder Político: a Constituição poderá ser norma, não será, porém, Direito.

Num outro sentido, a inserção da Constituição no contexto do sistema jurídico, fazendo-a comungar dos fins do Direito e, por esta via, subordinando-a a uma ordem de valores indisponível, se, por um lado, enquadra os termos precisos de exercício da liberdade decisória pelo constituinte, revela, por outro, que o texto formal da Constituição não é um dado absoluto, antes relativiza as suas disposições e os seus princípios, permitindo a discussão em torno da validade das suas próprias soluções normativas à luz de valores que a heterovinculam.

1.2. *Centralidade constitucional da pessoa humana ou do Estado?*

1.2.1. *O confronto entre Kant e Hegel*

Não basta afirmar que a essência do fenómeno constitucional se reconduz à garantia da justiça, da segurança e da liberdade: esse é, pode dizer-se, um primeiro passo na aproximação à verdadeira dimensão estrutural ou funcional da Constituição.

---

[2] Cfr. SANTO AGOSTINHO, *A Cidade de Deus*, Liv. IV, Cap. IV (I vol., edição da Fundação Calouste Gulbenkian, Lisboa, 1991, p. 383).

Importa ter presente, todavia, que a justiça, a segurança e a liberdade nunca podem deixar de estar ao serviço do homem vivo e concreto e da sua inalienável dignidade: aqui reside, em última análise, a razão de ser do fenómeno constitucional.

Com efeito, uma vez que "é para a pessoa humana que o próprio mundo existe"[3], igualmente toda a ordem jurídica assenta na noção de pessoa humana[4]: "tudo quanto existe no direito se destina ao homem vivo e concreto e tudo quanto negar essa verdade não será direito"[5].

Verifica-se, neste contexto, que também o Direito Constitucional existe em função da pessoa humana e não do Estado, de um puro formalismo normativo ou de uma mera ideologia: se tudo o que existe no Direito é em função do Homem – incluindo o próprio Estado –, então o fenómeno constitucional nunca poderá deixar de comungar dessa mesma centralidade do humano.

A afirmação do *Digesto* de que "todo o Direito se constitui por causa dos homens"[6], transformando a humanidade numa característica do Direito[7], é também válida e aplicável a nível constitucional[8]: todo o Direito Constitucional existe por causa do Homem. Nas sugestivas palavras da Constituição Pastoral *«Gaudium et Spes»*, a "pessoa humana (...) é e deve ser o princípio, o sujeito e o fim de todas as instituições sociais"[9].

E se a História demonstra a existência de experiências de Direito Constitucional contrárias, isto não prova o desacerto da concepção defendida, antes ilustra, por oposição, a expressão de um "não-Direito" ou de um "torto" constitucional[10]: a edificação de uma ordem que negue a jus-

---

[3] Cfr. A. CASTANHEIRA NEVES, *A revolução e o Direito*, in A. CASTANHEIRA NEVES, *Digesta – Escritos acerca do Direito, do Pensamento Jurídico, da sua Metodologia e Outros*, I, Coimbra, 1995, p. 144.

[4] Cfr. MANUEL GOMES DA SILVA, *Esboço de uma Concepção Personalista do Direito*, Lisboa, 1965, p. 133.

[5] Cfr. MANUEL GOMES DA SILVA, *Esboço...*, p. 137.

[6] Cfr. D.1.5..2.

[7] Cfr. DANILO CASTELLANO, *Racionalismo y Derechos Humanos – Sobre la anti-filosofía político-jurídica de la "modernidad"*, Madrid, 2004, p. 19.

[8] Reconhecendo que se trata de um aforismo clássico "que, todavia, está ainda longe de esgotar os seus reflexos, no Direito Civil", cfr. ANTÓNIO MENEZES CORDEIRO, *Tratado de Direito Civil Português*, I, Tomo 3.º, 2.ª ed., Coimbra, 2007, p. 29.

[9] Cfr. *Constituição Pastoral «Gaudium et Spes»*, de 7 de Dezembro de 1965, n.º 25.

[10] Adapta-se aqui a conhecida expressão de MANUEL GOMES DA SILVA, *Esboço...*, p. 136.

352 *Pessoa Humana e Direito*

tiça, recuse a garantia da segurança individual ou amordace a liberdade, enquanto possíveis soluções "constitucionais" contrárias à dignidade da pessoa humana, será sempre a ilustração de um "Direito" Constitucional que, sendo próprio de um "Estado-contra-o-Direito"[11], se renega a si próprio, alicerçando a legítima discussão em torno da sua obrigatoriedade e do inerente dever de obediência.

Tal como Kant, retomando idêntica questão formulada por S. Tomás de Aquino a propósito da natureza do nome de pessoa[12], faz da interrogação *Was ist der Mensch?* ("o que é o Homem?") a síntese interrogativa da sua filosofia[13], transformando a antropologia filosófica na base do seu pensamento[14], segundo um modelo que reconduz a dignidade humana a essência do imperativo categórico, também o Direito Constitucional não pode deixar de assumir uma postura antropocêntrica: o paradigma da Constituição não pode ser o Estado ou o Poder, antes radica no ser humano e na sua dignidade inviolável.

Como Castanheira Neves sintetiza, "o homem-pessoa é o pressuposto decisivo, o valor fundamental e o fim último que preenche a inteligibilidade do nosso tempo"[15]. Ou, usando as palavras de Manuel Gomes da Silva, "a pessoa humana viva e concreta tem o primado em toda a construção do direito"[16]. E no Direito Constitucional, sublinhe-se, por maioria de razão.

Fazer do Estado o centro da Constituição e da sua análise é ainda, no limite, tributar homenagem a uma linha de pensamento transpersonalista de base hegeliana[17]: o ensino autónomo do *Staatsrecht*[18], da *Allgemeine Staastslehre*[19] ou ainda de um Direito Constitucional exclusiva e natural-

---

[11] Expressão de Gustav Radbruch, *Filosofia do Direito*, 6.ª ed., Coimbra, 1979, p. 416.

[12] Cfr. S. Tomás de Aquino, *Suma de Teologia*, I-I, q.29, a.4. (I vol., 4.ª ed., reimp., editada pela Biblioteca de Autores Cristianos, Madrid, 2001, p. 329).

[13] Cfr. Emmanuel Kant, *Logik*, Königsberg, 1800, p. 25.

[14] Cfr. Martin Buber, *Das Problem des Menschen*, 6.ª ed., München, 2000, pp. 9 ss.

[15] Cfr. A. Castanheira Neves, *A revolução e o Direito*, p. 139.

[16] Cfr. Manuel Gomes da Silva, *Esboço...*, p. 131.

[17] Especificamente sobre a influência de Hegel na moderna teoria da Constituição, cfr. Gomes Canotilho, *A teoria da Constituição e as insinuações do hegelianismo democrático*, in *O Homem e o Tempo, Liber Amicorum para Miguel Baptista Pereira*, Porto, 1999, pp. 413 ss.; IDEM, *"Brancosos" e Interconstitucionalidade*, pp. 165 ss.

[18] Cfr. Peter Badura, *Staatsrecht*, 3.ª ed., München, 2003, pp. 2 ss.

[19] Cfr. Reinhold Zippelius, *Allgemeine Staastslehre*, 12.ª ed., München, 1994.

mente centrado no Estado como seu pressuposto[20] mostram-se exemplos académicos ilustrativos de uma metodologia de fidelidade a Hegel.

Bem pelo contrário, encontrar na resposta à interrogação *"Was ist der Mensch?"* o objecto da Constituição e do ensino do Direito Constitucional significa a adopção de uma postura filosófica que, ao invés de Hegel, nega ver no Estado o referencial da existência e da essência do Homem: não é verdade que "só no Estado é que o homem tem existência racional"[21], tal como se mostra inaceitável uma concepção constitucional que, defendendo encontrar o indivíduo a essência da sua liberdade no Estado[22], faça da integração do homem como membro do Estado o seu "mais elevado dever"[23], assim como se mostra ainda de rejeitar a ideia de que "o homem deve ao Estado tudo o que ele é; só nele tem a sua essência"[24].

Colocar o Homem no centro do fenómeno constitucional determina que a essência de cada Constituição se encontre numa busca incessante de um modelo de organização do poder político que vise a edificação de uma sociedade mais justa, mais segura e mais livre ao serviço do respeito e da garantia da dignidade de cada ser humano: "o Estado e a Sociedade são por causa do Homem e não o Homem por causa deles"[25].

O Estado e todas as restantes instituições políticas apenas se compreendem ao serviço da pessoa humana, sabendo-se que não é o homem que existe para elas, antes são elas que encontram na pessoa humana o fundamento da sua existência e o critério teleológico de acção[26].

Note-se, porém, que o Homem que está em causa na Constituição não é uma simples realidade abstracta, identificada com a ideia universal de humanidade formulada por Kant no seu imperativo prático: "age de tal

---

[20] Cfr. JOSEF ISENSEE, *Grundlagen von Staat und Verfassung*, in JOSEF ISENSEE / / PAUL KIRCHHOF (org.), *Handbuch des Staatsrechts der Bundesrepublik Deutschland*, I, Heidelberg, 1987, pp. 592 ss.

[21] Cfr. HEGEL, *A Razão na História – Introdução à Filosofia da História Universal*, edições 70, Lisboa, 1995, p. 97.

[22] Cfr. HEGEL, *Princípios de Filosofia do Direito*, Guimarães Editores, Lisboa, 1959, §257, p. 247.

[23] Cfr. HEGEL, *Princípios...*, §258 (p. 247).

[24] Cfr. HEGEL, *A Razão na História*, p. 97.

[25] Cfr. A. BARBOSA DE MELO, *Democracia e Utopia (Reflexões)*, Porto, 1980, p. 29.

[26] Neste sentido, cfr., uma vez mais, a *Constituição Pastoral «Gaudium et Spes»*, n.º 25.

maneira que uses a humanidade, tanto na tua pessoa como na pessoa de qualquer outro, sempre e simultaneamente como fim e nunca simplesmente como meio"[27]. Para além de uma dimensão abstracta da dignidade humana, envolvendo o reconhecimento da pluralidade e complexidade da totalidade do ser humano[28], importa tomar consciência que no centro da Constituição e de todo o Direito está cada Homem vivo e concreto[29]: essa concepção valorizadora da subjectividade e da individualidade irredutível de cada Homem existente, em oposição a uma concepção objectivista resultante da universalidade do espírito de Hegel ou da abstracção da ideia kantiana de humanidade, remete para a recepção constitucional do contributo existencialista dos séculos XIX e XX[30].

Fazer de cada Homem vivo e concreto o eixo central do fenómeno constitucional não significa, todavia, que o Direito Constitucional já tenha alcançado um modelo perfeito de organização política ou mesmo que alguma vez o venha a conseguir, antes se procura sublinhar que deparamos aqui com um processo em constante evolução[31], sempre insatisfatório nos seus resultados face à grandeza dos fins que norteiam o seu propósito: o ser humano é muito grande nos fins que envolve e demasiado pequeno para os concretizar de forma perfeita no tempo e no espaço.

O Direito Constitucional reflecte isso mesmo: ele é, simultaneamente, um Direito da garantia e da desconfiança, da satisfação de reivindicações e reivindicativo de insatisfações, inquietantemente problematizante de novas soluções e pacificamente tranquilo quanto aos fins ou propósitos que devem guiar as suas soluções[32].

---

[27] Cfr. KANT, *Fundamentação da Metafísica dos Costumes*, ed. Porto Editora, Porto, 1995, p. 66.

[28] Cfr. MARTIN BUBER, *Das Problem des Menschen*, p. 17.

[29] Cfr. MANUEL GOMES DA SILVA, *Esboço...*, p. 138.

[30] Para mais desenvolvimentos, cfr. PAULO OTERO, *Instituições Políticas e Constitucionais*, I, Coimbra, 2007, pp. 385 ss.

[31] Qualquer ideia de eternidade dos textos constitucionais revela-se sempre ilusória: mesmo a interpretação evolutiva e o desenvolvimento constitucional, enquanto fenómenos visíveis em textos constitucionais dotados de alguma estabilidade, são apenas designações reveladoras da multiplicidade de soluções aplicativas de um mesmo texto constitucional.

[32] Em última análise, esses fins, se condicionam a construção jurídica dos respectivos meios normativo-constitucionais de concretização, segundo postulados lógicos e de adequação funcional, a verdade é que eles podem também servir, num segundo momento,

Aqui reside, em síntese, a essência de uma postura metodológica de matriz personalista, subordinando o poder, a sociedade, a economia e a cultura aos valores da pessoa humana[33], aplicada ao Direito Constitucional[34].

1.2.2. *Personalismo e republicanismo*

A subordinação da realidade política, económica e cultural aos valores da pessoa humana, sem desvalorizar a componente social do homem, nem reduzir-se a um dissimulado individualismo egoísta[35], aponta um personalismo constitucional que faz da dignidade de cada pessoa humana viva e concreta o fundamento de validade de toda a ordem jurídica e a razão de ser do Estado[36]: é a dignidade da pessoa humana viva e concreta e os direitos fundamentais dela decorrentes que justificam o Estado e a Constituição e não o Estado ou a Constituição que outorgam ou justificam a dignidade da pessoa humana e os direitos humanos.

Neste sentido, qualquer concepção que, centrando a essencialidade do fenómeno constitucional numa ideia ética de "bem comum" da colectividade ou comunidade, identificada com a prevalência do interesse público ou a virtude cívica subjacente à tradição aristotélica e

---

de elementos determinativos da própria invalidade desses mesmos meios constitucionais: numa Constituição ao serviço do ser humano e da sua dignidade, teleologicamente vinculada à justiça, à segurança e à liberdade, nunca poderá ser indiferente o conteúdo das respectivas normas e a sua harmonia face a tais postulados axiológicos e teleológicos de heterovinculação.

[33] Adoptando uma noção mais restrita da concepção personalista, entendendo-a relacionada com o "democratismo", cfr. L. CABRAL DE MONCADA, *Do Valor e Sentido da Democracia (Ensaio de filosofia política)*, Coimbra, 1930, p. 71.

[34] Sobre o personalismo em Direito Constitucional, defendendo a existência de uma pluralidade de formulações que justificam que se fale antes em "personalismos", cfr. MIGUEL AYUSO, *El Ágora y la Pirámide – Una visión problemática de la Constitución Española*, Madrid, 2000, pp. 95 ss. Desenvolvendo uma postura personalista ao nível da fundamentação dos direitos humanos, cfr. MÁRIO BIGOTTE CHORÃO, *Nótula sobre a Fundamentação dos Direitos Humanos*, in IDEM, *Pessoa Humana, Direito e Política*, Lisboa, 2006, em especial, pp. 143 ss.

[35] Salientando esses riscos de algumas formulações da concepção personalista, cfr. MANUEL GOMES DA SILVA, *Esboço...*, pp. 71 ss.; MIGUEL AYUSO, *El Ágora...*, p. 105.

[36] Cfr. PAULO OTERO, *A Democracia Totalitária*, p. 174.

estóica[37] – recuperada pela escolástica tomista e por Maquiavel[38] – e hoje objecto de acolhimento pelo discurso neo-republicano[39], faça deslocar para uma componente axiológica diferente do valor da pessoa humana e da sua dignidade a edificação da essência constitucional, mostra-se metodologicamente desadequada:

(i) As teses republicanas ou neo-republicanas, sublinhando o compromisso ético emergente da identidade colectiva existente na comunidade, adoptam uma postura metodológica que parte da *polis* para a pessoa e não de cada pessoa para a *polis*[40], e, por isso, tornam-se uma forma subtil de transfiguração da dimensão ética da concepção hegeliana do Estado, agora transferida para a comunidade e os seus cidadãos: parafraseando Hegel, o neo-republicanismo diz-nos que o cidadão só se realiza como cidadão na busca do bem comum da comunidade, encontrando aí o seu mais elevado dever;

(ii) Retirar centralidade à pessoa humana, enquanto pessoa e não como simples cidadão, na discussão do fenómeno constitucional poderá determinar que se coloque no seu lugar uma abstracção indeterminada de cariz mais ou menos transpersonalista (v.g., "bem comum", "interesse público", "virtude cívica"[41]) ou reduzir a questão constitucional a um problema formal de natureza procedimental (v.g., "democracia deliberativa"[42], processos e

---

[37] Cfr. José Adelino Maltez, *Princípios de Ciência Política*, I, Lisboa, 1996, p. 181.

[38] Cfr. Quentin Skinner, *Machiavelli*, Oxford, 1981, em especial, pp. 61 ss.; Edoardo Greblo, *Democrazia*, Bologna, 2000, pp. 51 ss.

[39] Cfr. Philip Pettit, *The Common Mind*, Oxford, 1993, pp. 318 ss. Para uma introdução ao tema, cfr. Edoardo Greblo, *Democrazia*, pp. 49 ss.; Ricardo Leite Pinto, *Neo-republicanismo, Democracia e Constituição*, Lisboa, 2006, pp. 19 ss.

[40] Traçando, nestes exactos termos a origem platónico-aristotélica e estóica destes dois entendimentos de relacionamento entre a comunidade e a pessoa, apesar de não o enquadrar na moderna concepção republicana, cfr. Pedro Pais de Vasconcelos, *Direito de Personalidade*, Coimbra, 2006, p. 49.

[41] Cfr. Richard Dagger, *Civic Virtues, Rigthts, Citizenship and Republican Liberalism*, Oxford, 1997, em especial, pp. 196 ss.

[42] Cfr. Jürgen Habermas, *Droit et Démocratie – entre faits e normes*, s.l., 1998, p. 327.

métodos de discussão e deliberação[43], participação eleitoral): o republicanismo, conferindo prevalência aos deveres em função do bem comum sobre os direitos individuais[44], corre o risco de permitir um "totalitarismo de face humana"[45];

(iii) As teses neo-republicanas, recuperando a tradição greco-romana de configurar o problema político e constitucional como instrumento ou meio de realização do bem comum da colectividade, representam um retrocesso histórico e revelam desinteresse pela raiz última do fenómeno constitucional: a universalização dos conceitos de pessoa humana e de dignidade humana traduz o resultado de uma longa evolução jurídica que começou pela noção grega de cidadão a que se pretende agora regressar como ponto de partida de um constitucionalismo de exclusão, ressuscitando a valorização da "liberdade dos antigos"[46] e fazendo depender a liberdade da participação política dos cidadãos[47], isto em detrimento de uma valorização dos direitos individuais (e universais) da pessoa humana;

(iv) No limite, as teses neo-republicanas, produzindo uma valorização dos direitos de participação política, enquanto direitos cívicos de alguns, esquecem que o ser humano antes de ser cidadão é pessoa e, nessa qualidade, tem direitos universais cuja essencialidade é superior e anterior à participação e comunicação política: os desafios contemporâneos à dignidade do ser humano atingem os seus direitos como pessoa, antes de lesarem os seus direitos como cidadão.

Em termos políticos e constitucionais, o republicanismo mostra-se ainda adepto da "soberania do povo" vista na óptica do Estado, segundo as

---

[43] Cfr. CARLOS SANTIAGO NINO, *The Constitution of the Deliberative Democracy*, New Haven, 1996, p. 107.

[44] Cfr. QUENTIN SKINNER, *The idea of negative liberty: Philosophical and historical perspectives*, in RICHARD RORTY / J.B. SCHNEEWIND / QUENTIN SKINNER (org.), *Philosophy in History*, Cambridge, 1984, em especial, p. 309.

[45] Neste último sentido, cfr. STEPEN GEY, *The unfortunate revival of civic republicanism*, in *The University of Pennsylvania Law Review*, vol. 141, 1993, p. 897.

[46] Cfr. BENJAMIN CONSTANT, *Cours de Politique Constitutionnelle*, II, Paris, 1861, pp. 542 ss..

[47] Cfr. QUENTIN SKINNER, *Liberty Before Liberalism*, Cambridge, 1998, p. 79.

suas diferentes variações e consequências, enquanto que o personalismo constitucional prefere a "soberania do género humano"[48], consciente que isto possa traduzir uma limitação da vontade da soberania popular: a vontade popular não é a essência do fenómeno constitucional, nem este se esgota na prossecução pela comunidade de um abstracto bem comum através de uma autoridade radicada exclusivamente na liberdade de participação política dos cidadãos, antes a essência da Constituição – tal como a própria relevância da vontade popular – radica no valor do ser humano.

Bem mais importante que a ideia transpersonalista de serviço dos cidadãos ao bem comum da comunidade ou de independência e liberdade da autoridade – todos eles elementos, sublinhe-se, que se ligam com a *polis* ou o Estado –, justificando o possível sacrifício dos interesses individuais dos cidadãos, é sempre a pessoa humana: o personalismo é ainda, ao invés dos postulados republicanos, um humanismo.

O republicanismo traduz, em suma, uma metodologia de leitura e compreensão da Constituição que amputa a realidade humana que serve de raiz ao fenómeno constitucional: a realização do bem comum da colectividade pelo cidadão é um problema cronológico e metodologicamente posterior ao estatuto do ser humano como pessoa. Antes de ser cidadão – ou independentemente de ser cidadão – e de ter deveres para com a comunidade, o homem é homem: o personalismo antecede e ultrapassa a dimensão republicana do fenómeno constitucional.

E é na circunstância de o homem ser homem (e não apenas cidadão) que radica a sua própria dignidade. Como sublinhava Pufendorf, já no século XVII, a palavra homem envolve já, por si, a ideia de dignidade[49]: não é pelo facto de ser cidadão – isto é, em última análise, membro da *polis* ou de um Estado – que o homem goza de dignidade. Na ambiguidade da linguagem hegeliana, "o homem vale porque é homem"[50].

---

[48] Expressão de ALEXIS DE TOCQUEVILLE, in *Da Democracia na América*, I, ed. Principia, Cascais, 2002, II parte, cap. 7.º (pp. 299 e 300).

[49] Cfr. SAMUEL PUFENDORF, *Of The Law of Nature and Nations*, Oxford, 1703 (disponível in http://oll.libertyfund.org/Intros/Pufendorf.php), Liv. III, Cap. II, n.º 1 (p. 174); IDEM, *De los Deveres del Hombre y del Ciudadano Según da Ley Natural, em Dos Libros*, ed. Centro de Estudios Políticos y Constitucionales, Madrid, 2002, Liv. I, Cap. VII, n.º 1 (p. 59).

[50] Cfr. HEGEL, *Princípios...*, §209, nota (p. 213).

Neste sentido, a interrogação kantiana "o que é o Homem?"[51] encontra, segundo a óptica personalista, três imediatas e simples respostas que a tradição republicana desvaloriza:

1.ª) O homem é pessoa antes de ser cidadão;
2.ª) É no facto de ser pessoa que o homem encontra a sua essência;
3.ª) E é por ser homem que tem dignidade.

Só uma metodologia de estudo assente no personalismo permite, ao invés do que sucederia com uma leitura constitucional republicana, compreender todo o processo histórico de busca das raízes e evolução do fenómeno constitucional.

§2.º – "Estado humano" e dimensões constitucionais da pessoa humana

2.1. *Os alicerces político-filosóficos do "Estado humano"*

A evolução histórica da tutela da pessoa humana revela que são as concepções que colocam o ser humano como razão justificativa do Estado e do Direito, fazendo de cada homem um fim em si mesmo e nunca um meio, aquelas que melhor dignificam a individualidade única, irrepetível e inalienável de cada pessoa viva e concreta, habilitando a edificação de uma sociedade globalmente mais humana e solidária[52]: tratar-se-á, necessariamente, de uma sociedade política ao serviço do ser humano, expressa num modelo de "Estado humano"[53].

---

[51] Cfr. EMMANUEL KANT, *Logik*, p. 25.

[52] Para uma síntese dessa evolução histórica da tutela da pessoa humana, cfr. PAULO OTERO, *Instituições...*, I, pp. 57 ss.

[53] Sobre a expressão "Estado humano", cfr. JOÃO PAULO II, *Carta Encíclica «Evangelium Vitae»*, n.º 101.

O "Estado humano" traduz o resultado jurídico final de uma síntese de três principais contributos filosóficos político-constitucionais:

(i) A ordem axiológica judaico-cristã[54] e os desenvolvimentos que têm sido efectuados pela Doutrina Social da Igreja[55], valorizando a natureza sagrada da dignidade humana, a liberdade individual, a igualdade entre todos os homens, a limitação do poder e a justiça social;

(ii) O pensamento kantiano, combatendo qualquer tentativa de configuração ou instrumentalização do ser humano como coisa ou objecto, sublinha que o homem é sempre um fim em si mesmo, nunca se podendo transformar ou ser tratado como um simples meio, residindo aqui a essência da sua própria dignidade, enquanto realidade que não tem preço e que, tendo um valor absoluto para cada homem, permite afirmar a sua indisponibilidade e, simultaneamente, um princípio de igual dignidade de todos os homens[56];

(iii) A influência da filosofia existencialista[57], sublinhando que se trata sempre da dignidade de cada pessoa viva e concreta, e não do ser humano como categoria abstracta, conduz a uma valorização da subjectividade individual, da liberdade pluralista, da igualdade e do relativismo de opiniões e ainda da tolerância e humildade que são, por definição, contrárias a qualquer fanatismo.

É na conjugação de todos estes contributos ideológicos que o "Estado humano" encontra configuração jurídica e ganha vivência operativa, podendo falar-se em "Estado de direitos humanos"[58].

---

[54] Cfr. PAULO OTERO, *Instituições...*, I, pp. 94 ss.

[55] Cfr. PAULO OTERO, *Instituições...*, I, pp. 290 ss. e 430 ss.

[56] Para mais desenvolvimentos, cfr. PAULO OTERO, *Instituições...*, I, pp. 203 ss.

[57] Cfr. PAULO OTERO, *Instituições...*, I, pp. 385 ss.

[58] Neste último sentido, cfr. PAULO OTERO, *Instituições...*, I, pp. 541 ss.

2.2. *Pluralidade de dimensões jurídicas da pessoa humana*

Em termos constitucionais, a noção de pessoa humana identifica-se com o conceito de ser humano: todo o ser humano é pessoa[59]. Assim, pessoa humana não é apenas o ser humano dotado de personalidade jurídica, segundos os termos tradicionalmente definidos pela legislação civil, antes compreende toda a individualidade biológica que é possuidora de um genoma humano, isto independentemente de ser juridicamente qualificada pelo direito positivo como uma pessoa.

Regista-se hoje uma dissociação entre o conceito jurídico-civil de pessoa singular e o conceito ontológico (e constitucional) de pessoa humana, identificando-se este último com a noção de ser humano. Haverá mesmo que proceder a uma profunda revisão dos quadros jurídico-civilísticos tradicionais da personalidade singular[60]: a personalidade jurídica singular não é algo de intrajurídico, arbitrariamente conferido ou negado pelo legislador ao ser humano, antes expressa a qualidade de ser pessoa[61], o que significa "algo que fica fora do alcance do poder de conformação social do legislador"[62].

O longo percurso histórico iniciado na Antiguidade clássica de valorização da pessoa humana perante si própria, perante os seus semelhantes e ainda perante o Poder, tal como a progressiva consciencialização do estatuto do Homem como único sujeito da História e protagonista da incessante luta da humanidade pela humanidade, permite recortar três dimensões jurídicas fundamentais de análise da pessoa humana:

(a) A pessoa humana como indivíduo;
(b) A pessoa humana como membro da colectividade;
(c) A pessoa humana como parte da humanidade.

Veremos, seguidamente, o alcance conceptual e dogmático de cada uma destas três realidades.

---

[59] Cfr. ANTÓNIO MENEZES CORDEIRO, *Tratado...*, I, 3.º tomo, p. 341.

[60] Sublinhando as "demasiadas anomalias" do artigo 66.º do Código Civil Português, referente ao início da personalidade jurídica, cfr. ANTÓNIO MENEZES CORDEIRO, *Tratado...*, I, 3.º Tomo, pp. 337 ss., em especial, p. 343.

[61] Cfr. PEDRO PAIS DE VASCONCELOS, *Direito de Personalidade*, p. 47.

[62] Cfr. PEDRO PAIS DE VASCONCELOS, *Teoria Geral do Direito Civil*, 3.ª ed., Coimbra, 2005, p. 36.

2.3.(a) *Pessoa humana e indivíduo*

2.3.1. *Individualidade humana: realidade inata e inalienável*

A primeira dimensão da pessoa humana nunca poderá deixar de envolver a sua caracterização biológica como indivíduo, isto numa dupla acepção:

(i) Cada ser humano é dotado de uma individualidade biológica própria que lhe confere uma dimensão física e psíquica exclusiva, única e irrepetível, distinta de todos os demais;

(ii) Simultaneamente, sendo produto de um conjunto de genes articulado[63], o ser humano é possuidor de um genoma que o faz um indivíduo integrante da espécie humana.

A individualidade do ser humano, fazendo dele "um exemplar não reiterável e insubstituível"[64], não se esgota, todavia, numa simples acepção biológica: a pessoa humana é também uma realidade do mundo do ser, dotada de racionalidade, de fins intrínsecos que lhe conferem uma componente ética[65].

O ser humano possui uma natureza que é sempre única e idêntica face a todos os restantes seres humanos, podendo dizer-se que "cada homem é um novo ser humano"[66], mas que se realiza "por forma diferente em cada um dos indivíduos"[67].

É a conjugação de todos estes elementos de natureza física, psíquica e ética que justifica que cada ser humano, enquanto realidade única e irrepetível na sua individualidade, apesar de comungar com todos os restantes seres humanos a pertença à mesma espécie animal, possua uma dignidade dotada de protecção jurídica: o homem tem dignidade porque é homem.

---

[63] Cfr. ANTÓNIO MENEZES CORDEIRO, *Tratado...*, I, 3.º Tomo, p. 26.

[64] Cfr. MANUEL GOMES DA SILVA, *Esboço...*, p. 70.

[65] Neste sentido, cfr., por todos, JOSÉ DE OLIVEIRA ASCENSÃO, *Direito Civil. Teoria Geral*, I, Coimbra, 1997, pp. 40 ss.

[66] Cfr. MANUEL GOMES DA SILVA, *Esboço...*, p. 70.

[67] Cfr. MANUEL GOMES DA SILVA, *Esboço...*, pp. 69-70.

Em S. Tomás de Aquino "o indivíduo é o distinto em si mesmo e o distinto de todos os restantes"[68], surgindo a pessoa como a "substância individual de natureza racional"[69]: a noção de pessoa radica na singularidade de uma natureza racional[70].

Nas palavras de Hegel já antes referenciadas, "o homem vale porque é homem"[71]: é na sua intrínseca humanidade, enquanto ser racionalmente dotado de universalidade ética na sua própria individualidade, que o homem, independentemente de ser "judeu, católico, protestante, alemão ou italiano"[72], tem a sua valia juridicamente reconhecida. Ou, utilizando agora a perspectiva de Heidegger, é na circunstância de o homem ter acesso à revelação do ser e com ele se relacionar que o próprio homem ganha autonomia[73].

A história da humanidade traça uma clara evolução no aprofundamento da ideia de que o Homem é o único ser que se pode superar a si mesmo, residindo aqui a essência da sua própria individualidade: se com Cícero o Mundo Antigo toma consciência de que o Homem comunga com Deus através da razão[74], em S. Tomás de Aquino afirma-se que "no homem, de certo modo, encontra-se tudo"[75].

Desde Pico della Mirandola torna-se adquirido que o ser humano é "árbitro e soberano artífice" de si próprio, podendo elevar-se "até às realidades superiores que são divinas"[76], sendo com Heidegger, todavia, que se atinge a síntese perfeita da ideia: "a essência do homem (…) consiste em ele ser mais do que simples homem"[77].

---

[68] Cfr. S. TOMÁS DE AQUINO, *Suma de Teologia*, I-I, q.29, a.4. (I vol., p. 329).

[69] Cfr. S. TOMÁS DE AQUINO, *Suma de Teologia*, I-I, q.29, a.4. (I vol., p. 329).

[70] Neste sentido, cfr. S. TOMÁS DE AQUINO, *Suma de Teologia*, I-I, q.29, a.1. (I vol., p. 322).

[71] Cfr. HEGEL, *Princípios...*, §209, nota (p. 213).

[72] Cfr. HEGEL, *Princípios...*, §209, nota (p. 213).

[73] Cfr. MARTIN HEIDEGGER, *Carta sobre o Humanismo*, 5.ªed., Guimarães Editores, Lisboa, 1998.

[74] Cfr. CÍCERO, *De Legibus*, liv. I, 22.

[75] Cfr. S. TOMÁS DE AQUINO, *Suma de Teologia*, I-I, q.96, a.2. (I vol., p. 852).

[76] Cfr. GIOVANNI PICO DELLA MIRANDOLA, *Discurso sobre a Dignidade do Homem*, Edições 70, Lisboa, 1998, p. 55.

[77] Cfr. MARTIN HEIDEGGER, *Carta sobre o Humanismo*, p. 66.

364 *Pessoa Humana e Direito*

A individualidade de cada pessoa humana, enquanto "categoria ético-axiológica"[78], surge como suporte ontológico de todas as construções jurídicas em torno da personalidade singular, justificando a própria singularidade dessa personalidade: é a existência de uma "individualizada intencionalidade espiritual (...) que faz de cada um de nós uma pessoa"[79].

Ora, essa individualidade é uma característica inata e indisponível de cada ser humano, nunca sendo lícito a alguém dispor da sua própria individualidade ou da individualidade de qualquer ser humano: a clonagem humana reprodutiva traduz, neste contexto, um atentado a essa mesma individualidade.

A pessoa humana, sendo dotada de uma concreta individualidade própria, exclusiva e única, apesar de universalmente a partilhar com todos os restantes seres humanos, "é sujeito indisponível e não objecto manipulável"[80]. A individualidade de cada ser humano é uma realidade inata, inalienável e insusceptível de se reconduzir ou transformar em objecto ou coisa: é na sua individualidade que, usando uma linguagem kantiana, o homem se afirma sempre como um fim em si mesmo, nunca se podendo converter ou ser tratado como simples meio.

Por outras palavras: na individualidade do homem reside o princípio da humanidade e alicerça-se a própria dignidade humana.

Compreende-se, por isso, que a personalidade jurídica se configure como uma consequência e não a causa da individualidade humana: o indivíduo é pessoa porque é indivíduo. Radica na substância da individualidade, segundo uma formulação tomista, o alicerce da personalidade singular: pessoa é o nome especial dado ao que é singular na natureza racional[81]. Essa singularidade racional encontra-se na individualidade do homem.

É no facto de o homem ser homem e como tal valer – à luz da citada afirmação de Hegel – ou de conter em si uma essência que lhe confere a possibilidade de ser "mais do que simples homem" – agora nos termos da formulação de Heidegger – que a ordem jurídica lhe reconhece a suscep-

---

[78] Expressão de FERNANDO JOSÉ BRONZE, *Lições de Introdução ao Direito*, 2.ª ed., Coimbra, 2006, pp. 494-495.

[79] Cfr. A. CASTANHEIRA NEVES, *A revolução e o Direito*, p. 137.

[80] Cfr. FERNANDO JOSÉ BRONZE, *Lições...*, p. 494.

[81] Cfr. S. TOMÁS DE AQUINO, *Suma de Teologia*, I-I, q.29, a.1. (I vol., p. 322).

tibilidade de ser titular de direitos e estar adstrito a obrigações: a personalidade jurídica singular torna-se "a expressão de um reconhecimento ético na relação intersubjectiva"[82].

Os fundamentos últimos da "pessoalidade" residem na circunstância de o ser humano participar ontologicamente no mistério do ser, uma vez mais utilizando uma linguagem heideggeriana, gozando de uma individualidade que – agora numa acepção kantiana – o que faz sempre ser um fim em si mesmo e nunca um meio, possuindo uma dignidade mutuamente reconhecida por si e universalmente aceite.

Num tal modelo de configuração da individualidade humana e do reconhecimento jurídico da sua "pessoalidade", são os direitos que existem em função dos indivíduos e não os indivíduos que são reconhecidos como pessoas em função dos direitos que possuem: a personalidade jurídica do ser humano é sempre a causa da titularidade dos direitos (e obrigações) e não uma sua consequência[83].

A automaticidade do reconhecimento do estatuto de pessoa a todos os seres humanos, enquanto sujeitos portadores de uma individualidade inata e inalienável, determina que nenhum ser humano pode nascer ou tornar-se coisa durante a sua vida, antes tem sempre de ser pessoa: cada ser humano encontra-se "condenado" toda a vida a ser pessoa.

Não obstante se poder dizer que "a pessoa é a autonomia no mundo"[84], a verdade é que nenhum ser humano goza de autonomia para deixar de ser pessoa: mesmo contra a sua própria vontade, a ninguém é permitido abdicar do seu estatuto de pessoa, tal como a nenhuma ordem jurídica é licito reduzir uma pessoa humana à condição de coisa – o princípio da humanidade é um imperativo indisponível, razão pela qual a escravatura é uma aberração jurídica e uma vergonha histórica.

A liberdade, sendo expressão intrínseca da individualidade humana, nunca pode ser usada para justificar uma renúncia ou uma abdicação dessa mesma individualidade ou da "pessoalidade": nenhum ser humano tem autonomia ou liberdade para se afastar do princípio da humanidade, renunciando a ser um fim em si mesmo e convertendo-se em mero objecto, coisa ou meio.

---

[82] Cfr. FERNANDO JOSÉ BRONZE, *Lições...*, p. 498.

[83] Neste último sentido, cfr. PEDRO PAIS DE VASCONCELOS, *Teoria...*, p. 36.

[84] Cfr. A. CASTANHEIRA NEVES, *A revolução e o Direito*, p. 137.

O ser humano é, por conseguinte, um valor absoluto no plano onto-lógico[85].

Tal como Stuart Mill proclamava não existir liberdade para renunciar à liberdade[86], também hoje se pode afirmar que o ser humano não tem liberdade para deixar de ser humano ou renunciar à personalidade jurídica: a autonomia da vontade encontra na individualidade do ser humano e no princípio da humanidade limites absolutos, ilustrando que a liberdade conhece limites intransponíveis radicados na garantia de defesa da própria natureza humana.

2.3.2. *Os direitos do indivíduo como limite e fundamento do poder*

É na sua dimensão individual que o ser humano merece e justifica, antes de tudo, a atenção primária do Direito, sabendo-se que o desprezo ou a insuficiência de uma eficaz tutela dessa individualidade própria de cada ser humano revela sempre uma expressão ilustrativa de uma sociedade alicerçada na força dos mais fortes ou na arrogância de um poder político de cariz totalitário: é na existência de um espaço próprio do indivíduo perante o poder, limitando-o, e no respeito desse mesmo espaço de exclusão do poder, que se alicerça o moderno Estado de Direito.

Se em S. Tomás de Aquino, seguindo uma tradição que remonta já à Antiguidade clássica, se torna evidente o reconhecimento aos governados de direitos contra a ilegitimidade do governante e a favor da desobediência à lei injusta[87], é em Montesquieu que se encontra uma clara formulação do princípio geral de que a liberdade pressupõe a limitação do poder[88]: a organização do poder é ainda expressão de uma preocupação de garantia da liberdade, razão pela qual se pode afirmar que o modelo orgânico e funcional definido pela Constituição se justifica em função da preocupação de tutela dos direitos e liberdades do indivíduo.

---

[85] Cfr. MIGUEL AYUSO, *El Ágora...*, p. 101.

[86] Cfr. JOHN STUART MILL, *Sobre a Liberdade*, ed. publicações Europa-América, Mem Martins, 1997, p. 103.

[87] Neste sentido e para mais desenvolvimentos, cfr. PAULO OTERO, *Instituições...*, I, pp. 110 ss.

[88] Neste sentido, cfr. PAULO OTERO, *Instituições...*, I, pp. 189 ss.

Neste último sentido reside o cerne do modelo Ocidental de Constituição: Montesquieu é o pai da relação directa entre liberdade (direitos do indivíduo) e limitação do poder (Constituição).

O conceito de indivíduo apela, deste modo, para a titularidade de direitos fundamentais que limitam e fundamentam o poder do Estado: cada indivíduo é titular de direitos inatos e inalienáveis, anteriores ao Estado e, neste sentido, independentes de qualquer atribuição ou reconhecimento do Estado, verificando-se que se encontra na sua garantia o próprio fundamento do Estado e do concreto modelo jurídico da Constituição.

Na realidade, o Estado existe para garantir os direitos dos indivíduos, regulando o seu exercício, criando condições para o seu desenvolvimento e implementação, prevenindo possíveis conflitos e resolvendo os litígios emergentes da vivência em sociedade: é no indivíduo e na garantia dos seus direitos que reside, em última análise, a própria razão de existência do Estado e dos textos constitucionais.

Compreende-se, por isso mesmo, que um Estado que recuse garantir os direitos dos indivíduos, fazendo da pessoa humana um meio e não um fim em si mesmo, segundo a linguagem kantiana, nega-se a si mesmo: um Estado que recusa ao indivíduo centralidade referencial no seu poder político e no seu Direito não tem razão de existir.

De igual modo, uma Constituição que materialize juridicamente um modelo de sociedade sem respeito pelo princípio da humanidade padece de ilegitimidade e de invalidade: parafraseando a interrogação de Santo Agostinho, a propósito de um Estado sem justiça como sendo uma quadrilha de ladrões (v. *supra*, n.° 1.1.), pode bem questionar-se de que serve ou para que serve um texto constitucional que nega a liberdade, recusa a justiça ou despreza a segurança do indivíduo?

Afinal, conclua-se, uma Constituição só é constitucional se estiver ao serviço da pessoa humana como fim em si mesmo, da sua dignidade e dos inerentes direitos fundamentais.

2.3.3. *Direitos humanos universais*

A titularidade de direitos da pessoa humana surge antes do nascimento e projecta-se mesmo após a sua morte: o indivíduo tem uma tutela jurídica garantida a partir do momento da concepção, desde logo através do seu direito à inviolabilidade da vida, sabendo-se que, mesmo depois da morte ou até da inexistência de qualquer suporte físico cadavérico, a sua imagem, a sua memória, as suas disposições em vida de natureza patrimonial são protegidos pela ordem jurídica.

O indivíduo surge como preocupação permanente da tutela jurídica dos direitos da pessoa humana, salientando-se que existem direitos de que são titulares todos os seres humanos, independentemente do local onde se encontram ou da qualidade de serem cidadãos do Estado em causa: esses são os direitos humanos universais.

Podem recortar-se no âmbito dos direitos humanos universais duas categorias:

(i) Temos, em primeiro lugar, os direitos pessoais universais, aqui se incluindo o direito à vida, o direito à integridade física, o direito à liberdade, o direito à personalidade, o direito à identidade, o direito a constituir e a ter família, o direito à reserva da vida privada e familiar e, sem prejuízo de múltiplos exemplos, o direito de propriedade privada;

(ii) Temos, em segundo lugar, os direitos sociais universais, sendo ilustrativos desta categoria o direito a um mínimo de existência condigna e ainda os direitos à saúde, à segurança social, à educação, à habitação, ao trabalho ou ao acesso à cultura.

Neste último domínio, a preocupação de garantir uma tutela mais eficaz e ampla da pessoa humana tem justificado o reconhecimento de direitos especiais a categorias específicas de indivíduos: é o que sucede quando se fala, por exemplo, em direitos dos trabalhadores, direitos da juventude, direitos do estudante, direitos dos idosos. Nunca poderá um tal fenómeno, todavia, ser perturbador do cerne do princípio da igualdade, criando privilégios infundados ou injustificados numa mesma sociedade.

2.4.(b) *Pessoa humana e colectividade*

2.4.1. *A essência social do ser humano como problema constitucional*

A insubstituível dimensão individual do ser humano não pode conduzir, todavia, a um humanismo que feche o Homem dentro de si próprio[89]: "o outro, o tu, é absolutamente fundamental para o eu"[90], sendo nesse tu que cada eu encontra um elemento constitutivo do seu próprio ser[91].

O *eu* exige o *tu*, tal como o *tu* pressupõe o *eu*: o *eu* e o *tu* formam o *nós*[92], envolvendo uma pressuposta exigência de relacionamento com o *vós*: aqui reside a síntese de toda a complexidade da dimensão relacional da subjectividade humana. É na ideia de reciprocidade, envolvendo o mútuo "contar com" que relaciona o *eu* com o *outro*, numa irremediável existência em que cada um está obrigado a contar com o *outro* e as suas intenções sobre o *eu*, que o social ganha significado[93]: o *nós*, possibilitando a integração do eu "sem perder o que é próprio e sem esquecer os outros", origina a comunidade[94].

Tem origem bíblica o entendimento de que "não é bom que o homem esteja só"[95], pois "só em comunidade (…) a humanidade do homem se realiza"[96].

O ser humano, enquanto animal social[97], assume também, deste modo, uma dimensão colectiva, comunitária ou relacional com os demais seres humanos, nunca podendo deixar de se integrar, viver ou formar em sociedade: "o Humano está destinado, pela sua natureza, a existir em comunhão com os outros"[98]. Ou, na formulação de Cícero, o homem não nasceu apenas para si, antes encontra a sua razão de ser na utilidade que tem perante os outros[99]. É no relacionamento do homem com os outros

---

[89] Neste último sentido, cfr. A. CASTANHEIRA NEVES, *A revolução e o Direito*, p. 139.

[90] Cfr. ANGELO SCOLA / GIOVANNI REALE, *Il Valore dell'Uomo*, Milano, 2007, p. 53.

[91] Neste sentido, cfr. DIOGO LEITE DE CAMPOS, *Nós – Estudos sobre o Direito das Pessoas*, Coimbra, 2004, p. 7.

[92] Considerando que o *nós* traduz a forma primária de relação social ou de socialidade, cfr. JOSÉ ORTEGA Y GASSET, *El Hombre y la Gente*, 8.ª ed., Madrid, 2003, p. 152.

[93] Cfr. JOSÉ ORTEGA Y GASSET, *El Hombre…*, pp. 109-110.

[94] Cfr. MANUEL GOMES DA SILVA, *Esboço…*, p. 73.

[95] Cfr. Gên.2.18.

[96] Cfr. A. CASTANHEIRA NEVES, *A revolução e o Direito*, p. 154.

[97] A afirmação do homem como animal social encontra-se já em ARISTÓTELES, *Tratado da Política*, Liv. I, Cap. I (p. 8).

[98] Cfr. ARISTÓTELES, *Ética a Nicómaco*, Quetzal Editores, Lisboa, 2004, 1097b10 (p. 28).

[99] Cfr. CÍCERO, *Os Três Livros de Cicero sobre as Obrigações Civis traduzidos em língua portugueza*, 2.ª ed., Typographia Rollandiana, Lisboa, 1825, Liv. I, Cap. 6 (p. 13).

370 *Pessoa Humana e Direito*

seres humanos que o próprio homem pode ser apreendido, existindo mesmo quem entenda que falar do homem fora de ou alheio a uma sociedade "é dizer algo em si contraditório e sem sentido"[100].

Este duplo entendimento da pessoa humana como indivíduo e, simultaneamente, como ser social, revelando a "bipolaridade antropológica"[101] da condição humana, encontra a sua formulação teórica no pensamento tomista: "o indivíduo humano é parte da sociedade"[102]. Em S. Tomás de Aquino regista-se, todavia, uma vertente de natureza transpersonalista: "qualquer homem é parte da comunidade e, por tanto, tudo o que ele é pertence à sociedade"[103].

No entendimento de Hegel, por seu lado, "a pessoa particular está, por essência, em relação com a análoga particularidade de outrem, de tal modo que cada uma se afirma e satisfaz por meio da outra e é ao mesmo tempo obrigada a passar pela forma da universalidade"[104], motivo pelo qual a sociedade civil tem por base "um sistema de dependências recíprocas"[105].

Sendo certo que a socialidade não é a essência do Homem, "embora seja uma das dimensões dessa sua essência"[106], o Homem que existe no mundo tem "um solidário compromisso com os outros"[107]: a comunidade é uma dimensão constitutiva do Homem[108], funcionando como "condição de existência, condição empírica e condição ontológica" da pessoa[109], assumindo-se ainda como fundamento da intersubjectividade e da participação de cada um nessa mesma comunidade[110].

A inserção da pessoa humana na colectividade ou comunidade torna-se, por conseguinte, um problema de natureza constitucional.

É em torno da dimensão social e intersubjectiva do Homem que se colocam as questões centrais de qualquer Constituição, podendo nelas

---

[100] Cfr. José Ortega y Gasset, *El Hombre...*, p. 110.
[101] Expressão de A. Castanheira Neves, *A revolução e o Direito*, p. 136.
[102] Cfr. S. Tomás de Aquino, *Suma de Teologia*, I-I, q.96, a.4. (II vol., p. 751).
[103] Cfr. S. Tomás de Aquino, *Suma de Teologia*, II-II, q.64, a.5. (III vol., p. 543).
[104] Cfr. Hegel, *Princípios...*, §182 (p. 194).
[105] Cfr. Hegel, *Princípios...*, §183 (p. 195).
[106] Cfr. A. Castanheira Neves, *A revolução e o Direito*, p. 153.
[107] Cfr. A. Castanheira Neves, *A revolução e o Direito*, p. 135.
[108] Cfr. Fernando José Bronze, *Lições...*, p. 499.
[109] Cfr. A. Castanheira Neves, *A revolução e o Direito*, p. 158.
[110] Cfr. Fernando José Bronze, *Lições...*, p. 490.

Paulo Otero

encontrar-se resumida a materialidade das preocupações do processo histórico-constitucional da humanidade, a saber:

(i) A garantia da liberdade, da segurança individual e de todos os demais direitos decorrentes da dignidade da pessoa humana;

(ii) A justiça como valor supremo do ordenamento[111], a obediência à lei positiva e a limitação do poder político;

(iii) A igualdade perante a lei, a solidariedade entre os membros da sociedade e a justiça social;

(iv) A formação democrática da vontade da colectividade e a participação política;

(v) O pluralismo ideológico, o relativismo de opiniões, a moderação e a tolerância perante a divergência e a diferença.

2.4.2. *A ideia de nação e de povo*

A inserção da pessoa humana na colectividade pode encontrar duas formas de expressão jurídico-constitucional:

(i) A integração do ser humano na sociedade pode dar origem a uma noção de colectividade identificada pela comunhão de traços culturais ou espirituais (v.g., linguísticos, religiosos, axiológicos) e histórico-geográficos entre os seus membros, permitindo recortar uma alma comum ou um espírito comum, falando-se aqui em *nação*;

(ii) Ou essa inserção, pressupondo sempre a existência da colectividade num determinado território, poderá ter gerado (ou vir a gerar) o propósito de ser dotada de um poder político próprio, dando origem a um Estado e, num momento posterior, expressar mesmo um específico vínculo entre cada membro da colectividade e o respectivo Estado: esse substrato humano colectivo, traduzindo um dos elementos essenciais do Estado, identifica-se agora com a noção de *povo*.

---

[111] Nas sugestivas palavras de CASTANHEIRA NEVES, "a justiça é o alfa e o ómega da comunidade", in *A revolução e o Direito*, p. 170.

372   *Pessoa Humana e Direito*

Urge salientar que as noções de nação e de povo não se limitam a traduzir formas jurídicas de expressão colectiva da pessoa humana, permitindo também observar uma importante projecção política: desde o século XVIII, sem prejuízo de os seus antecedentes serem mais remotos, que as ideias de soberania nacional e de soberania popular preenchem a discussão política e científica sobre o fundamento do poder político democrático.

2.4.3. *Vontade popular, democracia e dignidade humana*

A intervenção de cada pessoa na "direcção dos negócios públicos" traduz ainda uma decorrência directa de uma sociedade baseada no valor da pessoa humana: tratar-se-á sempre de uma sociedade fundada na igualdade de um sufrágio universal e periódico[112], segundo o princípio de "um homem um voto", conferindo-se idêntico peso à intervenção decisória de cada pessoa.

Essa relevância política da vontade popular, traduzindo a expressão jurídica do valor decisório da intervenção de cada pessoa integrada no povo, é um corolário indispensável do reconhecimento da própria dignidade humana: nunca poderá existir verdadeiro respeito pela dignidade de cada pessoa se, sendo maior de idade e possuir todas as suas faculdades mentais, se encontrar arbitrariamente privada de tomar parte na direcção dos negócios públicos do Estado de que é cidadã.

A democracia, enquanto modelo político baseado na relevância da vontade do povo expressa através de sufrágio universal, igual e periódico, revela-se indispensável à promoção política da dignificação do ser humano: o sentido último de evolução do processo histórico da humanidade diz-nos que a dignidade humana reclama a democracia.

Nunca poderá a democracia, todavia, atentar contra a pessoa humana e a sua dignidade inviolável: não há relevância jurídica da vontade popular que legitime, habilite ou justifique o genocídio, o extermínio, a escravatura, a tortura, o apartheid, a violação ou o aborto, uma vez que deparamos aqui com actos que negam a essência dignificante da pessoa humana.

---

[112] Neste sentido, cfr. Declaração Universal dos Direitos do Homem, artigo 21.º, n.º 3, 2.ª parte.

Remonta a Benjamin Constant, durante os primeiros anos do século XIX, a formulação clara e inequívoca de uma concepção limitativa da democracia em nome da salvaguarda da justiça e dos direitos individuais: "a soberania do povo não é ilimitada, nem a sua vontade é suficiente para legitimar tudo aquilo que queira"[113].

A democracia tem sempre como fundamento e limite a própria dignidade de cada pessoa humana viva e concreta: ninguém poderá ser arbitrariamente privado da vida, da dignidade e da liberdade, verificando-se que não existem referendos, maiorias ou unanimidades parlamentares que legitimem, habilitem ou justifiquem tais atentados.

A democracia deverá estar subordinada à pessoa humana: a relevância da vontade popular na direcção dos negócios públicos é consequência e nunca causa da centralidade da pessoa humana.

Se a democracia atentar contra a dignidade do ser humano, negando o seu próprio fundamento de existência, a democracia, convertendo-se no seu contrário, inverterá o processo histórico de luta pela progressiva dignificação humana: a luta pela dignificação de cada ser humano vivo e concreto será então, igualmente, a luta por uma democracia axiologicamente comprometida com a pessoa humana.

2.5.(c) Pessoa humana e humanidade

A pessoa humana, além da sua dimensão individual e da respectiva inserção numa colectividade identificada com a nação ou com o Estado, nunca pode deixar de ser enquadrada no contexto da própria espécie humana: muito para além das diferenças que fazem de cada pessoa um ser único e irrepetível, dotado de uma identidade pessoal, histórica, étnica e política, há um património comum que, fazendo irmanar todos os seres humanos numa mesma espécie animal, se reconduz à própria humanidade.

O conceito de humanidade visa sublinhar, na sequência dos ensinamentos de Cristo que levam ao superar da divisão entre livres e escravos, e utilizando a feliz expressão do preâmbulo da Declaração Universal dos Direitos do Homem, que todos nós somos "membros da família humana". Há aqui, além de uma verificação empírica de dimensão axiológica, reve-

---

[113] Cfr. BENJAMIN CONSTANT, *Cours...*, I, p. 14.

ladora de uma postura política teleologicamente comprometida com as ideias de fraternidade e solidariedade entre todos os membros da família humana, também uma implícita exortação humanitária de ressonância fichteana: o género humano deve elevar-se até à humanidade[114].

Cada pessoa humana é parte integrante da humanidade: semelhante ao seu semelhante, apesar de dotado de uma individualidade própria, o ser humano nunca pode deixar de ter presente o que tem de comum com todos os restantes seres humanos, razão pela qual a cada um é confiado o encargo de velar pelos restantes[115] (v. *supra*, n.º 8.4.4.), contribuindo para edificar uma sociedade mais humana.

É neste preciso contexto, fazendo todos os seres humanos parte da mesma família e encontrando-se cada um sujeito a vinculações perante os restantes, que se desenvolveram as ideias de igualdade, fraternidade, solidariedade, justiça e tolerância: a ninguém é lícito, sob pena de se auto-excluir da humanidade, atentar contra esses valores personificados em cada ser que é seu semelhante e membro da mesma família humana. Os atentados contra a humanidade são, utilizando uma ideia de Schopenhauer, manchas contra a honra da humanidade que permanecem para sempre[116].

O próprio conceito de direitos humanos não pode deixar de se referir à condição humana[117], encontrando na humanidade o seu espaço natural de pressuposição e operatividade. Como Kant sublinha, "o violador dos direitos dos homens tenciona servir-se das pessoas dos outros simplesmente como meios, sem considerar que eles, como seres racionais, devem ser sempre tratados ao mesmo tempo como fins"[118], motivo pelo qual a violação dos direitos humanos atinge o núcleo do princípio da humanidade.

---

[114] Cfr. JOHANN GOTTLIEB FICHTE, *Sobre la Esencia del Sabio y sus Manifestaciones en el Dominio de la Liberdad*, ed. Tecnos, Madrid, 1998, p. 28.

[115] Neste sentido e para mais desenvolvimentos, cfr. PAULO OTERO, *Instituições...*, I, pp. 456 ss.

[116] Cfr. ARTHUR SCHOPENHAUER, *El Arte de Hacerce Respetar*, Reimp., Editorial Alianza, Madrid, 2005, p. 59.

[117] Neste sentido, cfr. IVO MIGUEL BARROSO, *O acordo com vista à prática de genocídio. O conceito, os requisitos e o fundamento da punição do «contrato criminal»*, in *Estudos em Homenagem ao Professor Doutor Inocêncio Galvão Telles*, V, Coimbra, 2003, p. 385.

[118] Cfr. KANT, *Fundamentação....*, p. 67.

Em igual sentido, a humanidade, envolvendo um diálogo permanente entre gerações, é também fonte de deveres fundamentais[119]: "todos temos deveres no que respeita à humanidade presente, à humanidade passada e à humanidade futura"[120].

A humanidade, sublinhando o traço identificativo e a exigência de respeito por cada pessoa humana, enquanto "fim em si mesma que é condição suprema que limita a liberdade das acções de cada homem"[121], assume a natureza de conceito dotado de uma dimensão universal e intemporal, tendo ganho, entretanto, relevância jurídica.

§3.° – Dignidade humana ou dignidade da pessoa humana?

A interrogação colocada, procurando saber se se mostra preferível o uso da expressão "dignidade humana" ou, pelo contrário, "dignidade da pessoa humana", radica numa postura que associa a primeira destas expressões a uma visão transpersonalista da dignidade, referindo-se esta à humanidade como colectividade que transcende ou ultrapassa os seres concretos que a compõem, enquanto a segunda expressão, sublinhando a ideia de pessoa humana, visaria tratar-se da dignidade do homem concreto e individual[122].

Sem prejuízo de se concordar que aquilo que deve estar em causa é sempre a dignidade do ser humano concreto e individual e não a projecção de uma ideia abstracta ou colectiva de ser humano, não podemos aceitar que a expressão "dignidade humana" tenha necessariamente uma conotação transpersonalista ou que se refira à humanidade como entidade colectiva: "dignidade humana" não é sinónimo de "dignidade da humanidade".

---

[119] Neste sentido, cfr. José Casalta Nabais, *Dos deveres fundamentais*, in José Casalta Nabais, *Por uma Liberdade com Responsabilidade – Estudos sobre direitos e deveres fundamentais*, Coimbra, 2007, p. 296.

[120] Cfr. José Casalta Nabais, *A face oculta...*, p. 194.

[121] Cfr. Kant, *Fundamentação....*, p. 68.

[122] Neste sentido, cfr. Jorge Miranda, *Manual de Direito Constitucional*, IV, 3.ª ed., Coimbra, 2000, p. 184, nota n.° 2; Frank Moderne, *La dignité de la personne comme principe constitutionnel dans les constitutions portugaise et française*, in Jorge Miranda (org.), *Perspectivas Constitucionais – Nos 20 anos da Constituição de 1976*, I, Coimbra, 1996, p. 203.

Além disso, o conceito de pessoa humana é ambíguo[123]: a expressão "dignidade da pessoa humana", desde que interpretada à luz da tripla dimensão do conceito de pessoa, enquanto realidade biológica, espiritual e relacional[124], ou mesmo de uma concepção jurídico-positiva de pessoa de matriz civilística, mostra-se susceptível de conduzir a uma amputação do campo de protecção e garantia da dignidade do ser humano.

Em primeiro lugar, se a pessoa a que a dignidade humana se refere resulta da conjugação de "corpo-consciência-comunicação"[125], então encontrar-se-ão excluídos do seu âmbito, desde logo por lhes faltar consciência, as crianças de tenra idade, os doentes em coma e os doentes mentais profundos e, por falta de comunicação, também todos os doentes em coma ou ainda os deficientes que não têm capacidade de transmitir pensamentos ou afectos e, por essa via, se encontrariam privados da capacidade de se relacionarem ou comunicarem: um tal campo subjectivo mínimo de incidência da dignidade, circunscrito às pessoas adultas ditas "normais", passaria a deixar sem qualquer protecção os seres humanos que, atendendo à sua debilidade e especial situação de dependência, mais dela necessitariam. Sucede, todavia, que uma tal concepção restrita de dignidade da pessoa humana se mostra profundamente indigna.

Ao contrário desta possível concepção, entendemos que o ser humano cuja dignidade se encontra em causa, sem deixar de ter sempre a necessidade de um suporte físico ou biológico, é totalmente independente de possuir consciência de si mesmo, dos outros ou do mundo que o cerca, tal como não carece de possuir capacidade de comunicação ou de relacionamento: a simples circunstância de ser um indivíduo humano, enquanto realidade biológica possuidora de um genoma humano, envolve que possua dignidade. Parafraseando Pufendorf[126], pode dizer-se que a expressão "ser humano" envolve, por si só, a ideia de dignidade.

---

[123] Cfr. Vasco Duarte de Almeida, *Sobre o valor da dignidade da pessoa humana*, in *Revista da Faculdade de Direito da Universidade de Lisboa*, vol. XLVI, n.º 1, 2005, pp. 626 ss.

[124] Cfr. Frank Moderne, *La dignité...*, p. 199.

[125] Cfr. Vasco Duarte de Almeida, *Sobre o valor da dignidade...*, p. 628, nota n.º 11.

[126] Cfr. Samuel Pufendorf, *Of The Law of Nature...*, Liv. III, Cap. II, n.º 1 (p. 174); IDEM, *De los Deveres del Hombre...*, Liv. I, Cap. VII, n.º 1 (p. 59).

A tese defensora da expressão "dignidade da pessoa humana" pode mostrar-se ainda desaconselhável, em segundo lugar, pelo tradicional conceito jurídico-civil de personalidade singular que se encontra subjacente na ideia de pessoa humana: em termos tradicionais, a personalidade singular, em vez de ser a causa da titularidade de direitos e de obrigações, é vista ainda pela legislação civil como a consequência do facto de se ser titular de direitos e estar adstrito a obrigações[127], surgindo como algo construído pelo Direito e não uma realidade inerente à condição humana.

Com efeito, se a expressão "dignidade da pessoa humana" visa claramente excluir do âmbito de protecção da dignidade as pessoas colectivas, circunscrevendo a ideia de dignidade às pessoas físicas, a expressão "dignidade humana" mostra-se susceptível, em termos comparativos, de abranger um universo operativo mais vasto: o conceito jurídico-civilístico de pessoa humana ou singular, traçando como início da personalidade o momento do nascimento[128] e seu termo o momento da morte, recomenda que se substitua pelo conceito de ser humano para efeitos de protecção e garantia da dignidade.

A dignidade humana é a dignidade do ser humano: de todo e qualquer ser humano individual e concreto, em qualquer circunstância e em qualquer fase da sua existência, isto independentemente de ser titular de direitos ou encontrar-se adstrito a obrigações.

A operatividade subjectiva da dignidade humana nunca pode estar dependente da existência de personalidade jurídica: os seres humanos vivos que, em termos jurídico-civis, carecem de personalidade não deixam de gozar de dignidade humana[129]. Ninguém nega que o embrião e o feto

---

[127] Neste sentido tradicional, cfr. João de Castro Mendes, *Direito Civil – Teoria Geral*, I, Policop., Lisboa, 1978, pp. 169 ss.; Luís Carvalho Fernandes, *Teoria Geral do Direito Civil*, I, 1.º tomo, 2.ª reimp., AAFDL, Lisboa, 1983, pp. 119 ss.; Carlos Alberto da Mota Pinto, *Teoria Geral do Direito Civil*, 3.ª ed., Coimbra, 1990, pp. 199 ss.

[128] Para uma crítica a este entendimento tradicional e a necessidade de reformulação do momento de início da personalidade jurídica do ser humano, cfr. Paulo Otero, *Personalidade e Identidade Pessoal e Genética do Ser Humano: Um perfil constitucional da bioética*, Coimbra, 1999, pp. 61 e 62; Pedro Pais de Vasconcelos, *Teoria...*, pp. 36 ss. e 78 ss.

[129] Mostra-se, aliás, de muito duvidosa constitucionalidade um conceito jurídico-positivo de personalidade singular que negue a quem é ser humano a qualidade de ser pessoa: resulta da Constituição que todo o ser humano vivo goza de direitos fundamentais – desde logo, o direito à vida (reconhecendo o direito fundamental à vida do nascituro,

378 *Pessoa Humana e Direito*

humanos possuem vida – e, acrescente-se, trata-se de vida humana –, apesar de o ordenamento jurídico-positivo não lhes reconhecer ainda personalidade jurídica, eles não podem deixar de ser vistos como seres humanos e tratados com dignidade: trata-se de uma forma específica de vida humana.

O conceito de ser humano, sendo certo que também compreende no seu âmbito a noção jurídico-positiva de pessoa singular, tem um sentido jurídico mais amplo, compreendendo toda a individualidade biológica que é possuidora de um genoma humano, e, por essa via, aumenta a esfera subjectiva de incidência da dignidade:

(i) Mesmo antes do nascimento completo e com vida, isto é, do momento jurídico-civilista de aquisição da personalidade jurídica, já existe um ser humano que, apesar de não ser ainda uma pessoa à luz do critério subjacente ao artigo 66.°, n.° 1, do Código Civil Português[130], tem já uma dignidade que merece protecção jurídica: o embrião e o feto humanos são dotados de uma individualidade biológica que, conferindo-lhes uma substancialidade humana única e irrepetível, justifica que lhes seja reconhecida dignidade como seres humanos que são;

(ii) Mais: ainda que o feto humano não venha a nascer com vida, nunca adquirindo personalidade jurídica, e, neste sentido, nunca sendo pessoa em termos jurídico-civis, a verdade é que se trata sempre de um ser humano dotado de uma dignidade que tem de ser respeitada e protegida: a dignidade humana é independente da aquisição da personalidade jurídica, antes é a natureza humana do ser que reclama o respeito e a protecção da sua dignidade;

---

cfr. PAULO OTERO, *Personalidade e Identidade Pessoal...*, p. 50; ANTÓNIO MENEZES CORDEIRO, *Tratado...*, I, 3.° Tomo, pp. 317 ss.) – e é pessoa (v. *supra*, n.° 9.1.2.).

[130] Criticando a solução do artigo 66.°, n.° 1, do Código Civil e/ou defendendo que o nascituro goza de personalidade jurídica, cfr. JOSÉ DE OLIVEIRA ASCENSÃO, *Direito Civil – Teoria Geral*, I, pp. 44 ss.; IDEM, *Embrião e personalidade jurídica*, in *Vida e Direito – Reflexões sobre um Referendo*, Cascais, 1998, p. 85; PAULO OTERO, *Personalidade e Identidade Pessoal...*, pp. 31 ss., em especial, pp. 61 e 62; ANTÓNIO MENEZES CORDEIRO, *Tratado...*, I, 3.° Tomo, pp. 297 ss.; DIOGO LEITE DE CAMPOS, *Nós*, pp. 75 ss.; IDEM, *O início da pessoa humana e da pessoa jurídica*, in *Revista da Ordem dos Advogados*, Ano 61, 2001, III, pp. 1254 ss.; PEDRO PAIS DE VASCONCELOS, *Teoria...*, pp. 79 ss.; IDEM, *Direito de Personalidade*, pp. 104 ss.

(iii) Em termos semelhantes, também após a morte das pessoas, e apesar de já ter cessado a personalidade jurídica, o cadáver e os restos cadavéricos – incluindo também os fetos mortos[131] – não deixam de sentir a projecção da dignidade humana[132], significando isto que a existência jurídica de uma pessoa não é sempre necessária para a operatividade do princípio da dignidade humana, bastando que nos encontremos perante um ser humano.

Verifica-se, com efeito, que o referencial de tutela de dignidade humana é o ser humano, enquanto indivíduo concreto que comunga das características genéticas do género humano, e não apenas o conceito jurídico-civilístico de pessoa humana ou singular.

Se deixarmos de utilizar, porém, a noção civilística de pessoa singular na raiz do conceito de pessoa humana, poderemos obter uma síntese feliz: pessoa humana é todo o ser humano[133], desde a concepção, independentemente de possuir consciência e capacidade de comunicação – a noção de pessoa humana identifica-se agora com o conceito de ser humano.

Esse é o conceito constitucional de pessoa humana, compreendendo-se também, em termos ontológicos, essa mesma identificação entre pessoa humana e ser humano. Não se justifica, por conseguinte, atendendo aos pressupostos agora definidos, qualquer diferenciação conceptual entre "dignidade humana" e "dignidade da pessoa humana".

---

[131] Especificamente sobre a situação dos fetos mortos e a lei de Bremen que determinou que fossem objecto do respeito devido aos mortos em geral, proibindo que fossem descartados como meros resíduos hospitalares, antes estipulou que fossem enterrados, anonimamente, em valas comuns de cemitério, cfr. JÜRGEN HABERMAS, *O Futuro da Natureza Humana. A caminho de uma eugenia liberal?*, Coimbra, 2001, p. 79.

[132] Neste sentido e para mais desenvolvimentos, cfr. MANUEL GOMES DA SILVA, *Esboço...*, em especial, pp. 91 ss. e 182 ss.

[133] Utilizando antes a expressão "todo o ser humano é uma pessoa", cfr. ANTÓNIO MENEZES CORDEIRO, *Tratado...*, I, 3.º Tomo, p. 30.

A POSIÇÃO JURÍDICA DO PAI
NA INTERRUPÇÃO VOLUNTÁRIA DA GRAVIDEZ[*]

PEDRO PAIS DE VASCONCELOS[*]

I. Em 11 de Abril de 2007, ocorreu em Portugal um referendo em que os eleitores foram chamados a pronunciar-se sobre a seguinte questão: "Concorda com a despenalização da interrupção voluntária da gravidez, se realizada, por opção da mulher, nas primeiras dez semanas, em estabelecimento de saúde legalmente autorizado?" Já em 1998 tinha havido um referendo com idêntica questão. Em ambos os casos a pergunta foi a mesma. Na primeira vez, houve mais votos contra do que a favor; na segunda, mais votos a favor do que contra. Nos dois referendos a votação foi baixíssima, não tendo qualquer deles logrado o número mínimo de votos para ser aprovado.

Perante o segundo referendo, a opinião pública foi induzida, pela opinião publicada, à convicção de que teria sido aprovada a "despenalização do aborto", que passaria, agora a ser lícito. Esta convicção não correspondia à realidade porquanto nenhum dos referendos foi válido.

Foi então votado e aprovado na Assembleia da República o Decreto n.º 112/X, que veio a dar origem à Lei n.º 16/2007, de 17 de Abril,

---

[*] Professor Catedrático da Faculdade de Direito de Lisboa; Contributo para os Estudos em Homenagem ao Professor Doutor José de Oliveira Ascensão

que alterou o artigo 142.º do Código Penal, que passou a ter a seguinte redacção:

ARTIGO 142.º
Interrupção da gravidez não punível

1 – Não é punível a interrupção da gravidez efectuada por médico, ou sob a sua direcção, em estabelecimento de saúde oficial ou oficialmente reconhecido e com o consentimento da mulher grávida, quando:

a) Constituir o único meio de remover perigo de morte ou de grave e irreversível lesão para o corpo ou para a saúde física ou psíquica da mulher grávida;

b) Se mostrar indicada para evitar perigo de morte ou de grave e duradoura lesão para o corpo ou para a saúde física ou psíquica da mulher grávida e for realizada nas primeiras 12 semanas de gravidez;

c) Houver seguros motivos para prever que o nascituro virá a sofrer, de forma incurável, de grave doença ou malformação congénita, e for realizada nas primeiras 24 semanas de gravidez, excepcionando-se as situações de fetos inviáveis, caso em que a interrupção poderá ser praticada a todo o tempo;

d) A gravidez tenha resultado de crime contra a liberdade e auto-determinação sexual e a interrupção for realizada nas primeiras 16 semanas.

e) For realizada, por opção da mulher, nas primeiras 10 semanas de gravidez.

2 – A verificação das circunstâncias que tornam não punível a interrupção da gravidez é certificada em atestado médico, escrito e assinado antes da intervenção por médico diferente daquele por quem, ou sob cuja direcção, a interrupção é realizada, sem prejuízo do disposto no número seguinte.

3 – Na situação prevista na alínea e) do n.º 1, a certificação referida no número anterior circunscreve-se à comprovação de que a gravidez não excede as 10 semanas.

4 – O consentimento é prestado:

a) Nos casos referidos nas alíneas a) a d) do n.º 1, em documento assinado pela mulher grávida ou a seu rogo e, sempre que possível, com a antecedência mínima de três dias relativamente à data da intervenção;

b) No caso referido na alínea e) do n.º 1, em documento assinado pela mulher grávida ou a seu rogo, o qual deve ser entregue no estabelecimento de saúde até ao momento da intervenção e sempre após um período de reflexão não inferior a três dias a contar da data da realização da primeira consulta destinada a facultar à mulher grávida o acesso à informação relevante para a formação da sua decisão livre, consciente e responsável.

5 – No caso de a mulher grávida ser menor de 16 anos ou psiquicamente incapaz, respectiva e sucessivamente, conforme os casos, o consentimento é prestado pelo representante legal, por ascendente ou descendente ou, na sua falta, por quaisquer parentes da linha colateral.

6 – Se não for possível obter o consentimento nos termos dos números anteriores e a efectivação da interrupção da gravidez se revestir de urgência, o médico decide em consciência face à situação, socorrendo-se, sempre que possível, do parecer de outro ou outros médicos.

7 – Para efeitos do disposto no presente artigo, o número de semanas de gravidez é comprovado ecograficamente ou por outro meio adequado de acordo com as *leges artis*.

O Presidente da República promulgou esta Lei, não sem ter enviado à Assembleia da República, em 10 de Abril de 2007, uma mensagem, cujo conteúdo é útil recordar:

Nos termos do artigo 134.º, alínea b), da Constituição, decidi promulgar como Lei o Decreto n.º 112/X, da Assembleia da República, que regulou a exclusão da ilicitude nos casos de interrupção voluntária da gravidez.

384 *Pessoa Humana e Direito*

No uso da faculdade prevista na alínea d) do artigo 133.º da Constituição, entendi fazer acompanhar o acto de promulgação de uma mensagem à Assembleia da República.

1. Como é do conhecimento público, o Decreto n.º 112/X foi aprovado na sequência do referendo sobre a interrupção voluntária da gravidez que se realizou no dia 11 de Fevereiro de 2007, o qual não logrou obter a participação de votantes necessária para que o mesmo se revestisse, nos termos do artigo 115.º, n.º 11, da Constituição, de carácter juridicamente vinculativo.

2. Não se encontrando a Assembleia da República juridicamente vinculada aos resultados do citado referendo, entendeu todavia o legislador, no uso de uma competência que a Constituição lhe atribui, fazer aprovar o Decreto que agora me foi submetido a promulgação.

3. Para esse efeito, terá por certo concorrido a circunstância, a que o Presidente da República não pode ser indiferente, de naquele referendo ter sido apurada uma percentagem de 59,25% de votos favoráveis à despenalização da interrupção voluntária da gravidez, nas condições e nos termos expressos na pergunta submetida à consulta popular e cuja constitucionalidade o Tribunal Constitucional, através do seu Acórdão n.º 617/2006, deu por verificada[1].

---

[1] Esta referência à percentagem de votos de 59,25% tem de ser corrigida, para não ser enganosa, porque não tem em conta as abstenções: assim, leva a pensar que a pergunta referendada teria obtido o consenso duma importante maioria absoluta dos eleitores, o que, a ter sucedido, teria conferido carácter vinculativo ao referendo. Mas a verdade não foi essa. Os verdadeiros resultados do referendo foram os seguintes:

Habitantes	10.536.000	100,00%
Recenseados	8.832.628	79,56%
Votantes	3.851.613	36,55%
Abstenções	4.981.015	47,29%
Brancos	48.185	0,45%
Nulos	26.297	0,24%
Sim	2.238.053	21,24%
Não	1.539.078	14,60%

4. De igual modo, não pode o Presidente da República ser indiferente à circunstância de o Decreto n.º 112/X ter sido aprovado por uma larga maioria parlamentar.

5. Considero, todavia, que existe um conjunto de matérias que deve merecer especial atenção por parte dos titulares do poder legislativo e regulamentar, de modo a que, da concretização da legislação ora aprovada e de outras leis a emitir no futuro, se assegure um equilíbrio razoável entre os diversos interesses em presença.

6. Assim, prevendo a Lei que a «informação relevante para a formação da decisão livre, consciente e responsável» da mulher grávida, a que se refere a alínea b) do n.º 4 do artigo 142.º do Código Penal, seja definida através de portaria – opção que se afigura questionável, dada a extrema sensibilidade da matéria em causa – importa, desde logo, que a mulher seja informada, nomeadamente sobre o nível de desenvolvimento do embrião, mostrando-se-lhe a respectiva ecografia, sobre os métodos utilizados para a interrupção da gravidez e sobre as possíveis consequências desta para a sua saúde física e psíquica.

A existência de um «período de reflexão» só faz sentido, em meu entender, se, antes ou durante esse período, a mulher grávida tiver acesso ao máximo de informação sobre um acto cujas consequências serão sempre irreversíveis.

E a decisão só será inteiramente livre e esclarecida se tiver por base toda a informação disponível sobre a matéria.

Por outro lado, afigura-se extremamente importante que o médico, que terá de ajuizar sobre a capacidade de a mulher emitir consentimento informado, a possa questionar sobre o motivo pelo qual decidiu interromper a gravidez, sem que daí resulte um qualquer constrangimento da sua liberdade de decisão.

Parece ser também razoável que o progenitor masculino possa estar presente na consulta obrigatória e no acompanhamento psicológico e social durante o período de reflexão, se assim o desejar e a mulher não se opuser, sem prejuízo de a decisão final pertencer exclusivamente à mulher.

É ainda aconselhável que à mulher seja dado conhecimento sobre a possibilidade de encaminhamento da criança para adopção, no âmbito da informação disponibilizada acerca dos apoios que o Estado pode dar à prossecução da gravidez, nos termos da alínea b) do n.º 2 do artigo 2.º da presente Lei.

A transmissão desta informação deve revestir-se de um conteúdo efectivo e concreto, não podendo cingir-se a uma mera formalidade, antes tendo de incluir todos e quaisquer elementos que esclareçam a mulher sobre a existência de procedimentos, medidas e locais de apoio do Estado à prossecução da gravidez e à maternidade.

A disponibilização da informação acima referida constitui algo que não só não contende com a liberdade de decisão da mulher, como representa, pelo contrário, um elemento extremamente importante, ou até mesmo essencial, para que essa decisão seja formada, seja em que sentido for, nas condições mais adequadas – quer para a preservação do seu bem-estar psicológico no futuro, quer para um correcto juízo de ponderação quanto aos interesses conflituantes em presença, quer, enfim, quanto às irreparáveis consequências do acto em si mesmo considerado.

7. Tendo em conta que o acompanhamento psicológico e social, durante o período de reflexão que precede a interrupção da gravidez, pode ser prestado não apenas em estabelecimentos oficiais mas também em estabelecimentos de saúde oficialmente reconhecidos (v.g., clínicas privadas especialmente dedicadas a esse fim), importa que o Estado assegure uma adequada fiscalização, designadamente através da implementação de um sistema de controlo da qualidade profissional e deontológica e, bem assim, da isenção daqueles que procedem a tal acompanhamento.

Na verdade, podendo não existir separação entre o estabelecimento onde é realizado o acompanhamento psicológico e social e aquele em que se efectua a interrupção da gravidez e tendo a Lei procurado garantir a imparcialidade e a isenção dos profissionais de saúde determinando-se, nomeadamente, que o médico que realize a interrupção não seja o mesmo que certifica a verificação das circunstâncias que a tornam não punível, considero que salvaguardas do mesmo teor devem ser asseguradas no que respeita ao acompanhamento psicológico e social, especialmente quando a interrupção da gravidez é realizada numa clínica privada.

Além disso, o Estado não pode demitir-se da função de criar uma rede pública de acompanhamento psicológico e social, para as mulheres que o pretendam, ou de apoiar a acção realizada neste domínio por entidades privadas sem fins lucrativos.

8. Para além do plano regulamentar, a exclusão dos profissionais de saúde que invoquem a objecção de consciência, prevista no n.º 2 do artigo 6.º, parece assentar num pressuposto, de todo em todo indemonstrado e ademais eventualmente lesivo da dignidade profissional dos médicos, de que aqueles tenderão a extravasar os limites impostos por lei e, além de informarem a mulher, irão procurar condicioná-la ou mesmo pressioná-la no sentido de esta optar pela prossecução da gravidez.

Não parece que a invocação da objecção de consciência à prática da interrupção da gravidez constitua, em si mesma, motivo para a desqualificação dos médicos para a prática de um acto de outra natureza a realização de uma consulta com um conteúdo clínico informativo.

Esta exclusão é tanto mais inexplicável quanto, em situações onde podem existir legítimos motivos para suspeitar da imparcialidade e da isenção dos prestadores da informação, o legislador nada previu, nem evidenciou idênticas preocupações quanto à salvaguarda da autonomia das mulheres.

9. Além disso, é legítimo colocar a dúvida sobre se a invocação do direito à objecção de consciência pelos médicos e outros profissionais de saúde tem de ser feita obrigatória e exclusivamente de modo geral e abstracto o que parece desproporcionado ou se poderá ser realizada também selectivamente, de acordo com circunstâncias específicas transmitidas pela mulher, nomeadamente o recurso reiterado à interrupção da gravidez, a existência de pressão de outrem para a decisão tomada ou mesmo o sexo do embrião, cada vez mais precocemente determinável.

10. Considero que devem ser delimitadas de forma rigorosa as situações de urgência em que a interrupção da gravidez pode ter lugar sem a obtenção do consentimento escrito da mulher e sem observância do período de reflexão mínimo de três dias, nos termos do n.º 6 do artigo 142.º do Código Penal. Esta questão ganha agora uma acuidade acrescida com a despenalização da interrupção da gravidez, por opção da mulher, até às dez semanas.

11. Sendo a interrupção da gravidez um mal social a prevenir, como foi amplamente reconhecido por todas as forças que participaram na campanha do referendo, será anómalo que o legislador não tome providências que visem restringir ou disciplinar a publicidade comercial da oferta de serviços de interrupção da gravidez.

Assim, à semelhança do que fez em relação a outros males sociais, devem proscrever-se, nomeadamente, formas de publicidade que favoreçam a prática generalizada e sistemática da interrupção voluntária da gravidez, em detrimento de métodos de planeamento familiar cujo acesso o Estado está obrigado a promover e que, nos termos da presente Lei, se encontra vinculado a transmitir à mulher.

12. Justamente no quadro do planeamento familiar, tem igualmente o Estado a obrigação, agora ainda mais vincada, de levar a cabo uma adequada política de promoção de uma sexualidade responsável e de apoio à natalidade.

13. Registei o progresso efectuado no sentido de aproximar o conteúdo do diploma das soluções contidas na generalidade das legislações europeias nesta matéria, através da proposta de alteração apresentada no Plenário da Assembleia da República no dia 8 de Março, que determinou a obrigatoriedade de a mulher que se proponha interromper a gravidez ser informada sobre «as condições de apoio que o Estado pode dar à prossecução da gravidez e à maternidade».

14. Considero ainda que, se o processo legislativo em causa tivesse beneficiado de um maior amadurecimento e ponderação, talvez daí resultassem, como seria desejável, um consenso político mais alargado e soluções mais claras em domínios que se afiguram de extrema relevância, alguns dos quais atrás se deixaram identificados, a título exemplificativo.

Após a sua entrada em vigor, caberá então verificar se, na prática, esta Lei contribui efectivamente para uma diminuição não só do aborto clandestino como também do aborto em geral, o que implica uma avaliação dos resultados do presente diploma, a realizar pelo legislador num prazo razoável.

15. De todo o modo, no Decreto n.º 112/X, aprovado por uma ampla maioria, encontram-se reunidas, no essencial, as condições para que se dê cumprimento aos resultados da consulta popular realizada no dia 11 de Fevereiro de 2007 e à pergunta então submetida a referendo.

Além disso, os aperfeiçoamentos introduzidos no decurso do debate parlamentar constituem, na medida em que se tenham em consideração as observações atrás formuladas, um passo para conciliar a liberdade da mulher e a protecção da vida humana intra-uterina, valor de que o Estado português não pode, de modo algum, alhear-se.

II. Passado já mais de um ano sobre o referendo de 11 de Fevereiro de 2007 e perto de dez meses sobre a promulgação da Lei n.º 16/2007, de 17 de Abril, importa fazer uma reflexão sobre um tema que foi deixado completamente na sombra: a posição jurídica do pai da criança nascitura que é abortada e que, em consequência do aborto, é morta antes de nascer.

É uma estranha omissão. Perante ela cabe a interrogação: será que a lei foi redigida, aprovada e promulgada na ignorância de que na gestação daquela criança que é abortada existe um pai, além de uma mãe?[2] Não é verosímil que assim seja. Também nada indica que o acto de legislar, neste caso, tenha assentado no pressuposto ou na convicção de que todas as crianças, de cujo aborto se trata, sejam geradas por procriação assistida, com esperma anónimo. Também nada, nem na lei nem no debate público e parlamentar, que foi importante, conduz à conclusão de que se tenha seriamente querido permitir o aborto contra a vontade do pai. A posição do pai foi simplesmente esquecida.

A razão do esquecimento do pai na legislação sobre a "interrupção voluntária da gravidez" não é difícil de discernir. Na normalidade dos casos, o pai não se faz notar, não toma qualquer iniciativa, e passa desapercebido. Nem sempre o pai é casado com a mãe ou vive com ela em união de facto. Por vezes, não se sabe, mesmo, quem é o pai. Outras vezes, o aborto é feito para ocultar relações adulterinas em que, quer o pai quer a mãe, estão interessados em manter o anonimato do pai. Frequentemente o aborto põe termo a uma gravidez indesejada e acidental ocorrida na adolescência, em que ninguém quer que se saiba quem é o pai. Há também casos em que o aborto é determinado por vontade do pai, por vezes, mesmo imposta (até com violência) à mãe. No quadro social típico em que ocorre a interrupção voluntária da gravidez, o pai é muito ausente.

Mas não tem que ser assim. Pode acontecer que o pai seja conhecido, pode até ser casado com a mãe, e discordar da sua decisão de interromper a gravidez. Este caso não se tem manifestado. Não se conhece mesmo algum. No entanto, não pode deixar de ser pensado, de ser considerado, porquanto a lei não o prevê.

---

[2] Note-se que esta lei nunca fala em "pai" nem em "mãe". Refere-se apenas a "mulher", talvez para desviar a atenção do facto biológico indesmentível de antes de toda a "interrupção voluntária da gravidez" existem sempre um pai e uma mãe, uma paternidade e uma maternidade.

III. Perante a falta de previsão legal da posição do pai perante a interrupção voluntária da gravidez praticada pela mãe, importa, em primeiro lugar, interrogar sobre a existência de uma lacuna, isto é, se a falta de previsão legal do caso constitui, ou não, uma lacuna legal. Segundo a mais autorizada doutrina[3], a determinação de uma lacuna envolve "o perguntar antes de mais se o caso, encarado pelo ponto de vista da solução normativa que se pretende, respeitaria antes às ordens religiosa, moral ou de cortesia, ou se pelo contrário revestirá os caracteres próprios do jurídico". "Se se concluir que o caso pertence a outra ordem normativa, deve ser afastado – e isto ainda que doutros lugares da lei resultasse que hipóteses análogas tinham recebido disciplina jurídica". Se pelo contrário se concluir que o caso cabe dentro da demarcação fundamental da ordem jurídica, ainda é necessário determinar se ele deve ser juridicamente regulado. Tem de se encontrar algum indício normativo que permita concluir que o sistema jurídico requer a consideração a solução daquele caso". "Lacuna é uma incompleição do sistema normativo que contraia o plano deste".

A regra do artigo 142.º do Código Penal – e bem assim as que constam da Lei n.º 16/2007, de 17 de Abril, que lhe deu a actual redacção – é formalmente genérica. Interpretada na sua pura letra, não seria difícil concluir que a interrupção voluntária da gravidez dispensa o consentimento do pai. Segundo os n.ᵒˢ 4, 5 e 6 do citado artigo 142.º o consentimento para a interrupção da gravidez é prestado pessoalmente "em documento assinado pela mulher grávida, ou a seu rogo", ou pelo seu representante legal, por ascendente ou descendente ou, na sua falta, por quaisquer parentes na linha colateral", se for menor de dezasseis anos ou "psiquicamente incapaz", e poderá ser dispensado "se não for possível obter o seu consentimento" nos termos descritos "e a efectivação da interrupção da gravidez se revestir de urgência", caso em que "o médico decide em consciência face à situação, socorrendo-se, sempre que possível, do parecer de outro ou outros médicos"[4].

---

[3] Oliveira Ascensão, O Direito, 11ª ed., Almedina, Coimbra, 2001, pág. 423 e segs.

[4] Este regime de dispensa do consentimento da grávida, substituído pelo do médico, não pode deixar de considerar-se altamente controverso, mas não o abordaremos aqui. Haverá outra oportunidade.

Mas uma conclusão como esta seria simplista, apenas apoiada na letra deste preceito da lei, e contrária ao sentido jurídico imanente da ordem jurídica. Importa demonstrá-lo.

IV. A determinação de uma lacuna, no sistema de Oliveira Ascensão, que seguimos, exige a prévia demonstração que o caso omisso não respeita apenas "às ordens religiosa, moral ou de cortesia", e reveste "os caracteres próprios do jurídico".

Perante a hipótese de interrupção voluntária da gravidez de um seu filho nascituro, a posição do pai e o seu consentimento estão muito claramente compreendidos na ordem religiosa, moral ou de cortesia. No que respeita à ordem religiosa, a interrupção voluntária da gravidez é proscrita por todas as religiões que conhecemos. Moralmente, esta prática é controversa, sendo diversas as opções pessoais, mas só muito forçadamente pode ser considerada alheia à ordem moral. Mesmo na simples ordem de trato social parece-nos incontroverso que não é de "bom-tom" que uma mãe aborte um filho nascituro sem o conhecimento e o consentimento do pai. Mas tal não implica que a questão importe apenas às ordens religiosa, moral ou de mero trato social.

A questão da posição jurídica do pai perante a decisão da mãe de interromper a gravidez do filho comum tem sentido e relevância jurídica. A lei é clara, no artigo 1878.º, n.º 1 do Código Civil, ao reconhecer aos pais, ambos os pais, no exercício do poder paternal, a representação legal do nascituro. O texto é claro:

> Compete aos pais, no interesse dos filhos, velar pela segurança e saúde destes, prover ao seu sustento, dirigir a sua educação, representá-los, ainda que nascituros, e administrar os seus bens.

A personalidade jurídica do nascituro está já demonstrada[5].

O nascituro é um ser humano vivo com toda a dignidade que é própria à pessoa humana. Não é uma coisa. Não é uma víscera da mãe.

---

[5] Pais de Vasconcelos, Teoria Geral do Direito Civil, 4ª ed., Almedina, Coimbra, 2007, págs. 72 e segs., e Direito de Personalidade, Almedina, Coimbra, 2007, págs. 104 e segs.

A protecção jurídica que a lei lhe dá não é apenas objectiva. Se o fosse, o seu estatuto não seria diferente daquele que é próprio das coisas ou animais especialmente protegidos. O próprio cadáver tem um regime jurídico de protecção muito intenso, é uma coisa sagrada; mas o cadáver não tem vida nem dignidade humana.

O nascituro não é, pois, objecto do direito[6]. Como pessoa humana viva, o nascituro é pessoa jurídica. A sua qualidade pessoal impõe-se ao Direito, que não tem o poder de negar a verdade da pessoalidade, da hominidade, da humanidade do nascituro. Não pode, pois, deixar de ser reconhecida, pelo Direito, ao nascituro a qualidade de pessoa humana viva, o mesmo é dizer, a personalidade jurídica.

É incontestável. O próprio Código Civil lhe reconhece expressamente a capacidade para adquirir bens por doação (artigo 952.°) e por herança (artigo 2033.°, n.° 1), sujeita-o ao poder paternal e, no seu âmbito, à representação legal, pelos pais (artigo 1878.°) e rege sobre a administração da herança na titularidade dos nascituros (artigo 2240.°, n.° 2). A fórmula do artigo 66.° do Código Civil é infeliz e corresponde a uma tradução deficiente da expressão alemã *Rechtsfähigkeit* por personalidade jurídica, quando o seu significado rigoroso é o de capacidade jurídica. Bem interpretado, o artigo 66.° do Código Civil deve ser referido à capacidade genérica de gozo e não à personalidade jurídica. Esta confusão entre personalidade jurídica e capacidade genérica de gozo é comum na doutrina mais antiga, anterior ao Código Civil e determinante na sua redacção.

O nascituro como ser humano vivo no seio da mãe goza do direito de personalidade que é inerente à sua qualidade de ser humano. No âmbito do seu direito de personalidade, avulta o direito à vida, a ser bem tratado, com os cuidados necessários durante a gestação, e a nascer.

Para o exercício dos seus direitos, seja daqueles que lhe são expressamente reconhecidos pela lei, atrás aludidos, quer daqueles que lhe são inerentemente reconhecidos conjuntamente com todos os seres humanos, como o direito de personalidade, o nascituro é representado pelos pais, no âmbito do poder paternal. Cabendo conjuntamente ao pai e à mãe, o exercício do poder paternal, pode dar lugar a divergências entre ambos. Estas

---

[6] Stephanie Gropp, Schutzkonzepte des werdenden Lebens, Peter Lang, Frankfurt am Main, 2005, págs. 245 e segs..

divergências são naturais, são frequentes, e a lei prevê modos de se resolverem. No artigo 1901.°, o Código Civil entrega ao tribunal a resolução das divergências entre o pai e a mãe no exercício do poder paternal.

A questão da divergência entre pai e mãe quanto ao exercício do poder paternal é indubitavelmente uma questão jurídica. Tem previsão e tratamento na lei. Não pode, pois, razoavelmente ser sustentado que se situe fora do domínio do jurídico.

A posição do pai perante a decisão da mãe de interromper a gestação do filho comum nascituro envolve desde logo uma questão de exercício do poder paternal pelo pai em divergência com a mãe. O pai pode, em representação do filho, no exercício do poder paternal, pretender defender o direito do filho à vida, o direito a nascer, o direito a que não seja interrompida a sua gestação, quer dizer, o direito a não ser morto. O poder paternal deve ser exercido no interesse do filho e esse interesse, salvos casos de inviabilidade, por exemplo, por acefalia, ou similar, é muito claramente o de não morrer, o de não ser morto, isto é, o de nascer.

Mas, além da defesa do direito de personalidade do nascituro, no exercício do poder paternal, o pai tem também um direito próprio de personalidade, concretizado no que poderíamos designar um direito à paternidade, a ser pai, a que o seu filho nascituro tenha uma gestação normal e saudável que culmine com o nascimento. Este direito à paternidade integra o núcleo central da dignidade pessoal. Por isso, este direito à paternidade pode – e deve – ser qualificado como um poder integrante do direito de personalidade do pai. A interrupção voluntária da gravidez por vontade exclusiva da mãe é incompatível com o direito de personalidade do pai.

Também a questão da incompatibilidade do direito de personalidade do pai à paternidade do filho com a interrupção voluntária da gravidez por parte da mãe em relação ao filho nascituro comum, é também indesmentivelmente uma questão do domínio do jurídico. O direito de personalidade não pode ser relegado para fora do campo do jurídico.

Posto isto, podemos concluir com segurança que é do domínio do jurídico, da ordem jurídica, a posição do pai perante a interrupção voluntária da gravidez do filho nascituro comum por parte da mãe. É uma posição jurídica.

Mas a qualificação como jurídica da questão não implica necessariamente a determinação de uma lacuna. Importaria ainda demonstrar que existe uma falha de regulamentação. Mas essa falha de regulamentação não existe. Como veremos, a lei contém preceitos suficientes para a regular.

V. Importa pois concretizar o conteúdo da posição jurídica do pai perante a pretensão da mãe, de interromper a gravidez do filho comum nascituro. A concretização, neste estudo, não pode ser completa. As posições jurídicas diferenciam-se das meras situações jurídicas por serem de algum modo mais concretas, mais situadas na vida; podem ser situações típicas da vida com relevância jurídica ou mesmo situações reais concretas, mas não podem ser situações abstractas[7]. Não nos vamos debruçar sobre uma posição concreta, mas antes sobre posições típicas. Para tanto torna-se necessário discernir e configurar tipos.

Podem ser muito variadas as circunstâncias em que se encontra o pai perante a vontade da mãe de interromper intencionalmente a gravidez do filho comum nascituro. O próprio texto do artigo 142.º do Código Penal diferencia algumas, embora deixe de fora outras com relevância.

Em primeiro lugar, temos de considerar os casos em que o pai é desconhecido. Embora biologicamente exista um pai, socialmente ele não existe. Estes casos são frequentes e, neles, não tem relevância a posição jurídica do pai.

Em segundo lugar, há os casos em que a gravidez tem origem em violação. Estes casos estão mesmo previstos na alínea d) do n.º 1 do artigo 142.º do Código Penal. Mas há casos de violação em que pai violador é desconhecido e outros em que não é. A violação é um crime grave e o violador tenta sempre esconder a sua identidade. Não obstante, sucede por vezes que é identificado. Independentemente do estatuto penal do violador, importa saber qual é a sua posição jurídica perante o filho que tiver gerado na vítima e perante a decisão que esta tomar de o abortar. Há hoje uma certa tendência para qualificar violações no seio do casamento, mas não as tomaremos especificamente em consideração pois são casos que, em nossa opinião, devem ser integrados no âmbito material do tipo de casos em que os pais são casados.

Em terceiro lugar, é também típica a situação de gravidez na adolescência, consequente de uma sexualidade ingénua e imatura. Este tipo de gravidez concorre estatisticamente com uma parte importante dos casos de interrupção voluntária da gravidez. Tipicamente são muitos os casos da mãe que prossegue a gravidez até ao nascimento e assume a maternidade. Nem sempre o pai acompanha a mãe e constitui com ela família, com ou

---

[7] Pais de Vasconcelos, Teoria Geral do Direito Civil, cit., págs. 241-243.

sem casamento. Por vezes não o faz, ou porque o não liga à mãe um especial afecto ou porque não tem suficiente maturidade para assumir a paternidade[8]. Seja porque razões for, a gravidez adolescente tanto conduz ao casamento, ou à união de facto com constituição de família, como leva à constituição de uma família monoparental. A identidade do pai nem sempre é revelada ou assumida, mesmo quando conhecida. Há, pois, a distinguir consoante o pai é conhecido e assume a paternidade, mesmo que não venha a constituir família com a mãe.

Em quarto lugar, é ainda típica a situação em que a mãe é casada ou vive "more uxorio" em comunhão de facto e o pai do nascituro não é o marido nem o companheiro da mãe. A gravidez é adulterina e a interrupção voluntária da gravidez constitui a solução para a ocultar. Assim evita a mãe o embaraço e os problemas conjugais e familiares, ou de relacionamento, que adivinha decorrerem do conhecimento da gravidez pelo marido ou pelo companheiro.

Em quinto lugar, consideramos como típica a situação em que a mãe é casada ou vive "more uxorio" em comunhão de facto e o nascituro é efectivamente filho do marido ou do companheiro da mãe.

Em sexto lugar, agrupamos como típicas as situações em que a interrupção voluntária da gravidez é determinada por causas atinentes à mãe ou ao filho, ou a ambos, como as previstas nas alíneas a) a d) do n.º 1 do artigo 142.º do Código Penal[9].

---

[8] Note-se que, durante a adolescência, é notória uma ampla diferença de maturidade entre os jovens de ambos o sexos: as raparigas atingem a maturidade muito mais cedo do que os rapazes.

[9] São elas as seguintes:

a) Constituir o único meio de remover perigo de morte ou de grave e irreversível lesão para o corpo ou para a saúde física ou psíquica da mulher grávida;

b) Se mostrar indicada para evitar perigo de morte ou de grave e duradoura lesão para o corpo ou para a saúde física ou psíquica da mulher grávida e for realizada nas primeiras 12 semanas de gravidez;

c) Houver seguros motivos para prever que o nascituro virá a sofrer, de forma incurável, de grave doença ou malformação congénita, e for realizada nas primeiras 24 semanas de gravidez, excepcionando-se as situações de fetos inviáveis, caso em que a interrupção poderá ser praticada a todo o tempo;

d) A gravidez tenha resultado de crime contra a liberdade e autodeterminação sexual e a interrupção for realizada nas primeiras 16 semanas.

Em sétimo lugar, parece-nos de tipificar os casos em que a gravidez é interrompida sem que ocorra ou que seja invocada qualquer causa, tal como previsto na alínea e) do n.º 1 do artigo 142.º do Código Penal.

VI. Estes sete tipos de situações são tipos de frequência, não são tipos ideais[10]. São situações que ocorrem reiteradamente de um modo circunstancialmente semelhante, de tal modo que podem ser identificadas e referidas como típicas. Não ocorrem necessariamente com a mesma frequência, mas são, segundo julgamos saber, os casos mais típicos, na vida corrente, de interrupção voluntária da gravidez. Seria necessário um estudo sociológico para poder apurar quais os mais frequentes[11]. Mas não tem grande importância saber quais são os mais frequentes, basta que o sejam e que as diferenças entre eles sejam de molde a justificar especificidades de análise e de conclusão.

A posição do pai perante a intenção da mãe de interromper voluntariamente a gravidez do filho comum não é homogénea. Depende de circunstâncias que são típicas, socialmente típicas e cujas diferenças não devem ser desconsideradas.

Procedemos, em seguida, à análise da questão, de acordo com um método tipológico, através da comparação e da diferenciação dos tipos circunstanciais indicados, à apreciação das semelhanças e diferenças, de acordo com um critério de relevância fornecido pela natureza das coisas, de modo a concretizar a posição jurídica do pai.

VII. O caso de ser desconhecida a identidade do pai é aquele que menores dificuldades suscita. Não há, neste caso, controvérsia possível entre a posição do pai, cuja identidade se ignora, e a pretensão da mãe, de interromper a gravidez. Nem interessa autonomizar o caso em que a identidade do pai é conhecida pelo próprio mas não pelos outros, designadamente pela mãe. Se o pai se manifestar como tal, a sua identidade passa a ser conhecida. Também não tem interesse considerar o caso em que a identidade do pai é conhecida pela mãe, mas mantida secreta. Ou aquele em que é conhecida pelo pai e pela mãe, mas não revelada. Desde que se não

---

[10] Sobre os tipos de frequência e os tipos ideais, Pais de Vasconcelos, Contratos Atípicos, Almedina, Coimbra, 2002, pags. 52 e segs.

[11] Não temos conhecimento de algum estudo sociológico feito sobre as situações socialmente típicas de interrupção voluntária da gravidez.

saiba quem é o pai não se suscita um problema jurídico. Em termos puramente jurídicos, um pai desconhecido é o mesmo que um pai inexistente. A sua posição jurídica é irrelevante.

VIII. Já não é tão simples a posição jurídica do pai que violou a mãe causando assim a gravidez que esta pretende interromper. Normalmente, o violador não revela espontaneamente a sua identidade e nem reivindica a posição de pai. Quase sempre, a sua identidade fica desconhecida; mas pode ser conhecida quando seja capturado em flagrante ou venha a ser identificado em consequência de investigação policial. Se a sua identidade se mantiver desconhecida, a situação corresponde ao tipo de identidade desconhecida e a sua posição jurídica é irrelevante, como se disse a esse propósito. Mas, uma vez identificado e conhecida a sua identidade, pode pretender reivindicar a paternidade e a correspondente posição jurídica.

Quando o violador identificado pretender reivindicar a paternidade do nascituro e o perfilhar, é reconhecido juridicamente como pai. Note-se que a lei prevê a possibilidade de perfilhação de um nascituro, desde que posterior à concepção (artigo 1855.º do Código Civil). A paternidade do violador, quando a sua identidade seja conhecida, pode ser estabelecida judicialmente nos termos conjugados dos artigos 1865.º, 1869.º e 1871.º, n.º 1, alínea e) do Código Civil. Porém, a paternidade do violador, fora dos casos de perfilhação, dificilmente será estabelecida em tempo de permitir ao pai agir em relação à interrupção da gravidez; pensamos que será mesmo impossível fazê-lo em tempo.

Não obstante a dificuldade prática que suscite e até a pouca verosimilhança da hipótese de perfilhação, a posição jurídica do pai violador não deve deixar de ser estudada. Estabelecida a sua paternidade, o violador assume o estatuto jurídico de pai. Perguntar-se-á, no entanto, se o facto da violação não afectará esse seu estatuto e a posição jurídica que integra. Será de admitir que o pai violador invoque a qualidade de representante legal do filho nascituro para exigir da mãe que prossiga com a gravidez até ao nascimento? Será de admitir que invoque um seu próprio direito à paternidade, como direito de personalidade para impedir a mãe de interromper a gravidez?

A resposta afirmativa repugna. A violação retira ao violador a inocência, cobre-o de opróbrio. Não lhe é reconhecível boa fé não é crível que, quando invoca a representação do nascituro, esteja efectivamente a agir no seu interesse. Por isto, o artigo 179.º do Código Penal prevê que

398   *Pessoa Humana e Direito*

possa ser inibido do poder paternal, e certamente o será. Quando invocar um direito próprio à paternidade, dificilmente não estará a contrariar manifestamente os bons costumes, o que o coloca em abuso do direito (artigo 334.º do Código Civil). Salvo em casos verdadeiramente excepcionais, que jamais poderão ser tidos como socialmente típicos, ao pai violador não deve ser reconhecido, nem o poder de agir em representação legal do nascituro, nem o de se opor à interrupção da gravidez com invocação de um direito à paternidade.

IX. O terceiro tipo acima descrito corresponde à gravidez adolescente e sexualmente imatura.

Hoje, os jovens iniciam-se na sexualidade já nas escolas secundárias. São muito novos, não sabem bem como se defender da gravidez, o que origina problemas com alguma frequência. Além de não terem maturidade para constituir família, não têm autonomia económica nem sequer pessoal. Vivem com os pais, não têm profissão nem habilitações que lhes permitam encontrar um emprego susceptível de lhes manter o nível económico em que vivem. Muitas vezes nem têm coragem para informar os pais sobre a gravidez. Os pais, pelo seu lado, demasiado absortos nas suas carreiras e profissões, pouco acompanham os filhos e são surpreendidos sem preparação nem resposta para a perturbação que, para toda a família, significa uma gravidez adolescente. A solução antiga era a de casar a filha com o pai da criança e subsidiar melhor ou pior a nova família e a continuação dos estudos dos jovens pais. Mas estes casamentos revelavam-se frágeis e nem sempre subsistiam às primeiras dificuldades. Hoje, é mais frequente que a jovem mãe assuma a maternidade e forme uma família monoparental, dentro ou fora da casa dos pais, conforme as possibilidades económicas, e é muito maior a compreensão e o apoio familiar à jovem mãe. Deixou de ser uma vergonha que se esconde a todo o custo. É um acidente a que importa responder com apoio e compreensão.

Mas entre as soluções de recurso pratica-se também a interrupção de gravidez. Umas vezes porque a própria mãe ou ambos os pais, sem coragem para enfrentar a situação, recorrem espontaneamente ao aborto como solução para repor o "status quo ante"; outras vezes, a conselho ou sob pressão dos familiares que os consideram novos demais para assumir a paternidade e a maternidade e para constituir família. A interrupção voluntária de gravidez então é praticada como se fosse uma solução terapêutica para um acidente biológico. Procura-se depois esquecer o mais depressa possível, sarar as feridas físicas e psíquicas inevitáveis, e recomeçar.

Qual então a posição jurídica do pai, se a mãe, espontaneamente ou por conselho (ou pressão) da família, tiver a intenção de pôr termo à gravidez? Assumimos que o pai é mesmo o pai, que não há dúvida nem controvérsia sobre a sua paternidade e que assume a sua paternidade e pretende que o seu filho nasça para prosseguir, com ou sem a mãe o acompanhamento e a educação do filho.

Na qualidade de pai, tem o poder de representação do filho nascituro (artigo 1878.º, n.º 1 do Código Civil), desde que não seja menor não emancipado[12] e o de exigir que a sua gestação prossiga até ao parto, com os cuidados inerentes. Também tem direito a ser pai. O filho não é só da mãe. Pode, na dupla qualidade recorrer ao tribunal e, com fundamento no artigo 70.º do Código Civil e no quadro processual dos artigos 1474.º e 1475.º do Código de Processo Civil, pedir que à mãe seja ordenado que não proceda à interrupção da gravidez. O pedido pode ser formulado também contra o médico e o estabelecimento clínico que se preveja que irá executar o aborto. A experiência ensina que o procedimento judicial raramente é tão rápido como a lei deseja e, por isso, pode ser prudente começar por requerer um procedimento cautelar comum, com ou sem prévia audiência da mãe (artigos 381.º e segs. do Código de Processo Civil). A eventual desobediência à providência decretada constitui crime de desobediência qualificada (artigo 381.º do Código de Processo Civil)

X. O mesmo diremos sobre o caso tipificado em quinto lugar, em que a mãe é casada ou vive "more uxorio" em comunhão de facto e o nascituro é filho do marido ou do companheiro da mãe. Neste tipo de casos, a ligação entre o pai e mãe é mais estável e sólida do que no caso da gravidez adolescente. Mais ainda, normalmente, no caso de casamento do que no de união de facto. São casos em que tipicamente a interrupção voluntária da gravidez, quando ocorre, é decidida em consenso pelo pai e mãe. Fazê-lo unicamente pela mãe sem o consentimento ou, pior ainda, contra a vontade do pai é uma violência que a moral corrente não permite e o Direito não pode tolerar. O pai não é um simples aportador de esperma e

---

[12] O n.º 2 do artigo 1913.º, inibe os menores não emancipados de representar o filho no exercício do poder paternal.

a sua intervenção na procriação é tão sagrada como a da mãe, embora a gestação seja feita no seu seio.

Se o pai se quiser opor à interrupção pela mãe da gravidez do filho nascituro comum, não pode deixar de poder fazê-lo. Na dupla qualidade de representante legal do filho, invocado o direito que este tem a nascer, que é direito de personalidade como direito à vida, e na sua própria qua-lidade de pai que tem direito a ser pai, no direito à paternidade, que é também direito de personalidade. Assim, pode usar dos meios que lhe são conferidos pelo artigo 70.º do Código Civil e dar início em juízo ao processo especial de tutela da personalidade especialmente previsto nos artigos 1474.º e 1475.º do Código de Processo Civil, eventualmente precedido de um procedimento cautelar.

Mas é preciso distinguir consoante o pai actua em seu nome próprio ou em representação legal do nascituro.

Quando actua em representação legal do filho nascituro, no exercício do poder paternal, a sua posição jurídica deve ser posta em confronto com a da mãe. O poder paternal compete a ambos, pai e mãe, e deve ser exercido no interesse do filho. Mas pode haver divergência entre pai e mãe quanto ao exercício, em concreto, do poder paternal. Essas divergências não são infrequentes e a lei prevê um mecanismo para lhes dar solução. O artigo 1901.º, n.º 2, do Código Civil prevê que, na falta de acordo, "em questões de particular importância", qualquer dos pais "pode recorrer ao tribunal, que tentará a reconciliação" e, depois, decidirá, no interesse do filho.

Quando actua em seu nome próprio, no exercício do seu direito de personalidade à paternidade, o pai não tem de se conciliar com a mãe. Trata-se de exercer um direito próprio que colide com a pretensão da mãe a interromper voluntariamente a gravidez do filho nascituro comum.

Tratar-se-á de um caso de colisão de direitos, enquadrável na previsão do artigo 335.º do Código Civil? Entendemos que não. Para que houvesse colisão de direitos, necessário seria que a mãe tivesse um direito subjectivo a interromper a gravidez (abortar). No debate que se fez na opinião pública, falou-se muito de "direito ao próprio corpo". Porém, o artigo 140.º do Código Penal não permite essa qualificação. Da leitura conjugada dos artigos 140.º a 142.º do Código Penal, resulta com muita clareza que a interrupção voluntária da gravidez é ilícita e constitui crime, mesmo quando não seja punível nas circunstâncias do artigo 142.º.

O artigo 140.º do Código Penal qualifica "expressis verbis" como crime a interrupção da gravidez, com ou sem o consentimento da mãe:

1 – Quem, por qualquer meio e sem consentimento da mulher grávida, a fizer abortar é punido com pena de prisão de 2 a 8 anos.

2 – Quem, por qualquer meio e com consentimento da mulher grávida, a fizer abortar é punido com pena de prisão até 3 anos.

3 – A mulher grávida que der consentimento ao aborto praticado por terceiro, ou que, por facto próprio ou alheio, se fizer abortar, é punida com pena de prisão até 3 anos.

No artigo 141.º do Código Penal é estatuída a agravação do crime segundo as consequências:

1 – Quando do aborto ou dos meios empregados resultar a morte ou uma ofensa à integridade física grave da mulher grávida, os limites da pena aplicável àquele que a fizer abortar são aumentados de um terço.

2 – A agravação é igualmente aplicável ao agente que se dedicar habitualmente à prática de aborto punível nos termos dos n.os 1 ou 2 do artigo anterior ou o realizar com intenção lucrativa.

O artigo 142.º, do Código Penal, no seu n.º 1, limita-se a excluir a punibilidade do crime, mas não a sua ilicitude, quando cometido nas circunstâncias nele previstas:

1 – Não é punível a interrupção da gravidez efectuada por médico, ou sob a sua direcção, em estabelecimento de saúde oficial ou oficialmente reconhecido e com o consentimento da mulher grávida, quando: ...

A tipificação da conduta como crime afasta a sua qualificação como exercício de um direito subjectivo. Não é juridicamente concebível um direito subjectivo à prática de um crime. Não é, pois, admissível, que na Ordem Jurídica Portuguesa seja reconhecido um direito subjectivo à interrupção voluntária da gravidez. Pelo contrário, trata-se de um crime, expressamente qualificado e tipificado como tal no artigo 141.º do Código Penal, cuja punição é excluída quando praticado em certas circunstância previstas nesse mesmo artigo.

Concluímos, pois, com segurança, que não há conflito de direitos subjectivos entre o direito do pai à paternidade, como poder integrante do seu direito de personalidade, e a impunidade legal, em certas circunstâncias, do crime de aborto cometido pela mãe.

Neste quadro jurídico, o direito do pai não pode deixar de prevalecer. Este pode recorrer à justiça e obter do juiz uma intimação à mãe, nos termos do artigo 70.° do Código Civil, para que se abstenha de interromper a gravidez. Esta providência de personalidade pode ser requerida e decretada também contra o médico ou a equipe médica designados para executar a interrupção da gravidez e o próprio estabelecimento clínico onde a interrupção deva ser executada.

XI. Diversa é a situação em que a mãe é casada ou vive em união de facto, mas o filho não é do marido ou do companheiro da mãe. Em casos como este, é relativamente frequente o recurso à interrupção voluntária da gravidez para ocultar a gravidez e a quebra de fidelidade que lhe está na origem.

A situação assume uma maior complexidade que a anterior, quando o nascituro é filho do marido ou do companheiro da mãe. Se a mãe for casada a lei presume que o filho é do seu marido (artigo 1826.° do Código Civil).

Se a mãe não for casada mas viver em união de facto, "more uxorio", esta presunção existe também, nos termos do artigo 1911.° do Código Civil. Este preceito tem uma redacção que dificulta a concretização do poder paternal em relação a filhos nascituros, ao ignorar a sua condição pré-natal:

Artigo 1911.° – Filiação estabelecida quanto a ambos os progenitores não unidos pelo matrimónio

1. Quando a filiação se encontre estabelecida relativamente a ambos os pais e estes não tenham contraído matrimónio após o nascimento do menor, o exercício do poder paternal pertence ao progenitor que tiver a guarda do filho.

2. Para os efeitos do número anterior, presume-se que a mãe tem a guarda do filho; esta presunção só é ilidível judicialmente.

3. Se os progenitores conviverem maritalmente, o exercício do poder paternal pertence a ambos quando declarem, perante o funcionário do registo civil, ser essa a sua vontade; é aplicável, neste caso, com as necessárias adaptações, o disposto nos artigos 1901.° a 1904.°.

Da letra do artigo só se consegue retirar critério relativamente ao tempo posterior ao nascimento. Mas a remissão final para os artigos 1901.º a 1904.º, "com as necessárias adaptações", isto é, por analogia, permite discernir um regime: o poder paternal é, em princípio, de ambos os pais; se um deles estiver impedido ou tiver morrido, será exercido pelo outro, se houver desacordo entre os pais, o tribunal decidirá, de acordo com o interesse do nascituro, que só em casos muito especiais não será o de nascer.

XII. Posto isto, importa apreciar os casos em que se verifiquem as circunstâncias que, segundo o artigo 142.º do Código Penal excluem a punibilidade do aborto. São elas as seguintes:

a) Constituir o único meio de remover perigo de morte ou de grave e irreversível lesão para o corpo ou para a saúde física ou psíquica da mulher grávida;

b) Se mostrar indicada para evitar perigo de morte ou de grave e duradoura lesão para o corpo ou para a saúde física ou psíquica da mulher grávida e for realizada nas primeiras 12 semanas de gravidez;

c) Houver seguros motivos para prever que o nascituro virá a sofrer, de forma incurável, de grave doença ou malformação congénita, e for realizada nas primeiras 24 semanas de gravidez, excepcionando-se as situações de fetos inviáveis, caso em que a interrupção poderá ser praticada a todo o tempo;

d) A gravidez tenha resultado de crime contra a liberdade e autodeterminação sexual e a interrupção for realizada nas primeiras 16 semanas.

e) For realizada, por opção da mulher, nas primeiras 10 semanas de gravidez.

É imprescindível distinguir as circunstâncias previstas nas alíneas a) e b), na alínea c), e na alínea d). O caso previsto na alínea e) tem natureza muito diversa e será tratado em separado, como um tipo diferente.

Os casos previstos nas alíneas a) e b) foram aqueles que historicamente mais cedo foram invocados a favor da interrupção voluntária da gravidez. Já nos anos sessenta se discutia o que fazer quando havia a certeza de que a continuação da gravidez conduziria à morte da mãe ou mesmo à morte da mãe e do filho. O perigo de lesão para a saúde física e psíquica da mãe não era então convocado ao debate e traduz um desenvolvimento da mesma ideia.

A diferença entra as duas alíneas é pouca: na alínea a) o aborto constitui único meio, enquanto na alínea b) apenas se mostra indicado, além de outros; na alínea a) a lesão, além de grave tem de ser irreversível, enquanto na alínea b) além de grave tem de ser duradoura; e na alínea a) não há limite de tempo, enquanto na alínea b) há um limite de doze semanas.

Estas duas alíneas têm em comum algo de muito importante. Nas circunstâncias que enunciam, o aborto pode ser reconduzido mais próximo ou remotamente à legítima defesa da mãe.

Entre a vida da mãe e a vida do filho, o aborto representa uma escolha dramática que pode ter de ser feita. Com exagero, ao perigo de morte da mãe, foram equiparadas as lesões graves e irreversíveis ou duradouras à sua saúde física ou psíquica. Mas, com ou sem exagero, pode nestes casos, ser convocada a legítima defesa da mãe.

A violação da mãe, prevista na alínea d), também pode encontrar suporte na legítima defesa. A gravidez causada por violação pode causar, na mãe, uma insuperável rejeição do filho. Quando assim for, manter a gravidez pode constituir uma violência psíquica e moral que o Direito não possa legitimamente impor-lhe. A mãe tem, então, um certo tempo para tomar a decisão. Note-se que o tempo é mais curto do que parece, dado que os indícios de gravidez não surgem imediatamente.

O caso previsto na alínea c) é diferente dos anteriores. Agora a lesão afecta o filho e não a mãe. Prevê duas situações que não deveria misturar: a inviabilidade do feto e a sua doença ou malformação congénita grave e incurável. Nos casos de inviabilidade a lei não fixa um prazo, diversamente dos de doença ou malformação congénita em que estabelece um prazo de vinte e quatro semanas. A certeza da inviabilidade, por exemplo, por anencefalia, a situação é muito diferente daquela em que haja apenas "seguros indícios para prever que o nascituro virá a sofrer de doença ou malformação congénita grave e incurável ou duradoura". Na primeira situação, pode ser que não exista mesmo um nascituro, mas depende muito do que se passar. A segunda situação tem algo de perturbadoramente eugénico.

Nos casos das alíneas a) e b), a posição jurídica do pai é mais fraca. Ao formular, na qualidade de representante legal do nascituro, a pretensão contrária à interrupção voluntária da gravidez, em divergência com a mãe, provoca a intervenção do juiz (artigo 1901.°, n.° 2 do Código Civil). Ao decidir, o juiz não pode ignorar o perigo que atinge a vida e a saúde da mãe. Quando o pai invoca um direito próprio à paternidade, vê-o confrontado com um outro direito de personalidade da mãe. Perante o direito do nascituro à vida e o direito da mãe à vida (ou à saúde), a pretensão do pai tem pouco força.

No caso da alínea c), também a pretensão do pai pode ficar muito enfraquecida. Depende do caso concreto e da doença ou malformação congénita de que se tratar, da sua gravidade e até do seu carácter incurável. A redacção da lei é acentuadamente vaga e permite um leque de situações com alguma amplitude. Há doenças congénitas que hoje são tidas como incuráveis para as quais o progresso da medicina venha a facultar uma cura. Há doenças e malformações congénitas cuja gravidade pode ser maior ou menor que não impeçam uma vida pós-natal do nascituro. A cegueira congénita, por exemplo, não impede que o nascituro venha a ter uma vida com qualidade após o nascimento, e o mesmo sucede com deformações de membros superiores ou inferiores como aquelas que, há algumas décadas atrás foram causadas pela "Talidomida". Deve reger, nestes casos, o interesse do nascituro e não o da mãe. Mas não pode deixar de se admitir que haja doenças ou malformações congénitas muito graves que possam enfraquecer, no caso, a pretensão do pai de que o seu filho nascituro não seja abortado. Do modo vago como é formulado na lei, este caso irá carecer de concretização casuística e de sedimentação jurisprudencial. Há que ser muito prudente e impedir que venha a servir de pretexto para perversões eugénicas.

Mais fraca ainda é a posição do pai no caso aludido na alínea d). O pai violador, quando seja conhecido e seja estabelecida a sua paternidade, dificilmente conseguirá, perante o juiz, invocar o poder paternal. O tribunal não o poderá reconhecer como violador da mãe sem o condenar pelo correspondente crime e só em circunstâncias verdadeiramente raras não o inibirá do poder paternal, nos termos do artigo 179.° do Código Penal. A invocação pelo violador de um direito próprio à paternidade, num caso como este, constituirá abuso do direito, salvo circunstâncias cuja ocorrência não conseguimos descortinar.

XIII. Resta o caso previsto na alínea e) do artigo 142.° do Código Penal. Abordamo-lo em separado porque diverge profundamente dos anteriores. Nesta alínea, o pressuposto da não punição da interrupção voluntá-

406   *Pessoa Humana e Direito*

ria da gravidez é apenas temporal. Diversamente de todas a outras alíneas do artigo 142.º do Código Penal, basta-se com a ocorrência nas primeiras dez semanas da gravidez e dispensa qualquer outra circunstância. Não invoca um qualquer fundamento material.

Se os casos das alíneas a) e b) podem ser qualificados como de legítima defesa da mãe em perigo de vida ou de lesão grave do corpo ou do espírito, se os casos das alíneas c) e d) podem ainda, embora mais remotamente, assentar na defesa da mãe contra o sofrimento que lhe causaria a emergência de um nado-morto, de um quase monstro ou de um deficiente profundo, ou o nascimento de um filho gerado por violação[13], o caso da alínea e) não invoca qualquer justificação.

Esta falta de justificação material para este caso, que pôs mesmo seriamente em risco a aprovação pelo Tribunal Constitucional da pergunta que foi colocada aos eleitores no referendo de 11 de Abril de 2007[14], reforça a posição do pai, que queira opor-se à decisão da mãe, de abortar o filho comum.

Se a mãe decidir interromper voluntariamente a gravidez do filho comum, sem invocar qualquer razão para além de estar ainda dentro das primeiras dez semanas de gravidez, o pai pode pedir ao tribunal que a impeça de o fazer, na qualidade de representante legal do nascituro (artigo 1878.º, n.º 1 do Código Civil), invocando o seu direito à vida (artigo 70.º do Código Civil), no quadro do processo especial de tutela de personalidade (artigos 1474.º e 1475.º do Código de Processo Civil). A sua divergência com a mãe quanto ao exercício do poder paternal deverá ser dirimida pelo juiz (artigo 1901.º, n.º 2 do Código Civil) segundo o que for o interesse do filho (artigos 1878.º, n.º 1 e 1885.º do Código Civil). Neste quadro normativo, pensamos que dificilmente o tribunal poderá desatender a pretensão do pai. O pai pode também pedir, nos mesmos termos processuais dos artigos 1474.º e 1475.º do Código de Processo Civil, com a invocação de um seu direito próprio à paternidade, qualificado como direito de personalidade, que o tribunal intime a mãe a não interromper a gravidez e também os médicos e paramédicos,

---

[13] A reacção da mãe perante uma gravidez provocada por violação pode variar muito, entre a aceitação da maternidade e o seu repúdio. Neste último caso, pode ser justificável o aborto.

[14] O Acórdão n.º 617/2006, do Tribunal Constitucional foi tirado por uma maioria tangencial de sete votos contra seis.

e os dirigentes do estabelecimento que irá executar o aborto, para que se abstenham de o fazer.

Se o tribunal tomar esta decisão, como pensamos que deve tomar, o pai deve suportar todas as despesas inerentes à gravidez, ao parto e subsequentes, deixando a mãe incólume em relação aos mesmos.

XIV. Estas soluções que aqui propomos enfrentam dificuldades práticas que não são de pequena monta.

Desde logo, dificuldades emergentes da exiguidade do tempo disponível. A gravidez não se detecta logo no primeiro dia e demora normalmente mais de quatro ou cinco semanas a ser conhecida. Sobra muito pouco tempo para a mãe tomar a decisão de abortar e para que um tribunal tome qualquer decisão. Será muito difícil, senão mesmo impossível, conseguir impedir a interrupção voluntária da gravidez com recurso a meios judiciais preventivos.

Outra dificuldade decorre da convicção muito generalizada, mesmo em pessoas juridicamente cultas, sobre a licitude do aborto praticado nas circunstâncias do artigo 142.º do Código Penal e, até, embora em pessoas juridicamente impreparadas, de um "direito ao aborto", convicção que ficou como lastro do debate sobre o referendo de 2007. Será necessário um esforço argumentativo persistente para corrigir um erro que se instalou e que, apesar de recente, mostra já a dificuldade de remoção própria dos erros velhos. Neste particular é útil recordar um passo do acórdão n.º 617/2006 do Tribunal Constitucional, no seu n.º 33, do qual se extrai com meridiana clareza que, embora não punível, a interrupção voluntária da gravidez, praticada nas condições do artigo 142.º do Código Penal, não deixa de ser ilícita:

> 33. Dir-se-á ainda que a argumentação que considera existir uma total desprotecção da vida intra-uterina na possibilidade de opção pela interrupção voluntária da gravidez nas primeiras dez semanas, negando existir qualquer ponderação de valores no método dos prazos, rejeita que a liberdade de desenvolver um projecto de vida pela mulher (artigo 26.º da Constituição), como expressão do desenvolvimento da personalidade, possa ser um dos valores a harmonizar com a vida intra-uterina. No entanto, a discordância quanto ao modo como se faz a ponderação ou a harmonização não justifica a afirmação da inexistência de ponderação ou harmonização.

E não se trata de admitir que uma "privacy", como direito constitucional a abortar livremente, prevaleça sobre a vida do feto, mas antes reconhecer que, para efeitos de punição, num tempo delimitado, a liberdade de opção da mulher possa impedir a intervenção do Direito Penal.

Desta forma, sem divergir, no essencial, da linha de orientação dos Acórdãos n.os 25/84 e 85/85 quanto à dignidade da vida intra-uterina como bem jurídico protegido pela Constituição, independentemente do momento em que se entenda que esta tem início, sempre se reconhecerá – tal como fez o Acórdão n.° 288/98 – que a presente pergunta não pressupõe o abandono da protecção jurídica da vida intra-uterina e se coloca no plano de uma ponderação de valores e mesmo de uma harmonização, concordância prática, coordenação e combinação dos bens jurídicos em conflito, de forma a evitar o sacrifício total de uns em relação a outros. Apenas se terá de concluir que à liberdade de manter um projecto de vida é dada uma superior valoração, nesta primeira fase, para efeitos de não-punição, sem que isso queira e possa implicar "abandono jurídico" da vida intra-uterina.

É apenas "para efeitos de não punição", e não de remoção da ilicitude, que é dada uma superior valoração à "liberdade de manter um projecto de vida"[15] por parte da mãe, "sem que isso queira e possa implicar «abandono jurídico» da vida interina". Isto esclarece a razão pela qual, a nova redacção do artigo 142.° não consagrou a licitude da interrupção voluntária da gravidez naquelas circunstâncias e se limitou a isentá-la de punição.

XV. Mas não deixa de ser muito possível que as providências judiciais requeridas preventivamente pelo pai não obtenham uma decisão em

---

[15] Na leitura que o Tribunal Constitucional faz do caso, o fundamento material que a lei não expressa consiste implicitamente em a mãe pretender "manter um projecto de vida" que seria perturbado pela gravidez que quer interromper. Será um projecto profissional, académico, desportivo, artístico que seria perturbado? Será pura preguiça, egoísmo, conforto? Será para evitar o custo económico de uma gravidez e da criação dum filho. Desta frase do Acórdão tudo parece possível. Mas, para além disto, é muito claro que, na leitura do Tribunal Constitucional, a alteração legislativa não foi além da não punibilidade da conduta, sem determinar a sua licitude, o que seria verdadeiramente escandaloso.

tempo de evitar o aborto. Se não tiver sido possível prevenir a morte do nascituro, restará a responsabilidade civil.

O artigo 70.° prevê expressamente a responsabilidade civil emergente da violação da personalidade, além das providências preventivas e atenuadoras. A interrupção voluntária da gravidez tem como consequência a morte do nascituro e deixa o pai privado do filho que foi abortado. Sendo civilmente ilícita e sendo executada contra – ou sem – a vontade do pai, a interrupção voluntária da gravidez constitui um delito civil que desencadeia a responsabilidade civil de quem a executa, nos termos dos artigos 483.° e seguintes do Código Civil. O pai sofrerá naturalmente danos morais muito intensos que deverão ser indemnizados.

Será naturalmente muito cruel a dor de alma sofrida pelo pai em consequência da morte do seu filho provocada voluntariamente pela mãe, sem invocação da qualquer justificação, senão a de não ter ainda passado o prazo de dez semanas, para além, na expressão infeliz que consta do transcrito, da "liberdade de manter um projecto de vida".

O valor da indemnização é difícil de fixar. Como escrevemos já, trata-se de uma matéria profundamente subjectiva que os tribunais têm dificuldade em aferir. Em geral, recorrem à apreciação do comportamento lesivo, da sensibilidade da vítima, das circunstâncias do caso e da experiência e prudência do julgador. Mas a psiquiatria permite o diagnóstico da "dor de alma", do sofrimento moral. A determinação pericial da "dor de alma" permite ajudar a resolver as grandes dificuldades em geral sentidas pelos tribunais nesta matéria.

ESTATUTO JURÍDICO DO NASCITURO:
A EVOLUÇÃO DO DIREITO BRASILEIRO

SILMARA JUNY DE ABREU CHINELLATO*

SUMÁRIO: I. Estatuto jurídico do nascituro; 1. Conceito de nascituro. O embrião pré-implantatório.2. A personalidade jurídica: correntes doutrinárias fundamentais. 3. Inovações do Código Civil de 2002. II. Reprodução humana assistida: reflexos no Estatuto do nascituro; 1. Conceito. Aspectos gerais. A falta de regulamentação específica. 2. Impacto no Direito de família e das sucessões. III. A evolução da jurisprudência brasileira: o nascituro perante os Tribunais. IIV. Conclusão. Bibliografia

---

* Professora Associada da Faculdade de Direito da Universidade de S. Paulo (Doutora e livre-docente), junto ao Departamento de Direito Civil. Vice-Chefe do Departamento de Direito Civil da Faculdade de Direito da Universidade de São Paulo. Advogada. Ex-Procuradora do Estado de São Paulo. Professora Colaboradora da ASSLA – Associazioni di Studi Sociali Latino Americani. Presidente da Comissão de Propriedade Intelectual e Conselheira do Instituto dos Advogados de São Paulo. Membro da Associação Portuguesa de Direito Intelectual.

412   *Pessoa Humana e Direito*

I. O ESTATUTO DO NASCITURO

1. Conceito de Nascituro

O tema nascituro é pouco tratado no Brasil, ao contrário do que ocorre em outros países. É sempre relevante, por relacionar-se diretamente com o direito à vida, e atual, tendo em vista as novas técnicas médicas de reprodução humana assistida ou fertilização assistida e a engenharia genética que propiciam o aflorar dos denominados *direitos de quarta geração*, conforme propõe Norberto Bobbio.[1]

O Código Civil brasileiro de 2002 renova a oportunidade do estudo do tema, despertando para além da pesquisa científica médico-jurídica, uma visão bioética, para cujos estudos muito contribui a obra de Mário Emílio Bigotte Chorão – cujos relevantes ensaios foram reunidos em recente livro, em boa hora editado[2] – de citação constante nos nossos escritos.

Um dos temas fundamentais da Bioética é o nascituro, denominado *"embrião"* em documentos internacionais e leis estrangeiras, embora embrião seja apenas uma das fases de desenvolvimento do óvulo fecundado.

Registramos, em Portugal, a relevância dos ensaios de outros autores, além de Bigotte Chorão, entre os quais Diogo Leite de Campos[3] e do bioeticista Daniel Serrão.[4]

O direito brasileiro emprega tradicionalmente a palavra *"nascituro"*, desconhecida no Direito romano que utilizava expressões concretas como

---

[1] *A era dos Direitos*. 9. ed., Rio de Janeiro, Editora Campus, 1992. Tradução por Nelson Coutinho do original *L' età dei diritti*, Giulio Einaud Editore, 1990.

[2] *Pessoa humana, Direito e Política. Estudos Gerais*. Série Universitária. Lisboa: Imprensa Nacional – Casa da Moeda, 2006.

[3] Leite de Campos, Diogo. *Lições de direitos da personalidade. I Parte. Personalidade jurídica, personalidade moral e personalidade política*. In: Boletim da Faculdade de Direito. Universidade de Coimbra. V. LXVII, 1991, p. 128-223. A vida, a morte e sua indemnização. In: Revista de Direito Comparado Luso-Brasileiro. N.7, ano IV, p. 81-96, jul/1985 (publicada em 1988). *Nós. Estudos sobre o direito das pessoas*. Lisboa: Almedina, 2004.

[4] *Estatuto do Embrião*. In *Bioética. Simpósio Especial. II Encontro Luso-Brasileiro de Bioética*. Conselho Federal de Medicina. V. 11, n. 2, 2003, p. 108-16.

"homo", *"qui in utero est"* e concebido, objeto de obra monográfica de Hélcio Maciel França Madeira.[5]

Nascituro é a pessoa por nascer, já concebida no ventre materno. Tratando-se de fecundação *in vitro*, realizada em laboratório, há necessidade de implantação do embrião *in anima nobile*, para que se desenvolva, a menos que se o congele ou criopreserve, conforme nos ensinam os especialistas em reprodução humana assistida.

A viabilidade de desenvolvimento depende, pois, da implantação no útero, onde se dará a nidação. Há a propósito, a Recomendação n.° 1.046, de 24.9.1986 do Conselho da Europa dirigida aos países-membros – mas esperando alcançar os demais – no sentido de proibição de experiências que visem a criar seres em laboratório (ectogênese), o que representa louvável preocupação.

Embora o conceito tradicional de nascituro pressuponha a concepção *in vivo*, única realidade até há pouco tempo, há necessidade, no entanto, de que a legislação futura, civil e penal – na esteira da lei alemã, de 03 de dezembro de 1990, que entrou em vigor em 1.° de janeiro de l991 – proteja especificamente o embrião pré-implantatório, assim denominado, enquanto *in vitro* ou crioconservado.

A lei brasileira de Biossegurança – Lei n.° 11.105, de 24 de março de 2005 – regulamentada pelo Decreto n. 5.591, de 22 de novembro de 2005, no artigo 24 impõe pena de detenção de um a três anos e multa para quem utilizar embrião humano em desacordo com o disposto no art. 5.° que elenca os requisitos para tanto.

No art. 25 estabelece pena de reclusão de um a quatro anos e multa para quem *"praticar engenharia genética em célula germinal humana, zigoto humano ou embrião"*.

Os diversos projetos de lei sobre reprodução humana assistida – entre os quais o projeto n. 90/99 do Senador Lúcio Alcântara, com substitutivos

---

[5] O nascituro no Direito Romano. Conceito, terminologia e princípios. Cadernos FAENAC. Série Jurídica. Dadascália. São Paulo: Companhia Editora Nacional, 2005. Sobre o assunto consulte-se, ainda, de Pierangelo Catalano, *Os Nascituros entre o Direito Romano e o Direito Latino-americano (a propósito do art. 2.° do Projeto de Código Civil Brasileiro)*. In Revista de Direito Civil, São Paulo, Revista dos Tribunais, 45: 7-15, ano 12, jul./ set. de 1988. Do mesmo autor o estudo mais recente *Il concepito "soggetto di diritto" secondo il sistema giuridico romano"*.

Consulte-se também o Capítulo 2 do Título II de nossa obra *Tutela civil do nascituro*, São Paulo: Saraiva, 2000, páginas 19 a 41.

414 *Pessoa Humana e Direito*

dos senadores Roberto Requião e Tião Viana, têm grande carga penal, tratando do assunto também no âmbito civil e administrativo.[6]

Definir a natureza jurídica e ética do embrião pré-implantatório é um dos temas cruciais da Bioética e do Biodireito, tema tratado com profundidade por Mário Emílio Bigotte Chorão.[7]

Entre os autores que integram corrente doutrinária expressiva que defende sua qualidade de pessoa citamos, entre os juristas, além de Bigotte Chorão, Gérard Mémetau[8] e Diogo Leite de Campos.[9]

No Brasil, deve-se louvar a percepção pioneira de Teixeira de Freitas que, no *Esboço de Código Civil*, inclui expressamente as pessoas por nascer, no rol das pessoas absolutamente incapazes, tese acolhida no artigo 54, 1.°, do Código Civil argentino de Veléz Sarsfield, em cujo inteiro teor se nota nítida influência do jurista brasileiro.

Os primeiros autores do século XX que defendem a personalidade do nascituro, com nítida clareza, sem "malabarismos" de argumentação, foram Rubens Limongi França[10] – que inspirou nossa monografia e de quem seremos sempre discípula – André Franco Montoro e Anacleto de Oliveira Faria[11].

Pontes de Miranda já se manifestava em favor dessa tese, quando tratou do direito a alimentos, fundado no parentesco, baseando-se nos artigos 397 e 4.° do Código Civil de 1916, bem como ao analisar o mesmo direito fundado nas obrigações provenientes de ato ilícito (artigo 1.537,II do mesmo Código).[12]

---

[6] Sobre o Projeto de Lei consulte-se nosso parecer in Revista Trimestral de Direito Civil, Gustavo Tepedino, coordenador, Editora Padma-Renovar, ano 4, v.15, p. 241-58, jul./set.2.003. A íntegra do Projeto encontra-se no sítio http://senado.gov.br

[7] BIGOTTE CHORÃO, Mário Emílio. *O problema da natureza e tutela jurídica do embrião humano à luz de uma concepção realista e personalista do Direito*. Separata da Revista *O Direito*, Lisboa, ano 123.°, 1991, IV.

[8] *La situation juridique de l'enfant conçu. De la rigueur classique à l'exaltation baroque*. In Revue trimestrielle de Droit civil, octobre-décembre 1990, p. 611 e ss.

[9] *"A vida, a morte e sua indemnização*, cit. *Nós. Estudos sobre o direito das pessoas*, cit.

[10] *Manual de Direito Civil*. 4. ed. São Paulo: Revista dos Tribunais, 1980. p. 143-45.

[11] *Condição jurídica do nascituro*. São Paulo: Saraiva, 1953. p. 29 e ss.

[12] *Tratado de Direito Privado. Parte especial. Direito de Família: Direito parental, Direito protectivo*. 2. ed., Rio de Janeiro: Borsoi.1954. t 1. p. 2125-6.

Ao tratar da curatela do nascituro, enfatiza:

"Já então pode o curador reclamar alimentos a quem os deva ou a quem em virtude de responsabilidade (CC, arts. 1.537,II e 4.°) os tenha de prestar. Se é certo que ainda não gasta em comida, roupa e educação, precisa o embrião de cuidados que têm o seu preço."

Entre os autores mais recentes, citem-se Francisco Amaral, representante da melhor doutrina civilista brasileira, e Reinaldo Pereira e Silva.[13]

Há autores que não chegam a afirmar categoricamente a personalidade do nascituro, mas lhe reconhecem direitos e *status*.

Renan Lotufo, civilista e ex-desembargador do Tribunal de Justiça de São Paulo, foi relator de expressivo voto proferido na Apelação Cível n. 193.648-1, julgada em 14 de setembro de 1994, fundado em estudos sobre a natureza jurídica do nascituro, no qual afirmou o direito a alimentos, como direito próprio, em ação de investigação de paternidade.[14]

A tese vencedora nesse acórdão, proferido na Apelação Cível n. 193.648-1 –[15] tem sido invocado em outras, como precedente.[16]

---

[13] Francisco Amaral. *O Nascituro no Direito Civil Brasileiro. Contribuição do direito Português*. Revista Brasileira de Direito Comparado, v.8, p.75-89, Forense, 1990. *Direito Civil. Introdução*. 6. ed., Rio de Janeiro, Renovar, 2006.

Reinaldo Pereira e Silva. Introdução ao Biodireito. Investigações político-jurídicas sobre o estatuto da concepção humana. São Paulo, LTR, 2002.

[14] O R. voto nos deu a honra de citação de nosso ensaio Direito do nascituro a alimentos.

[15] Apelação Cível número 193.648-1, julgada em 14 de setembro de 1994, sendo Relator o Desembargador Renan Lotufo e membros os Desembargadores Luís de Macedo (Presidente sem voto), Guimarães e Souza e Alexandre Germano, com votos vencedores. O acórdão foi publicado em Lex – Coletânea de Legislação e jurisprudência, v. 150: 90-95 e Revista dos Tribunais v. 703: 60-63.

Eis a ementa: *"Investigação de paternidade. Nascituro. Legitimidade ativa de parte. Interpretação dos artigos 5.° da Constituição da República, 7.° e 8.°, § 3.°, da Lei n. 8.069, de 1990 – Extinção do processo afastada – Recurso provido A personalidade civil do homem começa com o nascimento com vida, mas a lei põe a salvo os direitos do nascituro, uma vez que neste há vida."* Apelação Cível n. 193. 648-1.

[16] Inúmeras ações foram julgadas pelo Tribunal de Justiça de São Paulo ajuizadas contra Schering do Brasil Química e Farmacêutica Ltda por mulheres que tomaram medi-

416   *Pessoa Humana e Direito*

Entre os médicos, invoque-se, por todos, Jérôme Lejeune, premiado geneticista francês, descobridor das causas da síndrome de Down.[17] Em seus vários trabalhos, demonstra o ilustre cientista, que, desde a fecundação, a carga genética é plenamente diferenciada em relação à do pai e à da mãe, razão pela qual o nascituro é um ser individualizado, desde a primeira fase de evolução.

Entre os autores que integram corrente doutrinária expressiva que defende sua qualidade de pessoa citamos, entre os juristas, além de Mário Emílio Bigotte Chorão[18], Gérard Mémetau[19], Günter Rager[20], Francesco

---

camento contraceptivo inerte (microvlar – teste) resultando gravidez indesejada. Nessas ações, as mães representaram os filhos nascituros para pedir alimentos visando à adequada assistência pré-natal. O Tribunal assentou a legitimidade de parte das mães como representantes dos direitos do nascituro, entre os quais o a alimentos. Entre os vários acórdãos, invocamos o proferido na Apelação Cível n. 349.128-4/4-00, julgada por votação unânime, em 02 de fevereiro de 2005, na qual figura como Relator o Desembargador Dimas Carneiro, a qual transcreve vários trechos do acórdão relatado pelo Desembargador Renan Lotufo, proferido na Apelação n. 193.648-1, publicada in Revista dos Tribunais n. 703:60-3.

[17] Jérôme Lejeune. *L'enceinte concentrationaire. D'après les minutes du procès de Maryville*. Éditions Le Surment, Fayard, Paris, 1990. Do mesmo autor, consulte-se também *The custody dispute over seven human embryos. The testimony of Professor Jerome Lejeune, J.D., PH.D.* Center for law & religious freedom. Annandale, Va, {s.d}.

[18] Bigotte Chorão, Mário Emílio. *O problema da natureza e tutela jurídica do embrião humano à luz de uma concepção realista e personalista do Direito*. Separata da Revista *O Direito*, Lisboa, ano 123.º, 1991, IV. Consultem-se também outras obras do autor a seguir mencionadas.

Direito e Inovações Tecnológicas (A pessoa como questão crucial do biodireito). Separata da Revista O Direito, ano 126.º, 1994, III-IV, Lisboa. *Revolução Biotecnológica e Direito – uma perspectiva biojurídica personalista. In*: Enciclopédia Luso-Brasileira de Cultura, 23.ª, Lisboa, 1995, p. 487-501. *Concepção realista da personalidade jurídica e estatuto do nascituro*. In: Revista Brasileira de Direito Comparado. Instituto de Direito Comparado Luso-Brasileiro. N.17, p. 161-96, 1999.

[19] Mémetau, Gerard. *La situation juridique de l' enfant conçu. De la rigueur classique à l'exaltation baroque*. In Revue trimestrielle de Droit civil. Paris, octobre--décembre 1990, p. 611 e ss.

[20] Günther Rager. *Embrion-hombre-persona. Acerca de la cuestion del comienzo de la vida personal*. In *Cuadernos de Bioetica*. Revista trimestral de cuestiones de actualidad, Madrid. v. VIII, n. 31, p. 1.048-63, jul/set; 1997.

Donato Busnelli[21] e os filósofos Elio Sgreccia,[22] Antonio Tarantino,[23] Diretor do Centro de Bioética e Direitos Humanos da Università di Lecce, Laura Pallazani.[24]

A monografia de Laura Pallazani analisa com profundidade e amplitude o tema sob a ótica da Filosofia, Genética e Direito.

A esta corrente também nos filiamos, sustentando que entre embrião implantado e não implantado pode haver diferença quanto à capacidade de direito, mas não quanto à personalidade. Esta é um *quid*, enquanto a capacidade é um *quantum*. No dizer oportuno de Francisco Amaral, pode-se ser mais ou menos capaz, mas não se pode ser mais ou menos pessoa.

Entre os médicos, além de Jérôme Lejeune, Angelo Serra dedica-se ao assunto em várias obras.[25] No Brasil, merecem relevo Genival Veloso França e Eliane Elisa Azevedo.[26]

A este assunto dedicamos monografia[27] Por entender, que o conceito de nascituro – ser concebido e ainda não nascido – é amplo, não importando o *locus* da concepção, somos de opinião contrária a incluir expressamente "embrião" no artigo 2.º do Código Civil, conforme proposta do Projeto de Lei n. 6.960, de 12 de junho de 2002, de autoria do Deputado Ricardo Fiúza, Relator do Código Civil de 2002.

---

[21] BUSNELLI, *Francesco. Pessoa* e responsabilidade civil no novo Código Civil brasileiro. In: CUNHA, Alexandre dos Santos (Org.). *O direito da empresa e das obrigações e o novo Código Civil brasileiro.* Anais. São Paulo: Quartier Latin, 2006. p. 378-386.

[22] SGRECCIA, Elio. *Engenharia genética: problemas éticos e jurídicos.* In: *Questões atuais de Bioética.* Coordenação de Stanislavus Ladusãns, São Paulo, Loyola, 1990.

[23] TARANTINO, Antonio. *Per una dichiarazione dei diritti del nascituro* (coordenador). Studi Giuridici- sezione di Filosofia del Diritto e della Politica, Università degli Studi di Lecce. 1. Ed., Dott. A. Giuffrè, Milano, 1996.

[24] LAURA G. PALLAZANI. *Il concetto di persona tra bioetica e diritto.* Recta Ratio. Testi e Studi di Filosofia Del Diritto. Giappichelli Editore. Torino, 1996.

[25] SERRA, Angelo. *Dalle nuove frontiere della biologia e della medicina nuovi interrogativi alla filosofia, al diritto, e alla teologia.* In: *Nuova genetica e embriopoiesi umana,* Serra A. & Sgreccia, E., Di Pietro M. L. coordenadores, Vita e Pensiero, Milano, 1990. p. 69-70. Do mesmo autor, *Quando comincia un essere umano.* In: *Il dono della vita.* E. Sgreccia, coordenador. Vita e Pensiero, Milano, 1987, p. 99-105.

[26] Eliane Azevedo. *O direito de vir a ser depois do nascimento.* Edipuc-RS. Genival Velozo França. *O direito médico.* 6. ed., Fundo Editorial Bik, 1994.

[27] *Reprodução humana assistida: Direito Civil e Bioética.* Tese de livre-docência. Faculdade de Direito da Universidade de São Paulo. São Paulo: 2000. A ser publicada.

418   *Pessoa Humana e Direito*

Conforme demonstram Angelo Serra, médico e bioeticista italiano, bem como Elio Sgreccia, bioeticista e filósofo italiano, Francesco Busnelli, da Scuola Superiore Sant'Anna di Pisa[28], Mário Emílio Bigotte Chorão, entre outros autores, a expressão *"nascituro"* já inclui o embrião pré-implantório, anotando-se que *"embrião"* é termo não – jurídico, embora seja atualmente empregado nas leis e documentos internacionais.

Embrião é apenas um dos estágios de desenvolvimento do ovo (zigoto, mórula, blástula, embrião e feto). Acrescentar, no artigo 2.°, a palavra não-jurídica e restritiva *"embrião"* significa negar a qualidade de nascituro que já tem. A lei poderá distinguir a capacidade do nascituro implantado e do não-implantado, lembrando-se a crítica dos diversos especialistas, entre os quais René Fridyman quanto à impropriedade da palavra *"pré-embrião"*, pois de embrião já se trata.

O Código Civil optou por retirar a expressão *"ser humano"* do artigo 2.°, conforme havia sido aprovado pelo Senado Federal, por meio da Emenda Regimental n. 368.[29]

Substituiu-se *"ser humano"*, termo mais amplo, por *"pessoa"*, no texto promulgado.

Cumpre observar que o direito *constituendo* poderá considerar como nascituro o embrião pré-implantatório. Dadas suas peculiaridades, parece-nos deva a legislação regular de modo diferente os direitos do nascituro implantado *in vivo* e o embrião pré-implantatório, que poderá ser denomi-

---

[28] Reproduzo o entendimento de Francesco Busnelli a respeito da abrangência do conceito:

> *"É certo, teria sido mais claro, e mais conforme as tradições latino--americanas, um retorno ao Projeto Bevilacqua, que – como de resto, o código argentino de Vélez Sarsfield – estabelecia o começo da personalidade do homem desde a sua concepção. Parece, de todo modo, ser o caso de repelir a 'proposta de modificação do art. 2.°' (promovida pela professora Maria Helena Diniz) que pretenderia distinguir 'embrião' do 'nascituro', fazendo-o baseada na errônea premissa de que 'ao embrião, antes de implantado e viabilizado no ventre da mãe, não pode ser considerado um nascituro, a menos que não se queira aludir' – mas não me parece ser o caso – à formação de embriões não destinados ao nascimento".* (observação: aqui houve apenas deslocamento das aspas simples que se fechavam depois da palavra *aludir*)

[29] *"A personalidade civil do ser humano começa do nascimento com vida; mas a lei põe a salvo desde a concepção os direitos do nascituro".*

nado nascituro pré-implantatório, o que não lhe retira a qualidade de ser humano.

Outra corrente sustenta não ter o nascituro pré-implantatório ou embrião pré-implantatório esta qualidade, devendo ser considerado como *res*, ao menos até o décimo quarto dia a partir da fecundação. Denominados "utilitaristas" seus adeptos, prendem-se a interesses ligados à manipulação genética, pesquisa em embriões, e – em posição extrema – destruição dos denominados "embriões excedentes".

Muitos especialistas em reprodução humana assistida defendem esta corrente que, ao que parece, teve seus primeiros seguidores entre médicos dos Estados Unidos da América do Norte.[30]

Corrente intermediária, embora não lhe reconheça a qualidade ética e jurídica de pessoa, não o considera como *res*. Seria uma pessoa *in fieri* ou pessoa virtual e por isso, merecedora de respeito e proteção jurídica.[31]

Mesmo para os que o consideram *"res"*, há um pensamento direcionado a considerá-la de modo diferenciado, não sendo possível qualificar o nascituro pré-implantatório ou embrião pré-implantatório como simples "produto", a ensejar a proteção das leis de consumo. Neste sentido, as lições de Gérard Mémeteau.

A discussão acerca da natureza jurídica do nascituro se renovou depois de promulgada a recente Lei de Biossegurança – Lei n. 11.105, de 24 de março de 2005 regulamentada pelo Decreto n. 5.991, de 22 de novembro de 2005 – que provoca acaloradas discussões, sem término.

A Bioética procura compatibilizar interesses antagônicos, formando uma "ponte" entre o saber científico e o humanístico, tarefa árdua, pois, na tomada de posição interpenetram-se, nitidamente, as Ciências biológicas, as Humanísticas, a Religião.

Parece-nos que a lei brasileira procurou conciliar as ponderações dos diversos grupos – cientistas das várias Ciências, religiosos, representantes da sociedade civil, portadores de enfermidade – ficando no meio termo, de

---

[30] Sobre o assunto consulte-se E. Sgreccia, op. cit., p. 73-78.

[31] Neste sentido, Ascensión Cabrera Infante, Professora titular de Filosofia do Direito, Moral e Política da Universidade de La Coruña, em palestra proferida no Instituto Brasileiro de Estudos Interdisciplinares de Direito de Família, S. Paulo, no dia 02 de junho de 1999.

420 *Pessoa Humana e Direito*

modo a não constituir entrave às pesquisas que podem proporcionar a cura, bem-estar ou melhora da qualidade de vida das pessoas.

As condições para uso de embriões excedentes foram elencadas no art. 5.º. Exige o *caput* que a utilização de células-tronco embrionárias[32] se originem de embriões humanos produzidos por fertilização *in vitro* e que não tenham sido utilizados nos respectivo procedimentos, além dos seguintes outros requisitos:

a) sejam embriões considerados inviáveis para implantação ou
b) tenham sido congelados ao menos há três anos, da data da publicação da lei ou que nessa data, já tenham três anos de congelamento;
c) consentimento dos doadores de gametas, que a Lei denomina "genitores".[33]

---

[32] Segundo define o artigo 3.º do Decreto n. 5591, de 22.11.2005 que regulamenta a lei de Biossegurança: " *XII – células-tronco embrionárias: células de embrião que apresentam a capacidade de se transformar em células de qualquer tecido de um organismo."*

[33] *"Art. 5.º É permitida, para fins de pesquisa e terapia, a utilização de células--tronco embrionárias obtidas de embriões humanos produzidos por fertilização in vitro e não utilizados no respectivo procedimento, atendidas as seguintes condições:*

I – sejam embriões inviáveis; ou

II – sejam embriões congelados há 3 (três) anos ou mais, na data da publicação desta Lei, ou que, já congelados na data da publicação desta Lei, depois de completarem 3 (três) anos, contados a partir da data de congelamento.

§ 1.º Em qualquer caso, é necessário o consentimento dos genitores.

§ 2.º Instituições de pesquisa e serviços de saúde que realizem pesquisa ou terapia com células-tronco embrionárias humanas deverão submeter seus projetos à apreciação e aprovação dos respectivos comitês de ética em pesquisa.

§ 3.º É vedada a comercialização do material biológico a que se refere este artigo e sua prática implica o crime tipificado no art. 15 da Lei n.º 9.434, de 4 de fevereiro de 1997."

O artigo 15 da Lei que regulamenta os transplantes tipifica como crime:

"Comprar ou vender tecidos, órgãos ou partes do corpo humano:

Pena – reclusão, de três a oito anos, e multa, de 200 a 360 dias-multa.

Parágrafo único. Incorre na mesma pena quem promove, intermedeia, facilita ou aufere qualquer vantagem com a transação."

O Decreto n. 5.991, de 22 de novembro de 2005, regulamenta dispositivos da Lei de Biossegurança[34] e impõe, nos artigos 63 a 67, que sejam

---

[34] Tanto a Lei de Biossegurança como o Decreto que a regulamenta encontram-se no sítio www. planalto.gov. br / legislação. Para facilidade de consulta, transcrevemos os artigos 63 a 67 do Decreto:

"CAPÍTULO VII
Da pesquisa e da terapia com células-tronco embionárias humanas
obtidas por fertilização in vitro

Art. 63. É permitida, para fins de pesquisa e terapia, a utilização de células-tronco embrionárias obtidas de embriões humanos produzidos por fertilização in vitro e não utilizados no respectivo procedimento, atendidas as seguintes condições:

I – sejam embriões inviáveis; ou

II – sejam embriões congelados disponíveis.

§ 1.º Em qualquer caso, é necessário o consentimento dos genitores.

§ 2.º Instituições de pesquisa e serviços de saúde que realizem pesquisa ou terapia com células-tronco embrionárias humanas deverão submeter seus projetos à apreciação e aprovação dos respectivos comitês de ética em pesquisa, na forma de resolução do Conselho Nacional de Saúde.

§ 3.º É vedada a comercialização do material biológico a que se refere este artigo, e sua prática implica o crime tipificado no art. 15 da Lei n.º 9.434, de 4 de fevereiro de 1997.

Art. 64. Cabe ao Ministério da Saúde promover levantamento e manter cadastro atualizado de embriões humanos obtidos por fertilização in vitro e não utilizados no respectivo procedimento.

§ 1.º As instituições que exercem atividades que envolvam congelamento e armazenamento de embriões humanos deverão informar, conforme norma específica que estabelecerá prazos, os dados necessários à identificação dos embriões inviáveis produzidos em seus estabelecimentos e dos embriões congelados disponíveis.

§ 2.º O Ministério da Saúde expedirá a norma de que trata o § 1.º no prazo de trinta dias da publicação deste Decreto.

Art. 65. A Agência Nacional de Vigilância Sanitária – ANVISA estabelecerá normas para procedimentos de coleta, processamento, teste, armazenamento, transporte, controle de qualidade e uso de células-tronco embrionárias humanas para os fins deste Capítulo.

Art. 66. Os genitores que doarem, para fins de pesquisa ou terapia, células-tronco embrionárias humanas obtidas em conformidade com o disposto neste Capítulo, deverão assinar Termo de Consentimento Livre e Esclarecido, conforme norma específica do Ministério da Saúde.

Art. 67. A utilização, em terapia, de células tronco embrionárias humanas, observado o art. 63, será realizada em conformidade com as diretrizes do Ministério da Saúde para a avaliação de novas tecnologias."

422   *Pessoa Humana e Direito*

embriões inviáveis ou congelados disponíveis, identificados como tais, conforme § 1.º do artigo 64, sempre com o consentimento dos genitores, vedada a comercialização, sob pena de tipificar-se crime. O Ministério da Saúde promoverá levantamento e manterá cadastro atualizado de embriões humanos obtidos de fertilização *in vitro* que não foram utilizados no respectivo procedimento.

Os dois primeiros requisitos não são cumulativos, segundo interpretação literal da lei, o que se deduz à vista da conjunção alternativa "ou", mas a interpretação sistemática levará a concluir o contrário.

A lei não permite a criação de embriões para fins de pesquisa, autorizando, apenas que se utilizem os que sobrarem ou remanescerem da fertilização *in vitro*. No primeiro requisito alude a embriões inviáveis, definidos no inciso XIII do art. 3.º do Decreto n. 5591, de 22.11.2005 que regulamenta a lei:

> *"XIII – embriões inviáveis: aqueles com alterações genéticas comprovadas por diagnóstico pré implantacional, conforme normas específicas estabelecidas pelo Ministério da Saúde, que tiveram seu desenvolvimento interrompido por ausência espontânea de clivagem após período superior a vinte e quatro horas a partir da fertilização in vitro, ou com alterações morfológicas que comprometam o pleno desenvolvimento do embrião;"*

Para os fins deste inciso, a inviabilidade é considerada antes da crioconservação e a impede, o que facilmente se compreende pois não seria razoável crioconservar-se o embrião já diagnosticado como inviável, seja por ausência espontânea de clivagem, depois de 24 horas da fertilização, seja por alterações morfológicas que lhe comprometam o desenvolvimento.

No segundo requisito, permite que a pesquisa seja feita também em embriões crioconservados ao menos há três anos, parecendo presumir que não são aptos a serem implantados, mas necessariamente não o serão.

A legislação dos diversos países tem tempo máximo diferente para a crioconservação, a significar que o período de três anos – também adotado pelo artigo 24.º, 1 e 2 da lei portuguesa n. 32/2006, que regula a procriação medicamente assistida[35] – não é sinônimo de inaptidão para efeito de

---

[35] A lei portuguesa n. 32/2006 também admite a adoção pré-implantatória, embora a ela se refira como doação de embriões (artigo 25.º, 2). A nós parece que tanto no Brasil

continuidade do congelamento ou para fins de implantação em gestatriz – seja ela ou não a doadora de óvulos, ou genetrix.

A título de exemplo, lembramos que o Warnock Report, do Reino Unido, recomenda dez anos de crioconservação[36], enquanto as leis espanhola[37] e francesa[38], bem como o Human Fertilisation and Embryology Act, de 1990, do Reino Unido consideram o prazo de cinco anos.[39]

A Lei de Biossegurança reserva a palavra "inviabilidade "para situações definidas no inciso XIII do art. 3.° do Decreto que a regulamenta, mas não parece que elas aí se esgotem. O tempo máximo de congelamento – que apenas por escolha da lei é de três anos – é outro exemplo que poderia ser encartado no requisito de inviabilidade ou sinônimo que signifique

---

como em Portugal a mãe que gesta não será mãe adotiva, no sentido técnico, mas mãe, sem adjetivo. A paternidade/ maternidade biológicas tendem a serem desprestigiadas cedendo lugar à sócioafetiva, que prevalece em relação à biológica. Não havendo coincidência entre a mãe genética e a mãe gestatriz, a esta reconhecer-se-á a maternidade. O Código civil brasileiro ampara tal tese explicitada pelo artigo 1.796.° do Código Civil português, de necessária e louvável clareza na era da Biomedicina e da revolução biotecnológica, segundo o qual *"relativamente à mãe, a filiação resulta do facto do nascimento".*

[36] Mary Warnock foi nomeada pelo Departamento de Saúde e de Seguridade Social do Governo Britânico para presidir Comissão com a finalidade de relatar e propor recomendações a respeito da manipulação genética e reprodução humana assistida. A Comissão Warnock desenvolveu trabalhos de julho de 1982 a junho de 1984 e aprovou sessenta e três recomendações que compõem o Warnock Report. Consulte-se o inteiro teor na obra de Mary Warnock, *A question of life,* Basil Blackwel, London, 1985. O prazo máximo de crioconservação é previsto no n. 31.

[37] O prazo máximo de crionconservação é previsto no artigo 11 da Lei 35/88, de 22 de novembro de 1988.

[38] Loi 2004800, de 6 de agosto de 2004. O artigo 24 modifica o Titre IV do Livre Ier da segunda parte do Código da Saúde Pública. A L.2141-4 dispõe que o casal é consultado cada ano, por escrito, sobre o interesse de manter o projeto parental. Se eles não o têm, ou na hipótese de morte de um deles, os dois membros ou o sobrevivente, podem consentir no "acolhimento" por outro casal ou que possam servir para pesquisa, nas condições fixadas pela lei, ou que seja posto fim ao congelamento – o que equivale a descarte. Em todos os casos, o consentimento é dado por escrito, depois de um período de reflexão de três meses. A Lei 2141-4 também determina que se ponha fim ao congelamento de embriões na hipótese em que um dos membros do casal consultado várias vezes não responde sobre sua intenção de manter o projeto parental, ou em caso de desacordo de ambos os membros do casal sobre a manutenção deste projeto ou sobre o futuro dos embriões.

[39] Consulte-se o inteiro teor em www.opsi.gov.uk/acts/acts 1990/ukpga-19900037-en-2htm.

"imprestabilidade " "inaptidão" ou "inaproveitabilidade" para fins de implantação.

O que parece inoportuno e contraditório é colocar no mesmo patamar de requisitos para ser objeto de pesquisa, o embrião pré-implantatório inviável, nos termos do inciso XIII do art. 3.° do Decreto e aquele que já tem três anos de congelamento que muitas vezes será viável, apto à implantação, após diagnóstico pré-implantacional.

A Lei omite-se a respeito de qual profissional o faria, mas a regra ética usada para os transplantes, deve ser aqui seguida. Um profissional não envolvido na pesquisa com os embriões deve ser o que ateste a inviabilidade ou inaptidão não podendo ser da mesma equipe.

Devem ser aqui observadas as mesmas razões éticas que norteiam o § 3.° do artigo 16 do Decreto 2268, de 30 de junho de 1997 que regulamenta a Lei n.° 9.434, de 4 de fevereiro de 1997, que dispõe sobre a remoção de órgãos, tecidos e partes do corpo humano para fim de transplante e tratamento, e dá outras providências.[40]

Tanto a Lei de Biossegurança como o Decreto devem esclarecer tais pontos para que a utilização seja cautelosa. Após tais cautelas que devem ser observadas mesmo na legislação vigente, por ser a melhor interpretação sistemática, é que os embriões poderão ser utilizados.

Aos embriões pré-implantatórios que remanesceram da fertilização in vitro e que por meio de parecer técnico não sejam aptos à implantação, por serem inviáveis, segundo diagnóstico médico, e que por isso, não foram crioconservados ou aqueles que, expirado o tempo máximo de congelamento, forem considerados inaptos à implantação, por causa superveniente, melhor será que sirvam à humanidade do que sejam simplesmente descartados, equiparando-se-os a coisas, qualidade que lhes é estranha.

Aguarda-se a continuidade das pesquisas atuais com células- -ronco embrionárias que não destruam o embrião e as que utilizam células-tronco de outra origem, para o benefício da Ciência e dos doentes. Tanto uma linha de pesquisa como a outra devem prosseguir, mas enquanto não se chega ao êxito seguro de cada qual, a prudência

---

[40] *"art. 16. § 3.° Não podem participar do processo de verificação de morte encefálica médicos integrantes das equipes especializadas autorizadas, na forma deste Decreto, a proceder à retirada, transplante ou enxerto de tecidos, órgãos e partes."*

recomenda uso comedido de embriões pré-implantatórios, devendo tanto o Poder Público como os Comitês de ética zelar para que embriões não remanesçam forçadamente das técnicas de fertilização in vitro, sob a aparência de situação de normalidade, mas escondendo o verdadeiro objetivo de sobrarem para fins de pesquisa.

O Supremo Tribunal Federal decidiu, por maioria de seis votos, contra cinco, em 29 de maio de 2008, Sessão Plenária, que as pesquisas com células-tronco embrionárias não violam o direito à vida nem a dignidade da pessoa humana

Esses argumentos embasaram Ação Direta de Inconstitucionalidade ajuizada pelo ex-Procurador Geral da República, Claudio Fonteles em Ação Direta de Inconstitucionalidade n. 3.510-0 que questionou a constitucionalidade do artigo 5.º caput e parágrafos da Lei de Biossegurança (Lei n.11.105, de 24 de março de 2005), que permite pesquisas com células-tronco embrionárias.

Julgaram a ação inteiramente improcedente, atestando a constitucionalidade do artigo 5.º da Lei em tela, os Ministros: Carlos Ayres Britto, Relator, Ellen Gracie, Cármen Lúcia Antunes Rocha, Joaquim Barbosa, Marco Aurélio e Celso de Mello.

Os ministros Cezar Peluso e Gilmar Mendes também sustentaram que a lei é constitucional, mas pretendiam que o Tribunal declarasse, em sua decisão, a necessidade de que as pesquisas fossem rigorosamente fiscalizadas do ponto de vista ético por um órgão central, no caso, o Conep. Essa restrição foi alvo de um caloroso e intenso debate ao final do julgamento, poucas vezes visto, sustentando o Ministro Celso de Mello que a maioria não havia feito qualquer ressalva, razão de não poder constar na Ementa ou no extrato do julgamento, opinião esta que, a final, prevaleceu.

Os Ministros Carlos Alberto Menezes Direito, Ricardo Lewandowski e Eros Grau entenderam que as pesquisas poderiam ser realizadas porém com a ressalva de que os embriões viáveis não fossem destruídos para a retirada das células-tronco. Esses três ministros e o Ministro Gilmar Mendes fizeram ainda, em seus votos, várias outras ressalvas para a liberação das pesquisas com células-tronco embrionárias, anotando-se como ponto comum a fiscalização e vigilância pelos órgãos públicos e a defesa da embrião pré-implantatório, considerado no ponto de vista filosófico, ético e jurídico.

Embora tenham sido liberadas as pesquisas com células-tronco embrionárias, parece-nos que a decisão do Supremo Tribunal Federal não significa desconsideração à dignidade do embrião pré-implantatório nem que as pesquisas serão irrestritas.

A própria Lei de Biossegurança já é restrita permitindo pesquisas apenas com embriões considerados inviáveis – após diagnóstico pré--implantacional e antes da crioconservação – ou que já estiverem congelados há mais de três anos da data da vigência da Lei (24 de março de 2005) e sempre com o consentimento dos pais genéticos.

A fiscalização por órgão estatal, reclamada com ênfase, nos votos dos Ministros Eros Grau, Cezar Peluso e Gilmar Mendes já existe: trata-se do Conep, ligado ao Ministério da Saúde que é a última instância para permitir a realização de pesquisas com células-tronco bem como quaisquer outras na área biomédica, como as farmacêuticas e de vacinas.

Por meio de Resolução RDC n. 29, de 12 de maio de 2008, a ANVISA – Agência Nacional de Vigilância Sanitária, "aprova o Regulamento Técnico para o cadastramento nacional dos bancos de células e tecidos germinativos (BCTG) e o envio da informação de produção de embriões humanos produzidos por fertilização in vitro e não utilizados no respectivo procedimento".

A fiscalização por órgão estatal, já prevista pela legislação, agora reforçada, atende as restrições opostas nos votos minoritários dos Ministros do Supremo Tribunal Federal.

Uma vez que a Lei de Biossegurança é enfática quanto a proibir a criação de embriões para fins de pesquisa, que há restrições claras para elas, parece-nos que a Lei, agora interpretada pelo Supremo Tribunal Federal, será adequada para compatibilizar o respeito ao embrião pré--implantatório e o desenvolvimento da Ciência, em prol da Humanidade.

Se embriões seriam descartados, remetidos ao lixo sanitário – fim indigno para o que não é res – melhor é que sirvam para minorar o sofrimento das pessoas que necessitam da continuidade de pesquisas científicas, sem descuidar de outras linhas investigativas, que utilizam células--tronco adultas.

Parece-nos que o caminho não é a sacralização absoluta do embrião pré-implantatório, de modo a olvidar a relevância das outras pessoas, as já nascidas. Em tema tão polêmico, a interpretação do Supremo Tribunal Federal, quer seja pelos votos inteiramente vencedores, quer seja pelos parcialmente vencedores, é, por si só, uma vitória.

2. A personalidade jurídica: correntes doutrinárias fundamentais

Como já afirmamos, nascituro é aquele que está por nascer, já concebido. No terceiro milênio, a quarta era dos direitos, caracterizada pelos avanços da Biomedicina, da Genética e das Telecomunicações, a dúvida é se o conceito pode se estender ao nascituro concebido *in vitro*, isto é, fora do ventre materno, única realidade quando do advento do Código revogado.

No nosso modo de ver, o conceito amplo de "nascituro" – o que há de nascer – pode abarcar tanto o implantado como o embrião pré-implantatório. Como é possível conferir-se herança e doação até à prole eventual – prole não gerada e que talvez nem o seja – pode-se também conferi-las ao embrião pré-implantatório, bastando que seja identificado, o que se dá por meio da identificação dos doadores de gametas.

Antes de serem congelados, há essa providência para fins vários como a implantação na própria doadora do óvulo ou em outra mulher, no caso de doação de óvulo.

Pode-se fazer testamento em favor do embrião pré-implantatório, com fundamento no artigo 1.798 do Código Civil que admite legitimadas a suceder as pessoas nascidas ou já concebidas, no momento da abertura da sucessão.

Atribuir direitos e deveres significa afirmar personalidade e tanto a segunda parte do artigo 2.º, que é exemplificativo, como outras normas do Código reconhecem expressamente ao nascituro direitos e *status* (como o de filho) e não expectativas de direitos.

Ele pode ser reconhecido ainda no ventre materno (parágrafo único do artigo 1.609 e parágrafo único do artigo 26 da Lei n. 8.069, de 13.7.1.990 – Estatuto da Criança e do Adolescente)), está sujeito à curatela (artigos 1.778 e 1.779), pode ser adotado (artigo 1.621 cc artigo 2.º, segunda parte), tem direito à representação pelos pais (artigo 1.634,V, 1.689,II) ou pelo curador (artigo 1.779).[41]

Além de direitos consagrados de modo expresso, a redação exemplificativa do artigo 2.º permite reconhecer o direito a alimentos ao nascituro

---

[41] Consulte-se nossa obra *Tutela civil do nascituro*, cit,. Leia-se também nosso comentário ao artigo 2.º do Código Civil, na obra coletiva *Código Civil Interpretado artigo por artigo*, parágrafo por parágrafo, São Paulo: Manole, 2008.

e investigar-lhe a paternidade (Revista dos Tribunais n. 703:60-3; Revista dos Tribunais n. 650:220 e Julgados do Tribunal de Alçada Civil de São Paulo n. 74:99). O nascituro pode kser beneficiário de doação (artigo 542) e herança (artigo 1.799), direitos patrimoniais materiais, podendo o representante legal entrar na posse de bens doados ou herdados, provando-se a gravidez, por meio da posse em nome do nascituro (Código de Processo Civil artigos 877 e 878).

O nascimento com vida apenas consolida o direito patrimonial, aperfeiçoando-o. O nascimento sem vida atua, para a doação e herança, como condição resolutiva, problema que não se coloca em se tratando dos direitos não patrimoniais.

De grande relevância os direitos da personalidade do nascituro, abarcados pela previsão não taxativa do art. 2.°. Entre esses, avulta o direito à vida, à integridade física, à honra, à imagem, desenvolvendo-se cada vez mais a indenização de danos pré-natais, entre nós com impulso maior depois dos estudos de Bioética.

Considerando a não-taxatividade do artigo 2.°, a previsão expressa de direitos e *status* ao nascituro, bem como o conceito de personalidade, sustentamos que o Código Civil, filia-se à corrente concepcionista que reconhece direitos e *status* desde a concepção, como já ocorria no Direito Romano.

Não nos parece adotar a corrente natalista que é prevista apenas na primeira parte do artigo e não se sustenta em interpretação sistemática. Nem é correto afirmar-se adotar a corrente da personalidade condicional, pois os direitos não-patrimoniais, incluindo-se os direitos da personalidade, não dependem do nascimento com vida e, antes, a ele visam.

A despeito de inúmeras teorias sobre o início da personalidade e a condição jurídica do nascituro, podemos reduzi-las, ao menos no Brasil, a três correntes fundamentais: a natalista, a da personalidade condicional e a verdadeiramente concepcionista.

A primeira delas – natalista – encontra grande número de adeptos que afirmam que a personalidade civil começa do nascimento com vida, alicerçando-se na primeira parte do artigo 2.° do Código Civil que estatui:

> "*A personalidade civil da pessoa começa do nascimento com vida; mas a lei põe a salvo desde a concepção, os direitos do nascituro*".

Mencionada corrente não explica, no entanto, porque o mesmo artigo 2.º reconhece **direitos** e não expectativas de direitos ao nascituro os quais, assim como os *status,* efetivamente lhe são atribuídos pelo Código, conforme já explanado.

Baseia-se, também, a corrente natalista, na errônea afirmação de que no Direito Romano o nascituro não era considerado pessoa, o que foi muito bem contestado pelo professor Titular de Direito Romano, Pierangelo Catalano, da Universidade de Roma (La Sapienza) em pesquisa específica a respeito da condição jurídica do nascituro, no Direito Romano, em suas várias fases[42], bem como na obra monográfica de Hélcio Madeira.[43]

A segunda corrente, denominada da personalidade condicional, reconhece a personalidade, desde a concepção, com a condição de nascer com vida. Constitui a corrente adotada por Clóvis Bevilaqua no artigo 3.º de seu Projeto de Código Civil[44] mas não incorporada ao artigo 4.º do Código de 1916.

Embora Bevilaqua tenha-se aproximado bastante da teoria concepcionista, deixa à margem de suas indagações os Direitos da Personalidade – entre os quais se inclui, primordialmente, o direito à vida – direitos absolutos, incondicionais, não dependentes, pois, do nascimento com vida.

Não se poderá afirmar, porém, que Clóvis Bevilaqua, enquanto doutrinador, fosse adepto da teoria da personalidade condicional, pois ao

---

[42] *Os Nascituros entre o Direito Romano e o Direito Latino-americano (a propósito do art. 2.º do Projeto de Código Civil Brasileiro)* in Revista de Direito Civil, São Paulo, Revista dos Tribunais, 45/7-15, ano 12, julho a setembro de 1988.

[43] *O nascituro no Direito Romano. Conceito, terminologia e princípios,*cit.

[44] Assim se expressa Clóvis Bevilaqua in *Projeto do Código Civil Brasileiro – Trabalhos da Comissão Especial da Câmara dos Deputados.* Projectos primitivo e revisto. Rio de Janeiro, Imprensa Nacional, 1902, v. 1:

> *"Onde a verdade? Com aquelles que harmonizam o Direito Civil consigo mesmo, com o penal, com a physiologia e com a lógica, como demonstrou Teixeira de Freitas na luminosa nota ao artigo 221 de seu Esboço. Realmente, si o nascituro é considerado sujeito de direitos, si a lei civil lhe confere um curador, si a lei criminal o protege cominando penas contra a provocação de aborto, a lógica exige que se lhe reconheça o caráter de pessoa, como o fizeram os códigos e projectos acima citados, de acordo com os quaes se mostra Raoul de la Grasserie."*

comentar o artigo 1.537 do Código revogado, afirma que a indenização em caso de homicídio se estenderá aos filhos nascidos e nascituros, equiparando-os.[45]

É mister observar que o Projeto Bevilaqua, bem como o Código Civil brasileiro vigente, são datados de época em que entre nós não estava plenamente divulgada e alicerçada a Doutrina dos Direitos da Personalidade, falha na qual não incide o Projeto de Código Civil atual que, no entanto, os regulou de modo tímido nos artigos 11 a 21.

Os direitos da personalidade do nascituro seriam bastantes para alicerçar a corrente concepcionista, afastando a da personalidade condicional, pois não há direito de personalidade condicional. Se fosse admitido o contrário, seria contraditório admitir condicionalmente o direito à vida, subordinado à condição de nascer com vida. O mesmo se diga quanto ao direito à integridade física, reconhecendo-se cada vez mais ao nascituro, na atualidade, a indenização de danos pré-natais.[46]

A Constituição Federal assegura no *caput* do artigo 5.º – que define, não exaustivamente, os direitos e garantias fundamentais – a inviolabilidade do direito à vida, sem definir, no entanto, a partir de que momento se daria esta proteção.

O inciso XXXVIII do mesmo artigo, reconhece a instituição do júri com competência para julgamento dos crimes dolosos contra a vida, entre os quais se inclui o aborto. Assegura, ainda, a licença à gestante, com a duração de cento e vinte dias, no artigo 6.º, inciso XVII, a; proteção à maternidade, especialmente à gestante (art. 201, II e art. 203, I), com a finalidade de proteger a mãe e o nascituro.

---

[45] *Código Civil Comentado*. 5. ed., Rio de Janeiro, Francisco Alves, 1938, v. 4

[46] Consulte-se de nossa autoria *Bioética e dano pré-natal* Revista de Direito Comparado. Instituto de Direito Comparado Luso-Brasileiro. Rio de Janeiro, 1999. p. 297-328.

No livro *Tutela civil do nascituro*, tratamos do assunto nas páginas 301 e ss, nas quais mostramos a evolução jurisprudencial que caminha para conceder, cada vez mais amplamente, indenização por danos causados ao nascituro. Em trabalho mais recente atualizamos essa evolução. Consulte-se *O nascituro perante os Tribunais. A recente decisão do Tribunal de Justiça de São Paulo. Evolução e tendências*. Revista do IASP. Instituto dos Advogados de São Paulo. São Paulo: Revista dos Tribunais. Nova série. Ano 10, n.20. jul./dez.2007. p. 222-32.

Cumpre salientar que até o texto final da Constituição vigente, a questão do início da vida foi objeto de inúmeras polêmicas – se a partir da concepção ou do nascimento[47].

A definição expressa do início da vida, ficou, destarte, sob o encargo da legislação ordinária, embora nos pareça que a Constituição Federal proteja o nascituro.

No Direito Internacional, o direito à vida do nascituro é expressamente previsto na Convenção Americana dos Direitos Humanos, Pacto de S. José da Costa Rica, além de ter sido objeto das Recomendações de números 934/82, 1.046/86 e 1.100/89 do Conselho da Europa.

O Pacto de San José da Costa Rica ou Convenção Americana de Direitos Humanos (1969) foi ratificado pelo Brasil em 25 de setembro de 1992 e ingressou no Direito interno por meio do Decreto n.° 678, de 06.11. 92.

Estabelece no Capítulo II (Direitos Civis e Políticos), artigo 4.° – Direito à vida:

> *"1. Toda pessoa tem direito de que se respeite sua vida. Esse direito deve ser protegido pela lei e, em geral, desde o momento da concepção. Ninguém pode ser privado da vida arbitrariamente."*

A seu turno, a Convenção sobre os Direitos da Criança (1989), ratificada pelo Brasil em 24 de setembro de 1990, considera em seu preâmbulo:

> *"Tendo em mente que, como indicado na Declaração sobre os Direitos da Criança, a criança, em razão de sua falta de maturidade física e mental necessita proteção e cuidados especiais, incluindo proteção jurídica apropriada antes e depois do nascimento;"*

A terceira corrente doutrinária é por nós denominada concepcionista ou verdadeiramente concepcionista, para diferenciar-se da teoria da personalidade condicional. Sustenta que a personalidade começa da concepção e não do nascimento com vida, considerando que muitos dos direitos e *status* do nascituro não dependem do nascimento com vida, como os Direitos

---

[47] *O Nascituro no Código Civil e no nosso Direito Constituendo*. In *O Direito de Família e a Constituição de 1988*. Coordenação de Carlos Alberto Bittar, Saraiva, 1989, p. 39-52. Consulte-se, ainda, *Tutela civil do nascituro*, cit., p. 245-52. Tanto o ensaio como a obra monográfica são de nossa autoria.

432   *Pessoa Humana e Direito*

da Personalidade, o direito de ser adotado, de ser reconhecido, atuando o nascimento sem vida como a morte, para os já nascidos.

Como já explanado, bastaria apenas um direito não condicional, subordinado ao nascimento com vida, para que a personalidade não fosse condicional. É o que ocorre com o *status* de filho e com os direitos pessoais entre os quais: o de ser reconhecido ainda no ventre materno, o de ser representado, o de ser adotado, o de ter curador. O mesmo se diga quanto aos direitos da personalidade, direitos pessoais de natureza privilegiada.

Aperfeiçoando mencionada corrente, sustentamos em tese de Doutorado e na obra na qual ela se baseia, que a personalidade – que não se confunde com capacidade – não é condicional.

Apenas certos efeitos de certos direitos, isto é, os direitos patrimoniais materiais como a herança e a doação, dependem do nascimento com vida. A plenitude da eficácia desses direitos fica resolutivamente condicionada ao nascimento sem vida. O nascimento com vida, enunciado positivo de condição suspensiva, deve ser entendido, ao reverso, como enunciado negativo de uma condição resolutiva, isto é, o nascimento **sem** vida, porque a segunda parte do artigo 2.º do Código Civil, bem como outros de seus dispositivos, reconhecem **direitos** (não, expectativas de direitos) e estados ao nascituro, não do nascimento com vida, mas desde a concepção.

O nascimento com vida aperfeiçoa o direito que dele dependa, dando-lhe integral eficácia, na qual se inclui sua transmissibilidade. Porém, a posse dos bens herdados ou doados ao nascituro pode ser exercida, por seu representante legal, desde a concepção, legitimando-o a perceber as rendas e os frutos, na qualidade de titular de direito subordinado à condição resolutiva.

Fundamentam nosso entendimento os artigos 127,128, 563, 1.784, 2.020, todos do Código Civil e os artigos 877 e 878 do Código de Processo Civil, que cuidam da posse em nome do nascituro, como medida cautelar (ou processo de jurisdição voluntária, como preferem alguns processualistas).

Entre os adeptos da corrente concepcionista, que perfilhamos, incluimos: Teixeira de Freitas[48], Pontes de Miranda[49], R. Limongi

---

[48] *Consolidação das leis civis*, 3. ed. Rio de Janeiro, H. Guarnier, 1886 e *Esboço do Código Civil*, Ministério da Justiça e Negócios Interiores, Serviço de Documentação, 1952.

[49] Tra*tado de direito privado; Parte Geral – Introdução – Pessoas físicas e jurídicas*, Rio de Janeiro, Borsoi, 1954, t.1, e Tratado de direito privado; Parte especial – Direito de família – Direito parental – Direito protectivo, Rio de Janeiro, Borsoi, 1955, t.II.

França[50], Anacleto de Oliveira Faria e André Franco Montoro[51], Francisco dos Santos Amaral Neto,[52]. Giselda Maria Fernandes Novaes Hironaka. Em Portugal, José Tavares,[53] Mario Emílio Bigotte Chorão[54], Diogo Leite de Campos.[55]

A Rubens Limongi França se deve a estrutura fundamental da corrente concepcionista.

A tomada de posição no sentido de que o nascituro é pessoa importa reconhecer-lhe outros direitos, além dos que expressamente lhe são concedidos pelo Código Civil e outros diplomas legais, uma vez que se afasta na espécie, porque inaplicável, a regra de interpretação *exceptiones sunt strictissimae interpretationis*.

Reitera nosso modo de ver quanto à não-taxatividade dos direitos reconhecidos ao nascituro, outro postulado hermenêutico, no sentido de que a enunciação taxativa é indicada expressamente pelas palavras *só*, *somente*, *apenas* e outras similares, inexistentes no artigo 2.º que, ao contrário, refere-se genericamente a **direitos** do nascituro.

Entre os que não são expressamente previstos, inclui-se o direito a alimentos, reconhecido ao *conceptus* desde o Direito Romano, conforme textos do Digesto 37, 9.1 (*De ventre in possessionem mittendo, et curatore ejus*).

De fundamental importância, porque diretamente relacionado ao direito à vida e à integridade física – ambos Direitos da Personalidade – o direito a alimentos do nascituro, que visa à adequada assistência pré-natal.[56]

---

[50] *Manual de Direito Civil*. 3. Ed., São Paulo, Revista dos Tribunais, 1981.

[51] *Condição jurídica do nascituro no direito brasileiro*, São Paulo, Saraiva, 1953.

[52] *O Nascituro no Direito Civil Brasileiro. Contribuição do direito Português*. *Revista Brasileira de Direito Comparado*, v. 8, p.75-89, Forense, 1990. Consulte-se, também, do ilustre civilista, a valiosa obra, de leitura obrigatória para os estudiosos da Parte Geral do Direito Civil, *Direito Civil. Introdução*. 6. ed., Rio de Janeiro, Renovar, 2006.

[53] *Os Princípios fundamentais do Direito Civil*. Coimbra, Coimbra Editora, 1928, v.2.

[54] *O Problema da natureza...*cit.

[55] *Lições de direitos da personalidade. I Parte. Personalidade jurídica, personalidade moral e personalidade política*, cit.. *Nós. Estudos sobre o direito das pessoa*, cit. A vida, a morte e sua indemnização, cit.

[56] *Direito do Nascituro a Alimentos: do Direito Romano ao Direito Civil* Revista da Procuradoria Geral do Estado de S. Paulo, v. 34: l69-l85. O mesmo artigo encontra-se publicado na Revista de Direito Civil n.º 54: 52-60.

434   *Pessoa Humana e Direito*

Cumpre salientar a importante contribuição dada por v. acórdão do E. Tribunal de Justiça de S. Paulo, ao qual já nos referimos, quanto ao reconhecimento do direito à vida do nascituro e a necessidade e possibilidade de assegurá-lo por meio da ação de investigação de paternidade cumulada com alimentos.[57]

3. Inovações do Código Civil

Dispõe o artigo 2.° do Código Civil:

"A personalidade civil da pessoa começa do nascimento com vida; mas a lei põe a salvo, desde a concepção, os direitos do nascituro."

A norma repete, em linhas gerais o art. 4.° do Código Civil de 1916, tendo substituído "homem" por "pessoa", na redação final do Relatório da Câmara dos Deputados.

Restabeleceu-se a expressão *"desde a concepção"*, por Emenda do Senado Federal, com o expresso aval do elaborador da Parte Geral, José Carlos Moreira Alves, Professor titular de Direito Civil na Faculdade de Direito da Universidade de São Paulo e Ministro do Supremo Tribunal Federal.

Escrevemos ensaios com respeitosa crítica à supressão da expressão que constava no Anteprojeto do Código Civil, demonstrando que, se mantida, prestar-se-ia a confundir prole eventual e nascituro, conceitos bem diferentes.[58]

Como já afirmamos, nascituro é aquele que está por nascer, já concebido. No terceiro milênio, a quarta era dos direitos, caracterizada pelos

---

[57] Acórdão publicado na Revista dos Tribunais n. 703: 60-3. Trata-se de acórdão proferido, por votação unânime, na Apelação Cível número 193.648-1, julgada em 14 de setembro de 1994, da qual é Relator o eminente Desembargador Renan Lotufo e membros os Desembargadores Luís de Macedo (Presidente sem voto), Guimarães e Souza e Alexandre Germano, com votos vencedores.

[58] *O Nascituro no Código Civil e no nosso Direito Constituendo O Direito de Família e a Constituição de 1988.* Coordenação de Carlos Alberto Bittar, Saraiva, 1989, p. 39-52.

avanços da Biomedicina, da Genética e das Telecomunicações, a dúvida é se o conceito pode se estender ao nascituro concebido *in vitro*, isto é, fora do ventre materno, única realidade quando do advento do Código revogado.

Anote-se a tendência em se proteger cada vez mais a vida em qualquer de seus estágios, benefício também trazido pela quarta era dos direitos, conforme temos sustentado, fato esse que também não passou desapercebido a Renan Lotufo.[59]

No nosso modo de ver, o conceito amplo de "nascituro" – o que há de nascer – pode abarcar tanto o implantado, como o embrião pré-implantatório. Trata-se de diferenciar a capacidade – um *"quantum"* – e não a personalidade, um *"quid"* (essência, substância).

Como é possível conferir-se herança e doação até à prole eventual – prole não gerada e que talvez nem o seja – pode-se também conferi-las ao embrião pré-implantatório, bastando que se o identifique, por meio dos doadores de gametas que a Lei de Biossegurança considera como "genitores" (artigo 5.º, inciso I.º 1.º), expressão mantida no artigo 63 § 1.º do Decreto que a regulamenta (D. 5.591, de 11 de novembro de 2005).

Quando permanecem congelados, há essa identificação para fins vários como a implantação na própria geradora do óvulo ou em outra mulher, no caso de doação de gameta. Outra finalidade é saber quem dará o consentimento para a utilização de células-tronco embrionárias, para fins de pesquisa e terapia, como previsto na mesma norma da Lei de Biossegurança.

Pode-se fazer testamento em favor do embrião pré-implantatório, com fundamento no art. 1.799 do Código Civil. Não o atinge o prazo de dois anos do § 4.º do artigo 1.800[60], que se refere à prole eventual, a que ainda não foi gerada.

O embrião pré-implantatório já o foi, aguardando-se apenas a gestação. São conceitos que não se equivalem.

---

[59] *Curso Avançado de Direito civil. Parte geral*. Everaldo Cambler, coordenador. 2. ed. 2.003, p. 90. *Código civil comentado. Parte Geral. (arts. 1.º a 232)*. São Paulo: Saraiva, 2.003, p. 13.

[60] *§ 4.º – "Se, decorridos 2 (dois) anos após a abertura da sucessão, não for concebido o herdeiro esperado, os bens reservados, salvo disposição em contrário do testador, caberão aos herdeiros legítimos".*

436   *Pessoa Humana e Direito*

Mínimos conhecimentos de Genética já sustentam a tese no sentido de que o embrião é um dos estágios de desenvolvimento do ovo, produto da fertilização do óvulo pelo espermatozóide. Nem são idênticos os conceitos de gerar e gestar e o § 4.° do artigo 1800 exige que sejam gerados e não gestados.

Conforme sustentamos em obra própria, a ser publicada[61], o embrião pré-implantatório poderá herdar como herdeiro legítimo ou testamentário. Como legítimo, se houver coincidência entre a mãe que gera e a que o gesta, depois de crioconservado.

Como testamentário, se forem diferentes pessoas a doadora do óvulo (genetrix) e a que gesta (gestatrix) como no caso de fertilização heteróloga ou fertilização por doadora.

A reprodução humana oferece múltiplas hipóteses não sendo possível enumerá-las todas, para o desiderato deste trabalho. As diferentes situações do doador de gameta também enriquece o número de hipóteses que diferenciarão o herdeiro legítimo e o testamentário.[62]

Quanto à adoção, embora ela possa ser subsumida na redação ampla, não taxativa do artigo 2.°, consideramos um grande retrocesso o Código Civil vigente, que se propõe a ser novo, retirar a previsão expressa de adoção de nascituro que era atual e de acordo com a evolução científica em reprodução humana. Em 1956, quando foi alterada a redação original do artigo 372 do código de 1916, para se incluir a expressão "ou nascituro"[63] o legislador tomou posição expressa em assunto que já se anunciava como prestes a evoluir gradativamente.

Como explanamos em artigo específico sobre a necessidade de se alterar o *caput* do artigo 1.621 do Código Civil vigente,[64] a adoção de nascituro atende aos interesses dele e dos pais, desde a concepção, propor-

---

[61] *Reprodução humana assistida: Direito Civil e Bioética.* Tese de livre-docência apresentada à Faculdade de Direito da Universidade de São Paulo, 2.000

[62] Consulte-se, neste ensaio, Capítulo II, n. 2. *Reprodução humana assistida. Impacto no Direito de Família e no Direito das Sucessões.*

[63] – *"Não se pode adotar sem o consentimento do adotado ou de seu representante legal se for incapaz ou nascituro.*

[64] *Adoção de nascituro. Razões para se alterar o caput do artigo 1.621 do Código Civil.* In *Novo Código Civil. Questões controvertidas.* Série Grandes Temas do Direito Privado. Coordenação de Mário Luiz Delgado e Jones Figueiredo Alves. São Paulo: Método, 2005, p. 354-72.

cionando-lhe alimentos desde então, por meio da adequada assistência pré-natal, cuja importância foi também prestigiada pelo Estatuto da Criança e do Adolescente (art. 7.°). Por meio dos alimentos, de responsabilidade do adotante, permite-se ao filho nascituro, o nascimento com vida.

Anote-se que em países como a França, Itália e Colômbia – cujos Códigos Civis têm norma geral que parece adotar a teoria natalista – bem como a Argentina, que não prevêm expressamente a adoção de nascituro, admitem-na segundo a regra geral de proteção do nascituro quando se trata de seus interesses.

Retirar o que era expresso retrocede em relação ao desenvolvimento contemporâneo da Embriologia e da consciência atual quanto à necessidade de proteger a vida desde a concepção.

Retrocede, ainda, porque as legislações mais avançadas, ainda que minoritárias, como a da Lousiana, têm tutela expressa do embrião pré--implantatório,por meio de curador, permitindo sejam adotados, o que se denomina adoção pré-implantatória, um dos destinos dignos aos embriões excedentes, livrando-os do descarte, um dos problemas cruciais da Bio-ética e do Biodireito, nas oportunas e sensíveis palavras de Mário Emilio Bigotte Chorão.

A legislação da Louisiana nos impressionou positivamente pela grande proteção que dá aos nascituros, o que se reflete na limitação do uso da reprodução assistida e da manipulação genética.

O artigo 26 do Código civil estatui que o nascituro pode ser considerado pessoa natural para tudo que lhe favoreça, desde o momento da concepção. Inspira-se, assim, na máxima latina *"infans conceptus pro nato habetur"*. Se nascer morto, considera-se como se não tivesse existido como pessoa, exceto para fins de ações que tenham por fundamento o denominado *"wrongful death."*

O comentário do Louisiana Civil Code na edição da West Publishing Co. – Louisiana Statutes Annotated – anota que a expressão *"children in the mother's womb"* que constava na redação de 1870, foi deliberadamente alterado para *"an unborn child"*. Acrescenta o autor dos Comentários que um nascituro pode ser uma pessoa mesmo se estiver em uma proveta.

Há remissão a inúmeros acórdãos que determinam se indenizem os pais pela morte de filho nascituro, com base nos artigos 26 e 2.315 do Código civil.

Quanto à personalidade do embrião humano *in vitro,* a nota *g* ao artigo 26 expressamente remete a R.S. 9:121-133 (*Revised Statutes*).[65]

O Código Civil com a emenda oriunda do Act 1976 n. 430 estabelece, no art. 188, que o marido não pode negar a paternidade de uma criança concebida por inseminação artificial, se consentiu nesta prática.

O Act n. 964, de 14 de julho de 1986, estabelece, no Capítulo 3, a tutela dos embriões humanos.

O § 121 define-o, para os fins desse Capítulo, como o ovo humano fertilizado *in vitro*, com certos direitos garantidos pela lei.

O § 122 estabelece que o uso do ovo fertilizado *in vitro* destina-se à implantação no útero. Não pode ser cultivado para fins de pesquisa ou outros propósitos. A venda do ovo ou embrião humanos é expressamente proibida.

O § 123 trata da capacidade estabelecendo que o ovo humano fertilizado existe como pessoa (no sentido jurídico) desde o tempo em que ovo fertilizado *in vitro* é implantado no ventre, ou em outro tempo em que a lei reconheça direitos ao nascituro.[66]

Interessante anotar a equiparação entre ovo fertilizado *in vitro* e o nascituro, cujo conceito é o de ser já concebido, no ventre materno, isto é, *in vivo*. A equiparação vem enfatizada no § 124 que trata do *status* legal.

Segundo este parágrafo, como pessoa (*juridical person*) ao ovo fertilizado *in vitro* pode ser dada identificação para facilidade médica, o que o legitima a demandar processualmente e ser demandado. A confidencialidade quanto ao paciente fertilizado *in vitro* deve ser mantida.

O § 125 estabelece que o ovo fertilizado *in vitro* é entidade separada da clínica onde está hospedado ou armazenado.

O § 126 trata de hipóteses em que haverá um guardião temporário do ovo fertilizado in vitro, até que ocorra a *"implantação adotiva"* ou *"adoção implantatória"*, prevendo a indicação de um *curador* para proteger os direitos do ovo fertilizado.

---

[65] *West's Louisiana Statutes Annotated. Civil Code.* Articles 1 to 177. Volume 1, ST. Paul, Minn., West Publishing Co., 1993. Consulte-se, ainda, LOUISIANA. Louisiana State Legislature. *On line* http://www.legis. state. la. us.

[66] *"An in vitro fertlilized human ovum exists as a juridical person until such time as the in vitro fertilized ovum is implanted in the womb; or at any other time when rigths attach an unborn child in accordance with law."*

O § 129 estabelece que ovos fecundados *in vitro* não poderão ser destruídos após 36 horas a partir da fertilização – ou mesmo antes, se forem crioconservados – momento em que serão considerados viáveis. Serão considerados inviáveis antes de tal período.

O §130 estabelece os deveres dos doadores. Prevê a possibilidade de adoção do ovo fertilizado *in vitro*, aludindo a *"implantação adotiva"*, devendo os doadores genéticos renunciar, gratuitamente, a seus direitos parentais.

O § 131 estatui que, nas disputas judiciais o *standard* judicial para resolução de conflitos será o de melhor interesse do ovo fertilizado *in vitro*. Mais uma vez, há a mesma proteção dada ao nascituro conforme estatui o artigo 26 do Civil Code of Louisiana.

O § 133 consigna que o direito hereditário não pode ser reconhecido ao ovo fertilizado *in vitro*, enquanto *in vitro*, mas apenas quando estiver no estágio de nascituro (*unborn child*) e que nasça vivo. O direito à herança não provém dos doadores genéticos.

Esta proteção conferida pela lei ao embrião pré-implantatório, fecundado in vitro, que o equipara ao nascituro constitui um exemplo de legislação a ser seguida, no nosso modo de ver.

Cumpre salientar que, não obstante o Direito Norte-Americano consagre a liberalização do aborto, a proteção à saúde e à vida pré-natal é reconhecida por várias leis, o que pode parecer um contra-senso, já apontado por diversos autores.

Anote-se a tendência atual de restringir o direito ao aborto, o que é demonstrado pelas decisões posteriores ao caso Roe v. Wade, de 1971, relatadas em *Direitos de Personalidade do Nascituro*[67] e em *Tutela Civil do Nascituro*.[68]

Com tais considerações, parece-nos que, se fosse mantida a redação do artigo 372 do Código Civil brasileiro de 1916, revogado pelo Código de 2002, melhor atenderia à adoção de nascituros implantados e não implantados, os embriões pré-implantatórios, conforme tratado em ensaio específico.[69]

---

[67] Ensaio de nossa autoria in Revista do Advogado. n.º 38, dezembro de 1992, editada pela Associação dos Advogados de S. Paulo, p. 21 a 32.

[68] Obras de nossa autoria, cit.

[69] *Adoção de nascituro. Razões para se alterar o caput do artigo 1.621 do Código Civil. In Novo Código Civil. Questões controvertidas.* Série *Grandes Temas do Direito*

440   *Pessoa Humana e Direito*

O artigo 2.º é também exemplificativo, tal como o artigo 4.º do Código revogado, permitindo reconhecer o direito a alimentos ao nascituro e investigar-lhe a paternidade.[70]

Como no Código Civil revogado, o nascituro pode ser beneficiário de doação (artigo 542) e herança (artigo 1.799), direitos patrimoniais materiais, podendo o representante legal entrar na posse de bens doados ou herdados, provando-se a gravidez, por meio da medida cautelar processual posse em nome do nascituro (CPC arts. 877 e 878).

II – REPRODUÇÃO HUMANA ASSISTIDA

1. Conceito. Aspectos gerais. A falta de regulamentação específica

Segundo o Projeto de Lei n. 90/99, do Senador Lúcio Alcântara, técnicas de reprodução assistida (RA) são *"aquelas que importam na implantação artificial de gametas ou embriões humanos no aparelho reprodutor de mulheres receptoras com a finalidade de facilitar a procriação"*.

O Substitutivo do Senador Roberto Requião, de 1999, conceitua a reprodução humana, que intitula *"procriação medicamente assistida"*, inspirando-se claramente na denominação da legislação francesa, como técnicas que importam na implantação artificial de gametas ou embriões humanos fertilizados *in vitro*, no aparelho reprodutor de mulheres receptoras.

O Substitutivo do Senador Tião Viana, considera a reprodução humana assistida, termo que também a nós parece mais adequado, como técnicas*" para a implantação artificial de gametas ou embriões humanos fertilizados in vitro, no organismo de mulheres receptoras"*.

Cumpre observar a grande confusão de terminologia, a impropriedade técnico – vocabular do Código Civil, ao tratar das várias técnicas de reprodução humana assistida.

Privado. Coordenação de Mário Luiz Delgado e Jones Figueiredo Alves. São Paulo: Método, 2003, p. 35.

[70] Revista dos Tribunais n. 703:60-3, n. 650:220 e Julgados do Tribunal de Alçada Civil de São Paulo n. 74:99).

Melhor seria ter uniformizado a linguagem, de modo simples. Pelos estudos que fizemos, concluimos que fertilização e concepção são sinônimos, embora na linguagem médica se utilize " fertilização", e "concepção" seja termo empregado mais freqüentemente na linguagem jurídica.

Concordamos, destarte, com a crítica feita à impropriedade vocabular do Código Civil, quanto à reprodução humana assistida, pelo Enunciado 105 da I Jornada de Direito Civil promovida pelo Centro de Estudos Judiciários da Justiça Federal e Superior Tribunal de Justiça, realizadas em Brasília, de 11 a 13 de setembro de 2004:

> *"105 – Art. 1.597: as expressões "fecundação artificial", "concepção artificial" e "inseminação artificial" constantes, respectivamente, dos incs. III, IV e V do art. 1.597, deverão ser interpretadas como "técnica de reprodução assistida."*

O inciso III do artigo 1.597 poderia empregar a expressão *fertilização homóloga*; o inciso IV poderia aludir a *"fertilização homóloga"* e o V, *fertilização heteróloga* ou *fertilização por doador*. O adjetivo *"artificial"* pode ou não ser utilizado, referindo-se à forma *"não natural"* da fertilização.[71]

Há inúmeras técnicas de reprodução humana assistida descritas na literatura especializada.[72]

---

[71] *"Art. 1.597. Presumem-se concebidos na constância do casamento os filhos:*
I – nascidos cento e oitenta dias, pelo menos, depois de estabelecida a convivência conjugal;
II – nascidos nos trezentos dias subsequentes à dissolução da sociedade conjugal, por morte, separação judicial, nulidade e anulação do casamento;
III – havidos por fecundação artificial homóloga, mesmo que falecido o marido;
IV – havidos, a qualquer tempo, quando se tratar de embriões excedentários, decorrentes de concepção artificial homóloga;
V – havidos por inseminação artificial heteróloga, desde que tenha prévia autorização do marido."

[72] Entre as outras técnicas de reprodução assistida, que constituem variações dos procedimentos básicos da fertilização *in vitro* citamos as seguintes, descritas no livro *"Tudo por um bebê"*, de Roger Abdelmassih.

a) zift – transferência dos embriões para as trompas, em vez de colocá-los no útero. b) dipi – inseminação de espermatozóides na cavidade peritoneal.c) viti – inseminação de espermatozóides diretamente na trompa, por via vaginal.d) gift – transferência de gametas para a trompa de Falópio, constituindo variação da FIV, para atender a casais que enfrentam dilemas éticos, morais ou religiosos, possibilitando que a concepção não ocorra em laboratório, mas no próprio ventre materno. Assim, os óvulos e os esperma-

442 *Pessoa Humana e Direito*

A segunda etapa, após a fertilização – por qualquer das técnicas descritas – é a da implantação do embrião no útero, que se dá entre cinco e nove dias após a fertilização. As taxas de sucesso na fertilização não são as mesmas quanto à implantação – em torno de 60%.[73]

Embora sejam múltiplas as técnicas e procedimentos de reprodução humana assistida, para o Direito o que importa, em substância, é tratar-se de fertilização homóloga ou por doador. Na primeira, há sêmen do marido ou do companheiro. Na segunda, sêmen de terceiro. Há, ainda, possibilidade de gestação de óvulo fertilizado por outra mulher que não a gestatriz, com sêmen do marido ou do companheiro desta ou, em diferente caso, com sêmen de terceiro.

As múltiplas hipóteses, inclusive a gestação por substituição (impropriamente denominada *"barriga de aluguel"*) não podem ser analisadas nesse artigo, de extensão limitada.[74]

É bastante enfatizar a participação de terceiro, na geração do nascituro, que não o marido ou companheiro, a mulher ou companheira; a participação de outra mulher na gestação do concebido, que não seja o cônjuge – mulher.

É mister salientar também que a fertilização *in vitro* será homóloga se realizada com sêmen do marido ou companheiro e heteróloga, se com sêmen de doador.

Embora esta seja uma terminologia consagrada, é de melhor técnica denominar a fertilização heteróloga de "fertilização *por doador"*.

---

tozóides são colocados em um catéter e depois depositados nas trompas da paciente, antes da fecundação. Mais recentemente, foi desenvolvida nova técnica de micromanipulação, a ICSI (*intra cytoplasmatic sperm injection*), segundo a qual se injeta um único espermatozóide diretamente no óvulo fazendo com que haja fertilização *"quase que à força"* (sic). Na hipótese de ausência de espermatozóides, é utilizada a técnica denominada TESE (*testicular sperm extraction*), ou extração testicular de espermatozóides, que é a biópsia do testículo, realizada pela coleta de vários pontos de tecido testicular. Se não localizados os espermatozóides, ainda há esperança, pois a biópsia pode revelar a presença de espermátides – células especiais que correspondem a um estágio primitivo do espermatozóide. As espermátides sofrerão maturação artificial, até o estágio de espermatozóide, estimulado, por química, em laboratório. Roger Abdelmassih. *Tudo por um bebê*, 1. Ed., São Paulo, Siciliano, 1994,

[73] Roger Abdelmassih. *Tudo por um bebê*, 1. Ed., São Paulo, Siciliano, 1994, p. 69.

[74] Embora não tenha esgotado todas as hipóteses em nossos *Comentários ao Código Civil. Direito de Família. Arts. 1.591 a 1.710* ali tratamos mais amplamente do tema, em relação ao qual foram analisados outros aspectos.

Concordamos, assim, com a observação feita por alguns médicos especialistas em reprodução assistida, durante o IV Congresso Latino Americano de Esterilidade e Infertilidade, realizado em S. Paulo, em junho de 1993 no sentido de que a denominação *"heteróloga"* só se justificaria se o sêmen não fosse humano. Esta terminologia é, no entanto, bastante utilizada.

Cumpre salientar que o Código de Ética Médica, aprovado pelo Conselho Federal de Medicina por meio da Resolução CFM n.° 1.246/88, publicado no Diário Oficial da União de 26 de janeiro de 1988, Seção I, p. 1574-7 – que revoga o Código de Ética Médica de 1965 e o Código Brasileiro de Deontologia Médica, de 1984 – utiliza a expressão *"fecundação artificial"*, no artigo 63, não se referindo às suas espécies.

A específica Resolução do Conselho Federal de Medicina n.° 1.358/92 alude à *"doação temporária de útero"*, doação de óvulos, doação de pré-embriões crioconservados e doadoras genéticas.

A técnica intitulada *"maternidade de substituição"*, *"maternidad por sub-rogação"*, *"maternidade substituta"*, imprópria e vulgarmente denominada *"barriga de aluguel"*, consiste em gestação na qual não há identidade ou coincidência entre a mãe biológica – a doadora do óvulo – e a mãe gestatriz, a que gesta e dará à luz.

Acresça-se que técnicas de reprodução humana assistida baseiam-se na fertilização e não na substituição da reprodução sexual, como a clonagem.

O projeto de lei n. 90/99 e seus dois Substitutivos impõem requisitos para o uso de técnicas de reprodução humana assistida, admitida, em geral, para casos de infertilidade e para prevenção e tratamento de doenças genéticas ou hereditárias ou prevenção de doenças genéticas ligadas ao sexo. Entre os vários requisitos, anotem-se, entre outros, a indicação médica e o consentimento expresso da receptora da técnica.[75]

---

[75] Para comparação da finalidade do emprego das técnicas de reprodução assistida e requisitos para ser aplicada, transcrevemos o Projeto original do Senador Lúcio Alcântara, o Substitutivo do Senador Roberto Requião e o Substitutivo do Senador Tião Viana. A íntegra dos Projetos encontra-se na em http://www.senado.gov.br, indicando-se a página do último senador para quadro comparativo do Projeto e dos substitutivos.

PL 90/99-Senador Lúcio Alcântara

"Art. 2.° A utilização da RA só será permitida, na forma autorizada pelo Poder Público e conforme o disposto nesta Lei, para auxiliar na resolução dos casos de infertilidade

444 Pessoa Humana e Direito

O Código Civil não cuida, senão genericamente, das diversas questões de reprodução humana assistida, pouco tratada na literatura jurídica brasileira.[76]

---

e para a prevenção e tratamento de doenças genéticas ou hereditárias, e desde que: – tenha sido devidamente constatada a existência de infertilidade irreversível ou, caso se trate de infertilidade inexplicada, tenha sido obedecido prazo mínimo de espera, na forma estabelecida em regulamento; II – os demais tratamentos possíveis tenham sido ineficazes ou ineficientes para solucionar a situação de infertilidade; III – a infertilidade não decorra da passagem da idade reprodutiva; IV – a receptora da técnica seja uma mulher capaz, nos termos da lei, que tenha solicitado ou autorizado o tratamento de maneira livre e consciente, em documento de consentimento informado a ser elaborado conforme o disposto no art. 3.º;
Substitutivo do Senador Roberto Requião
"Art. 2.º A utilização da Procriação Medicamente Assistida só será permitida, na forma autorizada nesta Lei e em seus regulamentos, nos casos em que se verifica infertilidade e para a prevenção de doenças genéticas ligadas ao sexo, e desde que: I – exista, sob pena de responsabilidade, conforme estabelecido no art. 38 desta Lei, indicação médica para o emprego da Procriação Medicamente Assistida, consideradas as demais possibilidades terapêuticas disponíveis, e não se incorra em risco grave de saúde para a mulher receptora ou para a criança; II – a receptora da técnica seja uma mulher civilmente capaz, nos termos da lei, que tenha solicitado o tratamento de maneira livre e consciente, em documento a ser elaborado conforme o disposto nos arts. 4.º e 5.º desta Lei;
Substitutivo do Senador Tião Viana:
"Art. 2.º A utilização das técnicas de Reprodução Assistida será permitida, na forma autorizada nesta Lei e em seus regulamentos, nos casos em que se verifique infertilidade e para a prevenção ou tratamento de doenças genéticas ou hereditárias, e desde que: I – exista indicação médica para o emprego da Reprodução Assistida, consideradas as demais possibilidades terapêuticas disponíveis, segundo o disposto em regulamento; II – a receptora da técnica seja uma mulher civilmente capaz, nos termos da lei, que tenha solicitado o tratamento de maneira livre, consciente e informada, em documento de consentimento livre e esclarecido, a ser elaborado conforme o disposto na Seção II desta Lei;"
[76] Registramos a monografia de Eduardo de Oliveira Leite, *Procriações Artificiais e o Direito. Aspectos médicos, psicológicos, éticos e jurídicos.* S. Paulo: Revista dos Tribunais,1995. Entre os vários ensaios publicados no Brasil, um dos primeiros se deve ao civilista português José de Oliveira Ascensão: *Problemas jurídicos da procriação assistida.* Revista Forense, v. 328, ano 90, p. 69-80, out.nov.dez.1994. Em nossa tese de livre-docência aprovada pela Faculdade de Direito da Universidade de São Paulo, em julho de 2001, tratei amplamente da reprodução humana assistida no âmbito do Direito Civil e da Bioética.

Foi opção do legislador não cuidar de temas ainda não suficientemente amadurecidos.

Explana Miguel Reale que uma das normas orientadoras da nova codificação foi a de *"destinar à legislação especial aditiva todos os assuntos que ultrapassarem os lindes da área civil ou implicarem problemas de alta especificidade técnica"*.[77]

O relator da Parte Geral, José Carlos Moreira Alves, tem-se pronunciado, em diversas palestras, no mesmo sentido. Enfatiza a inoportunidade de o então Projeto tratar de assunto tão novo e polêmico, que lhe parece merece ser amadurecido, circunstância que o torna incompatível com a regulamentação no Código Civil.[78]

Não discordamos do entendimento segundo o qual a complexa matéria que envolve reprodução humana assistida deve ser objeto de lei própria. É necessário amplo debate interdisciplinar – não só no âmbito do Direito, como no das demais Ciências – antes de aprovada lei que discipline os vários aspectos da reprodução humana assistida.

Legislação especial haverá, pois já é objeto de debate no Congresso nacional. Um dos projetos sobre reprodução humana assistida é o de número 90/99 do Senador Lúcio Alcântara, com Substitutivos dos Senadores Roberto Requião e, mais recente, do Senador Tião Viana a quem assessoramos por meio de Parecer oferecendo críticas construtivas para aperfeiçoamento da legislação.[79]

---

[77] Miguel Reale. *O Projeto do novo Código Civil*. 2. ed., Saraiva, 1999. Esclarece na página 13: *"Nessa ordem de idéias, não teria sentido inserir-se no Projeto dispositivos sobre inseminação artificial, desde as mais variadas formas de geração extra-uterina até a chamada concepção in vitro, pois tais processos envolvem questões que transbordam do campo jurídico, alargando-se pelos domínios da medicina e da engenharia genética, implicando problemas tanto de Bioética quanto de Direito Administrativo e de direito Processual, a fim de atender a exigências de segurança e certeza no concernente à maternidade ou à paternidade. Eis aí uma esfera onde a legislação especial se põe como a única apropriada"*.

[78] *Reale e Moreira Alves defendem o novo Código*. Ricardo Maffeis in Carta Maior. Ano 3, n. 130, 10 de agosto de 2002. A palestra do Ministro Moreira Alves foi proferida na Associação dos Advogados de São Paulo, em agosto de 2002, em Curso sobre o novo Código Civil.

[79] A convite do Senador Tião Viana, Relator do Projeto 90/99 na Comissão de Assuntos Sociais, participamos, em 15 de maio de 2001, de audiência pública no Senado Federal para esclarecimento dos Senadores. Parecer publicado na Revista Trimestral de Direito Civil. Coordenada por Gustavo Tepedino. Rio de Janeiro, Padma-Renovar, 2003.

446 *Pessoa Humana e Direito*

Todos os incisos do artigo 1.597 foram por nós comentados em obra própria, à qual fazemos remissão.[80]

O inciso I do artigo 1.597 corresponde, sem mudanças ao inciso I do artigo 338 do Código civil revogado.

Deve, no entanto, ser combinado com os incisos III, IV e V que tratam das repercussões das novas técnicas de reprodução humana assistida.

Antes do casamento e antes dos cento e oitenta dias a que alude o inciso I, a mulher pode ter-se submetido à fertilização com sêmen do futuro marido. Destarte, a criança pode nascer antes do cento e oitenta dias considerados pela norma.

A mulher pode, ainda, ter-se valido de implantação de embrião excedentário – presumivelmente crioconservado até então – que advém de fecundação com sêmen do futuro marido.

Em outra hipótese, antes dos cento e oitenta dias depois de estabelecida a convivência conjugal, a mulher pode ter-se submetido à fertilização heteróloga, com prévia autorização do futuro marido.

Em todas esses casos, o lapso temporal de cento e oitenta dias não deverá ser considerado para afastar a presunção de o filho ter sido concebido na constância do casamento, a caracterizar filho matrimonial (outrora denominado "legítimo").

O inciso II do artigo 1.597 corresponde, em conteúdo, ao inciso II do artigo 338 do Código de 1916, com aperfeiçoamento e atualização da linguagem técnica.

Fazemos aqui as mesmas observações ao lapso temporal de cento e oitenta dias depois de estabelecida a convivência, de que trata o inciso I do artigo 1.597.

A fecundação artificial homóloga ou fertilização homóloga pode ultrapassar trezentos dias da dissolução da sociedade conjugal. A implantação de embriões excedentes – antes, crioconservados – também pode ir além desse prazo.

Inseminação *post mortem*

A inseminação *post mortem*, admitida pelo inciso III do artigo 1.597 envolve direitos de personalidade daquele de quem se origina o sêmen.

---

[80] *Comentários ao Código Civil*, cit.

Não se pode presumir que alguém queira ser pai, depois de morto, devendo o sêmen ser destruído se não houver manifestação expressa de vontade quanto à inseminação *post mortem*. Se ela existir, alguns requisitos devem ser observados.

Não há discordância quanto a ser ideal a biparentalidade, mas ela não pode afastar a inseminação *post mortem*, na hipótese de ter havido um projeto biparental em vida – identificando-se a receptora do sêmen.

O Enunciado n. 106 da I Jornada de Direito Civil do Centro de Estudos Judiciários pressupõe o consentimento expresso do marido e, além desse requisito, para que seja presumida a paternidade do marido falecido, que a viúva esteja nessa condição, qualidade essa passível de boa polêmica.

> *"106 – Art. 1.597, inc. III: para que seja presumida a paternidade do marido falecido, será obrigatório que a mulher, ao se submeter a uma das técnicas de reprodução assistida com o material genético do falecido, esteja na condição de viúva, sendo obrigatório, ainda, que haja autorização escrita do marido para que se utilize seu material genético após sua morte."*

Admitida a inseminação *post mortem*, não deve haver discriminação ao filho assim gestado, subtraindo-lhe quaisquer direitos e *status*. Admitir a inseminação *post mortem* é aceitar o estabelecimento da paternidade. Aceitando-a, todos os direitos que daí decorrem devem ser respeitados.

No nosso modo de ver afrontaria a regra da igualdade entre os filhos, consagrada pela Constituição Federal no artigo 226 § 6.° da Constituição Federal.

A inseminação *post mortem*, para cuja discussão muito contribuiu o caso Parpalaix, julgado na França, é admitida com reservas pela legislação estrangeira, que prevê a possibilidade de não repercutir nos direitos patrimoniais, o que não é compatível com a igualdade de todos os filhos acolhida pela norma constitucional.

A irrevogabilidade do consentimento do marido

O inciso V do artigo 1.597, acrescentado pela Câmara dos Deputados, sofreu crítica de José Carlos Moreira Alves, elaborador da Parte Geral. Para

448   *Pessoa Humana e Direito*

ele, as novas conquistas da ciência não deveriam estar no Código e, sim, em leis extravagantes e não se haveria de cogitar de presunção, como prevê o *caput* do artigo 1.597, se há prévia autorização do marido.

> *"A Câmara dos Deputados quis dar um ar de modernidade ao novo Código e o resultado foi a criação de figuras como a do art. 1.597, inciso V, que presume concebidos na constância do casamento os filhos havidos por inseminação artificial desde que com prévia autorização do marido. Mas se existe a prévia autorização, onde está a presunção?"*[81]

Embora o consentimento do marido seja irretratável, não se pode presumir sua duração *"ad aeternum"*, depois de dissolvida a sociedade conjugal. A irretratabilidade relaciona-se com a constância da sociedade conjugal. Significa que, uma vez realizada a fertilização com sêmen de doador – terminologia mais adequada – com o consentimento do marido, ele não mais pode se retratar.

Se não foi feita, o consentimento é, em tese, retratável, pois estabelecerá paternidade, ato de profundas conseqüências morais, psicológicas e jurídicas.

Questão que ensejará polêmica de grande dificuldade é a hipótese de haver disputa entre a mulher, agora infértil, que quer a implantação, e o ex-marido que não a quer. Se uma das questões cruciais da reprodução humana assistida é o destino a dar aos embriões excedentes, evitando-se-lhes a destruição, melhor será implantá-los na mãe biológica, que quer ser também a gestatriz, do que encaminhá-lo à adoção pré-implantatória por outro casal. Nesse caso, pai será o marido ou companheiro da gestatriz que concordou expressamente com a implantação.[82]

Quanto ao inciso V, cumpre acrescentar que a irrevogabilidade da autorização do marido para a fertilização artificial por doador – ou heteró-

---

[81] *"Reale e Moreira Alves defendem novo Código."* Reportagem de Ricardo Maffeis in Carta Maior. Boletim on line n. 130, ano 3, de 20 de agosto de 2002. O autor se refere ao Relatório Geral do Deputado Ricardo Fiúza. Cumpre salientar que a Emenda 225 do Senado Federal acrescentou inciso III que assim era redigido: *"III – havidos por inseminação artificial, desde que tenha havido prévia autorização do marido"*. Depois da aprovação pelo Senado Federal o artigo continha apenas três incisos.

[82] Não cabe aqui discutir a implantação em mulher solteira. Fazemos remissão a nosso parecer sobre reprodução humana assistida, no qual o assunto foi tratado.

loga, como prefere o Código Civil – decorre do sistema civil de proteção da filiação, bem como dos Direitos da Personalidade.

Dispõe o artigo 1.º da Lei 8.560, de 1992 que o reconhecimento de filhos havidos fora do casamento é irrevogável. No mesmo sentido, os artigos 1.609 e 1.610 do Código Civil e artigo 48 do Estatuto da Criança e do Adolescente, quanto à adoção.

Concordamos, assim, com a irretratabilidade do consentimento prevista no Enunciado n. 258 da III Jornada de Direito Civil do Centro de Estudos Judiciários da Justiça Federal:

> *"art. 1.597 e 1.601 – Não cabe a ação prevista no art. 1.601 do Código Civil se a filiação tiver origem em procriação assistida heteróloga, autorizada pelo marido nos termos do inc. V do art. 1.597, cuja paternidade configura presunção absoluta".*

As normas só aludem a reconhecimento de filho fora do casamento, pois os havidos do casamento, na constância dele, presumem-se ser do marido por força da regra *pater is est quem nuptiae demonstrant*.[83] A irrevogabilidade é diretriz do Direito de Família, aplicando-se tanto aos filhos extramatrimoniais, como aos matrimoniais.

A retratabilidade ou revogabilidade do consentimento do marido só pode ser aceita, em tese, antes da fertilização, pois a partir desse momento, sendo ela bem sucedida, há outra realidade a ser considerada: o nascituro cuja proteção jurídica não difere da concedida pelo Código de 1916.

Acrescentamos que a falta de autorização prévia do marido para a fertilização heteróloga, configura violação de deveres conjugais, sendo causa para separação judicial culposa.

Na quarta era dos direitos, pode-se falar em *"adultério casto"* – terminologia utilizada pioneiramente pela doutrina espanhola que é a hipótese aqui mencionada.

Pode-se aludir, ainda, a *"adultério virtual"*, o que ocorre no mundo das comunicações eletrônicas, via Internet.

Na verdade, embora não se configure adultério cujo conceito exige conjunção carnal, é caracterizada violação de deveres conjugais pela

---

[83] Digesto 2.4.5: *Quia semper certa est, etiam si vulgo conceperit: pater vero is eset, quem nuptiae demonstrant*

450   *Pessoa Humana e Direito*

quebra do dever de respeito e considerações mútuos ou de assistência imaterial (artigo 1.566, incisos III e V).[84]

Configura-se conduta desonrosa, conforme artigo 1.573, V do Código Civil.[85]

Embora estejamos na era do exame de DNA, ele não pode, no entanto, ser sacralizado a ponto de se desprezar a paternidade sócio-afetiva, idolatrando-se a qualquer custo, a verdade real da paternidade = paternidade biológica.

Em hipótese na qual quem registrou a criança sabia não ser o pai biológico, não se pode aceitar essa verdadeira retratação de paternidade, conforme bem salientou o R. voto vencido do Desembargador Renan Lotufo no acórdão proferido na Apelação n. 90.330-1, da primeira Câmara do Tribunal de Justiça de São Paulo, in Revista dos Tribunais n. 656: 76-79.

Direito das sucessões

Quanto ao direito das sucessões do filho concebido *post mortem*, não me parece ser obstáculo o artigo 1.787 do Código Civil segundo o qual regula a sucessão e a legitimidade para suceder a lei vigente ao tempo da abertura daquela.

---

[84] *"Art. 1.566. São deveres de ambos os cônjuges:*

   I – fidelidade recíproca;

   II – vida em comum, no domicílio conjugal;

   III – mútua assistência;

   IV – sustento, guarda e educação dos filhos;

   V – respeito e consideração mútuos."

[85] *"Art. 1.573. Podem caracterizar a impossibilidade da comunhão de vida a ocorrência de algum dos seguintes motivos:*

   I – adultério;

   II – tentativa de morte;

   III – sevícia ou injúria grave;

   IV – abandono voluntário do lar conjugal, durante um ano contínuo;

   V – condenação por crime infamante;

   VI – conduta desonrosa.

   Parágrafo único. O juiz poderá considerar outros fatos que tornem evidente a impossibilidade da vida em comum."

Esse artigo corresponde ao 1.577 do Código de 1916, com pequenas alterações.[86]

Deve ele ser combinado com o artigo 1.597 do Código Civil, exigindo-se, apenas o consentimento expresso do marido para que a fertilização possa ser feita *post mortem*.

O artigo 1.787 traz regra de direito intertemporal afirmando que a sucessão e a legitimidade para suceder (denominada "capacidade para suceder" pelo artigo 1.577 do Código de 1916) são reguladas pela lei vigente ao tempo da abertura da sucessão. Esta definirá quem pode ser herdeiro e outra regras do direito sucessório.

A capacidade sucessória do nascituro é reconhecida pelo Código Civil brasileiro desde 1916 (artigo 1.718) e respaldada pelo inciso I do artigo 1.799 do Código vigente.[87]

O termo tradicionalmente empregado pelo Direito brasileiro é nascituro, o que há de nascer, já concebido. Não há razão que justifique a mudança para "embrião", como empregado por alguns autores e por algumas normas.

Antes do advento da reprodução humana assistida – que possibilita a existência de embriões crioconservados – o termo *nascituro* abrangia só o que já estivesse concebido e implantado *in vivo*, única possibilidade de então.

Hoje, diante dos avanços da reprodução humana assistida, graças ao desenvolvimento da Biomedicina, amparada pelas novas descobertas e pesquisas da Genética, discute-se se o termo *"nascituro'* pode abranger o embrião *pré-implantatório*, afastando-se a impropriedade da expressão *"pré-embrião"* pois de embrião já se trata.[88]

---

[86] Artigo 1.787 – *"A capacidade para suceder é a do tempo da abertura da sucessão, que se regulará conforme a lei então em vigor."*

[87] *"Art. 1.799. Na sucessão testamentária podem ainda ser chamados a suceder:*

I – os filhos, ainda não concebidos, de pessoas indicadas pelo testador, desde que vivas estas ao abrir-se a sucessão;

II – as pessoas jurídicas;

III – as pessoas jurídicas, cuja organização for determinada pelo testador sob a forma de fundação."

[88] Frydman, René. *La procréatique. Pouvoirs. Revue française d´études constitucionnelles et politiques,* Paris, n. 56, 1991. A advertência foi feita publicamente e com ênfase, no IV Congresso Latino Americano de *Esterilidade e Infertilidade*, realizado em S. Paulo, de 26 a 30 de junho de 1993, promovido pelo Flasep e Sociedade Brasileira

452   *Pessoa Humana e Direito*

Mesmo não se entenda que o conceito de nascituro abranja o embrião pré-implantatório, isto é, o que já está concebido e apenas aguardando – *in vitro* ou na crioconservação – a implantação *in vivo*, no ventre materno, ainda assim deve-se considerar que o artigo 1.798[89] admite a suceder os que já estão <u>concebidos</u> no momento da abertura da sucessão.[90]

A norma em tela não distingue o *locus* da concepção e não impõe esteja implantado, exigindo apenas e tão-somente a concepção. Esta já existe e por este motivo a primeira norma aplicável à capacidade sucessória do embrião pré-implantatório é o artigo 1.798.

Não se há de confundir embrião pré-implantatório, que já está concebido, com a prole eventual, que ainda não o foi e poderá jamais ser concebida.

O § 4.º do artigo exige a concepção do herdeiro esperado, no prazo de dois anos, e não distingue entre concepção *in vivo e in vitro,* nem exige que esteja em gestação. Ao aludir apenas à "concepção" – qualidade que o embrião pré-implantatório tem, pois já concebido – não afasta os que tenham sido crioconservados, a aguardar a implantação.[91]

---

de Reprodução Humana – do qual participamos em duas mesas de debates, a respeito dos aspectos éticos e jurídicos da reprodução assistida.

[89] Art. 1.798. *"Legitimam-se a suceder as pessoas nascidas ou já concebidas no momento da abertura da sucessão."*

[90] Em que pese o respeito aos subscritores da proposta que resultou no Enunciado 267 da III Jornada de Direito Civil do Centro de Estudos Judiciários da Justiça Federal, realizada em Brasília, em setembro de 2004, considero-a despicienda, pois induz a supor que haveria diferença entre nascituro concebido *in vivo* ou in *anima nobile* e o concebido por meio de reprodução humana assistida. A lei não poderia fazer diferença entre forma natural de reprodução e forma "artificial", por meio de socorro de técnicas médicas. As polêmicas se prendem quanto a ser homóloga e heteróloga (ou por doador) a reprodução. A última forma pode ensejar grande número de hipóteses com diferentes soluções jurídicas como, por exemplo, fertilização por doador, sem consentimento do marido ou do companheiro. Eis o Enunciado n. 267: *"A regra do art. 1.798 do Código Civil deve ser estendida aos embriões formados mediante o uso de técnicas de reprodução assistida, abrangendo, assim, a vocação hereditária da pessoa humana a nascer cujos efeitos patrimoniais se submetem às regras previstas para a petição da herança".*

[91] Anote-se que, enquanto o Direito prefere a palavra "concepção", a Genética utiliza "fecundação" e "fertilização", indicando todas a fertilização ou fecundação do óvulo, pelo espermatozóide, resultando no ovo que se transformará, nas várias fases de desenvolvimento, em mórula, blástula, embrião e feto.

Não é aceitável criar-se a distinção que alguns pretendem fazer, ao confundir "concepção", com implantação *in vivo* ou *in anima nobile*, negando que o embrião pré-implantatório tenha sido concebido, sem respaldo em lição básica de Genética. Por isso, não se pode aceitar tal diferença – não objetivada pelo legislador e, por isso, contrária à regra *"onde a lei não distingue, não cabe ao intérprete distinguir"* – o que importaria criar identidade entre prole eventual – a que ainda não foi concebida e poderá nunca o ser – e embrião pré-implantatório, cuja realidade da concepção é inequívoca.

Preocupado com a não circulação de riquezas, com o estagnar do direito de propriedade, o legislador de 2002 impôs o prazo de dois anos para que a prole eventual (prole conceptura) fosse concebida, inovando, em relação ao código de 1916 que não havia previsto tempo algum.

Embora nos pareça um prazo muito exíguo para a concepção da prole eventual que será beneficiada com a sucessão de alguém ou com doação, deve ele ser observado.

À indefinição do Código revogado – criticada pela Doutrina – o novo Código opôs prazo muito curto.

Só o passar dos anos poderá indicar se tão curto lapso temporal é adequado.

Prole eventual é, como a própria denominação indica, a que poderá existir no futuro, sendo meramente aleatória sua existência. É a prole futura a ser concebida. **Não guarda qualquer identidade ou semelhança nem com o nascituro nem com o embrião pré-implantório, admitindo--se, para argumentar, possa haver diferença entre um e outro.**

Somente à prole eventual aplica-se a regra do § 4.° do artigo 1.800 do Código Civil.[92]

---

[92] Art. 1.800. " *No caso do inciso I do artigo antecedente, os bens da herança serão confiados, após a liquidação ou partilha, a curador nomeado pelo juiz.*

§ 1.° Salvo disposição testamentária em contrário, a curatela caberá à pessoa cujo filho o testador esperava ter por herdeiro, e, sucessivamente, às pessoas indicadas no art. 1.775.

§ 2.° Os poderes, deveres e responsabilidades do curador, assim nomeado, regem-se pelas disposições concernentes à curatela dos incapazes, no que couber.

§ 3.° Nascendo com vida o herdeiro esperado, ser-lhe-á deferida a sucessão, com os frutos e rendimentos relativos à deixa, a partir da morte do testador.

§ 4.° Se, decorridos dois anos após a abertura da sucessão, não for concebido o

Cumpre salientar que, conforme analisamos em monografia específica sobre reprodução humana assistida, a capacidade para suceder será fixada a partir da implantação *in vivo* ou *in anima nobile*: a gestatriz é a mãe. Pai será o marido ou o companheiro.

Quando não há coincidência entre o pai ou mãe biológicos, o nascituro poderá herdar dos pais biológicos, por testamento, e não por meio da sucessão legítima. Não se pode admitir que alguém possa ter duas mães: a biológica e a gestatriz que dará à luz.

Não se pode admitir, igualmente, que possa ter dois pais: o biológico (que poderá ser apenas um doador de sêmen) e o que consentiu na fertilização da mulher ou companheira, por meio de doação de sêmen, o qual virá a ser o pai sócioafetivo, assumindo civilmente a paternidade.

Doador de sêmen não é pai por meio do simples ato de doação.

Tais complexas questões não podem ser analisadas profundamente nesta oportunidade, mas importante é frisar a distinção entre prole eventual e embrião pré-implantatório.

Ao embrião pré-implantatório excedentário – ou excedente, ou sobrante – aplicam-se o artigo 1.798 cc incisos IV e V do artigo 1.597, conforme se trate de fertilização homóloga ou de fertilização por doador (fertilização heteróloga) com autorização do marido ou do companheiro.

Ademais, conforme já salientei, a norma – ou princípio, como entende Francisco Amaral – constitucional da igualdade dos filhos, prestigia sejam estendidos ao filho concebido *post mortem* todos os direitos dos concebidos durante a vida do pai – pré-morto em relação àquele.

Deve-se distinguir, no entanto, a hipótese de já existir embrião pré-implantatório, por ocasião da morte do pai, e a hipótese de, no momento da morte, haver apenas sêmen do pai destinado à fertilização homóloga.

No primeiro caso, existindo embrião excedentário, ainda não implantado, aplicam-se as mesmas regras relativas a nascituro pelas razões já por nós analisadas quanto ao inciso IV do artigo 1.597 combinando-se-o com o artigo 1.798 do Código civil.

No segundo caso, por existir apenas gameta masculino ainda não utilizado na fertilização do óvulo, aplica-se o inciso III do artigo 1.597 cc artigo 1.799,I que se refere à prole eventual.

---

herdeiro esperado, os bens reservados, salvo disposição em contrário do testador, caberão aos herdeiros legítimos."

Por testamento, o pai pode dispor em favor de prole eventual, a ser concebida *post mortem*. O Código Civil, no § 4.º do artigo 1.800 exige que a concepção se dê no prazo de dois anos após a abertura da sucessão.

O próprio parágrafo ressalva *"salvo disposição em contrário do testador"*, parecendo referir-se ao concepturo beneficiado no testamento, caso não seja concebido, e não ao prazo de dois anos.

Se houver a concepção da prole eventual, com sêmen do testador, que era marido ou companheiro da gestatriz, é questão de grande relevância indagar se o filho poderá ter esse *status* com as conseqüências jurídicas que dele se originam: direitos pessoais e direitos patrimoniais.

Analisando o Direito Civil à luz da Constituição Federal que consagra a igualdade dos filhos de quaisquer origens como direito fundamental fora do catálogo mas com *status* constitucional formal conforme considera Ingo Wolfgang Sarlet[93] ou como princípio ou como norma, não se poderá discriminar o filho havido *post mortem* concebido com sêmen do pai pré-morto, depois do prazo de dois anos de que trata o § 4.º do artigo 1.800 do Código Civil. A inconstitucionalidade deve ser alegada incidentalmente pelo interessado, no caso concreto, enquanto não for assim declarada, por via direta de ação de inconstitucionalidade.

III – A EVOLUÇÃO DA JURISPRUDÊNCIA BRASILEIRA: O NASCITURO PERANTE OS TRIBUNAIS

A imprensa, por meio de mídias diversas, noticiou, no início de janeiro de 2007, com grande destaque, a R. decisão do Tribunal de Justiça de São Paulo que reconheceu o direito de um feto de requerer em juízo o atendimento médico pré-natal, prestado através da assistência à mãe. A notícia, reproduzida em jornais jurídicos, afirmou que a decisão quanto ao reconhecimento do direito do feto ser parte seria pioneira tanto no próprio tribunal, como no Superior Tribunal de Justiça. Ao contrário do que se afirmou, esta R. decisão não representa nenhuma novidade.

---

93 Ingo Wolfgang Sarlet. *A eficácia dos direitos fundamentais*. 3. ed., Porto Alegre: Livraria do Advogado Editora, 2003, p. 126-7.

456 Pessoa Humana e Direito

Primeiramente deve-se observar que *feto* não é termo jurídico mas, sim, *nascituro* que significa o que há de nascer, alcançando qualquer fase do desenvolvimento do óvulo fecundado: zigoto, mórula, blástula, embrião e feto.

A decisão do E. TJSP se circunscreveu apenas a uma questão processual, isto é, se o nascituro tem ou não capacidade para ser parte, no caso, autor de uma ação, tema já bastante debatido.

O V. acórdão proferido no Agravo de Instrumento n. 137.023-0/00, relatado pelo Desembargador José Cardinale, não é pioneiro – nem teve tal intenção – dentro do próprio Tribunal que, em inúmeras decisões, já havia fixado a capacidade do nascituro para ser parte, autor e réu.

O teor do acórdão invoca relevante precedente representado pelo proferido na Apelação Cível n. 193.648, de 14 de setembro de 1993, cujo relator foi o Desembargador Renan Lotufo – RT 703:60-3 – em cujo voto a questão processual e a de direito material estão amplamente debatidas e fundamentadas, além de citar precedentes de outros Tribunais.

O recente acórdão do TJSP não analisou o mérito da questão, que deverá ser decidida pelo MM Juiz de primeiro grau a qual, em suma, se cinge ao direito do nascituro à assistência pré-natal. Deverá também decidir acerca da competência da Vara da Infância e da Juventude.

O eventual ineditismo da decisão poderia ocorrer se houvesse decisão de mérito acerca do direito material de adequada assistência pré-natal, por meio da assistência médica e outras, a ser prestada a presidiárias grávidas.

A própria assistência pré-natal não seria novidade pois, como os direitos do nascituro não são taxativos, a assistência médica adequada tem sido prestada por meio de alimentos e já existem outras decisões a respeito, de Tribunais estaduais,inclusive os paulistas, bem como do Superior Tribunal de Justiça, muitas delas analisadas em nosso livro dedicado ao tema, bem como em ensaio posterior[94].

---

[94] *Tutela civil do nascituro*, Saraiva, 2000. Ensaio mais recente, dedicado ao professor português Mário Emílio Bigotte Chorão é *Estatuto jurídico do nascituro,* in Código civil (novo), Parte Geral, Método, 2007, v. 6. Depois, escrevemos *O nascituro perante os Tribunais. A recente decisão do Tribunal de Justiça de São Paulo. Evolução e tendências.* Revista do IASP. Instituto dos Advogados de São Paulo. São Paulo: Revista dos Tribunais. Nova série. Ano 10, n.20. jul./dez.2007. p. 222-32.

Parece-nos que o destaque ao V. acórdão se deve ao fato de ser o nascituro filho de presidiária que estaria sem condições adequadas para desenvolvimento de gestação saudável, colocando em risco o nascimento com vida do autor da ação.

Apesar de o acórdão não representar precedente, deve ser aplaudido, por representar a tendência dos vários países em ampliar cada vez mais a tutela jurídica do nascituro, o que muito deve às renovadas e constantes discussões provocadas pela Bioética e pelo Biodireito.

Nosso aplauso se estende à atuação da Defensoria Pública paulista por propor ação ainda pouco usual que merece ser julgada procedente, tanto quanto à competência da Vara da Infância e da Juventude, pois o próprio Estatuto da Criança e do Adolescente equipara a criança nascida à nascitura, como no mérito, quanto ao direito material pleiteado.

O destaque na imprensa foi muito positivo pois chamou a atenção para um assunto de grande importância em favor da pessoa natural, nas primeiras fases de seu desenvolvimento, na vida intra-uterina. O denominado *Estatuto do Nascituro* que alcança tanto o já concebido no ventre materno, como o embrião antes de ser implantado (embrião pré-implantatório), é preocupação da grande maioria dos países europeus, tendo sido alvo de Recomendações do Conselho da Europa bem como de Congressos jurídicos diversos.

Uma das primeiras decisões favoráveis aos direitos do nascituro é do Tribunal de Justiça de Minas Gerais, de 1987, proferida em ação de investigação de paternidade, publicada na Revista dos Tribunais n. 675: 178 a qual já alude a precedentes, como a decisão de 1984 do mesmo Tribunal.

Deve-se considerar que muitas vezes os acórdãos não são publicados, o que dificulta o conhecimento por terceiros, notadamente quando anteriores à informatização. Pode-se afirmar que a década de 1980 é um importante marco para caracterizar o início de uma diretriz em favor dos direitos do nascituro.

A evolução é clara. Há acórdãos muito bem fundamentados não só do Tribunal paulista, como do Tribunal de Justiça do Rio Grande do Sul, do Tribunal de Justiça de Minas Gerais, do Tribunal de Justiça do Rio de Janeiro e também do Superior Tribunal de Justiça.

Neste, invocamos o acórdão proferido no RESP n. 399.028/SP, in D.J.U. de 15.4.2002, p. 232, Relator Ministro Sálvio de Figueiredo Teixeira que analisou questão relativa a dano moral a nascituro pela perda do pai.

458   *Pessoa Humana e Direito*

O mesmo Tribunal Superior em ação fundada em responsabilidade civil do Estado concedeu indenização de trezentos salários mínimos tanto para a mãe como para ao nascituro, ambos mortos em decorrência de acidente causado por servidor público. Trata-se do Recurso Especial n. 472276/SP (200201405330), 50465, julgado em 26.06.2003, pela Segunda Turma, relator Ministro Franciulli Netto, in DJ 22.09.2003, p. 299.

Em decisão mais recente, proferida em 17 de junho de 2008, a Terceira Turma do STJ decidiu, por unanimidade, no Recurso Especial n. 931.556, que é devida indenização ao filho nascituro, privado da convivência com o pai, morto em acidente do trabalho, não se podendo distinguir o valor da indenização quanto a filhos nascidos e o nascituro, o que importaria tarifar o dano moral.

Relatado pela Ministra Nancy Andrighi, enfatiza o voto da Relatora que, no seu modo de ver, o dano ao nascituro seria até de maior profundidade, pois o ato ilícito privou – o de ter qualquer lembrança do pai, sonegando-lhe qualquer ato de carinho, qualquer momento de convivência.

Houve nítida evolução da jurisprudência notadamente no âmbito da responsabilidade civil pois, enquanto na década de 1960 e na de 1970 os Tribunais, inclusive o Tribunal de Justiça de São Paulo, não reconheciam a indenização por morte de nascituro, embora a morte de animais fosse indenizada há muito – anotando-se acórdãos do início do século passado – hoje existem inúmeros acórdãos que reconhecem a indenização de danos pré-natais.[95]

Desde nosso livro *Tutela civil do nascituro*[96], mostramos a evolução jurisprudencial que caminha para conceder, cada vez mais amplamente, indenização por danos causados ao nascituro.

A Terceira Câmara Civil do Tribunal de Alçada de Minas Gerais, na Apelação Cível 190.169-3, julgada aos 10 de maio de 1995, v.u., sendo Relator o Juiz Tenisson Fernandes, concedeu indenização por dano moral em decorrência da morte de nascituro. Eis a ementa:

Indenização – dano moral. Morte de nascituro. Art. 1.537,II do Código Civil. Fixação.

---

[95] Sobre o assunto escrevemos o ensaio *Bioética e dano pré-natal* para a Revista da AASP n. 58, março/2000, p. 62-77.

[96] Páginas 301 e ss.

Em indenização por dano moral decorrente da morte de feto, admissível a aplicação do art. 1.537,II do CC, em analogia aos casos de homicídio praticado contra menor impúbere, considerando-se razoável o critério que estabelece quantum indenizatório em número de salários mínimos, correspondentes aos meses que mediariam entre o evento danoso e a data em que o nascituro completaria vinte e cinco anos de idade.

In Julgados do Tribunal de Alçada de Minas Gerais, v. 58-59: 199-2201.

O Tribunal de Alçada do Rio Grande do Sul, Segunda Câmara, na Apelação Cível 194.026.779, sendo Relator Juiz Geraldo Cesar Fregapani assim decidiu por unanimidade, aos 17 de novembro de 1994:

Acidente de trânsito. Indenização por dano moral. Induvidosos os sofrimentos, angústia e tensão, por longos oito meses, diante de gravidez com possível prejuízo da vida e/ou integridade física do nascituro, há dano moral indenizável.

O Tribunal de Alçada do Rio de Janeiro também assentou ser indenizável dano moral pela morte de nascituro, em acidente de trânsito. Trata-se da Apelação Cível n.º 4.227/94, julgada aos 24 de agosto de 1994, por votação unânime, pela Quinta Câmara, sendo relator o juiz Bernardino Machado Leituga.

O mesmo Tribunal acolhe igual diretriz na Apelação Cível n.º 2804/95, julgada aos 13 de Junho de 1995, sendo relator juiz Antonio Eduardo F. Duarte. A tese consagradora do cabimento da indenização por dano moral, em virtude de morte do nascituro, foi tomada por unanimidade. O R. voto vencido cingiu-se apenas ao *quantum.* Por sua relevância, transcrevemos a ementa:

Atropelamento. Perda do nascituro. Responsabilidade objetiva. Indenização.

A morte de um filho em gestação, não importa o motivo, toca profundamente a mulher em seu ponto mais sublime: a maternidade. Atinge um grau elevado na escala de valores morais. A brusca interrupção da gravidez constrange, causa dor e profundo sofrimento. Decorrente de ato ilícito, a perda do nascituro deve integrar o dano moral a ser reparado.

Em acórdão do Tribunal de Justiça do Rio de Janeiro, no qual se analisa a questão como dano moral causado aos pais pela morte de filho nascituro, em virtude de colisão de veículo com o transporte coletivo do qual a gestante era passageira, reconheceu-se o direito à indenização aos pais como direito próprio, considerando-se o sofrimento pela perda do filho.

Trata-se de Acórdão unânime da 18.ª Câmara Cível do TJRJ, AC 3.309/98, cujo Relator é o Desembargador Nascimento Póvoas, j. aos 26 de maio de 1998, v.u., in DJ.RJ de 13.08.98, p. 202.

Já no terceiro milênio, o Tribunal de Justiça do Rio Grande do Sul empresta valiosa contribuição em defesa do nascituro,em inúmeros acórdãos acessíveis in www.tj.rs.gov.br. Entre eles, destacamos dois relatados pelo Desembargador professor Carlos Alberto Álvaro de Oliveira.

O primeiro, lavrado na Apelação Cível n. 70002027910 da 6.ª Câmara, julgado por votação unânime, em 28 de março de 2001, tem a seguinte ementa: *"Seguro obrigatório. Acidente. Abortamento. Direito à percepção da indenização. O nascituro goza de personalidade jurídica desde a concepção. O nascimento com vida diz respeito apenas à capacidade de exercício de alguns direitos patrimoniais. Apelação a que se dá provimento."*

Em outro acórdão, o mesmo Relator concedeu indenização por danos pré-natais causados ao nascituro, que veio a nascer com graves lesões neurais que o condenarão a uma vida vegetativa. Os danos abrangem os morais e os patrimoniais, em virtude de permanente tratamento médico. Consulte-se a Apelação Cível n. 7000356677, julgada em 15.5.2002.

Vê-se que a indenização pela morte de nascituro pode ser sustentada quer sob o fundamento da transmissibilidade do dano moral – para os que defendem a tese da personalidade do nascituro – quer sob fundamento de dano moral causado aos pais, como direito próprio, para os que não reconhecem a personalidade.

Em sede administrativa, o Governo do Estado de São Paulo, por meio da Secretaria da Justiça – Comissão Especial da Lei 10.726/2001, assentou louvável decisão, no processo n. 264.502/2002, em favor de nascituro pelos danos causados em sua vida pré-natal, quando a mãe, presa política, ficou à disposição dos órgãos de repressão, detida no sexto mês de gravidez.

Os pareceres médicos atestam a repercussão física e psíquica no nascituro quando a mãe sofre agressões. Demonstrou o requerente ter seqüelas físicas e psíquicas oriundas de danos pré-natais, embasando, assim, seu pedido de indenização, invocando, ainda, o Parecer *"As seqüe-*

las psicológicas da tortura" elaborado pelo dr. Alfredo Martin, representando o Conselho Regional de Psicologia, a pedido da Comissão Estadual de Indenização às vítimas de tortura, Conselho Estadual dos Direitos Humanos, Secretaria de Estado da Justiça e de Direitos Humanos de Minas Gerais.

Aplaudimos tal decisão do Governo do Estado de S. Paulo, publicada no Diário Oficial do Estado de 19 de junho de 2007,117(113)-3, que está de acordo com a valorização da vida desde sua fase inicial e estende a tutela dos direitos humanos à fase pré-natal, razão por que é harmônica com a tendência internacional de alargamento dos modos de tutela da pessoa humana.[97]

Quanto à legislação futura, devem ser mencionados dois projetos de lei.

O Projeto de Lei do Senado Federal altera a Lei n. 9.250, de 26 de dezembro de 1995 para incluir o nascituro no rol de dependentes que possibilitam dedução na base de cálculo do imposto de renda da pessoa física. Já foi aprovado pela Comissão de Assuntos Econômicos do Senado Federal e está, ainda, a tramitar.

O outro Projeto de Lei do Senado Federal, n. 62/2004 (que tomou o n. 7.376/06) foi aprovado em 15 de julho de 2008 pela Comissão de Constituição e Justiça e de Cidadania da Câmara dos Deputados, e já o fora pela Comissão de Seguridade Social e Família, sendo encaminhado à sanção do Presidente da República.

O Projeto impõe a obrigação de prestar alimentos ao nascituro e adequada assistência pré-natal à mãe, alimentação, assistência médica e psicológica, medicamentos e outros providências. A apreciação as provas da paternidade será feita em cognição sumária, fixando "alimentos gravídicos", considerando os indícios de paternidade, respondendo o autor por falsa imputação.[98]

CONCLUSÃO

As recentes técnicas de reprodução assistida propiciaram o surgimento dos denominados *"direitos* de *quarta geração".*

---

[97] Proc. N. 264.502/2002 cujo interessado é J. C. S.de A. G.

[98] O inteiro teor encontra-se no sítio www.senado.gov.br

462   *Pessoa Humana e Direito*

Trouxeram, ainda, um grande benefício para as Ciências, possibilitando uma nova reflexão acerca da natureza ontológica, biológica e jurídica do embrião pré-implantatório.

Consideramos como aspecto positivo que, embora com a natural perplexidade que esta nova realidade causou, o centro das discussões e das dúvidas desloca-se do nascituro, para o embrião pré-implantatório, a ocasionar maior aceitação e melhor compreensão daquele, por parte de quem a repudiava.

O Código Civil brasileiro disciplina de modo satisfatório a tutela civil do nascituro, da qual se extrai o Estatuto do Nascituro, embora certos retrocessos possam ser apontados, comparando-se-o com o Código revogado.

O Código vigente regulamenta alguns aspectos da reprodução humana os quais devem ser aprofundados por legislação especial multidisciplinar, com observância das diretrizes da Bioética e aproveitamento da experiência da legislação estrangeira, considerando-se, porém, as especificidades de nosso país. Para tanto, devem ser ouvidos especialistas de várias áreas – não só juristas, médicos e geneticistas – bem como a sociedade civil.

Deve-se incluir no conceito lato de nascituro o embrião pré-implantatório, diferenciando-se a capacidade de cada um e não, a personalidade. De qualquer forma, para o estatuto de ambos, deve-se observar a proposta presente nos vários ensaios de Mário Emílio Bigotte Chorão, de citação constante nos nossos, nos quais consideramos sempre que há bens jurídicos de inegável importância, porém menores que o relativo à tutela da própria pessoa, no primeiro estágio de seu desenvolvimento, cuja dignidade é intrínseca e inafastável.

"O direito existe, necessariamente, para os homens (hominum causa omne ius constitutum est), e a estes cabe o protagonismo na cena jurídica, em posição dominante sobre as "coisas", animadas ou inanimadas, desprovidas de personalidade e ordenadas à satisfação das suas necessidades. Elemento integrante fundamental do bem comum, a realização do justo faz parte das condições sociais que hão-de concorrer, nos indivíduos humanos, para o desenvolvimento integral da sua pessoa".[99]

---

[99] *Concepção realista da personalidade jurídica e estatuto do nascituro.* In: Revista Brasileira de Direito Comparado. Instituto de Direito Comparado Luso-Brasileiro. Rio de Janeiro, n. 17, p. 261-296, 2.º semestre de 1999. A citação encontra-se na página 279.

BIBLIOGRAFIA

ABDELMASSIH, Roger. *Tudo por um bebê*, 1. Ed., São Paulo, Siciliano, 1994.

AMARAL, Francisco dos Santos. *O Nascituro no Direito Civil Brasileiro. Contribuição do direito Português*. Revista Brasileira de Direito Comparado, v. 8, p. 75-89), Forense, 1990.

_____. *Direito Civil. Introdução*. 6.ed., Rio de Janeiro, Renovar, 2006.

ASCENSÃO, José de Oliveira. *Problemas jurídicos da procriação assistida*. Revista Forense, v. 328, ano 90, p. 69-80, out.nov.dez.1994.

AZEVEDO, Eliane. *O direito de vir a ser depois do nascimento*. Edipuc-RS. Genival Velozo França. *O direito médico*. 6. ed., Fundo Editorial Bik, 1994.

BEVILAQUA, Clóvis. *Projecto do Código Civil Brasileiro – Trabalhos da Comissão Especial da Câmara dos Deputados. Projectos primitivo e revisto*. Rio de Janeiro, Imprensa Nacional, 1902, v. 1.

_____. *Código Civil Comentado*. 5. ed., Rio de Janeiro, Francisco Alves, 1938, v. 4.

BIGOTTE CHORÃO, Mário Emílio. *Pessoa humana, Direito e Política. Estudos Gerais*. Série Universitária. Lisboa: Imprensa Nacional – Casa da Moeda, 2006.

_____. *O Problema da Natureza e tutela jurídica do Embrião Humano à luz de uma concepção Realista e Personalista do Direito*, Separata da Revista "O Direito, Ano 123.°, 1991, IV, Lisboa.

_____. *Direito e Inovações Tecnológicas (A pessoa como questão crucial do biodireito)*. Separata da Revista O Direito, ano 126.°, 1994, III-IV, Lisboa.

_____. *Revolução Biotecnológica e Direito – uma perspectiva biojurídica personalista. In*: Enciclopédia Luso-Brasileira de Cultura, 23.ª, Lisboa, 1995, p. 487-501.

_____. *Concepção realista da personalidade jurídica e estatuto do nascituro*. In: Revista Brasileira de Direito Comparado. Instituto de Direito Comparado Luso-Brasileiro. n. 17, p. 161-96, 1999.

BOBBIO, Norberto. *A era dos direitos*. 9. Ed., Rio de Janeiro, Editora Campus, 1992. Tradução de Carlos Nelson Coutinho, do original *L' età dei diritti*, Giulio Einaud Editore, 1990.

BUSNELLI, Francesco. *Pessoa e responsabilidade civil no novo Código Civil brasileiro*. In: CUNHA, Alexandre dos Santos (Org.). *O direito da empresa e das obrigações e o novo Código Civil brasileiro*. Anais.. São Paulo: Quartier Latin, 2006. p. 378-386.

CAMBRÓN Infante, Ascensión. *Bioética e Reprodução Assistida*. Palestra proferida no Instituto Brasileiro de Estudos Interdisciplinares de Direito de Família. São Paulo, 02 de junho de 1999.

CATALANO, Pierangelo. *Os Nascituros entre o Direito Romano e o Direito Latino-americano (a propósito do art. 2.° do Projeto de Código Civil Brasileiro)*. In Revista de Direito Civil, São Paulo, Revista dos Tribunais, 45: 7-15, ano 12, jul./ set. de 1988.

CHINELATO E ALMEIDA, Silmara. *Tutela Civil do Nascituro*. São Paulo, Editora Saraiva, 2000.

_____. *Reprodução humana assistida. Análise do Projeto de Lei 90/99, do senador Lúcio Alcântara*. Revista Trimestral de Direito Civil. Gustavo Tepedino, coordenador, Editora Padma-Renovar, ano 4, v.15, p. 241-58, jul./set.2003.

_____. *Direito do Nascituro a alimentos: do Direito Romano ao Direito Civil*. Revista de Direito Civil. Revista dos Tribunais. n.º 54: 52-60.

_____. *Bioética e dano pré-natal*. Revista de Direito Comparado. Instituto de Direito Comparado Luso-Brasileiro. Rio de Janeiro:, 1999. p. 297-328.

_____. *Direitos de Personalidade do nascituro*. In: *Direitos da Personalidade e Responsabilidade Civil*. Revista do Advogado. Associação dos Advogados de São Paulo, n. 38, dezembro / 1992, p. 21-30.

_____. *O Nascituro no Código Civil e no nosso Direito Constituendo. O Direito de Família e a Constituição de 1988*. Coordenação de Carlos Alberto Bittar, Saraiva, 1989, p. 39 e ss.

_____. *Reprodução humana assistida: Direito Civil e Bioética*. Tese de livre-docência. Faculdade de Direito da Universidade de São Paulo. São Paulo, 2000. 344ps. (inédito).

CHINELATO, Silmara Juny. *Comentários ao Código Civil. Direito de Família*. Artigos 1.591 a 1.710. Antonio Junqueira de Azevedo, coordenador. Saraiva, 2004. v. 18.

Adoção de nascituro. Razões para se alterar o caput do artigo 1.621 do Código Civil. In *Novo Código Civil. Questões controvertidas*. Série Grandes Temas do Direito Privado. Coordenação de Mário Luiz Delgado e Jones Figueiredo Alves. São Paulo: Método, 2005, p. 354-72

_____. *Tendências da responsabilidade civil no direito contemporâneo: reflexos no Código de 2002*. In *Novo Código Civil. Questões controvertidas*. Mário Luiz Delgado, coordenador. São Paulo: Método, 2006. v. 5. p. 583-606.

_____. *Estatuto jurídico do nascituro: o direito brasileiro*. in Novo Código civil. Questões controvertidas. Parte Geral do Código Civil. Série Grandes Temas de Direito Privado. São Paulo: 43-82. Método, 2007, v. 6.

CHINELLATO, Silmara Juny. *O nascituro perante os Tribunais. A recente decisão do Tribunal de Justiça de São Paulo. Evolução e tendências*. Revista do IASP. Instituto dos Advogados de São Paulo. São Paulo: Revista dos Tribunais. Nova série. Ano 10, n.20. jul./dez.2007. p. 222-32.

_____. (Coordenadora). *Código Civil interpretado artigo por artigo, parágrafo por parágrafo*. Costa Machado, org. São Paulo: Manole. 2008.

FARIA, Anacleto de Oliveira & MONTORO, André Franco. *Condição jurídica do nascituro no direito brasileiro*. São Paulo, Saraiva, 1953.

FRANÇA, Genival Veloso. *O Direito Médico*. 6. ed., Fundo Editorial Bik, 1994.

FRYDMAN, René. *La procréatique. Pouvoirs. Revue française d´études constitu-cionnelles et politiques,* Paris, n. 56, 1991.

GIORDANI, Mário Curtis. *O código civil à luz do Direito Romano.* Parte Geral. 2. Ed., Rio de Janeiro, Lumen Juris,1996.

LEJEUNE, Jérôme. *Genética Humana e Espírito.* Conferência proferida no Senado Federal.

_____. *L'enceinte concentrationaire. D'après les minutes du procès de Maryville.* Éditions Le Surment, Fayard, Paris, 1990.

_____. *The custody dispute over seven human embryos. The testimony of Pro-fessor Jerome Lejeune, J.D., PH.D.* Center for law & religious freedom. Annandale, Va, {s.d}.

LEITE, Eduardo de Oliveira. *Procriações Artificiais e o Direito. Aspectos médicos, psicológicos, éticos e jurídicos.* S. Paulo: Revista dos Tribunais, 1995.

LEITE DE CAMPOS, Diogo. *A vida, a morte e sua indemnização.* In: Revista de Direito Comparado Luso-Brasileiro. n.7, ano IV, p. 81-96, jul/1985 (publi-cada em 1988).

_____. *Lições de direitos da personalidade. I Parte. Personalidade jurídica, per-sonalidade moral e personalidade política.* In: Boletim da Faculdade de Direito. Universidade de Coimbra. V. LXVII, 1991, p. 128-223.

_____. *Nós. Estudos sobre o direito das pessoas.* Lisboa: Almedina, 2004.

LIMONGI FRANÇA, Rubens. *Manual de direito civil.* 3. ed. São Paulo, Revista dos Tribunais, 1981.

_____. *Direitos da Personalidade. Coordenadas fundamentais.* In Revista dos Tribunais 567: 9-16.

LOTUFO, Renan. *Comentários ao Código Civil. Código civil comentado. Parte Geral. (arts. 1.º a 232).* São Paulo: Saraiva, 2.003.

_____. *Curso Avançado de Direito civil. Parte geral.* Everaldo Cambler, coorde-nador. 2. ed. 2.003.

MADEIRA, Hélcio Maciel França. O nascituro no Direito Romano. Conceito, terminologia e princípios. Cadernos FAENAC. Série Jurídica. Dadas-cália. São Paulo: Companhia Editora Nacional, 2005. Sobre o assunto consulte-se,

MAFFEIS, Ricardo. Re*ale e Moreira Alves defendem o novo Código.* in Carta Maior. Ano 3, n. 130, 10 de agosto de 2002.

MÉMETEAU, Gerard. *La situation juridique de l' enfant conçu. De la rigueur clas-sique à l'exaltation baroque.* In Revue trimestrielle de Droit civil, octobre--décembre 1990, p. 611 e ss.

PALLAZANI, Laura G. *Il concetto di persona tra bioetica e diritto.* Recta Ratio. Testi e Studi di Filosofia Del Diritto. Giappichelli Editore. Torino, 1996.

Il concetto di persona tra bioetica e diritto. Recta Ratio. Testi e Studi di Filoso-fia Del Diritto. Giappichelli Editore. Torino, 1996.

466   *Pessoa Humana e Direito*

PONTES DE MIRANDA. *Tratado de direito privado; Parte Geral – Introdução – Pessoas físicas e jurídicas*. Rio de Janeiro, Borsoi, 1954, t.1.

_____. *Tratado de direito privado; Parte especial – Direito de família – Direito parental – Direito protectivo*, Rio de Janeiro, Borsoi, 1955, t.II.

RAGER, Günther. *Embrion-hombre-persona. Acerca de la cuestion del comienzo de la vida personal*. In *Cuadernos de Bioetica*. Revista trimestral de cuestiones de actualid, Madrid. v. VIII, n. 31, p. 1.048-63, jul/set;1997.

REALE, Miguel. *O Projeto do novo Código Civil*. 2. ed., Saraiva,1999.

SARLET, Ingo Wolfgang. *A eficácia dos direitos fundamentais*. 3. ed., Porto Alegre: Livraria do Advogado Editora, 2003, p. 126-7.

SGRECCIA, Elio. *Manual de Bioética. I. Fundamentos e Ética Biomédica*. São Paulo, Edições Loyola, 1996. Tradução de Orlando Soares Moreira do original *Manuale di Bioetica. I. Fondamenti ed etica biomedica*. Milano, Vita e Pensiero, 1988.

SEGRE, Marco.*Definição de Bioética e sua relação com a Ética, Deontologia e Diceologia*. In: Bioética. Marco Segre & Cláudio Cohen, organizadores. S. Paulo, Edusp, 1995, p. 23-9.

SERRA, Angelo..*Dalle nuove frontiere della biologia e della medicina nuovi interrogativi alla filosofia, al diritto, e alla teologia*. In: *Nuova genetica e embriopoiesi umana*, Serra A. & Sgreccia, E., Di Pietro M. L. coordenadores, Vita e Pensiero, Milano, 1990. p. 69-70.

_____. *Quando comincia un essere umano*. In: *Il dono della vita*. E. Sgreccia, coordenador. Vita e Pensiero, Milano, 1987, p. 99-105.

SERRÃO, Daniel. *Estatuto do Embrião*. In *Bioética. Simpósio Especial. II Encontro Luso-Brasileiro de Bioética*. Conselho Federal de Medicina. V. 11, n. 2, 2003. p. 108-16.

SILVA, Reinaldo Pereira e. *Introdução ao Biodireito. Investigações político- -jurídicas sobre o estatuto da concepção humana*. São Paulo, LTR, 2002.

TARANTINO, Antonio. *Per una dichiarazione dei diritti del nascituro (coordenador). Studi Giuridici- sezione di Filosofia del Diritto e della Politica, Univesità degli Sutdi di Lecce*. 1. Ed., Dott. A. Giuffrè, Milano, 1996.

TAVARES, José. *Os princípios fundamentais do direito civil*, Coimbra, Coimbra Editora, 1928, v. 2).

TEIXEIRA DE FREITAS. *Consolidação das leis civis*. 3. ed. Rio de Janeiro, H. Guarnier, 1886.

_____. *Esboço do Código Civil*. Ministério da Justiça e Negócios Interiores, Serviço de Documentação, 1952.

West's Louisiana Statutes Annotated. Civil Code. Articles 1 to 177. Volume 1, ST. Paul, Minn., West Publishing Co., 1993.

WARNOCK, Mary. *A question of life*. London: Basil Blackwel, 1985.

ÍNDICE

DIREITOS E DEVERES DOS AVÓS
(alimentos e visitação)
    Álvaro Villaça Azevedo 5

DIREITO À VIDA E LIBERDADE PARA MORRER
    Prof. Emérito Dalmo de Abreu Dallari 39

A CAPACIDADE SUCESSÓRIA DO NASCITURO
(OU A CRISE DO POSITIVISMO LEGALISTA)
    Diogo Leite de Campos 47

O ESTATUTO JURÍDICO DA PESSOA DEPOIS DA MORTE
    Diogo Leite de Campos 55

ADOÇÃO POR HOMOSSEXUAIS:
ADULTOCENTRISMO x INTERESSE DAS CRIANÇAS
    Eduardo de Oliveira Leite... 65

O DANO À PESSOA NO DIREITO CIVIL BRASILEIRO
    Francisco Amaral 119

LAS PERSONAS COMO SÍNTESE:
LA AUTONOMÍA EN EL DERECHO
Francisco Carpintero 157

VIDA E ABORTO. ASPECTOS PENAIS
Ivette Senise Ferreira 217

A PRÓPRIA VIDA COMO DANO?
– Dimensões civis e constitucionais de uma questão-limite –
Manuel A. Carneiro da Frada 259

ALGUMAS CONSIDERAÇÕES SOBRE A DEPENDÊNCIA
Maria João Romão Carreiro Vaz Tomé 295

PESSOA HUMANA E CONSTITUIÇÃO:
CONTRIBUTO PARA UMA CONCEPÇÃO PERSONALISTA
DO DIREITO CONSTITUCIONAL
Paulo Otero 349

A POSIÇÃO JURÍDICA DO PAI
NA INTERRUPÇÃO VOLUNTÁRIA DA GRAVIDEZ
Pedro Pais de Vasconcelos 381

ESTATUTO JURÍDICO DO NASCITURO:
A EVOLUÇÃO DO DIREITO BRASILEIRO
Silmara Juny de Abreu Chinellato 411